REVISTA DE DIREITO MERCANTIL
industrial, econômico e financeiro

153/154

Publicação do
Instituto Brasileiro de Direito Comercial Comparado
e Biblioteca Tullio Ascarelli
do Departamento de Direito Comercial
da Faculdade de Direito da Universidade de São Paulo

Ano XLIX (Nova Série)
janeiro-julho/2010

MALHEIROS EDITORES

REVISTA DE DIREITO MERCANTIL

industrial, econômico e financeiro

Nova Série — Ano XLIX— ns. 153/154 — janeiro/julho 2010

REVISTA DE DIREITO MERCANTIL
publicação trimestral de
MALHEIROS EDITORES LTDA.
Rua Paes de Araújo, 29, conjunto 171
CEP 04531-940
São Paulo, SP - Brasil
Tel. (11) 3078-7205
Fax: (11) 3168-5495

Assinaturas e comercialização:
CATAVENTO DISTRIBUIDORA DE LIVROS S.A.
Rua Conselheiro Ramalho, 928
CEP 01325-000
São Paulo, SP - Brasil
Tel. (11) 3289-0811
Fax: (11) 3251-3756

Diretor Responsável: Álvaro Malheiros
Diretora: Suzana Fleury Malheiros

Supervisão Gráfica: Vânia Lúcia Amato
Composição: *Scripta*

SUMÁRIO

DOUTRINA

O QUE SE PERDEU NA TRADUÇÃO 7

– Rachel Sztajn

O FUTURO DO DIREITO COMERCIAL NO BRASIL 16

– Haroldo Malheiros Duclerc Verçosa

ATUALIDADES

CONSIDERAÇÕES SOBRE *TAG ALONG* E DIREITO SOCIETÁRIO BRASILEIRO 25

– Frederico Augusto Monte Simionato

CONFLITO DE INTERESSES NAS SOCIEDADES ANÔNIMAS: CRITÉRIO DE APURAÇÃO FORMAL OU SUBSTANCIAL? 36

– Marcella Blok

DO CONSÓRCIO ENTRE SOCIEDADES: ARTS. 278 E 279 DA LEI 6.404/1976 67

– Guilherme Puchalski Teixeira

SIGILO NAS ARBITRAGENS DO NOVO MERCADO E DIREITO DE INFORMAÇÃO E FISCALIZAÇÃO DO ACIONISTA 98

– Alfredo Sérgio Lazzareschi Neto

A ACEITAÇÃO DA CLÁUSULA COMPROMISSÓRIA PELO SILÊNCIO, À LUZ DA CONDUTA NEGOCIAL DAS PARTES: A CLÁUSULA GERAL DO ART. 111 DO CÓDIGO CIVIL BRASILEIRO 105

– Luiz Gustavo Meira Moser

A VALIDADE DA CÉDULA DE PRODUTO RURAL INDEPENDENTE DE ADIANTAMENTO FINANCEIRO. O ATUAL POSICIONAMENTO DO STJ 116

– Beatriz Mesquita de Arruda Camargo Kestener e Thiago Soares Gerbasi

AS “TRAVAS BANCÁRIAS” NO PROCEDIMENTO DE RECUPERAÇÃO JUDICIAL DE SOCIEDADES EMPRESÁRIAS 137

– Bernardo Bicalho de Alvarenga Mendes

O CRITÉRIO DA IMPONTUALIDADE NA DECRETAÇÃO DA FALÊNCIA NO DIREITO CONTEMPORÂNEO: o Projeto de Lei n. 071/2003 do Senado Federal 142

– Felipe Fernandes Ribeiro Maia

ESPAÇO DISCENTE

ALGUMAS CONSIDERAÇÕES SOBRE O *TRUST* E AS PERSPECTIVAS DE SUA ASSIMILAÇÃO NO DIREITO BRASILEIRO 165
– Nicole Mattar Haddad Terpins

DUAS REFLEXÕES SOBRE O CONTRATO DE AGÊNCIA: IDENTIDADE/ DISTINÇÕES PERTINENTES E CRITÉRIOS PRÓPRIOS NA APLICAÇÃO DA REGRA DA RAZÃO ANTITRUSTE 199
– José Inacio Ferraz de Almeida Prado Filho

JURISPRUDÊNCIA COMENTADA

A INEFICÁCIA PARCIAL DO AVAL PRESTADO SEM OUTORGA CONJUGAL..... 221
– Jean Carlos Fernandes

ANOTAÇÕES SOBRE O PRINCÍPIO DA FUNÇÃO SOCIAL DA EMPRESA NA DOUTRINA E NA JURISPRUDÊNCIA BRASILEIRA........ 240
– Gustavo Milaré Almeida

PARECERES

RESTRIÇÕES A TRANSFERÊNCIAS DE AÇÕES E ALTERAÇÃO DO PODER DE CONTROLE........ 287
– Luiz Gastão Paes de Barros Leães

NATUREZA JURÍDICA DE SOCIEDADE ANÔNIMA PRIVADA COM PARTICIPAÇÃO ACIONÁRIA ESTATAL 297
– Gilberto Bercovici

COLABORAM NESTE NÚMERO

Alfredo Sérgio Lazzareschi Neto

Advogado.

Beatriz Mesquita de Arruda Camargo Kestener

Advogada.

Bernardo Bicalho de Alvarenga Mendes

Pós-Graduado em Gestão de Finanças pela UFMG e em Direito da Economia e Empresa pela FGV. Graduado em Direito pela PUC/MG e Administração de Empresas com habilitação em Comércio Exterior pelo Centro Universitário UNA. Professor-Assistente de Direito Comercial do Centro Universitário UNA. Advogado.

Felipe Fernandes Ribeiro Maia

MBA em Direito de Empresa e da Economia pela FGV. Mestre em Direito Empresarial e Doutorando em Direito Empresarial pela Faculdade de Direito da UFMG. Advogado.

Frederico Augusto Monte Simionato

Doutor em Direito Comercial da Faculdade de Direito da USP. *Master* em Estudos Europeus da Universidade de Florença/Itália. Professor Associado de Direito Comercial da PUC/PR. Advogado em Curitiba e São Paulo.

Gilberto Bercovici

Professor Associado da Faculdade de Direito da Universidade de São Paulo. Doutor em Direito do Estado e Livre-Docente em Direito Econômico pela Faculdade de Direito da Universidade de São Paulo.

Guilherme Puchalski Teixeira

Mestre e especialista em Direito Processual Civil pela PUC/RS. Especialista em Direito Empresarial pela UFRGS. Advogado.

Haroldo Malheiros Duclerc Verçosa

Mestre e Doutor em Direito Comercial pela USP. Professor de Direito Comercial da USP. Membro do Centro de Mediação e Arbitragem da Câmara do Comércio Brasil-Canadá. Consultor.

Gustavo Milaré Almeida

Pós-Graduando da Faculdade de Direito da Universidade de São Paulo.

Jean Carlos Fernandes

Doutor em Direito Privado pela PUC/MG. Mestre em Direito Comercial pela UFMG. Professor-Adjunto de Direito Empresarial da Faculdade Mineira de Direito da PUC/MG. Professor Titular e Coordenador do Curso de Direito do Centro Universitário Newton Paiva. Membro Efetivo e Diretor-Adjunto do Departamento de Direito Empresarial do Instituto dos Advogados de Minas Gerais. Advogado e Consultor Empresarial em Belo Horizonte/MG.

José Inacio Ferraz de Almeida Prado Filho

Graduado em Direito pela Faculdade de Direito da USP e em Economia pela Escola de Economia de São Paulo da FGV. Doutorando em Direito Comercial pela Faculdade de Direito da USP. Advogado e Economista.

Luiz Gastão Paes de Barros Leães

Professor Titular da Faculdade de Direito da Universidade de São Paulo. Advogado.

Luiz Gustavo Meira Moser

Graduado e Pós-Graduado em Direito Internacional pela UFRGS. Membro da Comissão Especial de Arbitragem da OAB/RS. Membro Associado ao CBAR – Comitê Brasileiro de Arbitragem. Advogado.

Marcella Blok

Graduada pela PUC/RIO. Pós-Graduada em Advocacia Empresarial pela UGF. Pós-Graduanda em Direito Empresarial com ênfase em Societário e Mercado de Capitais pela FGV/RIO. MBA em Finanças pelo IBMEC/RIO. Advogada.

Nicole Mattar Haddad Terpins

Pós-Graduanda em Direito Comercial da Faculdade de Direito da Universidade de São Paulo.

Rachel Sztajn

Professora Associada do Departamento de Direito Comercial da Faculdade de Direito do Largo de São Francisco da Universidade de São Paulo.

Thiago Soares Gerbasi

Advogado.

Doutrina

O QUE SE PERDEU NA TRADUÇÃO*

RACHEL SZTAJN

1. Introdução. 2. A legislação brasileira antes de 2002. 3. Novo Código. 4. Sociedades após 2002: 4.1 Sociedade de responsabilidade limitada 5. Contratos comerciais e interpretação de cláusulas ambíguas. 6. Conclusão.

Ao se reformar um conjunto de normas jurídicas, cumpre verificar, com cuidado e atenção, se uma alteração no conteúdo de dispositivos antes vigentes pode gerar impacto em incentivos. As mudanças nas normas jurídicas devem ser precedidas de debates e de séria avaliação das instituições sociais, dos costumes e, especialmente, de quais incentivos serão adotados para proporcionar maior aderência às inovações e evitar rejeição ou descumprimento. Conforme destacado por Ronald Coase, é importante ainda que os custos de transação sejam atenuados ou eliminados.

As mesmas preocupações são aplicáveis à importação de normas jurídicas. A reutilização de normas não é uma boa solução e a experiência comprova que a cópia de todo um conjunto de normas, como um código, é situação ainda pior. Se os códigos têm por objetivo reduzir a incerteza das pessoas na tomada de decisões, permitindo a avaliação dos custos e benefícios, são necessárias longas e árduas discussões antes da aprovação e entrada em vigor de um novo código para garantir que ele reflita, de modo adequado, as instituições e demandas sociais.

Law and economics é uma importante ferramenta para avaliar as mudanças normativas, principalmente no que diz respeito a custos de transação e externalidades. No entanto, no Brasil, em 2002, essa preocupação não esteve no horizonte do legislador, conforme demonstram as análises do Código Civil. O legislador não deu atenção aos incentivos, ignorou custos de transação e externalidades negativas. Nesse particular, a disciplina do chamado "Direito da Empresa" é a mais inadequada, posto que trata das organizações econômicas privadas.

O presente artigo discute determinados dispositivos legais, a criação de custos de transação e os efeitos de segunda ordem decorrentes de imprecisão conceitual. Destacam-se as definições de empresário e empresa na comparação das políticas legislativas brasileira e italiana.

1. Introdução

A tendência dos países de *civil law* de manter códigos como pontos de referência têm seus méritos. Acima de tudo, os códigos são partes da tradição jurídica e, como

* Versão original em inglês apresentada na Conferência Anual da *Società Italiana di Diritto ed Economia*, promovida pela Universidade de Bologna em 7 e 8.11.2008. Tradução de Juliana K. Pela.

sistemas de normas positivadas, ajudam a organizar o objeto da disciplina normativa. Os mais importantes códigos – que, de acordo com os historiadores, foram os códigos franceses – serviram como instrumentos de política, ao garantir a igualdade entre os cidadãos e evitar que os juízes elaborassem normas particulares e favorecessem a nobreza. Nesse sentido, os códigos também funcionam como meio de controle do Estado sobre os cidadãos.

Quando um código reflete as instituições sociais, as alterações normativas secundam mudanças estruturais, razão pela qual se diz que os sistemas jurídicos são abertos: eles influenciam e são influenciados por instituições e tendências sociais majoritárias. A constante influência do Direito na sociedade e da sociedade no Direito evita que normas obsoletas, que criam custos de transação, sejam mantidas. As exceções refletem a captura do legislador e/ou a sua atuação por interesses próprios.

E os códigos, conjunto sistematizado de normas, tornam-se obsoletos, de forma irrecuperável? Os códigos têm um período de vigência findo o qual eles expiram? Aparentemente, os brasileiros consideraram os Códigos Civil e Comercial expirados e optaram por produzir um novo código, o Código Civil de 2002.

O Código Comercial brasileiro de 1850, uma lei influenciada por pessoas que conheciam a atividade e as necessidades e demandas do comércio, embora não se tivesse tal noção, servia para reduzir custos de transação. Desde sua promulgação, muitas e importantes normas o modificaram; no entanto, o código, ou o que restou do diploma original, era ponto de referência das normas supervenientes.

O novo Código Civil incorporou partes do que restou do "antigo" Código Comercial, mas, em razão da imprecisa terminologia adotada, é fonte de custos de transação e gera incompreensão, o que é nítido após meros cinco anos de sua vigência.

Conforme demonstrado abaixo, o uso de palavras que não têm significado técnico-jurídico, a mera reprodução de normas estrangeiras e inovações inadequadas comprometeram a função primordial das normas: corrigir incentivos, reduzindo os custos sociais (*social costs*) e as externalidades negativas.

2. A legislação brasileira antes de 2002

Os códigos de direito privado anteriores, comercial e civil, refletiam a sociedade e as instituições sociais do século XIX e do começo do século XX. Particularmente o Código Civil, baseado nos códigos europeus do século XIX, tinha como núcleo os indivíduos e a propriedade rural e nenhuma norma relacionada ao agribusiness ou adequada a uma sociedade de serviços.

Uma revisão era imprescindível: normas especiais ou, como alguns afirmaram, leis esparsas atualizando o Direito de Família, os direitos das mulheres e das crianças. O Código Comercial foi modificado no mesmo processo e o Direito Tributário contribuiu.

Porém, durante a década de 1960 houve movimento em direção à unificação do Direito das Obrigações que resultou na elaboração, nos anos 1970, de projeto de novo Código Civil que receberia parte do Código Comercial e, segundo se supunha, modernizaria a legislação brasileira. Seja lá o que a expressão pretendesse significar.

Alegou-se como justificativa da primeira proposta o fato de os litígios civis e comerciais serem submetidos ao mesmo juízo e Código de Processo Civil, não havendo razão para a existência de normas diferentes para disciplinar as obrigações.

Sob a influência do Código Civil italiano, no regime militar que governava o país na década de 1970, a tendência de favorecer o controle estatal era compatível com o projeto elaborado pela comissão de juristas sob a supervisão e coordenação de Miguel Reale. Os membros, com exceção de um professor de Direito Comercial, ensinavam Direito Civil ou Direito Processual e tal circunstância contaminou o projeto e não chegou a ser eliminada do código nos trabalhos legislativos posteriores.

Quando vigiam os dois códigos de direito privado qualificar uma atividade como comercial era resultado da comparação da atividade em concreto com a lista prevista no art. 19 do Regulamento n. 737, de 1850. Tal norma refletia a jurisdição comercial especial à qual eram submetidos todos os litígios de natureza mercantil que, embora extinta, era referência doutrinária.

A lista era usada para indicar, mesmo depois da extinção dos Tribunais de Comércio, as atividades sujeitas à disciplina do Código Comercial, bem como pelos decretos ou leis que o modificaram ou complementaram. A lista era parâmetro para classificar como comerciais todas as sociedades cujo objeto contivesse ao menos uma daquelas atividades.

As atividades descritas no art. 19 eram: produção ou transformação de produtos, revenda de mercadorias ou animais, transporte, seguro, serviços financeiros e entretenimento público, além de atividades auxiliares. A doutrina considerou essas atividades como de natureza comercial.

A importância da classificação das atividades é demonstrada pelo fato de que, não obstante a revogação do mencionado Regulamento de 1850 – cujo teor não foi reproduzido em nenhuma outra norma –, a lista permaneceu como fonte que era observada e adotada por juristas e Tribunais no enquadramento de atividades econômicas. Qualquer um que estudasse o Direito Comercial invocaria a lista para construir seu trabalho.

3. Novo Código

Em janeiro de 2002, o Congresso brasileiro aprovou o novo Código Civil com base no projeto elaborado em meados dos anos 1970. A reforma, que tinha como objetivo declarado modernizar as leis de direito privado brasileiro, unificou a legislação de obrigações em um só diploma.

Note-se que o Direito Comercial não desaparece nem há unificação do direito privado.

Quando o projeto foi elaborado, a parte relativa às atividades econômicas era designada "Da Atividade Negocial". As normas ali contidas disciplinavam tanto a atividade comercial quanto as atividades profissionais não comerciais, mas que tinham em comum o fato de serem voltadas para mercados.

Como Ascarelli e Liebman lecionaram por um período na Faculdade de Direito da Universidade de São Paulo, a influência da doutrina e legislação italianas é bastante clara nessa parte do novo Código Civil, o que não explica os problemas de tradução ali identificados.

O Livro "Da atividade negocial", posteriormente designado "Do Direito de Empresa", começa com a definição de empresário. Seu art. 966[1] simplesmente reproduz o art. 2.082[2] do Código Civil italiano. Empresário: um profissional ou alguém que exerce atividades econômicas como forma de "ganhar a vida". Uma noção geral que pode ser enunciada como "alguém que organiza a própria atividade".

Organizações são estruturas que reduzem custos de transação; qualquer profissional que pretenda participar do mercado, de forma competitiva, cria uma organização apenas para reduzir custos de transação.

1. "Art. 966. Considera-se empresário quem exerce profissionalmente atividade econômica organizada para a produção ou a circulação de bens ou de serviços."

2. "Art. 2.082. Imprenditore è imprenditore *[1.330, 1.368, 1.655, 1.722, n. 4, 1.824, 2.710]* chi esercita professionalmente un'attività economica organizzata *[2.555, 2.565]* al fine della produzione o dello scambio di beni o di servizi *[2.135, 2.195]*."

Qualquer atividade, até mesmo as esportivas, de lazer e intelectuais, passa por processo de organização.

Mas isso ainda não permite separar atividades empresariais das não empresariais exercidas em e para mercados, tal como se fazia quando da vigência dos dois Códigos de direito privado.

Ao traduzir parte do Livro V daquele Código, provavelmente sob a influência da doutrina desenvolvida quando o Código Comercial estava em vigor, e com base no art. 19 do Regulamento 737, que servia de referencial para classificar as atividades comerciais, esqueceu-se de reproduzir, no Código Civil de 2002, a regra específica do art. 2.195[3] do *Codice Civile*, apta a atender ao objetivo de separar atividades mercantis das não comerciais.

Mas, além de determinar a natureza de atividades comerciais é, ainda, necessário explicar o que é empresário, pois a definição do Código Civil ou é muito ampla ou, mais especificamente, é ambígua.

É que, ao reproduzir o art. 2.082 do Código Civil italiano, sem o art. 2.195, o legislador brasileiro, de forma inadequada segundo meu entendimento, incluiu um parágrafo ao art. 966 que deveria fazer as vezes do art. 2.195 que foi esquecido.

Esse parágrafo[4] determina não serem os profissionais intelectuais empresários. Conclui-se daí que a definição de empresário é residual, é o que resta depois de se excluir todos os que não o são, mas que atuam em mercados como ofertantes de bens ou serviços.

A exclusão de profissionais intelectuais restringe o conceito de empresário. Uma possível razão é o fato de que profissões intelectuais se caracterizam por agregar, em bens ou serviços, características e/ou ideias diretamente relacionadas ao seu criador, que não podem ser facilmente reproduzidas: em suma os bens não são exatamente fungíveis. Identificam-se habilidades, criatividade, conhecimento e inventividade, relacionados ao profissional e considerados a projeção de sua personalidade.

Bens ou serviços fungíveis destinados à comercialização, característica da mercancia, são produzidos por empresários e são a maioria dos bens e serviços comercializados. Marcas, denominações de origem e outros sinais podem individualizar alguns produtos, mas não são suficientes para torná-los frutos do intelecto. Essas são ferramentas do tráfico para identificar produtores e influenciar a escolha dos consumidores, e, portanto, refletem na concorrência.

Excluir atividades intelectuais da noção de empresa seria perfeito se a frase tivesse terminado na palavra "colaboradores". No entanto, a última sentença inovou ao incluir, entre as atividades empresariais, aquelas atividades intelectuais em que esteja presente o "elemento de empresa".

"Decifra-me ou te devoro", dizia a Esfinge a quem pretendesse cruzar a estrada. O que torna um profissional intelectual empresário? A frase "se o exercício da profissão constituir elemento de empresa" gera confusão ao remeter ao elemento de empresa.

O que é o "elemento de empresa" apto a tornar profissionais intelectuais empresários? Se produtores tivessem sido qualifi-

3. "Art. 2.195. **Imprenditori soggetti a registrazione.** Sono soggetti all'obbligo dell'iscrizione nel registro delle imprese *[2.188 ss]* gli imprenditori che esercitano: 1) un'attività industriale diretta alla produzione di beni o di servizi; 2) un'attività intermediaria nella circolazione dei beni; 3) un'attività di trasporto per terra *[1.678]*, o per acqua o per aria; 4) un'attività bancaria *[1.834 ss]* o assicurativa *[1.882]*; 5) altre attività ausiliarie delle precedenti *[1.754]*. Le disposizioni della legge che fanno riferimento alle attività e alle imprese commerciali si applicano, se non risulta diversamente, a tutte le attività indicate in questo articolo e alle imprese che le esercitano."

4. "Parágrafo único. Não se considera empresário quem exerce profissão intelectual, de natureza científica, literária ou artística, ainda com o concurso de auxiliares ou colaboradores, salvo se o exercício da profissão constituir elemento de empresa."

cados como comerciantes, empresários civis, incluindo profissionais intelectuais e rurais, conforme disciplinado no Código italiano, essa dúvida não existiria. Traduções ruins ou equivocadas, no entanto, levam a interpretações obscuras.

De acordo com alguns autores, "elemento de empresa" é definido como organização; e como qualquer empresa é uma organização, e a organização não é definida, somos conduzidos a uma interpretação circular que nada esclarece.

Se a noção de organização, como entende uma certa doutrina, é o elemento diferenciador entre atividades comerciais (ou empresárias) e as não comerciais, então as organizações não governamentais, ONGs, são, vejam só, empresas porque *organizações*.

A seguir tal raciocínio, o de que a organização da atividade é o que define a empresa, e esta é comercial, então profissões intelectuais serão empresas, logo atividades comerciais.

A base dessa argumentação é o exemplo oferecido por Sylvio Marcondes Machado, em um esforço para explicar porque médicos não são empresários e hospitais são empresas.

Nenhum reparo deve ser feito ao exemplo, que está correto. Incorretas são as interpretações que o seguiram. Marcondes Machado não aprofundou as noções subjacentes a esse exemplo já que parece óbvio que as atividades têm natureza distinta.

Fundamentar conclusões em um exemplo como "máxima de autoridade" gera incerteza e custos de transação.

A breve análise do conjunto de serviços prestados por um hospital demonstra que, além de serviços médicos – atividade intelectual – outros bens e serviços são fornecidos. Medicamentos, refeições e lavanderia vêm à mente e representam atividades comerciais. Os primeiros (medicamentos) refletem intermediação; as refeições, são uma combinação de intermediação e produção. Uma única atividade comercial desenvolvida por hospitais seria suficiente para defini-lo como empresa.

E, nesse caso, é irrelevante se o serviço de saúde fornecido pelos médicos é o mais importante. Sem os outros atos (ou atividades) não seria possível tratar os pacientes que precisam de cirurgias, por exemplo. Não apenas a organização, mas a combinação de atividades desprovidas de natureza intelectual, justifica o exemplo de Marcondes Machado.

São necessários e estão claramente presentes em hospitais certos serviços que determinam sua qualificação como empresa; médicos que lá trabalham, enfermeiras, estudantes de medicina, e todo um conjunto de profissionais que prestam serviços como profissionais intelectuais.

Uma explicação mais adequada sobre o que o legislador pretendeu ao copiar o art. 2.082, mas não o art. 2.195 da legislação italiana, pode ser encontrada no art. 967 do Código Civil brasileiro.[5]

A ordem aos empresários no sentido de que o registro perante o Registro Público Empresarial deve ocorrer antes do início das atividades é emblemática. Note-se que, mais uma vez, um desvio em relação ao Código italiano pode ser observado. Este concede prazo de trinta dias de atividade antes do registro, enquanto o Código brasileiro requer registro prévio ao início das atividades no caso de empresário individual.

Possivelmente em razão da necessidade de comprovação da capacidade de operar em um mercado como fornecedor; outra razão seria evitar ou dificultar que empresários irregulares tivessem acesso a crédito. Ou o conceito equivocado de que

5. "Art. 967. É obrigatória a inscrição do empresário no Registro Público de Empresas Mercantis da respectiva sede, antes do início de sua atividade."

nenhum empresário irregular ou de fato deveria ser permitido!

Conclui-se da interpretação lógica de ambos – art. 966, parágrafo único e art. 967 – que empresário e comerciante são sinônimos. Como não há uma lista relacionando às atividades empresariais, a melhor referência para os juristas ainda é o rol de atividades, disciplinadas por lei especial, do art. 19 do revogado Regulamento datado de 1850.

A questão é se uma lei promulgada em 2002 poderia ser interpretada utilizando-se como instrumento uma norma de 1850 e já, de há muito, revogada. Ao se retornar ao tradicional e consolidado método de interpretação baseado na lista das atividades que têm natureza comercial, certamente serão cometidos erros.

Dois podem ser desde logo indicados. O primeiro é a ideia de que contadores (*Certified Public Accountants* – CPA) que prestam serviços através de sociedade são comerciantes. O outro, refere-se a advogados atuando como consultores, que não são classificados como profissionais intelectuais, mas, ao contrário, como intermediários e, portanto, comerciantes.

4. Sociedades após 2002

Como a nova lei unificou a disciplina das obrigações, os contratos, inclusive os de sociedade, são disciplinados na mesma parte do Código. As sociedades estão definidas no art. 981;[6] o art. 982[7] qualifica uma sociedade como empresária se o objeto social consistir em atividade típica do empresário. As exceções são as sociedades anônimas, sempre comerciais, e as cooperativas, sempre não comerciais, conforme determina o parágrafo único do mesmo dispositivo.[8]

O fato de as companhias serem comerciais pela forma, ou, nas palavras da lei, empresárias, corrobora a conclusão alcançada acima. Empresário e comerciante são sinônimos. O art. 983 confirma essa tese, já que requer que as sociedades adotem um dos tipos ou estruturas criadas e desenvolvidas pelos comerciantes desde o século XII.

A regra contida no art. 983 é bastante clara. Empreendimentos "comerciais" são empresas e devem, quando organizados como sociedades, adotar forma comercial, *i.e.*, uma das tradicionais estruturas desenvolvidas para o tráfico comercial. Empreendimentos "não comerciais" podem adotar quaisquer das formas, mas isso não implica sua qualificação como empresa.

A criação de sociedades de contadores (CPAs) sob a estrutura de uma sociedade de responsabilidade limitada não significa que o empreendimento será considerado empresarial. Nem a organização nem o tipo legal são suficientes, *per se*, para definir a empresa ou o empreendimento comercial.

Conclusão: uma simples tradução, se feita de maneira inadequada, permite interpretações incorretas, criando externalidades e efeitos de segunda ordem.

4.1 Sociedade de responsabilidade limitada

A *GmbH* alemã foi introduzida no Brasil em 1919, como lei especial sob o regime do Código Comercial. O Decreto n. 3.078, com dezenove artigos, disciplinou a nova estrutura e a tornou o modelo mais

6. "Art. 981. Celebram contrato de sociedade as pessoas que reciprocamente se obrigam a contribuir, com bens ou serviços, para o exercício de atividade econômica e a partilha, entre si, dos resultados. Parágrafo único. A atividade pode restringir-se à realização de um ou mais negócios determinados."

7. "Art. 982. Salvo as exceções expressas, considera-se empresária a sociedade que tem por objeto o exercício de atividade própria de empresário sujeito a registro (art. 967); e, simples, as demais."

8. "Parágrafo único. Independentemente de seu objeto, considera-se empresária a sociedade por ações; e, simples, a cooperativa."

utilizado no país para a criação de sociedades, comerciais, ou não.

Responsabilidade limitada e ausência de capital ou contribuição mínimos, remissão aos artigos da legislação de sociedades, se e quando necessário, fizeram-na um sucesso. A existência de um modelo flexível foi a característica mais bem recebida.

Toda e qualquer decisão referente à administração ordinária ou extraordinária da sociedade dependia de aprovação de sócios representando 50% + 1 quotas ou maioria simples, salvo disposição contratual em contrário.

A utilização desse modelo para constituir sociedades entre cônjuges logo ensejou dúvida. Se casados sob o regime da separação absoluta de bens, a sociedade violaria esse regime? E no caso de casamento sob o regime da comunhão total de bens, seria contra o interesse dos credores? Tais questões recaiam sobre a possibilidade de alteração, pelos cônjuges, do regime de bens escolhido ou decorrente da lei.

Nenhuma ênfase foi dada ao fato de que a separação de ativos destinados ao negócio é feita no interesse dos credores do negócio. Após intensas discussões doutrinárias, os tribunais finalmente decidiram que não haveria violação às normas existentes se o casal, independentemente do regime de bens, constituísse sociedade de responsabilidade limitada.

Em outras palavras: casais poderiam, sem desobedecer a lei, constituir tal sociedade, segregando ativos e riscos. Ao menos até 1960, autores brasileiros consideravam-na ilegal porque entendiam que os bens do casal não deveriam ser divididos sob a mesma titularidade (pessoas físicas e jurídicas não eram diferenciadas embora fossem formalmente diferentes). Mas as demandas sociais superaram o formalismo da lei. Tornou-se comum para cônjuges casados sob qualquer regime de bens separar bens privados ou domésticos daqueles utilizados em atividades econômicas.

Atualmente, após 2002, o formalismo está em pleno vigor como se a realidade e a experiência não importassem. O art. 977[9] reflete as mesmas e ultrapassadas discussões sobre segregação de riscos. Cônjuges casados sob o regime da comunhão universal ou sob o regime da separação obrigatória de bens estão proibidos de constituir sociedades. A proibição exclui tais contratos mesmo que um terceiro também seja sócio.

Se o recurso às pessoas jurídicas permite a separação de ativos e a segregação de riscos, quando associado ao exercício de atividades econômicas, serve também para proteger os credores cujos créditos estão relacionados à atividade de cobranças apresentadas por pessoas cujos créditos têm outra natureza ou origem.

O art. 977 também demonstra como a forma prevalece sobre a função, desconsiderando a segregação de risco. Embora as sociedades unipessoais sejam admitidas, apesar de organizadas por pessoas jurídicas, é impossível constituir uma sociedade de responsabilidade limitada unipessoal dada a ausência de dispositivo legal permissivo no Código do século XXI. Provavelmente as justificativas para tanto sofreriam as severas críticas endereçadas à limitada constituída por cônjuges.

Itália, França, Espanha e Portugal, países de direito civil (*civil law*), admitem a criação de sociedades unipessoais de responsabilidade limitada. Alguns deles, inclusive, modificaram o Código Civil mediante a inclusão da sociedade unipessoal qualificada como sociedade ainda que sem contrato plurilateral, reconhecendo que a dinâmica das atividades econômicas em período de globalidade requer mecanismos de segregação de riscos e separação de ativos.

9. "Art. 977. Faculta-se aos cônjuges contratar sociedade, entre si ou com terceiros, desde que não tenham casado no regime da comunhão universal de bens, ou no caso da separação obrigatória."

Sociedades de responsabilidade limitada e sociedades anônimas são estruturas organizacionais que servem a diversas finalidades. Duas são as principais: responsabilidade limitada dos membros e modelo operacional de governança; a segregação de riscos é uma consequência de seu reconhecimento como pessoas jurídicas, independentemente do número de membros: um, dois ou vários.

Problemas de tradução ou afirmação da predominância das raízes romanas, conforme alegam alguns? As raízes romanas e o formalismo prevaleceram, a proteção ao risco, objetivo tão pouco significativo, nem mereceu atenção. A exposição ao risco e a proteção dos riscos são fontes de custos de transação e/ou externalidades. Os legisladores brasileiros não levaram tais riscos em consideração, desprezando as demandas sociais e a importância de se elaborar normas aderentes tanto quanto possível à realidade social.

Em um Código que adota a sociabilidade como princípio fundamental, barreiras à assunção de riscos devem ser condizentes com o interesse social. A separação de ativos e o investimento em projetos arriscados são praticamente inseparáveis.

O art. 977 criou um problema: o que fazer com as sociedades de responsabilidade limitada já existentes entre cônjuges casados sob um dos regimes de bens proibidos? Elas devem ser dissolvidas ou um dos cônjuges deve retirar-se? O prazo de um ano durante o qual as sociedades devem adaptar seus contratos à nova disciplina requer uma definição mais clara.

Uma solução salomônica foi dada pelo Registro Público Empresarial, sob o fundamento de que essas sociedades eram atos jurídicos perfeitos e, portanto, não foram atingidas pela nova lei!

O art. 977 e a decisão da autoridade exemplificam os efeitos de segunda ordem causados por desnecessárias alterações legislativas, que podem ser computados no que se costuma chamar de "custo Brasil" para se fazer negócios.

Pior é o fato de que o novo Código permite mudanças no regime de bens, hipótese em que o casal poderia escapar da regra proibitiva. Parece que o código não é um sistema e essa circunstância também pode aumentar os custos de transação.

Uma última observação: uma sociedade não empresarial, transposição da *società semplice* italiana – tipo de sociedade que exerce atividades não qualificadas como empresariais – supre e complementa todos os tipos empresariais, inclusive a limitada. A remissão à legislação de sociedades anônimas depende de cláusula contratual.

5. Contratos comerciais e interpretação de cláusulas ambíguas

Provavelmente a pior decisão no que diz respeito à unificação da disciplina das obrigações reside na não reprodução dos arts. 130[10] e 131[11] do Código Comercial, aplicáveis à interpretação de cláusulas am-

10. "Art. 130. As palavras dos contratos e convenções mercantis devem inteiramente entender-se segundo o costume e uso recebido no comércio, e pelo mesmo modo e sentido por que os negociantes se costumam explicar, posto que entendidas de outra sorte possam significar coisa diversa."

11. "Art. 131. Sendo necessário interpretar as cláusulas do contrato, a interpretação, além das regras sobreditas, será regulada sobre as seguintes bases: 1 – a inteligência simples e adequada, que for mais conforme à boa fé, e ao verdadeiro espírito e natureza do contrato, deverá sempre prevalecer à rigorosa e restrita significação das palavras; 2 – as cláusulas duvidosas serão entendidas pelas que o não forem, e que as partes tiverem admitido; e as antecedentes e subsequentes, que estiverem em harmonia, explicarão as ambíguas; 3 – o fato dos contraentes posterior ao contrato, que tiver relação com o objeto principal, será a melhor explicação da vontade que as partes tiverem no ato da celebração do mesmo contrato; 4 – o uso e prática geralmente observada no comércio nos casos da mesma natureza, e especialmente o costume do lugar onde o contrato deva ter execução, prevalecerá a qualquer inteligência em contrário que se pretenda dar às palavras; 5 – nos casos duvidosos, que não possam resolver-se segundo as bases estabelecidas, decidir-se-á em favor do devedor."

bíguas, incompletas ou que não contam com respaldo explícito em previsão legal.

Se normas gerais fossem invocadas para interpretar contratos comerciais, isso equivaleria a negar a existência de usos e costumes comerciais. Os usos e costumes, além de conhecidos dos comerciantes, reduzem custos de transação e têm aplicação mesmo sem expressa menção.

Por serem princípios operativos, poder-se-ia imaginar que os arts. 130 e 131 não representariam barreira. Suposição falsa, também a função social do contrato, no art. 421, gera externalidades. Os contratos escritos, especialmente os comerciais, requerem, atualmente, maior atenção, aumentando os custos de transação.

Por fim, como a antiga Lei de Introdução ao Código Civil não foi revogada, talvez um apelo aos usos e costumes seja suficiente e permita a constituição de novas sociedades entre cônjuges independentemente do regime de bens do casamento.

6. Conclusões

A aprovação, com poucos debates, do Código Civil e o curto período de 12 meses de *vacatio legis* comprovam que a aprovação de mudanças nas normas jurídicas não combina com a pressa.

A pouco clara expressão "elemento de empresa" é um enigma e qualquer resposta lógica e significativa requer que o intérprete preste atenção e combine dois artigos dispostos de forma desordenada. A incerteza criada gera custos de transação e pode tornar penoso distinguir atividades comerciais e não comerciais na apreciação de objetos sociais limítrofes. Os juristas e os Tribunais dedicaram poucos esforços para desenvolver uma definição de *empresa* usando metodologia similar àquela empregada após a revogação do Regulamento n. 737/850, cujo art. 19 serviu de suporte.

Atrelar o significado de "elemento de empresa" ao de organização equivale a invocar argumento circular: um comerciante pratica atos de comércio ou atos de comércio são aqueles praticados por comerciantes? É possível exercer, profissionalmente, uma atividade econômica sem organização? Todas as organizações são empresas?

A decisão de preservar as sociedades de responsabilidade limitada preexistentes em clara violação à lei cria expectativas inadequadas: talvez em outros casos decisões similares sejam adotadas, então por que observar as normas agora?

A interpretação dos contratos comerciais sob a ameaça da função social e a ausência dos arts. 130 e 131 indicam que esse Código Civil não se tornará "comercial", como ocorreu na Itália.

Más traduções aliadas à importação de instituições estrangeiras são fonte de custos de transação, efeitos de segunda ordem e prejudicam o desenvolvimento econômico.

Doutrina

O FUTURO DO DIREITO COMERCIAL NO BRASIL

HAROLDO MALHEIROS DUCLERC VERÇOSA

No livro do Êxodo é narrado o episódio da transformação do cajado de Moisés em uma serpente, diante do faraó. O milagre foi copiado logo em seguida pelos magos do governante egípcio, que produziram duas outras cobras, mas a serpente do líder hebreu as devorou logo em seguida. Isto vem a propósito quanto ao entendimento de desavisados juristas no sentido de que, com a promulgação do Código Civil de 2002 e mediante a unificação do Direito das Obrigações, o Direito Comercial teria sido incorporado pelo primeiro se não em seu todo, ao menos de uma forma bastante significativa.

Ledo engano, como já procuramos demonstrar nos textos que temos publicado (especialmente nos volumes do nosso *Curso de Direito Comercial*[1] e em outros trabalhos nesta *Revista*), na mesma linha de diversos outros comercialistas. Pelo contrário, é o Direito Comercial que, como a serpente de Moisés, em um processo lento, mas contínuo, já notado no passado e denominado de *comercialização do Direito Civil*, vem progressivamente aumentando o campo de sua atuação, o que resulta em haver o primeiro *devorado um grande naco do Direito Civil*.

Conforme se sabe, ao haver regulado expressamente a partir do art. 966 do Código Civil de 2002 o chamado *Direito de Empresa*, sem dúvida alguma o legislador brasileiro passou a reger o Direito Comercial sob um novo parâmetro, de maneira muito criticada por boa parte da doutrina especializada. Isto significa dizer que aquele ramo do direito atuou, na vigência do Código Comercial de 1850 e do Código Civil de 1916 sobre certo espectro da atividade mercantil, transformada recentemente em certos limites pelo Código Civil de 2002 e que, certamente, merecerá um novo equacionamento no futuro, seja pela evolução própria que tem sido uma das características essenciais do Direito Comercial, seja outra vez pela atuação direta do legislador, o qual será obrigado a reconhecer certas realidades que já se mostram presentes e que se encontram em processo de desenvolvimento mais profundo. É em relação a este futuro que pretendemos fazer algumas considerações, a partir da verificação de fatores que já se encontram presentes, identificando-se existir em *gestação* um novo *embrião jurídico*, que se revelará o futuro Direito Comercial. A análise prende-se ao direito brasileiro, entendido que ele se integra substancialmente no direito continental europeu, ou romano-germânico, diferente de sua configuração e evolução nos países da *common law*.

O fenômeno diz respeito fundamentalmente à adoção da empresa como instrumento do exercício da atividade econômica, o que se dá não somente no campo do direito privado estrito senso, mas também no das sociedades de economia mista

1. Vols. I (2ª ed., 2008), II (2ª ed., 2010) e III (2008), São Paulo, Malheiros Editores.

e nas empresas públicas,[2] unindo-se em certa medida esses dois ramos do direito sob tal prisma. Está aí para demonstrar a tese das parcerias público-privadas. Observe-se, a propósito que, mesmo deixando o Estado moderno cada vez mais de exercer a atividade econômica diretamente (o *Estado Empresário*), a sua presença como regulador dessa mesma atividade é cada vez mais intensa. O efeito no plano jurídico é o enorme crescimento de um ramo do direito que poderia ser chamado de *direito comercial público-privado*, com uma nuance bastante diversa das características que informam o Direito Econômico. Este, como se sabe, padece de uma crônica crise de identidade.

Mas a preocupação deste momento é com o avanço do Direito Comercial na direção de outras atividades tradicionalmente inerentes ao Direito Civil, para além da atração que, em relação a elas, o legislador do Código Civil estabeleceu com o instituto do *elemento de empresa* no parágrafo único do art. 966. Neste sentido, como se sabe, a atividade intelectual (de natureza científica, literária ou artística), mesmo quando realizada com o concurso de auxiliares ou colaboradores, remanesce no campo do Direito Civil, exceto quando se tornar *elemento de empresa*.

Há certa sutileza indecifrável no conceito acima (ou, ainda, uma contradição), que já havíamos identificado anteriormente.[3] Isto porque o fato de que alguém exerça profissionalmente uma atividade econômica naqueles setores, buscando o lucro como resultado final e se utilizando de empregados ou de outros tipos de colaboradores (prestadores de serviços administrativos, técnicos e/ou liberais) somente será considerado de natureza mercantil quando essa mesma atividade puder ser identificada como *elemento de empresa*, ou seja, integrada ou subsumida em outra daquela mesma natureza.

Para podermos enfrentar o problema de forma mais adequada, precisaremos analisar, ainda que muito brevemente, como o Direito Comercial se caracterizou no passado (distante e mais recente), de que forma ele pode ser atualmente identificado, de maneira a se vislumbrá-lo em sua evolução. Sim, porque fundamentalmente é de evolução de que se trata (sabe-se que também no Direito, e no Direito Comercial em particular, praticamente pouco ou quase nada se cria, tudo se aproveita), mas também de certo rompimento de paradigmas, representando esta circunstância um *salto qualitativo* no processo evolutivo.

Como se sabe, o Direito Comercial na sua configuração como um ente jurídico autônomo, surgiu na Idade Média, no âmbito das corporações de ofícios, como um direito exclusivamente aplicável aos membros daquelas, a partir da construção de institutos nascidos da insuficiência do direito comum (fosse ele o Direito Romano ou o direito local) e provocados pela batalha que os comerciantes travaram diante do obscurantismo do Direito Canônico no que dizia respeito ao exercício do comércio, a partir de uma visão e aplicação deturpadas de fundamentos do cristianismo (os quais, por sua vez, em grande parte originam-se do Antigo Testamento hebraico).

Como se sabe, o enfrentamento que os comerciantes faziam ao Direito Canônico foi provocado por causa das determinações que aquele apresentava especialmente em relação à proibição da cobrança de juros e ao ganho no câmbio. Pode-se afirmar que o Direito Canônico operava contra algumas *leis econômicas*, que foram *reveladas* somente em época muito distante no futuro (desta forma, o anacronismo é aparente e não real porque tais leis já existiam e coube aos economistas identificá-las e entendê-las, ainda dentro de um processo

2. Sempre é bom lembrar que as sociedades de economia mista e suas subsidiárias são, no fundo, sociedades empresárias privadas, dotadas de *controle governamental* (CF, art. 173, *caput*, e inciso II).

3. V., a propósito, o item 3.2 do vol. 1 do nosso *Curso de Direito Comercial* (2ª ed., São Paulo, Malheiros Editores, 2008, p. 148).

de descobertas progressivas). É claro que em cada tipo de economia aplicam-se as leis próprias, em cada lugar e em cada momento histórico.

Os institutos já então regulados de forma satisfatória pelo direito comum, segundo as necessidades dos comerciantes (por exemplo, a propriedade e alguns contratos) foram por estes aproveitados e eventualmente enriquecidos no exercício de sua atividade. Afinal de contas, há de se reconhecer que também no campo do direito opera a chamada *lei do menor esforço*, no sentido de que recorreram os comerciantes naquele tempo aos institutos que já existiam e que serviam adequadamente aos propósitos do comércio, não carecendo instituírem um novo tratamento. Desta forma, não aumentavam os mercadores o que mais tarde seria designado pelos economistas modernos como *custos de transação*, de forma a não onerar ainda mais e desnecessariamente a sua atividade.

De outro lado, o impedimento à cobrança de juros em operações de empréstimo ou de se aplicar uma taxa diferenciada nas operações de câmbio eram restrições que na maior parte dos casos teriam inviabilizado o exercício do comércio. Daí que os comerciantes criaram diversos *mecanismos de fuga*, com recurso à flexibilidade da *letra de câmbio*, que então se desenvolvia, tais como a compra e venda com recompra por preço maior e o *cambio con la ricorsa* (câmbio de retorno).

No primeiro caso, disfarçando-se um negócio de empréstimo, alguém comprava um bem por determinado preço e mais tarde o revendia à mesma contraparte por um preço menor. A diferença de preços representava os juros que o vendedor havia estabelecido.

No segundo caso, lembre-se que a moeda era considerada *estéril* pelo Direito Canônico, ou seja, não era capaz de gerar filhos (estes representados pelos juros que os emprestadores pretendiam, segundo a noção canônica, ilicitamente cobrar dos seus clientes). Assim, o dinheiro resultante de um mútuo deveria ser pago na mesma qualidade e quantidade. Como consequência, se alguém fazia o câmbio de uma moeda por outra na mesma praça (câmbio local), o negócio somente poderia ser realizado unidade contra unidade, não se reconhecendo a possibilidade de uma moeda encontrar-se mais *apreciada* em relação à outra, ou seja, a existência de uma *taxa de câmbio* que justificasse uma diferença de preço, propiciando o estabelecimento de cotações.[4]

Mas, por outro lado, o Direito Canônico aceitava que o banqueiro pudesse cobrar alguma coisa pela entrega de moeda vendida em praça diferente daquela em que havia sido comprada (câmbio trajectício), justificando-se este sobrepreço como o custo do transporte e/ou do risco correspondente, pois a moeda era criada a partir de metais preciosos (ou o próprio metal em barras ou sob outra forma) e salteadores ou piratas sempre existiram. Ora, não demorou muito para que os comerciantes começassem a sacar entre si uma letra de câmbio de uma praça para outra, em moedas diversas entre si, seguida de outra letra de câmbio para a praça original, com uma diferença de preço entre as duas. Era o *câmbio de retorno*.

Importante é ressaltar que os comerciantes se reuniram em torno de corporações organizadas em relação aos mais diversos ofícios e dentro delas começaram a criar costumeiramente *normas paralelas* ao direito posto, pouco a pouco reunidas em documentos que, mais tarde, vieram a formar os primeiros *códigos* normativos que regiam a sua atividade. O *enforcement* de tais normas se deu inicialmente de maneira

4. Observe-se que a forma pela qual se forma a taxa de câmbio no mercado ainda é um mistério relevante para a grande maioria dos que nele operam e também para a unanimidade dos ministros da fazenda que pretendem estabelecer o valor da moeda do seu país por meio de algum mecanismo econômico, geralmente derrapando de forma catastrófica nos resultados.

voluntária, mas eficaz porque o comerciante condenado por algum dos *tribunais de comércio* que voluntariamente foram constituídos ficaria *queimado* para o mercado se descumprisse a decisão proferida em seu desfavor.

Havendo as corporações se fortalecido internamente e também externamente, neste último sentido a sua jurisdição passou a envolver terceiros não comerciantes (desde que a questão posta diante dos tribunais consulares tivesse um comerciante como parte). Mais adiante, no futuro, as normas nascidas no seio das corporações extravasaram o seu âmbito e foram aplicadas de forma mais generalizada.

No entanto, circunstâncias políticas e econômicas mudavam o cenário, havendo bem mais tarde surgido o Estado Nacional, dotado de jurisdição sobre todo o seu território. O rei, fortalecido, passou a submeter sob seu jugo as corporações de mercadores, havendo *nacionalizado* o Direito Comercial que já se caracterizava como um corpo específico de normas, guardadas naqueles primeiros *códigos costumeiros*, dos quais falamos há pouco. Foi assim que em França o rei Luís XIV promulgou duas Ordenações, uma para o comércio terrestre (1673), outra para o comércio marítimo (1681), havendo-as transformado em leis gerais para o comércio mercantil, tendo se dado o consequente esvaziamento da construção anterior, fundada na consolidação de usos e costumes mercantis, que se inspirou profundamente naquelas ordenações.

Este processo apresenta um marco histórico com a extinção das corporações em França, pela Lei Le Chapellier, de 1792 e a promulgação do Código Comercial francês em 1807.

Importa ressaltar neste passo que o legislador francês procurou delimitar o campo do Direito Comercial por meio da tentativa de construção do conceito de *ato de comércio*, intenção que se revelou irrealizável, precisamente pela falta da identificação de critérios lógico-científicos que pudessem levar a tal objetivo. Isto porque, conforme se verificou pela evolução errática do Direito Comercial, ele jamais poderia alcançar o grau de ciência *ontológica*, mas tão somente *histórica*.[5]

Aqui em nossas plagas, na busca da construção do modelo brasileiro de um Código Comercial, tornado realidade em 1850, os seus organizadores procuraram safar-se da *sinuca de bico* na qual se havia colocado o seu similar francês, havendo optado trocar o conceito fulcral de *ato de comércio* ali existente pelo estabelecimento de sua fronteira sobre conceito necessariamente impreciso de *mercancia*, cuja base estava, justamente, na verificação dos campos de atividade que historicamente haviam sido objeto do Direito Comercial, o que caberia ao juiz identificar em cada caso concreto. E para *facilitar* a vida do magistrado pátrio, foi publicado o Regulamento 737, também de 1850, cujo art. 19 relacionava, *a título de exemplo*, os mesmos *atos de comércio* como tais identificados pelo Código Civil francês. Mas *mercancia* significava *atividade* e não *ato*, fato que demonstrou a extrema modernidade dentro da qual operavam os gestores do nosso Código Comercial, morto em circunstâncias trágicas pelo legislador de 2002, não tendo deixado herdeiro à sua altura.

A sedimentação da jurisprudência dos tribunais brasileiros chegou a identificar ao tempo da vigência do Código Comercial (bem em muitos momentos, mal em outros) que tipos de atividades específicas eram considerados de natureza mercantil, propiciando, assim, a aplicação de suas normas. Dificuldades precisaram ser superadas progressivamente, em relação a novos campos de atividades, desconhecidas pelo legislador da época do Código Comercial francês. Isto porque, é evidente, setores novos para o exercício do comércio surgiram depois de 1807 e isto vem ocorrendo em velocidade

5. Cf. Oscar Barreto Filho, *Teoria do Estabelecimento Comercial*, São Paulo, Max Limonad, 1969, pp. 13 e 14.

cada vez maior nos últimos anos. Assim nos encontrávamos quando foi promulgado o Código Civil de 2002, que adotou uma identificação do empresário e da sociedade empresária pelos já referidos critérios presentes nos arts. 966 e 982.

Um dos grandes problemas da sistemática vigente está no tratamento da atividade intelectual, nos seus diversos aspectos, afastada de sua caracterização como mercantil, exceto quando se identificar como *elemento de empresa*. Isto porque, considerando-se a empresa tradicionalmente segundo um dos perfis identificados por Asquini como *atividade organizada* (ou como *feixe de contratos* na visão de Coase), o legislador se esqueceu que hoje em dia parte significativa da atividade intelectual adota a empresa como forma para o seu exercício. E aí, ela não pode ser tomada como elemento de si mesma. E este é um ponto de rompimento com o passado do Direito Comercial.

Em qualquer setor da atividade econômica intelectual avulta cada vez mais a opção pela empresa, não sendo possível identificar qualquer diferença estrutural entre uma voltada para um campo historicamente considerado como mercantil e outro intelectual, mesmo quando se trata do exercício de profissões chamadas *liberais*.

Por exemplo, muito antes do regime jurídico atual, os hospitais já eram considerados como empresas mercantis. Se assim já se reconhecia no passado, a evolução de sua estrutura mostra um perfil cada vez mais empresarial. Por exemplo, não precisamente com o objetivo de lucrar com a iniciativa, mas alguns dos melhores hospitais de São Paulo (nos quais já operavam lanchonetes franqueadas de boa qualidade) passaram de um tempo a esta parte a manterem restaurantes de alta qualidade, com cardápio variado. Tal objetivo revelou-se, ao mesmo tempo, um benefício aos acompanhantes de pacientes ali internados (não costuma, mesmo, ser intragável a *comida de hospital*?), um mecanismo de *marketing* e uma nova opção gastronômica para pessoas em busca de qualidade na sua alimentação, favorecida muitas vezes por uma localização privilegiada. A par disto, a publicidade direta que os hospitais têm feito pelos diversos meios de comunicação, na disputa de uma clientela indistinta, os identifica claramente com as empresas mercantis *tradicionais*.

Os laboratórios de análises clínicas, por sua vez, se abriram para outras atividades afins, como o *hospital-dia*. Tanto nestes como naqueles, o exercício da atividade de medicina vem sendo feito de forma cada vez mais despersonalizada, notando-se que o *cliente* (que é um consumidor segundo a legislação própria), dentro das opções dos seus planos de saúde, ou em caráter particular, dá preferência à *empresa* que lhe ofereça melhor tratamento e atenção, havendo nestes casos desaparecido a relação pessoal médico-paciente. O cliente é uma ficha nas mãos do médico de plantão e este um profissional geralmente desconhecido para o primeiro, em cuja qualificação acredita porque se encontra *respaldado* por uma *empresa* de renome.

Por sua vez, a organização interna dos hospitais toma a feição de verdadeiras *franquias*, quando os seus serviços especializados são cedidos a equipes fechadas de médicos de renome e que dão confiabilidade ao *sistema*. A este respeito, verifica-se que a busca por profissionais de competência reconhecida (e capazes de agregarem nova *clientela*), se transforma em uma *briga no mercado*, fazendo-se a sua captação pelo oferecimento de melhores condições de trabalho e de remuneração, tal como acontece na atividade comercial, industrial e financeira.

Em algumas outras profissões (como engenharia e arquitetura) o caráter empresarial não se encontra ainda tão desenvolvido, mas nelas tem sido adotado o mesmo sistema operacional da *empresa*.

Talvez o setor que, depois da medicina, mais tenha se aproximado da figura da empresa mercantil na sua forma operacional seja o da advocacia. Grandes e até mesmo macro escritórios têm marcado a sua presença no mercado, especialmente nas grandes cidades, dividindo sua presença entre a *matriz* e diversas *filiais* que se espalham por locais considerados estratégicos. Em sua organização interna existem os mesmos departamentos e facilidades das empresas tradicionais; são instituídos quadros de carreira, dotados de hierarquia e com planos de saúde e de previdência; adota-se sistema de gerenciamento profissional e de auditorias interna e externa; a morte do fundador não caracteriza necessariamente a extinção do *estabelecimento*, que continua com os demais participantes. Ressalte-se que deste fato avulta um sentido *institucional* presente nesta e em outras atividades tradicionalmente liberais. Isto porque a empresa em geral busca auferir lucros em caráter duradouro, pensando e agindo em vista do longo prazo, do que decorre a necessidade de se demonstrar aos clientes que ela estará ali no futuro próximo ou mais distante, para lhe dar segurança quanto a problemas que possam surgir (o *recall* de automóveis é um exemplo frisante).

Há um enorme custo na atualidade na prestação liberal de serviços (direto e indireto) este outro fator que as predispõe para a empresarialidade. Os exemplos são inúmeros: a disponibilidade de equipamentos hospitalares e dos necessários à realização de exames clínicos em larga escala pela adoção de modernas tecnologias; a instalação de redes de informatização da atividade e a compra dos programas para sua utilização; a manutenção de uma infraestrutura de pessoas e de materiais destinados à realização da atividade-fim; os seguros cuja contratação se torna imprescindível; eventuais contratos de licença a serem celebrados; a abertura de *filiais* objetivando racionalizar os serviços no plano horizontal; a necessidade de se dar aos prestadores de serviços um treinamento contínuo e de qualidade; etc.

A clientela é disputada no mercado por meio da participação em *tomadas de preço* que fazem os clientes junto a tais escritórios, considerados por aqueles em um mesmo patamar quanto à qualidade dos seus serviços, ou seja, surgindo o reconhecimento de uma *fungibilidade relativa* na prestação dos seus serviços. Do seu lado, tais escritórios procuram criar algum tipo diferencial de qualidade diante do mercado, que sirva para ganhar e manter clientes. Por exemplo, o atendimento pessoal pelos sócios *seniors*, especialidade, prontidão, rapidez na solução dos casos, etc. são alguns dos ingredientes apresentados como fatores de qualidade diferenciada.

Fusões, aquisições e cisões (em termos) têm sido costumeiras em tais *empresas*, que procuram melhorar o seu *staff*, adquirindo junto com eles boas *carteiras de clientes*. De outro lado, como se disse acima, a morte do sócio fundador que, em vida, levou o escritório a uma posição de destaque no cenário de sua atividade não mais caracteriza uma fuga geral de clientes. Estes se sentem seguros em continuar sendo atendidos pela mesma *organização*, considerada a sua estabilidade. A própria *denominação* do escritório torna-se uma *marca* importante no mercado, tanto que se procura mantê-la sem alterações, malgrado a mudança dos sócios que a formaram originalmente.

Proibidos de fazerem publicidade direta, nem por isto a busca pela clientela deixa de ser feita por outros meios, tais como o patrocínio de seminários e a publicação de obras jurídicas, a publicação de trabalhos pelos sócios e advogados dos escritórios na mídia especializada, etc., todos com o objetivo de destacar a qualidade daquela *empresa* no *nicho do mercado* que se encontra explorando. A este respeito, são encontrados escritórios *de massa*, outros atuando em certas especialidades e outros que apresentam a característica de *boutique*, com atendimento personalizado aos seus clientes.

Nos Estados Unidos, como se sabe, os escritórios de advocacia podem realmente se organizar sob a forma de empresas (muitos deles macroempresas, na verdade, e até mesmo de âmbito internacional), disputando diretamente a clientela no mercado pela utilização de todos os meios publicitários existentes, agindo agressivamente com tal objetivo e adotando *linhas de produção* altamente especializadas em certas áreas do direito. Um resultado negativo dessa realidade está na imagem nada abonadora que os profissionais do direito merecem, geralmente, naquele país, lembrando-se, a propósito que a primeira vítima no primeiro episódio do *Parque dos Dinossauros* foi um causídico, devorado em circunstâncias não muito respeitáveis.

O limite da empresarialidade no caso das profissões liberais, no entanto, esbarra no marco legal, que pode ser modificado ao sabor da evolução das maneiras como estão sendo exercidas as atividades intelectuais, respeitados certos limites.

Bem, e daí? Interessaria aos profissionais liberais assumirem o *status* de empresários em todos os seus aspectos, ou seja, nos direitos e obrigações correspondentes? Ou, de outro lado, seria esta situação juridicamente útil para a sua clientela e para os terceiros com os quais se defrontam no mercado correspondente? Haveria um ganho para a coletividade? Que tipos de incompatibilidades existiriam na caracterização da atividade empresarial liberal como empresária?

Em algumas coisas vemos compatibilidade, em outras não, mas que são passíveis de superação pela adoção de um regime híbrido. É claro que os sócios controladores de um escritório de grande renome, organizado se possível sob a forma de companhia aberta gostariam muito de, em determinado momento, fazerem uma *OPA* e assim transferirem as ações de sua titularidade para outros interessados, realizando um grande lucro. Este caminho já foi seguido por um escritório australiano, que abriu o seu capital.[6]

De outro lado penso que não lhes apeteceria nem seria condizente com uma realidade especialíssima, recorrer a uma operação de *recuperação empresarial* ou de ter a sua falência requerida por um credor perante o qual viessem a ficar inadimplentes.

Interessante é observar (para notar uma relação de identidade com empresas comerciais seculares) que o mecanismo da recuperação empresarial é inconsistente tanto na área bancária quanto na prestação de serviços de profissionais liberais. Isto porque as duas atividades são particularizadas pelo elemento *confiança*. Desaparecida esta, perdida está a empresa nos dois casos.

Uma questão importante estará na compatibilização dos modelos de responsabilidade das sociedades de profissionais liberais (do tipo simples, mesmo que na forma de limitada) e das sociedades empresárias (limitadas e anônimas, principalmente). Nas primeiras, seu regime peculiar – conforme a legislação regedora de cada categoria profissional – implica na responsabilidade pessoal dos sócios de forma ilimitada diante dos prejuízos causados aos clientes (independentemente do seu capital) e, nas segundas, existe uma limitação desta responsabilidade em relação ao capital social, sem repercussão no patrimônio particular dos sócios, como regra geral.

A peculiaridade acima mencionada não interfere com a construção de uma sistemática empresarial para as profissões liberais (os hospitais já o são de longa data, como visto acima). Basta dizer que os serviços prestados nessa área de atividade são considerados relações de consumo,

6. Trata-se do escritório Slater & Gordon, que se tornou o primeiro no mundo a ter o capital aberto, com ações negociadas em bolsa. Veja-se em *http://www.legalweek.com/legal-week/news/1728813/worlds-listed-law-firm-posts-double-digit-increase-revenues*.

nas quais o prestador liberal é considerado um fornecedor. Tão somente o direito do consumidor diferenciou o modelo de responsabilidade dos profissionais liberais, que foi fundado na prova da culpa, não a havendo estabelecido sobre o prisma objetivo, tendo em vista as características peculiares segundo as quais tais serviços são prestados (CDC, art. 14, § 4º).

Conclusão

Por todo o exposto, infere-se que o futuro (breve ou longo, não sei) reserva profundas mudanças na forma pela qual a legislação atentará para a prestação de serviços pelos profissionais liberais, em vista do seu caráter já presente de intensa empresarialidade e que evolui a passos largos. Como sempre aconteceu na história do Direito Comercial, ele se aproveitou de estruturas já existentes e as adotou com as modificações cabíveis para o fim de proporcionar melhor eficiência na realização de lucros pela exploração das mais diversas atividades. Isto já ocorre com as profissões liberais e o legislador terá que andar rápido para evitar a deturpação do fundamento sobre o qual devem se exercer, como seja, o respeito ao *cliente* na sua individualidade.

Enquanto isto, as *corporações* que regem tais atividades em seus diversos setores, de um lado não podem perder o *bonde da história*, prendendo-se a preconceitos irrelevantes e, consequentemente, devem tomar as rédeas do processo para cercar as mudanças que virão com os devidos cuidados que devem cercar o exercício das profissões liberais, dele retirando o ranço medieval que ainda subsiste em certos aspectos.

Atualidades

CONSIDERAÇÕES SOBRE *TAG ALONG* E DIREITO SOCIETÁRIO BRASILEIRO

FREDERICO AUGUSTO MONTE SIMIONATO

1. Introdução. 2. Do poder de controle nas sociedades anônimas. 3. Tag along e ações ordinárias – Os minoritários. 4. Tag along e ações preferenciais. 5. Regras de interpretação do tag along e ações preferenciais.

1. Introdução

Este artigo vem escrito por questões atinentes aos processos de oferta pública de aquisição e da alienação de controle de companhia aberta e dos interesses que lhes são próprios. Em perspectiva recorrente na melhor doutrina, a nossa Lei 6.404/1976 constitui aquilo que verdadeiramente se poderia chamar de *código societário* brasileiro, diante das infinitas interpretações que decorrem do seu texto legal, da profundidade dogmática da matéria atinente aos órgãos societários, sua disciplina específica, bem como dos direitos dos sócios, a figura do controlador etc. Por seu turno, a riqueza do direito societário está também na redação dos contratos e estatutos sociais. O Código Civil de 2002, neste passo, não foi razoável na regulação das sociedades.[1] O que se quer dizer é que a fonte *riquíssima* de interpretação está na própria Lei das S/A, num sistema de completude incontrastável.[2] Quando se escreve qualquer linha sobre direito empresarial a realidade tem que ser, ao mesmo tempo, o ponto de partida e de chegada.

1. Os arts. 1.088 e 1.089 do CC são, certamente, os artigos mais inócuos da história do ordenamento jurídico nacional – o que não é algo tão fácil de conseguir.

2. A função social dos contratos não é nada mais que seu cumprimento, sua execução regular. O que não pode ocorrer é se impregnar na doutrina uma tendência de *revisionismo contratual*, como se agora, com o advento do Código Civil de 2002, tudo se fosse resolver pela função social dos contratos. Ora, em sede empresarial, nos contratos empresariais nada se discute de função social. A validade do contrato decorre por ela mesma, na sua execução e cumprimento. Instituto dos mais interessantes em sede contratual é o fenômeno do *enriquecimento sem causa*, que tem ampla aplicação. A função social do contrato está no estudo axiológico do próprio contrato. Portanto, a função social é a reunião de três valores: (a) jurídico; (b) econômico; (c) social. Com efeito, o *valor jurídico* manifesta-se na redação dos contratos, na forma que se faz lei entre as partes, e que deve obedecer aos princípios clássicos e caros ao próprio ordenamento jurídico, dentre eles a equidade, boa-fé e a comutatividade. O *valor econômico* é a transferência de riqueza ou propriedade – aqui, em sentido amplíssimo – e também da regulação dos direitos e interesses que se perfazem pela via contratual. O *valor social* tem natureza bem outra, vale dizer, é de cunho sociológico, ou seja, uma determinada coletividade entendeu por certo que a forma consensual dos contratos seria a maneira correta pela qual se resolveriam todas e quaisquer pendências na regulação dos seus próprios *interesses* e *vontades* daqueles integrantes desta mesma coletividade, o que se coaduna perfeitamente com uma sociedade bem desenvolvida, ainda mais em tempos contemporâneos, quando milhões de contratos são firmados diariamente no sistema capitalista – o que nada tem a ver com o tratamento dado aos contratos

Nas palavras do Mestre italiano, "não é somente necessário, ao lado da lei, considerar a jurisprudência e a doutrina; cumpre atender também à prática contratual. As diversas leis levam em conta determinadas praxes contratuais; assim, o alcance das leis será diferente consoante for diversa a prática contratual seguida e, com muita frequência, conforme a diferente reação contratual perante a lei; seja a primeira, seja a segunda, devem ser levadas em conta. A norma legal torna-se, com frequência, um corpo morto e quase desprovido de significação para os que não têm presente a sua aplicação prática. Como seria possível, por exemplo, sem o estudo dos estatutos sociais, compreender o real alcance das leis das sociedades anônimas?".[3]

Seria inócuo falar sobre pretensões, vontades ou interesses que a prática da atividade empresarial – aqui, expressa em sentido amplíssimo – não contempla ou que não lhe dizem respeito etc.

Desde tempos idos, naquelas tardes ensolaradas nas cidades italianas no período medieval, tais como, Milão, Florença, Bolonha, Pisa, Gênova, Siena etc., precisamente nos séculos XII-XIV, quando se consolidou o direito estatutário naquele momento histórico e inesquecível, quando os mercadores se reuniam, nas suas próprias corporações, e escreviam suas leis e seus estatutos, o que, mais modernamente, se compendiou em denominar como a época das *societas mercatorum*,[4] nas quais os mercadores fizeram florescer os títulos de créditos, os bancos, a figura do comerciante, a escrituração contábil, a sociedade em nome coletivo, os institutos falimentares, bem como as infindáveis relações jurídicas próprias e específicas da realidade do comércio, todos na perfeita e rigorosa confluência das várias estradas que levavam sempre ao bom caminho e direção do *ius mercatorum*.[5]

São os *mercadores* e *rendeiros* que continuam redigindo seus contratos, suas leis, seus estatutos.

O sistema do *novo mercado* na Bolsa de Valores de São Paulo, como forma de incentivar novas posturas administrativas nas grandes companhias, é a nova realidade que se intensifica, na prática acionária brasileira, na elaboração dos estatutos sociais, de tal sorte que as vicissitudes corriqueiras devem ceder espaço aos postulados de uma convergência de interesses que levem em consideração novos aspectos, objetivos e subjetivos, ao trilharem a estrada do *ius mercatorum* em direção aos seus rendimentos e ganhos financeiros.

de adesão. Isto nem mesmo nos contratos de franquia ou concessionárias de veículos automotores. A regulação destes contratos decorre da prerrogativa do uso da marca, que tem padrões definidos anteriormente. A franquia e as concessionárias – somente como exemplo – são típicos contratos de *ganha-ganha*; de risco, é verdade, mas com prerrogativas bem consideráveis também, principalmente para o franqueado, que pode enriquecer por conta de marcas já existentes, as quais tal contratante em nada contribuiu para desenvolver anteriormente. A redação dos estatutos sociais deve ser feita com total autonomia do Código Civil, que em nada os regula por isso inaplicável o art. 1.089 do referido texto legal.

3. Tullio Ascarelli, *Problemas das Sociedades Anônimas e Direito Comparado*, São Paulo, Saraiva, 1969, p. 7.

4. Cino de Pistoia (1270-1336), Bartolo da Sassoferrato (1314-1357), Baldo de Ubaldis (1327-1400), entre outros, deixaram para a posteridade o nascer das primeiras referências históricas das normas estatutárias comerciais e societárias.

5. Até o inigualável Boccaccio foi ver como andavam as coisas do comércio naquela época: "giovinetto appena, forse verso il 1325-58, è mandato a far pratica mercantesca e bancaria a Napoli, dove la brillante Corte angioina era alla mercé del banco dei Bardi e dei suoi finanziamenti. Proprio nella succursale dei Bardi, nella *Ruga Cambiorum* vicino alla Pietra del Pesce, il Boccaccio consuma i giorni del suo lungo apprendisato commerciale. Come gli altri commessi giovinetti, egli sta al banco, riceve e indirizza i clienti, pesa le monete d'oro e d'argento, sbriga corrispondenza, tieni i registri e la 'ragione' di vendita e di compera; ed esce a far commissioni e negozi minori, passando per quella rua Catalana e dinanzi a quel Malpertugio che serviranno poi da sfondo allucinante alla picaresca novella di Andreuccio da Perugia" (conforme nos conta Pier Giorgio Ricci, em seus comentários ao magistral *Vite di Dante*, de Giovanni Boccaccio, Milão, Mondadori, 2002, p. 182).

O *tag along*, como regra geral, seria a compreensão que o legislador teve diante dos incontáveis abusos praticados em sede acionária contra os *interesses* dos acionistas ordinários minoritários. "Interesse" não tem, necessariamente, o sentido ou conotação de *direitos*. O termo "interesse" trata apenas da conotação que lhe é implícita de *pretensão*, *desejo*, algo que se espera ser *aceitável* ou *equânime* do ponto de vista *econômico*. Tal pretensão, desejo, pode se transformar em norma jurídica – como ocorreu com a reforma de outubro/2001.

Uma das perguntas que se faz é como funcionaria, do ponto de vista do aumento da liquidez, a relação entre os investimentos em longo prazo e a prática do *novo mercado*. Esta não é a sede, ao menos para o momento, para discutir liquidez e rentabilidade das ações e demais valores mobiliários. Porém, por via reflexa, o *novo mercado* acerta em cheio o postulado do *tag along* nas ordinárias – o que é obvio –, mas trouxe uma enorme discussão sobre *se* o art. 254-A também poderia ser aplicado, em interpretação extensiva, em favor dos titulares das ações preferenciais contempladas com *voto restrito*.

Quando escrevi, nos anos de 1999, o texto "A lei e a vontade do Estado" (*RDM* 116/180) comentando a Lei 9.547/1997, suas consequências para o processo de privatização e seus reflexos sobre os processos de reorganização societária, acreditei que uma interpretação rigorosa e literal do texto normativo poderia provocar confusão jurídica sobre o tema, e que *a fusão, incorporação e a cisão são institutos e meios de reorganização financeira que se complementam no meio empresarial, e a separação que a Lei 9.457/1997 fez quanto ao direito de recesso, art. 137, II, "a" e "b", contraria o princípio da igualdade nas decisões dos órgãos sociais, em prejuízo para o acionista*. Igualdade em sentido amplíssimo, como direito subjetivo, alcançável por conta de uma norma de efetividade duvidosa, e por tal norma contrariar o *sistema* jurídico societário reinante no País. Parecia que seria uma norma casuística, ferindo de morte sua própria aceitação pelo ordenamento jurídico, cedendo espaço ao mundo da interpretação justa, equânime e que leva em consideração a teoria dos valores, ou seja, dos princípios fundamentais de interpretação sobre a esfera dogmática e da natureza das coisas. A referência como *direito subjetivo* – algo um pouco em desuso – tem a função de entender como a prerrogativa da consolidação destes vários interesses metajurídicos poderia – e muitas vezes pode realmente – alavancar pretensões bem determinadas.

Contudo, a Lei 9.547/1997 é matéria já vencida. A referência se faz pelo seu casuísmo, mas principalmente pelos interesses que congregava, e do método de interpretação corretivo aplicado, sobre os *direitos de sócio* (art. 109 da Lei 6.404/1976).

A reforma de outubro/2001 foi muito bem-vinda em sede acionária, trouxe novos direitos, disciplinou o funcionamento do Conselho Fiscal, seguindo, neste passo, inteiramente aquilo que nos ensinou o Mestre dos Mestres, querido professor Waldirio Bulgarelli, no seu magistral *Conselho Fiscal nas Companhias Brasileiras*.

Mas cabe tratar, aqui, exclusivamente do *tag along*, arts. 17, § 1º, III, e 254-A da Lei das S/A, em interpretação sistemática e conforme o espírito do texto normativo acionário, e também da vontade das partes na redação das regras que são recorrentes nos estatutos sociais, *mesmo nas companhias abertas*.

2. Do poder de controle nas sociedades anônimas

Nossa melhor doutrina já elaborou aquilo que é o *estado da arte* sobre a matéria da definição de *poder de controle*, suas atribuições, poderes, abusos, deveres e responsabilidades.[6] O livro do Professor Comparato é um divisor de águas na literatura jurídica brasileira, pelas suas lições determinantes sobre a análise do poder de controle acionário na sua forma mais completa – lições fundamentais, estas, decisivas e de extremo rigor metodológico, que cumprem sua função essencial de ensinar a várias gerações – e ainda ensinarão outras tantas – como se portar juridicamente diante do fenômeno econômico do poder de controle nas companhias.

O art. 116 da Lei Acionária diz que se entende por "acionista controlador" a pessoa, natural ou jurídica, ou o grupo de pessoas vinculadas por acordo de voto, ou sob controle comum, que: (a) é titular de direitos de sócio que lhe assegurem, *de modo permanente*, a maioria dos votos nas *deliberações sociais da assembleia geral e o poder de eleger a maioria dos administradores da companhia*; (b) *usa efetivamente* seu poder para *dirigir as atividades sociais e orientar o funcionamento dos órgãos da companhia*.

É evidente que, no uso desta sua prerrogativa, que é jurídica e econômica, o interesse do controlador fica balizado pelo parágrafo único do art. 116 da lei, ao estipular, de maneira categórica, que o acionista controlador deve usar o poder de controle com o fim de fazer a companhia realizar seu objeto e cumprir sua função social, e tem *deveres e responsabilidades* para com os demais *acionistas* da empresa, os que nela trabalham e para com a comunidade em que atua, cujos *direitos e interesses* deve *lealmente* respeitar e atender.

Como já afirmei alhures, o que se infere é que a defesa do interesse social como proteção do interesse individual esbarra numa série de restrições, que dificultam sua justificação na administração empresarial contemporânea, e a *comunione di interessi* não é o limite para *salvaguardar* a empresa e os sócios, porque cada um pode perseguir seu interesse pessoal, e a soma algébrica dos interesses dos sócios não pode ser entendida *unicamente* como a expressão do *interesse social*, salvo para a defesa do princípio majoritário, ou seja, da *vontade social*. O voto deve perseguir interesses que não se resumem no interesse imediato daquele que tem a prerrogativa do exercício deste poder. Pode, sim, alcançá-lo, desde que não contrarie o interesse da própria companhia.

3. Tag along *e ações ordinárias – Os minoritários*

Sempre acreditei que uma lei acionária não pode ser vista como *boa* ou *ruim* unicamente por conter normas que estabeleçam sistemas ditos de *proteção* ao acionista minoritário, em comparação com as prerrogativas que tem o acionista controlador. É evidente, também, que tal situação vai provocar um efeito sobre o mercado de capitais, porque se fala, aqui, de companhia aberta. As prerrogativas, de *fuherer prinzip* e *unternehmen an sich*, às vezes podem redundar em grandes benefícios financeiros para os minoritários – claro, isto somente sobre os dividendos, e não no momento de alienação do poder de controle[7] ou da formação das reservas, por exemplo.

É bom que se explique que é o próprio mercado de capitais que faz valer suas regras econômicas, e o estatuto da companhia aberta que não estipular expressamente mecanismos e instrumentos jurídicos para fortalecer a liquidez de suas ações tende a sofrer reveses de toda ordem, principalmente de liquidez e rentabilidade, que andam sempre muito próximas e que não gostam das eventuais incertezas do mundo das leis.

6. Cumpre seguir sempre e na sua totalidade aquilo que Fábio Konder Comparato escreveu no memorável *O Poder de Controle na Sociedade Anônima*, e que ilumina o entendimento sobre os arts. 116 e ss. da Lei 6.404/1976.

7. Cf. o meu texto "A função social e o controle do poder de controle nas companhias", *RDM* 135/94.

O *novo mercado* é a reposta que o próprio mercado de capitais apresentou sobre os estatutos sociais: é como se o mercado pudesse dizer o que deseja, e sob quais orientações e condições de transparência a gestão deveria ser direcionada para alcançar fins bem específicos e interesses bem determinados. É o mercado de bolsa dizendo que a *transparência*, as *regras justas* e a *segurança jurídica nos contratos* são os fatores fundamentais para a *riqueza das Nações* – o que os preclaros investidores norte-americanos já descobriram, mesmos nas piores fraudes, faz um bom tempo.

O art. 254-A da Lei das S/A inovou, estabelecendo que: a alienação, direta ou indireta, do controle de companhia aberta somente poderá ser contratada sob a condição, suspensiva ou resolutiva, de que o adquirente se obrigue a fazer oferta pública de aquisição das ações com *direto a voto de propriedade dos demais acionistas da companhia*, de modo a lhes assegurar o preço no mínimo igual a 80% do valor pago por ação com direito a voto, *integrante do bloco de controle*.

A percentagem de 80% é uma referência ao mínimo legal, cabendo ao estatuto, se assim estipular expressamente, oferecer mais, alcançando até os 100%.[8]

O art. 254-A da Lei das S/A é mais que claro no que diz respeito ao novo sistema das ações ordinárias dos minoritários. Todavia, a questão ganhou complexidade em relação aos titulares de ações preferenciais, com *voto restrito* ou *vantagens políticas*.

8. Em OPA da ACESITA S/A se estatui que: "**Preço.** A Ofertante pretende adquirir as ações ordinárias dentro dos limites acima mencionados, pelo preço de R$ 36,34 por ação ordinária, atualizado até a data do leilão. Esse valor equivale a 80% (oitenta por cento) da média do preço por ação pago à Previ, Petros e Sistel, conforme fato relevante publicado em 6.1.2006 e nos termos do art. 254-A da Lei das S/A" (*Fonte*: Comissão de Valores Mobiliários, Edital de Oferta Pública de Aquisição de Ações Ordinárias, publicado em 28.3.2006, da ACESITA S/A).

4. Tag along *e ações preferenciais*

Em 1940 o legislador disse que "a emissão de ações preferenciais sem direito de voto não pode ultrapassar a *metade do capital da companhia*" (art. 9º, parágrafo único, do famoso Decreto-lei 2.627).

Em 1976 o legislador disse que "o número de ações preferenciais sem direito a voto, ou sujeitas a restrições no exercício desse direito, não pode ultrapassar *dois terços do total das ações emitidas*" (art. 15, § 2º, da Lei 6.404).

Em 2001 o legislador disse que "o número de ações preferenciais sem direito a voto, ou sujeitas a restrição no exercício desse direito, não pode ultrapassar *50% das ações emitidas*" (art. 15 § 2º, da Lei 6.404/1976, na nova redação).[9]

A matéria comporta interpretação sistemática de todo o texto normativo da Lei 6.404/1976, em especial dos arts. 17, 111 e 254-A, acrescido da Instrução Normativa 361/2002 da Comissão de Valores Mobiliários.

A normativa em questão seria disciplinar e resolver o dilema da seguinte *fattispecie*: (a) as companhias abertas nas quais os estatutos sociais silenciam e são omissos em estabelecer se todos os acionistas titulares de *ações preferenciais* têm direito ao *tag along*; (b) as companhias abertas nas quais os estatutos sociais silenciam e são omissos em estabelecer se os acionistas titulares de ações preferenciais *com direito de voto restrito* têm direito ao *tag along*; (c) as companhias abertas nas quais os estatutos sociais silenciam e são omissos em estabelecer *se os acionistas titulares de ações preferenciais com direito de voto restrito ou sem esta prerrogativa* têm direito ao *tag along*, na hipótese do art. 111, § 1º, da Lei das S/A. Situação raríssima e quase impossível, mas interessante do ponto de vista doutrinário.

9. Esses nossos tempos de tanta modernidade são realmente e incrivelmente modernos.

Nos termos estritamente jurídicos, as preferências ou *vantagens*[10] das ações preferenciais podem consistir: I – em prioridade na distribuição de dividendo, fixo ou mínimo; II – em prioridade no reembolso do capital, com prêmio ou sem ele; III – na acumulação das preferências ou vantagens acima mencionadas (art. 17, I-III).

Ocorre que, *independentemente* do direito de receber, ou não, o valor de reembolso do capital com prêmio ou sem ele, as ações preferenciais *sem direito de voto* ou com *restrição* ao exercício deste direito (o voto não é pleno) somente serão admitidas a negociação no mercado de valores mobiliários se a elas for atribuída *pelo menos uma* das seguintes preferências ou *vantagens*: I – direito de participar do dividendo a ser distribuído, correspondente a, pelo menos, 25% do lucro líquido do exercício, calculado na forma do art. 202, de acordo com o seguinte critério: (a) prioridade no recebimento dos dividendos mencionados neste inciso correspondentes a, no mínimo, 3% do valor do patrimônio líquido da ação; e (b) direito de participar dos lucros distribuídos em igualdade de condições com as ordinárias, depois de a estas assegurado dividendo igual ao mínimo prioritário estabelecido em conformidade com a alínea "a"; ou II – direito ao recebimento de dividendo, por ação preferencial, pelo menos 10% maior que o atribuído a cada ação ordinária; ou III – direito de serem *incluídas* na oferta pública de alienação de controle, nas condições previstas no art. 254-A, assegurado o dividendo pelo menos igual ao das ações ordinárias.

Portanto, o direito de serem *incluídas* na oferta pública decorre *necessariamente* de *expressa previsão do estatuto social* da companhia determinando, categoricamente, se as ações preferenciais *sem direito de voto ou com voto restrito* poderão gozar desta *vantagem*.

Se o estatuto é silente ou omisso, o intérprete não pode interpretar de maneira extensiva o art. 254-A, sob pena de manifesta e frontal colisão entre o texto legal e a interpretação razoável da Lei 6.404/1976.

O primeiro e fundamental requisito do *tag along* é a prerrogativa de o voto ser *pleno e permanente* – ações ordinárias.

Como o estatuto social, na sua redação, deve sempre observar aquele *ius mercaturm*, o qual é redigido por profissionais, empresários, acionistas e investidores, ou seja, pessoas capazes e muito bem informadas, e que por isso mesmo não necessitam de *qualquer tutela por parte do legislador*, o ordenamento jurídico-societário lhes oferta ampla *liberdade* na redação dos estatutos, como ponto de partida e seu princípio fundamental de manifestação da *autonomia da vontade entre os contratantes*. É óbvio, e talvez nem fosse necessário dizer, que tal liberdade não é absoluta, e fica balizada pelas *regras* do próprio mercado de capitais e da legislação acionária, no que forem aplicáveis.

Estas regras são jurídicas e econômicas. O *novo mercado* é o avanço econômico, que leva consigo novas roupagens jurídicas.

Ora, se nos estatutos sociais lá escrevem que as preferenciais têm direito ao *tag along* – porque ficam mais valorizadas e favorece sua liquidez – quem, com o mínimo de razoabilidade, poderia dizer o contrário? Os *mercadores* assim o desejaram, assim o tiveram. É óbvio que tal situação *quase* que impede a aquisição do controle.

Outra situação, bem corriqueira, mas profundamente diversa, é estabelecer com exatidão o regramento aplicável àqueles que estão nos níveis tradicional, I e II e naquelas companhias em que as ações preferenciais têm pouca liquidez no mercado.

10. Nos termos do art. 18 da Lei "o estatuto pode assegurar a uma ou mais classes de ações preferenciais o direito de eleger, em votação em separado, um ou mais membros dos órgãos da administração", como vantagem política, que repercute sobre a administração, não sobre o poder de controle.

5. *Regras de interpretação do* **tag along** *e ações preferenciais*

A primeira regra de interpretação sobre a matéria seria a seguinte: *ação preferencial com voto restrito ou sem direito de voto não tem direito ao* ***tag along*** *se o estatuto social é omisso.*

A segunda regra, bem mais clara: *se o contrato social prevê expressamente o* ***tag along*** *aos preferencialistas, tal direito é inabalável – ius mercatorum* – tanto nas preferenciais *sem direito de voto ou com voto restrito*, conforme disciplina o estatuto.

Terceira regra: *ação preferencial com voto* ***restrito*** *não tem a mesma natureza da ação ordinária, na qual o voto é* ***pleno e permanente****.*

Voto pleno e permanente significa, seja para o controlador, seja para o minoritário, a *prerrogativa de utilizar este direito na votação de* ***todas*** *as matérias atinentes à administração ordinária e extraordinária da companhia*, ou seja, *em todas as deliberações da assembleia geral –* ***ordinária e extraordinária****.* O voto é irrestrito, amplo, absoluto, indelegável e sucedâneo de responsabilidade por desvio de finalidade, abuso de poder e descumprimento dos deveres (arts. 116 e 153-157).[11]

As ações preferenciais com *voto restrito* não têm as prerrogativas das ações de controle, salvo interpretação pouco razoável. O voto fica *restrito, limitado e condicionado* às matérias específicas, previstas pelo próprio estatuto social. Eleger diretores, como *vantagem* atribuída às preferenciais, jamais tipificará prerrogativa de controle, e, por isso, *omisso o estatuto*, neste caso, é descabida qualquer majoração (*tag along*) na oferta pública de aquisição e alienação de controle em favor dos acionistas preferencialistas.

O art. 254-A tem que ser interpretado restritivamente. Com efeito, a alienação, direta ou indireta, do controle de companhia aberta somente poderá ser contratada sob a condição, suspensiva ou resolutiva, de que o adquirente se obrigue a fazer oferta pública de aquisição das ações com *direito de voto de propriedade dos acionistas da companhia*, de modo a lhes assegurar o preço no mínimo igual a 80% do valor pago por ação *com direito a voto,* ***integrante do bloco de controle****.*

A interpretação se faz *ao contrário*. Ou seja, terão direito à majoração (*tag along*) as ações com direito de voto – ordinárias – porém que não integram o bloco de controle.

A regra de interpretação da lei é a seguinte: o legislador fez referência aos ordinários minoritários, comparando-os àqueles que também *têm direito a voto, mas que integrem o bloco de controle*. Ou seja, a *interpretação* ***a contrario sensu*** é a correta, porque têm direito à majoração de 80% somente aqueles ordinários que *não integram o bloco de controle*, vale dizer, *os minoritários com suas ações ordinárias*.

Em nenhuma hipótese o legislador (art. 254-A) fez referência às ações preferenciais *com voto restrito*. Interpretar extensivamente tal matéria seria conferir amplitude muito maior que aquela que o legislador quis realmente disciplinar, fugindo, por completo, da interpretação sistemática do texto normativo acionário.

Se não fosse assim, o acionista titular de ações preferenciais com voto restrito gozaria e teria a prerrogativa de participar somente da colheita, mas não da semeadura! Ou seja, tais acionistas querem partici-

11. Veto não é voto. Assim preceitua a lei: "Nas companhias objeto de desestatização *poderá* ser criada ação preferencial de classe especial, de propriedade exclusiva do ente desestatizante, à qual o *estatuto social* poderá conferir os *poderes* que especificar, inclusive o *poder de veto* às deliberações da assembleia geral nas matérias que especificar". Ou seja, veto não é voto. *Poderá* é *ius mercatorum* a ser regulado pelo estatuto social. *Poderes* não quer dizer direito de voto. *Deliberações da assembleia*, estes, sim, são aqueles que têm direito de voto, que deliberam, e por isso mesmo é que têm o controle dos órgãos sociais, ou a parcela do capital social que é composta pelos ordinários minoritários.

par da majoração do *tag along* em seu benefício, mas, em contrapartida, não desejam se ver envolvidos com as responsabilidades atinentes e próprias daqueles acionistas que usam *efetivamente* o poder de controle nas companhias abertas – responsabilização que muitas vezes ataca até os minoritários em acordo de acionistas.

O acionista preferencialista já deveria se considerar satisfeito por ter a vantagem do *voto restrito*, e tal *vantagem* não é exercício de um poder de controle, definido como o poder de dispor licitamente sobre bens alheios que estão sob sua administração e controle, situação que lhe é conferida no seu próprio proveito – ou seja – dele, acionista preferencialista –, porque no caso do voto restrito suas ações *tendem* a ter maior liquidez no mercado e, portanto, maior preço de venda, o que ocorreria naturalmente pelas regras econômicas do próprio mercado de capitais. Aqui, nas regras econômicas do mercado de valores mobiliários, têm grande importância a oferta, a demanda, os interesses, os fatos políticos, e as regras estritamente jurídicas pouco podem contrariar tais tendências financeiras e econômicas.[12]

Com efeito, o voto é *pleno* sobre a administração da companhia. Isto acarreta, no exercício do direito de voto, o poder de *total* comprometimento – do ponto de vista da responsabilidade, falência da companhia etc. – do patrimônio social da companhia. Jamais algum acionista preferencialista com voto restrito terá o poder de dispor sobre bens alheios ou da capacidade jurídica de contratar direitos por conta e em nome da companhia e obrigar a totalidade do patrimônio social. Isto seria uma fraude contra o sistema normativo societário. Seria um controlador, com a "roupinha" de preferencialista.

O voto é *pleno* e *total* por se referir a todas as matérias das assembleias gerais, quer sejam *ordinárias* ou *extraordinárias*.

A Instrução 361 da CVM é correta para os casos de omissão do estatuto. A oferta pública de aquisição por alienação de controle de companhia aberta será obrigatória, na forma do art. 254-A da Lei 6.404/1976, sempre que houver alienação, de forma direta ou indireta, do controle de companhia aberta, e terá por objeto *todas as ações de emissão da companhia às quais seja atribuído o pleno e permanente direito de voto*, por disposição legal ou estatutária.

Na hipótese do art. 111, § 1º, da Lei, a situação é completamente distinta. As ações preferenciais *sem direito de voto adquirirão o exercício desse direito* se a companhia, pelo prazo previsto no estatuto, não superior a três exercícios consecutivos, deixar de pagar os dividendos fixos ou mínimos a que fizerem *jus*, direito que conservarão *até o pagamento*, se tais dividendos não forem cumulativos, *ou até que sejam pagos os cumulativos* em atraso.

Tal hipótese, raríssima, poderia, inclusive, e dependendo do caso, alterar definitivamente o bloco de controle, como afirmam alguns.[13] O legislador jamais quis alterar a estrutura de controle por conta do art. 111, § 1º, da Lei. O que o legislador fez foi abrir uma possibilidade para que o acionista *sem direito de voto* possa, em assembleia geral ordinária – unicamente em assembleia geral ordinária –, fazer aprovar a distribuição dos dividendos que não lhe foram pagos e retornar, assim, e imediatamente, à condição de preferencial. O art. 111, § 1º, da Lei não é uma sanção, não é uma expropriação de controle, nada disso. Isto é tão verdadeiro que o acionista adqui-

12. Se as normas jurídicas conseguissem reverter todas as mazelas originadas pelas regras econômicas, com certeza, o mundo seria perfeito. Compete ao direito econômico regular, ordenar e controlar o fato econômico e o poder econômico, coisa completamente distinta daquilo aqui mencionado, ou seja, das leis econômicas da oferta, demanda, crises cambiais recorrentes, infortúnio nos negócios, crises no sistema de produção em escala etc.

13. Hipótese que não aceito, em termos jurídicos.

re *provisoriamente* o direito de voto, para exercê-lo nos termos do art. 132, II, da Lei – ou seja, aprovar a distribuição de dividendo, em sede de assembleia geral *ordinária*. Se a companhia não dispuser de condições financeiras para pagar os dividendos a que o acionista titular das ações preferenciais faz *jus*, o acionista preferencialista deve requerer a dissolução da companhia (art. 206, II, "b") – ou seja, dissolução judicial. Se o acionista não pode participar dos lucros e dividendos – direito que lhe é essencial (art. 109, I) –, deverá, com certeza, participar do acervo no caso da liquidação da companhia (art. 109, II, da Lei), na proporção das suas participações.

Na interpretação escorreita da lei, nesta hipótese, poderia, conforme o nível de participação e pulverização das ações preferenciais, ser formado um novo grupo de controle unicamente para fins de aprovação de dividendos. Se tais *novos* controladores resolvessem saldar as dívidas (dividendos) em seu próprio proveito, retornariam àquela qualidade jurídica – ao *status jurídico* – de preferencialistas. Se neste ínterim ocorresse oferta pública para alienação e aquisição de controle – em que participam, agora como ordinários recém-chegados, tais acionistas –, em hipótese alguma poderiam votar sobre esta deliberação, cabendo tal prerrogativa ao controlador; mas aqueles poderiam receber o valor da tratativa, o que lhes seria muito mais rentável que a liquidação da companhia. Em outra hipótese, se não ocorresse alteração do bloco de controle, mas os preferencialistas recém-chegados tivessem apenas assumido a qualidade de minoritários ordinários, teriam, neste mesmo ínterim, com certeza, direito ao *tag along*, nos termos do art. 254-A da Lei, porque assumiram a qualidade de ordinários, mesmo provisoriamente, até a realização da assembleia geral ordinária de aprovação da distribuição de dividendos; neste caso também seria, provavelmente, mais rentável alienar as ações que participar do acervo na liquidação da companhia. Nesta última possibilidade prática, se o estatuto já dispusesse, antes dessa reviravolta acionária, que os ordinários minoritários teriam direito de *tag along* aos 100% oferecidos ao grupo de controle, e não apenas a 80%, os *novos* ordinários também alcançariam o valor máximo no caso da alienação do controle.

O que deve ser interpretado é a natureza jurídica das ações preferenciais. Tais ações têm natureza creditória, como investimento, materializada na retribuição pelo dividendo. São títulos, bem assemelhados aos títulos de crédito, que, na hipótese, também são valores mobiliários. O acionista preferencialista é um *credor* da sociedade, um *investidor*, e nada mais. Sua satisfação é receber os dividendos. É rendeiro, investidor, antes de ser empresário. Os ordinários do grupo de controle, de uma forma ou de outra, são empresários. Também por isso têm as prerrogativas do voto, que é pleno, irrestrito, permanente e obriga a totalidade do patrimônio social.

Em resumo, é somente o *ius mercatorum* que pode estender, voluntariamente, o direito de *tag along* aos acionistas preferencialistas sem direito de voto *ou* com voto restrito, dependendo da forma de constituição do seu capital.[14] O texto normativo – Lei 6.404/1976 – não permite que tais acionistas acessem *automaticamente* o benefício do *tag along*. Então, caberia aos próprios integrantes dos processos decisórios e empresariais deliberarem sobre a necessidade, ou não, de os negócios acionários das companhias abertas caminharem nesta direção – o que tem ocorrido, por bem da verdade. Todos devem confluir pela estrada do bom caminho do *ius mercatorum*.

O *novo mercado* sem as ações preferenciais tem duas explicações: (a) modelo democrático em que todos devem ter o mínimo de poder decisional em sede assem-

14. Assim têm procedido algumas das companhias que integram os níveis I e II, bem como o tradicional.

blear; (b) facilitar o requerimento de prestação de contas.[15]

Contudo, não acredito em nenhuma dessas explicações.

Primeiramente, as ações são todas ordinárias porque os *mercadores* vêem, corretamente, neste sistema uma forma de ganhos de rentabilidade; a *corporate governance* tem uma finalidade bem clara – qual seja: reduzir o custo financeiro da captação de empréstimos e da administração das suas próprias carteiras; capital pulverizado; e com tudo isso a oferta de debêntures fica bem mais atrativa ao mercado em si; possibilidade de lançamento de títulos bem agressivos, como o bônus perpétuo; tal solidez financeira e transparência administrativa favorecem o aumento do valor de mercado das próprias companhias – o que deixará o controlador mais rico e contente, naturalmente. A empresa busca, assim, reforçar aquele conceito de *empresa institucionalizada*, num sistema de dialética complementar dos interesses nela envolvidos, numa resultante clássica de preservação da empresa e do próprio sistema capitalista, que, na verdade, favorece o debate do interesse da empresa em si, como fator decisivo e preponderante numa economia bem alicerçada do seu ponto de vista estrutural.[16]

Mesmo nos sistemas que não integram o índice do *novo mercado* a autonomia contratual na redação dos estatutos sociais pode ser ampla em favor dos respectivos acionistas preferencialistas e também em sede de *tag along*. Notou-se que tal prática favorece a valorização das ações preferenciais. Estas ações ganham rentabilidade e liquidez. A opção de conceder o *tag along* aos acionistas titulares de ações preferenciais sem direito de voto ou com voto restrito pode, em alguns casos, interferir nos valores da negociação da oferta pública de aquisição e alienação do controle.

Porém, a concessão deste benefício aos titulares de ações preferenciais opera-se nas companhias em que não existe uma política administrativa voltada *necessariamente* para tal alienação de controle, ou seja, contam com grupo de controle *fortíssimo* financeiramente e com posição determinante sobre os mercados. Ademais, a estrutura societária via *holding* e das sociedades de participações internacionais pode remediar bem esses problemas. Se a oferta for para aquisição seguida do fechamento de capital, os novos controladores pagariam o que fosse necessário, diante das perspectivas de rentabilidade que estão implícitas nessa medida societária.

15. Qualquer acionista pode fiscalizar as contas das companhias abertas, mesmo que não integre o sistema do *novo mercado* (art. 109, III).

16. Bem significativo foi o teor do anúncio da EMBRAER publicado nos principais jornais do País, dizendo: "Em 31 de março passado, os *detentores de ações ordinárias e preferenciais* da EMBRAER, reunidos em *assembleia geral extraordinária*, aprovaram a transformação da EMBRAER na primeira companhia brasileira de porte com capital *totalmente* pulverizado. Esta é, com certeza, a mudança mais importante para a EMBRAER desde a sua privatização, pois permite *a criação das bases para o crescimento sustentado e a* ***perpetuidade*** *da empresa*, ao capacitá-la para o livre acesso aos mercados de capitais mundiais, *ampliando sua capacidade de obtenção de recursos para suportar o desenvolvimento de programas de expansão. Ao mesmo tempo*, foram mantidos e preservados os direitos estratégicos da União inerentes à ação de classe especial (*golden share*), além de adotar mecanismos especiais de proteção, visando à manutenção da pulverização das ações, o *comando* da empresa em mãos brasileiras e a proteção em relação a *take overs* hostis ou consentidos" (grifei – *Folha de S. Paulo*, 4.4.2006, pp. A8 e A9). Nada mais se necessitaria falar em sede de *novo mercado* e dos interesses que o envolvem. Nas poucas linhas deste anúncio, redigido perfeitamente e de maneira absolutamente escorreita, ficaram bem assentados os seguintes fundamentos do *novo mercado*: decisão interna e soberana da sociedade em alterar seus estatutos sociais seguindo os primados do *ius mercatorum* e da ampla autonomia na redação desses estatutos; busca do aumento do valor da companhia; empresa institucionalizada; manutenção do controle (comando) nas mãos dos atuais sócios; dispersão das ações no mercado; proteção contra *take overs*; redução dos custos na captação de financiamentos.

Da mesma forma, as companhias abertas também acabaram se valorizando incrivelmente. Os controladores que compõem a lista das companhias abertas do novo mercado *aceitaram* oferecer tal benefício aos minoritários ordinários (por força de lei e do mercado), objetivando ganhos de capital em favor das próprias companhias.

O grupo de controle está *aceitando* conferir, por disciplina expressa dos estatutos das companhias, o benefício do *tag along* aos preferencialistas sem direito de voto ou com voto restrito, por ter uma boa moeda de troca, qual seja, o imperioso aumento do valor de mercado das suas próprias companhias e ganhos de capital sem precedentes nos sistema de administração das grandes companhias brasileiras.

Para o empresário, quanto mais *rica* for sua companhia, melhor será. Poderá constituir reservas, alcançará poder econômico, estabelecerá domínio sobre mercados, obterá com facilidade financiamentos com as instituições financeiras etc.

O que o acionista preferencialista gosta e quer é dinheiro. Com o *tag along* tal acionista pode ficar *um pouco mais* tranquilo. Numa esfera de dialética complementar, pessoas racionais podem pensar nos jogos, ou seja, nas relações de *ganha-ganha*, quando todas as partes saem vencedoras. Vencer significa deixar de perder, muitas vezes.

Então, todos estes interessados, quer sejam os controladores, minoritários e preferencialistas, que na verdade nunca se "amaram" muito, mas que precisam se tolerar em sede acionária para a administração da companhia e na distribuição de dividendos, puderam, enfim, mitigar algumas das suas principais diferenças, e a partir desse *novo comprometimento* eles resolveram "noivar" e acabaram por se "casar"[17] – e talvez possam, assim, ser felizes para sempre. Quem sabe?

17. O problema principal é que esse casamento pode ter três contratantes: grupo de controle; minoritários; preferencialistas. Não é por nada que os integrantes do *novo mercado*, pessoas de bem, cumpridoras da lei e essencialmente transparentes, já disseram que não prescindem dos acionistas preferencialistas para serem felizes e que nesse casamento bastam dois contratantes, ou seja, controladores e minoritários. Se eles precisarem de dinheiro, por qualquer motivo, poderão ir ao mercado financeiro, mas, primordialmente, devem se socorrer no próprio mercado acionário em que eles confiam tanto. De que maneira? Pulverizando ainda mais capital na Bolsa pelo lançamento de novas ações com altíssima liquidez, ou também via debêntures. Outra forma que tem despertado interesse no mercado é o lançamento de bônus perpétuo. Os debenturistas e fundos de investimento serão os amigos que também gostam de dinheiro mas que não querem interferir diretamente na vida particular do "casal", e ficam satisfeitos ao receberem as *informações necessárias* desta relação, ressalte-se, de *transparência*, e, obviamente, uma ótima retribuição ajudará a manter em bom nível este vínculo de "amizade", que neste caso, não é em nada gratuito.

CONFLITO DE INTERESSES NAS SOCIEDADES ANÔNIMAS: CRITÉRIO DE APURAÇÃO FORMAL OU SUBSTANCIAL?

MARCELLA BLOK*

Introdução. 1. Das sociedades anônimas: breve histórico. 2. Da legislação pertinente: 2.1 Norma básica sobre o exercício do direito de voto; 2.2 Lei n. 10.303/2001. 3. Conflito de interesses: 3.1 Consequências do voto proferido em conflito de interesses; 3.2 Exceções ao conflito de interesses; 3.3 O conflito de interesses entre o majoritário e a controlada; 3.4 Conflito de interesses entre controlador e controlada. 4. Parecer de Orientação CVM n. 34/2006, de 18.8.2006. 5. Benefício particular: 5.1 Benefício particular; 5.2 Abuso do direito de voto; 5.3 Da diferença entre o voto abusivo e o voto conflituoso e suas distintas consequências. 6. Critérios definidores de apuração do exercício do direito de voto: 6.1 Critério formal; 6.2 Critério substancial/material. Conclusão.

Introdução

O presente artigo não pretende esgotar o tema referente ao Conflito de Interesses. Almejo com tal escrito servir de orientação e aprendizagem para futuros juristas e amantes do saber jurídico.

O trabalho começará abordando as Sociedades Anônimas e o indescritível "divisor de águas" causado pela mesma na história da economia e do direito societário. Não há como se entender a realidade econômica e política atual sem se atentar para o crescimento das sociedades anônimas e seu papel fundamental para o desenvolvimento da economia. As companhias abertas e suas transnacionais gozam de muito mais poder, soberania e riqueza que os outrora Estados-Nações e que algumas nações pobres remanescentes dos países de terceiro mundo.

As sociedades anônimas cresceram a passos galopantes se comparadas com os demais tipos societários. O progresso político, atrelado aos novos meios de produção econômicos e às novas necessidades de consumo, clamavam por uma sociedade que atendesse e acompanhasse tais mudanças ocorridas de forma célere, eficaz e intensa, oferecendo-lhes não somente uma real possibilidade de auferir lucros, desde logo, como também limitando a responsabilidade dos sócios e permitindo que um sem-número de indivíduos pudessem de forma simples e segura ter acesso a participações em distintas empresas como bem entendessem, isto é, escolhendo o quanto e de que forma desejassem investir. Sem sombra de dúvidas, as Sociedades Anônimas promoveram uma real e incrível revolução jamais antes vista (muitos a comparam somente à Revolução Industrial): a passagem de sociedades moldadas no *affecto societatis*, leia-se, sociedades de pessoas, para sociedades de capitais, isto é,

* *www.mblaw.com.br//marcellablok@mblaw.com.br.*

com pessoas reunidas única e exclusivamente por motivos de lucro e capital e não por motivos de afeto e "afinidade" às pessoas/sócios como ocorria no "perfil" de empresa anterior.

Há de se ressaltar (e é isto o que se fará no item 1), entre os direitos essenciais dos participantes das Sociedades por Ações e com mais vigor, nas sociedades anônimas, o direito de voto. Não restam dúvidas de que o voto representou para as primeiras companhias a maneira mais justa e equânime de promover a democracia dentro do grupo, visto levar em conta o desejo da maioria dos votantes. A Assembleia Geral era a *ágora*, o espaço público no qual os acionistas que assim o desejassem pudessem exercer seu direito político de voto. O voto representava, neste esteio, uma uniformização de direitos. Dito de outra forma, se todos os acionistas tinham o *mesmo* direito – o de voto –, este os unia e os unificava de modo a serem, os mesmos, "pessoas do mesmo time".

Ocorre que com a pulverização do capital e a ganância dos seres humanos em ganhar cada vez mais e mais dinheiro, alguns acionistas passaram a abdicar do seu direito de voto, repita-se, essencial, em prol de ganharem mais dinheiro e poder. Outros, ao revés, enxergaram em tal voto uma porta de entrada para o poder e para uma real possibilidade de receberem benefícios individuais por meio do voto, tendendo a companhia a seguir os "fluxos" que lhe fossem particularmente favoráveis. Nesse panorama histórico é que surgem os conflitos de interesses, objeto *sub examine* do item 3.

Ao revés do que afirmam alguns autores, o conflito de interesses não é problemática nova a ser solucionada. Desde os primórdios do século XIX até os dias de hoje, tal tema vem dando azo a acirrados debates e distintas formas de interpretação. Os Decretos-lei ns. 575/1849, 434/1891 e 2.627/1940, não obstante oferecerem regramentos sobre as Sociedades por Ações considerados modernos para o período em que vigoravam, não apresentavam de forma contundente norma alguma sobre o conflito de interesses. Também pudera: as Sociedades Anônimas "propriamente ditas" (com as características dos dias de hoje) não haviam, todavia, entrado em cena. O contexto para seu advento, no entanto, não tardou muito.

Em 1976, mais precisamente no dia 15 de dezembro daquele ano, uma nova era estava por vir: a Lei das Sociedades por Ações, ou como é mundialmente conhecida, a Lei das Sociedades Anônimas. Esta representou um grande marco, sobretudo, jurídico. Com dispositivos astutos, práticos e eficientes, a referida Lei n. 6.404/1976 inseriu o Brasil no panorama externo. Se analisarmos a quantidade de companhias registradas na década passada com o número de companhias que abriram seu capital hodiernamente, notamos um crescimento exponencial bastante evidente.

O subitem 2.1 apresenta um breve resumo da Lei n. 6.404/1976 supra e no subitem seguinte, apresenta-se o conteúdo do art. 115 e seus parágrafos referentes ao conflito de interesses e ao abuso do direito de voto. Em resumo, tem-se que o art. 115, *caput*, impede que determinado acionista vote se em contraposição ao interesse da companhia ou se por meio de seu voto restar apurado que agiu de forma abusiva causando dano à Sociedade, vista esta como um ser unitário que concentra os desejos de seus participantes/acionistas. O § 1º deste dispositivo apresenta um rol de situações nas quais o acionista está vedado de votar. As duas primeiras situações, quais sejam, nas deliberações da Assembleia Geral relativas ao laudo de avaliação de bens com que concorrer para a formação do capital social e à aprovação de suas contas como administrador, não abrem margem para maiores dúvidas e/ou debates. Tome-se como exemplo a hipótese de um acionista que quer vender um veículo para ser utilizado pela sociedade e o faz de forma a "extrair" da mesma um preço maior que o preço de mercado pago para este veículo. Há alguma dúvida de que ele estaria tentando obter um maior ganho à custa da companhia? *A prima vista*, não. O mesmo se dá quando o acionista tenta aprovar suas contas como administrador – é óbvio e ululante que ele nunca iria se delatar –, sempre exerceria o voto em seu benefício individual. Contudo, tal "certeza" de que o acionista não poderá votar não ocorre em relação às duas últimas situações, sejam as que puderem beneficiar o acionista de modo particular, sejam as situações onde houver um interesse conflitante com o da companhia.

Em relação ao conflito de interesses, embora, reitere-se, não se possa conceituá-lo de forma precisa, busca-se esclarecer algumas noções básicas acerca do mesmo. *Grosso modo*, o conflito de interesses surge quando o interesse de um sócio colide com o interesse da sociedade como um todo. A problemática atinente ao conflito de interesses surge exatamente aqui: como apurarmos se determinado voto foi conflituoso ou abusivo? Por meio de determinados critérios. Mas que critérios são estes? É isso o que será largamente debatido no item referente aos critérios de apuração substancial e formal, utilizados como definidores da apuração do exercício de voto. Via de regra, a história vem determinando que no caso das duas primeiras hipóteses de impedimento de que trata o § 1º do art. 115 da Lei das S/A, aplicar-se-ia o impedimento de voto *a priori*, é dizer, utilizando-se do critério formal o qual determina que o impedimento de voto deve se dar desde já, leia-se, de modo preventivo; e não por meio de uma análise *a posteriori* como é o caso do critério substancial. Se um determinado acionista vota pensando em si mesmo utilizando-se da empresa para angariar maiores lucros individualmente torna-se mais difícil apurar se, realmente, este acionista agiu de má fé ou não, querendo beneficiar-se particularmente em detrimento dos demais acionistas da companhia. Nesse diapasão, a imensa maioria dos doutrinadores e da jurisprudência nacionais e alienígenas entende ser o melhor critério de apuração o critério substancial o qual busca fornecer maior justiça, já que analisa se determinado voto prejudicou a companhia depois que o mesmo foi exercido. E assim também o faço.

1. Das sociedades anônimas: breve histórico

Abordar a economia mundial implica necessariamente em inserir em tal análise as sociedades anônimas, cujo crescimento e solidificação ocorreram a passos galopantes se comparado aos outros tipos societários. A Economia e o Direito Societário completam-se e complementam-se. Prova irrefutável de tal fato é que, enquanto na década de 1970, existiam cerca de 195.000 companhias industriais (leia-se, Sociedades Anônimas de Capital Aberto) nos Estados Unidos com ativos no valor total de U$ 500 bilhões, o que equivalia a 18,3% das "organizações de produção",[1] hodiernamente, a quantidade de companhias e o faturamento bruto das mesmas foram alterados significativamente.

Observe-se, de início, que a vida comercial, tão logo tomou impulso, buscou a associação de capitais e de esforços para tornar possível a multiplicação dos lucros. E das formas societárias – da qual a S/A é a mais perfeita e completa – nasceram todas as práticas e usos dos comerciantes medievais, seja no comércio de terra, seja no comércio além-mar.

Foram necessários séculos de evolução para que chegássemos às primeiras sociedades anônimas – com a limitação de responsabilidade de todos os sócios e a livre transferibilidade das participações societárias incorporadas nas ações, a princípio, só admitida como um privilégio que o Estado concedia, após o exame de cada

1. Disponível em *http*: *www.exame.com.br*, acesso em 2.10.2006.

caso, tendo em vista as finalidades a que se propunha o empreendimento. E, via de regra, apenas outorgado quando ele próprio, Estado, era o majoritário ou o controlador. Só há cerca de 100 anos a sociedade anônima libertou-se desse caráter de privilégio, e passou a ser livremente usada pelos comerciantes. Os promotores da revolução industrial clamaram pela faculdade de utilizarem a Sociedade Anônima, e, tão logo a conseguiram, trataram de utilizá-la até seus limites extremos.

As primeiras leis de polícia no mercado, do princípio deste século, são as famosas *blue sky laws* do direito norte-americano, assim chamadas porque visavam a coibir a venda de pedaços de céu azul, sob forma de ações de sociedades que nada tinham a realizar.

Ocorre que a Sociedade Anônima, a princípio a serviço do empresário, em certo momento, escapou-lhe das mãos e passou a produzir efeitos e gerar consequências de todo surpreendentes. À medida que o processo de desenvolvimento econômico mudava a escala da empresa e a obrigava a crescer para sobreviver, capitais sempre maiores precisavam ser mobiliados e o antigo "dono" – o empresário individual ou familiar – viu-se compelido a abrir a sociedade, admitir novos sócios, quaisquer que fossem as consequências (inclusive perda de controle) por que seriam elas sempre melhores que a sanção da ineficiência ou da incapacidade, que era a morte, ou seja, a falência. Daí a multiplicidade de títulos, especialmente no mercado americano – inúmeros tipos de ações como as preferenciais sem voto, as com garantia de dividendos, as debêntures, conversíveis ou não em ações, os *bonds*, os *stock purchase warrants*, e tantos outros –, todos buscando os interesses do investidor e atraí-lo para as companhias para coparticiparem da abertura empresarial.

Paralelamente – e com muito maior profundidade –, outra revolução se operava com esse crescimento da empresa: uma verdadeira "substituição de conteúdo" na velha Sociedade Anônima com as mais importantes repercussões no mundo do direito, da economia e da própria vida social. A propriedade – centrada no imóvel, em torno do qual se construiu a estabilidade social – sofreu um processo de mobilização, convertida em ações de livre circulabilidade. Ao mesmo tempo, a atomização dos donos da sociedade, dispersos na poeira das ações, separou a propriedade da gestão, numa das mais fundas revoluções no direito de propriedade: o dono não mais geria, não só porque eram muitos donos, como ainda porque essa gestão se tornou tão complexa que foi preciso chamar um profissional para fazê-la. A propriedade ligou-se à noção de produtividade, pois a ação passou a representar a medida do êxito da empresa. Realmente, ao fim do ciclo, chegamos a uma nova realidade, a um novo conceito, a uma propriedade dispersa móvel, gerida por profissionais que não são donos, e a dinâmica da sociedade passou a ter valor única e exclusivamente na medida em que esta apresentasse produtividade.

A Assembleia Geral, nessa trilha, tornou-se o foro privilegiado do voto minoritário da eleição de conselheiros de administração e fiscais; da dissidência e da retirada e, sobretudo, do exercício do direto de voto. Diz a lei, sobre a função da assembleia geral: "A Assembleia geral (...) tem poderes para decidir todos os negócios relativos ao objeto da companhia e tomar as resoluções que julgar convenientes a sua defesa e desenvolvimento". Como lembra o Professor Fran Martins, a nova definição legal é diferente da anterior que a definia como "a reunião dos acionistas (...) a fim de deliberar sobre matéria de interesse social". De qualquer forma, ressalta o Professor, "a sua função é justamente deliberar sobre assuntos do interesse social". É a Assembleia Geral a última instância de que se pode valer o acionista, notadamente o minoritário, para fazer valer seus direitos. Aliás, mesmo no direito comparado, onde existiam e subsistem algumas restrições aos poderes desta assembleia geral, o que se vê é que ela ainda guarda sua onipotência.

2. *Da legislação pertinente*

No Brasil, a primeira disciplina jurídica relativa às Sociedades por Ações foi o Decreto n. 575, de 10 de janeiro de 1849, o qual previa que para a constituição de uma Sociedade Anônima era necessária prévia autorização da Administração Pública.

Em 4 de novembro de 1882 foi publicada a Lei n. 3.150 que viabilizou, no direito pátrio, a livre incorporação das sociedades por ações[2] e, em 4 de julho de 1891, houve uma nova modificação da Lei das Sociedades por Ações, com a publicação do Decreto n. 434 que esteve em vigor até 1940, quando entrou em vigência o Decreto-lei n. 2.627, de 26 de setembro de 1940, o qual disciplinou mais detalhadamente a organização das sociedades por ações, inclusive no que concerne aos direitos dos acionistas. Entre outras questões, este decreto-lei possibilitou a modificação do estatuto social pela maioria e previu o direito de retirada em caso de dissenso, diminuindo, portanto, a discricionariedade dos acionistas quando da incorporação da companhia.[3]

O conflito de interesses do modo como é conhecido hodiernamente, só surgiu quando da promulgação da referida Lei n. 6.404/1976, a Lei das Sociedades por Ações, a qual representou, indubitavelmente, um grande marco na história das Sociedades Anônimas registradas como sociedades de capital aberto. Esta lei procurou observar a tradição do direito brasileiro e colocá-lo em consonância com o panorama universal de evolução do direito societário. Assim, deu ênfase especial à defesa da minoria, principalmente no que diz respeito ao exercício do direito de voto e a responsabilidade do poder de controle e da administração da companhia – sem dúvidas a fonte maior dos abusos que contra ela são cometidos.

Uma leitura crítica da Lei 6.404, de 1976, leva à inelutável conclusão de que, quer quanto à sistemática externa, quer quanto à forma, a Lei das Sociedades Anônimas brasileira alinha-se entre as mais abrangentes, complexas, inovadoras e avançadas do mundo no que toca, sobretudo, à proteção das minorias, entendidas estas como a parte hipossuficiente/vulnerável que deve receber, pois, uma proteção maior para não sofrer prejuízos por "culpa" dos donos do poder: os acionistas controladores.

Não obstante, conforme o magistério do insigne Carvalhosa, o minoritário, com o seu voto, pode também causar danos morais, quando, por exemplo, exerce seu voto por mera emulação para difamar outros acionistas controladores ou não, ou ainda, para prejudicar o bom nome da companhia ou causar dissídio entre os sócios, e também, materiais, *v.g.*, quando o acionista nega, por emulação, *quorum* mínimo para deliberação da Assembleia Geral (arts. 129 e 135), obstruindo, dessa forma, medida de interesse da sociedade,[4] esclarecendo que, "se o acionista violar o preceito *[do art. 115]* e votar, qualquer sócio poderia promover a anulação da respectiva assembleia". Por outro lado, "a própria Assembleia Geral poderia reunir-se e anular a decisão sobre a matéria, mesmo que não tenha havido danos para a companhia ou para seus acionistas".[5]

2.1 Norma básica sobre o exercício do direito de voto

O regime do exercício de voto da Lei n. 6.404/1976 está centrado no texto do art. 115. Atente-se, de início, que o art. 115 não cuida, exclusivamente, da antijuridicidade

2. Alfredo Lamy Filho, *A Lei das S/A: Pressupostos, Elaboração, Aplicação*, p. 464.
3. Ibidem, p. 87.
4. Ibidem, p. 35.
5. Ibidem, p. 36.

do voto do acionista controlador, mas da generalidade dos acionistas, procurando prevenir o conflito formal e substancial de interesses entre o acionista e a companhia, conceituando, ademais, o abuso do direito de voto.[6]

Observe-se que o preceito deste dispositivo insere-se num conjunto que visa obstar o abuso de direito e o conflito de interesses, como *v.g.*, os que tratam do abuso de poder do controlador e os da sociedade controladora (arts. 116, 238 e 245), o desvio de poder do administrador (art. 154) e do conflito de interesses do administrador da companhia (art. 156).

Tenha-se em conta, ademais, que a Lei das Sociedades Anônimas, ao disciplinar o exercício do direito de voto, afastou-se do "paradigma americano" que admite o voto do acionista unicamente na busca da satisfação de seu interesse pessoal, preferindo o legislador pátrio adotar a teoria institucionalista da empresa em si, segundo a qual o interesse social prevalece sobre o interesse individual do acionista, devendo, portanto, o acionista votar no interesse da sociedade para que ela possa realizar o seu objeto e cumprir a sua função social.

Analisaremos detalhadamente o *caput* do art. 115 e seus respectivos parágrafos:

"Art. 115. 0 acionista deve exercer o direito de voto no interesse da companhia; considerar-se-á abusivo o voto exercido com o fim de causar dano à companhia ou a outros acionistas, ou de obter, para si ou para outrem, vantagem a que não faz jus e de que resulte, ou possa resultar prejuízo para a companhia ou para outros acionistas" *(redação dada pela Lei n. 10.303/2001)*.

Nesse artigo o ponto básico é um só, desde logo apresentado pela lei, e do qual defluem os demais comandos legais: "o acionista deve exercer o direito de voto no interesse da companhia". O abuso de direito e o conflito de interesses decorrem da desobediência a tal comando básico; se o voto não satisfaz a tal preceito não é direito, é violação de direito.

Ao explicitar, pedagogicamente, que "é abusivo o voto com o fim de causar dano à companhia ou aos demais acionistas, ou ainda, se visa obter para o acionista ou para terceiro, vantagem a que não faz jus e que possa resultar danos para a companhia ou para os demais acionistas", a lei desdobra deste enunciado básico, determinadas consequências.

O voto deve ser exercido no interesse da companhia, identificado este como o *interesse comum dos sócios*. Na lição de Ascarelli,[7] "O voto é concedido ao sócio para a tutela de seu interesse como sócio; encontra a sua justificação e seu limite na comunhão de interesses", porque – prossegue o mestre italiano – é "só no limite de seu interesse como sócio que os acionistas são (até com sacrifício de seu interesse extrassocial frente ao interesse social) sujeitos à deliberação da maioria". Ou, invocando a lição do grande Carnelutti,[8] "em suma, a lei atribui um poder à maioria a fim de que realize o interesse de todos os sócios, e, assim também o da minoria, e não para que realize *o próprio interesse*". E conclui: "Repito porque a assembleia que, embora seguindo a forma prescrita pelo direito, delibera contra o interesse da sociedade, não abusa de seu direito, mas excede seu poder, e por isto viola a lei".

"Art. 115. (...).

"§ 1º. *O acionista não poderá votar nas deliberações da assembleia geral* relativas ao laudo de avaliação de bens com que concorrer para a formação do capital social e à aprovação de suas contas como administrador, nem em quaisquer outras *que puderem beneficiá-lo de modo particular*, ou em que tiver interesse conflitante com o da companhia" (grifos nossos).

6. José Bulhões Pedreira e Alfredo Lamy Filho, *Comentários às Sociedades por Ações*, p. 416.

7. Tullio Ascarelli, *Problemas das Sociedades Anônimas e Direito Comparado*, 2ª ed., p. 226.

8. Idem, p. 225.

O § 1º do art. 115 prevê hipótese de conflito de interesses, em que a lei vai mais longe do que prescrever o exercício de voto no interesse da sociedade, pois proíbe ao acionista exercê-lo. Esse dispositivo reproduz a norma do art. 82 do Decreto-lei n. 2.627, de 1940, que era sancionada com a obrigação de reparar perdas e danos, constante do art. 95 do mesmo dispositivo legal.

Trajano Valverde, ao comentar tal ordenamento jurídico, entendeu que a sanção no caso de exercício do direito de voto em situação de conflito de interesses – vedado no art. 82 – seria apenas a obrigação de reparar perdas e danos, e não a nulidade da deliberação.[9]

É imprescindível salientar as situações que devem levar à abstenção de voto pelo acionista:

1. se estiver em discussão avaliação de bens por ele cedidos;

2. se, sendo também administrador da companhia, estiver em deliberação suas próprias contas;

3. se a decisão puder beneficiá-lo particularmente; e

4. se seus interesses forem conflitantes com os da companhia.

Com efeito, apesar de a dicção do referido § 1º do art. 115 ser peremptória no sentido de que "*o acionista não poderá votar*" nas deliberações que menciona, estabeleceu-se na doutrina grande discussão sobre tratar-se, no caso, de um *impedimento* ao voto, passível, portanto, de ser examinado antes dele ser proferido, ou de *vício* do voto, dependente, para sua ocorrência, de um interesse conflitante e um prejuízo para a companhia.

Permito-me recorrer às lições de Erasmo Valladão Azevedo e Novaes França, naquela que é, a meu sentir, a mais completa monografia sobre o tema editada no Brasil. Diz o autor, tratando do parágrafo único do art. 115:

"Antes de mais nada, soa perfeitamente claro que as duas primeiras hipóteses nele reguladas, são hipótese de *divieto di voto*. Nas deliberações relativas ao laudo de avaliação dos bens que conferiu ao capital social e à aprovação das suas contas como administrador, o acionista está proibido de votar. (...) Nos casos enfocados, pois, a violação do *divieto* acarreta, *ipso facto*, a nulidade do voto e a consequente anulabilidade da deliberação, *se o voto for determinante para a formação da maioria*.

"Dúvidas existem quanto à terceira hipótese regulada no § 1º, do art. 115: deliberações que puderem beneficiar o acionista de modo particular. Segundo Leães, nas duas primeiras hipóteses haveria vedação de voto; ocorreria o conflito de interesse, por sua vez, 'em todas as demais hipóteses em que for apurada efetiva conflituosidade, expressa em uma vantagem experimentada pelo acionista de modo particular. Para Comparato, haveria proibição de voto nas situações de conflito aberto de interesses, relacionadas no § 1º do art. 115: deliberações relativas ao laudo de avaliação dos bens com que o votante concorrer para a formação do capital social, aprovação de contas do votante como administrador ou concessão de vantagens pessoais. Trata-se, afinal, de mera aplicação do princípio *nemo iudex in causa propria*'.

"A razão, neste ponto, parece estar com Comparato. (...) Ora a vantagem indevida, capaz de acarretar prejuízos à companhia ou aos outros acionistas, conforme acentua o próprio Leães, somente pode ser verificada mediante um juízo de mérito e não um juízo puramente formal. Não é o caso, porém, da hipótese questionada, como se viu, em que, por meio de um critério formalístico, permite-se apurar o conflito no exercício do voto. Pode-se concluir, assim, que, na hipótese de deliberação que beneficie o acionista de modo particular, está-se também, tal como nas duas

9. Trajano Valverde, *Sociedades por Ações*, vol. I, n. 171, p. 209.

primeiras hipóteses previstas no § 1º do art. 115, diante de um caso de *divieto di voto*, sendo nulo o voto proferido em desrespeito à proibição, independentemente de qualquer indagação acerca do conteúdo da deliberação ou de eventual prejuízo potencial ou atual, à companhia"[10] (grifou-se).

Como se vê, não há disputa quanto às duas primeiras hipóteses tratadas no § 1º do art. 115 da LSA, reconhecidas como de impedimento de voto. A questão é um tanto controversa, no entanto, quando se adentra à terceira hipótese prevista na norma, qual seja, a da deliberação que possa beneficiar "*de modo particular*" o acionista. E neste ponto a conclusão de Erasmo Valladão A. e Novaes França é coincidente com a de Fábio Konder Comparato, estando-se diante de um *conflito formal*, ou presumido, de interesses, passível de ser examinado antes da deliberação.

A quarta hipótese de que trata o § 1º do art. 115 da Lei n. 6.404/1976, e a mais geral delas, é a do acionista "que tiver interesse conflitante com o da companhia" no que se refere à deliberação. Assim, aplicando-se o § 1º do art. 115, é preciso saber se há, no caso, impedimento de voto, porque a deliberação beneficia "de modo particular" o controlador do acionista votante, ou se está diante de um caso de acionista com "interesse conflitante com o da companhia", devendo o conflito ser apurado *a posteriori*, segundo a melhor doutrina. Lida *a contrario sensu*, essa norma significa, evidentemente, que o acionista controlador está autorizado a contratar com a companhia, desde que em condições equitativas.

Se o acionista vota, deve-se verificar então, o modo como votou: se, efetivamente, sacrificou o interesse da companhia ao seu interesse pessoal, com prejuízo, potencial ou atual, à companhia ou aos outros acionistas, seu voto será nulo, bem como anulável a deliberação tomada, se o voto foi decisivo para a formação da maioria. Em suma, a lei não estabeleceu, para tal situação, um *divieto di voto*, como fez para as demais hipóteses do § 1º, do art. 115.[11]

Esta discussão a respeito do conflito de interesse da companhia ter de ser avaliado segundo os critérios formal ou material parece não ter fim. De qualquer forma, apresentaremos com mais vagar as ideias centrais oriundas de cada critério acompanhadas de seus respectivos defensores, em seu respectivo item 6.

"§ 2º. Se todos os subscritores forem condôminos de bem com que concorreram para a formação do capital social, poderão aprovar o laudo, sem prejuízo da responsabilidade de que trata o § 6º do art. 8º" *[o qual dispõe que "Os avaliadores e o subscritor responderão perante a companhia, os acionistas e terceiros, pelos danos que lhes causarem por culpa ou dolo na avaliação dos bens, sem prejuízo da responsabilidade penal em que tenham incorrido; no caso de bens em condomínio, a responsabilidade dos subscritores é solidária"]*.

No que toca a este parágrafo, não há maiores delongas e tampouco controvérsias.

"§ 3º. O acionista responde pelos danos causados pelo exercício abusivo do direito de voto, ainda que seu voto não haja prevalecido."

O § 3º do art. 115 da LSA disciplina o problema do abuso da minoria em que não há deliberação a anular, mas apenas danos a compor. Procurou a lei, com esses preceitos, situar o exercício do voto por parte dos acionistas dentro de normas estritas, tendo em vista o ensinamento de Ascarelli: "O voto é concedido ao acionista para a tutela de seu interesse como sócio; encontra sua justificação e seu limite na comunhão de interesses, que se forma na sociedade, e só no limite de seu interesse como sócio é que os acionistas são sujeitos à deliberação da maioria. Se o voto não é exercido nos estri-

10. Erasmo Valladão Azevedo, *Conflito de Interesses nas Assembleias de S/A*, pp. 87-91.

11. Ob. cit., pp. 96-97.

tos limites do interesse da sociedade, vicia a deliberação em que se integra pelo que esta se torna anulável".

Se o acionista não pretende exercer o direito de voto de boa-fé, com lealdade, com moderação e no interesse da companhia, o presidente da assembleia geral poderia recusar-se a computar o voto abusivo e a transcrevê-lo, sem prejuízo de consignar em ata o fato, o que, sem dúvida, é mais prudente e aconselhável do que dar azo à anulação do voto ou à deliberação especial por outra assembleia ou por outra decisão judicial, conforme lembrado por Carvalhosa, Lamy Filho e Bulhões Pedreira.

À guisa de informação, saliente-se haver, entretanto, uma medida muito mais eficaz, de caráter administrativo e, portanto, extrajudicial, que pode resolver o impasse criado pelo acionista recalcitrante: trata-se do recurso ao expediente da suspensão do exercício do voto, previsto no art. 120 da Lei de Sociedade Anônima, que dispõe que "A Assembleia Geral poderá suspender o exercício dos direitos do acionista que deixar de cumprir obrigação imposta pela lei ou pelo estatuto, cessando a suspensão logo que cumprida a obrigação".

Destarte, havendo conflito de interesses entre o acionista e a companhia, a Assembleia Geral pode declarar suspenso o exercício de determinados direitos, inclusive dos inderrogáveis ou essenciais, como doutrina Carvalhosa:[12] "A suspensão imposta pela Assembleia Geral poderá atingir todos os direitos assegurados ao acionista pela lei ou pelo estatuto".

"§ 4º. A deliberação tomada em decorrência do voto de acionista que tem interesse conflitante com a companhia é anulável; o acionista responderá pelos danos causados e será obrigado a transferir para a companhia as vantagens que tiver auferido."

A legislação brasileira concernente a conflito de interesses inspirou-se no Código Civil italiano, que também proíbe o voto do acionista (Código Civil italiano, art. 2.373, primeira parte) e considera anulável a deliberação tomada com inobservância desta regra se tiver causado dano à sociedade (segunda parte do mesmo dispositivo legal).

No direito brasileiro, não haveria lugar para dúvida sobre a anulabilidade da deliberação da Assembleia Geral determinada por votos proferidos com violação da norma do art. 115 da LSA. As deliberações da Assembleia Geral são atos jurídicos, e as que modificam o capital social são negócios jurídicos – declarações coletivas de vontade destinadas a produzir efeitos jurídicos segundo os preceitos da ordem legal. E um dos requisitos de validade de qualquer negócio jurídico é que a declaração de vontade seja emitida em conformidade com a lei e tenha fim lícito.

Na análise das causas de invalidade das deliberações da Assembleia Geral, a doutrina faz distinção entre vícios objetivos – que dizem respeito ao objeto ou conteúdo da deliberação – e subjetivos – relativos às manifestações de vontade individual que compõem a deliberação entre os quais se inclui o exercício do voto que viola a lei.

O acionista que profere voto com outro fim que não o interesse da companhia pratica ato ilícito – viola o disposto no art. 115 da Lei n. 6.404/1976. Seu voto é anulável, e se os votos que determinaram a deliberação são ilícitos, a própria deliberação é ilícita e, portanto, anulável.

Quando o § 4º do art. 115 da Lei n. 6.404/1976 dispõe que "a deliberação tomada em decorrência do voto de acionista que tem interesse conflitante com o da companhia é anulável", não cria norma que excepcione, para o caso regulado, outra norma mais geral – que prescrevesse a não anulabilidade das deliberações da Assembleia Geral: apenas reproduz, nesse caso, o princípio geral da anulabilidade. Por se tratar de preceito que confirma a

12. Modesto Carvalhosa, *Nova Lei das Sociedades Anônimas*, p. 138.

aplicação da norma geral o caso especial, é improcedente inferir, *a contrario sensu*, que a deliberação somente seria anulável em caso de conflito de interesse e, portanto, que as demais modalidades de exercício do voto com violação ao da lei teriam por sanção apenas a reparação das perdas e danos.

Este entendimento foi confirmado pelo Supremo Tribunal Federal, sendo relator o Ministro José Linhares.[13] Para verificar, em cada caso, a ocorrência de abuso no exercício do direito de voto, é indispensável, pois, que o juiz perquira os fins com que o acionista exerceu o voto, uma vez que a ilegalidade que vicia a deliberação da Assembleia Geral consiste em votar com outro fim que não o interesse da companhia.

2.2 Lei n. 10.303/2001

A Lei n. 10.303, de 31 de outubro de 2001, alterou e acrescentou dispositivos na Lei n. 6.404, de 15 de dezembro de 1976, que dispõe sobre as Sociedades por Ações, e na Lei n. 6.385, de 7 de dezembro de 1976, que dispõe sobre o mercado de valores mobiliários e cria a Comissão de Valores Mobiliários. Esta lei logrou alterar o *caput* do art. 115 da Lei das Sociedades por Ações e buscou adicionar a este dispositivo os §§ 5º, 6º, 7º, 8º, 9º e 10 ao art. 115. Transcrevo-os *ipse literis*:

"§ 5º. Poderá ser convocada assembleia geral para deliberar quanto à existência de conflito de interesses e à respectiva solução, por acionistas que representem 10% (dez por cento), no mínimo, do capital social, observado o disposto no parágrafo único, alínea *c*, parte final, do art. 123.

"§ 6º. A assembleia a que se refere o § 5º também poderá ser convocada por titulares de ações com direito a voto que representem, no mínimo, 5% (cinco por cento) do capital votante.

"§ 7º. No curso da assembleia geral ordinária ou extraordinária, os acionistas a que se refere o § 6º poderão requerer que se delibere sobre a existência de conflito de interesses, não obstante a matéria não constar da ordem do dia.

"§ 8º. Decairão do direito de convocar a assembleia de que trata o § 5º os acionistas que não o fizerem no prazo de 30 (trinta) dias, contado da data em que tiverem ciência inequívoca do potencial conflito de interesses.

"§ 9º. Caso a assembleia geral, por maioria de votos, delibere haver conflito de interesses, deverá especificar as matérias nas quais o acionista em situação de conflito ficará impedido de votar.

"§ 10. A assembleia especificada no § 9º poderá delegar com a concordância das partes à arbitragem a solução do conflito."

A Lei n. 10.303/2001 permitia à minoria suscitar, em qualquer assembleia geral, a existência de conflito de interesses, pedindo que a matéria fosse submetida à apreciação da própria assembleia. Disto, poderiam advir duas consequências, ambas extremamente indesejáveis, a saber:

(a) o acionista controlador, potencialmente conflitado, exerceria seu direito de voto, o que tornaria inócua aquela deliberação, na medida em que prevaleceria a sua posição, e

(b) o acionista controlador, porque potencialmente conflitado, estaria impedido de deliberar sobre a existência, ou não, do alegado conflito, transferindo para a minoria o poder de decidir a matéria, o que contraria um dos princípios fundamentais do direito societário, qual seja, quem é detentor da maior quantidade de votos determina as deliberações que devem ser adotadas pela companhia.

Por óbvio, o acionista controlador, *porque diretamente interessado no desfecho da discussão* estaria impedido de participar da votação sobre eventual existência de conflito, transferindo, portanto, para a minoria, o poder de decidir a questão

13. *Revista Forense* 140/162-173, 1952.

suscitada. Com isto, corria-se o risco de originar abuso da minoria, que poderia passar a suscitar, a todo instante, a existência de conflito do acionista controlador, tendo como objetivo precípuo retirar da maioria o direito que ela tem de adotar as deliberações sociais. Por essa razão, o Presidente da República decidiu vetar todos aqueles novos parágrafos, assim justificando seu voto:

"A necessidade de se vetarem os parágrafos acima transcritos decorre de manifesto conflito com o interesse público, em razão da constatação de que a assembleia para deliberação acerca da existência de conflito de interesses de que tratam os citados dispositivos se afigura inócua em termos de proteção ao acionista minoritário. Com efeito, não há como afastar o voto do acionista controlador no conclave pretendido – sob pena de se atribuir aos minoritários o inédito poder de, indiretamente, vetar qualquer deliberação a partir da alegação de existência de conflito do controlador, e de se desconsiderar o próprio conflito de interesses do minoritário na assembleia especial, o que demonstra a inexistência de efetividade na proposta apresentada. Em realidade, as regras acima enfocadas trariam, na prática, apenas confusão, podendo, inclusive, servir para supostamente confirmar a inexistência de um conflito cuja presença caberia ao Poder Judiciário avaliar, ou mesmo para motivar um aumento de ações judiciais envolvendo o controvertido tema de que se cuida".

Como se vê, a exposição de motivos contida na Mensagem de veto parcial n. 1.213, de 31 de outubro de 2001, encontrou espeque no princípio majoritário, sepultando até mesmo a via arbitral, eis que esta se encontra restrita aos casos de previsão expressa no estatuto (art. 109, § 3º), conferindo valor excessivo atribuído à maioria, fazendo tábula rasa da moderna sistemática de democracia participativa. A opção legislativa, inobstante os mandamentos constitucionais que orientam a disciplina empresarial, terminou por incentivar o afastamento dos minoritários, dado que seu poder político reduz-se cada vez mais. Com isto, a proposta de fortalecimento do mercado de capitais encontra uma barreira quase intransponível que parte da própria Lei das Sociedades Anônima.

3. Conflito de interesses

"A questão do conflito de interesse e o direito de voto nas assembleias dos acionistas interessados não é nova nem aqui nem alhures."[14]

A possibilidade de conflitos de interesses, em direito societário, e nas deliberações sociais, supõe a prévia possibilidade de existir, em uma mesma entidade corporativa, mais de um interesse. A dificuldade de conceituar "interesse" é notória, mormente na tradição do Direito ocidental, na qual a noção de "direito subjetivo" sempre esteve na cogitação primeira dos juristas. De forma geral, a titularidade do interesse se apresenta, não apenas no direito das sociedades, como também em outras áreas jurídicas, como uma questão complexa. Já dispusemos sobre o conflito de interesses ao longo do presente artigo. Neste item, o que se faz é a ordenação de algumas ideias e a exposição dos ditames essenciais ao efetivo entendimento do que seja o conflito de interesses.

No que toca ao ponto nodal do *caput* do art. 115, da Lei n. 6.404/1976, qual seja, o exercício do voto no interesse da companhia, achamos por bem esclarecer e fixar alguns conceitos acerca dos "interesses da companhia", conceito juridicamente indeterminado, que por isto, merece uma definição mais apurada a fim de que se compreenda de forma mais acurada o objetivo do legislador ao elaborar o art. 115 determinando o conflito de interesses como um

14. Inquérito Administrativo CVM n. RJ 2001/4.977, Declaração de Voto do Diretor Luiz Antonio de Sampaio Campos, p. 23.

interesse que vai de encontro aos interesses da companhia.

"Interesse da companhia" não é um "interesse superior", estranho e acima da vontade comum dos sócios, ou um "interesse da empresa em si", a ser descoberto pelo juiz, e capaz de anular a deliberação social, mesmo unânime.[15] A discussão sobre a matéria prosperou em sistemas legislativos que não tinham feito opção expressa por um comando legal na matéria, como fez a lei brasileira, a exemplo do que já havia feito a legislação italiana,[16] a alemã,[17] a espanhola[18] e outras mais.

É imprescindível ressaltar que o conflito de interesses ocorre única e exclusivamente em havendo interesses conflitantes. Mas como definirmos de forma clara este conceito? Recorremos a Carmen Alborch Bataller, que apresenta as características do conflito de interesses, fazendo-o de forma primorosa:[19]

• existência de uma situação contraposta ou antagônica entre os interesses do sócio e da sociedade;

• a existência de um nexo de causalidade entre o interesse extrassocial ou particular do sócio em prejuízo do interesse social;

• o interesse extrassocial ou particular do acionista pode ser próprio ou de terceiro;

• o interesse do acionista em conflito deve ser preponderantemente patrimonial.

Observe-se que o conflito para alguns estabelece-se na medida em que o acionista não apenas tem interesse direto no negócio da companhia, mas também interesse próprio no negócio que independe de sua condição de acionista por figurar na contraparte do negócio.

Questão complexa é definirmos em quais hipóteses estaria o acionista controlador ou não, em conflito de interesses e o que poderíamos fazer para apená-lo? Basta que lhe seja impedido seu voto ou deve ser tomada uma medida mais drástica? E o que dizer do abuso de direito de voto? O abuso dar-se-ia se o sócio se utilizasse de seu voto para levar a empresa aos fins que ele particularmente deseja ou haveria hipóteses dúbias e nebulosas?

Consoante disposto nos itens anteriores, no § 1º do art. 115 da Lei n. 6.404/1976, verifica-se a vedação ao próprio voto eivado de interesse conflitante com o da companhia. No § 4º, prescreve-se a anulabilidade da deliberação tomada em decorrência do voto do acionista que tem interesse conflitante com o da companhia, e também o faz quanto à reparação indenizatória a que esta se legitima.

O que se observa, no primeiro regime é a atitude sancionadora do legislador, traduzida (ainda que mal) em termos de invalidade absoluta, já que o voto expresso nas condições indicadas fere de frente a própria lei.

Torna-se *conditio sine qua non* salientar que "*somente em situações excepcionalíssimas se retira o direito do acionista votar, sempre com a presunção de que as chances de fazê-lo contra os inte-*

15. *Apud*, p. 468.

16. Código Civil, art. 2.373, *caput*: "O direito de voto não poderá ser exercido pelo sócio nas deliberações em que tenha, por conta própria ou de terceiros, um *interesse em conflito com o da sociedade*".

17. Lei de S/A alemã, de 1965, art. 243: "1 – As deliberações da assembleia são impugnáveis por violação da lei ou do ato constitutivo; 2 – a impugnação pode também ser fundada no fato de ter o acionista visado com o exercício do voto obter vantagem particular para si ou para terceiro, em prejuízo da sociedade ou dos outros acionistas, e a deliberação seja capaz de servir a realização desse escopo".

18. Lei de S/A espanhola, de 1951, art. 67: "poderão ser impugnados, segundo as normas e dentro dos prazos estabelecidos nos artigos seguintes, as deliberações sociais que sejam contrárias à lei, se oponham aos estatutos ou lesem, em benefício de um ou de vários acionistas, *os interesses da sociedade*" (grifos meus).

19. Carmen Alborch Bataller, *El Derecho de Voto del Accionista (Supuestos Especiales)*, pp. 262-266.

resses da companhia são evidentes e flagrantes".[20]

Saliente-se que o art. 266 da Lei n. 6.404 preceitua que somente nos casos de companhias constituídas como grupo de direito, admite-se o voto do acionista, ainda que em conflito de interesses. Cite-se, neste sentido, José Luiz Bulhões Pedreira:[21] "Se o acionista tem interesse conflitante com o da companhia mas vota efetivamente no interesse desta, e não em outro interesse extrassocial, o exercício do voto é regular e válido".

A imensa maioria dos Tribunais, destarte, optou por tratar o assunto sob a forma de cláusulas genéricas. E a cláusula genérica, evidentemente, traz em si uma característica específica, que é a do exame do que seria conflito de interesses. A princípio, os conceitos jurídicos devem ser definidos pela doutrina.

Em suma, o conflito de interesses vem atingindo uma importância tamanha nos dias atuais. Páginas e mais páginas têm sido dedicadas pela doutrina para tratar da questão na busca de uma solução que dê o melhor tratamento à matéria. A governança corporativa, inclusive, vem dando especial atenção a este tema.

No que toca à governança corporativa, o Instituto Brasileiro de Governança Corporativa – IBGC – assim entende o conflito de interesses: "Existe um conflito de interesses quando alguém (o acionista) não é independente em relação à matéria em pauta e a pessoa em questão pode influenciar ou tomar decisões correspondentes". Este órgão entende que "A empresa que opta pelas boas práticas de governança corporativa adota como linhas-mestras a transparência, a prestação de contas e a equidade". É esta, inclusive, a tríade da governança, e, para que ela exista, torna-se necessário que o Conselho de Administração exerça o seu papel, estabelecendo as estratégias, elegendo a Diretoria, fiscalizando e avaliando o desempenho da gestão e escolhendo a auditoria independente. As Melhores Práticas de Governança Corporativa, no segmento conhecido por *compliance*, contemplam o cumprimento de leis, regulamentos e normas, tanto as formais quanto as instituídas pelo mercado, e as éticas. Por isso, o Conselho de Administração deve instituir um Código de Ética abrangente, onde estejam incluídos toda a administração e o corpo de trabalhadores, além das relações estabelecidas entre a empresa e os outros públicos. O IBGC cita alguns itens que considera importantes para serem explicitados no corpo do Código de Ética Empresarial. *Conflito de interesses*, propinas, informações privilegiadas, doações, meio ambiente, relações com a comunidade, nepotismo, trabalho infantil e confidencialidade pessoal são alguns dos assuntos elencados.

3.1 Consequências do voto proferido em conflito de interesses

Note-se que há, em geral, dois tipos de sanções possíveis para a hipótese de voto proferido em conflito de interesse:

(i) *Sanção administrativa a ser aplicada pela CVM* que, na sua função de fiscalizar a observância da Lei de Sociedades Anônimas, tem poderes para punir os infratores com as penalidades descritas no art. 11 da Lei n. 6.385/1976. Nesse caso, não haveria a real necessidade de se constatar a existência de dano para a aplicação de sanção; bastar-se-ia que o preceito tivesse sido descumprido, já que se trataria de sanção administrativa sem qualquer cunho indenizatório.

(ii) *Sanção civil*: anulação e/ou indenização dos danos ocorridos.

No que toca a primeira consequência, ressaltamos competir exclusivamente à CVM punir a não abstenção e ao Judiciário

20. Idem, ibidem.

21. Inquérito Administrativo CVM n. RJ 2001/4.977, p. 26.

anular e, se for o caso, determinar a indenização dos danos.

Destarte, em qualquer das duas modalidades de exercício irregular do direito de voto, o acionista responde, civilmente, pelos prejuízos que ocasionar. A propósito, consigna a lei que o voto abusivo gera responsabilidade dele, mesmo que não tenha prevalecido sendo certo que a mesma circunstância também se poderia estender ao conflitante. Mas, se são iguais as consequências para o acionista votante, tanto no caso de abuso como de conflito de interesses, no que diz respeito à validade da deliberação assemblear, deve-se atentar a diferença de tratamento da lei.

O voto abusivo nunca é causa de invalidação da assembleia, ou do resultado da votação; já o conflitante, se foi essencial para a deliberação pode comprometer a validade desta. Em outros termos, se a votação foi unânime, mesmo que tenha votado acionista que deveria abster-se, a decisão é válida: se majoritária, restando vencido o acionista que deveria abster-se, também vale; se majoritária, mas não se dá a inversão do resultado após a desconsideração dos votos do acionista que deveria abster-se, é, também válida a deliberação. Somente se o desprezo do voto conflitante conduzisse a alteração da deliberação social seria esta inválida (anulável). Tem-se, aqui, a adoção do princípio jurídico de que não há nulidade sem prejuízo. O fato de a lei não ter cominado a decisão decorrente de voto proferido em conflito de interesse, com nulidade, mas sim com anulabilidade, não permite concluir que é lícito votar nessas circunstâncias. Ressalte-se que a lei sanciona com nulidade apenas aqueles atos que ofendem aos princípios de ordem pública. Nos demais casos, a mesma refere-se a hipóteses de nulidade. A segurança jurídica impõe que somente em casos extremos os atos comerciais sejam sancionados com a nulidade absoluta. A opção do legislador de declarar anulável e não nula a assembleia não permite concluir que o acionista em conflito possa votar.

Alfredo Lamy Filho e José Luiz Bulhões Pedreira, ao emitirem parecer sobre a exegese do art. 115 da Lei n. 6.404/1976 foram taxativos: "O acionista que profere voto com outro fim que não o interesse da companhia pratica ato ilícito. Viola o disposto no art. 115 da Lei 6.404/1976. *Seu voto é anulável*, e, se os votos *que determinaram a deliberação são ilícitos, a própria deliberação é ilícita, e, portanto, anulável*"[22] (grifou-se).

A lei brasileira não menciona a responsabilidade dos acionistas pelo voto ilegal. De fato, se a assembleia geral, por unanimidade, aprova deliberação contrária à lei (por exemplo, ratifica atos da administração de inadimplemento de obrigações fiscais), esse voto não é, pela definição da lei, propriamente abusivo, nem conflitante. Deve-se considerar, entretanto, que o voto ilegal causa a responsabilização dos acionistas.

3.2 Exceções ao conflito de interesses

Estabelecida a regra geral de que o acionista não pode votar quando em conflito de interesse, duas exceções se apresentam, na linha sistemática da lei, para confirmar a regra. A primeira está na incorporação da companhia controlada (art. 264 da Lei das S/A). Nesta operação o poder de voto do controlador não é vedado, sendo que é facultado aos acionistas não controladores dissidentes o direito de reembolso de suas ações, observado o disposto no art. 137, inciso II, do mesmo dispositivo legal. Nesta trilha, ao não vedar o voto do controlador, a lei estabeleceu uma contrapartida – o direito de recesso.

A outra exceção está nos grupos de direito – art. 265 da Lei n. 6.404/1976 – *in verbis*: "A sociedade controladora e suas controladas podem constituir, nos termos

22. Alfredo Lamy Filho e José Luiz Bulhões Pedreira, "Abuso do poder de controle em aumento de capital social de banco comercial", in *A Lei de S/A*, 2ª ed., vol. 11, p. 241.

deste Capítulo, grupo de sociedades, mediante convenção pela qual se obriguem a combinar recursos ou esforços para a realização dos respectivos objetos, ou a participar de atividades ou empreendimentos comuns".

O controlador não está impedido de votar em deliberações lastreadas na convenção de grupo, ainda que em conflito de interesses. No entanto, como não poderia deixar de ser, o direito de recesso é garantido aos sócios dissidentes na aprovação da convenção, nos termos do parágrafo único, do art. 270 da mesma lei: "Os sócios ou acionistas dissidentes da deliberação de se associar ao grupo têm direito, nos termos do art. 137, ao reembolso de suas ações ou quotas".

Conforme expresso supra, no sistema de proteção estabelecido pela Lei n. 6.404/1976, resta claro que sempre que o controlador puder votar nas deliberações em que tiver interesse conflitante será garantido ao dissidente o direito de recesso.

3.3 O conflito de interesses entre o majoritário e a controlada

O acionista controlador ou não, por força do disposto no art. 115, LSA, "deve exercer o direito de voto no interesse da companhia" – *isto é, se houver divergência ou conflito entre o interesse da companhia e o do acionista – há que prevalecer o interesse da empresa – sob pena de o voto considerar-se abusivo*. Esta, aliás, é regra básica no direito societário, consagrada universalmente – o acionista deve votar e o administrador deve agir no interesse da companhia *as a whole* (como um todo), como prescreve o direito inglês, e não para atender ao seu interesse próprio ou ao de quem o elegeu.

O § 4º desse mesmo dispositivo legal, ao disciplinar o abuso do direito de voto, expressou claramente que "a deliberação tomada em decorrência do voto de acionista que tem interesse conflitante com o da companhia, é *anulável*".[23] Este dispositivo evidencia que a questão não é formal, pois caso contrário, o voto não poderia ser proferido, mas sim substancial e, por conseguinte, prevê-se a anulabilidade de deliberação onde há o voto com conflito de interesse e não a nulidade.

Há de se ressaltar que, enquanto no Brasil os conflitos dão-se em demasia entre o acionista majoritário e os acionistas minoritários, o conflito de interesses entre o majoritário e a sociedade é fato típico da jurisdição norte-americana e dos demais países onde vigora o *common law*. Tal fato ocorre devido à tamanha dispersão das ações, isto é, as ações estão tão pulverizadas que um acionista que detenha 5% das ações de uma companhia talvez seja o acionista majoritário se os demais acionistas possuírem menos de 1% das mesmas. Nestes sistemas jurídicos onde vigora a *common law*, não há impedimento de voto *a priori*.

Veja-se que no direito norte-americano, não há impedimento a que o acionista vote em questões sobre as quais tenha interesse direto, exigindo-se, evidentemente, que o voto seja justo e de boa-fé (*fairly and in good faith*), conforme a lição de Norman D. Lattin: "A shareholder in voting his shares must act *fairly and in good faith* toward other shareholders and may not legally enter into an agreement with other shareholders to so vote his shares as to perpetrate a fraud upon another shareholder. (...) If he happens to be the majority shareholder, he may not legally use his voting power to advance his own interests at the expense of the minority, nor may he create proxies to use this power for their own personal gain. *He may, however, vote his shares in support of the ratification of a voidable personal contract or other transaction with his corporation where good faith and fairness of deal are present, though there is a personal benefit to himself and his good*

23. Idem, p. 463.

faith will protect him if he happens to have voted into office a board of directors who prove faithless or incompetent, or to have voted for resolutions which, when set in motion, prove disastrous to his corporation" (grifou-se).[24]

Na verdade, na sociedade empresária, há conflitos de interesses e de força, prevalecendo a força do capital, porque isso é inerente à natureza da sociedade. Não existindo um interesse estritamente colidente de um acionista em relação à própria empresa, não há razão para se afastar da votação o acionista, no caso o majoritário, ficando muito difícil se gerir uma sociedade, porque, a todo o momento, poder-se-ia interpretar que tal ou qual atitude deste acionista estaria ou não colidindo com o interesse daquela, quando é ele, por ter a maioria do capital, quem toma as decisões.

Recorda-se aqui, inclusive, o fato de que, no caso do acionista controlador, ao se lhe exigir a abstenção, a lei estaria retirando de suas mãos a decisão primeira sobre o interesse social, muito embora fosse ele quem estivesse em melhor condição para julgar a adequação de determinada deliberação ao interesse social, pois, ao menos teoricamente, é ele quem, dentre os acionistas, melhor conhece a situação da companhia, acompanha de perto seus negócios e que está com ela mais comprometido.

Diga-se, a propósito, que há previsão expressa na própria Lei das S/A, conforme se verifica do art. 245, que permite a negociação com partes relacionadas: "Art. 245. Os administradores não podem, em prejuízo da companhia, favorecer sociedade coligada, controladora ou controlada, cumprindo-lhes zelar para que as operações entre as sociedades, se houver, observem condições estritamente comutativas, ou com pagamento compensatório adequado; e respondem perante a companhia pelas perdas e danos resultantes de atos praticados com infração ao disposto neste artigo".

Veja-se, no particular, o entendimento de Luiz Gastão Paes de Barros Leães: "A Lei Brasileira, ademais, em seu art. 245, regula as relações entre sociedades controladoras e controladas, permitindo que, nesse caso, 'as operações entre as sociedades' possam submeter o interesse de uma ao interesse de outra, desde que haja 'pagamento compensatório adequado' (...)".[25]

Alerta Fran Martins que não é vedado ao acionista controlador contratar com a sociedade, seja diretamente, seja por meio de terceiros, visto que os acionistas, mesmo o controlador, não se confundem com a companhia. Essa contratação, entretanto, deve ser feita dentro das normas comuns das atividades da sociedade, tendo em vista o interesse da mesma. O que a lei não admite é que essa contratação seja feita em condições de favorecimento ou não equitativas, estas, consideradas as realizadas em condições anormais, estranhas à regra comum dos negócios, incompatíveis com os usos e costumes negociais.[26]

3.4 Conflito de interesses entre controlador e controlada

Pode uma sociedade acionista de outra ter o seu voto bloqueado nesta última a partir da consideração de que seus respectivos interesses coincidam ou colidam? *A prima vista* não se pode recusar aplicação ao princípio de que qualquer acionista deve exercer o direito de voto no interesse da companhia, como está no *caput* do art. 115 da Lei de 1976.[27]

24. Norman Lattin, *Lattin on Corporations*, p. 355.

25. Luiz Gastão Paes de Barros Leães, "Conflito de interesses e vedação de voto nas assembleias das sociedades anônimas", *apud Revista de Direito Mercantil* 92/110.

26. Fran Martins, *Comentários à Lei das Sociedades por Ações*, p. 356.

27. "Art. 115. 0 acionista deve exercer o direito de voto no interesse da companhia; considerar-se-á abusivo o voto exercido com o fim de causar dano à companhia ou a outros acionistas, ou de obter, para

Decorre da afirmação do princípio geral o corolário da aplicação por igual, do § 1º do mesmo artigo e, por via de consequência, do § 4º. Também em linha de princípio, não se pode presumir a conflituosidade de interesses entre controladora e controlada, ou entre coligadas. Assim, ainda que se pense, às vezes, em um conflito potencial, como pode ocorrer, *v.g.*, na hipótese de fusão ou incorporação, inclina-se a doutrina pelo repúdio ao "*divieto*" abstrato, considerando a efetiva conflituosidade em cada caso concreto.

Posto isto, é preciso saber se se configura, no grupo de sociedades, um interesse próprio, a que se poderia chamar "interesse comum do grupo", diverso do interesse das sociedades participantes. Aqui se coloca o problema da relação sujeito/interesse.

O art. 216 da Lei n. 6.404 alude ao interesse *do grupo*. Deve-se admitir, face à disciplina dos grupos convencionais no Direito brasileiro, que os interesses da companhia a que alude o art. 115, podem se subordinar ao interesse comum do grupo, nos termos da convenção do que decorre outra espécie de regime jurídico dos conflitos: estes não se instauram, necessariamente, pela ausência da comutatividade na formação da resolução assemblear, respeitando-se os termos da convenção, nem pela ocorrência pura e simples de situações "clássicas" de conflitos de interesses. As exceções convencionais fornecem outros parâmetros a respeito. Nos grupos de direito, portanto, malgrado não contarem eles com personalidade jurídica, pode-se distinguir formalmente o interesse do grupo e o interesse da sociedade de comando. Sujeito de interesses, despersonificado, o grupo tem, pois, interesses próprios, *ex* art. 276. O mesmo não ocorre quanto aos grupos de fato, que não têm interesse próprio, e em relação aos quais a disciplina normativa dos conflitos de interesses segue estritamente aos princípios do art. 115.[28]

É precisamente nesse ponto que a questão formulada apresenta seu maior interesse. Em primeiro lugar, ressalta-se que voto dado em situação de conflito de interesses pode configurar abuso de poder de controle, no art. 115 e não no art. 117. É que, sabidamente, as modalidades de exercício abusivo de poder de controle, enumeradas no § 1º do art. 117, não se consideram exaustivas. Além disso, o favorecimento de outra sociedade, prevista na alínea "a" desse dispositivo legal, abrange exatamente a hipótese do conflito de interesses (ainda que, nesse caso, a ocorrência do favorecimento seja necessária, não bastando a mera potencialidade, como acontece *sub* art. 115, § 1º). De qualquer forma, o voto da controladora, eivado de conflito de interesses em relação aos interesses da controlada, pode justificar a reparação dos danos, estatuída no art. 246. No entanto, e principalmente em função das rigorosas condições especiais de legitimação exigidas pelo § 1º do art. 246, restringir a tutela em questão da aplicação do art. 246 parece não ser nem adequado e tampouco justo. Na verdade, mesmo na hipótese, de controle, não será necessário invocá-lo para promover a ação de reparação. Basta, neste caso, o § 4º do art. 115, que tem como pressuposto o abuso do poder de controle isoladamente, mas a própria ocorrência de deliberação tomada em decorrência de voto de acionista com interesse conflitante. Não importa que esse acionista seja precisamente o controlador, uma vez que não faria sentido dar à lei como inválida a deliberação em que interviesse o acionista com interesse conflitante e recusar a mesma sanção quando o acionista interveniente fosse o acionista controlador. Ademais, a potencialidade do dano à companhia, ao invés da verificação atual do dano, alarga a tutela do art. 115, em relação àquela que se po-

si ou para outrem, vantagem a que não faz jus e de que resulte, ou possa resultar prejuízo para a companhia ou para outros acionistas."

28. José Alexandre Tavares Guerreiro, *Revista de Direito Mercantil* 51/125-130.

deria pleitear sob a égide do art. 117. Entenda-se: a deliberação tomada com voto conflitante pode ser anulada mesmo que não ocorra dano à companhia. A invalidade, nesse ponto, é autônoma em relação à ocorrência de prejuízos. Anula-se a deliberação não por sua lesividade material ou atual à companhia, mas em função de um vicio intrínseco, que consiste exatamente no conflito de interesses.

Bulhões Pedreira sustenta que o controlador não poderia votar em si próprio para o cargo de administrador de uma companhia; valendo o mesmo raciocínio para o acionista não controlador titular de ações preferenciais ou de ações ordinárias que votasse em si mesmo para a eleição de cargo de conselheiro de administração ou fiscal. Não haveria aí um duplo interesse em ser administrador de um negócio consigo próprio? Não estaria contratando a si próprio para ser conselheiro da companhia? Seria o acionista o melhor juiz para dizer que ele é o administrador mais adequado para a companhia? E como sustentar que o acionista ou o conselheiro não possa votar em deliberações do Conselho de Administração ou da Assembleia sobre a remuneração da administração da qual ele faça parte? Não seria esta uma hipótese formal de conflito?

A lei societária não veda a celebração de contratos entre o controlador e a sociedade controlada. Tal assertiva decorre da análise do disposto no § 1º do art. 117 que trata do exercício abusivo do poder de controle. Isto porque somente ocorre abuso quando o controlador contrata com a companhia, diretamente ou através de outrem, ou de sociedade na qual tenha interesse, *em condições de favorecimento ou não equitativas* (art. 117, § 1º, *f*).[29] Em abono ao levantado, tem-se a regulamentação do conflito de interesses do administrador, da qual é possível aproveitar as hipóteses de contratação entre a sociedade e aquele. Ademais, o art. 156, § 1º, da LSA, preceitua: "Ainda que observado o disposto neste artigo, o administrador *somente pode contratar com a companhia em condições razoáveis ou equitativas, idênticas às que prevalecem no mercado ou em que a companhia contrataria com terceiros*" (grifou-se).

Desta forma, de maneira sistemática, veda-se a contratação, tanto do controlador como do administrador, com a companhia quando o acordo desfavorecer a sociedade, impondo condições não equitativas ou irrazoáveis, em conflito com o que prevalece no mercado.

Em suma, para que o acordo seja celebrado entre o controlador e a controlada é suficiente que este se encontre acorde com os parâmetros de mercado. De outra parte, é dever do controlador apresentar aos acionistas da controlada as características do contrato – justamente para apontar a sua regularidade – antes da deliberação do mesmo, facilitando o controle e plena transparência dos atos da companhia.

4. Parecer de Orientação CVM n. 34/2006, de 18.8.2006

Tamanha a relevância da discussão em torno do art. 115, § 1º, que a Comissão de Valores Mobiliários, em 18 de agosto de 2006, achou por bem divulgar o Parecer de Orientação n. 34, apresentando sua interpretação no que diz respeito à hipótese de impedimento de voto de acionista beneficiado de modo particular em operações de incorporação e de incorporação de ações nas quais seja dado tratamento diferenciado a determinados acionistas no que tange às relações de substituição de ações propostas, buscando pôr fim às desavenças e uniformizar o entendimento no que toca a tal matéria.

O tema do impedimento de voto em deliberações societárias, como reconhecido no Parecer, é complexo e objeto de polêmica na doutrina jurídica, tendo o enten-

29. Inquérito Administrativo TCA CVM n. 1.153/2002, p. 13.

dimento da própria CVM variado conforme a composição do seu Colegiado.

A CVM deixa claro no Parecer que o impedimento de voto não envolve um julgamento sobre a licitude da deliberação (que obviamente se espera ser sempre lícito), mas recai sobre o impedimento do exercício do voto pelo acionista que, tendo em vista o sobrepreço atribuído às suas ações na operação, será beneficiado de modo particular. Assim, pode-se deduzir que o impedimento do voto apontado pela CVM no Parecer decorre da especificidade do benefício e pela particularidade dos efeitos da deliberação para determinado(s) acionista(s).

O Parecer afirma, ainda, que mesmo que haja mecanismos que permitam a participação de acionistas sem direito ao voto, ainda que com a possibilidade conceitual de vetar a operação caso comparecessem e votassem em grande número na assembleia, estes não seriam eficazes para afastar o impedimento de voto, sendo necessário para tal finalidade o voto afirmativo de acionistas não beneficiados que completassem isoladamente o quórum legal. O quórum exigido para aprovação de operações de incorporação ou incorporação de ações pela sociedade a ser incorporada ou que terá suas ações incorporadas é de, no mínimo, metade das ações com direito a voto. *Cumpre salientar ainda que, mesmo que o acionista impedido venha a votar, a deliberação somente será anulada se o voto do acionista potencialmente beneficiado tiver sido determinante para sua aprovação pela Assembleia Geral*.

Do acima exposto, depreende-se do Parecer que uma relação de troca diferenciada no contexto de uma incorporação (ou incorporação de ações) pode comprometer o exercício do voto do acionista beneficiado, especialmente, em algumas hipóteses, se a desproporcionalidade no valor atribuído não for justificada por laudo com critérios econômicos objetivamente verificáveis.

No mercado brasileiro atual, consolidações e reestruturações societárias são cada vez mais realizadas, seja por justificativas clássicas de operações de fusões e aquisições (como por exemplo, busca de sinergias e diversificação), como também no contexto de operações de migração visando uma melhor governança corporativa em determinada sociedade.

5. Benefício particular

5.1 Benefício particular

O Parecer de Orientação CVM n. 34 supramencionado suscitou novas questões atinentes ao disposto no § 1º do art. 115 da Lei n. 6.404/1974 no que se refere ao impedimento de voto em função do conflito de interesses, abuso do direito de voto e, sobretudo em relação ao benefício particular.

Embora alguns autores defendam que a noção de benefício particular seja *a prima vista*, simples, a história e a problemática concernente a este conceito vêm demonstrando sua complexidade.

Grosso modo, sempre que o acionista auferir um ganho, além daquele que os outros acionistas detêm, estará caracterizado o benefício particular. Ou seja, todos os titulares dos mesmos direitos estão "em pé de igualdade" na companhia. Na medida em que o acionista angaria um proveito diferente dos demais e, por conseguinte, recebe um benefício particular (*v.g.*, atribuir "uma bonificação a determinado acionista por este ou aquele motivo", no dizer de Miranda Valverde), é este impedido de votar.

Tudo que rompe a igualdade que, em princípio, deve reinar entre os sócios considera-se como vantagem particular. Essas vantagens deduzem-se de diversas formas, dentre as quais as mais comuns são através dos lucros líquidos anuais durante determinado prazo (a lei, aliás, não o estabelece) ou do próprio capital da sociedade.

O ilustre ex-Diretor da Comissão de Valores Mobiliários, Marcelo Trindade, "ressuscitou" o conceito de "benefício particular" no Inquérito Administrativo do caso TCSP (IA CVM n. TA/RJ 2001/4.977). Foi utilizado o termo "ressuscitou" porque "com efeito, a expressão benefício particular foi inserida na legislação brasileira com o Decreto n. 2.627/1940, art. 82". Até então, a expressão utilizada, desde a Lei n. 3.150, de 1889, era "*vantagem*".

Nesse sentido, o conceito de benefício particular está ligado diretamente ao conceito de igualdade entre os acionistas, ou seja, tudo aquilo que dê um tratamento aos acionistas – enquanto acionistas, é bom que se frise – diferente do que está geralmente disponível aos demais acionistas pode representar uma vantagem ou um benefício particular. Rompida esta igualdade, poderia haver um benefício particular.

Trajano de Miranda Valverde ratifica e retifica o outrora disposto ao defender que a origem do "benefício particular" foi o art. 82 do Decreto n. 2.627. Como bem salientou Erasmo Valladão de Azevedo França, o termo constante do Decreto não se referia a qualquer *vantagem*, mas sim à vantagem específica e lícita constante do art. 3º, § 3º, da mesma Lei n. 3.150. Segundo Carvalho de Mendonça: "Os fundadores, se também subscritores ou acionistas, não podem constar na qualidade de acionistas, nas deliberações sobre quaisquer vantagens estipuladas em seu favor nos estatutos ou no contrato social".[30]

E o mesmo Carvalho de Mendonça, ao discutir hipótese de contrato entre o sócio e companhia, expressamente exclui a possibilidade disso se constituir como vantagem. Ouça-se a lição do mestre:

"Pergunta-se: O acionista pode votar sobre negócio que lhe diga respeito e que porventura contrate com a sociedade? Poderá votar em si mesmo para os cargos de administrador ou fiscal?

"A opinião geral é que a lei , não vedando, permite, implicitamente, que o acionista vote, ainda que seja administrador. As proibições são de direito estrito. Os votos dos outros acionistas podem eliminar a influência dos votos interessados. Que lucraria a lei estabelecendo a proibição se não evitar os acionistas transferirem as ações a figuras de palhas para a votação nas assembleias? É melhor que cada um assuma francamente a responsabilidade dos seus atos."[31]

Isso tudo serve para demonstrar, pois, que o conceito de benefício particular está ligado diretamente ao conceito de igualdade entre os acionistas, ou seja, tudo aquilo que dê um tratamento aos acionistas – enquanto acionistas, é bom que se frise – diferente do que está geralmente disponível aos demais acionistas pode representar uma vantagem ou um benefício particular. Rompida esta igualdade, poderia haver um benefício particular.

A esse respeito, bem notou Erasmo Valladão Azevedo e Novaes França, ao explicitar que: "Nesse passo porém o legislador não teve em mente os benefícios ou vantagens indevidos, de caráter extrassocial, de que cuida o § 243, inciso II, da Lei Acionária Alemã, mas benefícios perfeitamente lícitos, que a lei permite sejam atribuídos aos acionistas".[32]

5.2 Abuso do direito de voto

Lei n. 6.404/1976: "Art. 115. O acionista deve exercer o direito a voto no interesse da companhia; *considerar-se-á abusivo o voto exercido com o fim de causar dano à companhia ou a outros acionistas, ou de obter, para si ou para outrem, vantagem* a que não faz jus e de que resulte, ou possa resultar, prejuízo para a companhia ou para outros acionistas" (grifou-se).

Da acepção da palavra *abuso* (do latim *abusu*) tem-se a exata noção do sentido da expressão *voto abusivo*. Isto porque

30. Carvalho de Mendonça, *Tratado de Direito Comercial Brasileiro*, vol. II, pp. 346-349.

31. Ob. cit., vol. IV, livro II, pp. 30-31.

32. Ob. cit., p. 90.

esse vocábulo significa *mau uso, uso errado, excessivo ou injusto.*[33]

Para realizar-se tal tarefa de conceituação de "voto abusivo", imprescindível promover a delineação da categoria jurídica "abuso de direito". Grassa na doutrina uma divergência acerca da sua caracterização como espécie de ato ilícito ou como uma segunda categoria de antijuridicidade, ao lado do ilícito. Em geral, aceita-se que no ato abusivo há uma violação dos valores que fundamentam o sistema jurídico, enquanto que no ilícito há uma quebra do modelo lógico-jurídico.[34]

O brilhante professor Fábio Ulhoa Coelho oferece-nos exemplos da ocorrência de voto abusivo: "Assim, se os minoritários rejeitam as contas do controlador administrador, ou as demonstrações financeiras (art. 134, § 12, Lei n. 6.404/1976), sem possuir, contudo, razões técnicas para fundamentar seus votos, caracteriza-se a abusividade destes; outros exemplos: se um acionista, pretendendo prejudicar o que oferece bem à integralização de capital social, vota pela rejeição do laudo e subavaliação deste, configura-se também o voto abusivo. De um modo geral, quando o acionista manifesta uma vontade no exercício de voto de verdade, incorre em abuso. Anote-se, enfim, que a responsabilização do controlador por voto abusivo é apenas uma forma diversa de se lhe imputar responsabilidade por abuso do poder de controle".

O Código Civil de 2002 abraçou a corrente clássica, defendida por Clóvis Beviláqua,[35] ao dispor no seu art. 187: "Também comete ato ilícito o titular de um direito que, ao exercê-lo, excede manifestamente os limites impostos pelo seu fim econômico ou social, pela boa-fé ou pelos bons costumes".

Diverge desse parâmetro o *caput* do art. 115 da LSA ao elencar os casos em que o ato societário será abusivo (vide acima). O art. 115, Lei das S/A, é claro no sentido de que o exercício abusivo do direito de voto somente se configura quando o acionista tem por finalidade causar dano à companhia ou a outros acionistas, ou obter vantagem a que não faz jus ou que resulte ou possa resultar em prejuízo para a companhia ou demais acionistas.

A parte final da alínea "f" do art. 117, ademais, somente considera caracterizado o abuso de poder por parte do controlador na contratação com a companhia quando houver favorecimento dado a ele ou condições não equitativas. Assim, o elemento teleológico ou finalístico do ato termina por caracterizá-lo como abusivo ou não, restando ao prejudicado comprovar a quebra da boa-fé, em um controle posterior, face à presunção de lealdade que norteia as relações sociais. Na verdade, o abuso do direito existe nas deliberações sociais quando não perseguem o interesse social e excedem manifestamente os limites resultantes da boa-fé, dos bons costumes ou do fim social e econômico do direito a uma razoável conciliação do interesse social e do interesse dos sócios, tornando-se escandalosa e intoleravelmente ofensiva do nosso sentido ético-jurídico, por se ter, através das circunstâncias concretas do voto, a busca de proveito exclusivo dos sócios.

Para a maior parte da doutrina, o abuso no direito de voto somente se caracteriza quando o acionista intencionalmente vota contrariamente aos interesses da companhia, sendo que a comprovação de tal conflito ou benefício ao acionista controlador depende de aferição a ser feita pelo Poder Judiciário, e jamais pelos demais acionistas ou pela CVM.

33. Inquérito Administrativo CVM n. TARJ 2002/1.153, p. 7.

34. Heloísa Carpena, "Abuso do direito no Código de 2002. Relativização de direitos na ótica civil-constitucional", in Gustavo Tepedino (coord.), *A Parte Geral do Novo Código Civil – Estudos na Perspectiva Civil-Constitucional*, em especial as pp. 371-374.

35. Código Civil dos Estados Unidos do Brasil, vol. 1, 10ª ed., Rio de Janeiro, Livraria Francisco Alves, p. 348.

Neste diapasão, o voto abusivo somente poderia ser detectado *ex post*, ou seja, após a sua emissão, confrontando-se o seu desiderato com os fins legais. Assim, para que o voto seja considerado abusivo, segundo os termos da lei (art. 115 da Lei n. 6.404/1976), o fim pretendido deve ser o de causar dano à companhia ou a outros acionistas, ou de obter, para si ou para outrem, vantagem a que não faz jus e de que resulte, ou possa resultar em prejuízo para a companhia ou para outros acionistas.

Em suma, todas as espécies de voto abusivo se resumem nas máximas, admitidas em direito, *neminem laedere* e *suum cuique tribuere* que vedam as formas de enriquecimento sem causa e/ou com prejuízo de terceiros.

5.3 Da diferença entre o voto abusivo e o voto conflituoso e suas distintas consequências

A leitura do art. 115 da LSA denota a existência de dois institutos essencialmente diferentes: o abuso do direito de voto e o voto conflituoso.

Torna-se imprescindível promover a distinção entre esses conceitos, dado que de tal diferenciação é que advém a conclusão (e a eventual proibição do direito de voto) a respeito de tratar-se o voto conflituoso ou o voto abusivo após um exame mais minucioso e específico, atendendo a critérios materiais ou substanciais.

O *caput* do art. 115 contempla a hipótese de exercício abusivo do direito de voto respondendo o acionista pelos danos causados, nos termos do § 3º. O § 1º deste dispositivo legal, por sua vez, contempla hipótese diversa: a do impedimento de votar em determinada deliberação tendo como consequência a anulabilidade da deliberação, conforme o disposto no § 4º.

Já o voto em conflito de interesses, apresentado no § 1º e citado no § 4º, ocorre quando há uma situação de conflito de interesses entre o acionista votante com a companhia, cuja matéria será deliberada em votação em assembleia geral dos acionistas. Esse conflito de interesses é proveniente da configuração dos elementos objetivos que envolvem o acionista e a companhia. Nesta configuração objetiva, o acionista teria um interesse particular na deliberação diverso do seu interesse como sócio da companhia. *Nestes casos o acionista estaria impedido de votar, nem que seja conforme o interesse social.* O ato ilícito administrativo só ocorreria se o acionista em conflito votasse. Trata-se da suspensão, não do direito de voto, mas do exercício temporário do mesmo. *Em síntese, tem-se que enquanto a existência de um conflito de interesses impede que determinado acionista vote em determinada deliberação, o exercício abusivo do direito de voto constitui uma extrapolação por parte do acionista impedido.*

Ressalte-se, ainda, que o abuso de voto *strictu sensu*, do *caput*, teria que ser analisado em seus efeitos sobre a sociedade, considerando os impactos concretos da decisão sobre a sociedade, em caráter *ex post*. O conflito de interesses, por sua vez, ocorreria em quatro hipóteses de deliberações em assembleia geral: a um, relativa ao laudo de avaliação de bens com que concorrer para a formação do capital social; a dois, referentes à aprovação de suas contas como administrador; a três, em quaisquer outras que puderem beneficiá-lo de modo particular; e, a quatro, nas que tiver interesse conflitante com o da companhia, em caráter geral.

Não podem ocorrer, ao mesmo tempo, conflito de interesses e abuso do direito de voto, pois, ou bem o acionista tem interesse conflitante com o da companhia e por essa razão está impedido de votar em certa deliberação, ou bem tem o direito de votar e deve exercer o voto no interesse da companhia, não se podendo infringir ao mesmo tempo o *caput* do art. 115 e seu § 1º. Outra não é a opinião da doutrina e, sobretudo, de Fábio Ulhoa Coelho. A lei os discrimina, determinando a abstenção na apreciação do laudo de avaliação dos bens com que o acionista concorrer para a formação do capital social, na votação das próprias contas como administrador e em qualquer matéria que o beneficie, ou possa beneficiá-lo, de modo particular (art. 115, § 12).

6. Critérios definidores de apuração do exercício do direito de voto

Ensaiar qualquer escrito sobre o conflito de interesses sem abordar os critérios definidores de apuração de voto dos acionistas significa abordar tal tema sem a devida veemência. Explica-se: o conflito de interesses e o abuso do direito de voto ocorrem, *v.g.*, quando um acionista exerce seu direito de voto em dissonância com os interesses da companhia ou quando este se utiliza de seu poder de sócio majoritário para fazer valer os seus desejos e anseios sem atentar para os interesses da mesma.

Ocorre que é tarefa bastante árdua promover uma efetiva investigação do voto para apurarmos se foi este exercido de forma dolosa, é dizer, com a clara intenção de causar dano à companhia ou a seus acionistas. A doutrina, sabidamente, tratou de resolver tal conflito por meio dos critérios formais e materiais.

Conforme quedará claramente demonstrado neste item e como foi descrito nos itens anteriores, existem, em regra, duas formas de tratar o conflito de interesse: a pontual e a genérica, sem prejuízo, obviamente, do que alguns autores entendem por regulação híbrida.

Os ordenamentos jurídicos ora transferem aos intérpretes e aplicadores da lei promover uma análise acerca do conflito de interesses, ora ostentam uma proibição específica, pontual, taxativa, leia-se, *numerus clausus*.

As legislações que quiseram efetivamente afastar *a priori* o direito de voto, o fizeram expressamente, enumerando, não um conceito geral de conflito de interesses, mas especificando taxativamente as hipóteses onde haveria um conflito de interesses presuntivo. Nessas legislações, considerou-se que em determinadas situações haveria uma presunção *iuris et de iure* de conflito de interesses e optou-se por impedir que o voto fosse proferido, fazendo-o através da indicação clara e precisa de hipóteses específicas.

6.1 Critério formal

"A lei brasileira proibiu, terminantemente, o exercício do poder de voto daquele em situação conflituosa, não dando margem para qualquer subterfúgio ou considerações *a posteriori*."[36]

Os defensores deste critério defendem que o conflito de interesses ocorre sempre que o acionista encontra-se em posição dupla frente à sociedade. Ao mesmo tempo em que ele possui o dever legal de votar em favor dos interesses da sociedade, surge o seu interesse privado na outra ponta, de modo que é impossível atender plenamente aos dois, sendo inevitável o sacrifício de um em nome do outro. Alegam que, para evitar que o interesse social seja renunciado pelo acionista, a Lei n. 6.404/1976 impediu o mesmo de deliberar nas assembleias em que possa haver o conflito.

Segundo os ditames do critério formal, o conflito, na verdade, se estabelece na medida em que o acionista não apenas tem interesse direto no negócio da companhia, mas também interesse próprio no negócio que independe de sua condição de acionista por figurar na contraparte do negócio. Neste diapasão, o interesse não precisaria ser necessariamente divergente ou oposto ou que houvesse vantagem para uma parte e prejuízo para a outra, já que a lei emprega o termo "conflito" em sentido lato, abrangendo qualquer situação em que

36. Inquérito Administrativo CVM n. TARJ 2002/1.153, declaração da Diretora Relatora do Voto Vencido, Norma Jonssen Parente, p. 8.

o acionista estiver negociando com a sociedade.

O conflito é examinado *a priori* pelo próprio acionista que espontaneamente deve declarar-se impedido. A propósito, veja-se o ensinamento de Carvalhosa, seguido do ensinamento de Carmem Bataller:[37] "Há proibição legal para o acionista que tem conflito de interesses com a sociedade de votar em qualquer sentido, nem que seja conforme o interesse social". E mais adiante, prossegue:

"*Es irrelevante la intencionalidad del socio de causar un perjuicio a la sociedad, para que exista el conflicto*. Puede presentarse sin ella. En primer lugar, por las dificultades que existen para averiguar cual es la intención del socio al emitir su voto. En segundo lugar, porque no se pretende juzgar los motivos que inducen al socio a votar, sino más bien constatar si objetivamente existe un conflicto de intereses, que presumiblemente inducirá al socio a votar en determinado sentido, perjudicando con ello el interés social" (grifou-se).

Norma Parente, nesta mesma trilha, afirma: "Nada pode ser mais claro que a seguinte passagem: 'o acionista não poderá votar'. Dentro da chamada interpretação gramatical, acatando seus limites próprios, não há qualquer margem para a inclusão da distinção 'divieto' (vedação ao direito de voto) e conflito, pois o legislador deixou claro que a proibição ex ante se estendia às hipóteses de interesse conflitante. (...) Vê-se, pois, que o texto não é dúbio. A lei proibiu o acionista de votar em quaisquer deliberações que puderem beneficiá-lo de modo particular *ou* em que tiver interesse conflitante com o da companhia. (...) *O conflito de interesses entre o sócio e a sociedade ocorre, pois, quando o acionista tem duplo interesse em relação a uma deliberação a ser tomada*" (grifou-se).

37. Carmen Alborch Bataller, *El Derecho de Voto del Accionista (Supuestos Especiales)*, p. 266.

Na mesma linha, veja-se Rodrigo Uría:[38] "En la emisión del voto goza el accionista de amplia libertad. Puede votar en el sentido que tenga por conveniente, sin otros límites que el respeto al interés de la sociedad, la moral y el orden público. Ahora bien, el interés de la sociedad correrá grave peligro siempre que el accionista tenga un interés propio y particular en el asunto sometido a la decisión de la junta, porque entonces el accionista puede sentir-se inclinado a supeditar la conveniencia de la sociedad a su propio interés personal. De ahí que, en el supuesto de conflicto o colisión de intereses entre la sociedad y el socio, éste deba abstenerse de emitir el voto en el asunto u operación concreta en que se dé la colisión; si, no obstante, el voto se emitiera y fuera decisivo para la formación de la mayoría, el acuerdo social podría ser impugnado al amparo del artículo 115, siempre que con la emisión de ese voto se haya causado lesión a los intereses de la sociedad; ese precepto puede implicar, en definitiva, la necesidad de posponer el interés personal del accionista al interés social, cuando uno y otro entren en conflicto y con ello se lesione realmente el interés social".

Conforme outrora disposto, o conflito de interesses seria meramente formal e constatado *a priori*, considerando o comando impeditivo generalizado contido no parágrafo único do art. 115 e o sistema preconizado na lei societária. Outro não é o posicionamento independente de Modesto Carvalhosa, em passagem que reflete o sentimento de proteção aos minoritários face aos abusos que permeiam o direito societário moderno:[39] "A configuração do interesse conflitante, além das duas hipóteses tipificadas na lei, torna-se uma questão que *a priori* somente pode ser deslindada através do critério formal (...). Impossível encarar a questão casuisticamente. Tão só

38. Rodrigo Uría, *Derecho Mercantil*, p. 308.

39. Modesto Carvalhosa, *Comentários à Lei de Sociedades Anônimas*, vol. 2, 2ª ed., p. 410.

se pode configurar, na espécie, o conflito de interesses no sentido amplo ou geral e no pressuposto da própria licitude do negócio jurídico".

A ideia balizadora do critério formal de conflito permeia-se no fato de ser irrelevante a intenção do acionista em causar ou não prejuízo à companhia e o conhecimento do mesmo sobre a existência do conflito. Assim, "Es irrelevante la intencionalidad del socio de causar un perjuicio a la sociedad, para que exista el conflicto. Puede presentarse sin ella. En primer lugar, por las dificultades que existen para averiguar cuál es la intención del socio al emitir su voto. En segundo lugar, porque no se pretende juzgar los motivos que inducen al socio a votar, sino más bien constatar si objetivamente existe un conflicto de intereses, que presumiblemente inducirá al socio a votar en determinado sentido, perjudicando con ello el interés social".[40]

Norma Parente, ratificando o outrora disposto, comenta: "Novamente o elemento psicológico é afastado da apreciação objetiva do conflito. A regra da Lei n. 6.404/1976 é comando jurídico e não simples regra moral. O acionista não é o juiz soberano para decidir sobre a existência ou não do conflito, sabido que o mesmo é puramente formal. Do contrário, fosse um comando moral, efeito inerente da corrente que defende as considerações substancias e *ex post* do conflito, a decisão do acionista seria soberana e incontrastável frente até ao Judiciário, já que a análise do *animus* daquele seria praticamente impossível".[41]

Mais adiante, a mesma autora afirma: "Longe de estar ultrapassada, permanece atual a necessidade de se manter princípios de moralidade e de se conter os conflitos de interesse, submetendo-os a regras preventivas. Em verdade, é uma exigência do mundo moderno, que enfrenta, entre outros, conflitos sociais, industriais e de classes".[42]

Graziani,[43] célebre autor italiano, demonstra que, no seu entender, a existência de dano não é um limite à proibição de votar, mas sim à anulação da assembleia. "O acionista deve abster-se quando tiver um conflito potencial", conforme já reconhecido pela jurisprudência italiana.

No que toca à lei brasileira, os filiados ao critério formal enxergam-na de forma a claramente proibir o voto ao acionista que estivesse em conflito de interesse. A lei sequer permitiria que se discutisse a significância do conflito. Simplesmente, *havendo conflito, proibiria o voto*. A lei tampouco excepcionaria a regra para permitir o voto em conflito desde que exercido no interesse da companhia. A lei, por ser taxativa, não comportaria exceções em seu teor, optando por liminarmente proibir o voto. Permitir o voto, para depois questionar-se sobre a existência de dano ou mesmo se havia ou não conflito de interesses só tumultuaria a vida da sociedade, com as incertezas que podem advir de discussões judiciais, que dependem de provas complexas e que terminam gerando incertezas quanto aos seus rumos. Portanto, a preservação da harmonia e segurança da atividade empresarial, também, impõem a medida preventiva.

Segundo Norma Parente, no caso de conflito de interesses, a lei vai mais longe do que prescrever o exercício do voto no interesse da companhia, pois proíbe o acionista de exercê-lo, como, em 1981, os próprios autores da nossa lei, Professor Alfredo Lamy Filho e José Luiz Pedreira, o reconheceram:[44]

"*Conflito de interesses* – As demais normas do art. 115 – que vimos comentan-

40. Carmen Alborch Bataller, ob. cit., p. 266.

41. Norma Jonssen Parente, Inquérito Administrativo CVM n. TARJ 2002/1.153, p. 16.

42. Ibidem, p. 18.

43. Alexandro Graziani, *Diritto delle Società*, 5ª ed., p. 334.

44. Alfredo Lamy Filho e José Bulhões Pedreira, *A Lei das S/A*, 2º vol., 2ª ed., pp. 239 e 240.

do – explicitam o comando básico no *caput* do artigo ou esclarecem efeitos da sua violação.

"*O § 1º do art. 115 prevê a hipótese de conflito de interesses, em que a lei vai mais longe do que prescrever o exercício de voto no interesse da sociedade, pois proíbe ao acionista exercê-lo*:

"O acionista não poderá votar nas deliberações da assembleia geral relativas ao laudo de avaliação dos bens com que concorrer para a formação do capital social e à aprovação de suas contas como administrador, nem em quaisquer outras que puderem beneficiá-lo de modo particular, *ou em que tiver interesse conflitante com o da companhia*" (grifos meus).

Esse dispositivo reproduz a norma do art. 82 do Decreto-lei n. 2.627, de 1940, diploma legal já referido anteriormente. O legislador, ao optar pela proibição cautelar do exercício do poder de voto em situação de conflito o fez no pressuposto de que maior seria o prejuízo se o voto fosse exercido. Conforme defendem os filiados ao critério formal, esse fato não só traz maior segurança para as companhias como evita questionamentos sobre o grau do conflito ou mesmo sobre o prejuízo causado. Adotar-se-ia uma postura preventiva visando, pois, manter a harmonia na vida societária, evitando as incertezas decorrentes de controvérsias que afetam a necessária segurança jurídica da empresa moderna.

6.2 Critério substancial/material

A doutrina e jurisprudência dominantes entendem que o conflito de interesses deve ser apreciado de forma substancial, partindo do pressuposto da boa-fé dos acionistas ao proferirem seus votos.

Para que o conflito seja substancial, é *conditio sine qua non* que o mesmo seja estridente, colidente; que haja um interesse inconciliável, para que a regra do § 1º do art. 115 da Lei n. 6.404/1976 seja aplicada. Deste modo, *não basta que haja uma duplicidade de interesses no voto do acionista*. Para que se caracterize o conflito de interesses mencionado na lei, *tal duplicidade deve implicar obrigatoriamente em um choque de interesses, uma colisão entre o interesse social e o do acionista*, de modo que um não poderia prevalecer sem o sacrifício do outro.

Nessa linha, primeiramente, deve ficar dito que o interesse em conflito há de ser extrassocial, não decorrente da situação de sócio ou acionista. Este interesse extrassocial, estranho mesmo à relação social, é que deve se contrapor ao interesse social. A contraposição entre interesses de acionistas não autoriza a aplicação do § 1º do art. 115 da Lei n. 6.404/1976.

"Hay conflicto de intereses entre socio y sociedad cuando el socio se encuentre en la condición de ser titular, ante determinada decisión, de un doble interés: de su interés de socio y, además, de un interés externo de la sociedad, *y esta duplicidad de intereses ha de ser de tal naturaleza que no pueda obtener uno sin sacrificar el otro*. La simple duplicidad de la posición de intereses en cabeza de un mismo sujeto por sí sola no implica, sin embargo, una situación de conflicto en sentido técnico. Las dos posiciones pueden ser entre sí solidarias, ya que el socio puede alcanzar su propio interés sin perjudicar el interés de la sociedad."[45]

José Luiz Bulhões Pedreira contribui: "Interesse conflitante significa interesse oposto, contrário, incompatível ou colidente. Não é apenas interesse diferente, ou distinto, que pode ser, inclusive, coincidente com o da companhia, ou complementar a este: é válido o voto proferido pelo acionista no interesse da companhia, ainda que na deliberação tenha outro interesse próprio, distinto do da companhia, desde que não seja com este conflitante".

45. Francesco Galgano, *Derecho Comercial*, vol. II, p. 410.

Veja-se, outrossim, o que diz, em tradução livre, o Código Civil italiano, no seu art. 2.373, *caput*, em tudo similar com a parte final do parágrafo único do art. 115 da Lei 6.404/1976: "O direito de voto não pode ser exercido pelo sócio nas deliberações em que tenha, por conta própria ou de terceiro, um interesse em conflito com o da sociedade (art. 2.391)".

Na Espanha, também há este entendimento prevalecente, sendo de se assinalar que, inclusive, sequer há regra que proíba o voto, como se pode ver do dispositivo abaixo transcrito do art. 115 da Lei de Sociedades Anônimas espanhola: "Podrán ser impugnados los acuerdos de las juntas que sean contrarios a la Ley, se opongan a los Estatutos o lesionen, en beneficio de uno o varios accionistas o de terceros, los intereses de la sociedad".

Rodrigo Uria exige "el supuesto de conflicto o *colisión de intereses* entre la sociedad y el socio, éste deba abstener-se de emitir el voto en el asunto o operación concreta en que se dé la *colisión*" e não apenas um duplo interesse.

E, ainda, Carmen Alborch Bataller, autora supracitada, além de reconhecer, como o fez Uria, que "el deber de abstención no viene impuesto en la ley",[46] exige, a existência de uma *situação contraposta ou antagônica* (...) entre os interesses do sócio e da sociedade e a existência de um nexo de causalidade entre o interesse extrassocial ou particular do sócio *em prejuízo* do interesse social. A mencionada autora espanhola apenas não exige a prova da intenção de causar prejuízo à sociedade, mas daí não se pode ou se deve extrair que não se exija a prova do prejuízo ou a efetiva existência do dano.

E no que versa à doutrina italiana, temos a opinião de Sena,[47] Tullio Ascarelli,[48] Ferri,[49] Corsi,[50] Mengoni,[51] Gregorio,[52] Giovanni Grip,[53] Giorgio,[54] Carlo Santagata,[55] Campobasso[56] e Galgano.[57]

Na França, a opinião não é diferente, sendo de se citar exemplificativamente Dominique Schmidt.[58] Na Alemanha, há o mesmo sentido, conforme Henzfelder.

Na mesma linha, José Luiz Bulhões Pedreira: "Se o acionista tem interesse conflitante com o da companhia, mas vota efetivamente no interesse desta, e não em outro interesse extrassocial, o exercício do voto é regular e válido....Esse regime da lei explica-se porque a existência do conflito de interesses potencial *autoriza a suspeita, mas não a certeza*, da violação da norma legal que prescreve ao acionista o dever de votar no interesse da companhia, e não em interesse extra social oposto ao da companhia. O ato ilícito consiste em votar em interesse contrário ao da companhia, e não em votar tendo um interesse extra social".[59]

Conforme os ilustres Alfredo Lamy Filho e José Luiz Bulhões Pedreira, em parecer conjunto de 1981, o que mostra que

46. Carmem Bataller, *El Derecho de Voto del Accionista*, p. 291.

47. Sena, *Il Voto nella Assemblea della Società per Azioni*, p. 393.

48. Tullio Ascarelli, *Studi in Tema di Società*, p. 166.

49. Ferri, *Trattato di Diritto Civile Italiano in le Società* (vários autores), vol. 10, pp. 450 e ss.

50. Corsi, *Gli Imprenditori e le Società*, pp. 506 e ss.

51. "Conflitto di interessi in materia sociale", *Rivista delle Società*, pp. 434 e ss.; "Appunti per una revisione della teoria sul conflitto di interessi nelle deliberazioni di assemblea delle società per azioni", *Rivista delle Società*, pp. 448 e ss.

52. *Derecho Comercial de las Sociedades e de las Asociaciones Comerciales*, t. 6, pp. 702-703.

53. Marco Gregorio, *L'Assemblea nella Società per Azioni*, *Trattato de Diritto Privato*, vol. 16, p. 389.

54. Luigi Cian, *Commentario Breve al Codice Civile*, pp. 2551 e ss.

55. Carlo Santagata, *La Fusione tra Società*, pp. 271 e ss.

56. Campobasso, *Diritto Commerciale, Diritto delle Società*, 2, pp. 305 e ss.

57. Francesco Galgano, *Diritto Commerciale le Società*, p. 363.

58. Dominique Schmidt, *Le Conflits d'Intérêts dans la Société Anonyme*, p. 65.

59. José Luiz Bulhões Pedreira, *A Lei das S/A*, 2º vol., 2ª ed.

esta opinião não é de hoje, mas de sempre. Confira-se: "Nesse artigo o ponto básico é um só, desde logo apresentado pela lei, e do qual defluem os demais comandos legais: o acionista deve exercer o direito de voto no interesse da companhia. O abuso de direito e o conflito de interesses *decorrem da desobediência* a tal comando básico: *se o voto não satisfaz a tal preceito não é direito, é violação do direito*"[60] (grifou-se).

Evidentemente, a desobediência a que se referem os ilustres só pode ter lugar quando o voto contraria o interesse social; só pode ser desobediência ao interesse social. Ora, se o voto satisfaz a tal preceito, *a contrario sensu*, não pode ser violação de direito, mas sim exercício regular de direito.

No Brasil, da decisão proferida pelo Egrégio Superior Tribunal de Justiça no Recurso Especial n. 131.300-RS, colhe-se o seguinte ensinamento do voto do douto Ministro Aldir Passarinho Junior:

"Sr. Presidente, desde o início do julgamento em sessão passada, entendi de acompanhar o voto do eminente Ministro-Relator. Esse conflito entre interesses de determinados acionistas e a empresa tem que ser *absolutamente estridente*, porque uma pessoa jurídica tem por objetivo o lucro, e o dono da empresa é exatamente quem detém a maioria do capital. É claro que a lei traça alguma proteção para os acionistas minoritários. Mas não é possível, como propõe a parte em memorial, que se dê a isso o mesmo tratamento, ela exemplifica, de um magistrado que julgará uma questão de seu interesse, tendo que ser imparcial (grifos meus).

"Na verdade, na sociedade comercial há conflitos de interesses e de força, prevalecendo a força do capital, porque isso é inerente à natureza da sociedade. Não existindo um interesse estritamente colidente de um acionista em relação à própria empresa, não há razão para se afastar da votação o acionista, no caso o majoritário, ficando muito difícil se gerir uma sociedade, porque a todo momento se poderia interpretar que tal ou qual atitude deste acionista estaria ou não colidindo com o interesse daquela, quando é ele, por ter a maioria do capital, quem toma as decisões."

Ratificando o outrora disposto, José Luiz Bulhões Pedreira, brilhantemente, contribui: "A improcedência da interpretação que caracteriza o conflito de interesses a partir de definições genéricas baseadas em aspectos formais, como tipos de negócios jurídicos, é demonstrada pelos exemplos de conclusões absurdas ou desarrazoadas a que conduz, como a que considera que há necessariamente conflito de interesses quando a companhia e o acionista são partes de negócios bilaterais comutativos, como, por exemplo, a compra e venda. O vendedor e o comprador têm interesses distintos: o primeiro, de vender a coisa para realizar o preço, e o segundo, de adquirir a propriedade da coisa mediante pagamento do preço. São partes opostas no contrato, mas esses interesses não são conflitantes, e sim complementares: cada um somente pode satisfazer seu interesse se o outro satisfizer o seu".

A tônica nacional e mundial, de ontem e de hoje, posiciona-se no sentido de que o conflito de interesse deve ser apreciado em cada caso, mediante a verificação de que o acionista interessado, ao manifestar seu voto, sacrificou o interesse social em virtude de seu benefício extrassocietário; mediante a verificação de que o conflito seria incontornável e que não haveria como o acionista exercer seu voto sem que este fosse manifestado em detrimento de um dos interesses envolvidos, mais especificamente o interesse social.

Em suma, por todo o exposto, a verificação *a posteriori*, ao invés de trazer desarmonia e insegurança à atividade empresarial, assegura que as sociedades não fiquem à mercê de minorias muitas vezes não representativas e que prossigam deliberando

60. Alfredo Lamy Filho e José Bulhões Pedreira, *A Lei das S/A*, vol. II, p. 238.

fiéis ao princípio do majoritário. Permitindo apenas à minoria decidir, a possibilidade de um litígio societário será muito maior, uma vez que os acionistas que sofreriam mais do ponto de vista patrimonial indireto, muito provavelmente buscariam a reparação, se o voto fosse antissocial.

Conclusão

Por todo o exposto nos itens acima, o conflito de interesses é um tema que vem sendo cada vez mais debatido, haja vista a proliferação de sociedades anônimas e consequentemente de ocorrência de assembleias gerais.

A presunção *a priori* é algo, a meu ver, muito violento e assistemático dentro do regime do anonimato, pois afasta a presunção de boa-fé, que me parece ser a presunção geral.

E mais: tolhe um direito fundamental do acionista ordinário que é o direito de voto, no pressuposto de que ele não teria como resistir à tentação. Dito de outra forma estar-se-ia a expropriar o direito de voto do acionista no pressuposto de que ele poderia vir a prejudicar a companhia mediante o seu exercício, em virtude de um aparente conflito de interesse. Haveria a presunção de que o acionista perpetraria uma ilegalidade acaso fosse lícito que proferisse o seu voto, numa espécie de consagração da fraqueza humana. Prefiro, em situações genéricas, entender (e sou acompanhada pela imensa maioria da doutrina e da jurisprudência) que as pessoas cumprem a lei, que não se deixam trair por seus sentimentos egoísticos, porque, como disse, a boa-fé é a regra, igualmente o cumprimento da lei e a inocência. Ora, se isto não fosse verdade, talvez fosse melhor não haver sociedade, pois a confiança é algo fundamental nas relações societárias, até mesmo nas companhias abertas, pois ninguém, em sã consciência, gostaria de ser sócio de alguém em que não confia, principalmente se este alguém for o acionista controlador. Parece-me, assim, evidente a distorção, pois a presunção de hoje e sempre é que as pessoas cumprem a lei.

Ressalto ainda que as legislações que quiseram efetivamente afastar *a priori* o direito de voto, fizeram-no expressamente, enumerando, não um conceito geral de conflito de interesses, mas especificando taxativamente as hipóteses onde haveria um conflito de interesses presuntivo.

A prevalecer a tese formal e do duplo interesse, aplicando-a com consistência, que é a forma científica de se provar o acerto ou desacerto de uma teoria, chegaríamos a situações absolutamente insustentáveis e indesejáveis, tanto para os acionistas controladores, como para os acionistas minoritários. Isto, sem falar no risco de se ferir de morte o princípio majoritário, que é a mola mestra e propulsora do regime do anonimato.

Posiciono-me, pois, de forma a defender com "unhas e dentes" o critério substancial por me parecer este o (critério) mais equânime, correto, coerente e justo. Por que prever que determinado sujeito agiria de má-fé, contrariando os interesses da sociedade no qual ele mesmo faz parte e luta junto com a mesma em prol de lucro?

Reitero, por fim, que não se pode olvidar que o princípio da boa-fé tolhe todo o nosso ordenamento jurídico pátrio. Sendo assim, presumir que um determinado sujeito agirá em dissonância com o que a sociedade espera dele é absolutamente inconstitucional, vez que fere em "cheio" tal princípio da boa-fé. Acaso se poderia prender um sujeito que pode vir a cometer algum ato ilícito? Por que apená-lo antecipadamente? Não seria mais lógico e legítimo sancioná-lo se e exclusivamente se este indivíduo efetivamente incorreu em algum crime ou se pôs em risco a sociedade ao seu redor? Parece-me que sim...

Referências bibliográficas

ASCARELLI, Tullio. *Problemas das Sociedades Anônimas e Direito Comparado*. 2ª ed. São Paulo, Saraiva, 1969, p. 225.

______. *Studi in Tema di Società*. 3ª ed. Nápoles, N. Jovene, 1952, p. 45.

AZEVEDO, Erasmo Valladão. *Conflito de Interesses nas Assembleias de S/A*. São Paulo, Malheiros Editores, 1993, pp. 87-91.

BALLANTINE, Henry Winthrop. *Ballantine on Corporations*. Chicago, Callaghan and Company, 1946, p. 655.

BATALLER, Carmen Alborch. *El Derecho de Voto del Accionista (Supuestos Especiales)*. Madri, Tecnos, 1977, pp. 262-266.

BERR, Claude. *L'Exercise du Pouvoir dans la Societé Commerciales*. Paris, Sirey, 1961, p. 275.

BOITEAUX, Fernando Neto. *Voto Minoritário e Quórum na Assembleia Geral da Sociedade Anônima*. São Paulo, Saraiva, 2001, pp. 100-108.

BULHÕES PEDREIRA, José. *Revista Comemorativa dos 25 anos da CVM*. Rio de Janeiro, 2002, p. 57.

______ e, LAMY FILHO, Alfredo. *A Lei das S/A*. 2º vol., 2ª ed. Rio de Janeiro, Renovar, 1986, pp. 230-320.

______. "Abuso do poder de controle em aumento de capital social de banco comercial", in *A Lei de S/A*. vol. 11, 2ª ed. Renovar , pp. 241-265.

______. *Comentários às Sociedades por Ações*. Rio de Janeiro, Renovar, 1986, p. 416.

CALIXTO, Salomão Filho. "Sociedade Anônima: interesse público e privado", *Revista de Direito Mercantil* 127/15. São Paulo, Malheiros Editores, jul.-set./2002.

CAMPOBASSO, Gian Franco. *Diritto Commerciale – Diritto delle Società*. Turim, Utet, p. 304.

CARPENA, Heloísa. "Abuso do direito no Código de 2002. Relativização de direitos na ótica civil-constitucional". In TEPEDINO, Gustavo (coord.). *A Parte Geral do Novo Código Civil – Estudos na Perspectiva Civil-Constitucional*. Rio de Janeiro, Renovar, 2002, em especial pp. 371-374.

CARVALHOSA, Modesto. *Comentários à Lei das Sociedades Anônimas*. São Paulo, Saraiva, 2000, p. 927.

______. *Nova Lei das Sociedades Anônimas*. São Paulo, Saraiva, 2002, p. 138.

CHARLESWORTH, e MORSE. *Company Law*. Londres, Sweet & Maxwell, pp. 302 e 304.

COMESAÑA, Julio Costas. *El Deber de Abstención del Socio en las Votaciones*. Valencia, Tirant lo Blanch, 1999, p. 61.

COMPARATO, Fábio Konder. *Direito Empresarial – Estudos e Pareceres*. Rio de Janeiro, Saraiva, p. 90.

CORSI. *Gli Imprenditori e le Società*. Milão, Giuffrè, 1992.

FERRARA Francesco Jr., e CORSI, Francesco. *Gli Imprenditori e le Società*. 9ª ed. Milão, Giuffrè Editore, pp. 520-523.

FERRI, Giuseppe. *Trattato di Diritto Civile Italiano*. Roma, Utet, pp. 592-593.

______ (diversos autores). *Trattato di Diritto Civile Italiano in le Società*. vol. 10. Turim, Utet, 1971, pp. 450 e ss.

GALGANO, Francesco. *Derecho Comercial*. vol. II. Editorial Temis S/A, pp. 410 e 456-460.

______. *Diritto Commerciale: le Società*. Bolonha, Zanichelli, 1982, p. 363.

GRAZIANI, Alexandro. *Diritto delle Società*. 5ª ed. Morano Editore, 1963, p. 334.

GREGORIO, Marco. *L'Assemblea nella Società per Azioni. Trattato de Diritto Privato*. vol. 16. Turim, Utet, 1982.

HENZFELDER, Frederic, ESCARRA, Jean, e HOUIN, Roger. "La protection de la société anonyme contre des abus de vote en cas de conflits d'intérêts en droit allemand", *Revue Trimestrielle de Droit Commercial*. t. XXI. 1968, pp. 351-354.

LAMY FILHO, Alfredo. *A Estrutura Jurídica da Grande Empresa Privada*. 3ª ed. São Paulo, Saraiva, 1994, p. 145.

______. *A Lei das S/A: Pressupostos, Elaboração, Aplicação*. Rio de Janeiro, Renovar, 1992, p. 464.

LATTIN, Norman. *Lattin on Corporations*. New York, Journal of Legal Education, 1998, p. 5.

LEÃES, Luiz Gastão Paes de Barros. "Conflito de interesses e vedação de voto nas assembleias das sociedades anônimas", *Revista de Direito Mercantil* 92/110-132. São Paulo, out.-dez./1993.

MARTINS, Fran. *Comentários à Lei das Sociedades por Ações*. Rio de Janeiro, Forense Universitária, 1999.

MENDONÇA, Carvalho de. *Tratado de Direito Comercial Brasileiro*. vol. II. Campinas/SP, Bookseller, pp. 346-349, 30-31.

MENGONI Luigi. "Conflitto di interessi in materia sociale", *Rivista delle Società*. Milão, 1956, pp. 434 e ss.

PLANAS, Muñoz, e ABASCAL, Gaston. *Comentario al Régimen Legal de las Sociedades Mercantiles*. t. V. Civitas, p. 165.

SENA. *Il Voto nella Assemblea della Società per Azioni*. Milão, Giuffrè, 1961.

TAVARES GUERREIRO, José Alexandre. "O problema das Sociedades Anônimas e o direito das minorias". Prova escrita no Curso de Pós-Graduação da Faculdade de Direito de USP. *Revista de Direito Mercantil* 51/125-130.

TENA, Girón. *Derecho de Sociedades Anónimas*. Madri, Instituto Francisco de Vitoria, 1942, p. 327.

ULHOA COELHO, Fábio. *Curso de Direito Comercial*. São Paulo, Renovar, p. 265.

URÍA, Rodrigo. *Derecho Mercantil*. Madri, Marcial Pons, 1995, p. 308.

______, e BATALER, Carmen. *Derecho de Sociedades Anónimas*. p. 327.

VALVERDE, Trajano. *Sociedades por Ações*. vol. I. São Paulo, Renovar, 1989, n. 171, pp. 209-212.

______. *Sociedades por Ações: Comentários ao Decreto-lei 2.627/1940*. vol. II, 3ª ed. Rio de Janeiro, Forense, 1942, n. 12, p. 68.

Atualidades

DO CONSÓRCIO ENTRE SOCIEDADES: Arts. 278 e 279 da Lei n. 6.404/1976

GUILHERME PUCHALSKI TEIXEIRA

Introdução. 1. O fenômeno concentrista: 1.1 A moderna tendência de aglomeração de capitais e conhecimento; 1.2 A necessidade de instrumentos legais voltados à concentração de capital e conhecimento. 2. Regime jurídico estrangeiro. 3. O consórcio entre sociedades no Brasil: 3.1 O consórcio antes do advento da Lei n. 6.404/1976; 3.2 Regime jurídico atual. Regulação pela Lei n. 6.404/1976; 3.3 Conceito; 3.4 Natureza jurídica; 3.5 Espécies de consórcios; 3.6 Elementos essenciais. 4. Consórcio e figuras afins no Direito brasileiro: 4.1 Consórcio e grupo de sociedades; 4.2 Consórcio e sociedade em conta de participação; 4.3 Consórcio e sociedade de propósito específico (SPE); 4.4 Consórcio voltado à contratação com o Poder Público. 5. "Conteúdo mínimo" do contrato consorcial: 5.1 Designação; 5.2 Objeto do consórcio; 5.3 Duração; 5.4 Endereço e foro; 5.5 Definição da responsabilidades entre as consorciadas; 5.6 Administração e representação do consórcio; 5.7 Receitas, despesas e partilha dos resultados; 5.8 Responsabilidade tributária; 5.9 Registro e publicidade. 6. Conclusão. 7. Referências bibliográficas.

"O instituto do consórcio responde a um imperativo da vida negocial contemporânea" (Egberto Lacerda Teixeira, *Das Sociedades Anônimas no Direito Brasileiro*, vol. II, José Bushatsky, p. 793).

Introdução

A realidade nos mostra que não são muitas as empresas capazes de, com seus próprios recursos técnicos e/ou financeiros, executar empreendimento de grande vulto e alta complexidade.

A necessidade de gastos vultosos em matéria de transporte de mercadoria, distribuição, publicidade, pesquisa tecnológica, impôs o agigantamento das empresas como condição da sua própria sobrevivência.

Deste contexto surge, *grosso modo*, o interesse constante da iniciativa privada na busca por instrumentos jurídicos que regulem a aglomeração de capital e conhecimento necessário para o desenvolvimento de empreendimentos de porte, obtendo, Estado e iniciativa privada, a segurança jurídica desejada. Seguramente, pode-se afirmar que o *consórcio entre empresas* – objeto de análise neste breve arrazoado – assume esta finalidade.

É natural que o Estado possua o interesse de otimizar as relações jurídicas empresariais, uma vez que o desenvolvimento econômico gera riquezas e contribui para o alcance do *bem-estar social*. Daí porque afirmar que o aprimoramento dos instrumentos voltados ao desenvolvimento contínuo da atividade empresarial é questão fundamental de Estado e tema de alta relevância jurídica e social.

O *consórcio* é um instituto jurídico peculiar, ligado ao fenômeno da concentração das empresas. Enquanto a *fusão*, a *incorporação* e a constituição de *grupos de sociedades* atendem situações em que há uma necessidade *permanente* de crescimento da escala da empresa, o consórcio ajusta-se a casos nos quais o efeito buscado é um crescimento ou operação *temporário* da empresa.

Resumidamente, é nesse cenário em que se insere a relevância e a atualidade do *consórcio entre empresas*, modalidade contratual em franca expansão, prevista atualmente nos arts. 278 e 279 da Lei das Sociedades Anônimas (Lei n. 6.404/1976). A correta utilização desta importante ferramenta é motivo de desenvolvimento econômico regional, nacional e supranacional.

1. O fenômeno concentrista

1.1 A moderna tendência de aglomeração de capitais e conhecimento

O *fenômeno concentrista* provém da transformação econômica, inicialmente verificada em países europeus, que busca aglutinar forças para o aumento da produção e da produtividade, sobretudo pela conjunção de capital e de novas técnicas (*knowhow*). Não se trata de tendência recente. Remonta à passagem da produção artesanal para a industrial, a partir do final do século XVIII.[1] Contudo, foi a partir da segunda metade do século XIX que esta tendência mais se acentuou.

De um modo geral, pode-se também afirmar que o fenômeno crescente de concentração de empresas encontra relação direta com a evolução do capitalismo. Como bem destaca Fábio Konder Comparato, a "evolução da economia capitalista nos últimos 40 anos e notadamente a partir da Segunda Guerra Mundial, tem sido comandada pelo fenômeno da concentração empresarial".[2]

Essa tendência provocou o surgimento e o crescimento exponencial das empresas que se convencionou chamar de *supranacionais* ou *multinacionais*.[3]

Na atualidade, percebe-se que o movimento concentrista não está mais essencialmente atrelado à dominação de mercado. O que se pretende, na imensa maioria dos casos, é o crescimento da *eficiência* da empresa, seja pela diminuição dos custos seja através da melhoria da qualidade.

Waldirio Bulgarelli[4] anota que "as concentrações decorrem de uma formulação técnica, não mais no sentido de crescer apenas, mas obedecendo a um planejamento" e arremata "disto resulta que a 'dimensão ótima' afasta o mito da empresa necessariamente grande – não obstante seus ardorosos defensores – tanto que se admite como certa a sobrevivência de pequenas e médias empresas".

Para melhor ilustrar esse cenário, convém transcrever as palavras de Maurício da Cunha Peixoto: "O fenômeno concentrista encontra-se presente nos diversos setores da economia moderna. O desenvolvimento

1. Celso de Albuquerque Barreto ("Consórcio de empresas", *Revista Forense*, v. 72, n. 253, pp. 133-138) elenca os motivos determinantes para o fenômeno da concentração empresarial: "– baixa do custo unitário com o aumento do volume de produção; – possibilidade de autofinanciamento; – supressão de intermediários; – estocagem de matérias-primas; – diminuição do percentual dos custos administrativos em relação ao faturamento global; – pesquisa de mercado e publicidade em escala nacional e internacional; – programar com antecedência suas atividades futuras".

2. *Aspectos Jurídicos da Macroempresa*, 1970, v. 3, p. 4.

3. Waldirio Bulgarelli define tais empresas como: "O consórcio de várias corporações de diversas nacionalidades que exercitam atividades em outro ou outros países, unidas por interesses comuns e por sua submissão a uma direção (*management*) comum, pressupondo os seguintes elementos: a) uma sociedade mãe, que atua em determinado país como promotora e gestora de atividades que se desenvolvem em outro país, por meio de sucursais ou subsidiárias, filiais ou associadas; b) participação de todas numa espécie de fundo comum de recursos; e com a adesão a uma estratégia global" (Waldirio Bulgarelli, *Concentração de Empresas e Direito Antitruste*, 3ª ed., 1997, p. 24).

4. Idem, ibidem.

tecnológico diminuiu as distâncias e acirrou a concorrência empresarial, que hoje se situa não apenas na clássica conquista de mercados, mas também na busca de novos produtos e novas técnicas".[5]

Atento à realidade econômica mundial, o governo brasileiro manifestou o seu apoio às concentrações. Exemplificativamente, interveio através de leis que estimulassem operações de concentração, tal como a fusão ou a incorporação.[6]

Em outro exemplo, deixou ampla a liberdade para ajustes contratuais[7] – e aqui encaixa-se o *consórcio entre empresas* de que tratam os art. 278 e 279 da Lei n. 6.404/1976 – com a ressalva de que não tivessem por fim práticas combatidas pela legislação antitruste ou objeto ilícito de uma maneira geral.

1.2 A necessidade de instrumentos legais voltados à concentração de capital e conhecimento

O direito comercial possui como característica marcante o dinamismo de suas normas – regra a qual não foge o direito societário – seja pelo ritmo acelerado da evolução e da complexidade do processo econômico, seja pela capacidade criativa dos empresários.

As estruturas societárias previstas no ordenamento até pouco tempo atrás nem sempre atendiam de modo suficiente os interesses ou os modelos pensados pelos empresários para a execução de um *empreendimento determinado*, especialmente se for de grande vulto e de extrema complexidade.

Essa circunstância gerou a busca por instrumentos legais adequados a viabilizar, com a segurança e a flexibilidade desejadas, a comunhão desses interesses convergentes entre diferentes sociedades, para a execução de negócios com objeto *determinado* e *temporário*, nos mais diversificados segmentos.

Razões de ordem econômica, estratégica ou tributária, muitas vezes, não recomendam a constituição de uma nova sociedade para a conjunção de interesses de diferentes sociedades, especialmente se o negócio visado tiver prazo de duração determinado (*transitoriedade*) – seja ele voltado para a pesquisa científica, para a prestação de serviços, à industrialização, etc.

O elemento *transitoriedade* assumiu relevância econômica e jurídica, porquanto as formas clássicas de concentração empresarial (fusão, incorporação, criação de subsidiárias e/ou aquisição de controle acionário) não se mostram adequadas a viabilizar empreendimentos com prazo mais ou menos determinados.

É que quando se busca a implementação de um *negócio certo* e *determinado*, ou seja *não permanente*, parece não haver razão para a constituição de uma nova pessoa jurídica, revestida de toda a sua burocracia e inúmeras formalidades. Gastos desnecessários seriam gerados com a constituição e posterior dissolução desta nova sociedade, assim que o negócio temporário estiver concluído. Aí reside a *utilidade* dos consórcios. Conforme exalta Pedro Paulo Cristófaro[8] o "consórcio responde àqueles casos em que é útil ou mesmo imprescin-

5. "Consórcio de empresas", *Revista da Faculdade de Direito Milton Campos*, vol. 1, n. 1, 1994, pp. 161-184.

6. V. Decreto-lei 1.182/1971; Decreto-lei 1.115/1971; Decreto-lei 1.186/1971; Lei 5.727/1971; Decreto-lei 1.248/1972.

7. Nesse sentido, vale ressaltar a redação do Decreto 57.651/1966, regulamentando a Lei 4.726/1965, que dispunha sobre o Registro do Comércio: "Art. 48. O Registro do Comércio compreende: (...) II – O arquivamento: (...) § 5º. Dos atos de constituição de *consórcio*, ou de *agrupamento de empresas*, suas alterações e dissoluções, de ajustes, acordos ou convenções entre empresas, de qualquer natureza, ou entre pessoas ou grupo de pessoas vinculadas a tais empresas, ou interessadas no objeto da atividade ou exploração econômica".

8. Pedro Paulo Cristófaro, "Consórcios de sociedades. Validade e eficácia dos atos jurídicos praticados por seus administradores, nessa qualidade. Titularidade dos direitos e das obrigações deles de-

dível um crescimento temporário dessa escala".

É, também, muito comum que uma única empresa não consiga atender, satisfatoriamente às exigências de recurso, tecnologia e capacitação que determinando empreendimento exija. Nesses casos, requer-se uma *associação temporária* de esforços, com a delimitação das obrigações de cada associada, sem abrir mão da autonomia administrativa e jurídica individual de cada sociedade integrante do consórcio.

Ainda antes da promulgação da Lei das S/A, Arnoldo Wald[9] explicita o efeito *multiplicador* dos consórcios: "(...) normalmente, o consórcio é constituído para realizar atividades para as quais os consorciados, um independentemente do outro, não estariam devidamente habilitados. Assim, o consórcio executa tarefas que ultrapassam a sua competência habitual. A razão pela qual cada um dos consorciados se une aos demais nem sempre é a mesma, podendo variar desde a necessidade de entrar num novo mercado até a vontade de aumentar a rentabilidade dos seus investimentos ou de realizar operações a termo que não lhe seriam possível contratar fora do consórcio. O consórcio é, pois, um multiplicador de atividades que assegura uma nova faixa de atuação para o consorciado".

O consórcio deve durar apenas enquanto durar o empreendimento, e desfazer-se assim que terminado. A concentração, neste caso, será temporária e, por esse mesmo motivo, não irá suprimir a individualidade das sociedades participantes (consorciadas), unidas por uma administração centralizada, escolhida dentre uma das sociedades consorciadas.

Não resta dúvida, o reconhecimento jurídico do consórcio atendeu uma *necessidade* imposta pela vida negocial contemporânea. Sua estrutura dinâmica dispensa a criação de uma sociedade e permite a conjugação de esforços sem maiores formalidades e ônus excessivos. Conforme já referido, sua utilidade advém de deficiências de ordem técnica e/ou financeira, usualmente ligada à execução de determinado negócio complexo. Maurício da Cunha Peixoto[10] destaca a importância deste instrumento: "Seja na conquista de novos mercados, seja na viabilização de empreendimentos complexos, na diminuição de riscos, no intuito de aumento de rentabilidade, seja no investimento em pesquisa e informação tecnológica, a importância do consórcio ressai induvidosa, (...)".

Vários são os empreendimentos nos quais a alta disponibilidade de recursos técnicos e financeiros exigidos coloca-se como condição essencial para a execução do negócio. Nesses casos, a associação entre empresas, através de formatação de um consórcio, apresenta-se como a melhor alternativa possível.

2. Regime jurídico estrangeiro

2.1 Direito estrangeiro

Não há como negar a influência da doutrina e da legislação estrangeiras sobre o modelo nacional. Ainda que de forma breve, vale conferir o tratamento dispensado pelo Direito Comparado às formas de associação contratual entre empresas:

2.1.1 Direito italiano

O Código Civil italiano disciplinou o que chama de "contrato de consórcio para a coordenação da produção e das trocas"[11] (arts. 2.602 à 2.617).

correntes", *Revista de Direito Mercantil, Industrial, Econômico e Financeiro* 44/15-21.

9. *Estudos e Pareceres de Direito Comercial*, 1972, pp. 174-175.

10. Maurício da Cunha Peixoto, "Consórcio de empresas", *Revista da Faculdade de Direito Milton Campos*, vol. I, n. 1, 1994, pp. 161-184.

11. Luiz Gastão Paes de Barros Leães, "Sociedades coligadas e consórcios", *Revista de Direito Mercantil, Industrial, Econômico e Financeiro* 12/128-148, 1973.

Em sua redação original, o art. 2.062 do Código Civil de 1942 restringia o contrato de consórcios às empresas com atuação na mesma atividade ou com "atividades econômicas conexas". Tal limitação recebeu diversas críticas da doutrina, por reduzir demasiadamente a utilidade do instrumento legal.

Em 1976 foi dada nova redação ao referido artigo, e o Direito italiano passou a admitir o consórcio entre sociedades com objetos sociais diversos. Permitiu-se, também, a constituição dos chamados *consórcios societários*, com a formação de uma nova sociedade, dotada de personalidade jurídica própria, distinta das consorciadas.[12] À exceção do *consórcio societário*, o consórcio não possui personalidade jurídica própria na Itália.

Constata-se distinção nítida entre os *consórcios com atividade externa* e os *consórcios sem atividade externa*, os primeiros necessariamente dotados de um *órgão representativo*, encarregado de representar e obrigar-se em nome do consórcio perante terceiros.

Além disto, ainda em relação aos *consórcios externos*, exige-se o arquivamento dos seus atos constitutivos no Registro do Comércio e a publicação de balanço.[13]

Em relação aos *consórcios sem atividade externa*, sua administração é confiada a alguma pessoa física, na condição de mandatária dos consorciados.[14]

Com a propósito de custear a organização e responder pelas dívidas comuns, será obrigatoriamente constituído um fundo consórtil (*fondo consortile*), patrimônio autônomo em relação ao das sociedades consorciadas, pertencente apenas ao consórcio.

Quanto à responsabilidade pelas obrigações assumidas pelo consórcio, a redação primitiva do art. 2.615 previa a responsabilidade ilimitada e solidária dos consorciados. Contudo, a Lei n. 377/1976, estabeleceu que as obrigações perante terceiros estarão afetadas exclusivamente ao mencionado fundo (*fondo consortile*).[15] É que, através do referido fundo, o consórcio passou a possuir *autonomia patrimonial*, existindo bens de propriedade do fundo, desvinculado do patrimônio individual de cada consorciada.[16]

2.1.2 Direito francês

O legislador francês criou um instrumento específico de cooperação entre empresas, denominado *Groupment d'Intérêt Économique* (GIE), regulamentado pela *Ordonnance* n. 67.821, de 23.9.1967 e Decretos 68-109 e 68-930, no intuito de aprimorar a concorrência no mercado europeu. Modesto Carvalhosa[17] define o referido agrupamento da seguinte forma:

"Trata-se de um tipo de consórcio – instrumento de colaboração entre empresas preexistentes – com duração determinada e de estrutura mais simples que a de uma sociedade e mais complexa que a de uma associação. Pode ser constituído por duas ou mais pessoas, físicas ou jurídicas, e adquirirá personalidade jurídica especial no momento em que tenha seus atos constitutivos arquivados no Registro do Comércio.

"Tem o GIE por finalidade o agenciamento de todos os meios aptos a facilitar ou a desenvolver a atividade econômica de

12. Modesto Carvalhosa, *Comentários à Lei das Sociedades Anônimas: Lei n. 6.404*, vol. 4, 1998, pp. 364 e 365.

13. Mauro Rodrigues Penteado, *Consórcios de Empresas*, 1979, p. 23.

14. Maurício da Cunha Peixoto, "Consórcio de empresas", *Revista da Faculdade de Direito Milton Campos*, vol. I, n. 1, 1994, pp. 161-184.

15. Alberto Xavier, "Consórcio: natureza jurídica e regime tributário", *Revista Dialética de Direito Tributário* 64/7-26, jan. 2001.

16. Luiz Gastão Paes de Barros Leães, "Sociedades coligadas e consórcios", *Revista de Direito Mercantil, Industrial, Econômico e Financeiro* 12/128-148, 1973.

17. *Comentários à Lei das Sociedades Anônimas: Lei n. 6.404, de 15 de dezembro de 1976*, 4 vols., 1998, p. 363.

seus membros, e melhorar-lhes ou acrescer-lhes os resultados dessa atividade."

Seu objeto não estará ligado, obrigatoriamente, à obtenção e distribuição de lucro. O seu escopo principal será propiciar aos participantes um melhor desempenho no mercado. Acaso existentes, os lucros serão tributados diretamente no patrimônio de seus membros, segundo a proporção de cada um.

Quanto à responsabilidade dos participantes, o art. 4º da *Ordonnance* n. 67.821 determina que as sociedades agrupadas respondem direta e solidariamente pelas obrigações contraídas pelo GIE.

Ressalte-se a possibilidade de que pessoas físicas venham a integrar o agrupamento, que adquire personalidade jurídica com o arquivamento do contrato, público ou particular, no Registro do Comércio.[18]

O GIE será administrado e representado por, no mínimo, um *gerente*, com plena capacidade para obrigar-se perante terceiros em nome do grupo.

2.1.3 Direito português

O Decreto-lei n. 231, de 28.7.1981, disciplinou instituto de idêntico nome ao existente aqui no Brasil (consórcio), prevendo a celebração de um contrato entre empresas, flexível e maleável,[19] fixando apenas e tão somente os princípios essenciais a serem respeitados pelos consortes.

Permitiu-se ampla autonomia à vontade dos contratantes, desde que respeitadas as seguintes premissas: seu contrato constitutivo deve ter forma escrita (art. 3º); podem ter como participantes pessoas físicas ou jurídicas (art. 1º) – ao inverso do que ocorre no Brasil, onde apenas se admite a participação de pessoas jurídicas; podem ser *internos* ou *externos*, sendo que somente os últimos relacionam-se com terceiros (art. 6º e 7º); nesse último caso, é recomendada a criação de um Conselho de Orientação e Fiscalização e obrigatória a indicação de um representante-chefe do grupo.

Inversamente ao que ocorre no Direito italiano, é expressamente vedada a constituição de um *fundo consórtil* ou *fundo comum*, não havendo presunção de solidariedade entre as consorciadas, tal como ocorre no Direito brasileiro.

3. O consórcio entre sociedades no Brasil

3.1 O consórcio antes do advento da Lei n. 6.404/1976

Não obstante o meio empresarial já estivesse, há muito, adotando o contrato consorcial como instrumento hábil à execução de obras ou empreendimentos de caráter provisório, o consórcio só veio a merecer tratamento adequado no Direito brasileiro com a promulgação da Lei n. 6.404/1976, em 15 de dezembro 1976.

Contudo, mesmo antes do advento Lei n. 6.404/1976, o consórcio já vinha sendo, direta ou indiretamente, objeto de legislação esparsa. Ao que tudo indica, a primeira referência direta à palavra *consórcio* – em sentido semelhante ao referido na Lei n. 6.404/1976 – data de 1934, com a promulgação do chamado Código das Águas.[20]

Ainda que de forma implícita, a segunda referência aos consórcios se deu no art. 72 de lei reguladora do abuso do poder econômico[21] (Lei n. 4.137, de 10.9.1972).

18. Fábio Konder Comparato, "Novas formas jurídicas de concentração empresarial", *Revista de Direito Mercantil, Industrial, Econômico e Financeiro* 5/133-142, 1972.

19. Modesto Carvalhosa, *Comentários à Lei das Sociedades Anônimas: Lei n. 6.404, de 15 de dezembro de 1976*, 4 vols., 1998, p. 366.

20. "Art. 201. A fim de prover ao exercício, conservação e defesa de seus direitos, podem se reunir em consórcio todos os que têm interesse comum na derivação e uso da água."

21. "Art. 72. A partir da vigência desta lei o departamento nacional de indústria e as juntas co-

O texto fez alusão ao termo "agrupamento de empresas", gênero do qual o consórcio é espécie, na medida em que representa um *agrupamento por coordenação* – ou seja, *sem subordinação* – como se verá em item próprio.

A Lei n. 4.728/1965 – direcionada ao mercado de capitais – regulamentou a *consórcio entre instituições financeiras* "para o fim especial de colocar títulos no mercado" (art. 15). Em realidade, este foi o antecedente legislativo que mais se aproximou ao consórcio hoje disciplinado pelos arts. 278 e 279 da Lei n. 6.404/1976.

Isso porque o "agrupamento de tais instituições" de que tratou a Lei n. 4.728/1965 – tal como ocorre em relação ao consórcio disciplinado pela Lei n. 6.404/1976 – não dava ensejo a uma nova pessoa jurídica e possuía nítida natureza *contratual*, com registro obrigatório no Registro do Comércio. Tal registro deverá prever e especificar "os limites e coobrigação de cada instituição participante, a designação da instituição líder do consórcio e a outorga, a esta, de poderes de representação das demais participações" (§ 2º). Ademais, à semelhança do consórcio previsto na Lei das Sociedades Anônimas, a responsabilidade de cada consorciada se limitava às obrigações e riscos assumidos no contrato (§ 3º).

Indiferente à falta de uma disciplina geral do instituto, de certa forma, preenchendo os espaços em branco do direito positivo, o Decreto n. 57.651/1966, regulamentador da Lei n. 4.726/1965 – que dispunha sobre o Registro do Comércio – fez referência expressa aos atos próprios do consórcio:

"Art. 48. O Registro do Comércio compreende: (...);

"II – o arquivamento: (...).

"§ 5º. Dos atos de constituição de consórcio, ou de agrupamento de empresas, suas alterações e dissoluções, de ajustes, acordos ou convenções entre empresas, de qualquer natureza, ou entre pessoas ou grupo de pessoas vinculadas a tais empresas, ou interessadas no objeto da atividade ou exploração econômica."

Por derradeiro, dentre outras referências legislativas isoladas, vale citar o Decreto n. 73.140/1973 – já revogado – que tratava das licitações e contratos de engenharia no âmbito federal. Em razão da frequente complexidade técnica exigida para empreendimentos na área de engenharia, o Decreto previu (arts. 22 e 23) a possibilidade das sociedades reunirem-se em *consórcio*, a fim de ampliar o número de concorrentes e assim melhorar o processo seletivo.[22]

Antecipando a característica peculiar dos consórcios voltados à contratação com o Poder Público, referido Decreto previa a responsabilidade solidária das sociedades consorciadas "pelos atos praticados sob o consórcio em relação à licitação". Tal particularidade dos consórcios formados para a contratação com o Poder Público se mantém até os dias atuais, seja sob a regência da Lei n. 8.987/1995, art. 19, § 2º (concessão de serviço público), seja sob a regência

merciais ou órgãos correspondentes no Estado não poderão arquivar quaisquer atos relativos à constituição, transformação, fusão, incorporação ou *agrupamento de empresas*, bem como quaisquer alterações, nos respectivos atos constitutivos, sem que dos mesmos conste: a) a declaração precisa e detalhada do seu objeto; b) o capital de cada sócio e a forma e prazo de sua realização; c) o nome por extenso e qualificado de cada um dos sócios acionistas; d) o local da sede e respectivo endereço, inclusive das filiais declaradas; e) os nomes dos diretores por extenso e respectiva qualificação; f) o prazo de duração da sociedade; g) o número, espécie e valor das ações."

22. Dentre outros aspectos, previa: a) a possibilidade de formação de consórcio entre pessoas físicas e/ou jurídicas; b) o registro do instrumento de constituição no Cartório de Registro de Títulos e Documentos; c) declaração expressa de responsabilidade solidária de todos os consorciados pelos atos praticados sob o consórcio em relação à licitação; d) compromisso expresso de que o consórcio não se constitui, nem se constituirá em pessoa jurídica distinta de seus membros; e) a designação do representante do consórcio.

da Lei n. 8.666/1993, art. 33, V (lei geral de licitações).

Em suma, até o surgimento da Lei das Sociedades Anônimas (Lei n. 6.404/1976), os consórcios careciam de um tratamento jurídico uniforme, de normas que disciplinassem o instituto de forma genérica e abrangente, traçando os elementos essenciais para a sua caracterização.

3.2 Regime jurídico atual. Regulação pela Lei n. 6.404/1976

A disciplina uniforme dos consórcios pela Lei das Sociedades Anônimas veio, em realidade, apenas consolidar um modelo associativo já amplamente utilizado pelo meio empresarial.

Uma vez mais, a atividade econômica e a criatividade dos empresários impuseram ao Direito a necessidade de regulação posterior, que "nada mais fez do que regular a prática cotidiana do mundo societário".[23] Aliás, tal particularidade constou expressa na exposição de motivos da Lei n. 6.404/1976:

"Contemplando o quadro das várias formas associativas de sociedade, o projeto nos arts. 279 e 280, regula o consórcio, como modalidade de sociedade não personificada que tem por objeto a execução de determinado empreendimento. Sem pretensão de inovar, apenas convalida, em termos nítidos, o que já vem ocorrendo na prática, principalmente na execução de obras públicas e de grandes projetos de investimentos".

Mesmo que a Lei n. 6.404/1976 faça às vezes de "lei geral das sociedades", uma ótima oportunidade de disciplinar os consórcios foi perdida quando da promulgação do chamado Novo Código Civil (Lei n. 10.406/2002). Isso porque, além de cuidar de todos os tipos societários, o Novo Código Civil também cuidou de sociedade em muito similar ao consórcio, a chamada *sociedade de propósito específico* (CC, art. 981, parágrafo único). No mais, sabe-se que tal matéria (consórcios) pertence ao âmbito de competência do Código Civil, visto que avocou para si a responsabilidade de disciplinar o *direito de empresa* de uma forma geral (Parte Especial, Livro II).

Já que pretendeu disciplinar a totalidade das espécies de sociedades – excluídas apenas as sociedades anônimas – porque o Novo Código Civil não tratou dos consórcios, conferindo uma sistematicidade una e coerente ao direito de empresa?

De uma forma ou de outra, considerando que o Novo Código Civil (Lei n. 10.406/2002) não possui hierarquia superior às legislação extravagante; considerando que o Novo Código não teceu normas específicas sobre os consórcios; assim como não derrogou expressa ou tacitamente as normas previstas na Lei das Sociedades Anônimas (Lei n. 6.404/1976): conclui-se que continuam em vigor os arts. 278 e 279 da Lei n. 6.404/1976, que tratam de disciplinar, como lei geral, o consórcios entre sociedades no Direito brasileiro, do seguinte modo:

"Capítulo XXII – Consórcio

"Art. 278. As companhias e quaisquer outras sociedades sob o mesmo controle, ou não, podem constituir consórcio para executar determinado empreendimento, observado o disposto neste Capítulo.

"§ 1º. O consórcio não tem personalidade jurídica e as consorciadas somente se obrigam nas condições previstas no respectivo contrato, respondendo cada uma por suas obrigações, sem presunção de solidariedade.

"§ 2º. A falência de uma consorciada não se estende às demais, subsistindo o consórcio com as outras contratantes; os créditos que porventura tiver a falida serão apurados e pagos na forma prevista no contrato de consórcio.

23. Maurício da Cunha Peixoto, "Consórcio de empresas", *Revista da Faculdade de Direito Milton Campos*, vol. I, n. 1, 1994, pp. 161-184.

"Art. 279. O consórcio será constituído mediante contrato aprovado pelo órgão da sociedade competente para autorizar a alienação de bens do ativo permanente, do qual constarão:

"I – a designação do consórcio, se houver;

"II – o empreendimento que constitua o objeto do consórcio;

"III – a duração, endereço e foro;

"IV – a definição das obrigações e responsabilidade de cada sociedade consorciada, e das prestações específicas;

"V – normas sobre recebimento de receitas e partilha de resultados;

"VI – normas sobre a administração do consórcio, contabilização, representação das sociedades consorciadas e taxa de administração, se houver;

"VII – forma de deliberação sobre assuntos de interesse comum, com número de votos que cabe a cada consorciado;

"VIII – contribuição de cada consorciado para as despesas comuns, se houver.

"Parágrafo único. O contrato de consórcio e suas alterações serão arquivadas no Registro de Comércio do lugar da sua sede, devendo a certidão do arquivamento ser publicada."

Vale dizer, o consórcio disciplinado pela Lei das S/A – que se diferencia do consórcio voltado para a contratação com a administração pública, em razão das particularidades das normas contidas nas Leis ns. 8.666/1993 e 8.987/1995 – revela o espírito privatístico da liberdade das formas, com um regramento mínimo, a permitir ampla flexibilidade na estruturação do contrato.

Como se percebe dos artigos acima transcritos, a lei fixa apenas o *conteúdo mínimo* do contrato, sem revelar desmedida ingerência sobre o instrumento, tampouco, sobre a vida operacional das consorciadas.

Contudo, a flexibilidade da regulação não poderá dar ensejo à desnaturação da forma associativa prevista no tipo, que ocorreria com a exclusão de seus *elementos essenciais* ou desrespeito ao *conteúdo mínimo* exigido no contrato. Isto acarretaria o risco da caracterização de *sociedade irregular*, tratada pelo Novo Código Civil como *sociedade em comum* (arts. 986 e ss.), na qual os sócios respondem ilimitada e solidariamente (art. 990).

Sob outro enfoque, se do ponto de vista *infraconstitucional* a formação dos consórcios é estimulada através da disciplina enxuta e flexível dos arts. 278 e 279, do ponto de vista *constitucional* a sua regulação atende aos princípios fundamentais da *livre iniciativa*, da *livre concorrência* e do *desenvolvimento nacional*.

3.3 Conceito

Não convém confundir o *consórcio entre empresas* regulado pela Lei n. 6.404/1976 – de que trata o presente estudo – com a figura, bastante usual na atualidade, do consórcio para a aquisição de bens, que recebeu novo tratamento pela Lei n. 11.795/2008, regulamentado pelo Banco Central do Brasil através das Circulares ns. 3.432 e 3.433.

Segundo a Lei das Sociedades Anônimas, podemos conceituar o consórcio como sendo um agrupamento coordenado de empresas, reunidas por contrato complexo, para a execução de empreendimento determinado, através da conjugação de esforços técnicos e financeiros, repartindo as receitas e as despesas do negócio, segundo a proporção fixada em contrato. Fran Martins[24] define consórcio como sendo: "(...) o agrupamento de sociedades, feito através de um contrato, com a finalidade de executar determinado empreendimento, obrigando-se cada sociedade, em relação àquele com quem o consórcio vai contratar, de acordo com as condições pre-

24. *Comentários à Lei de Sociedades Anônimas*, vol. 4, 2ª ed., 2003, p. 278.

vistas no contrato e respondendo apenas pelas obrigações por ela assumidas".

Na lição de Modesto Carvalhosa, o consórcio constitui "uma comunhão de interesses e de atividades que atende a específicos objetivos empresariais, que se originam nas sociedades consorciadas e delas se destacam".

Exaltando a preservação da individualidade de cada consorciada, Egon Bockmann Moreira[25] define consórcio nestes moldes: "O consórcio é o modo de organização empresarial disciplinado pelos arts. 278 e 279 da Lei n. 6.404/1976 (Lei das Sociedades Anônimas). Trata-se de uma integração horizontal entre empresas, a estabelecer uma relação de coordenação de interesses autônomos, visando um fim específico e comum. Não envolve a constituição de uma pessoa jurídica distinta dos consorciados (o consórcio não tem personalidade jurídica). Destina-se a um objetivo certo e dirigido, na busca de benefícios individuais às pessoas que o constituem".

Para Alberto Xavier: "Consórcio é o contrato pelo qual duas ou mais sociedades se obrigam, entre si, de forma coordenada, a executar determinado empreendimento, sem que desse contrato resulte a criação de um novo ente dotado de personalidade jurídica".[26]

Pode-se dizer que através do contrato consorcial, um determinado número de pessoas formaliza uma associação de interesses, estabelecendo obrigações específicas de forma coordenada, de modo a possibilitar atingir determinado objetivo empresarial comum. Não há subordinação entre as consorciadas, ou seja, não se forma uma integração vertical, mas pura cooperação de esforços (integração horizontal).

3.4 *Natureza jurídica*

Em vista da divergência existente em doutrina, nosso entendimento é de que o consórcio regulado pela Lei n. 6.404/1976 não é uma *sociedade* – segundo definição do art. 981 do Código Civil. Isso porque as consorciadas não se obrigam a contribuir com bens ou serviços para o exercício de *atividade econômica*. Há, isso sim, o comprometimento de sociedades para uma ação conjunta e coordenada, com vistas à execução de determinado investimento.[27]

Trata-se, em realidade, de *contrato associativo*, no qual duas ou mais sociedades obrigam-se a executar empreendimento ou negócio determinado. Como bem refere Ary Azevedo Neto, "dele não nasce necessariamente nova organização produtiva, como ocorre no contrato de sociedade (...), é segmento comum das empresas das sociedades consorciadas".[28]

Segundo a exposição de motivos da Lei n. 6.404/1976, o consórcio é ente *não personificado*, ou seja, desprovido de personalidade jurídica. Por tratar-se de ente despersonalizado não representa a formação de uma pessoa jurídica nova. Aliás, tal característica vem expressa no § 1º do art. 278 da Lei n. 6.404/1976.

3.4.1 Teoria Unitária Patrimonial

Para parte da doutrina, dentre outros Pontes de Miranda[29] e Modesto Carva-

25. Egon Bockmann Moreira, "Os consórcios empresariais e as licitações públicas (considerações em torno do art. 33 da Lei 8.666/1993)", *Interesse Público* 26/64-78, 2004.

26. Alberto Xavier, "Consórcio: natureza jurídica e regime tributário", *Revista Dialética de Direito Tributário* 64/7-26, 2001.

27. Ary Azevedo Franco Neto, "Consórcio", in Alfredo Lamy Filho e José Luiz Bulhões Pedreira (coords.), *Direito das Companhias*, 2009, p. 2.077.

28. Idem, p. 2.078.

29. "Os elementos do fundo consórtil pode consistir em bens com que contribuíram os consorciados e em créditos contra eles. O consórcio pode dever a terceiros ou aos próprios consorciados" (*Tratado de Direito Privado*, t. LI, 1972, pp. 253 e ss.).

lhosa,[30] os consórcios, não obstante destituídos de personalidade jurídica própria (§ 1º, art. 278), teriam capacidade para obrigar-se em nome próprio perante terceiros, tal como ocorre com a massa falida, com o condomínio, dentre outros.

Aliado a esta capacidade, o consórcio poderá dispor de *autonomia patrimonial*, com a formação de um *patrimônio comum* (fundo consórtil), antes pertencente a cada consorte, e então afetado ao consórcio por vontade destes.

Como refere Alberto Xavier,[31] no Direito italiano os consórcios são dotados de uma *quase personalidade* e de *certa autonomia*. Operam, como refere a doutrina italiana, através de uma *personalidade jurídica de segundo grau* ou de segunda categoria:[32]

"Desta concepção resultariam, como consequências, a possibilidade de o consórcio contratar com terceiros em nome próprio, ter órgãos próprios, dispor de empregados próprios, auferir lucros imputáveis a essa unidade autônoma, e assim por diante".

A chamada *Teoria Unitária Patrimonial* entende que o consórcio deve dispor de patrimônio autônomo, formado pela contribuição em bens de cada consorte e das receitas geradas a partir da atividade do grupo. O visão desta teoria pode ser bem sintetizada a partir das seguintes passagens, retiradas da obra de Modesto Carvalhosa:[33]

"Tem outrossim, o consórcio, *autonomia patrimonial*, visto que os recursos atribuídos pelas consorciadas à administração do consórcio constituem patrimônio que, funcionalmente, destaca-se do das consorciadas durante todo o período de duração do consórcio (art. 279). Assim, as consorciadas não tem ingerência sobre esse patrimônio afetado pelo consórcio durante a sua existência. Ademais, os credores de cada sociedade consorciada não tem direito sobre o patrimônio afetado por outros negócios que tenham celebrado fora do âmbito do consórcio, ou seja, que não sejam com ele relacionados diretamente.

"(...).

"Outra característica do consórcio é a sua *autonomia administrativa*, cuja natureza não é orgânica mas tipicamente contratual. Há *mandato* para o consórcio exercer sua capacidade negocial ou judicial, junto a terceiros. Há *delegação*, quando internamente, a direção consorcial e sobretudo a líder deliberam sobre matéria de administração do consórcio.

"(...).

"O consórcio constitui uma *sociedade de segundo grau*. Embora não tenha personalidade jurídica é, não obstante, titular de obrigações e de direitos, tendo capacidade processual, à semelhança das demais sociedades sem personalidade jurídica de que trata nosso Código Comercial (sociedade em conta da participação).

"(...).

"O representante está investido dos poderes de contratar com terceiros, sem qualquer restrição, fazendo-o em nome do próprio consórcio. Poderão, ademais, os representantes do consórcio contratar mão de obra e estabelecer as relações institucionais daí decorrentes."

3.4.2. Teoria Contratual Pluralista

Em oposição a *Teoria Unitária Patrimonial*, estão aqueles que rechaçam a autonomia patrimonial do consórcio e a aptidão deste para obrigar-se diretamente perante terceiros, como ente autônomo, titular imediato de direitos e obrigações.

30. *Comentários à Lei das Sociedades Anônimas: Lei n. 6.404, de 15 de dezembro de 1976*, 4 vols., 1998.

31. Alberto Xavier, "Consórcio: natureza jurídica e regime tributário", *Revista Dialética de Direito Tributário* 64/7-26, 2001.

32. Idem, ibidem.

33. *Comentários à Lei de Sociedades Anônimas*, vol. 4, 2ª ed., 2003, p. 341.

Dentre estes, destaca-se Alberto Xavier. Em artigo cujas conclusões subscrevemos integralmente – Alberto Xavier[34] tece uma crítica contundente à *Teoria Unitária*, nestes termos:

"Esta construção jurídica é manifestamente inspirada no Direito italiano, não encontrando qualquer suporte no Direito positivo brasileiro, pelo menos do consórcio pela Lei n. 6.404/1976.

"No Direito italiano, o art. 2.602 do Código Civil prevê obrigatoriamente nos consórcios com atividade externa a constituição de um fundo consórtil (*fundo consortile*) destinado a custear a organização comum e qualificado como patrimônio autônomo."

Como vimos anteriormente, a Lei italiana n. 377 dispôs que, em relação às dívidas contraídas pelo consórcio, os terceiros só poderão voltar-se contra o patrimônio afetado ao *fondo consortile*. Aliás, diga-se de passagem, tal limitação de responsabilidade provocou enorme desinteresse na contratação destes consórcios.

De outro lado, como referido linhas atrás, no Direito português há vedação expressa quanto à constituição de *fundos comuns*, composto por bens destinados à *atividade comum* do consórcio. Prossegue Xavier[35] em sua crítica:

"O Direito brasileiro coloca-se numa posição neutra, não impondo, nem proibindo a constituição de um patrimônio comum dos consorciados, afeto ao empreendimento. A lei simplesmente não prevê sequer a existência de tal fundo, pelo que ele jamais pode ter o significado de uma limitação de responsabilidade perante terceiros.

"(...).

"Não existindo atividade comum no consórcio, mas atividades exercidas individualmente, não há qualquer razão para a existência necessária de bens comuns. Os bens com que cada um dos consorciados exercem a sua atividade são próprios e singulares, salvo se voluntariamente e em caráter excepcional forem colocados sob regime de propriedade comum."

Deve-se reconhecer a previsão legal, expressa no art. 279 da Lei n. 6.404/1976, de que o contrato deverá prever que a "contribuição de cada consorciado para as despesas comuns" não implica a necessidade da criação de um *fundo comum*, quanto menos confere a este qualquer autonomia e tampouco atuará como limitador de responsabilidade a prejudicar o interesse de terceiros.

Direcionando a crítica à cogitada capacidade do consórcio ser sujeito direto de direitos e obrigações, conclui o Autor – a nosso ver, com inteiro acerto:[36] "A tese da autonomia jurídica do consórcio não tem qualquer fundamento no Direito brasileiro, que é expresso em formular duas regras, constantes do § 1º do art. 278 que com aquela autonomia são redondamente antagônicas: a inexistência de personalidade jurídica e a responsabilidade de cada um dos consorciados por suas obrigações, sem presunção de solidariedade".

Entende-se, portanto, que o consórcio não pode assumir obrigações em nome próprio para com terceiros. Parte-se da ideia de que o consórcio age através de suas consorciadas, reunidas coordenadamente através do contrato. Na prática, o que geralmente ocorre é a nomeação de uma empresa líder, para obrigar-se perante terceiros em nome das consorciadas, sendo estas quem, individualmente e na medida das obrigações assumidas, obrigam-se perante terceiros.

Então, quem contrata com terceiros são os consorciados, individualmente, representados pela empresa líder, "precisa-

34. Alberto Xavier, "Consórcio: natureza jurídica e regime tributário", *Revista Dialética de Direito Tributário* 64/7-26, 2001.

35. Idem, ibidem.

36. Idem, ibidem.

mente porque o contrato com o terceiro não é bilateral, mas necessariamente plurilateral, ele dá origem a uma pluralidade de obrigações entre cada um dos consorciados e o terceiro",[37] de acordo com as *prestações específicas* assumidas por cada participante no contrato (Lei n. 6.404/1976, art. 279, IV).

Daí concluir que o negócio jurídico para com terceiros será sempre ou quase sempre plurilateral, no qual cada consorciada obriga-se em nome próprio, através de empresa líder (mandato). Veja-se que esta representação conjunta atua em benefício dos próprios terceiros, que podem centralizar suas exigências e reclamações em uma única consorciada, não obstante a individualização interna dos deveres coletivamente assumidos.

Desse modo, a palavra *consórcio* deve ser entendida como mera abreviação que designa a totalidade das empresas consorciadas, mas jamais como um sujeito distinto, titular de direitos e obrigações autônomas em relação à esfera individual de cada participante.

Na visão de Alberto Xavier – à que aderimos – isso explica "fenômenos que geram uma aparente personalidade jurídica" aos consórcios, tal como "designação do consórcio, foro do consórcio, administração do consórcio, contabilidade do consórcio a assim por diante". Explica o referido Autor:

"A explicação, porém, é muito simples e baseia-se na distinção entre *titularidade* e *exercício de direitos*.

"No consórcio a *titularidade* de direitos (e das obrigações) é *individual*, pois na inexistência da personalidade jurídica do consórcio, os efeitos dos atos imputam-se diretamente na esfera jurídica de cada consorciado, *uti singuli*.

"A 'denominação do consórcio' é, pois, a designação coletiva de todos os consorciados, que permite identificá-los de modo abreviado. O 'endereço do consórcio' é o local onde os terceiros podem cumprir as suas obrigações e exercer os seus direitos, decorrentes do consórcio, relativamente à totalidade dos consorciados. O 'foro do consórcio' é a jurisdição na qual pode ser exigidas ou cumpridas obrigação relativamente à totalidade dos consorciados. A 'representação do consórcio' é o mecanismo do mandato à totalidade dos consorciados manifestarem coletivamente a sua vontade perante terceiros. A 'contabilização do consórcio' é o registro das operações coletivamente realizadas por todos os consorciados."[38]

Vale também referir a doutrina de outros renomados doutrinadores, que partilham desse mesmo entendimento:

Egberto Lacerda Teixeira e José Alexandre Tavares Guerreiro – "Pensamos que o consórcio não é então sujeito de direitos, não podendo, correlatamente, assumir obrigações enquanto tal. Simples fórmula associativa de diversas pessoas jurídicas, desprovido de personalidade e patrimônio e conotação marcadamente contratual, o consórcio age, no mundo jurídico, por intermédio das empresas que o constituem, notadamente, e na prática, através de uma empresa líder escolhida pelas demais. São os consortes, portanto, que assumem obrigações e responsabilidades perante os terceiros, cabendo-lhes igualmente exercer os direitos decorrentes dos atos jurídicos".[39]

Fábio Konder Comparato – "(...) o consórcio é mero contrato, não dá ensejo a criação de um novo ente jurídico, e pode existir apenas no âmbito das estruturas internas das empresas consorciadas, ou manifestar-se também exteriormente perante terceiros. Neste último caso, há necessidade de se criar uma representação comum,

37. Idem, ibidem.

38. Idem, ibidem.

39. Egberto Lacerda Teixeira e José Alexandre Tavares Guerreiro, *Das Sociedades Anônimas no Direito Brasileiro*, vol. 2, 1979, p. 797.

sendo que as responsabilidades assumidas gravam diretamente o patrimônio dos consorciados, solidariamente".[40]

Quanto à *representação* do consórcio, deve-se dizer que a nomeação de empresa líder não é da essencialidade do instituto, podendo as empresas participantes tratar conjuntamente perante terceiros. Todavia, entendemos que a indicação de um *representante comum* é medida que simplifica sobremaneira a atuação do *consórcio*.

Perceba-se que a ausência de personalidade jurídica não desautoriza que os administradores do consórcio detenham o poder de representação deste perante terceiros. Lembre-se que a *representação* é o instituto que possibilita que a prática de determinado ato jurídico não recaia sobre a esfera de quem o praticou, mas sobre quem está sendo representado.

Como explica Pedro Paulo Cristófaro: "Na hipótese de grupos não personificados, os efeitos dos atos jurídicos praticados por seus representantes, porque não podem recair sobre uma pessoa jurídica que não existe, incidem imediatamente sobre os patrimônios dos seus integrantes".[41]

Pelo que se verá ao longo deste breve ensaio, a discussão trazida por estas duas teorias antagônicas assume relevância prática em relação à quase todas as questões referentes ao consórcio disciplinado pela Lei n. 6.404/1976. A adesão à *teoria contratual pluralista* servirá de premissa para a solução de todas as questões e controvérsias referidas nos itens restantes deste trabalho.

40. Fábio Konder Comparato, "Novas formas jurídicas de concentração empresarial", *Revista de Direito Mercantil, Industrial, Econômico e Financeiro* 5/133-142, 1972.

41. Pedro Paulo Cristófaro, "Consórcios de sociedades. Validade e eficácia dos atos jurídicos praticados por seus administradores, nessa qualidade. Titularidade dos direitos e das obrigações deles decorrentes", *Revista de Direito Mercantil, Industrial, Econômico e Financeiro* 44/15-21, 1981.

3.5 Espécies de consórcios

3.5.1 Consórcios homogêneos e heterogêneos

Na medida em que o empreendimento a ser executado exija capacidades técnicas diferenciadas, é comum – e muitas vezes imprescindível – que o consórcio constitua-se por empresas de áreas de atuação diversas. Nesse caso, ter-se-á um consórcio classificado como *heterogêneo*.

Outras vezes, o consórcio reúne empresas com objetos similares, ligadas a uma mesma atividade econômica ou área de conhecimento, que se associam para a conjugação de capital, soma de experiências ou para o desenvolvimento de um projeto de pesquisa comum. Tais agrupamentos, desde que constituídos sob a disciplina dos arts. 278 e 279, serão classificados como *consórcios homogêneos*.

3.5.2 Consórcio operacional e consórcio instrumental

É interessante separar as hipóteses nas quais o empreendimento e seus resultados pertencem às sociedades que integram o consórcio (*consórcio operacional*), das hipóteses nas quais o empreendimento/objeto será de titularidade de terceiro, servindo o consórcio apenas como um *instrumento* de execução (*consórcio instrumental*). Seria o caso do contrato de empreitada, no qual o consórcio é constituído para a sua execução e o terceiro será o dono da obra. Como bem distingue Alberto Xavier:[42]

"Na primeira hipótese o próprio contrato de consórcio é o contrato principal no que respeita a execução do empreendimento. Na segunda hipótese, ao invés, há que distinguir o contrato principal – celebrado entre os consorciados e o terceiro, relativo à execução do empreendimento – do con-

42. Alberto Xavier, "Consórcio: natureza jurídica e regime tributário", *Revista Dialética de Direito Tributário* 64/7-26, 2001.

trato de consórcio, meramente instrumental em relação ao primeiro, tendo por objeto as obrigações dos consorciados no que respeita à coordenação das suas atividades."

Nota-se, portanto, no caso dos *consórcios instrumentais*, a coexistência de dois vínculos obrigacionais: (i) as obrigações entre consorciados, previstas no contrato de consórcio levado a registro e (ii) o contrato com o terceiro, onde as sociedades reunidas em consórcio obrigar-se-ão conjuntamente para com o terceiro.

3.5.3 Consórcio interno e consórcio externo

Diz-se *externo* quando o consórcio assume obrigações perante terceiros. Em sentido oposto, será *interno* quando o contrato apenas disciplinar a coordenação das atividades entre as sociedades consorciadas, não se relacionando conjunta e diretamente perante terceiros. As obrigações perante terceiros, nesse caso, serão tratadas diretamente, *uti singuli*, por cada consorciada, sem a representação de uma das sociedades integrantes.

Exemplificativamente, nos *consórcios instrumentais externos* a principal fonte de obrigação em relação será o contrato firmado conjuntamente para com o terceiro. O contrato de consórcio regulará a coordenação das tarefas assumidas de cada consorciada internamente.

3.5.4 Consórcio entre empresas sob *controle comum* ou *independentes*

O *caput* do art. 279 refere que "as companhias e quaisquer outras sociedades, sob o mesmo controle ou não, podem constituir consórcio".

Deixa, portanto, aberta a possibilidade da constituição de consórcios entre empresas *independentes*, ou seja, sociedades não ligadas por vínculo de subordinação, como também possibilita a constituição de consórcio entre controladas e controladoras, seja o controle exercido diretamente, através de uma *holding*, ou mediante a constituição do grupo de sociedades de que trata o art. 265 da Lei n. 6.404/1976. Fica permitida, também, a formação de consórcio entre *empresas coligadas*,[43] ou seja, unidas por vínculo de capital, sem relação de dependência hierárquica.

3.6 Elementos essenciais

A partir das normas legais que disciplinam o consórcio, extrai-se os seguintes elementos essenciais:

- objeto determinado e caráter de transitoriedade;
- ausência de personalidade jurídica;
- composição societária flexível;
- ausência de presunção de solidariedade entre as sociedades consorciadas;
- falência de consorciada não dissolve o grupo;
- possibilidade de participação de sociedade(s) estrangeira(s).

Passemos a análise individual de cada um desses elementos.

3.6.1 Objeto determinado e transitoriedade

Elemento essencial do consórcio é a sua *finalidade*, que deve estar necessariamente atrelada à *execução de determinado empreendimento* (Lei n. 6.404/1975, art. 278).

Inobstante não inexista uma definição legal do que venha a ser *empreendimento*, Alberto Xavier[44] define o termo como sendo um objetivo econômico perseguido atra-

43. O art. 243, § 1º, da Lei 6.404/1976 considera coligadas duas sociedades "quando uma participa, com 10%, ou mais, do capital da outra, sem controlá-la".

44. Alberto Xavier, "Consórcio: natureza jurídica e regime tributário", *Revista Dialética de Direito Tributário* 64/7-26, 2001.

vés da industrialização de bens e/ou da prestação de serviços.

A *temporariedade* do empreendimento no caso dos consórcios advém da expressão empregada pelo legislador brasileiro (Lei n. 6.404/1976). Esta mesma expressão, *determinado empreendimento*, também revela que o objeto deve limitar-se a uma única atividade (uninegocial).

Daí porque afirmar-se a impossibilidade da constituição de um consórcio voltado à execução de mais de um empreendimento e/ou com prazo indeterminado. Para tal finalidade, o legislador reserva a utilização da *Sociedade de Propósito Específico* (SPE) que, diante do silêncio legal (CC, art. 981, parágrafo único), poderá adotar o tipo jurídico de qualquer outra sociedade.

A respeito do elemento *temporariedade*, invoca-se a lição de Fran Martins,[45] para quem os consórcios são "aptos a funcionar apenas pelo período de tempo em que o empreendimento deve ser concluído" e arremeta "não permite a lei a que constitua um consórcio, por exemplo, que tenha por objeto a construção de estradas em geral; esse só poderia se constituir para a construção de uma determinada estrada (...)".

Não obstante as reiteras críticas a respeito dessa restrição legal, entendemos insuperável a limitação do consórcio a apenas um único empreendimento, com prazo certo e determinado, sob pena da caracterização de uma *sociedade de fato*, a menos que se altere a legislação ou que a jurisprudência reconheça a possibilidade deste distanciamento ao tipo legal.

Discordamos da conclusão de Attila de Souza Leão Andrade Jr., no sentido de que a disciplina dada pelos arts. 278 e 279 da Lei n. 6.404/1976 não impede a constituição de consórcio com prazo indeterminado.

Mesmo que concordemos com a premissa de que o termo "*determinado empreendimento*" não se refira, necessariamente, ao seu prazo de duração, julgamos que a ausência de *limitação temporal* impõe a execução do objeto por uma sociedade propriamente dita, quiçá sob a forma de uma *sociedade de propósito específico* (CC, art. 981, parágrafo único), a qual poderá revestir-se sob a forma de qualquer tipo societário.

Veja-se que a *temporariedade* é o principal elemento de distinção dos *consórcios* em relação às sociedades empresárias. Note-se que a atribuição de personalidade jurídica às sociedades em geral, deve-se, também, pela exploração de atividade *duradoura*.

Ademais, em matéria tributária, há inúmeras decisões administrativas negando natureza consorcial aos agrupamentos que têm como objeto a execução de mais de um empreendimento ou com indeterminação de prazo. Nestes casos, atribui-se-lhes o tratamento de *sociedade de fato* ou *irregular*, fazendo com que seus participantes respondam de forma solidária e ilimitada pelas obrigações contraídas em conjunto.[46]

3.6.2 Ausência de personalidade jurídica

A constituição do consórcio não dá ensejo a um ente jurídico personalizado. Essa é a dicção clara do § 1º do art. 279. Cada um dos consorciados mantém a sua individualidade jurídica, patrimonial e administrativa.

Como vimos, o fato de não possuir personalidade jurídica não significa que o consórcio não possa contratar com terceiros, que se dará através da sua representação externa por uma única sociedade escolhida para tal encargo. Note-se que o art.

45. Martins Fran, *Comentários à Lei das Sociedades Anônimas: Lei n. 6.404, de 15 de dezembro de 1976*, vol. 3, 1ª ed., arts. 206 a 300, 1978.

46. Nesse sentido, confiram-se os acórdãos da 1ª Câmara do 1º Conselho de Contribuintes ns. 101-86.540 e 101-86.541.541, julgados em 18.5.1994.

279, VI (Lei 6.404/1976) impõe a regulação, pelo contrato consorcial, sobre a administração e representação do consórcio. Assim, cada consorciada se obrigará perante terceiros de forma individual e direta, *uti singuli*, porém representadas em conjunto pela sociedade líder representante do grupo.

Como referido linhas atrás, a denominação *consórcio* servirá como a designação coletiva de todos os consorciados, permitindo que sejam identificados de modo abreviado.

Reafirmando nossas convicções, nesse ponto em tudo similares à opinião de Lacerda Teixeira e Tavares Guerreiro, o consórcio não será, jamais, sujeito de direitos e obrigações, como ente autônomo e independente. Obrigar-se-á sempre por intermédio das sociedades que o constituem, as quais poderão fazer-se representar pela empresa líder.

Como explica Pedro Paulo Cristófaro, tal como em relação às demais sociedades despersonificadas, "os efeitos dos atos jurídicos praticados por seus representantes, porque não podem recair sobre uma pessoa jurídica que não existe, incidem imediatamente sobre os patrimônios dos seus integrantes".[47]

Quanto à capacidade processual dos consórcios para comparecer ativa ou passivamente em juízo, nossa opinião – tal como a de grande parte da doutrina – é a de o que o consórcio possui capacidade processual, amparado por interpretação extensiva do inciso VII do art. 12 do Código de Processo Civil.

Uma vez arquivados os seus atos constitutivos no Registro do Comércio do lugar da sua sede, o consórcio está devidamente constituído, "de direito" e regular. Parece não haver razão para negar-lhe tal capacidade e reconhecê-la em relação às demais sociedades despersonalizadas. Até por que ao momento da promulgação do Código de Processo, em 11.1.1973 – e a norma em voga preserva a sua redação primitiva – os consórcios sequer haviam sido disciplinados pela Lei das Sociedades Anônimas, no ano de 1976. Ou seja, o legislador processual não poderia ter sido expresso em relação a um ente jurídico ainda sequer reconhecido juridicamente.

Em juízo, o consórcio será representado pela sociedade (líder) ou pela consorciada indicada no contrato para o exercício da administração. Esta pessoa representará os interesses individuais de todas as consorciadas, nos estreitos limites do ajuste consorcial. Não se trata, portanto, de substituição processual, ou seja, de pleitear em juízo, em nome próprio, direito alheio (art. 6º CPC).

A precedente aplicável no âmbito do Superior Tribunal de Justiça, no sentido de que "pode litigar em juízo as 'pessoas formais', as sociedades de fato, as sociedades ainda sem personalidade jurídica, ou já sem personalidade jurídica" (STJ, 4ª T., REsp 1.551-MG, rel. Min. Athos Gusmão Carneiro, j. 20.3.1990, *www.stj.gov.br*).

3.6.3 Composição societária dos consórcios

Atualmente prepondera a orientação de que é *dispensável* a participação de uma sociedade anônima (companhia) para a constituição regular de um consórcio. É bem verdade, até pouco tempo, havia certa resistência em relação à formação de consórcio sem a participação de uma sociedade anônima. Porém, tal restrição não se justifica sob qualquer aspecto.

Note-se que o próprio texto legal refere que poderão constituir consórcio "as companhias e quaisquer outras sociedades" (Lei n. 6.404/1976, art. 278). A partir de uma interpretação literal do *caput* do art. 278, note-se que a conjunção "e" não tem a

47. Pedro Paulo Cristófaro, "Consórcios de sociedades. Validade e eficácia dos atos jurídicos praticados por seus administradores, nessa qualidade. Titularidade dos direitos e das obrigações deles decorrentes", *Revista de Direito Mercantil, Industrial, Econômico e Financeiro* 44/15-21, 1981.

função de exigir a presença de uma *companhia* agrupada com *qualquer outra sociedade*. Em realidade, a conjunção aditiva deixa claro que não apenas *companhias* poderão reunir-se sob a forma de *consórcio*, mas *quaisquer outras sociedades*.

Uma interpretação teleológica nos leva a perceber que o legislador pretendeu atribuir a maior abrangência possível ao instituto, característica marcante do tratamento jurídico dispensado aos consórcios pelo Direito brasileiro, de forma a atender a dinamicidade própria do mundo empresarial.

De outro lado, o argumento de que os consórcios estão disciplinados em lei especial – parece também não autorizar uma interpretação restritiva do *caput* do art. 278. Isto porque – não é novidade – a Lei n. 6.404/1976 assume, em vários capítulos e artigos, uma função de *Lei Geral das Sociedades*, a exemplo das normas que tratam sobre transformação, incorporação, fusão e cisão, aplicáveis a qualquer tipo de sociedade.

Além disso, a experiência nos mostra que a cada dia consórcios são constituídos sem a participação de sociedade anônima e não se tendo notícia de que a ausência de uma sociedade anônima tenha impedido o registro de qualquer consórcio no Registro competente.

Nesse sentido, vale transcrever a opinião abalizada de Egberto Lacerda e Tavares Guerreiro: "Inexistem razões ponderáveis para excluir do regime da lei associações comerciais integradas exclusivamente por sociedades por quotas de responsabilidade limitada (...). Ao contrário, tudo indica que a intenção do legislador não terá sido restritiva, nesse particular; por enquanto parece ser da maior conveniência que ao instituto se dê tratamento unitário, independentemente, do tipo societário adotado pelas sociedades consorciadas".[48]

Além disso, os arts. 278 e 279 atuam, indiscutivelmente, como norma geral de direito societário, assim como várias outras normas espelhadas pela Lei das Sociedades Anônimas o fazem, que permanecem vigentes não obstante a superveniência do Novo Código Civil – desde que inaplicável qualquer das hipóteses do art. 2º, § 1º, da Lei de Introdução do Código Civil. Aliás, tal característica foi ainda reforçada pelo advento do Novo Código Civil, quando se omitiu de disciplinar os consórcios.

Sob outro aspecto – mesmo admitindo que, em muitos casos, "uma empresa individual[49] pode ser tão poderosa quanto uma sociedade comercial"[50] – entendemos que a admissão de pessoa física em consórcio, além de colidir com o texto legal, ainda gera o risco de caracterização de sociedade irregular – com todos os inconvenientes daí decorrentes – na medida em que se extrapola o modelo legal previsto para a formação dos consórcios.

Se, por um lado, é permitido ao julgador extrair da norma a melhor interpretação – pois em muitos casos não haverá uma única resposta possível – nos parece vedada a possibilidade de que venha a interpretar *contra legem*, o que faria se ignorasse a exigência legal de que os consórcios deverão constituir-se pela reunião exclusiva de sociedades.

Demais disso, o Registro do Comércio, muito provavelmente, não aceitaria o arquivamento desse contrato, obstando, desde aí, a constituição regular do consórcio integrado por pessoa física.

3.6.4 Responsabilidade entre as sociedades consorciadas

Ao contrário do que ocorre no Direito francês – no qual às obrigações contraídas

48. Egberto Lacerda Teixeira e José Alexandre Tavares Guerreiro, *Das Sociedades Anônimas no Direito Brasileiro*, vol. 2, 1979, p. 802.

49. Hoje empresário individual, v. arts. 966 e ss. da Lei 10.406/2002.

50. Fran Martins, *Comentários à Lei das Sociedades Anônimas: Lei n. 6.404, de 15 de dezembro de 1976*, vol. 3, 1ª ed., arts. 206 a 300, 1978, p. 485.

pelo GIE responde o patrimônio de todos os seus participantes –, o Direito brasileiro (Lei n. 6.404/1976, art. 278, § 1º) foi expresso ao prever que "as consorciadas somente se obrigam nas condições previstas no respectivo contrato, respondendo cada uma por suas obrigações, sem presunção de solidariedade".[51] Tal orientação, aliás, está em completa consonância com o art. 265 do Código Civil, ao dispor que "a solidariedade não se presume; resulta da lei ou da vontade das partes".

Significa dizer que, segundo o regime previsto pela Lei n. 6.404/1976, o patrimônio de cada consorciada mantém a sua autonomia e responde, tão somente, pelas obrigações assumidas segundo o contrato. Tal aspecto reafirma o fato de que o consórcio obriga-se *imediatamente* através de suas consorciadas, não sendo, portanto, sujeito autônomo de direitos e obrigações.

Desse modo, além da *presunção de não solidariedade* entre as consorciadas, a responsabilidade de cada uma estará limitada às *prestações específicas* assumidas no contrato de consórcio (Lei n. 6.404/1976, art. 279, IV).

Todavia, nada impede que o contrato consorcial afaste a presunção legal de não solidariedade e disponha de modo diverso, por exemplo, no sentido de que todas as consorciadas responderão de forma solidária pelo conjunto de obrigações assumidas, ou mesmo que somente as consorciadas A e B responderão de forma solidária em relação às obrigações X e Y, e assim por diante. Imperará, aqui, uma vez mais, a autonomia da vontade.

Sob outro aspecto, não obstante a presunção legal de não solidariedade, nada impedirá que as consorciadas estabeleçam a solidariedade caso a caso, no instrumento que formaliza a contratação com terceiros. Aliás, a prática costuma revelar a exigência de terceiros nesse sentido, a fim de melhor acautelar-se quanto ao cumprimento das obrigações assumidas pelo consórcio. Uma vez mais, a solidariedade entre as consorciadas poderá ser *absoluta* (de todas as consorciadas e em relação a todas as obrigações) ou *parcial* (restrita a determinadas prestações ou a determinadas consorciadas).

Note-se que esse detalhe não passou despercebido na exposição de motivos da Lei n. 6.404/1976: "(...) a experiência mostra que o credor, em geral, obtém a proteção de seus direitos pela via contratual, e exigirá solidariedade quando o desejar. Ademais, tal solidariedade, se estabelecida em lei, transformaria as sociedades grupadas em departamentos da mesma sociedade, descaracterizando o grupo, na sua natureza de associação com personalidade e patrimônio distintos".

Percebe-se, também, que uma previsão legal em sentido contrário (presunção de solidariedade entre consorciadas) representaria significativo desestímulo a formação de consórcios.

De outro modo, toda a vez que o consórcio integrar uma relação de consumo, incidirão as normas protetivas do Código de Defesa do Consumidor (Lei n. 8.078/1990), dentre elas a imposição de solidariedade dentre as empresas reunidas em consórcio (art. 28, § 3º).[52]

Parece-nos exagerado e desproporcional o rigor com que agiu o CDC em relação aos consórcios. Isto porque às sociedades participantes de um mesmo *grupo societário por subordinação*, de que trata o art. 265 da Lei n. 6.404/1976, bem como em relação às *sociedades controladas*,

51. Há solidariedade "quando, na mesma obrigação, concorre mais de um credor, ou mais de um devedor, cada um com direito, ou obrigação, à dívida toda" (CC, art. 264).

52. Mesmo sem a melhor técnica legislativa, visto que, em seu *caput*, o art. 28 tratou de hipóteses de *desconsideração da personalidade* jurídica e nos parágrafos disciplinou casos de responsabilidade entre obrigadas – seja de forma subsidiária ou solidária – o CDC declarou expressamente que "as sociedades consorciadas são solidariamente responsáveis pelas obrigações decorrentes deste Código".

atuou com menos rigor, prevendo a responsabilidade subsidiária das empresas envolvidas.

Esse, sem dúvida, representa um revés significativo ao se optar pela reunião de empresas através de consórcio. Por esse motivo, recomenda-se a previsão, no contrato, da forma de compensação e ressarcimento entre as consorciadas, visto que qualquer consorciado poderá arcar, isoladamente, com a totalidade da condenação: (i) independente de culpa (responsabilidade objetiva); (ii) e da sua participação efetiva nas causas determinantes para o dano suportado pelo consumidor.

De outro lado, a Lei de Licitações e Contratos Administrativos (Lei n. 8.666/1993), quando trata do consórcio para a contratação com o Poder Público, fixa a "responsabilidade solidária dos integrantes pelos atos praticados, tanto na fase de licitação, quanto na de execução do contrato" (art. 33, inc. V).

3.6.5 Falência da empresa consorciada

A Lei das Sociedades Anônimas é expressa ao prever que "a falência de uma consorciada não se estende às demais, subsistindo o consórcio com as outras contratantes; os créditos que porventura tiver a falida serão apurados e pagos na forma prevista no contrato de consórcio" (Lei n. 6.404/1976, art. 278, § 2º).

Tal previsão respalda a preservação da autonomia de cada consorciada em relação ao consórcio. Por tratar-se de contrato plurilateral, é lógico que a decretação da falência de qualquer consorciada não implica a desconstituição do consórcio, a não ser que o contrato consorcial assim o preveja. Pertinentes as palavras de Modesto Carvalhosa: "Embora no consórcio a contribuição de cada uma seja sempre diversa em gênero e quantidade, a existência de um interesse comum é inquestionável. Isto posto, a presente norma estabelece a exclusão da falida do consórcio que esteja integrando, prosseguindo o mesmo com as demais consorciadas. Esta aí claramente delineada a natureza de contrato plurilateral do consórcio, como típico negócio associativo que é".[53]

Naturalmente que se o consórcio for integrado por apenas duas empresas, caso não exista a previsão da possibilidade de substituição da empresa falida no contrato, a falência de qualquer partícipe ocasionará a extinção do consórcio, tendo em vista que é da essência do consórcio a pluralidade de partes.

Do que não tratou a lei societária – mesmo porque desnecessária diante da legislação falimentar – foi em relação aos créditos que as demais consorciadas porventura possuírem em relação à partícipe falida. Estes não escaparão à regra, e serão cobrados perante o juízo universal da falência, salvo se ainda ilíquidos os valores (Lei n. 11.101/2005, arts. 5º e ss.).

De outro lado, a decretação da falência, com o encerramento das atividades da consorciada falida, implicará a necessidade de alteração contratual, a ser arquivada no registro competente, sob pena de tornar irregular a sua situação do grupo.

3.6.6 Participação de empresas estrangeiras

Uma sociedade é considerada brasileira, independentemente da nacionalidade do seu capital, quando constituída conforme a legislação brasileira e desde que, cumulativamente, tenha sede e administração no País (Código Civil, art. 1.126).

Em relação às sociedades estrangeiras, exige-se a autorização do Poder Executivo para que possam funcionar no País, "ainda que por estabelecimentos subordi-

53. *Comentários à Lei das Sociedades Anônimas: Lei n. 6.404, de 15 de dezembro de 1976*, vol. 4, 1998, p. 356.

nados" (Código Civil, art. 1.134). Todavia, ficará sujeita às leis a aos tribunais brasileiros "quanto aos atos ou operações praticadas no Brasil" (art. 1.137 do Código Civil).

Por essa razão, não há qualquer impedimento que uma sociedade estrangeira – devidamente autorizada a funcionar no País e com seus atos devidamente arquivados no Registro do Comércio "do lugar em que se estabelecer" (art. 1.136) – integre um consórcio. Aliás, conforme destaca Maurício da Cunha Peixoto[54] esta "constitui uma ótima forma para a absorção, por empresas brasileiras, da experiência estrangeira, tanto na área tecnológica quanto na gerencial".

De outro lado, se o consórcio for constituído para a contratação com o Poder Público – portanto, sob a regência da Lei n. 8.666/1993 – muito embora admitida a sua participação no grupo, está expressamente afastada a possibilidade de que atue como líder do consórcio, visto que "a liderança caberá, obrigatoriamente, à empresa brasileira" (art. 33, § 1º).

Ainda em relação ao exercício da liderança do grupo, quer nos parecer que se o empreendimento for de caráter privado – portanto, sob a regência da Lei n. 6.404/1976 – incidirá, por analogia, a vedação expressa no art. 265, § 5º da referida lei, aplicável aos *grupos de sociedades por subordinação*, ao exigir que a empresa líder seja de nacionalidade brasileira.

3.6.7 O risco da caracterização de sociedade irregular

A disciplina escassa dos consórcios pela Lei n. 6.404/1976 e a utilização incipiente do instituto contribuem para o risco de caracterização da chamada *sociedade irregular*, com a responsabilização direta e solidária de todos os seus participantes.

A formatação de consórcio extrapolando a moldura legal pela ausência de elemento essencial ou de cláusula obrigatória, poderá ser decisiva para afastar a presunção de não solidariedade entre as consorciadas, de que trata o § 1º do art. 278.

Exemplo recorrente ocorre na constituição de consórcio para o desenvolvimento de atividade *permanente*. Seria o caso de um consórcio voltado para a representação comercial, industrialização e/ou comercialização de produtos ao mercado ou para a prestação de serviços em geral.

Isso porque, para receber o tratamento jurídico diferenciado conferido pelos arts. 278 e 279 da Lei n. 6.404/1976 o consórcio deverá, necessariamente, estar voltado à execução de um empreendimento *determinado*. O desenvolvimento de um objeto permanente desqualificará o agrupamento da qualidade de consórcio, relegando-o às disposições aplicáveis à *sociedade em comum*, de que trata o art. 990 do CC.

Como *sociedade irregular* será entendida toda a associação de pessoas voltada ao exercício profissional de atividade econômica, que não se revestir sob a forma de algum dos moldes legais (tipos) admitidos. Nesse sentido, vale referir decisão do 1º Conselho de Contribuintes do Ministério da Fazenda: "Por consórcio se denomina a sociedade não personificada, cujo objeto é a execução de determinado e específico empreendimento. Incorrendo a unicidade do empreendimento, como também constatado que o contrato é por prazo indeterminado, o acordo firmado entre as sociedades não pode ser reconhecido como de natureza consorcial. Trata-se, na essência, de Sociedade de Fato".[55]

Alberto Xavier[56] refere outras decisões do Conselho nesse sentido (ns. 101-86.540 e 101-86.541, ambas da 1ª Câmara)

54. Maurício da Cunha Peixoto, "Consórcio de empresas", *Revista da Faculdade de Direito Milton Campos*, vol. 1, n. 1, 1994, pp. 161-184.

55. *DOU* de 13.5.1996, p. 8.157.

56. Alberto Xavier, "Consórcio: natureza jurídica e regime tributário", *Revista Dialética de Direito Tributário* 64/7-26, 2001.

e idêntico entendimento adotado pela 6ª Região Fiscal da Receita Federal: "Para não ser equiparado a uma pessoa jurídica comum, o consórcio deve ser constituído para a execução de um único empreendimento e de prazo de duração determinado" (Dec. 6ª RF 272/98).

De outro lado, o adequado registro do contrato na Junta Comercial também se revela elemento indispensável para a regularidade do agrupamento, sob pena da caracterização de sociedade irregular.

De acordo com a Lei n. 8.934/1994, os atos relativos à constituição do consórcio e suas respectivas alterações deverão ser arquivados no registro próprio do lugar da sede do consórcio, devendo publicar-se a certidão de arquivamento (Lei n. 6.404/1976, art. 279, parágrafo único).

É condição de regularidade, portanto, o registro do seu ato constitutivo, sendo que a Junta Comercial deverá rejeitar o arquivamento de contrato em desconformidade com os elementos essenciais do tipo legal descrito na Lei das Sociedades Anônimas – conforme art. 7º, I, *a*, do Decreto n. 1.800/1996, que regulamenta a Lei n. 8.934/1994.

A ausência deste requisito de regularidade afastará a presunção de não solidariedade entre as sociedades consorciadas e ensejará a responsabilidade ilimitada dos sócios (CC, art. 990). José Alexandre Tavares Guerreiro[57] adverte, com razão, para os riscos decorrentes de falta de publicidade do contrato consorcial: "No sistema do Código Civil, vale o princípio da responsabilidade solidária e ilimitada dos sócios pelas obrigações sociais, com relação às sociedades não personificadas e particularmente com relação àquelas cujos atos constitutivos não tenham sido submetidos ao registro próprio (sociedades em comum, art. 990). É exatamente essa responsabilidade solidária e ilimitada das consorciadas que se elide no consórcio, devidamente constituído e dado a regular publicidade mediante registro (...)".

Desse modo, o registro não conferirá ao consórcio personalidade jurídica, mas será elemento indispensável para a caracterização do agrupamento como um consórcio e para o afastamento da responsabilidade solidária e ilimitada dos sócios.

4. Consórcio e figuras afins no Direito brasileiro

A dificuldade antes abordada para caracterizar-se a natureza jurídica do consórcio está na estrutura híbrida e peculiar deste instituto, com particularidades próprias e outras semelhantes a diversos tipos societários e figuras afins.

Ressaltar as dessemelhanças do consórcio em relação a essas figuras congêneres possibilitará, sem dúvida, uma melhor caracterização do instituto e uma visão mais aprimorada a respeito de sua utilidade no meio empresarial.

4.1 Consórcio e grupo de sociedades

A Lei n. 6.404/1976 disciplinou duas espécies de grupos de sociedades. Os chamados *grupos de fato*, regulados pelo Capítulo XX, que ocorrem entre sociedades coligas[58] ou entre controladoras e controladas,[59] onde não há a formalização de instrumento contratual, a ser arquivado perante o Registro Público de Empresas Mercantis. Há

57. José Alexandre Tavares Guerreiro, "Regime jurídico do consórcio. O Código Civil e a Lei das Sociedades por Ações", *Revista de Direito Mercantil, Industrial, Econômico e Financeiro* 138/202-206, 2005.

58. Segundo o art. 243, § 1º, quando uma sociedade participa com 10%, ou mais, do capital da outra, sem controlá-la.

59. Uma sociedade é controladora de outra, quando diretamente ou através de outras controladas, for "titular de direitos de sócio que lhe assegurem, de modo permanente, preponderância nas deliberações sociais e o poder de eleger a maioria dos administradores" (art. 243, § 2º).

também os chamados *grupos de direito*, previstos nos Capítulos XXI e XXII da referida Lei, subdivididos em *grupos por subordinação* e *grupos por coordenação* (consórcio). Em comum, possuem a característica de serem formalizados através instrumento escrito, que exige arquivamento no Registro Público de Empresas Mercantis.

Nos *grupos por subordinação*, segundo o art. 265 da Lei n. 6.404/1976, a sociedade controladora e suas controladas obrigam-se "a combinar recursos ou esforços para a realização dos respectivos objetos, ou a participar de atividades ou empreendimentos comuns", mediante convenção. Conforme o art. 266, "as relações entre as sociedades, a estrutura do grupo e a coordenação ou subordinação dos administradores das sociedades filiadas serão estabelecidas na convenção do grupo, ou mediante acordo com os outros sócios ou acionistas".

Diferentemente, nos *grupos por coordenação* (consórcio) não se faz necessária a participação, direta ou indireta de uma sociedade em outra, inocorrente, portanto, relação de controle ou de hierarquia entre as empresas agrupadas. Como se viu nesse estudo, existe, pois, uma relação *horizontal*, onde as participantes estão em pé de igualdade, dividindo tarefas e obrigações em busca de um *objetivo comum*, qual seja: a *execução de empreendimento determinado* (art. 278, *caput*). Nos *agrupamentos por subordinação* as empresas reúnem-se em caráter *permanente* e poderão visar uma diversidade de objetos. O consórcio, conforme já referido, deverá ater-se a um empreendimento *temporário*.

Modesto Carvalhosa[60] realça as características essenciais de cada agrupamento: "Há uma nítida diferença quanto ao objeto de um e de outro negócio jurídico. Nos grupos convencionais (art. 265), o objeto é permanente, necessariamente, duradouro, com o aproveitamento de recursos e de atividades empresariais visando a favorecer o grupo de sociedades como um todo. Já no consórcio, o objetivo não será permanente, e visará sempre a benefícios individuais para as sociedades consorciadas. Estas, por sua vez, mantêm total autonomia quanto à administração de seus negócios, obrigando-se nos estreitos limites previstos no respectivo contrato consorcial. Não estão, portanto, as sociedades consorciadas submetidas a uma direção que se superpõe às administrações de cada uma".

4.2 Consórcio e sociedade em conta de participação

Na *sociedade em conta de participação* (arts. 991 e ss. do Código Civil) o *sócio ostensivo* exercerá a atividade social em seu nome individual e sob sua própria e exclusiva responsabilidade. Porém, os resultados (lucros ou perdas) serão rateados proporcionalmente conforme a participação de cada sócio.

Em razão de ausência de personalidade jurídica, este tipo societário atuará sob o nome individual (pessoa física) do *sócio participante*. Não será obrigatória a averbação do contrato e, mesmo que ocorra, não terá o condão de atribuir personalidade jurídica à sociedade (art. 993, CC). Portanto, esta sociedade jamais será sujeito de direitos, obrigando-se direta e exclusivamente através do seu *sócio participante*.

Alberto Xavier trata de distinguir os conceitos: "A distinção entre o *contrato de consórcio* e o *contrato de conta em participação* está em que neste último é da essência da figura a participação de uma da partes (sócio oculto) nos lucros ou perdas da outra (sócio ostensivo), em contrapartida de uma contribuição pecuniária ou atividade exercida pela primeira, enquanto a essência do consórcio está na coordenação das atividades de diversas partes para a

60. *Comentários à Lei das Sociedades Anônimas: Lei n. 6.404, de 15 de dezembro de 1976*, vol. 4, 1998, p. 342.

execução de um empreendimento, próprio ou alheio".[61]

Ambos os tipos representam formas associativas menos formais em relação às sociedades personificadas, que acabam por assumir uma personalidade jurídica diferenciada em relação aos seus membros.

A *sociedade em conta* mostra-se apresenta grande utilidade prática, permitindo a realização de atividades sociais com enorme flexibilidade.[62] No âmbito interno, um contrato vai reger as relações entre os seus sócios partícipes, enquanto, perante terceiros, assume responsabilidade, única e exclusivamente, a pessoa física do seu sócio participativo.

Não obstante, em muitos casos, seja utilizada para a execução de negócio específico, é plenamente possível que tenha por objeto o exercício de atividade econômica *permanente* – diversamente ao que ocorre com os consórcios.

4.3 Consórcio e Sociedade de Propósito Específico (SPE)

A Sociedade de Propósito Específico está prevista no parágrafo único do art. 981 do Código Civil e, como é intuitivo, é constituída para a execução de um único empreendimento ou negócio jurídico. É este, aliás, o elemento diferenciador deste tipo societário. Ao que tudo indica, dada à ausência de previsão legal, poderá ser constituída sob a forma de qualquer tipo societário.

A chamada *Sociedade de Propósito Específico* assume grande utilidade prática voltada à prestação de serviço público. Isso porque, no art. 20 da Lei n. 8.987/1995 – que dispõe sobre o regime de concessão e permissão da prestação de serviços públicos – está prevista a possibilidade de o Poder Público exigir que o consórcio vencedor constitua uma sociedade ainda antes da celebração do contrato com a administração. Tal sociedade se ajustará plenamente à hipótese do art. 981.

Deve-se ressaltar que a estrutura do consórcio será sempre mais flexível em relação a Sociedade de Propósito Específico – também referida simplesmente como SPE – visto que esta deverá sujeitar-se às normas preestabelecidas e burocratizadas das sociedade previstas no Código Civil.

4.4 Consórcio voltado à contratação com o Poder Público

Se o objeto do consórcio estiver voltado à realização de obra ou serviço público, outra será a sua disciplina e o seu tratamento jurídico. Em razão do alto interesse público envolvido, sofrerá o influxo de princípios e regras de direito público seja através da Lei n. 8.666/1993, que institui normas sobre licitações e contratos administrativos, seja pela incidência da Lei n. 8.987/1995, que dispõe sobre o regime de concessão e permissão de serviços públicos.

Se no Direito Privado prevalece o princípio da liberdade das formas, também aplicável aos consórcios, no Direito Público, ao contrário, vigora o princípio da legalidade das formas. No entanto, segundo prevê o art. 54 da Lei n. 8.666,[63] serão subsidiariamente aplicáveis as disposições da Lei das Sociedades Anônimas.

Em relação ao regime da Lei n. 8.666/1993, a participação de consórcios nos procedimentos licitatórios será limitará à opção do administrador, segundo critério

61. Alberto Xavier, "Consórcio: natureza jurídica e regime tributário", *Revista Dialética de Direito Tributário* 64/7-26, 2001.

62. A tal ponto que Rubens Requião chegou a afirmar, em 1995: "Hoje, dadas às condições econômicas reinantes, as sociedades em conta de participação estão revivendo" (*Curso de Direito Comercial*, vol. I, 22ª ed., 1995, p. 300).

63. "Art. 54. Os contratos administrativos de que trata esta Lei regulam-se pelas suas cláusulas e pelos preceitos de direito público, aplicando-se-lhes, supletivamente, os princípios da teoria geral dos contratos e as disposições de direito privado."

de conveniência e oportunidade.[64] De outro lado, a vedação à participação de consórcios haverá de ser fundamentada. Na prática, costuma-se vetar a admissão de consórcios quando o serviço ou a obra for de pequeno vulto e complexidade.

A Lei n. 8.666/1993 determina que as empresas que pretendam concorrer em consórcio firmem um *termo de compromisso de constituição de consórcio*, uma espécie de *contrato preliminar* no qual se obrigam a constituir o um consórcio caso sejam vencedoras do certame licitatório – evento futuro e incerto.

De um modo geral, a participação de empresas através de consórcio, segundo o regime estipulada na Lei n. 8.666/1993, está subordinada às seguintes normas:

"Art. 33. Quando permitida na licitação a participação de empresas em consórcio, observar-se-ão as seguintes normas:

"I – comprovação do compromisso público ou particular de constituição de consórcio, subscrito pelos consorciados;

"II – indicação da empresa responsável pelo consórcio que deverá atender às condições de liderança, obrigatoriamente fixadas no edital;

"III – apresentação dos documentos exigidos nos arts. 28 a 31 desta Lei por parte de cada consorciado, admitindo-se, para efeito de qualificação técnica, o somatório dos quantitativos de cada consorciado, e, para efeito de qualificação econômico-financeira, o somatório dos valores de cada consorciado, na proporção de sua respectiva participação, podendo a Administração estabelecer, para o consórcio, um acréscimo de até 30% (trinta por cento) dos valores exigidos para licitante individual, inexigível este acréscimo para os consórcios compostos, em sua totalidade, por micro e pequenas empresas assim definidas em lei;

"IV – impedimento de participação de empresa consorciada, na mesma licitação, através de mais de um consórcio ou isoladamente;

"V – responsabilidade solidária dos integrantes pelos atos praticados em consórcio, tanto na fase de licitação quanto na de execução do contrato.

"§ 1º. No consórcio de empresas brasileiras e estrangeiras a liderança caberá, obrigatoriamente, à empresa brasileira, observado o disposto no inciso II deste artigo.

"§ 2º. O licitante vencedor fica obrigado a promover, antes da celebração do contrato, a constituição e o registro do consórcio, nos termos do compromisso referido no inciso I deste artigo."

Das normas acima transcritas, diferenças estruturais em relação aos consórcios voltados para negócios privados, regidos pela Lei n. 6.404/1976, a saber:[65]

• *Quanto à estrutura*, segundo a Lei das S/A, o consórcio deverá formalizar-se entre pessoas jurídicas, inadmitida a participação de pessoas físicas ou empresários individuais. De modo diverso, a Lei n. 8.666/1993 parece admitir a reunião de licitantes sob a forma de consórcio, é que, segundo doutrina Carlos Ari Sundfeld (*Licitação e Contrato Administrativo*, São Paulo, Malheiros Editores, 1994, p. 131): "O art. 33 – *caput* menciona apenas o consórcio de empresas, que é o caso mais comum. Mas isso não descarta o consórcio de pessoas físicas, quando o objeto o admita, como nos concursos";

• *Quanto ao objeto*, a disciplina prevista pela Lei n. 6.404/1976 prevê a utilização do consórcio para a *execução de empreendimento determinado*, enquanto que a Lei n. 8.666/1993 vincula o seu objeto à obra ou serviço especificado na licitação;

64. Controlável juridicamente, desde que haja ofensa a princípios que informam a atividade administrativa, mais recentemente o da razoabilidade.

65. Comparação elaborada com base em artigo escrito por Horácio Augusto Mendes de Souza, "Estrutura jurídica do consórcio destinado às contratações com a administração pública", *Revista de Direito da Procuradoria-Geral* 57/179-213, 2003.

• *Quanto à responsabilidade*, a Lei n. 6.404/1976 estipula a presunção de não solidariedade entre as consorciadas, enquanto a Lei de Licitações prevê responsabilidade solidária;

• *Quanto à insolvência*, no consórcio constituído sob a Lei das S/A as consorciadas, individualmente, poderão valer-se do princípio da continuidade da empresa e pleitear o prosseguimento das suas atividades para, então, prosseguir com a execução do empreendimento assumido pelo consórcio. Pela Lei n. 8.666/1993, a falência de qualquer participante dará ensejo à rescisão do contrato com a administração;

• *Quanto à solução de litígios*, no regime da Lei n. 6.404/1993, os conflitos entre consorciadas e/ou com terceiros poderão ser resolvidos no foro de eleição específico em contrato ou através de arbitragem, ao passo que os conflitos entre consórcio e administração serão necessariamente solucionados no foro da Administração;

• *Quanto à administração e representação*, no regime da Lei n. 6.404/1976, não há impeditivo que a empresa líder seja sociedade estrangeira, ao passo que a liderança nos consórcios voltados à contratação com a Administração Pública deverá ser exercida por sociedade brasileira.

Por razões óbvias, percebe-se maior dinâmica e flexibilidade na disciplina conferida pela Lei das Sociedades Anônimas, enquanto que o modelo previsto pela Lei n. 8.666/1993, embora possa socorrer-se, subsidiariamente, das normas da Lei n. 6.404/1976, apresenta estrutura mais rígida.

5. *"Conteúdo mínimo" do contrato consorcial*

Os diversos incisos elencados pelo art. 279 da Lei n. 6.404/1976 encerram o *conteúdo mínimo* do contrato de consórcio, relacionando às cláusulas e disposições indispensáveis à sua formação regular.

Ao elencar as normas indispensáveis ao contrato, não está a lei societária afastando a possibilidade de previsão de disposições diversas, para regular questões também relevantes, tais como: o ingresso e saída de consorciados; as causas de rescisão do consórcio; o direito de retirada e as hipóteses de exclusão de consorciado, dentre outras.[66] Justamente por esse motivo fala-se em conteúdo *mínimo* do contrato consorcial.

Segundo o *caput* do art. 279, exige-se que o contrato seja aprovado internamente por cada sociedade consorciada, pelo órgão "competente para autorizar a alienação de bens do ativo permanente". Regula-se assim, a esfera de competência interna para a aprovação do contrato.

No caso das Sociedades Anônimas, o estatuto poderá outorgar ao Conselho de Administração o poder de alienar bens do ativo permanente. Mesmo que seja omisso a esse respeito, segundo o art. 142, VIII, da Lei n. 6.404/1976, caberá a este órgão a aprovação, ou não, da participação da companhia no consórcio. No entanto, entendemos que será desejável – pela relevância da decisão – que se transfira tal atribuição à assembleia geral da companhia. De outro modo, nada impedirá que o Estatuto outorgue tal competência à Diretoria.

Nas demais sociedades, a aprovação dos consórcios, dar-se-á conforme dispuser o contrato social. No silêncio do contrato, o intérprete deverá socorrer-se das normas legais aplicáveis àquele determinado tipo societário.

Assim que, o conteúdo mínimo do contrato consorcial encontra-se todo ele elencado no art. 279 da Lei n. 6.404/1976, a saber:

I – a designação do consórcio, se houver;

II – o empreendimento que constitua o objeto do consórcio;

66. Lembre-se que o consórcio é modalidade de contrato plurilateral e aberto.

III – a duração, endereço e foro;

IV – a definição das obrigações e responsabilidade de cada sociedade consorciada, e das prestações específicas;

V – normas sobre recebimento de receitas e partilha de resultados;

VI – normas sobre a administração do consórcio, contabilização, representação das sociedades consorciadas e taxa de administração, se houver;

VII – forma de deliberação sobre assuntos de interesse comum, com número de votos que cabe a cada consorciado;

VIII – contribuição de cada consorciado para as despesas comuns, se houver.

Passemos à análise pormenorizada de cada um.

5.1 Designação

Ao contrário do que ocorre com os *grupos de subordinação* (Lei n. 6.404/1976, art. 269, I), a *designação* do consórcio será facultativa. Note-se que a lei refere: "a designação do consórcio, se houver".

A fim de evitar confusão, até mesmo para não atrair eventual responsabilidade indesejada pela *teoria da aparência*,[67] não será aconselhável que o consórcio utilize denominação idêntica ou semelhante a razão social ou nome de fantasia de qualquer das sociedades participantes.

Outras vezes, por razões de *marketing* e publicidade, poderá ser interessante realizar-se propositadamente tal confusão, não obstante a maior visibilidade de determinada consorciada e os riscos daí decorrentes. Se incidente relação de consumo esta, certamente, será a consorciada escolhida para ser demandada pelo consumidor.

Não será igualmente conveniente que o consórcio se valha de elementos próprios de outros tipos societários, tais como companhia, Ltda., etc.

5.2 Objeto do consórcio

Trata-se de requisito relacionado à principal característica dos consórcios: execução de empreendido determinado. O consórcio terá sempre um *propósito específico* único, o qual deverá ser revelado com precisão no contrato.

Lacerda Teixeira e Tavares Guerreiro[68] ressaltam que a Lei Antitruste (Lei n. 4.137/1962, art. 72) determina que quaisquer atos relativos a agrupamentos de empresas deverá informar, com a necessária precisão, o objeto e as finalidades do empreendimento. Ressaltam ainda, que nos termos do art. 64, § 1º, do Decreto n. 57.651/1966, considera-se declarado com precisão sempre que o objeto indicar o gênero, a espécie e o local da sua exploração.

5.3 Duração

Lembre-se que é da essência e da natureza do consórcio a *temporariedade*. Quando concluído o empreendimento único a que se refere seu objeto deverá ser extinto. Sua duração, portanto, deverá ser por prazo suficiente à conclusão do empreendimento, seja em poucos meses ou em mais de um ano. Assim, tem-se que a sua duração será sempre correspondente e coincidente com o término do empreendimento.

Não se admite, portanto, o consórcio por prazo indeterminado, a exigência de norma a respeito de sua duração afasta tal possibilidade. O que poderá ocorrer, em lugar da prefixação de uma data certa, é a estipulação de um termo futuro, correspondente à conclusão do empreendimento.

67. Ocorre quando uma pessoa, aparentemente titular de um direito, embora não o sendo, leva a efeito um ato jurídico com terceiro de boa-fé. A exigência da preservação da segurança das relações jurídicas e o resguardo da boa-fé de terceiros, manifestada através da confiança depositada na aparência, justificam a teoria da aparência.

68. *Das Sociedades Anônimas no Direito Brasileiro*, 1979, p. 794.

5.4 Endereço e foro

O endereço indicado no contrato deverá ser o do local da administração do consórcio, que não necessariamente corresponderá ao do local do empreendimento a ser executado. Modesto Carvalhosa[69] refere que *ao não optar* pela palavra *sede*, o legislador "quis deixar nítida a ausência de personalidade jurídica".

Em relação ao foro a ser indicado em contrato, este corresponderá a comarca onde, por opção das empresas (foro de eleição), serão dirimidos os litígios entre as consorciadas. Em relação a terceiros, valerá o foro de eleição escolhido em contrato ou, se omisso, serão aplicáveis as normas sobre competência previstas no CPC.

5.5 Definição da responsabilidade entre as consorciadas

Cada consorciada deverá, individualmente, obrigar-se à realização de uma determinada prestação ou atividade específica. Seria indesejável a confusão de tarefas e responsabilidades de cada participante.

De certa forma, a delimitação precisa das obrigações – tornada pública através do registro – vem compensar a presunção de não solidariedade entre as consorciadas, permitindo que terceiros identifiquem até que ponto vai a obrigação de cada consorciada. Isto permitirá que o terceiro, em caso de inadimplência, acione diretamente a sociedade a quem cabia o cumprimento da obrigação inadimplida.

A obrigação de cada consorciada será, provavelmente, mensurada no percentual a que terá direito na partilha dos resultados.

5.6 Administração e representação do consórcio

Em razão do alto grau de flexibilidade do instituto, restringiu-se o legislador a dizer que o contrato deverá especificar as "normas sobre a administração do consórcio".

A prática revela que, normalmente, há a eleição de uma empresa líder para se obrigar em nome de todos os participantes. É frequente a estipulação de uma *taxa remuneratória* à sociedade líder, a critério da maioria.

Não haverá relação de hierarquia entre a sociedade líder, representante do grupo, e demais consorciadas – o que confundiria o *consórcio* com os *grupos de subordinação* de que trata o art. 265 da Lei n. 6.404/1976.

A figura do líder simplificará o relacionamento entre consorciadas e do consórcio perante terceiros. Como bem destaca Alberto Xavier[70] "o líder não é, pois, órgão do consórcio, pois este não é uma entidade dotada de personalidade jurídica à qual possa imputar-se uma vontade única" e completa "a vontade única que é apresentada ao terceiro, nada mais é que a vontade comum de todos os consorciados, expressa por um representante comum".[71]

Ao encontro do que vem sendo afirmando, vale a lição de Pedro Paulo Cristófaro:[72]

"(...) o administrador do consórcio, quando age de acordo e dentro dos limites do contrato, representa *ex vi legis* os consorciados no exercício dos direitos de que eles sejam titulares em comum.

"Não fora assim e o *consórcio* seria uma figura vazia de sentido, oca de significado e despida de real possibilidade de atuação prática. Como executar um *empreendimento comum* (ao menos um empreendi-

69. *Comentários à Lei das Sociedades Anônimas: Lei n. 6.404, de 15 de dezembro de 1976*, vol. 4, 1998, p. 371.

70. Alberto Xavier, "Consórcio: natureza jurídica e regime tributário", *Revista Dialética de Direito Tributário* 64/7-26, 2001.

71. Idem, ibidem.

72. Pedro Paulo Cristófaro, "Consórcios de sociedades. Validade e eficácia dos atos jurídicos praticados por seus administradores, nessa qualidade. Titularidade dos direitos e das obrigações deles decorrentes", *Revista de Direito Mercantil, Industrial, Econômico e Financeiro* 44/15-21, 1981.

mento comum de vulto) – e este é hoje o propósito legal dos consórcios, na forma do que preceitua o art. 278 da Lei de S/A – sem uma administração comum, com poderes de representação externa?"

Em relação ao consórcio voltado à contratação com o Poder Público, o art. 33, II, da Lei n. 8.666/1993 prevê a necessidade da indicação de *empresa responsável*, bem como a definição das *condições de liderança*.

5.7 Receitas, despesas e partilha dos resultados

Despesas e receitas deverão ser partilhadas segundo a proporção estabelecida em contrato, a qual, provavelmente, estará relacionada à relevância e ao grau de comprometimento das prestações específicas atribuídas a cada consorciada.

Roberto Papini[73] aduz que "pode-se estipular que cada consorciada deve suportar integralmente os custos do trabalho a ela atribuído (definidos também no contrato), cabendo-lhe igualmente receber o valor integral dos trabalhos executados, diretamente do proprietário do empreendimento".

A experiência revela que o consórcio poderá constituir um *fundo comum* afetado pelas consorciadas ao empreendimento, a fim de fazer frente às despesas ordinárias da execução do empreendimento.

Diversamente ao Direito italiano – onde o art. 2.602 do Código Civil prevê a obrigatoriedade da constituição de um *fondo consortile* –, o Direito brasileiro nada refere sobre a existência de um patrimônio comum afetado ao consórcio (fundo), nos parecendo, portanto, viável, mas não obrigatória, a sua formação.

Deve-se também esclarecer que o consórcio não aufere lucro diretamente. As receitas geradas a partir da sua atividade serão auferidas direta e individualmente por suas consorciadas, na proporção estabelecida em contrato. Segundo normatizado pela Secretaria da Receita Federal "(...) os rendimentos decorrentes das atividades (principais e acessórios) desses consórcios deverão ser computados nos resultados das empresas consorciadas, proporcionalmente à participação de cada uma no empreendimento" (ADN n. 21, 8.11.1984).

5.8 Responsabilidade tributária

Sob o ponto de vista tributário, sabe-se que, em muitos casos, o Fisco atribui responsabilidade tributária a entes destituídos de personalidade jurídica. Como explica Alberto Xavier: "Num sentido ou no outro é inegável o tratamento autônomo pelo Direito Fiscal da noção de personalidade jurídica, técnica instrumental, funcional e relativamente que utiliza à luz das valorações que lhe são próprias: e daí aceitarmos plenamente o conceito de personalidade tributária, como a suscetibilidade de ser sujeito de relação jurídica tributária".[74]

Em relação ao consórcio, em regra, não é contribuinte do imposto de renda das pessoas jurídicas, pois não é ente equiparado à pessoa jurídica, como, exemplificativamente, ocorre com o empresário individual, com a sociedade em conta de participação, bem como com as filiais, no país, de sociedades com sede no exterior (RIR/1999, art. 147, II).

Justamente por não ser contribuinte do imposto de renda é que não lhe poderá ser atribuído lucro, o qual deverá ser tributado diretamente quando da sua aferição pelas consorciadas, segundo a proporção fixada no contrato. Segundo norma da Secretaria da Receita Federal "(...) *os rendimentos decorrentes das atividades (principais e acessórios) desses consórcios deverão ser computados nos resultados das*

73. Roberto Papini, *Sociedade Anônima e Mercado de Valores Mobiliários*, 1987, p. 364.

74. "Consórcio: natureza jurídica e regime tributário", *Revista Dialética de Direito Tributário* 64/7-26, 2001.

empresas consorciadas, proporcionalmente à participação de cada uma no empreendimento" (ADN n. 21, 8.11.1984).

Por outro lado, o consórcio será sujeito passivo da obrigação de recolher imposto retido como fonte pagadora. A Instrução Normativa SRF n. 200/2002 (art. 12, § 3º) exige a inscrição dos consórcios no Cadastro Nacional de Pessoa Jurídica – CNPJ e dispõe que sempre que "pagarem rendimentos sujeitos a retenção na fonte" ou "auferirem rendimentos em decorrência de suas atribuições", estão sujeitos ao regime tributário aplicável às pessoas jurídicas.[75]

5.9 Registro e publicidade

O contrato de consórcio e suas alterações posteriores deverão ser obrigatoriamente arquivados no Registro Público de Empresas Mercantis do lugar da sua sede, devendo a certidão de arquivamento ser publicada nos moldes previstos no art. 289 da Lei n. 6.404/1976.

Igualmente, quando dissolvido o consórcio em razão do término do empreendimento a que se destina, deverá o instrumento correspondente ser levado ao Registro de Comércio, para que se possa "dar baixa" no respectivo assentamento.

O regime de arquivamento será exatamente aquele previsto para as sociedades mercantis e tornará eficaz o contrato perante terceiros após a *publicação* do seu arquivamento. Em relação às consorciadas, pode-se afirmar que o contrato produzirá efeitos desde a data da sua celebração (assinatura), tão logo autorizado pelo órgão competente.

Ao que parece, ao exigir apenas a publicação da *certidão do arquivamento*, pretende o legislador preservar o *sigilo* do negócio objeto de execução via consórcio.

Uma das funções principais do registro é afastar a presunção de solidariedade e responsabilidade ilimitada de todas as consorciadas, pela caracterização de sociedade irregular.

75. Ary Azevedo Franco Neto, "Consórcio", in Alfredo Lamy Filho e José Luiz Bulhões Pedreira (coords.), *Direito das Companhias*, 2009, p. 2.081.

6. Conclusão

O tratamento jurídico flexível e não burocrático conferido aos consórcios entre sociedades pela Lei n. 6.404/1976 nos parece apto a atender a dinamicidade e a complexidade do mundo empresarial e, com isso, incentivar o fenômeno da concentração de empresas, quando o fim visado seja empreendimento ou negócio específico e determinado.

7. Referências bibliográficas

ANDRADE JUNIOR, Attila de Souza Leão. *Comentários ao Novo Código Civil*. vol. IV: *Direito das Sociedades*. Rio de Janeiro, Forense, 2002.

BARRETO, Celso de Albuquerque. "Consórcio de empresas". *Revista Forense*, vol. 72, n. 253, pp. 133-138, jan.-mar./1976.

BULGARELLI, Waldirio. *Concentração de Empresas e Direito Antitruste*. 3ª ed. São Paulo, Atlas, 1997.

______. *Manual das Sociedades Anônimas*. 9ª ed. São Paulo, Atlas, 1984.

CARVALHOSA, Modesto. *Comentários à Lei das Sociedades Anônimas: Lei n. 6.404, de 15 de dezembro de 1976*. São Paulo, Saraiva, 1998.

COMPARATO, Fábio Konder. "Novas formas jurídicas de concentração empresarial". *Revista de Direito Mercantil, Industrial, Econômico e Financeiro* 5/133-142. São Paulo, ano XI, 1972.

______. *Aspectos Jurídicos da Macroempresa*. São Paulo, Ed. RT, 1970.

CORREA-LIMA, Osmar Brina. *Sociedade Anônima*. 3ª ed. Belo Horizonte, Del Rey, 2005.

CRISTÓFARO, Pedro Paulo. "Consórcios de sociedades. Validade e eficácia dos atos jurídicos praticados por seus administradores, nessa qualidade. Titularidade dos direitos e das obrigações deles decorrentes". *Revista de Direito Mercantil, Indus-*

trial, Econômico e Financeiro 44/15-21. São Paulo, out.-dez./1981.

CUNHA, Paulo Cesar Melo da. "Tratamento jurídico das empresas estatais e os reflexos do consórcio celebrado entre empresas do setor público e do setor privado". *Revista de Direito da Procuradoria-Geral* 56/267-292. Rio de Janeiro, 2003.

FRAGA, Leonardo Henrique Ferreira. "Consórcio. Teoria da Aparência. Publicidade. Responsabilidade civil. Legitimidade passiva". *Revista de Direito Privado* 8/237-243. São Paulo, Ed. RT, ano 2, out.-dez./2001.

FRAN, Martins. *Comentários à Lei das Sociedades Anônimas: Lei n. 6.404, de 15 de dezembro de 1976*. vol. 3: arts. 206 a 300, 1ª ed. Rio de Janeiro, Forense, 1978.

FRANCO NETO, Ary Azevedo. "Consórcio". In LAMY FILHO, Alfredo, e BULHÕES PEDREIRA, José Luiz (coords.). *Direito das Companhias*. Rio de Janeiro, Forense, 2009.

GUERREIRO, José Alexandre Tavares. "Regime jurídico do consórcio. O Código Civil e a Lei das Sociedades por Ações". *Revista de Direito Mercantil, Industrial, Econômico e Financeiro* 138/202-206. São Paulo, Malheiros Editores, abr.-jun./2005.

LEÃES, Luiz Gastão Paes de Barros. "Sociedades coligadas e consórcios". *Revista de Direito Mercantil, Industrial, Econômico e Financeiro* 12/128-148. São Paulo, 1973.

MOREIRA, Egon Bockmann. "Os consórcios empresariais e as licitações públicas (considerações em torno do art. 33 da Lei 8.666/1993)". *Interesse Público* 26/64-78. Porto Alegre, Notadez, ano 5, jul.-ago./2004.

PAPINI, Roberto. *Sociedade Anônima e Mercado de Valores Mobiliários*. Rio de Janeiro, Forense, 1987.

PEIXOTO, Maurício da Cunha. "Consórcio de empresas". *Revista da Faculdade de Direito Milton Campos*. vol. 1, n. 1. Belo Horizonte, 1994, pp. 161-184.

PONTES DE MIRANDA, Francisco Cavalcante. *Tratado de Direito Privado*. t. LI. Rio de Janeiro, Ed. RT, 1972, pp. 253 e ss.

REALE, Miguel, e REALE JR., Miguel. *Questões Atuais de Direito*. Del Rey, 2000.

ROCHA, João Luiz Coelho da. "Os consórcios de empresas e seus riscos jurídicos". *Revista de Direito Mercantil, Industrial, Econômico e Financeiro* 115/83-87. São Paulo, Malheiros Editores, jul.-set./1999.

______. "Conta de participação, consórcio e parceria – Formas associativas não personalizadas". *Revista de Direito Mercantil, Industrial, Econômico e Financeiro* 105/37-42. São Paulo, Malheiros Editores, jan.-mar./1997.

______. "Novas alternativas e derivações jurídicas para a agregação empresarial". *Revista de Direito Mercantil, Industrial, Econômico e Financeiro* 118/94-100. São Paulo, Malheiros Editores, abr.-jun./2000.

REQUIÃO, Rubens. *Aspectos Modernos de Direito Comercial: Estudos e Pareceres*. São Paulo, Saraiva, 1977.

______. *Curso de Direito Comercial*. vol. I, 22ª ed. São Paulo, Saraiva, 1995.

SOUZA, Horácio Augusto Mendes de. "Estrutura jurídica do consórcio destinado às contratações com a administração pública". *Revista de Direito da Procuradoria-Geral* 57/179-213. Rio de Janeiro, 2003.

SZTAJN, Raquel. *Contrato de Sociedade e Formas Societárias*. São Paulo, Saraiva, 1989.

TEIXEIRA, Egberto Lacerda, e GUERREIRO, José Alexandre Tavares. *Das Sociedades Anônimas no Direito Brasileiro*. vol. 2. São Paulo, Bushatsky, 1979.

VILLARREAL, Gabriel Hernan Facal, e CREUZ, Luis Rodolfo Cruz. "Consórcio de empresas: benefícios fiscais na celebração de parcerias empresariais". *Revista Tributária e de Finanças Públicas* 63/92-99. São Paulo, Ed. RT, jul.-ago./2005.

WALD, Arnoldo. *Estudos e Pareceres de Direito Comercial*. São Paulo, Ed. RT, 1979.

XAVIER, Alberto. "Consórcio: natureza jurídica e regime tributário". *Revista Dialética de Direito Tributário* 64/7-26. São Paulo, Dialética, jan./2001.

SIGILO NAS ARBITRAGENS DO NOVO MERCADO E DIREITO DE INFORMAÇÃO E FISCALIZAÇÃO DO ACIONISTA

ALFREDO SÉRGIO LAZZARESCHI NETO

1. O sigilo nas arbitragens do Novo Mercado. 2. Violação do direito de informação e fiscalização. 3. Violação da Lei 6.385/1976 e dos próprios princípios do Novo Mercado. 4. Efeitos da decisão arbitral em relação a todos os acionistas. 5. A Lei de Arbitragem não impõe sigilo. 6. Conclusão.

1. O sigilo nas arbitragens do Novo Mercado

O Novo Mercado, concebido e implementado pela Bovespa/Bolsa de Valores de São Paulo, é segmento de listagem destinado à negociação de ações emitidas por companhias que se comprometem a adotar práticas de governança corporativa adicionais em relação ao que é exigido pela legislação societária.

A valorização e a liquidez das ações das sociedades integrantes desse segmento são influenciadas positivamente pelo grau de segurança oferecido pelos direitos concedidos aos acionistas, bem como pela qualidade e quantidade das informações prestadas pelas companhias participantes. Esses são, como se sabe, os próprios fundamentos do Novo Mercado.

O ingresso no Novo Mercado ocorre mediante a assinatura de contrato e implica a adesão a conjunto de regras mais exigentes que as presentes na legislação societária. Essas regras, consolidadas no *Regulamento de Listagem do Novo Mercado*, têm por objetivo ampliar os direitos dos acionistas, melhorar a divulgação e a qualidade das informações usualmente prestadas pelas sociedades de capital aberto, aumentar a dispersão acionária, bem como assegurar a resolução dos conflitos societários por arbitragem.

Por ocasião da adesão ao Novo Mercado, a sociedade, seus acionistas e administradores "obrigam-se a resolver, por meio de arbitragem, toda e qualquer disputa ou controvérsia que possa surgir entre eles, relacionada ou oriunda, em especial, da aplicação, validade, eficácia, interpretação, violação e seus efeitos, das disposições contidas na Lei das S/A, no estatuto social da companhia, nas normas editadas pelo Conselho Monetário Nacional, pelo Banco Central do Brasil e pela Comissão de Valores Mobiliários, bem como nas demais normas aplicáveis ao funcionamento do mercado de capitais em geral, além daquelas constantes deste Regulamento de Listagem, do Regulamento de Arbitragem e do Contrato de Participação no Novo Mercado" (v. *Regulamento de Listagem do Novo Mercado*, definição de "Cláusula Compromissória", bem como item 13.1).

Consoante o disposto no Regulamento e no Regimento Interno da Câmara de Arbitragem do Mercado, o procedimento arbitral perante aquela instituição se processa *sob sigilo*, como consta dos seguintes dispositivos:

• *Regulamento da Câmara de Arbitragem do Mercado*

"6.2 **Garantias.** Ao promover a solução de conflitos por arbitragem, a Câmara Arbitral deverá garantir que, independentemente do tipo de procedimento adotado: (...) ii) sejam adotados, como regra, o sigilo, a celeridade, a economia de recursos, a especialidade dos árbitros e a instrumentalidade dos procedimentos".

"7.10.1 No Termo de Independência, o Árbitro deverá declarar que: (...) ii) se compromete a assegurar o sigilo sobre qualquer arbitragem de que participe, tomando todas as medidas necessárias para tanto, ressalvadas as hipóteses em que, por lei, for exigida sua quebra."

"7.12.6 Na data e no horário convencionados, os Árbitros deverão apresentar às partes o Termo de Arbitragem a ser assinado por elas, observado o seguinte procedimento: i) os Árbitros, o Secretário-Geral e as partes deverão firmar termo em quê se comprometam a guardar sigilo sobre a arbitragem."

"7.13.7 Durante a audiência para produção de prova oral, deverá o Tribunal Arbitral: i) tomar as medidas necessárias para assegurar a manutenção do sigilo sobre a arbitragem; (...)."

• *Regimento Interno da Câmara de Arbitragem do Mercado*

"1.1 O procedimento arbitral é rigorosamente sigiloso, observadas as seguintes regras: i) só poderão participar do procedimento arbitral o Presidente e o Secretário-Geral da Câmara Arbitral, os Árbitros responsáveis pela arbitragem, as partes do litígio e, se for o caso, os respectivos advogados, devidamente constituídos; ii) terceiros poderão participar do procedimento arbitral somente na condição de testemunha, perito ou assistente técnico, cabendo-lhes obedecer idêntico dever de sigilo; iii) as sessões e audiências do Tribunal Arbitral serão abertas exclusivamente às pessoas relacionadas nas alíneas acima; iv) a participação dos terceiros mencionados na alínea 'ii' *supra* deverá ser limitada ao cumprimento de sua função específica no procedimento arbitral; em caso de participação em audiência, o terceiro deverá se retirar tão logo sua função tenha sido cumprida; e v) somente o Presidente da Câmara Arbitral, os Árbitros responsáveis pela arbitragem, o Secretário-Geral, as partes do litígio e os respectivos advogados, devidamente constituídos, poderão ter acesso aos autos da arbitragem; demais pessoas poderão ter acesso aos autos, desde que expressamente autorizadas pelo Presidente da Câmara Arbitral e pelas partes do litígio."

"1.2 Cabe ao Presidente da Câmara Arbitral e ao Tribunal Arbitral estabelecer as regras necessárias para que se assegure o sigilo em cada arbitragem, observadas as normas previstas no Regulamento e neste Regimento Interno."

"1.3 Cabe ao Presidente da Câmara Arbitral e ao Tribunal Arbitral, auxiliados pelo Secretário-Geral, fiscalizar o cumprimento adequado das normas sobre sigilo previstas no Regulamento e neste Regimento Interno."

"1.4 A violação do dever de sigilo por qualquer um dos Árbitros ou pelo Secretário-Geral implicará seu desligamento da Câmara Arbitral. A violação deverá ser imediatamente comunicada ao Presidente da Câmara Arbitral, a quem caberá decidir sobre o desligamento."

"1.5 A violação do dever de sigilo pelas partes do litígio, pelos respectivos advogados e/ou pelos terceiros mencionados no item 1.1-'ii', *supra*, os sujeitará às sanções previstas no Capítulo 13 do Regulamento."

Contudo, a obrigatoriedade do sigilo nos procedimentos arbitrais perante a Câmara de Arbitragem do Mercado viola o pleno exercício do direito essencial dos acionistas de fiscalização e informação, bem como vai na contramão dos próprios ideais do Novo Mercado.

2. Violação do direito de informação e fiscalização

Dispõe o art. 109, III e § 2º, da Lei 6.404/1976:

"Art. 109. Nem o estatuto social nem a assembleia geral poderão privar o acionista dos direitos de: (...) III – *fiscalizar*, na forma prevista nesta Lei, *a gestão dos negócios sociais*; (...).

"(...).

"§ 2º. Os meios, processos ou ações que a lei confere ao acionista para assegurar os seus direitos *não podem ser elididos pelo estatuto social* ou pela assembleia geral" (grifamos).

Comentando esse dispositivo, escreve Luiz Gastão Paes de Barros Leães: "O direito à informação constitui, portanto, um direito *instrumental*, um meio, enfim, para o exercício de outros direitos, como é o caso do direito de o acionista fiscalizar os negócios sociais, aqui comentado, ou o direito do voto, que lhe é assegurado pelo art. 110. Com efeito, *o acionista não pode exercer a fiscalização dos negócios sociais, nem votar, sem que seja devidamente informado*" (*Comentários à Lei das Sociedades Anônimas*, vol. 2, São Paulo, Saraiva, 1980, p. 222 – grifamos).

Esse direito de fiscalização e informação é ainda mais acentuado nas sociedades de capital aberto, como bem esclarece o mesmo doutrinador: "Advirta-se que a esse direito de fiscalizar corresponde o simétrico dever de a companhia informar os acionistas. Essa dupla prerrogativa foi especialmente cuidada na lei vigente, *mormente quando se tratar de companhia aberta, a ponto de podermos dizer que exista na sociedade anônima* ***um direito de fiscalizar e de ser informado*** *a respeito dos negócios sociais*" (*Comentários à Lei das Sociedades Anônimas*, cit., vol. 2, p. 221 – grifamos).

Do mesmo modo se manifesta Modesto Carvalhosa: "A iniciativa de manter o acionista informado constitui encargo da companhia, através de seus órgãos de administração, *notadamente quando se trata de companhia aberta*" (*Comentários à Lei de Sociedades Anônimas*, 4ª ed., vol. 2, São Paulo, Saraiva, 2008, p. 353 – grifamos).

Ter ciência e até mesmo acompanhar o andamento de arbitragens que envolvam a sociedade, seus acionistas e administradores é inerente ao direito *essencial* de fiscalização e informação: o investidor cauteloso que pretende comprar determinadas ações precisa conhecer as demandas existentes entre a companhia, seus acionistas e administradores. Sem essa possibilidade arrisca-se a investir em papéis de sociedade cujos controladores já cometeram inúmeros abusos, ou cujos administradores estão sendo responsabilizados por desvios. Como ressalta Waldirio Bulgarelli: "O direito de fiscalização pressupõe, portanto, um *conhecimento exato* dos negócios da sociedade; é por isso que A. Tunc assinalava que era tempo de dar aos acionistas os meios necessários não para participar da direção da sociedade, mas para exercer um controle eficaz sobre a gestão social" (*Regime Jurídico da Proteção às Minorias das S/A: de Acordo com a Reforma da Lei 6.404/1976*, Rio de Janeiro, Renovar, 1998, pp. 90-91 – grifamos).

Além de impossibilitar o conhecimento das principais disputas que envolvem a companhia, seus acionistas e administradores, o sigilo nas arbitragens implica a perda de importante instrumento de verificação da *legalidade* e *legitimidade* dos atos praticados pela sociedade e seus controladores, verdadeiro fundamento do direito de informação e fiscalização, como bem lembra Modesto Carvalhosa: "Os direitos de informação, de fiscalização e de inspeção, e correspondentes direitos de ação, exercidos pelos acionistas individualmente ou na qualidade de minoritários, fundam-se no princípio da verificação da *legalidade* e da *legitimidade* (abuso e desvio de poder) dos atos praticados pelos órgãos da companhia e pelos controladores (...)" (*Comentários à Lei de Sociedades*

Anônimas, cit., 4ª ed., vol. 2, p. 353 – grifamos).

Se é certo que a mera existência de demandas societárias já levou ao insucesso de inúmeras sociedades, como pode toda e qualquer informação sobre as arbitragens envolvendo companhias integrantes do Novo Mercado ser subtraída do conhecimento dos analistas de investimentos, dos administradores de carteiras e dos próprios investidores individuais?

Os dispositivos do Regulamento e do Regimento da Câmara de Arbitragem do Mercado que estabelecem o sigilo desconsideram – e desconsideram *ilegalmente* – que o mérito e a decisão proferida em arbitragem envolvendo companhia aberta transcendem os interesses individuais dos litigantes. Os acionistas alheios à arbitragem têm ao menos o direito de saber qual a questão objeto do procedimento.

Mas não é tudo. O principal direito lesado pelo sigilo é o direito difuso do mercado, reconhecido na Lei 7.913/1989. Tendo sido pública a oferta de distribuição das ações e sendo pública a cotação desses títulos, todos os investidores – profissionais ou eventuais, institucionais ou pequenos, efetivos detentores de ações de emissão da companhia ou não – têm direito de obter informação sobre os procedimentos arbitrais existentes, para que possam, de forma racional, tomar a decisão de comprar ou vender títulos ou valores mobiliários de emissão daquela sociedade.

O sigilo nessas arbitragens pode, ainda, estimular a fraude: na iminência de derrota numa arbitragem com pedido indenizatório por abuso do poder de controle proposta por minoritário detentor de 1% das ações, basta ao controlador adquirir a participação do minoritário por duas ou três vezes o valor de mercado para pôr fim ao litígio, gastando, com isso, muito menos do que despenderia se tivesse que efetivamente indenizar a sociedade. Isso possibilita que o controlador se livre do ilícito com risco reduzido de vazamento do fato ao público investidor (graças ao sigilo assegurado nos procedimentos arbitrais perante a Câmara do Mercado), tudo em prejuízo da companhia e, principalmente, da moralidade do mercado de capitais.

Não se alegue que, pelo fato de o investidor adquirir ações de sociedade do Novo Mercado, em cujo estatuto social está inserida cláusula arbitral, automaticamente se sujeita ao Regulamento e ao Regimento da Câmara de Arbitragem do Mercado e, por conseguinte, ao dever de guardar sigilo. É que, conforme o disposto no § 2º do art. 109 da Lei 6.404/1976, "os meios, processos ou ações que a lei confere ao acionista para assegurar os seus direitos *não podem ser elididos pelo estatuto social* ou pela assembleia geral", de modo que a cláusula arbitral inserida no estatuto social de sociedade integrante do Novo Mercado não pode elidir ou impedir o pleno exercício do direito essencial dos acionistas de fiscalização e informação.

Não se defende, aqui, a inaplicabilidade da cláusula compromissória para o fim de reservar a solução de conflitos societários à arbitragem. Pelo contrário, o instituto da arbitragem deve ser defendido, quando cabível sua regular instauração. De fato, o mesmo fundamento que sustenta a eficácia da cláusula compromissória para aquele fim – autonomia da vontade no âmbito dos direitos individuais patrimoniais disponíveis – afasta o sigilo. As partes podem, é verdade, submeter seu direito patrimonial disponível à jurisdição arbitral. Mas o direito de informação e fiscalização no mercado de títulos e valores mobiliários não é individual, não é patrimonial e não é disponível. Esse direito é difuso do mercado, e como tal não pode ser limitado pela companhia ou pelos acionistas. É direito do mercado como um todo saber o que se passa em toda e qualquer sociedade de capital aberto que possa influenciar a tomada de decisão quanto a comprar ou vender papéis dessa companhia.

Esclareça-se que o direito de informação e fiscalização do acionista nada tem a ver com *fato relevante*. As arbitragens em curso podem não constituir fato relevante para fins do disposto no art. 157, § 4º, da Lei 6.404/1976 e da Instrução CVM-358/2002, mas a simples circunstância de não configurar fato relevante, evidentemente, não pode impedir os acionistas de ao menos saber a natureza das disputas e acompanhar o curso dos litígios, sob pena de flagrante violação do direito essencial de informação e fiscalização, assegurado no art. 109, III, da Lei 6.404/1976.

A imposição do sigilo nos procedimentos arbitrais perante a Câmara do Mercado inviabiliza, pois, o pleno exercício do direito essencial dos acionistas de fiscalização e informação, configurando clara e inadmissível violação do disposto no art. 109, III e § 2º, da Lei 6.404/1976.

3. Violação da Lei 6.385/1976 e dos próprios princípios do Novo Mercado

Como se isso não bastasse, a obrigatoriedade do sigilo das arbitragens, além de violar vários dispositivos da Lei 6.385/1976, está em manifesta contradição com os próprios princípios que ensejaram a criação do Novo Mercado.

De fato, e como já dito, a valorização e a liquidez das ações das sociedades integrantes desse segmento são influenciadas positivamente pelo grau de segurança oferecido pelos direitos concedidos aos acionistas, bem como pela qualidade e quantidade das informações prestadas pelas companhias. Ou seja, a mais-valia do Novo Mercado está justamente no respeito às práticas adicionais de governança corporativa, criadas para o fim de aumentar a transparência (*disclosure*) de informações aos acionistas.[1]

Contraditoriamente, no entanto, o mesmo Novo Mercado que vem a público captar recursos com a promessa de práticas adicionais de governança corporativa acaba criando tribunal secreto.

Como é possível conciliar o princípio da transparência vendido pelo Novo Mercado com a existência de tribunal secreto, que não presta contas de seus atos aos acionistas minoritários e ao mercado em geral?

De que maneira pode haver transparência se aos acionistas minoritários sequer é dado conhecer a existência de arbitragens envolvendo a sociedade, seus acionistas e administradores? Como pode alguém investir numa companhia sem ter ao menos o direito de constatar quantas demandas existem contra os controladores e administradores por violação da legislação societária?

Os investidores somente terão plenas condições de avaliar adequadamente os papéis da sociedade se tiverem a possibilidade de acesso a essas informações.[2]

Afinal, como já bem ponderou o Colegiado da CVM, "parece que num ambiente de ampla divulgação (*full disclosure*) não é conveniente que se faça censura a informações, mas sim que se dê as informações de forma completa e precisa, *principalmente quando, repita-se, esta informação é adicional*" (Processo RJ-2002/1.759, j. 18.6.2002 – grifamos).

Não há sentido algum em manter tais disputas em segredo. Como já decidiu o Colegiado da CVM, "pode-se inferir que, se, por um lado, a disseminação de infor-

1. A filosofia do Novo Mercado baseia-se no princípio do Direito Inglês de que *forewarned is forearmed* – ou, como dizem os franceses, *un homme averti en vaut deux*. E, como bem lembra Warren Buffet em seus celebrados ensaios, "full reporting means giving you the information that we would wish you to give to us if our positions were reversed" (Warren Buffet, *The Essays of Warren Buffet: Lessons for Corporate America*, Lawrence A. New York, L. Cunningham, 2001, p. 36).

2. "O princípio do *disclosure* baseia-se na presunção de que, uma vez adequadamente provido das informações relevantes sobre a companhia e sobre os títulos emitidos, o investidor tem condições de avaliar o mérito do empreendimento e a qualidade dos papéis" (Nelson Eizirik *et al.*, *Mercado de Capitais: Regime Jurídico*, Rio de Janeiro, Renovar, 2008, p. 454).

mação é essencial para a realidade do próprio mercado, por outro, privar o investidor de qualquer informação equivaleria simplesmente a negar a sua existência. Qualquer companhia pode vir a falir, faz parte do mundo dos negócios, mas é inadmissível que escape do conhecimento do investidor. *A informação é essencial para o investidor, é o oxigênio do mercado.* Ou, como disse o Juiz Louis Brandeis – da Suprema Corte Americana: 'A *full disclosure*, como a luz do sol, é o melhor dos desinfetantes'" (IA CVM RJ-2000/6.498, diretora relatora Norma Jonssen Parente, j. 18.4.2002 – grifamos).

Cumpre ressaltar, ainda, que, nos termos do art. 4º, IV, "b" e "c", e VI, da Lei 6.385/1976, a CVM deve exercer as atribuições previstas em lei para o fim de proteger os titulares de valores mobiliários e os investidores do mercado contra atos ilegais de administradores e acionistas controladores, bem como – e principalmente – para *assegurar o acesso do público a informações sobre os valores mobiliários negociados e as companhias que os tenham emitido* – mostrando-se evidente que a supressão ao público investidor (com a complacência daquela autarquia) de toda e qualquer informação sobre os litígios envolvendo a sociedade, seus acionistas e administradores não está de acordo com os princípios que devem nortear o exercício das atribuições conferidas pela lei à CVM.

Em suma, o Novo Mercado, além de contrariar o disposto no art. 4º, IV, "b" e "c", e VI, da Lei 6.385/1976, vende ao mercado de capitais a falsa promessa de total transparência.

4. *Efeitos da decisão arbitral em relação a todos os acionistas*

O simples fato de o sigilo nas arbitragens impedir o pleno conhecimento de toda e qualquer disputa envolvendo a companhia causa também sérias dúvidas quanto aos efeitos da decisão arbitral em relação a todos os acionistas e ao mercado em geral. De fato, como pode a sociedade querer opor contra todos os acionistas e o público investidor decisão arbitral proferida em procedimento secreto, de cujo conteúdo o mercado sequer tem a possibilidade de ter conhecimento?

De duas, uma: ou essas decisões serão oponíveis contra todos os acionistas e o mercado em geral, violando-se, com isso, direitos de terceiros de boa-fé – os investidores que adquiriram títulos da companhia sem ter ao menos a possibilidade de saber da existência dos litígios em curso; litígios, esses, que podem afetar os próprios títulos adquiridos no mercado –, ou, então, se haverá de admitir que as decisões da Câmara de Arbitragem do Novo Mercado produzirão efeitos diversos em relação aos vários acionistas da sociedade, dependendo do conhecimento, ou não, destes quanto às demandas em curso – o que inevitavelmente geraria insegurança e caos nas relações societárias e do mercado de capitais, bem como violaria o princípio da igualdade de tratamento entre acionistas da mesma espécie e classe de ações.

Ou seja, sob qualquer ângulo, o sigilo nas arbitragens do Novo Mercado não se sustenta.

5. *A Lei de Arbitragem não impõe sigilo*

Não há um único artigo, parágrafo, inciso ou alínea na Lei de Arbitragem (Lei 9.307/1996) que imponha sigilo nas arbitragens. E, ainda que impusesse, o sigilo nos procedimentos arbitrais jamais poderia se sobrepor ao direito de informação e fiscalização do mercado em geral.

Em litígios societários raras vezes haverá necessidade de determinar o processamento da lide sob sigilo. São raríssimos os litígios em que os acionistas litigam com a companhia sobre desenvolvimento de produtos, pesquisas realizadas, patentes ou potenciais mercados. As lides societárias – em

99% dos casos – não tratam dessas questões, mas, sim, de invalidade de deliberações sociais, de responsabilidade do acionista controlador por abuso e dos administradores da sociedade por desvios etc.

De qualquer forma, caso, em determinado litígio haja algum risco, para a companhia, de violação de direito sobre desenvolvimento de produtos, pesquisas realizadas, patentes ou potenciais mercados, nada impede que *excepcionalmente* o Tribunal Arbitral, *ad referendum* da CVM, decrete o processamento da arbitragem sob sigilo. Mas o que não se pode admitir é a inversão de valores: o sigilo deve ser a exceção, jamais a regra.

6. Conclusão

A imposição do sigilo nos procedimentos arbitrais perante a Câmara do Mercado, além de contrariar o disposto no art. 4º, IV, "b" e "c", e VI, da Lei 6.385/1976 e os próprios princípios que ensejaram a criação do Novo Mercado, inviabiliza por completo o pleno exercício do direito essencial dos acionistas de fiscalização e informação, configurando inadmissível violação do art. 109, III e § 2º, da Lei 6.404/1976.

Bibliografia

BUFFET, Warren. *The Essays of Warren Buffet: Lessons for Corporate America*. Lawrence A. Nova York, L. Cunningham, 2001.

BULGARELLI, Waldirio. *Regime Jurídico da Proteção às Minorias nas S/A: de Acordo com a Reforma da Lei 6.404/1976*. Rio de Janeiro, Renovar, 1998.

CARVALHOSA, Modesto. *Comentários à Lei de Sociedades Anônimas* (arts. 75 a 137). 4ª ed., vol. 2. São Paulo, Saraiva, 2008.

EIZIRIK, Nelson, *et al.*. *Mercado de Capitais: Regime Jurídico*. Rio de Janeiro, Renovar, 2008.

LEÃES, Luiz Gastão Paes de Barros. *Comentários à Lei das Sociedades Anônimas* (arts. 52 a 120). vol. 2. São Paulo, Saraiva, 1980.

Atualidades

A ACEITAÇÃO DA CLÁUSULA COMPROMISSÓRIA PELO SILÊNCIO, À LUZ DA CONDUTA NEGOCIAL DAS PARTES: A CLÁUSULA GERAL DO ART. 111 DO CÓDIGO CIVIL BRASILEIRO

LUIZ GUSTAVO MEIRA MOSER

1. Introdução. 2. Aspectos conceituais da cláusula compromissória: a) A natureza contratual da cláusula; b) Autonomia e efeitos. 3. A aceitação da cláusula e o silêncio: a) O silêncio vinculativo-formativo; b) A conduta negocial das partes: a vedação ao comportamento contraditório. 4. Considerações finais.

1. Introdução

A cláusula compromissória devidamente pactuada representa a anuência de ambas as partes contratantes a submeter qualquer controvérsia contratual à arbitragem. A aceitação da cláusula se perfectibiliza, via de regra, mediante a manifestação inequívoca das partes envolvidas na avença. Contudo, na prática comercial, tendo em conta a celeridade e fluidez das contingências contratuais, é possível trilhar a linha de entendimento de que não se exige uma aceitação expressa, desde que o comportamento das partes envolvidas no negócio acene para o seu consentimento.

Em que pese o silêncio ser frequentemente associado à noção de ausência de vocação volitiva e, via reflexa, inoperante para gerar obrigações, o silêncio vinculativo-formativo encontra terreno fértil na seara comercial. Leia-se aqui, o silêncio dotado de circunstâncias capazes de habilitá-lo a manifestar vontade no liame obrigacional.

Não foi outro o entendimento recepcionado pelo legislador, no art. 111 do Código Civil brasileiro: "*O silêncio importa anuência, quando as circunstâncias ou os usos o autorizarem, e não for necessária a declaração de vontade expressa*".

Nesse passo, o aceite da cláusula arbitral pelo silêncio, à luz da conduta negocial das partes, reclama o desenho de um cenário de proatividade, latente ou em potência, da parte recalcitrante, tencionando a anuência ao pacto. Isso porque se veda o comportamento contraditório no *iter* negocial. Portanto, se a parte, pelos seus atos, descortina conduta tendente ao aceite da cláusula arbitral, não há como reputar inexiste o vínculo havido entre os contratantes.

2. Aspectos conceituais da cláusula compromissória

a) A natureza contratual da cláusula

A utilização da arbitragem no Brasil encontrava-se engessada até a década de 1990, devido à escassa regulamentação.[1]

1. Importante destacar que o Código de Processo Civil brasileiro, em suas versões de 1939 e

Com o advento da Lei n. 9.307/1996 (LA), resgatou-se de nossas instituições jurídicas o acordo de vontades por meio do qual as partes, preferindo não se submeter ao crivo judicial, confiam a árbitros, verdadeiros peritos do caso concreto, a solução de seus conflitos de interesses.[2] A acompanhar essa evolução do instituto, a Lei n. 11.232/2005 emprestou ao laudo arbitral o tratamento de título judicial, forte no art. 475-N, IV, do Código de Processo Civil.[3] Portanto, na hipótese de recalcitrância da parte adversa no cumprimento dos termos decididos no juízo arbitral, pode-se ingressar com petição de cumprimento de sentença.[4]

Nada impede que os contratantes se amparem em opções mais dinâmicas e eficientes como a arbitragem,[5] socorrendo-se, quando necessário, ao Estado-Juiz para obrigar a parte inerte a cumprir a decisão proferida. A possibilidade de maior rapidez na solução do conflito, a especialização do árbitro das questões levadas a sua apreciação, o *enforcement* dos termos pactuados,[6] o menor custo e também o sigilo acerca do conflito em debate, sobretudo questões comerciais e de grande repercussão, muitas delas envolvendo segredos industriais ou questões técnicas, são aspectos positivos aventados na utilização do instituto.

O uso da arbitragem pode ser viabilizado por duas formas, quais sejam a cláusula compromissória ou convenção arbitral, e o compromisso arbitral.[7]

1973, prevê a possibilidade de submissão de litígios ao juízo arbitral, com decisões autônomas, se um juiz togado dele participasse. Do contrário, haveria necessidade de homologação. Portanto, o juízo arbitral, a não ser no período logo posterior à Constituição de 1824, dependia de intervenção judicial. A legislação interna engessava sobremaneira a utilização do instituto, pois negava força à cláusula compromissória para afastar a jurisdição estatal. Com o advento da lei brasileira de arbitragem, a necessidade de homologação da decisão proferida no foro arbitral foi revogada, concedendo-se autonomia à cláusula compromissória.

2. V., nesse sentido, Bruno Oppetit, *Théorie de l'Arbitrage*, Paris, PUF, 1998, pp. 28 *et seq.*

3. "Art. 475-N. São títulos executivos judiciais: (...); IV – a sentença arbitral;"

4. Recomenda-se, por razões de ordem econômica, que o exequente acoste à petição todo e qualquer documento e prova cabal passível de corroborar com os termos da petição.

5. A Lei n. 9.307/1996 dispõe no seu art. 1º que a arbitragem é meio hábil para dirimir conflitos originados de direitos patrimoniais disponíveis, vedando sua utilização para direitos indisponíveis.

6. O *enforcement* no "mundo dos negócios" pode ser traduzido pelas sanções econômicas impostas a comportamentos contraditórios (proibição ao *venire contra factum proprium*), na hipótese de recalcitrância da parte adversa em, p.ex., se submeter ao juízo arbitral ou cumprir o que fora nele decidido, de sorte a resultar em banimento de comerciar com empresas do mesmo nicho e conexas ("banimento por tabela"), inclusive via inscrição da empresa faltosa nas *so-called "blacklists"* das Câmaras de Arbitragem. Portanto, na equação econômica custo-benefício a empresa tende a respeitar os termos pactuados, em nome de sua saúde financeira, incluídos o custo conexo de oportunidade advindo de eventual resistência. V. mais, em Philip Khan, *Les Principes Généraux du Droit devant les Arbitres du Commerce International*, Paris, JDI, 1989, pp. 305 *et seq.*; Francesco Galgano, *Lex Mercatoria*, Bolonha, Il Mulino, 2001; Fabrizio Marrella, "*Lex mercatoria* e principi Unidroit – Per una reconstruzione sistematica del diritto del commercio internazionale", in *Contratto e Impresa-Europa*, 5, 2000, pp. 29-79; Berthold Goldman, "Frontières du droit et *lex mercatoria*", in *Archives de Philosophie du Droit*, t. IX, pp. 177 *et seq.*; Bruno Oppetit, "La notion de source du droit et le droit du commerce international", in *Archives de Philosophie du Droit*, t. XXVII, pp. 43-53; Franco Ferrari, "La rilevanza degli usi nella Convenzione di Vienna sulla vendita internationzionale di beni mobilli, in Contratto e Impresa", Anno X, n. 1 (1994), pp. 239-258; e Clive M. Schmitthoff, *The Export Trade – The Law and Practice of International Trade*, Londres, Stevens & Sons, 1975.

7. A distinção que podemos traçar entre a cláusula compromissória e o compromisso arbitral reside no fato de que a cláusula nasce no momento inicial do negócio principal, como medida preventiva dos interessados, com a intenção de assegurar e garantir as partes de uma eventual controvérsia futura. V., nesse sentido, Arruda Alvim, "Cláusula compromissória e compromisso arbitral – Efeitos", in *Revista de Processo* 101/192-223, 2001; Carlos Alberto Carmona, *Arbitragem e Processo. Um Comentário à Lei 9.307/1996*, São Paulo, Malheiros Editores, 1998. A respeito da autonomia da cláusula, consultar Pedro Batista Martins, "Princípio da Au-

O compromisso arbitral, lastreado na Lei n. 9.307/1996, oferece duas modalidades de uso: (i) a judicial, referindo-se à hipótese em que a controvérsia já está em juízo comum, o que leva ambas as partes a firmar, por termo nos autos, a adoção do juízo arbitral, declinando a competência, por acordo de vontades, do juiz togado; (ii) a espécie extrajudicial, que será celebrada por escrito particular, mediante duas testemunhas que também assinarão o compromisso, ou por instrumento público. Percebe-se que no compromisso arbitral as partes ou já estão litigando em juízo comum e então decidiram adotar a arbitragem ou, após o advento do conflito, resolvem submeter a decisão da controvérsia ao pleito arbitral, sem que tenha havido, quando da assinatura do contrato, uma comunhão de vontade em relação à submissão ao instituto da arbitragem.[8]

A cláusula compromissória, por seu turno, consubstancia-se na promessa que vincula as partes contratantes a submeter ao foro arbitral os litígios vindouros e possíveis advindos do contrato. Estabelece-se, por meio da cláusula, que, na eventualidade de uma possível e futura divergência entre os interessados na execução do negócio, estes deverão lançar mão do juízo arbitral para dirimir sua controvérsia.[9]

A finalidade da cláusula compromissória comporta, portanto, o pacto inarredável de submeter ao foro arbitral a solução de eventuais disputas decorrentes do contrato principal entre eles firmado, de modo a afastar a busca da tutela pretendida perante o Poder Judiciário.

b) Autonomia e efeitos

A LA concedeu, em seu art. 8º, plena autonomia à cláusula compromissória em relação ao contrato, de modo que mesmo na hipótese de nulidade ou outros vícios no contrato, estes não afetam a cláusula compromissória, a qual perdurará a fim de dirimir eventual controvérsia. A existência da cláusula é suficiente para instauração da arbitragem, não se justificando a intervenção judicial. É, portanto, negócio jurídico, que, se não for devidamente adimplido, esteado no art. 7º da LA, recebe tratamento de execução específica.[10]

Nesse mesmo sentido, vale referir o *Leading case Premium Nafta Products Ltd. vs. Fili Shipping Ltd. House of Lords*.

Na oportunidade, a *House of Lords* manifestou, no dia 17.10.2007, parecer favorável no referente à força vinculante da cláusula compromissória, ainda que inserida em contratos cujo teor é passível de anulação em virtude de patologias detectadas em sua formação. Em breves linhas, o caso envolveu contratos de afretamento de navios, cujos termos pactuados incluíam cláusula compromissória com eleição de foro da London Maritime Association of Arbitrators, de acordo com o Arbitration Act 1950 e demais modificações a este relacionadas. A disputa envolveu oito contratos modelo Shelltime 4 de afretamento de navios, celebrados entre oito empresas do grupo Sovcomflot, de controle estatal russo, e outras oito afretadoras. A Sovcomflot alegou que os contratos foram celebrados em termos desfavoráveis porque as afretadoras haviam subornado o representante legal da Sovcomflot, responsável pela assinatura dos contratos.

tonomia da Cláusula compromissória – Princípio da Competência-Competência – Convenção de Nova Iorque – Outorga de poderes para firmar cláusula compromissória – Determinação da lei aplicável ao conflito – Julgamento pelo Tribunal Arbitral", in *Revista de Mediação e Arbitragem* 7/174-193, 2005.

8. Art. 9º, §§ 1º e 2º, da Lei n. 9.307/1996.

9. José Emílio Nunes Pinto, "A cláusula compromissória à luz do Código Civil", in *Revista de Arbitragem e Mediação*, vol. 2, n. 4, 2005, pp. 34-47.

10. Joel Dias Figueira Júnior, *Arbitragem, Jurisdição e Execução*, 2ª ed., São Paulo, Ed. RT, 1999; José Carlos de Magalhães, "A arbitragem como forma de atuação da sociedade civil", in *Revista de Arbitragem e Mediação* 9/165-172, São Paulo, abr.-jun./2006; Rafaella Ferraz e Joaquim de Paiva Muniz, *Arbitragem Doméstica e Internacional*, Rio de Janeiro, Forense, 2008.

A principal questão repousava na indagação a seguir: um contrato que contivesse uma cláusula arbitral e que fosse declarado nulo (*void*) permitiria que a parte adversa ignorasse a cláusula arbitral e pleiteasse seus direitos perante o Judiciário (o contrato era regido pelo direito inglês por escolha das partes). As questões secundárias se referiam à autonomia da obrigação de arbitrar das demais obrigações do contrato principal e a interpretação a ser dada aos termos contidos nas cláusulas arbitrais.

Ocorre que, em razão da alegação de vícios na formação do contrato, a *Premium Nafta* ingressou no Juízo comum inglês, no afã de ver os contratos rescindidos, desconsiderando, portanto, o foro privado pactuado, sob o argumento de que o contrato entabulado não era válido e, via reflexa, também não o era a cláusula compromissória inserta. Outrossim, aventou-se que a redação da cláusula permitiria interpretar que o foro arbitral não cobriria questões relativas à formação do contrato, mas tão somente questões pertinentes a sua instauração num momento ulterior. Contudo, os Lordes entenderam que eventuais obstáculos conceituais não teriam o condão de capitular a cláusula compromissória, uma vez que os termos acordados deveriam ser respeitados. Denegou-se, assim, o apelo da *Premium Nafta*. A decisão baseou-se na tese de que a cláusula compromissória deve ser atacada somente se e quando surgirem razões que digam respeito ao seu conteúdo objetivo. Confirmou a Câmara dos Lordes que a cláusula compromissória cria um contrato distinto do contrato contendo as obrigações principais.

Em última análise, o julgado chama atenção pela desenvoltura com que é tratado o tema da separação entre a cláusula compromissória e o "*main contract*", sobretudo no que respeita à importância em nos atermos à racionalidade imbuída na cláusula compromissória, que sempre deve ser preservada, bem como sua funcionalidade e eficiência econômica, já que construída sob o pilar do princípio do consensualismo, que deve orquestrar a redação e operacionalização da cláusula arbitral. Assim, mesmo se o contrato for passível de anulação, a cláusula arbitral permanecerá ilesa.

Em uma palavra, a cláusula compromissória é dotada de coerção para instaurar o procedimento.

3. *A aceitação da cláusula e o silêncio*

a) O silêncio vinculativo-formativo

A origem etimológica da palavra *silêncio* remete à *silentium*, *silere*, cujo significado está em *sileo*, cujo sentido é calar, deflagrando, portanto, a ideia de omissão do sujeito.[11]

No Direito romano, a obrigação nasce de um ato cuja origem é a vontade expressa no pacto, um concurso da vontade de duas ou mais pessoas a respeito de determinado objeto. A abstenção era reputada como consentimento.

De acordo com Serpa Lopes, o silêncio consiste em "*um ato negativo em relação ao falar, sendo consequentemente, a abstenção de falar*".[12]

O silêncio guarda relação estreita com a proibição ao *venire contra factum proprium*, pois o silêncio ou inação do titular do direito produzem a perda desse direito.[13] É o que a doutrina alemã denomina de *Verwirkung*. Para configurar-se a *Verwirkung*, é preciso a omissão do exercício do direito, o transcurso de um período de tempo, mais ou menos longo e a objetiva deslealdade e intolerabilidade do exercício,

11. Batista de Mello, "O silêncio no direito", in *RT* 751/731-743, 1998; E. V. Miranda Carvalho, "A função do silêncio na formação e na dissolução dos contractos", in *Revista Justiça*, vol. VIII, 1936, pp. 102-108.

12. Serpa Lopes, *O Silêncio como Manifestação de Vontade*, Rio de Janeiro, Livraria Freitas Bastos, 1961, p. 135.

13. A coerência de comportamento das partes é o assunto do próximo tópico do trabalho.

quando a outra parte já tenha adquirido a confiança de haver o credor renunciado ao seu direito.[14]

Muito se discute a respeito dos efeitos do silêncio, sobretudo a sua capacidade para gerar obrigações. No âmbito contratual, a indagação reside em saber se pode valer aceitação de uma oferta, e, portanto, ser suficiente à formação do contrato.

Se o elemento essencial do negócio jurídico é a vontade, o contrato forma-se pela união das vontades, pois a declaração unilateral é apenas vontade una. O consentimento, a vontade de cada parte, deve contribuir para a formação do contrato.[15]

Apenas em casos excepcionais a simples abstenção da palavra pode ser considerada manifestação de vontade. Para tanto, são exigidas determinadas circunstâncias que manifestem a inequívoca vontade de quem se abstém. Este entendimento encontra-se positivado na maioria das legislações atualmente em vigor, inclusive a partir do art. 111 do Código Civil brasileiro, conforme abordar-se-á em seguida.

De acordo com o § 151 do BGB, "O contrato se forma pela aceitação da proposta, sem que se requeira seja a aceitação declarada ao proponente, se, de acordo com os usos de tráfico, tal declaração não deva ser esperada, ou o proponente tivesse a ela renunciado".[16]

O sistema alemão apresenta características muito peculiares, a começar pela noção de "declaração silenciosa de vontade", uma vez que abrange tanto a manifestação de vontade pela conduta, como pelo silêncio.[17]

Como se percebe, a norma prelecionada no § 151 do BGB tem por finalidade facilitar a conclusão do contrato.

No Direito francês, mais precisamente, no art. 1.759 do Código Civil,[18] encontramos interessante exemplo relativo à ampliação do contrato de locação, em virtude do silêncio do proprietário.[19]

No sistema *common law*, por seu turno, há uma distinção entre aceitação por declaração e aceitação por comportamento. Esta última hipótese pode ser subdividida em aceitação por comportamento e aceitação mediante outra conduta.

Entende-se que a aceitação expressa pelo comportamento seria equivalente ao disposto no § 151 do BGB e no art. 1.327 do Código Civil italiano,[20] e que exerceu forte influência na confecção do novo Código Civil brasileiro, inclusive com a adição do art. 111.

14. V., nesse sentido, Franz Wieacker, "El principio general de la buena fe", in *Cuadernos Civitas*, 1982, pp. 9-23.

15. Véra Jacob de Fradera, "O valor do silêncio no novo Código Civil", in *Aspectos Controvertidos do Novo Código Civil*, São Paulo, Ed. RT, 2003, pp. 569-582.

16. No original, § 151 do BGB: *Der Vertrag kommt durch die Annahme des Antrags zustande, ohne daß die Annahme dem Antragenden gegenűber erklärt zu werden braucht, wenn eine solche Erklärung nach der Verkehrsitte nicht zu erwarten ist oder der Antragende auf sie versichtet hat.*

17. A respeito, Karl Larenz, *Derecho Civil, Parte General*, Editorial Revista de Derecho Privado, 1978; Franco Ferrari, "A comparative overview on offer and acceptance inter absentes", in *Boston University International Law Journal*, vol. 10, n. 2, 1992, pp. 171 *et seq.*

18. O art. 1.759 do *Code Civil* francês dispõe: "Si le locataire d'une maison ou d'un appartement continue sa jouissance après l'expiration du bail par écrit, sans opposition de la part du bailleur, il sera censé les soccuper aux mêmes conditions, pour le terme fixé par l'usage des lieux, et ne pourra plus en sortir, ni en être expulsé qu'après un congé donné suivant le délai fixé par l'usage des lieux".

19. No Brasil, a Lei n. 8.245 (Lei de Locações), art. 46, § 1º, disciplina a declaração de vontade presumida, em que, tacitamente, locador e locatário estabelecem um acordo de vontades, mediante o qual há presunção *iure et de iure* da prolongação, no tempo, da relação obrigacional.

20. O art. 1.327 do Código Civil italiano dispõe: "Esecuzione prima della risposta dell'accetante. – *Qualora, su richiesta del proponente o per la natura del affare o secondo gli usi, la prestazione debba eseguirsi senza una preventiva risposta, il contratto è concluso nel tempo en el luogo in cui ha avuto inizio l'esecuzione* (...)".

Muito embora o silêncio, conforme explicitado acima, comporte em sua natureza terminológica, desde os tempos remotos, a noção de ausência de exteriorização de ato volitivo, não se nega, sobretudo na seara comercial, na qual a velocidade dos negócios exige respostas precisas, que o silêncio de uma das partes possa ser reputado como consentimento.

O dispositivo legal corrobora o entendimento de que os usos e costumes representam fundamental importância na constituição dos casos de eficácia do silêncio como manifestação de vontade, e, via de consequência, gerador de obrigações.[21]

O artigo constitui uma cláusula geral, onde o legislador recorreu a dois conceitos indeterminados, quais sejam, as "circunstâncias" e os "usos".

Esse foi o entendimento levado a efeito pelo Código Civil brasileiro, por meio do art. 111, "*O silêncio importa anuência, quando as circunstâncias ou os usos o autorizarem, e não for necessária a declaração de vontade expressa*".

Nessa esteira, constata-se vestígios ainda do antigo brocardo do Direito Canônico: quem cala, consente. O aspecto distintivo desta regra, não obstante, diz respeito à consideração do silêncio como aceitação somente quando um conjunto de circunstâncias estiver presentes: a particular natureza da transação (contrato com obrigações para apenas uma das partes), ou as particulares circunstâncias do contrato. Segundo a doutrina, as "particulares circunstâncias do contrato" constituem uma cláusula geral, oferecendo ao juiz o poder de avaliar quando o silêncio resultará em aceitação.

Dentre as circunstâncias, costuma-se incluir a existência de um acordo anterior, onde foi estabelecido expressar no silêncio uma aceitação. Outro teor para esta cláusula geral, "as particulares circunstâncias do contrato", seria a qualificação do silêncio como aceitação, quando as partes continuamente acordam entre si contratos da mesma natureza.[22]

Quanto aos "usos", no Brasil, a sua relevância jurídica é ainda prematura, já que a nossa tradição é demasiado positivista. Contudo, no âmbito do Direito Comercial,[23] a sua utilização é mais corrente e frequente. Percebe-se aqui a aproximação que o legislador ambiciona entre Direito Civil e Comercial.

21. Não é diferente o entendimento a respeito dos princípios que gravitam em torno das relações comerciais internacionais. Para fins exemplificativos, citamos o art. 2.16 dos princípios UNIDROIT e art. 18 da CISG (Convenção de Viena sobre venda internacional de mercadorias), os quais remetem aos usos e costumes as hipóteses de eficácia do silêncio como manifestação de vontade entre as partes envolvidas na avença. V., nesse sentido, Parviz Owsia, "Silence: efficacy in contract formation. A comparative review of French and English Law", in *International and Comparative Law Quarterly*, vol. 40, part. 4, out./1991, pp. 784-806; Avery Katz, "The strategic structure of offer and acceptance: game theory and the law of contract formation", *Michigan Law Review*, vol. 89, n. 2, 1998, pp. 250 e ss.; James Gordley, "Mistake in contract formation", *American Journal of Comparative Law*, vol. 52, 2004, pp. 433-468. Nesse mesmo sentido é a dicção do art. 18(3) da Convenção de Viena (1980) e o art. 2.11 dos princípios UNIDROIT. V. Catherine Kessedjian, "Un exercice de rénovation des sources du droit des contrats du commerce international: les principes proposés par l'Unidroit", in *Revue Critique de Droit International Privé*, (84)(4) out.-dez./1995, pp. 641-670.

22. O art. 9º da Convenção de Viena sobre venda internacional de mercadorias (CISG) dispõe que as práticas negociais reiteradas entre os contratantes vinculam no exame da vontade contratual das partes. Assim algumas decisões: USA, U.S. Court of Appeals (11th Circuit), *Treibacher Industrie, A.G. vs. Allegheny Technologies, Inc.*, n. 05-13995, 12.9.2006; Austrália, Federal Court of Austrália, *Hannaford (trading as Torrens Valley Orchards) vs. Australian Farmlink Pty Ltd.*, n. ACN 087 011 541 (2008) FCA 1591, 24.10.2008. O estudo e a análise interpretativa do art. 9º, bem como a da jurisprudência dos tribunais estrangeiros e arbitrais, poderão servir de parâmetro para inspirar a interpretação e aplicação do art. 113 do Código Civil brasileiro de 2002.

23. Véra Jacob de Fradera, "O valor do silêncio no novo Código Civil", cit., p. 579.

Nesse diapasão, na aceitação da cláusula compromissória, o silêncio pode sim representar consentimento, desde que aliado à conduta negocial das partes que tencione exprimir vontade no processo obrigacional.

b) A conduta negocial das partes: a vedação ao comportamento contraditório

A coerência comportamental das partes está fortemente ligada à proibição do *venire contra factum proprium*,[24] cuja origem advém do princípio da boa-fé objetiva.

O Código Civil brasileiro de 1916 não fazia nenhuma referência à boa-fé objetiva, consagrando, entretanto, em várias passagens, a boa-fé subjetiva como forma de interpretação contratual. Por outro lado, a boa-fé objetiva estava prevista no Código Comercial de 1850, com expressa previsão no art. 131, inciso I.[25] No direito civil comparado, diversos países já contemplavam em suas ordenações jurídicas o princípio da boa-fé objetiva, como no § 242 do Código Civil Alemão (BGB) que dispõe: "*O devedor está obrigado a executar a prestação como exige a boa-fé, em atenção aos usos e costumes*".[26] Outrossim, o Código Civil português de 1967, em seu art. 227 preleciona: "*Quem negocia com outrem para a conclusão de um contrato deve, tanto nas preliminares como na formação dele, proceder segundo as regras da boa-fé, sob pena de responder pelos danos que culposamente causar à outra parte*". Essas codificações do direito comparado, portanto, trazem em seus dispositivos legais o princípio da boa-fé objetiva, ou seja, da boa-fé como norma de conduta, uma vez que esta, por revelar a verdadeira intenção dos contratantes, deve ser pautada na probidade, moralidade e honradez, inerentes à pessoa humana.

Com o advento do Código Civil brasileiro de 2002, a tradição do apego à letra da lei rendeu-se à positivação dos princípios que gravitavam em torno do ordenamento jurídico e desempenhavam, até então, função meramente supletiva para colmatação de eventuais lacunas. Não obstante, o fato de os princípios estarem agora positivados na lei agregou-lhes um valor simbólico, qual seja a força de norma e, via de consequência, a sua obrigatoriedade e vinculatividade ao caso concreto.

A fim de analisar a evolução da funcionalidade da boa-fé objetiva na edificação do contrato, necessário se faz uma breve incursão ao passado. O contrato materializava-se pela troca, significava um instrumento de relação do poder pessoal. Havia sempre essa ideia de retribuição, a comutatividade estava atada ao prestígio pessoal. Na sociedade romana, o termo contrato origina-se do verbo *contrahere*, que significa obrigar-se mutuamente. Os contratos eram reconhecidos como tais porque tinham uma "*actio*" obrigando-os. Com o declínio dos formalismos, o contrato passa então a ser visto de forma plenamente objetiva. Se houvesse vínculo objetivo, haveria eficácia obrigacional. Com o evolver dos tempos, a concepção do contrato passa a agregar o valor cristão do pecado mitigado com a necessidade de circulação de bens e riqueza. Origina-se o brocardo *pacta sunt servanda*, denotando a ideia do

24. Nos países de *common law*, os termos *reliance e legitimate expectations* traduzem a pedra de toque da doutrina *estoppel*, segundo a qual a parte não pode se contradizer quando, pelo seu comportamento ou declaração, despertou a confiança de outrem. Tutela-se, portanto, a percepção do agente receptor. V. mais em Bénédicte Fauvarque-Cosson, "La confiance legitime et l'estoppel", in *Electronic Journal of International Law*, vol. 11.3, dez./2007, disponível em *http://www.ejcl.org /113/article113-8.pdf*.

25. Código Comercial, art. 131, I: "A inteligência simples e adequada que for mais conforme a boa-fé e ao verdadeiro espírito e natureza do contrato deverá sempre prevalecer à rigorosa e restrita significação das palavras".

26. No original § 242 BGB: "Leistung nach Treu und Glauben. Der Schuldner ist verpflichtet, die Leistung so zu bewirken, wie Treu und Glauben mit Rücksicht auf die Verkehrssitte es erfordern".

consenso como eixo de obrigatoriedade do contrato.

A ideia atual de contrato desenvolveu-se na Idade Moderna, momento em que surgiu a noção de liberdade contratual a partir da premissa de que os sujeitos somente se obrigam em razão de sua própria vontade. No entanto, considerar o contrato apenas como manifestação da vontade é disfuncional. Percebe-se que ao lado da noção da operação econômica, o contrato ata-se à fenomenologia jurídica, campo de atuação da boa-fé objetiva.

A boa-fé objetiva carece sempre de concreção, repousando aqui as dificuldades representadas no pensamento tradicional, tão apegado ao texto da lei para socorrer-se à solução para o caso concreto. Apresenta-se como uma norma absolutamente dinâmica, cuja conformação, bem entendido, a perfectibilização, só se concretiza se submetida à realidade circundante.

A positivação da boa-fé objetiva repercutiu em todas as relações contratuais. A cláusula compromissória, tendo em conta a sua natureza contratual, será igualmente influenciada pelo elemento de eticidade.[27] A cláusula geral de boa-fé, positivada nos arts. 422 e 113 do Código Civil brasileiro, e que encontra guarida na seara comercial, impõe deveres de conduta no cumprimento contratual, dentre os quais a lealdade negocial. A lealdade negocial exige uma conduta coerente das partes. Mais do que isso, exige um comportamento que leve em consideração os interesses da outra parte contratante, o *alter* ou copartícipe, deflagrando um inescondível traço colaborativo na relação contratual.[28]

O sujeito envolvido na avença, por seus atos, palavras e gestos, em uma palavra, comportamento, desperta no outro sujeito da relação a confiança de que a obrigação será devidamente adimplida.[29] No entanto, importa lembrar que o reconhecimento do ato do sujeito não reside apenas na autonomia privada, já que se assim o fosse, o sujeito que mudasse de opinião não mais estaria vinculado. O que vincula, repise-se, não é o ato em si, mas sim a confiança que o comportamento das partes despertou nos sujeitos da relação.[30]

27. A noção de boa-fé no Direito advém do mundo romano, embora os historiadores indiquem a sua maior ancianidade, uma vez que a mesma norma estaria ligada, segundo a tradição recolhida por Dionísio de Halicarnasso, à própria fundação de Roma, o que equivale a dizer que é tão antiga quanto a instituição da clientela, embora aí esteja registrada pelo seu valor antinômico *fraus* e não *fides*. V. mais em Judith H. Martins-Costa, *A Boa-Fé no Direito Privado*, São Paulo, Ed. RT, 1999. Judith Martins-Costa faz a distinção entre o espectro de significados derrogados à palavra *fides*. Dentre eles, três são os prismas semânticos basilares, quais sejam: a *fides sacra*, a *fides facto* e a *fides ética*. A *fides sacra* está documentada na Lei das XII Tábuas, no culto da deusa Fides e na análise dos poderes atribuídos ao *pater*. A *fides facto* remete à noção de garantia. Por fim, a *fides ética* implicaria o sentido de dever. Com o advento do *ius gentium* em Roma, passa-se a fundamentar o dever jurídico na *bona fides*, ou seja, na conservação da palavra dada, não mais na realização de uma formalidade jurídica. Princípio basilar do direito romano clássico, a *fides* era concebida como fidelidade à palavra dada. Demais disto, caracterizava-se por ser um valor ético-social tipicamente romano, desenvolvido com muito mais vigor entre os romanos do que entre qualquer outra civilização. V. mais em Juan de Churruca, *Introducción Histórica al Derecho Romano*, Bilbao, Universidad de Deusto, 1994, p. 170; Joan Miquel, *Derecho Privado Romano*, Madri, Marcial Pons Ediciones Jurídicas, 1992, pp. 177 *et seq.* Sobre a *fides*, o autor D'Ors pondera de forma irreparável: "(...) la *fides* es una idea central del pensamiento jurídico y político de Roma: propiamente, la lealtad a la palabra dada". Consultar Álvaro D'Ors, *Derecho Privado Romano*, Pamplona, Ediciones Universidade de Navarra, 1997, pp. 61 *et seq.* A respeito da noção de *fides* para a construção do pensamento jurídico romano, v. também Maren Guimarães Taborda, "A jurisprudência clássica romana e a construção de um direito negocial fundado na *fides*", *Estudos Jurídicos*, vol. 34, n. 91, Porto Alegre, 2001, pp. 29 *et seq.*

28. Bertrand Fages e Jacques Mestre, "Effects du contrat – Chroniques", in *Revue Trimestrelle du Droit Civil*, n. 1, 2002, § 7º *et seq.*

29. V., nesse sentido, Selma M. Ferreira Lemes, "Cláusula compromissória. Ação declaratória. Pretendida inaplicabilidade de cláusula de arbitragem. Improcedência", in *Revista de Arbitragem e Mediação* 2/261-171, 2004.

30. Antonio Menezes Cordeiro, *Da Boa-Fé no Direito Civil*, Lisboa, Almedina, 1997; Mario Júlio

Preconiza-se que o agir dos sujeitos envolvidos na relação, desde a fase pré--contratual até a pós-contratual,[31] deve convergir para o cumprimento do que fora anteriormente estipulado, sob pena de ferir a confiança gerada entre as partes.

O que temos na construção e execução da cláusula compromissória é a incidência da boa-fé objetiva, ou seja, critério de interpretação dos negócios jurídicos e norma de conduta imposta aos partícipes do liame obrigacional. Exige-se uma atitude coerente por parte dos sujeitos envolvidos na relação obrigacional, em uma palavra, um agir pautado pela boa-fé objetiva. O liame obrigacional que ata credor e devedor é visto como uma ordem de cooperação, polarizada pelo adimplemento, cujo escopo é a satisfação dos interesses de ambas as partes.[32]

Portanto, a relação obrigacional passa a ser entendida como um laço colaborativo entre as partes e não mais como uma rígida polarização entre credor-devedor, antes reputados como antagônicos.

O *venire* parte da ideia de que as partes, em decorrência da confiança que campeia a relação jurídica, devem agir de maneira coerente, seguindo a sua linha de conduta, e, portanto, não podem contrariar repentinamente suas práticas, por meio de um ato posterior. Exatamente por isso o contratante não pode contrariar a sua própria atitude.[33] A confiança instalada nas tratativas e execuções de um negócio jurídico expõem o sujeito a uma correspondência de considerações éticas e morais.

A proibição do comportamento contraditório assegura a manutenção da situação de confiança legitimamente criada nas relações jurídicas contratuais, onde não se admite a adoção de condutas contraditórias. Trata-se de uma regra de congruência comportamental a ser inafastavelmente observada pelas partes, por meio do qual se veda que se aja em determinado momento de uma certa maneira e, ulteriormente, adote-se um comportamento que frustre a conduta anteriormente tomada.

A corroborar esse entendimento doutrinário e interpretar a legislação pátria, o caso *Aiglon* representou a primeira sentença estrangeira homologada pelo Superior Tribunal de Justiça, após o advento da Emenda Constitucional n. 45, que transferiu a competência ao STJ de julgar as homologações de sentença estrangeira.[34]

Em sua primeira manifestação, o Superior Tribunal de Justiça surpreendeu ao demonstrar plena cognição a respeito das vicissitudes do comércio internacional,[35] proferindo decisão em prol da preservação do contrato e da relação travada entre as partes contratantes.[36]

de Almeida Costa, *Direito das Obrigações*, Lisboa, Almedina, 2000.

31. Antônio Junqueira de Azevedo, "Princípios do novo direito contratual e desregulamentação do mercado – Direito de exclusividade nas relações contratuais de fornecimento – Função social do contrato e responsabilidade aquiliana de terceiro que contribuir para o inadimplemento contratual", in *RT* 750/116 e ss., Ano 87, 1998.

32. Clóvis Couto e Silva, *A Obrigação como Processo*, São Paulo, Bushatsky, 1976, p. 36.

33. Antônio Junqueira de Azevedo, "Interpretação do contrato pelo exame da vontade contratual. O comportamento das partes posterior à celebração. Interpretação e efeitos do contrato conforme o princípio da boa-fé objetiva. Impossibilidade *de venire contra factum proprium* e da utilização de dois pesos e duas medidas (*tu quoque*). Efeitos do contrato e sinalagma. A assunção pelos contratantes de riscos específicos e a impossibilidade de fugir do 'programa contratual' estabelecido", in *Revista Forense*, vol. 351/275-283, 2000.

34. STJ, Corte Especial, SEC 856-EX, publicado no *DJ* de 27.6.2005, rel. Carlos Alberto Menezes Direito.

35. V., nesse sentido, Edson Oliveira de Almeida, "Cláusula compromissória inserida em contrato não assinado pelas partes. Validade", in *Revista de Arbitragem e Mediação* 8/241-245, 2006.

36. Arnoldo Wald e Valéria Galíndez, "Homologação de sentença arbitral estrangeira. Contrato não assinado. Desnecessidade de concordância expressa com a cláusula compromissória", in *Revista de Arbitragem e Mediação* 6/228-245, 2005; Luiz Gustavo Meira Moser, "Arbitration clause and acceptance: the role of silence and fair dealing in

Em breve relato, o caso versava sobre um contrato de compra e venda internacional de algodão, onde figurava uma cláusula compromissória pela qual, na eventualidade de um conflito, este seria dirimido pela Liverpool Cotton Association (LCA), entidade pioneira e respeitada no mercado mundial de algodão. Tendo ocorrido o descumprimento do contrato pela empresa brasileira, a arbitragem foi instaurada e decidiu-se em favor da empresa suíça, obrigando aquela ao pagamento de parcelas inadimplidas. Descontente com o resultado, a Têxtil União S/A interpôs recurso, alegando, em suas razões, não ter expressamente aceito a cláusula compromissória, inclusive justificando tal atitude por meio do silêncio em que permaneceu à época da instauração do procedimento arbitral, quando fora instada a se manifestar pelas diversas notificações perpetradas.

Na prática comercial internacional, é possível trilhar a linha de entendimento de que a cláusula compromissória não exige aceitação expressa das partes. Tanto é assim que a Lei n. 9.307/1996, ao tratar do tema, nada dispôs, assim como a Convenção de Nova Iorque de 1958.[37] Portanto, ainda que não tenha havido uma aceitação expressa, se a parte manifesta inequívoco interesse em nomear árbitro e alegar suas razões de mérito na arbitragem, em face da confiança gerada entre as partes, consubstanciada na troca de correspondências, não se pode afastar a ocorrência da aceitação da cláusula compromissória em tais situações.

Esse foi o entendimento adotado pelo Código Civil brasileiro em seu art. 111.

O dispositivo legal corrobora o entendimento de que os usos e costumes representam fundamental importância na constituição dos casos de eficácia do silêncio como manifestação de vontade, e, via de consequência, gerador de obrigações. Em outras palavras, o silêncio pode ser reputado como consentimento, desde que as circunstâncias o legitimem.

O extrato da ementa da decisão no caso *L'Aiglon S/A. vs. Têxtil União S/A* é paradigmática: "*Tem-se como satisfeito o requisito da aceitação da convenção de arbitragem quando a parte requerida, de acordo com a prova dos autos, manifestou defesa no juízo arbitral, sem impugnar em nenhum momento a existência da cláusula compromissória* (...)".

Há que se levar em consideração a confiança e expectativa geradas entre as partes, norteadas pela boa-fé objetiva e o dever de lealdade negocial que incide tanto em fase contratual como pós-contratual. A lealdade negocial exige um comportamento que leve em consideração os interesses da outra parte contratante, o *alter*, deflagrando um cristalino traço colaborativo na relação contratual, polarizado na consecução das disposições previamente pactuadas.

Portanto, aceitar as estipulações contratuais e, posteriormente, negar o que fora avençado representa comportamento incongruente (*venire contra factum proprium*) com os cânones da boa-fé objetiva. No caso em comentário, a confiança gerada entre as partes, conjugada com a observância ao dever de lealdade negocial que baliza suas condutas, mormente à luz da conduta previamente descortinada, revestiu o silêncio de força capaz de manifestar vontade no liame obrigacional.

O entendimento do Superior Tribunal de Justiça, além de reconhecer os usos e costumes do tráfico negocial, exaltou a preocupação em fazer prevalecer o princípio da boa-fé objetiva e os deveres acessórios no exame da vontade contratual das partes e do seu fiel cumprimento, em detrimento do formalismo intransigente, que não se coaduna com o ritmo em que as re-

L'Aiglon S/A *vs.* Têxtil União S/A – A Brazilian experience", in *Vindobona Journal of International Commercial Law and Arbitration* 11/305-309, 2007.

37. A Convenção de Nova Iorque foi ratificada pelo Brasil por meio do Decreto n. 4.311/2002. Esta Convenção dispõe sobre o reconhecimento e execução de sentenças arbitrais estrangeiras.

lações comerciais se desenvolvem na atualidade.

4. Considerações finais

A eficácia jurídica do silêncio como manifestação de vontade, embora suscite incertezas quanto a sua real concreção pelos operadores do direito, encontra terreno fértil na seara comercial.

Por outro lado, tanto em nível doutrinário como de construção pretoriana, quando se trata de estabelecer as condições em que o silêncio pode ser reconhecido como manifestação de vontade, o questionamento se impõe, sobretudo em razão da cláusula geral estampada no art. 111 do Código Civil brasileiro, a qual viabiliza reputar o silêncio como manifestação de vontade no liame obrigacional, desde que presentes as "circunstâncias" ou "usos" que o revestem de força volitiva.[38]

Não se pode olvidar de certas cautelas ao se atribuir efeitos jurídicos ao silêncio; contudo, em relações negociais submetidas à instância arbitral, nas quais, no mais das vezes, a dinâmica das operações a elas subjacentes exige respostas imediatas, não se pode observar o formalismo intransigente, capaz de aumentar os custos e obstar a eficiência da transação.

Nesse diapasão, é possível trilhar a linha de entendimento de que a cláusula compromissória não exige uma aceitação expressa, desde que o comportamento das partes envolvidas no negócio acene para o seu consentimento, de modo a afastar a compulsoriedade do requisito formal.

Ainda que o silêncio esteja associado à noção de ausência de elemento volitivo e, via reflexa, inoperante para gerar obrigações, o silêncio vinculativo-formativo, autorizado pelo art. 111 do Código Civil brasileiro, encontra guarida no âmbito negocial. O princípio da boa-fé objetiva[39] reverbera seus efeitos também na cláusula compromissória, desempenhando função balizadora e orquestrando a conduta das partes, estendendo-se da fase contratual à pós-contratual, em que os interesses dos sujeitos envolvidos transcendem o mero laço que os ata.

Por derradeiro, é possível afirmar que a análise do aceite à cláusula arbitral passa obrigatoriamente pela apuração do exame da vontade contratual à luz da conduta das partes descortinada no *iter* obrigacional. Em outros termos, a proatividade da parte recalcitrante, por exemplo, via nomeação de árbitros no procedimento de arbitragem, impugnação ou resposta a *statement of claim* ou a *letter of confirmation* colore de carga volitiva o silêncio, cenário a expressar anuência à cláusula arbitral.

38. Véra Jacob de Fradera, "O valor do silêncio no novo Código Civil", cit., p. 580.

39. No Código Civil brasileiro, assim como no francês, a concepção sobre a boa-fé é polissemântica, ora *standard*, ora princípio, mas nessa última acepção, ainda não alcançou os mesmos níveis da aplicação realizada pelos tribunais alemães, ao longo do tempo. V. melhor, Antônio Menezes Cordeiro, *Da Boa Fé no Direito Civil*, Lisboa, Almedina, 1997; Judith H. Martins-Costa, *A Boa-Fé no Direito Privado*, cit., 1999.

A VALIDADE DA CÉDULA DE PRODUTO RURAL INDEPENDENTE DE ADIANTAMENTO FINANCEIRO. O ATUAL POSICIONAMENTO DO STJ

BEATRIZ MESQUITA DE ARRUDA CAMARGO KESTENER
THIAGO SOARES GERBASI

I – Introdução. II – O histórico do posicionamento dos tribunais. Anexos.

I – Introdução

Neste breve artigo, pretende-se dar enfoque à discussão que ocorre atualmente em alguns Tribunais de Justiça Estaduais e no Superior Tribunal de Justiça, acerca da validade da Cédula de Produto Rural ("CPR") emitida sem adiantamento financeiro.

A CPR é um título de crédito largamente utilizado no direito brasileiro e no mercado agrícola com a função de operacionalizar a venda antecipada a preço fixo de produtos agrícolas.

Em que pese a existência da CPR financeira, emitida por produtores rurais em favor de instituições financeiras para financiamento de sua produção agrícola e obtenção de capital de giro, o enfoque deste estudo é a CPR emitida pelos produtores rurais, em favor das empresas beneficiadoras de *commodities* ou *tradings*, representativas da obrigação de entrega da mercadoria, decorrente de contratos de compra e venda antecipada de *commodities* a preço fixo. A CPR é emitida no momento de assinatura do contrato, normalmente antes ou no início da safra, sem adiantamento pecuniário e nela são instituídas as garantias permitidas pela Lei (hipoteca, penhor e alienação fiduciária). A validade dessa espécie de CPR tem gerado controvérsias nos Tribunais.

A referida controvérsia judicial iniciou-se no final de 2004/início de 2005, e se estende até hoje, mas parece, finalmente, estar chegando ao seu fim.

Nos idos de 2003/2004, para se protegerem das oscilações naturais de preço de mercado de *commodities*, muitos produtores venderam sua produção de soja de forma antecipada, a preço fixo. A convenção já contemplava todos os custos de produção e lhes garantia razoável margem de lucro. Em abril de 2005, mês da colheita e entrega da mercadoria, a ocorrência de uma praga conhecida como "ferrugem asiática" acometeu algumas lavouras e gerou a consequente redução de oferta do produto no mercado que, aliado a outros fatores econômicos internos e externos, elevou o preço da *commodity* soja.

Com o momentâneo aumento dos preços da soja, na época da colheita, alguns produtores rurais decidiram tirar vantagem da situação, e desviaram a sua produção para o mercado à vista, obrigando as empresas beneficiadoras de *commodities* ou *tradings* com quem haviam esses produtores contratado, a ajuizarem medidas cautelares de sequestro/busca e apreensão da soja e ações de execução das CPRs correspondentes. Como defesa da prática (o desvio da soja prometida para venda a terceiros), os produtores rurais suscitaram em juízo a alegada nulidade da cártula, pela ausência de adiantamento financeiro ao produtor, com o que estaria descaracterizada, segundo eles, a sua finalidade de fomento à produção rural.

A questão foi bastante debatida nos Tribunais Estaduais, com diversas decisões nos dois sentidos, ora validando, ora invalidando a cártula, quando não houvesse adiantamento de parte do preço. Em dezembro de 2005, o Superior Tribunal de Justiça proferiu o primeiro acórdão de mérito, pelo qual declarava a nulidade da CPR, pela ausência de adiantamento financeiro. Porém, em recentíssima decisão, o Superior Tribunal de Justiça alterou seu posicionamento original, e enfim, declarou válida a cártula, seguindo as recentes decisões dos Tribunais Estaduais e a doutrina publicada sobre o assunto.

II – O histórico do posicionamento dos tribunais

O primeiro julgamento de mérito do Superior Tribunal de Justiça deu-se no bojo do Recurso Especial 722.130, relatado pelo I. Ministro Ari Parglender. Participaram do julgamento, os I. Ministros Carlos Alberto Menezes de Direito, Nancy Andrighi, Castro Filho e Humberto Gomes de Barros.

Na oportunidade, foi acolhida a argumentação dos produtores no sentido de que a ausência de adiantamento descaracterizaria a CPR como título que se presta ao fomento da agricultura. O fundamento da decisão estava na Exposição de Motivos da Lei n. 8.929, de 1994, que instituiu a CPR, cuja interpretação fora feita no sentido de que a pretensão do legislador era fornecer ao produtor rural "*capital de giro necessário ao desenvolvimento de suas atividades*". Nesse sentido, a emissão de uma CPR sem o prévio pagamento, ou antecipação de parte do preço, não funcionaria como instrumento de crédito e, portanto, a cártula estaria desviada de sua finalidade e seria inválida. Observem-se trechos dos votos:

Voto do I. Ministro Ari Parglender

"3. A emissão da Cédula de Produto Rural, ao que se lê da Exposição de Motivos ao Projeto que resultou na Lei n. 8.929, de 1994, 'consubstancia promessa de entrega futura de produtos rurais', cujas finalidades foram assim explicitadas:

"'(...).

"'Essa modalidade operacional, que hoje se formaliza através de complicados instrumentos contratuais, é a principal alternativa encontrada pelos produtores rurais para alavancar o capital de giro necessário ao desenvolvimento de suas atividades, especialmente no caso de produtos destinados à exportação, como a soja, por exemplo, em face do esgotamento paulatino das fontes tradicionais de crédito rural. Com a criação da CPR, portanto, o Governo estará colocando à disposição do mercado um instrumento padronizado e simples que proporcionará economia e segurança operacional.

"'(...).'

"A emissão de uma Cédula de Produto Rural sem o prévio pagamento, ou a antecipação de parte dele, não é usual nem funciona como instrumento de crédito – tendo no caso concreto, em que o título não circulou, a única serventia de dar ao beneficiário um meio executivo para cobrar a entrega da safra futura.

"Nessa parte, o negócio foi desigual porque a emissão da Cédula de Produto Rural, desviada de sua finalidade típica, agravou a situação do emitente, ao invés de beneficiá-lo. Essa circunstância é suficiente para a declaração da nulidade do título."

Voto do I. Ministro Carlos Alberto Menezes de Direito

"Quanto à questão da Cédula do Produtor Rural, realmente me parece que toda a estrutura montada foi no sentido de servir como um título de crédito em relação a uma operação de financiamento. Ora, em um contrato de safra futura não há operação de financiamento, de crédito. Na realidade, é um contrato que não tem nenhuma vinculação de natureza financeira específica, porque está ligado ao fornecimento, por parte do vendedor, de uma determinada quantidade de sacas de soja e ao pagamento, por parte do comprador, de um preço, que pode variar. E, realmente, se formos admitir a possibilidade da emissão de títulos de crédito dessa natureza, sem que esteja vinculada, necessariamente, a uma operação de crédito, desvirtuaremos a natureza do próprio título; não há nenhuma operação negocial que implique na emissão de título de crédito sem que exista, na base do negócio, uma operação financeira. No caso, aqui, na realidade, não existe, porque o contrato de safra futura, a meu ver, dispensa, pois a álea do negócio não transforma o crédito em débito, porque há o preço mínimo, e o prejuízo será decorrente da variação do valor da saca de soja.

"Esse é um caso importante, não no que diz respeito ao contrato de safra futura, mas à Cédula do Produtor Rural, porque ainda não julgamos essa matéria."

Voto da I. Ministra Nancy Andrighi

"Com relação às Cédulas de Produto Rural emitidas como garantia para o contrato ora controvertido, o Min. Relator considerou-as inválidas sob o fundamento de que, se não houve qualquer adiantamento pela safra que era antecipadamente vendida, os fins visados pela Lei n. 8.929/1994 restariam frustrados. Transcrevendo parte da Exposição de Motivos dessa norma, menciona o Relator que a finalidade da lei seria a de constituir 'importante passo no sentido da modernização e da antecipação da atividade rural, na medida em que permite ao produtor planejar melhor seus empreendimentos, além de propiciar-lhe capital de giro e de protegê-lo contra o risco da queda de preços que normalmente ocorre na época da safra'.

"A emissão da Cédula sem o respectivo adiantamento do preço, portanto, de fato representaria o desvirtuamento do instituto. Sem o adiantamento da quantia pactuada, teríamos um título de crédito desvinculado de qualquer operação financeira, como bem observado pelo Min. Carlos Alberto Menezes Direito. Neste aspecto, portanto, também assiste razão ao Ministro Relator."

Paulatinamente, no entanto, os Tribunais passaram a alterar e a consolidar novo entendimento no sentido de *reconhecer a validade da CPR a despeito do adiantamento de parte do preço*, pois: (i) no que tange à forma, a CPR deve cumprir apenas os requisitos expressamente previstos no art. 3º da Lei n. 8.929/1994, no qual *não há* menção ao adiantamento financeiro (princípio legalidade); e (ii) no tocante ao mérito do negócio jurídico, a CPR, mesmo sem o adiantamento de preço, continua sendo um instrumento hábil para a circulação de riquezas e para a segurança jurídica das transações comerciais (entre as quais a fixação de preço certo e ajustado, protegido das variações de mercado) e contém todos elementos intrínsecos aos títulos de crédito, quais sejam, a autonomia, a independência, a cartularidade e a abstração.

Seguindo a orientação doutrinária, os Tribunais têm reconhecido que "*a riqueza que a CPR representa é o poder de crédito que o contrato de compra e venda antecipada de 'commodities' firmado com uma empresa idônea gera perante terceiros. Isso gera riqueza, criação de capital*".[1]

Nesse sentido, desde 2005, os Tribunais Estaduais têm proferido decisões que declaram, expressamente, a validade da CPR, a despeito de não ter havido adiantamento financeiro. Valem destaque: (i) os acórdãos proferidos pelo Tribunal de Justiça de São Paulo, nas apelações cíveis 7022025-8, 99104072079-7 e 99105019378-4; (ii) os acórdãos proferidos pelo Tribunal de Justiça do Paraná, nas apelações cíveis 350.906-8 e 351.289-6; (iii) o acórdão proferido pelo Tribunal de Justiça do Mato Grosso do Sul, na apelação cível 3.810/2005; e (iv) os acórdãos proferidos pelo Tribunal de Justiça de Goiás, nas apelações cíveis/agravos de instrumento 45.323-3/188, 86.321-8/188, 95.827-8/188 e 150.012-4/188.

Sedimentando a linha que norteou os julgados acima mencionados, o Superior Tribunal de Justiça alterou seu entendimento, esposado no Recurso Especial 722.130, acima comentado, para reconhecer a validade da CPR, mesmo na ausência de adiantamento financeiro.

Em julgamento de 15.4.2010, o Superior Tribunal de Justiça decidiu o Recurso Especial 1.023.083 (anexo), com acórdão de relatoria da I. Ministra Nancy Andrighi. Votaram com a Relatora os I. Ministros Massami Uyeda, Sidnei Benneti e Vasco Della Giustina (ausente, justificadamente, o I. Ministro Paulo Furtado), conforme ementa a seguir transcrita:

"*Processo Civil. Direito agrário. Cédula de Produto Rural (CPR). Desnecessidade de antecipação do pagamento do preço pelo produto, por ausência de determinação legal. Necessidade de se dar ao título sua máxima utilização. Execução. Alegação, pelo agricultor, de que o portador do título não pagou pelos produtos nele indicados. Possibilidade, ante a ausência de circulação da CPR. Matéria a ser apreciada em primeiro grau consoante as regras de distribuição do ônus da prova.*

"1. *A Lei 8.929/1994 não impõe, como requisito essencial para a emissão de uma Cédula de Produto Rural, o prévio pagamento pela aquisição dos produtos agrícolas nela representados*. A emissão desse título pode se dar para financiamento da safra, com o pagamento antecipado do preço, mas também pode ocorrer numa operação de 'hedge', na qual o agricultor, independentemente do recebimento antecipado do pagamento, pretende apenas se proteger contra os riscos de flutuação de preços no mercado futuro.

"2. *A Cédula de Produto Rural é um título de crédito e, como tal, é regulada por princípios como o da cartularidade e da literalidade, consubstanciando um título representativo de mercadoria. Para que ela possa desempenhar seu papel de fomento agrícola, é importante que se confira segurança ao negócio, garantindo que, no vencimento da cártula, os produtos por ela representados sejam efetivamente entregues.*

"3. *O pagamento pela safra representada no título pode se dar antecipadamente, parceladamente ou mesmo após a entrega dos produtos*. Ele poderá estar disciplinado na própria Cédula de Produto Rural, mediante a inclusão de cláusulas especiais com esse fim, como autoriza o art. 9º da Lei 8.929/1994, ou poderá constar de contrato autônomo, em relação ao qual a Cédula de Produto Rural funcionará como mera garantia.

"4. A inexistência de obrigação de antecipar o preço não implica a desnecessidade de seu pagamento. É possível a emissão de uma Cédula de Produto Rural para pagamento futuro, e o posterior inadimplemento do sacado. Nessas situações, se o título não circulou, é possível ao emitente discutir a matéria em embargos à execução. Nas hipóteses em que tenha circulado

1. STJ, REsp 1.023.083, Relatora Ministra Nancy Andrighi, j. 15.4.2010.

a cártula, a obrigação cambial deve ser cumprida e a discussão quanto ao preço deve se travar mediante ação autônoma, entre as partes do negócio originário.

"5. No processo em julgamento, não há elementos que possibilitem a aferição do pagamento pela safra. O contrato que o regulou não foi juntado aos autos. Salutar, portanto, a decisão do TJGO de anular a sentença que decidiu os embargos, possibilitando a produção de provas quanto à matéria.

"6. Recurso especial conhecido e improvido."

Os trechos do voto da I. Ministra Nancy Andrighi, abaixo destacados, demonstram os fundamentos e a consolidação do entendimento pela validade da CPR:

"Assiste razão a esta parcela da doutrina e, portanto, está correto o raciocínio desenvolvido pelo TJGO. *Não é possível, tampouco conveniente, restringir a utilidade da CPR à mera obtenção imediata de financiamento em pecúnia*. Se a CPR pode desempenhar um papel maior no fomento ao setor agrícola, não há motivos para que, à míngua de disposições legais que o imponham, restringir a sua aplicação.

"*Não se pode perder de vista que a CPR é um título de crédito e como tal deve ser tratada. O foco, na análise desse instituto, deve estar voltado aos princípios inerentes a tais títulos, notadamente o da cartularidade e o da literalidade*. A CPR deve ser entendida como 'um título representativo de mercadoria' (Wald, ob. cit., p. 5), de modo que, em princípio, os produtos por ela abrangidos 'ficam proibidos de se tornarem objeto de outros negócios jurídicos' (Haroldo Verçosa, ob. cit., p. 101). *Para que a CPR possa desempenhar seu importante papel de fomento, é muito importante que o Poder Judiciário confira* ***segurança*** *ao negócio, garantindo que, no vencimento da cártula, os produtos por ela representados sejam efetivamente entregues*. Somente fazendo isso se estará garantindo a segurança do investimento e, consequentemente, colaborando para que o capital privado seja atraído para esse fim. *Conforme sustenta Haroldo Verçosa, 'a riqueza que a CPR representa é o poder de crédito que gera o contrato de compra e venda antecipada de 'commodities' firmado com uma empresa idônea, conhecida por cumprir 100% (cem por cento) de suas avenças. Isso gera riqueza, criação de capital'* (ob. loc. cit.).

"*O pagamento pela safra representada no título pode se dar antecipadamente, parceladamente ou mesmo após a entrega dos produtos*. Ele poderá estar disciplinado na própria CPR, mediante a inclusão de cláusulas especiais com esse fim, como autoriza o art. 9º da Lei 8.929/1994, ou poderá constar de contrato autônomo, em relação ao qual a CPR funcionará como mera garantia. O importante notar, todavia, é que, como bem observado pelo acórdão recorrido, 'a Cédula de Produto Rural, por ser título executivo (...), constitui documento suficiente para aparelhar o feito executório', não sendo imposto ao credor 'comprovar que adiantou o pagamento do que está sendo executado'. *Andou bem o TJGO, portanto, ao não reconhecer a exigência de comprovação desse pagamento, pelo credor*."

Do voto da I. Ministra Nancy Andrighi destaca-se ainda o entendimento doutrinário de que se valeu na formação do seu convencimento:

"O TJGO não está isolado na interpretação que deu para o instituto das CPR. Substancial parte da doutrina sustenta que a emissão de tal título de crédito não pressupõe, necessariamente, a antecipação do pagamento pela safra futura. Nesse sentido podem ser citados diversos artigos publicados em revistas especializadas por Arnoldo Wald ("Da desnecessidade de pagamento prévio para a caracterização da Cédula de Produto Rural", in *Revista Forense*, vol. 374, pp. 3 a 14), Haroldo Malheiros Duclerc Verçosa e Nancy Gombossy de

Melo Franco ("Crédito e Títulos de Crédito na Economia Moderna: uma visão focada na Cédula de Produto Rural – CPR", in *Revista de Direito Mercantil*, vol. 45, n. 141, pp. 96 a 104), Renato Buranello ("A Cédula de Produto Rural na Escrituração das Operações Financeiras", in *Revista de Direito Mercantil*, vol. 45, n. 143, pp. 121 a 126) e Ivo Waisberg ("Cédula de Produtor Rural", in *Revista de Direito Bancário e do Mercado de Capitais*, n. 44, pp. 321 a 334)."

O Superior Tribunal de Justiça entendeu que a CPR emitida paralelamente, e em garantia de cumprimento dos contratos de compra e venda antecipada de *commodities*, mesmo sem adiantamento financeiro, não perde a sua função de fomento da produção agrícola, muito ao contrário: é instrumento que permite a verdadeira circulação da riqueza, como só acontece com os títulos de crédito em geral.

O acórdão acima foi o primeiro de uma série de outros também proferidos pelo Superior Tribunal de Justiça. Tudo indica que aquele Tribunal pacificará seu entendimento nesse sentido, conforme demonstra o julgamento dos Recursos Especiais 858.785 e 910.537 (anexos). Deste último, vale destacar o seguinte trecho do respectivo acórdão:

"Falta, contudo, analisar uma segunda questão. O preço, aqui, não seria apenas pago posteriormente, mas também *fixado* posteriormente. No precedente supra referido, mencionei que há interesse do produtor na diluição de seus riscos pela venda, *a preço presente*, de produtos a serem entregues no futuro. Com isso, ele se garantiria contra as flutuações de mercado. Mas na venda futura a preço futuro a CPR também manteria sua utilidade de fomento ao setor agrícola?

"A resposta, aqui, também é afirmativa. Neste processo, o estabelecimento do preço não daria de maneira fixa, na data da entrega dos produtos, eliminando a possibilidade de o agricultor planejar suas receitas e diluir seus riscos quanto à variação de mercado. Em vez disso, a fixação do preço era variável, de modo que ele poderia ser fechado pela média de mercado em qualquer momento, do dia seguinte à assinatura do contrato até a data da entrega das mercadorias. A opção de fechamento do preço na melhor data não era da compradora, mas do produtor rural. Competia, portanto, a ele verificar em que momento seria conveniente assegurar-se contra as variações de mercado, dentro do largo prazo que o contrato lhe conferiu. *O pagamento não seria antecipado e, como dito, não há qualquer abusividade nisso, mas o importante poder de decidir o preço não era da compradora, mas do vendedor*.

"*Disso decorre que não há desrespeito ao princípio da função social do contrato pela suposta imposição de assinatura de uma CPR sem pagamento de preço. Esse título foi regularmente emitido, como garantia a um lícito contrato de compra.*

"*É importante não perder de vista que a CPR consubstancia instrumento importantíssimo para viabilizar o planejamento da produção agrícola.* A oportunidade de contar com um instrumento com essa amplitude é fundamental para o crescimento dos negócios dos produtores de boa-fé e o respeito aos contratos que lhe dão base é imprescindível para o melhor desenvolvimento do agronegócio brasileiro no plano internacional. Mas para que a CPR mantenha essa função, é imprescindível que o Poder Judiciário mantenha-se firme, nulificando contratos apenas nas hipóteses em que efetivamente estejam evidenciados abusos ou imposições iníquas. Não é o que ocorre neste processo, pelo que se depreende das manifestações das partes e do conteúdo do acórdão recorrido."

O atual posicionamento do Superior Tribunal de Justiça traz maior certeza jurídica aos agentes do mercado, evitando que falhas na interpretação e na aplicação da lei acarretem prejuízos ao setor agrícola, elevando os *custos da transação*, com reflexos mediatos e imediatos para o crescimento da atividade econômica e para o preço final dos produtos. Reconhece o Poder Judiciário que CPR atende a boa-fé objetiva e sua função social prevista na lei.

A nova visão e os novos fundamentos adotados pelos tribunais muito provavelmente influenciarão positivamente o Projeto de Lei n. 05124/2005, em trâmite perante a Câmara dos Deputados, de autoria do Deputado Devanir Ribeiro do PT/SP, mercê de rejeitá-lo, definitivamente. Por esse projeto pretende-se a alteração da Lei n. 8.929, de 1994, para acrescentar expressamente o pagamento antecipado como exigência para validade da CPR. Caso aprovado, nesta linha, isto representaria enorme retrocesso e um prejuízo muito sério para o produtor agrícola. Isto porque, conforme tem acontecido em outras ocasiões nas quais o legislador atropela a lógica comercial, o mercado busca outras soluções cujo resultado frequentemente prejudica aquele que, em tese, seria favorecido (no caso, os produtores rurais). O posicionamento do Superior Tribunal de Justiça recomenda e reforça a tendência dos legisladores de rejeitarem o projeto de lei.

A CPR, tal como atualmente interpretada pelo Superior Tribunal de Justiça, como meio de fomento da produção agrícola, quer contemple adiantamento de parte do preço, quer não o faça, segundo a conveniência das partes contratantes, é, certamente, o mecanismo que o setor agrícola precisa para que o Brasil passe a liderar os *rankings* de produtividade mundial das mais diversas *commodities*:

"Hoje o Brasil cultiva 72 milhões de hectares com todas as culturas e, apesar das dificuldades referidas, em 2008, o país obteve suas safras recordes de grãos, de cana, de carnes, de leite e de produtos das florestas plantadas. De seus quase 200 milhões de hectares de pastagem, cerca de 96 milhões são aptos para agricultura o que permite ampliar a produtividade por hectares. Não é impossível pensar o país produzindo 350 milhões de toneladas de grãos e 300 bilhões de litros de etanol, sem competição entre ambos. (...) Já tem a melhor tecnologia tropical do planeta, que nos permitiu aumentar a produção de grãos em 147% nos últimos 17 anos, com um aumento da área cultivada em apenas 27%. A produção de frangos no período cresceu 220%, a de suínos 140% e a de bovinos 90%.

"Em todos os setores estamos avançando, inclusive conquistando, apesar de tudo, cada vez mais mercados exteriores, garantindo o forte superávit de nossa balança comercial. É necessário um grande planejamento para o futuro, em que se discuta o papel dos setores público e privado, definindo um modo de produção, quem cuida da estocagem, logística, tecnologia, formação de recursos humanos, alcoolquímica e outras questões. Com uma estratégia bem armada, o país ocupará ainda mais espaço, com franco progresso em todas as cadeias produtivas do agronegócio."[2]

Não há dúvida que os avanços do agronegócio brasileiro decorrem do crédito à disposição dos produtores, que deve ser fomentado, sobretudo, pela validade de mecanismos como o contrato de venda e compra antecipada a preço fixo, com emissão da CPR, para o fim de fortalecer a confiança dos agentes envolvidos no agronegócio e consolidar o progresso de todos os elos da cadeia produtiva que envolve o agronegócio no Brasil.

Anexos

SUPERIOR TRIBUNAL DE JUSTIÇA
Recurso Especial n. 1.023.083-GO (2008/0011485-4)
Relatora: Ministra Nancy Andrighi
Recorrente: Sopril Sociedade Armazenadora Pontalinense Ltda. e outro

2. Renato M. Buranello, *Sistema Privado de Financiamento do Agronegócio – Regime Jurídico*, São Paulo, Quartier Latin, 2009, Prefácio de Roberto Rodrigues.

Advogado: Alessandra Reis e outro(s)
Recorrido: Caramuru Alimentos Ltda.
Advogado: Jales Perilo e outro

Ementa: Processo Civil. Direito Agrário. Cédula de Produto Rural (CPR). Desnecessidade de antecipação do pagamento do preço pelo produto, por ausência de determinação legal. Necessidade de se dar ao título sua máxima utilização. Execução. Alegação, pelo agricultor, de que o portador do título não pagou pelos produtos nele indicados. Possibilidade, ante a ausência de circulação da CPR. Matéria a ser apreciada em primeiro grau consoante as regras de distribuição do ônus da prova.

1. A Lei 8.929/1994 não impõe, como requisito essencial para a emissão de uma Cédula de Produto Rural, o prévio pagamento pela aquisição dos produtos agrícolas nela representados. A emissão desse título pode se dar para financiamento da safra, com o pagamento antecipado do preço, mas também pode ocorrer numa operação de *hedge*, na qual o agricultor, independentemente do recebimento antecipado do pagamento, pretende apenas se proteger contra os riscos de flutuação de preços no mercado futuro.

2. A Cédula de Produto Rural é um título de crédito e, como tal, é regulada por princípios como o da cartularidade e da literalidade, consubstanciando um título representativo de mercadoria. Para que ela possa desempenhar seu papel de fomento agrícola, é importante que se confira segurança ao negócio, garantindo que, no vencimento da cártula, os produtos por ela representados sejam efetivamente entregues.

3. O pagamento pela safra representada no título pode se dar antecipadamente, parceladamente ou mesmo após a entrega dos produtos. Ele poderá estar disciplinado na própria Cédula de Produto Rural, mediante a inclusão de cláusulas especiais com esse fim, como autoriza o art. 9º da Lei 8.929/1994, ou poderá constar de contrato autônomo, em relação ao qual a Cédula de Produto Rural funcionará como mera garantia.

4. A inexistência de obrigação de antecipar o preço não implica a desnecessidade de seu pagamento. É possível a emissão de uma Cédula de Produto Rural para pagamento futuro, e o posterior inadimplemento do sacado. Nessas situações, se o título não circulou, é possível ao emitente discutir a matéria em embargos à execução. Nas hipóteses em que tenha circulado a cártula, a obrigação cambial deve ser cumprida e a discussão quanto ao preço deve se travar mediante ação autônoma, entre as partes do negócio originário.

5. No processo em julgamento, não há elementos que possibilitem a aferição do pagamento pela safra. O contrato que o regulou não foi juntado aos autos. Salutar, portanto, a decisão do TJGO de anular a sentença que decidiu os embargos, possibilitando a produção de provas quanto à matéria.

6. Recurso especial conhecido e improvido.

ACÓRDÃO

Vistos, relatados e discutidos estes autos, acordam os Ministros da 3ª Turma do Superior Tribunal de Justiça, na conformidade dos votos e das notas taquigráficas constantes dos autos, por unanimidade, negar provimento ao recurso especial, nos termos do voto do(a) Sr(a). Ministro(a) Relator(a). Os Srs. Ministros Massami Uyeda, Sidnei Beneti e Vasco Della Giustina votaram com a Sra. Ministra Relatora. Ausente, justificadamente, o Sr. Ministro Paulo Furtado.

Brasília (DF), 15 de abril de 2010 (data do julgamento).

Ministra *Nancy Andrighi*, Relatora.

RELATÓRIO

A Exma. Sra. Ministra Nancy Andrighi (Relatora):

Trata-se de recurso especial interposto, com fundamento na alínea *a* do permissivo constitucional, por Sopril Sociedade Armazenadora Pontalinense Ltda. e por Agnaldo de Sousa Rezende impugnando acórdão do TJGO, exarado no julgamento de recurso especial.

Ação: de execução de Cédula de Crédito Rural, proposta por Caramuru Alimentos Ltda. Alega-se que Agnaldo de Souza emitiu Cédula de Produto Rural (CPR), figurando como interveniente-garantido a sociedade Sopril, mediante a qual assumiu o compromisso de entregar à Caramuru 660.000kg de soja em grãos à granel. A CPR foi emitida em 13.11.1997 e o produto deveria ser entregue entre 1.4 e 30.4.1998. O credor alega que, dos 660.000kg contratados, a parcela de 285.300kg não foram entregues.

A execução foi inicialmente proposta para entrega do produto em espécie, mas foi posteriormente convertida para o pagamento do equivalente em dinheiro.

Embargos à execução: opostos. Entre os diversos argumentos aduzidos, destacam-se os de que a CPR na verdade é um contrato de compra e venda antecipada, de modo que o comprador adianta o preço, para financiar a produção, e recebe, posteriormente, as mercadorias contratadas. Na hipótese dos autos, a Caramuru só teria pago por 374.700kg de soja. Por esse motivo não lhe foram entregues os 285.300kg remanescentes.

Conversão de julgamento em diligência: após a audiência de conciliação, o juízo concedeu à Caramuru prazo para que comprovasse o pagamento pela integralidade da soja adquirida (fl. 96). Esse prazo transcorreu sem manifestação.

Sentença: julgou antecipadamente o processo, reconhecendo a procedência dos embargos, extinguindo a execução. Ponderou o juízo que "*a embargada não logrou êxito em comprovar a realização do pagamento da quantidade de soja reclamada, razão pela qual mostra-se indevida a pretensão de converter para o equivalente em dinheiro e exigir o pagamento pelos embargantes*" (fls. 114/115).

Embargos de declaração: opostos, foram rejeitados.

Acórdão: conheceu e deu provimento à apelação, cassando a sentença de primeiro grau e determinando o regular prosseguimento da execução, nos termos da seguinte ementa:

"*Apelação Cível. Embargos de devedor. Cédula de Produto Rural. Pagamento antecipado. Inexigibilidade.*

"*Ostentando a Cédula de Produto Rural os caracteres da certeza, liquidez e exigibilidade, insitos aos títulos executivos extrajudiciais, não há que se imputar ao exequente a obrigação de comprovar que antecipou o pagamento do produto que não lhe foi entregue, sob pena de burla à regra processual do ônus da prova, máxime quando o próprio devedor reconhece que depositou apenas parte do combinado.*"

Embargos de declaração: interpostos, foram rejeitados pelo TJGO.

Recurso especial: interposto com fundamento na alínea *a* do permissivo constitucional. Alega-se violação aos arts. 131, 165, 267, 458, II, 580, 583, 586, 614, IV, 743, IV, todos do CPC, arts. 476 e 491 do CC/2002 e art. 1º da Lei 8.294/1994.

Também foi interposto recurso extraordinário.

Admissibilidade: o recurso não foi admitido na origem, motivando a interposição do agravo de instrumento n. 853.647-GO, a que deu provimento para melhor apreciar a controvérsia.

VOTO

A Exma. Sra. Ministra Nancy Andrighi (Relatora):

I – Delimitação da lide

Cinge-se a lide a estabelecer se é necessário, pelo sistema das Cédulas de Produto Rural (CPR), que o comprador adiante ao produtor o valor dos bens adquiridos, para entrega futura. Além disso, discute-se também de quem é o ônus de comprovar esse pagamento.

II – A alegada ausência de fundamentação, não sanada no julgamento dos Embargos de Declaração (violação aos arts. 131, 165 e 458, II do CPC)

No recurso especial, a recorrente argumenta que há omissão do TJGO acerca da natureza das Cédulas de Crédito Rural instituídas pela Lei 8.924/1994. Para o recorrente, tais cédulas atuam como instrumento de custeio à produção, sendo emitidas mediante o pagamento antecipado pelos produtos que, após a colheita, devem ser entregues ao comprador. A Cédula, portanto, representaria uma operação de compra e venda com antecipação do preço pago. Argumenta-se também que o acórdão não apresenta fundamentação suficiente e se requer o prequestionamento de diversos artigos de Lei Federal.

Contudo, verifica-se que o acórdão hostilizado se manifestou sobre todos os pontos suscitados nas apelações, inclusive os vários temas enumerados nas razões recursais e reputados de omissos ou contraditórios, alcançando solução tida como a mais justa e apropriada para a hipótese vertente. O não acolhimento das teses contidas no recurso não implica em obscuridade, contradição ou omissão, pois ao julgador cabe apreciar a questão conforme o que ele entender relevante à lide. Não está o Tribunal obrigado a julgar a questão posta a seu exame nos termos pleiteados pelas partes, mas sim com o seu livre convencimento, consoante dispõe o art. 131 do CPC, utilizando-se dos fatos, provas, jurisprudência, aspectos pertinentes ao tema e da legislação que entender aplicável ao caso.

Por outro lado, já é pacífico o entendimento no STJ, e também nos demais Tribunais Superiores, de que os embargos declaratórios, mesmo quando manejados com o propósito de prequestionamento, são inadmissíveis se a decisão embargada não ostentar qualquer dos vícios que autorizariam a sua interposição (AgRg no Ag 680.045-MG, 5ª Turma, rel. Min. Félix Fischer, *DJ* 3.10.2005; EDcl no AgRg no REsp 647.747-RS, 4ª Turma, Rel. Min. Aldir Passarinho Junior, *DJ* 9.5.2005; EDcl no MS 11.038-DF, 1ª Seção, Rel. Min. João Otávio de Noronha, *DJ* 12.2.2007).

Dessa forma, correta a rejeição dos embargos de declaração, posto inexistir omissão ou contradição a ser sanada e, por conseguinte, ausência de ofensa aos arts. 131, 165, 458, II e 535 do CPC.

III – Razões de reforma do acórdão recorrido

III.1 – Carência da ação de execução (arts. 1º e 4º da Lei 8.929/1994, 267, VI, 580, 583, 586, 615, IV e 743, IV do CPC e 476 e 491 do CC/2002)

A recorrente argumenta que a emissão de uma Cédula de Produto Rural pressupõe a antecipação, pelo credor, do pagamento do preço da safra que lhe será fornecida, posteriormente, pelo emitente do título. Assim, para a cobrança pela safra não entregue, deveria o credor comprovar, em juízo, a antecipação do preço. Sem tal comprovação haveria carência de ação de execução, cujo não reconhecimento, pelo TJGO, implicaria violação aos arts. 1º e 4º da Lei 8.929/1994, 267, VI, 580, 583, 615, IV e 743, todos do CPC, bem como aos arts. 476 e 491 do CC/2002.

Além disso, independentemente da exigência da demonstração do pagamento para a constituição do título, o recorrente argumenta que também no mérito a dívida não poderia ser exigida, à medida que lhe era dado opor exceção de contrato não cumprido (violação aos arts. 476 e 491 do CC/2002), também com fundamento na inadimplência do comprador.

Sua tese vem sustentada, principalmente, na ideia defendida por Lutero Paiva Pereira (*Comentários à Lei da Cédula de Produto Rural*, 3ª ed., Cuiabá, Juruá, 2005), para quem "*jungida a uma venda e compra, e esta, de produto rural, a Cédula de Produto Rural – CPR – materializa um negócio oneroso, um verdadeiro contrato sinalagmático, onde o exercício do direito do credor de pretender a satisfação da obrigação do devedor assenta-se, necessariamente, na satisfação prévia de sua condição que é o pagamento do preço acordado*" (pp. 13 e 14), e no pensamento de Arnaldo Rizzardo, para quem, consoante a transcrição promovida no recurso especial, a CPR "*não passa de uma antecipação bancária, cujas safras ficarão comprometidas na cédula*" de modo que, nesse título, "*identifica-se a operação como uma espécie de compra e venda futuro, com pagamento antecipado*".

O acórdão recorrido determinou a anulação da sentença, com devolução do processo à origem, sob o fundamento de que "*equivocou-se o ilustre magistrado ao entender que a apelante deve comprovar que pagou pela soja reclamada*". Para o TJGO, "*a exigência de adiantamento do numerário para só depois a apelante reclamar a entrega dos grãos seguramente não se coaduna com o propósito do contrato entabulado entre os contendores*", à medida que, pelo sistema da CPR, "*os apelados entregam a mercadoria e, de imediato, recebem o preço respectivo*".

O TJGO não está isolado na interpretação que deu para o instituto das CPR. Substancial parte da doutrina sustenta que a emissão de tal título de crédito não pressupõe, necessariamente, a antecipação do pagamento pela safra futura. Nesse sentido podem ser citados diversos artigos publicados em revistas especializadas por Arnoldo Wald ("Da desnecessidade de pagamento prévio para a caracterização da Cédula de Produto Rural", in *Revista Forense*, vol. 374, pp. 3 a 14), Haroldo Malheiros Duclerc Verçosa e Nancy Gombossy de Melo Franco ("Crédito e Títulos de Crédito na Economia Moderna: uma visão focada na Cédula de Produto Rural – CPR", in *Revista de Direito Mercantil*, vol. 45, n. 141, pp. 96 a 104), Renato Buranello ("A Cédula de Produto Rural na Escrituração das Operações Financeiras", in *Revista de Direito Mercantil*, vol. 45, n. 143, pp. 121 a 126) e Ivo Waisberg ("Cédula de Produtor Rural", in *Revista de Direito Bancário e do Mercado de Capitais*, n. 44, p. 321 a 334).

Para essa parcela da doutrina, a CPR figuraria como um título mediante o qual o produtor poderia não apenas obter financiamento para o plantio, emitindo o papel contra o pagamento imediato do preço, mas também mitigar seus riscos, negociando, a preço presente, a sua safra no mercado futuro. Nesta segunda hipótese, a CPR funcionaria como um título de securitização, emitido em uma operação de *hedge*, e o preço não precisa necessariamente ser pago de forma antecipada. A importância do negócio estaria, não no financiamento da safra, mas na diluição, para o produtor, do risco inerente à flutuação de preços na época de colheita. Os defensores dessa ideia sustentam, inclusive, que foi justamente para conferir maior utilidade à CPR, servindo a esses dois propósitos entre outros, que o legislador não teria incluído, na Lei 8.929/1994, qualquer dispositivo que imponha, como requisito de validade do título, o pagamento antecipado do preço.

Assiste razão a esta parcela da doutrina e, portanto, está correto o raciocínio desenvolvido pelo TJGO. Não é possível, tampouco conveniente, restringir a utilidade da CPR à mera obtenção imediata de financiamento em pecúnia. Se a CPR pode desempenhar um papel maior no fomento ao setor agrícola, não há motivos para que, à mingua de disposições legais que o imponham, restringir a sua aplicação.

Não se pode perder de vista que a CPR é um título de crédito e como tal deve ser tratada. O foco, na análise desse instituto, deve estar voltado aos princípios inerentes a tais títulos, notadamente o da cartularidade e o da literalidade. A CPR deve ser entendida como "*um título representativo de mercadoria*" (Wald, ob. cit., p. 5), de modo que, em princípio, os produtos por ela abrangidos "*ficam proibidos de se tornarem objeto de outros negócios jurídicos*" (Haroldo Verçosa, ob. cit., p. 101). Para que a CPR possa desempenhar seu importante papel de fomento, é muito importante que o Poder Judiciário confira *segurança* ao negócio, garantindo que, no vencimento da cártula, os produtos por ela representados sejam efetivamente entregues. Somente fazendo isso se estará garantindo a segurança do investimento e, consequentemente, colaborando para que o capital privado seja atraído para esse fim. Conforme sustenta Haroldo Verçosa, "*a riqueza que a CPR representa é o poder de crédito que gera o contrato de compra e venda antecipada de 'commodities' firmado com uma empresa idônea, conhecida por cumprir 100% (cem por cento) de suas avenças. Isso gera riqueza, criação de capital*" (ob. loc. cit.).

O pagamento pela safra representada no título pode se dar antecipadamente, parceladamente ou mesmo após a entrega dos produtos. Ele poderá estar disciplinado na própria CPR, mediante a inclusão de cláusulas especiais com esse fim, como autoriza o art. 9º da Lei 8.929/1994, ou poderá constar de contrato autônomo, em relação ao qual a CPR funcionará como mera garantia. O importante notar, todavia, é que, como bem observado pelo acórdão recorrido, "*a Cédula de Produto Rural, por ser título executivo* (...), *constitui documento suficiente para aparelhar o feito executório*", não sendo imposto ao credor "*comprovar que adiantou o pagamento do que está sendo executado*". Andou bem o TJGO, portanto, ao não reconhecer a exigência de comprovação desse pagamento, pelo credor.

Há, contudo, outras peculiaridades deste processo que merecem análise mais detida.

III.1b – A hipótese dos autos: ausência de circulação

Como de praxe na disciplina dos títulos de crédito, também na CPR qualquer discussão acerca do contrato originário, ou qualquer exceção pessoal que o emitente tenha a fazer contra o sacado, não poderá ser admitida nas hipóteses em que tenha havido a *circulação* do título. Se a cédula *não tiver circulado*, contudo, tal discussão é possível, sendo sempre ônus do emitente comprovar os fatos impeditivos, modificativos ou extintivos do direito do credor.

Na hipótese dos autos, a CPR não circulou. Portanto, em princípio, é possível ao devedor opor-se ao cumprimento da obrigação mediante a formulação de exceções pessoais.

Quando se sustenta que não há obrigatoriedade de antecipação do pagamento do preço para a emissão de uma CPR, naturalmente não se está a desprezar a necessidade de que esse preço, cedo ou tarde, seja efetivamente pago. Vale dizer: a inexistência da disciplina quanto ao preço na CPR vale, tanto em benefício do credor, como do devedor, de modo que, se por um lado não se nulifica o título pela mera falta de menção ao pagamento, por outro lado a isolada emissão da CPR *também não significa, automaticamente, que o preço tenha sido antecipado*. É possível a emissão de uma CPR para pagamento futuro, com o posterior inadimplemento do sacado e, sendo assim, naturalmente deve ser possível ao emitente levantar essa questão.

Nessas situações, se o título não circulou, como a hipótese dos autos, a matéria pode ser discutida mediante embargos à execução. Se há circulação da cártula, todavia, a obrigação cambial deve ser cumprida e a discussão quanto ao pagamento do preço deve ser travada mediante ação autônoma entre as partes do negócio originário. Privilegia-se, com isso, o direito do agricultor ao recebimento do preço e, ao mesmo tempo, garante-se a segurança que esses títulos devem conter para viabilizar o fomento da atividade rural.

Na hipótese dos autos, o executado alegou que esse preço não foi pago, nem antes, nem depois do vencimento do título. O credor, por sua vez, apenas partiu do pressuposto de que não há inadimplemento de sua parte. Não se sabe se o pagamento pelos produtos é concomitante à emissão da CPR, se o preço foi ajustado mediante a utilização da cotação da época numa operação de *hedge*, se o pagamento foi ajustado para data futura, não se sabe nada. Não há, nos autos, o instrumento que disciplinou o preço pela compra do produto.

Em tal situação, é imprescindível que se oportunize a produção de provas, como bem observado pelo TJGO. O ônus de comprovar a ausência de pagamento, em princípio, é do emitente da CPR. Em determinadas circunstâncias, contudo, se o juízo verificar a impossibilidade de comprovação desse fato negativo, poderá, mediante a aplicação da teoria da distribuição dinâmica do ônus da prova, imputar ao sacado o ônus de demonstrá-lo, caso verifique que, para ele, a prova é possível. De um modo ou de outro, a instrução processual é indispensável.

Forte em tais razões, conheço do recurso especial mas lhe nego provimento.

***

SUPERIOR TRIBUNAL DE JUSTIÇA

Recurso Especial n. 910.537-GO (2006/0270411-5)

Relatora: Ministra Nancy Andrighi

Recorrente: Eduardo Dias

Advogado: Osvaldo Bonifácio Junior

Recorrente: Comércio e Indústria Brasileiras Coinbra S/A

Advogados: Beatriz M. A. Camargo Kestener, Nancy Gombossy M. Franco e outro(s), Rafael Fernandes Maciel e outro(s)

Advogada: Mirian de Fatima Lavocat de Queiroz

Recorrido: os mesmos

Ementa: Direito Agrário. Contrato de compra e venda de soja. Fechamento futuro do preço, em data a ser escolhida pelo produtor rural. Ausência de abusividade. Emissão de Cédula de Produto Rural (CPR) em garantia da operação. Anulação do título, porquanto o adiantamento do preço consubstanciaria requisito fundamental. Reforma da decisão. Reconhecimento da legalidade da CPR. Precedente.

1. A Lei 8.929/1994 não impõe, como requisito essencial para a emissão de uma Cédula de Produto Rural, o prévio pagamento pela aquisição dos produtos agrícolas nela representados. A emissão desse título pode se dar para financiamento da safra, com o pagamento antecipado do preço, mas também pode ocorrer numa operação de *hedge*, na qual o agricultor, independentemente do recebimento antecipado do pagamento, pretende apenas se proteger contra os riscos de flutuação de preços no mercado futuro.

2. A Cédula de Produto Rural é um título de crédito e, como tal, é regulada por princípios como o da cartularidade e da literalidade, consubstanciando um título representativo de mercadoria. Para que ela possa desempenhar seu papel de fomento agrícola, é importante que se confira segurança ao negócio, garantindo que, no vencimento da cártula, os produtos por ela representados sejam efetivamente entregues.

3. O pagamento pela safra representada no título pode se dar antecipadamente, parceladamente ou mesmo após a entrega dos produtos. Ele poderá estar disciplinado na própria Cédula de Produto Rural, mediante a inclusão de cláusulas especiais com esse fim, como autoriza o art. 9º da Lei 8.929/1994, ou poderá constar de contrato autônomo, em relação ao qual a Cédula de Produto Rural funcionará como mera garantia.

4. Inexiste abusividade na assinatura de promessa de compra e venda envolvendo safra agrícola, com fixação futura de preço. A determinação do preço em data futura não representa condição potestativa na hipótese em que é dado ao agricultor optar pela data na qual a operação será fechada. Referida modalidade de contratação representa importante instrumento à disposição do produtor rural, para planejamento de sua safra, disponibilizando-lhe mecanismos para se precaver contra oscilações excessivas de preço.

Recurso especial conhecido e provido.

ACÓRDÃO

Vistos, relatados e discutidos estes autos, acordam os Ministros da 3ª Turma do Superior Tribunal de Justiça, na conformidade dos votos e das notas taquigráficas constantes dos autos, por unanimidade, conhecer do recurso especial e dar provimento, nos termos do voto do(a) Sr(a). Ministro(a) Relator(a). Os Srs. Ministros Massami Uyeda, Vasco Della Giustina e Paulo Furtado votaram com a Sra. Ministra Relatora. Impedido o Sr. Ministro Sidnei Beneti.

Brasília (DF), 25 de maio de 2010 (data do julgamento).

Ministra *Nancy Andrighi*, Relatora.

RELATÓRIO

A Exma. Sra. Ministra Nancy Andrighi (Relatora):

Trata-se de recurso especial interposto por Eduardo Dias, visando impugnar acórdão exarado pelo TJGO no julgamento de recurso de apelação.

Ação: de nulidade de Cédula de Produto Rural (CPR) e desconstitutiva de contrato de compra e venda de soja, proposta por Eduardo Dias em face de Indústrias Brasileiras Coinbra S/A.

O autor alega que firmou com a ré contrato mediante o qual se comprometeu a vender 1.000 sacas de soja por ocasião da colheita, vinculando a uma Cédula de Produto Rural (CPR). Ocorre que, pela versão exposta na inicial, o contrato conteria uma série de irregularidades, entre elas: (i) o pagamento pela safra contratada não se deu de forma antecipada, do que decorreria a nulidade da CPR; (ii) o preço pela soja foi fechado, pela ré, em valor inferior ao praticado no mercado; (iii) o contrato deveria ser rescindido por onerosidade excessiva; (iv) haveria cláusulas abusivas no contrato de adesão; (v) a multa, fixada em 10%, não poderia ter excedido a 2%; (vi) a ré se valeu da inexperiência do autor ao contratar, do que decorreria lesão; (vii) o autor não teria meios para entregar a produção, visto que a safra fora prejudicada pela praga Ferrugem, consubstanciando caso fortuito ou de força maior; (viii) haveria ofensa ao princípio da função social do contrato que, no entender do autor, estaria direcionado à defesa do agricultor.

Sentença: julgou parcialmente procedentes os pedidos formulados para o fim de declarar nula a CPR, por falta de antecipação do preço, e reduzir a multa contratual ao patamar de 5%. Por mim, reputou válido o contrato, julgando improcedentes os pedidos de nulidade e desconstituição dessa avença.

Acórdão: deu provimento à apelação do produtor rural e negou provimento à apelação de Coinbra (fls. 722 a 745, 5º vol.), nos termos da seguinte ementa:

"*Direito Civil. Contrato de compra e venda de soja a termo. Lesão contratual e onerosidade excessiva. Não ocorrência. Função social do contrato. Não observân-*

cia. Nulidade. Cédula de Produto Rural. Ausência de adiantamento de preço. Descaracterização.

"1. Não havendo prova de que o produtor rural assinou o contrato sobre premente necessidade, nem verossimilhança na alegação de inexperiência de sua parte, não se há de falar em lesão contratual, ainda mais quando a alegada desproporção das prestações contratuais decorre de fato posterior à contratação. Ressalte-se, ademais, que a paridade de conhecimento e experiência entre os contratantes não constitui, por si só, fato suficiente à caracterização da lesão. 2. A ocorrência de praga nas lavouras e as oscilações do mercado financeiro não são fatos imprevisíveis e/ou extraordinários, e, assim, não constituem motivos suficientes para ensejar a rescisão do contrato por onerosidade excessiva. 3. Verificado que o contratante hipersuficiente, valendo-se de sua supremacia financeira, impôs ao outro contratante condições contratuais que, ao tempo da execução do contrato, revelaram-se potencialmente danosas ao perfeito e duradouro funcionamento da cadeia produtiva de grãos, impõe-se a rescisão do referido ajuste, por inobservância da função social do contrato. 4. A *mens legis* do diploma legal que criou a Cédula de Produto Rural (Lei n. 8.929/1994) era de criar um título de crédito que propiciasse o fomento da atividade agrícola através da capitalização do produtor rural, e não a de dotar o beneficiário de mais um instrumento de coação deste mesmo produtor. Assim, é nula a Cédula de Produto Rural com garantia pignoratícia e hipotecária quando emitida por imposição abusiva do contratante financeiramente hegemônico, e sem que haja o adiantamento de qualquer parcela do preço ao emitente"

Recurso especial: foi interposto com fundamento nas alíneas *a* e *c* do permissivo constitucional. Alega-se violação dos arts. 3º, II, da Lei n. 8.929/1994, 458 e 535 do CPC e 421, 422, 478, 481 e 482 do CC/2002, além de dissídio jurisprudencial.

Admissibilidade: o recurso foi admitido na origem.

É o relatório.

VOTO

A Exma. Sra. Ministra Nancy Andrighi (Relatora):

I – Delimitação da lide

Cinge-se a lide a definir a validade de um contrato de compra e venda futura de soja e de Cédula de Produto Rural a ele vinculado. A discussão se estabelece em torno dos seguintes elementos: (i) suposta existência de lesão contratual; (ii) possível onerosidade excessiva; (iii) ofensa à função social do contrato; e (iv) invalidade da CPR por falta de antecipação do pagamento do preço.

II – Negativa de prestação jurisdicional: ofensa ao art. 535 do CPC

O acórdão recorrido manifestou-se sobre todos os pontos suscitados nas apelações, inclusive sobre os vários temas enumerados nas razões recursais e reputados de omissos ou contraditórios, alcançando solução tida como a mais justa e apropriada para a hipótese vertente. O não acolhimento das teses contidas no recurso não implica obscuridade, contradição ou omissão, pois ao julgador cabe apreciar a questão conforme o que ele entender relevante à lide. O Tribunal não está obrigado a julgar a questão posta a seu exame nos termos pleiteados pelas partes, mas sim com o seu livre convencimento, consoante dispõe o art. 131 do CPC, utilizando-se dos fatos, provas, jurisprudência, aspectos pertinentes ao tema e da legislação que entender aplicável ao caso.

Dessa forma, está correta a rejeição dos embargos de declaração, visto que inexiste omissão ou contradição a ser sanada e, por conseguinte, ausência de ofensa ao art. 535 do CPC.

III – A função social do contrato: arts. 421 e 422 do CC/2002

O acórdão recorrido afastou a ocorrência de lesão (fls. 722 a 724) e de onerosidade excessiva (fls. 725 a 732). Assim, não há interesse para a parte em discutir suposta violação do art. 478 do CC. A tese acolhida pelo TJGO foi a de que o contrato descumpriu sua função social (fls. 732 a 738). O motivo seria o de que a recorrente teria imposto ao recorrido a aceitação de cláusulas contratuais desvantajosas, notadamente quanto à fixação de preço e emissão da CPR. Assim, para análise da tese de má aplicação do princípio da função social dos contratos, o recurso especial deverá ser analisado sob duas óticas: por um lado, a da violação do art. 422 do CC/2002; por outro, a possibilidade de comprometimento da safra mediante emissão de CPR sem antecipação de preço, conduzindo à violação aos arts. 3º e 11 da Lei 8.929/1994.

III.1 – A fixação do preço

Com o advento do CC/2002, consolidou-se uma tendência já iniciada sob a égide da lei anterior – de se considerar o contrato não apenas um mero instrumento regulatório de interesses privados, mas um elemento que fomenta a circulação e, principalmente, a *criação* de riquezas, em benefício de todo o tecido social. Disso decorreria que não apenas as partes, mas toda a sociedade seria interessada no melhor desenvolvimento das relações contratuais. Essa ideia, que encerra o embrião do princípio da *função social do contrato* insculpido no art. 421 do CC/2002, desenvolveu-se no sentido de se exigir que os negócios jurídicos, a par de regular simplesmente relações privadas, respeitem também princípios de solidariedade, de justiça, de fraternidade, de boa-fé. A inobservância desses princípios levaria à *ineficácia superveniente do contrato*.

Individualizaram-se, com isso, três hipóteses em que o princípio da função social do contrato considerar-se-ia desrespeitado: a) lesão a interesses coletivos; b) lesão à dignidade humana; c) impossibilidade de obtenção do fim último visado pelo contrato (Orlando Gomes, *Contratos*. Atualizado por Antônio Junqueira de Azevedo e Francisco Paulo de Crescenzo Marino, Coordenação de Edvaldo Brito, Rio de Janeiro, Forense, 2007, pp. 48 e ss.).

Na hipótese dos autos, o primeiro motivo pelo qual o TJGO entendeu que a função social do contrato em discussão teria sido frustrada foi o de que o instrumento possibilitava a fixação unilateral do preço pela recorrente. Nas palavras do acórdão recorrido, essa circunstância estaria evidenciada, porque "*o contrato prevê que o preço seria apurado pela média dos preços praticados pelas 'empresas' de referência nominadas no instrumento contratual (Caramuru, Cargil e Selecta). Sucede que tais sociedades mercantis, dominam, junto com a recorrida, o mercado de soja na região, e servem de referência recíproca uma para a outra. Em última instância, portanto, o preço, também nesse caso, acaba sendo ditado pela própria apelante, isto é, de forma unilateral*" (grifo nosso).

Contudo, diferentemente do que sustentou o TJGO, a variação da média de preços de mercado para uma *commodity* negociada internacionalmente não pode ser controlada apenas por alguns dos participantes do mercado, ainda que se trate dos principais compradores do produto no mercado nacional. Referido controle só seria possível na hipótese de formação de cartel, cuja ocorrência fora peremptoriamente negada pelo acórdão recorrido (fl. 736).

O motivo é o de que, sendo internacional a cotação de preços do produto, sua variação necessariamente obedecerá às variações mundiais de oferta e demanda. O que influencia tais variações são os mais diversos fatores, como os períodos de supersafra, eventuais pragas que reduzam significativamente a colheita, crises internacionais que inibam o consumo, entre outros. Não raro, a redução significativa da safra de um país que seja um grande produtor pode impulsionar para cima o preço desse bem em todo o mundo. Já a produção excedente ou a redução mundial do consumo implicará necessariamente a queda geral de preços. Não há, em princípio, um método de controle para essa flutuação. A eventual manutenção de preço baixo pelas principais compradoras nacionais incentivaria a importação direta da *commodity* pelos produtores, do que decorreria a imediata correção do preço interno.

A determinação, portanto, de que o preço do produto seja fixado pela média de mercado praticada das principais empresas compradoras, por si só, sem que se demonstre eventual formação de cartel, não implica possibilitar a fixação unilateral do preço. Aliás, ao contrário: a possibilidade de redução de colheita, de supersafra, de inibição de consumo e assim por diante produzem uma influência tão forte na variação de preços das *commodities* que é justamente para mitigar esses riscos que foi criado o sistema de securitização representado pelas Cédulas de Produto Rural (CPR), o que nos leva ao segundo motivo pelo qual o TJGO entendeu que se violou o princípio da função social dos contratos.

III.2 – A suposta imposição abusiva de emissão da CPR

O acórdão recorrido menciona que "*houve a emissão de Cédula de Produto Rural, com cláusula pignoratícia (da colheita futura) e hipotecária (de imóvel rural do recorrente), sem que houvesse o pagamento do preço (contraprestação). Ora, por tratar-se de ato jurídico de graves consequências para o produtor rural – que além de não receber apoio financeiro, tem onerado seu patrimônio atual e futuro –, e extremamente benéfico à primeira apelada – que sem despender qualquer soma, obtém um título de crédito relativo à colheita do produtor* (...) *não há dúvida de que a emissão do referido título decorreu de imposição abusiva da recorrida* (...)". Para o TJGO, o pagamento do preço pelos produtos relacionados na CPR deve se dar antecipadamente, sendo essa a única forma de esse título servir como instrumento de fomento da produção rural.

Todavia, o pagamento antecipado do preço não é o único meio de fomentar o desenvolvimento do setor agrícola, em benefício da produção. Em julgamento recente (REsp 1.023.083-GO, de minha relatoria, 3ª Turma, julgado em 15.4.2010, ainda não publicado), teci as seguintes considerações acerca do assunto:

"*O acórdão recorrido determinou a anulação da sentença, com devolução do processo à origem, sob o fundamento de que 'equivocou-se o ilustre magistrado ao entender que a apelante deve comprovar que pagou pela soja reclamada'. Para o TJGO, 'a exigência de adiantamento do numerário para só depois a apelante reclamar a entrega dos grãos seguramente não se coaduna com o propósito do contrato entabulado entre os contendores', à medida que, pelo sistema da CPR, 'os apelados entregam a mercadoria e, de imediato, recebem o preço respectivo'.*

"*O TJGO não está isolado na interpretação que deu para o instituto das CPR. Substancial parte da doutrina sustenta que a emissão de tal título de crédito não pressupõe, necessariamente, a antecipação do pagamento pela safra futura. Nesse sentido podem ser citados diversos artigos publicados em revistas especializadas por Arnoldo Wald ('Da desnecessidade de pagamento prévio para a caracterização da Cédula de Produto Rural', in* Revista Forense, *vol. 374, pp. 3 a 14), Haroldo Malheiros Duclerc Verçosa e Nancy Gombossy de Melo Franco ('Crédito e Títulos de Crédito na Economia Moderna: uma visão focada na Cédula de Produto Rural – CPR', in* Revista de Direito Mercantil, *vol. 45, n. 141, pp. 96 a 104), Renato Buranello ('A Cédula de Produto Rural na Escrituração das Operações Financeiras', in* Revista de Direito Mercantil, *vol. 45, n. 143, pp.*

121 a 126) e Ivo Waisberg ('Cédula de Produtor Rural', in Revista de Direito Bancário e do Mercado de Capitais, *n. 44, pp. 321 a 334).*

"Para essa parcela da doutrina, a CPR figuraria como um título mediante o qual o produtor poderia não apenas obter financiamento para o plantio, emitindo o papel contra o pagamento imediato do preço, mas também mitigar seus riscos, negociando, a preço presente, a sua safra no mercado futuro. Nesta segunda hipótese, a CPR funcionaria como um título de securitização, emitido em uma operação de hedge, *e o preço não precisa necessariamente ser pago de forma antecipada. A importância do negócio estaria, não no financiamento da safra, mas na diluição, para o produtor, do risco inerente à flutuação de preços na época de colheita. Os defensores dessa ideia sustentam, inclusive, que foi justamente para conferir maior utilidade à CPR, servindo a esses dois propósitos entre outros, que o legislador não teria incluído, na Lei 8.929/1994, qualquer dispositivo que imponha, como requisito de validade do título, o pagamento antecipado do preço.*

"Assiste razão a esta parcela da doutrina e, portanto, está correto o raciocínio desenvolvido pelo TJGO. Não é possível, tampouco conveniente, restringir a utilidade da CPR à mera obtenção imediata de financiamento em pecúnia. Se a CPR pode desempenhar um papel maior no fomento ao setor agrícola, não há motivos para que, à mingua de disposições legais que o imponham, restringir a sua aplicação.

"Não se pode perder de vista que a CPR é um título de crédito e como tal deve ser tratada. O foco, na análise desse instituto, deve estar voltado aos princípios inerentes a tais títulos, notadamente o da cartularidade e o da literalidade. A CPR deve ser entendida como 'um título representativo de mercadoria' (Wald, ob. cit., p. 5), de modo que, em princípio, os produtos por ela abrangidos 'ficam proibidos de se tornarem objeto de outros negócios jurídicos' (Haroldo Verçosa, ob. cit., p. 101). Para que a CPR possa desempenhar seu importante papel de fomento, é muito importante que o Poder Judiciário confira segurança ao negócio, garantindo que, no vencimento da cártula, os produtos por ela representados sejam efetivamente entregues . Somente fazendo isso se estará garantindo a segurança do investimento e, consequentemente, colaborando para que o capital privado seja atraído para esse fim.

"Conforme sustenta Haroldo Verçosa, 'a riqueza que a CPR representa é o poder de crédito que gera o contrato de compra e venda antecipada de commodities *firmado com uma empresa idônea, conhecida por cumprir 100% (cem por cento) de suas avenças. Isso gera riqueza, criação de capital' (ob. loc. cit.).*

"O pagamento pela safra representada no título pode se dar antecipadamente, parceladamente ou mesmo após a entrega dos produtos. Ele poderá estar disciplinado na própria CPR, mediante a inclusão de cláusulas especiais com esse fim, como autoriza o art. 9º da Lei 8.929/1994, ou poderá constar de contrato autônomo, em relação ao qual a CPR funcionará como mera garantia. O importante notar, todavia, é que, como bem observado pelo acórdão recorrido, 'a Cédula de Produto Rural, por ser título executivo (...), constitui documento suficiente para aparelhar o feito executório', não sendo imposto ao credor 'comprovar que adiantou o pagamento do que está sendo executado'. Andou bem o TJGO, portanto, ao não reconhecer a exigência de comprovação desse pagamento, pelo credor" (grifos nossos).

Na hipótese dos autos, pelo que se depreende do acórdão recorrido, o pagamento pelos produtos se daria após a respectiva entrega. Nos termos do precedente citado acima, não há qualquer irregularidade nesse procedimento.

Falta, contudo, analisar uma segunda questão. O preço, aqui, não seria apenas pago posteriormente, mas também fixado posteriormente. No precedente supra referido, mencionei que há interesse do produtor na diluição de seus riscos pela venda, *a preço presente*, de produtos a serem entregues no futuro. Com isso, ele se garantiria contra as flutuações de mercado. Mas na venda futura a preço futuro a CPR também manteria sua utilidade de fomento ao setor agrícola?

A resposta, aqui, também é afirmativa. Neste processo, o estabelecimento do preço não daria de maneira fixa, na data da entrega dos produtos, eliminando a possibilidade de o agricultor planejar suas receitas e diluir seus riscos quanto à variação de mercado. Em vez disso, a fixação do preço era variável, de modo que ele poderia ser fechado pela média de mercado em qualquer momento, do dia seguinte à assinatura do contrato até a data da entrega das mercadorias. A opção de fechamento do preço na melhor data não era da compradora, mas do produtor rural. Competia, portanto, a ele verificar em que momento seria conveniente assegurar-se contra as variações de mercado, dentro do largo prazo que o contrato lhe conferiu. O pagamento não seria antecipado e, como dito, não há qualquer abusividade nisso, mas o importante poder de decidir o preço não era da compradora, mas do vendedor.

Disso decorre que não há desrespeito ao princípio da função social do contrato pela suposta imposição de assinatura de uma CPR sem pagamento de preço. Esse título foi regularmente emitido, como garantia a um lícito contrato de compra.

É importante não perder de vista que a CPR consubstancia instrumento importantíssimo para viabilizar o planejamento da produção agrícola. A oportunidade de contar com um instrumento com essa amplitude é fundamental para o crescimento dos negócios dos produtores de boa-fé e o respeito aos contratos que lhe dão base é imprescindível para o melhor desenvolvimento do agronegócio brasileiro no plano internacional. Mas para que a CPR mantenha essa função, é imprescindível que o Poder Judiciário mantenha-se firme, nulificando contratos apenas nas hipóteses em que efetivamente estejam evidenciados abusos ou imposições iníquas. Não é o que ocorre neste processo, pelo que se depreende das manifestações das partes e do conteúdo do acórdão recorrido.

O contrato, portanto, não é abusivo e, ao contrário do que sustentou o TJGO, desempenhou um importante papel social. O acórdão recorrido violou, portanto, a norma do art. 411 do CC/2002.

IV – A validade da CPR: arts. 3º e 11 da Lei 8.929/1994

Como consequência de tudo o que se afirmou acima, conclui-se que, lícito o contrato de compra e venda e inexistente qualquer imposição legal de antecipação de pagamento do preço, igualmente lícita foi a emissão da CPR ora discutida. Portanto, merece reforma o acórdão quanto à manutenção da sentença que decretou a nulidade do título.

Forte nessas razões conheço e dou provimento ao recurso especial, para o fim de julgar improcedentes os pedidos formulados na ação declaratória de nulidade de Cédula de Produto Rural e desconstitutiva de contrato de compra e venda proposta por Eduardo Dias em face de Comércio e Indústria Brasileira S/A – Coinbra. Ficam invertidos os ônus da sucumbência.

Certidão de Julgamento – 3ª Turma

Número Registro: 2006/0270411-5
[*Processo_Eletrônico*] REsp 910.537-GO

Números Origem: 200400822738
200600438664 965630188

Pauta: 25.5.2010 – j. 25.5.2010

Relatora Exma. Sra. Ministra *Nancy Andrighi*

Ministro impedido Exmo. Sr. Ministro *Sidnei Beneti*

Presidente da Sessão Exmo. Sr. Ministro *Massami Uyeda*

Subprocurador-Geral da República Exmo. Sr. Dr. *Juarez Estevam Xavier Tavares*

Secretária Bela. *Maria Auxiliadora Ramalho da Rocha*

Autuação

Recte.: Eduardo Dias

Adv.: Osvaldo Bonifácio Junior

Recte.: Comércio e Indústria Brasileiras Coinbra S/A

Advs.: Beatriz M. A. Camargo Kestener, Nancy Gombossy M. Franco e outro(s), Rafael Fernandes Maciel e outro(s)

Adv.: Mirian de Fatima Lavocat de Queiroz

Recdo.: Os mesmos

Assunto: Direito Civil – Obrigações – Espécies de Títulos de Crédito – Cédula de Produto Rural

Certidão – Certifico que a egrégia 3ª Turma, ao apreciar o processo em epígrafe na sessão realizada nesta data, proferiu a seguinte decisão:

A Turma, por unanimidade, conheceu do recurso especial e deu provimento, nos termos do voto do(a) Sr(a). Ministro(a) Relator(a). Os Srs. Ministros Massami Uyeda, Vasco Della Giustina (Desembargador convocado do TJRS) e Paulo Furtado (Desembargador convocado do TJBA) votaram com a Sra. Ministra Relatora. Impedido o Sr. Ministro Sidnei Beneti.

Brasília, 25 de maio de 2010.

Maria Auxiliadora Ramalho da Rocha, Secretária.

***

SUPERIOR TRIBUNAL DE JUSTIÇA

Recurso Especial n. 858.785-GO (2006/0106587-4)

Relator: Ministro Humberto Gomes de Barros

Recorrente: Comércio e Indústria Brasileiras Coinbra S/A

Advogados: Beatriz M. A. Camargo Kestener, Rafael Fernandes Maciel e outro(s)

Advogada: Mirian de Fatima Lavocat de Queiroz e outro(s)

Advogada: Alessandra Rodrigues Bernardes Oshiro e outro

Recorrido: Cleosmar Marques Prado

Advogado: Vinícius Borges Di Ferreira e outro

Ementa: *Civil. Recurso especial. Ação revisional de contratos de compra e venda de safra futura de soja. Ocorrência de praga na lavoura, conhecida como "ferrugem asiática". Onerosidade excessiva. Pedido formulado no sentido de se obter complementação do preço da saca de soja, de acordo com a cotação do produto em bolsa que se verificou no dia do vencimento dos contratos. Impossibilidade.*

Direito Agrário. Contrato de compra e venda de soja. Fechamento futuro do preço, em data a ser escolhida pelo produtor rural. Ausência de abusividade. Emissão de Cédula de Produto Rural (CPR) em garantia da operação. Anulação do título, porquanto o adiantamento do preço consubstanciaria requisito fundamental. Reforma da decisão. Reconhecimento da legalidade da CPR. Precedentes.

– Nos termos de precedentes do STJ, a ocorrência de "ferrugem asiática" não é fato extraordinário e imprevisível conforme exigido pelo art. 478 do CC/2002.

– A Lei 8.929/1994 não impõe, como requisito essencial para a emissão de uma Cédula de Produto Rural, o prévio pagamento pela aquisição dos produtos agrícolas nela representados. A emissão desse título pode se dar para financiamento da safra, com o pagamento antecipado do preço, mas também pode ocorrer numa operação de *hedge*, na qual o agricultor, independentemente do recebimento antecipado do pagamento, pretende apenas se proteger contra os riscos de flutuação de preços no mercado futuro.

Recurso especial conhecido e provido.

ACÓRDÃO

Vistos, relatados e discutidos estes autos, acordam os Ministros da 3ª Turma do Superior Tribunal de Justiça, na conformidade dos votos e das notas taquigráficas constantes dos autos. Prosseguindo no julgamento, após a vista regimental da Sra. Ministra Nancy Andrighi e da retificação de seu voto para dar provimento ao recurso, por maioria, dar provimento ao recurso especial. Vencido o Sr. Ministro Castro Filho. Participaram do julgamento os Srs. Ministros Humberto Gomes de Barros, Ari Pargendler, Nancy Andrighi, Castro Filho e João Otávio de Noronha. Impedido o Sr. Ministro Sidnei Beneti. Lavrará o acórdão a Sra. Ministro Nancy Andrighi.

Brasília (DF), 8 de junho de 2010 (data do julgamento).

Ministra *Nancy Andrighi*, Relatora.

***

Atualidades

AS "TRAVAS BANCÁRIAS" NO PROCEDIMENTO DE RECUPERAÇÃO JUDICIAL DE SOCIEDADES EMPRESÁRIAS

BERNARDO BICALHO DE ALVARENGA MENDES

1. Introdução. 2. Óbices à reestruturação da empresa em crise. 3. As "travas bancárias". 4. Tendência de relativização das "travas bancárias". 5. Conclusão. 6. Referências bibliográficas.

1. Introdução

A Lei 11.101/2005 que regula os procedimentos falimentares e de recuperação de sociedades empresárias prevê em seu art. 49 e parágrafos, normas disciplinadoras dos direitos de determinadas qualidades de credores no momento em que a sociedade empresária atravessa a fase de recuperação judicial.

As previsões contidas no referido artigo e seus parágrafos vêm se tornando objeto de posicionamentos jurídicos conflitantes por parte dos credores da sociedade em recuperação, em razão da alegada infringência ao princípio falimentar *par conditio creditorium*, que prevê o tratamento isonômico dos credores no momento da satisfação de seus respectivos direitos perante a sociedade falida ou em recuperação judicial.

Os §§ 3º, 4º e 5º do art. 49[1] são taxativos ao exemplificarem as classificações creditórias isentas dos efeitos jurídicos decorrentes da recuperação judicial. Esta

1. "Art. 49. Estão sujeitos à recuperação judicial todos os créditos existentes na data do pedido, ainda que não vencidos. (...).

"§ 3º. Tratando-se de credor titular da posição de proprietário fiduciário de bens móveis ou imóveis, de arrendador mercantil, de proprietário ou promitente vendedor de imóvel cujos respectivos contratos contenham cláusula de irrevogabilidade ou irretratabilidade, inclusive em incorporações imobiliárias, ou de proprietário em contrato de venda com reserva de domínio, seu crédito não se submeterá aos efeitos da recuperação judicial e prevalecerão os direitos de propriedade sobre a coisa e as condições contratuais, observada a legislação respectiva, não se permitindo, contudo, durante o prazo de suspensão a que se refere o § 4º do art. 6º desta Lei, a venda ou a retirada do estabelecimento do devedor dos bens de capital essenciais a sua atividade empresarial.

"§ 4º. Não se sujeitará aos efeitos da recuperação judicial a importância a que se refere o inciso II do art. 86 desta Lei.

"§ 5º. Tratando-se de crédito garantido por penhor sobre títulos de crédito, direitos creditórios, aplicações financeiras ou valores mobiliários, poderão ser substituídas ou renovadas as garantias liquidadas ou vencidas durante a recuperação judicial e, enquanto não renovadas ou substituídas, o valor eventualmente recebido em pagamento das garantias permanecerá em conta vinculada durante o período de suspensão de que trata o § 4º do art. 6º desta Lei."

"Art. 86. Proceder-se-á à restituição em dinheiro: (...);

"II – da importância entregue ao devedor, em moeda corrente nacional, decorrente de adiantamento a contrato de câmbio para exportação, na inovação legal busca tratar, diferentemente, credores cujos créditos que, em tese, possuem posição privilegiada frente à sociedade empresária, muito mais por sua natureza econômico-financeira fomentadora da atividade empresarial, do que por sua natureza jurídica e garantias deles decorrentes.

Segundo o art. 49, os credores classificados como sendo proprietário fiduciário de bens móveis ou imóveis; arrendador mercantil; titular de crédito de proprietário ou promitente vendedor de imóvel, uma vez presente a cláusula de irrevogabilidade ou irretratabilidade; vendedor em contrato de venda com reserva de domínio; ou as instituições financeiras que antecipem recursos aos exportadores em contrato de câmbio, não estarão alcançados pelos efeitos de eventual aprovação do plano de recuperação judicial.

2. Óbices à reestruturação da empresa em crise

Em decorrência dessa benesse legal, podemos citar, de maneira imediata, duas consequências potencialmente contraproducentes ao alcance da justiça em um processo de recuperação judicial, mostrando-se, desta feita, como verdadeiros óbices à reestruturação econômica da sociedade em crise.

A priori o primeiro óbice decorre do direito facultado ao credor fiduciário de ingressar com processo de execução paralelamente ao processo de recuperação judicial, ou mesmo prosseguir com o processo de execução já ajuizado antes da aprovação do plano de recuperação da sociedade em crise. Isto se deve ao fato de essa "qualidade de credor" não se sujeitar à regra contida no art. 6º da Lei de Falências.

A segunda consequência da benesse legal decorre da não sujeição do credor fiduciário ao plano de recuperação judicial, resultando na impossibilidade de seu direito creditício ser modificado no plano de recuperação. Consequentemente, o plano de recuperação judicial não poderá impor normas ao credor fiduciário que impactem ou possa alterar sua condição creditícia perante a sociedade devedora.

As consequências econômico-financeiras decorrentes desta previsão legal são desastrosas para a sociedade empresária que vivencia, em muitas das vezes, uma crise financeira de liquidez.

Essas consequências apontadas são prejudiciais a sociedade em crise, afetando indiretamente todos os seus colaboradores, por não reunir, em um só plano balizador, todos os créditos os quais a sociedade estará compelida a suportar no momento financeiro mais delicado de sua atividade empresarial.

A margem do exposto faz-se necessário atentar ao fato de que os credores isentos da sujeição do plano de recuperação judicial são, em tese, os principais financiadores da atividade empresarial, sendo responsáveis, na maioria das vezes, pela concessão do crédito financiador da atividade mercantil da sociedade, por consequência, diretamente responsável pelo financiamento operacional das obrigações societárias a curto, médio e longo prazos.

As previsões contidas no art. 49 e seus parágrafos facultam a esta classe de credores a possibilidade de continuarem a demandar suas ações ou demandarem novas ações judiciais buscando a satisfação de seus importes financeiros, paralelamente ao procedimento de recuperação judicial, o qual a sociedade se sucumbe.

Esta possibilidade de demandas paralelas resulta em ajuizamentos de ações difusas, ocasionando repetidos debates acerca dos créditos a serem satisfeitos pela sociedade recuperanda, obstruindo a efetiva atuação do Poder Judiciário no deslinde da lide.

forma do art. 75, §§ 3º e 4º, da Lei n. 4.728, de 14 de julho de 1965, desde que o prazo total da operação, inclusive eventuais prorrogações, não exceda o previsto nas normas específicas da autoridade competente;"

3. *As "travas bancárias"*

A possibilidade da não sujeição de determinados créditos ao plano de recuperação judicial passou a ser comumente conhecido como "travas bancárias", devido ao fato de inviabilizarem a recuperação da sociedade empresária "travando" o procedimento e fiel cumprimento do plano de recuperação.

Acrescido ao fato do "travamento", as instituições financeiras são, na grande maioria dos casos, os principais credores das quantias elencadas como garantias previstas nos §§ 3º, 4º, e 5º do art. 49, fato que permitiu aos estudiosos do tema ampliar o conceito do "travamento" puro e simples para a ideia de "travas bancárias", em vista a resguardar a satisfação dos créditos daqueles que, em tese, são, na maioria das vezes, os principais credores das sociedades em crise; as instituições financeiras.

A justificativa para aqueles que se posicionam favoravelmente à medida das "travas bancárias" encontra coro na necessidade de se conceder uma garantia mais tangível e segura aos financiadores de crédito para o mercado empresarial, principalmente devido ao risco de inadimplência inerente aos contratos de crédito celebrados por essas instituições com vasta gama de sociedades de diferentes setores produtivos.

Acrescido a este argumento, mister salientar que os defensores das "travas bancárias" advogam ser essa medida o mais eficaz e imprescindível instrumento legal de proteção à concessão da satisfatória garantia ao adimplemento das obrigações financeiras, contraídas pela sociedade em crise. Coroando este posicionamento, os defensores das "travas bancárias" vão além, ressaltando que somente com uma melhor e mais eficaz garantia de satisfação de seus créditos, por consequência, poder-se-ia ter a diminuição do *spread* bancário, resultando na diminuição dos riscos inerentes às atividades de financiamento e concessão de créditos promovidos pelas instituições financeiras a seus consumidores no país.

Atualmente o posicionamento em defesa das "travas bancárias" é alvo de inúmeros debates pelos juristas e tribunais brasileiros, tendo um dos principais argumentativos a prática adotada pelas instituições financeiras do repasse das altas taxas de juros aos consumidores, sejam pessoas físicas ou jurídicas.

Inquestionavelmente, hoje é público e notório que, mesmo com a garantia que as financiadoras obtêm contra a inadimplência no momento da concessão do crédito, o *spread* bancário brasileiro ainda é considerado um dos mais elevados do mercado financeiro mundial, resultando infrutífera a alegação bancária.

Corroborando com a tendência da análise restritiva da permissibilidade das "travas bancárias", vale trazer à colação decisão recente do Tribunal de Justiça de São Paulo, proferida pelo Desembargador Manoel de Queiroz Pereira Calças, integrante da Câmara Reservada à Falência e Recuperação, que, por unanimidade, foi contrária à utilização do travamento conferido às instituições financeiras, isto em prol da predominância da função social da sociedade empresária. Confira o aresto:

"Agravo de instrumento. Recuperação judicial. Decisão que liberou 'trava bancária' em relação a recebíveis objeto de cessão fiduciária de crédito. Cédula de crédito bancário com contrato de constituição de alienação fiduciária em garantia (cessão fiduciária de direitos de crédito). Direitos de crédito (recebíveis) tem a natureza legal de bens móveis (art. 83, III, CC) e se incluem no § 3º do art. 49, da Lei n. 11.101/2005. Propriedade fiduciária que se constitui mediante o registro do título no Registro de Títulos e Documentos. Inteligência do art. 1.361, § 1º, do Código Civil. Ausência do registro que implica inexistência da propriedade fiduciária. Crédito sujeito aos efeitos da recuperação. Agravo improvido com revogação da liminar suspensiva"

(Agravo de Instrumento n. 653.329.4/3-00, rel. Desembargador Manoel de Queiroz Pereira Calças, j. 15.12.2009, registro em 14.1.2010).

Urge salientar que a decisão do Acórdão em referência liberando a "trava bancária" baseou-se, eminentemente, na necessidade prévia de registro do contrato de alienação fiduciária como condição *sine qua non* para a constituição da propriedade fiduciária.

4. Tendência de relativização das "travas bancárias"

Da análise do Acórdão em referência, podemos extrair uma sensível, e ainda embrionária, tendência jurisprudencial do tribunal paulista relativizar o uso das "travas bancárias" em prol da preservação da sociedade empresária em fase de recuperação judicial, como forma de proteção à sua função social.

No campo doutrinário, o atual entendimento favorável à utilização das travas, somado aos escassos posicionamentos jurisprudenciais brasileiros a cerca da matéria, corroboram com a concretização da ideia de que as sociedades empresárias em recuperação devem se atentar à melhor composição das garantias concedidas aos seus credores, em especial, a renegociação de seus débitos com as instituições financeiras, objetivando substituir a garantia de cessão fiduciária de crédito, preferencialmente, em período anterior ao ajuizamento da ação.

A inclusão espontânea do crédito da instituição financeira no plano de recuperação, objetivando mensurar seu valor em período anterior a homologação judicial do plano é, indubitavelmente, a medida mais sensata e eficaz a ser tomada pela sociedade empresária em crise em prol do alcance e satisfação dos direitos de seus credores.

Por outro lado, ao credor caberá analisar de forma minuciosa o crédito conferido, suas garantias e risco envolvido, bem como, em último caso, considerar as formas jurídicas adequadas para enquadrar a qualidade do mesmo em situações privilegiadas pela Lei 11.101/2005, visando o melhor resgate possível, em termos de rapidez e quantificação da parte que lhe caiba no procedimento recuperacional.

5. Conclusão

Por fim, realçamos que as normas contidas nos §§ 3º, 4º, e 5º do art. 49 da Lei 11.101/2005 devem ser interpretadas de acordo com o princípio da preservação da sociedade empresária, o que, *a priori*, consideraria irregular essas estipulações legais. Inobstante essa tendência em taxar os referidos dispositivos legais como antagônicos à continuidade da atividade empresarial, em contraponto ao princípio do *par conditio creditorium*, não podemos olvidar, contudo, dos grandes riscos existentes e inerentes à atividade de fomento de crédito no mercado empresarial.

Analisando conjuntamente os posicionamentos favoráveis e contrários à flexibilização das "travas bancárias" nos processos de recuperação judicial, principalmente a previsão dos créditos no plano de recuperação da sociedade empresária em crise, ressaltamos a extrema importância de se delinear, por parte dos aplicadores e estudiosos da lei falimentar, uma maneira razoavelmente plausível e justa quanto à aplicabilidade das "travas bancárias" em vista a encontrar o ponto de equilíbrio legal e econômico-financeiro necessário a fim de resguardar a operacionalidade da sociedade empresarial em crise, em prol de sua continuidade para a consecução da função social para a qual foi criada.

6. Referências bibliográficas

ALVES, José Carlos Moreira. *Da Alienação Fiduciária em Garantia.* 3ª ed. Rio de Janeiro, Forense, 1987.

CARVALHO, Ernesto Antunes de. "Contratos bancários e a nova Lei de Falências". In WAISBERG, Ivo, e FERNANDES, Marcos Rolim. *Contratos Bancários*. São Paulo, Quartier Latin, 2006.

COELHO, Fábio Ulhoa. *Comentários à Nova Lei de Falências e de Recuperação de Empresas*. 1ª ed. São Paulo, Saraiva, 2005.

FERNANDES, Jean Carlos. *Cessão Fiduciária de Títulos de Crédito: a Posição do Credor Fiduciário na Recuperação Judicial da Empresa*. Rio de Janeiro, Lumen Juris, 2009.

O CRITÉRIO DA IMPONTUALIDADE NA DECRETAÇÃO DA FALÊNCIA NO DIREITO CONTEMPORÂNEO: o Projeto de Lei n. 071/2003 do Senado Federal

FELIPE FERNANDES RIBEIRO MAIA

I – Nota preliminar. II – Intróito. III – O critério da impontualidade no Direito brasileiro: III.1 – Considerações históricas; III.2 – Considerações conceituais. IV – O desvirtuamento: a impontualidade e a ação de cobrança (execução). V – Considerações sobre o direito estrangeiro. VI – A proposta nacional: Projeto de Lei n. 071/2003 do Senado Federal. VII – Conclusão. VIII – Referências bibliográficas.

I – Nota preliminar

Sabe-se que "nenhuma lei é mais discutida que a de falências. E é natural. Capital, trabalho e fisco perdem no desastre econômico do devedor. Além dos juristas, opinam os leigos, os jornalistas apressados, e, quase sempre tardiamente, as associações das classes conservadoras. Todos acreditam possuir a verdade integral, porque cada um defende o seu ponto de vista, geral ou particular, ou o seu interesse na pressuposição de que defende o interesse coletivo ou o bem público. No entanto, outra lei não existe tão eriçada de dificuldades. Todas as relações jurídicas vão, com a ruína do devedor comerciante, desaguar na sua falência. Conciliar os interesses divergentes ou em conflito, na árdua tarefa de medir os valores e reprimir a fraude, exige do legislador conhecimentos amplos do direito nacional e uma boa dose de experiência".[1]

A reforma da lei falimentar brasileira, através do Projeto de Lei n. 4.376/1993 da Câmara dos Deputados (por iniciativa do Sr. Ministro da Justiça, Dr. Maurício Corrêa), não foge à regra mencionada por Miranda Valverde e desde de 1993 tramita nas casas legislativas nacionais. A impontualidade, critério falimentar presente na legislação atual (art. 1º do Decreto-lei n. 7.661/1945), foi conservada na redação final do então Projeto n. 071/2003 (substitutivo ao Projeto de Lei da Câmara dos Deputados, n. 4.376/1993), aprovado pelo Senado Federal, como hipótese de decretação da falência, o que, ao nosso sentir, não parece ajustado à realidade contemporânea do direito, como se passa e se propõe a demonstrar.

II – Intróito

Nelson Abrão (1985), já nos idos de 1985, inicia o prestigioso estudo *O Novo Direito Falimentar (Nova Disciplina Jurídica da Crise Econômica da Empresa)*, pontuando que a busca de soluções para a

1. Valverde, 1939, pp. 60-75, in *Ante-Projeto de Lei de Falências*, Ministério da Justiça e dos Negócios Interiores, Rio de Janeiro, Imprensa Nacional, 1940.

crise econômica das empresas é um esforço prioritário entre os hodiernos estudiosos e estudos de Direito. E inteira razão, a quase duas décadas atrás, assistia-lhe.

Ora, uma lei falimentar que tenha por escopo permitir a liquidação do patrimônio de uma entidade produtiva, cujo principal fundamento para decretação da quebra é o não pagamento de uma única obrigação líquida e certa no seu tempo, ou seja, impontualidade no cumprimento da obrigação (ou, atualmente, que legitime ação executiva), é uma lei que não atende aos princípios básicos da preservação da empresa e do fim social da empresa, sendo insuficiente para reger o momento atual da vida econômica que, como se sabe, não se firma na impontualidade (critério puramente jurídico e objetivo), mas na crise generalizada, na insolvência econômica (e não jurídica).

O instituto da falência é por demais conhecido do ordenamento jurídico brasileiro, além de ser matéria que desperta grande interesse, senão embates, pelos ordenamentos jurídicos dos mais diversos países. Suficiente é, para se confirmar tal fato, citar que, neste ano de 2004, Portugal e Espanha promulgaram suas novas leis que disciplinam os processos concursais e de recuperação da empresa devedora.

Entretanto, mesmo sendo um instituto bastante conhecido e estudado, sabe-se que suas finalidades originárias não se mostram consentâneas e suficientes para atender às aspirações sociais dos dias atuais. Segundo anotação de Miranda Valverde (1940:62), em sua Exposição de Motivos de 1939 à lei falimentar por ele elaborada e que não chegou a ser publicada, os fins da falência seriam: (a) "*amparar o devedor honesto, para que a empresa, sob a sua direção, continue, como unidade da economia nacional, a prestar serviços à coletividade*" e (b) "*punir, severamente, o devedor desonesto, porque é elemento perturbador dessa mesma economia e que vai repercutir na ordem social, com a cessação das relações de trabalho*". Vários juristas nacionais, dentre eles, Nelson Abrão, já se debruçaram sobre essa finalidade liquidatória, solutória e punitiva do instituto falimentar (que é reconhecida desde o seu nascedouro).[2]

Contudo, a crise do instituto falimentar tornou-se inequívoca e insuperável, vindo a autoridade de Tullio Ascarelli, em

2. "Inserindo-se na órbita privatística do adimplemento compulsório da obrigação, caracterizou-se o instituto, desde as origens, como procedimento executório conducente à liquidação dos bens do devedor (*propósito liquidatário*) para a satisfação dos credores (fim solutório)" (Abrão, 1985:8).

"Na primeira fase, que *grosso modo* termina com a Primeira Guerra Mundial, os procedimentos existentes para o caso de insolvência nos diversos sistemas legislativos consistem, principalmente, *em instrumento de execução do patrimônio do devedor*, não necessariamente comerciante. (...)" (Gerardo Santini, *La Reforma del Derecho de Quiebra*, pp. 36-37, in Abrão, 1985:9).

"Sampaio de Lacerda esclarece, de forma clara, precisa e definitiva, que 'a falência se caracteriza como um processo de execução coletiva, decretado judicialmente, dos bens do devedor comerciante ao qual concorrem todos os credores para *o fim de arrecadar o patrimônio disponível*, verificar os créditos, *liquidar o ativo*, saldar o passivo, em rateio, observadas as preferências legais', não havendo dúvidas de que, no Brasil, se trata de um processo de execução, como assinala, calcado em inúmeros autores, José da Silva Pacheco" (Lobo, 1996:193).

"A ideia de falência costuma estar *associada ao encerramento ou desaparecimento da sociedade empresária. Há cessação da atividade* em razão de uma sistemática normativa provocada pelos próprios sócios ou terceiro (credor) que, ao mesmo tempo em que permite a formação do concurso de credores, impede, em regra, o prosseguimento do exercício do objeto do empresário" (Bertoldi, Ribeiro: 2003:155).

"Leitura – 1. Falência – seu característico – Falência, segundo Spencer Vampré (*Tratado Elementar de Direito Comercial*, vol. III, p. 9) é a execução coletiva dos bens do devedor comerciante, à qual concorrem todos os credores, *para o fim de arrecadar o patrimônio disponível*, verificar os créditos, *liquidar o ativo*, e solver o passivo, em rateio, ou observadas as preferências legais" (Raitani, 1948:14).

"A nossa Lei de Falências, de 1945, *foi elaborada unicamente com o intuito liquidatário* e desta forma não mais se adequa ao novo Direito Concursal, no qual pretende-se conservar a empresa economicamente viável" (Simionato, 1997:17).

1962, a atribuir a razão da absoluta inadequação do instituto às aspirações sociais do pós-guerra, à natureza originariamente finalística e solutória da lei falimentar brasileira.[3]

Malgrado isso, o caráter liquidatário da falência se viu recentemente fortalecido quando o próprio Código Civil (Lei n. 10.406/2002), de forma pouco técnica ou, até mesmo, de forma equivocada, introduziu, em seu art. 1.044,[4] a falência como hipótese de dissolução da sociedade empresária.

Certo é que, independentemente do sistema adotado ao longo da história (cessação de pagamento; impontualidade; insolvência, etc.), essa concepção do instituto da falência no direito brasileiro perdura desde o seu nascedouro, possivelmente por razões históricas, sempre tendentes à punição do comerciante desonesto (que outrora era feita com o próprio *corpore* e não com patrimônio) e a extinção da fraude, como destacado, brilhantemente, por Miranda Valverde, na obra "Como dificultar o império da fraude", publicada em 1929 (*O Jornal*). Pode-se afirmar que, à míngua de vozes destoantes, em nenhum momento houve por parte do legislador verdadeira preocupação com os aspectos sociais e, principalmente, econômicos da falência e da própria empresa. Basta lembrar que o Código Comercial de 1850, arts. 799 *usque* 802, ao tratar das "*Quebras*", classificava a *qualificação da falência* em culposa, casual e fraudulenta.

Verificou-se, contudo, uma ruptura sem precedentes desta concepção liquidatária da falência quando a própria empresa passou a ser vista como verdadeiro "agente econômico" útil à economia coletiva, deixando de ter importância exclusiva para os interesses dos credores para ganhar relevância social, econômica, e, inclusive, política, já que o seu grau de eficiência das empresas de um país determina o impulso das suas atividades produtivas e define a sua posição no quadro da economia mundial.

E a principal conquista desta nova noção da empresa como agente econômico, que também foi influenciada pela teoria social da propriedade privada (Abrão, 1985: 11), foi uma nova compreensão para a própria falência como meio de recuperação de empresa, submissa, por forçosa consequência, às questões sociais e econômicas, operando-se a *desprivatização* do instituto da seara jurídica. Por outras palavras, deve a falência deixar de ser um instituto puramente jurídico, vez que seus efeitos necessariamente irradiam-se pelos campos da sociedade, da vida pública e, principalmente, da economia.

Nesse contexto é que surgiu o interesse geral unido à *salvação da empresa* (inclusive com a dissociação da pessoa do empresário ou da sociedade empresária da própria empresa), passando-se a sustentar não mais a liquidação total da sociedade, mas, por outro lado, a valorização de sua atividade, com o fito de possibilitar e viabilizar a *continuidade da empresa*. Nascia, então, uma nova compreensão fulcrada em dois princípios: o da preservação e o da recuperação da empresa, frutos da superação do interesse público sobre o privado, fato que conduz à sobreposição, também, do caráter dualístico da falência (embate entre credor e devedor), a fim de torná-la um instrumento de interesse coletivo, no qual prevalece a sua função social. Desta forma, o interesse do credor passa a um segundo plano, sucedendo, em primeiro plano, a recuperação e viabilização da empresa, por consagração desta "unidade produtiva".

3. "As causas remotas da absoluta inadequação da falência a incidir sobre a realidade hodierna das empresas em crise vêm individuadas na própria origem do instituto: é sabido em doutrina que a falência nas comunas medievais satisfez as exigências de autodisciplina interna da classe mercantil na *rigorosa repressão* penal, além de *patrimonialmente restituitória e reintegratória da insolvência*" (1962:308-309).

4. "A sociedade se dissolve de pleno direito por qualquer das causas enumeradas no art. 1.033 e, se empresária, *também pela decretação da falência*."

Dentro desse novo conceito, não se pode admitir critérios de decretação de falência puramente jurídicos, como são a cessação de pagamento e a impontualidade. Aliás, conforme Abrão (1985:31), a própria insolvência seria o último grau da "patologia" da crise da empresa e não essencialmente sua causa. Sem nem a insolvência seria um critério adequado à decretação da quebra, quiçá a impontualidade.

Por tudo isso é que se pode afirmar que a lei falimentar brasileira, que contempla o caráter finalístico e solutório originário, não mais atende a essas necessidades e aspirações sociais.

Visando adaptar-se à realidade concreta, desde 1993, como já salientado, tramita pelo Congresso Nacional um projeto de lei que cria a recuperação de empresas e reforma a vigente Lei de Falências como um todo. Nada obstante, tal projeto (atualmente, Projeto de Lei n. 71/2003, substitutivo apresentado pelo Senado, através do Senador Ramez Tebet) conservou, como hipótese primária de decretação da falência, a impontualidade (art. 94, inciso I), criando, entretanto, solução mitigatória, consubstanciada na importância mínima do crédito inadimplido no tempo, no valor de 40 (quarenta) salários-mínimos.

E o que se pretende com o presente trabalho é exatamente mostrar, ainda que superficialmente e sem qualquer compromisso de esgotar o tema, que a impontualidade não serve mais como critério de decretação de falência, seja por não se ajustar às noções de *crise econômica da empresa* e insolvência, seja por não passar de mero instrumento de coação e cobrança (uso desvirtuado da falência), como bem ilustra Jorge Lobo (1996:8)[5] ao tratar dos pressupostos objetivos dos procedimentos concursais contemporâneos.

A relevância em discutir o tema reside no fato de que a utilização do pedido de quebra pela simples impontualidade no pagamento de um único débito tornou-se tão corriqueira que passou a comprometer a credibilidade, coercibilidade e, consequentemente, a eficácia da falência, sendo certo que o projeto de lei ainda em trâmite, embora verdadeiramente compromissado com o interesse público do instituto falimentar e seus efeitos, buscou solucionar a inadequação acima apontada através da insuficiente estipulação de um *quantum* mínimo do crédito inadimplido, o que pouco contribuirá para a evolução da falência no direito brasileiro.

III – O critério da impontualidade no Direito brasileiro

III.1 – Considerações históricas

Não há como discorrer sobre os aspectos históricos do critério da impontualidade como hipótese de falência, sem tratar, ainda que não profundamente, da própria história da falência no Direito brasileiro. Importante será, também, verificar a evolução histórica da ação de execução individual, cuja origem parece estar intimamente ligada à ideia da impontualidade como critério de falência.

As primeiras notícias do instituto falimentar na ordem jurídica brasileira remontam ao Brasil Colonial, quando ainda vigiam as Ordenações Afonsinas, que, nos idos de 1521, foram revistas por ordem do

5. "Com efeito, quando a finalidade da lei é a liquidação da empresa, basta a existência do pressuposto objetivo do inadimplemento ou da cessação ou da suspensão dos pagamentos; *todavia, se a 'ratio legis' é a salvação da empresa* (*sauvetage de l'entreprise*), *os critérios econômicos passam ao primeiro plano*, daí dizer-se, em síntese, que, quando o objetivo da lei é recuperar a empresa, se deve considerar *não o pressuposto objetivo jurídico* do inadimplemento de obrigação líquida e certa de título que legitime a ação de execução ou da cessação ou da suspensão dos pagamentos das dívidas vencidas, *mas o pressuposto objetivo econômico do estado de crise da empresa* ou, melhor ainda, o pressuposto objetivo do tipo aberto, para usar a linguagem do discurso tipológico de Karl Larenz, sendo imprescindível bem compreender esta distinção para tratar, com proficiência, da unidade do sistema concursal."

Rei D. Manuel, passando, então, a se denominar Ordenações Manuelinas (Requião, 1981:14). Certo é que o instituto falimentar já se verificara em tempos romanos e medievais, quando a obrigação ainda recaía sobre a pessoa do falido (Simionato, 1997: 19) e não sob seu patrimônio. Essa ideia de punição pessoal, embora sua exploração mais profunda extrapole os objetivos deste estudo, reluziu no Direito brasileiro nessas Ordenações Manuelinas, visto que considerava falido aquele cujo patrimônio não bastava para satisfazer seus débitos. A título de punição impunha-se a prisão do devedor, que, entretanto, poderia ser elidida pela cessão de bens aos credores.

Em 1603, surgiram as Ordenações Filipinas. Em que pese a origem espanhola, foram aplicadas ao Brasil em razão do Reinado de Castela, conforme expõem Frederico Simionato (1997:30) e Rubens Requião (1981:14). Referidas Ordenações comparavam o falido aos criminosos, dando-lhes semelhante tratamento (Lacerda, 1959:36). Estava delineado, pela primeira vez e com escopo nitidamente criminal, o instituto da falência no Brasil.

Finalizando esse período, surgiu o Alvará de 1756 (de 13 de novembro), da lavra do eminente Marquês de Pombal, através do qual a falência deveria ser confessada pelo mercador (*"jurar a verdadeira causa da falência"*) e poderia ser reconhecida como culposa ou não. Em sendo culposa, estaria o mercador submetido às sanções penais, que eram o escopo maior do referido Alvará de caráter puramente punitivo (Requião, 1981:16-17). Referido instrumento serviu de modelo à elaboração da terceira parte do Código Comercial de 1850, que, pela primeira vez disciplinou, em lei brasileira (até então as leis eram aplicadas em razão da colonização e, portanto, via de regra, eram portuguesas), o instituto falimentar, sob a alcunha *"das quebras"* (Lacerda, 1959:36). Antes, entretanto, com a promulgação da Independência (1822), foi determinada a observância, através da "lei da boa razão", de 1823, das legislações dos países civilizados, até que as vindouras leis brasileiras fossem elaboradas.

Assim, sob forte influência do Código de Napoleão de 1807, foi promulgada a Lei n. 556, de 25 de junho de 1850, que disciplinou a falência sob o título *"Das Quebras"*, estabelecendo como critério de caracterização de falência a cessação de pagamentos pelo comerciante.[6] O comércio, segundo pontificava Veiga (247), vivia da exatidão e pontualidade. Qualquer demora que fosse causaria uma perturbação, senão verdadeira lesão ao comércio em geral. Citando Pardessus, ainda ponderava que, se faltasse o comerciante aos pagamentos (ou até mesmo a um único pagamento), está caracterizada a impossibilidade de pagar e, logo, a insolvência (Veiga, 248).

Referida legislação, contudo, possibilitou o império da fraude, principalmente por fazer várias concessões aos credores, como a possibilidade de negociar e fazer acordos com o falido/quebrado (*contrato de união*, Requião, 1981:19). Em função disso, sofreu com várias reformas e legislações paralelas esparsas, criadas para atender a interesses particulares, como ilustra o caso do Banqueiro Vieira Souto, em 1864, para o qual foi editado o Decreto n. 3.309/ 1984.

Em 1890, visando afastar com a máxima urgência as fraudes perpetradas sob égide do Código Comercial, em quatorze dias apenas, o ilustre jurisconsulto Carlos de Carvalho, elaborou o que veio a se tornar o Decreto n. 917, de 24 de outubro de 1890, que reformou a legislação falimentar, passando a caracterizar o estado de falência a partir da impontualidade no pagamento de obrigação mercantil líquida e certa no seu vencimento (art. 1º), como expõe Sampaio de Lacerda (1959:38). Esse decreto instituiu, também, meios preventi-

6. "Art. 797. Todo o commerciante que *cessa* os seus pagamentos, entende-se quebrado ou falido" (Código Comercial, 1850, *sic*).

vos de decretação da falência, como a moratória, a cessão de bens, o acordo extrajudicial e a concordata preventiva. Além disso, instituiu o critério da insolvência (caracterização da falência independente da impontualidade), conforme § 1º do seu art. 1º.

Assim, é bastante importante enfatizar que *a noção de obrigação líquida e certa somente surgiu na lei falimentar em 1890*, sendo que o Código de Processo Civil só viria a tratar da execução de títulos que estampassem tais obrigações em 1939 (o Regulamento n. 737/1850, que disciplinava o processo comercial e posteriormente o civil, não amparava a execução de títulos extrajudiciais, como será visto adiante). Ora, o § 1º do art. 1º daquele estatuto, em seu item "i", entre as causas de insolvências configuradoras da falência, inseriu a hipótese de não indicação de bens à penhora em ação de execução,[7] *todavia, a ação de execução, nesta época, não se prestava à execução de títulos líquidos e certos extrajudiciais, salvo exceções do art. 308 do Regulamento n. 737/1850.*[8]

É verdade, diga-se, que existia uma ação especial no Regulamento n. 737/1850, nominada "*Assignação de Dez Dias*", que consistia na determinação do prazo de dez dias para que o réu pagasse ou, então, alegasse embargos (semelhante à atual ação monitória). Essa ação competia aos títulos líquidos e certos extrajudiciais e que em 1890 passaram a fomentar o pedido de falência com base na impontualidade. *Com efeito, não era propriamente uma execução e, logo, era mais fácil e rápido o recebimento do crédito através do pedido de falência do que através dessa ação especial de assinação de dez dias.*

As fraudes, muito em virtude dos meios preventivos instituídos pelo Decreto de 1890, ganharam o ápice. Fazia-se necessária a imediata reforma da legislação. Surgiu, então, a Lei n. 859, de 1902, que, por sua vez, não logrou êxito em afastar as fraudes e criar uma saudável legislação falimentar. No que concerne à impontualidade, repetiu a redação do Decreto n. 917/1890, somente acrescentado que a falência estaria caracterizada, nesta hipótese, qualquer que fosse o estado dos negócios do falido (art. 1º).

Mostrando-se a lei de 1902 insuficiente ao fim colimado, foi incumbida ao douto Carvalho de Mendonça a tarefa de elaborar uma nova lei de falências. E em 17 de dezembro de 1908, foi promulgada a Lei n. 2.024, fruto do trabalho deste ilustre jurista que teve notória importância para o desenvolvimento do direito falimentar brasileiro. No que toca à impontualidade, o art. 1º desta nova lei revigorou a redação do Decreto n. 917/1890, subtraindo, apenas, a qualificação do comerciante como individual ou social. O item 02 do parágrafo único deste artigo *conservou como obrigação mercantil as constantes de letras de câmbio, notas promissórias, cheques e demais títulos que tivessem a mesma ação (Código Comercial, arts. 425, 635 e 651)*. Do mesmo modo, manteve, como critério de caracterização de insolvência, a não indicação de bens à penhora, quando executado (art. 2º, inciso I), também inserido pela legislação de 1890. No entanto, relembre-se, *a ação de execução, em 1908, não se prestava à cobrança dos títulos extrajudiciais (obrigações líquidas e certas)*.

Em 1929, diante de nova crise econômica e da falta de energia do Poder Judiciário para aplicar a Lei n. 2.024/1908 e moralizar a falência (Otávio Mendes, citado por Rubens Requião, 1981:21), foi elaborada a Lei n. 5.746, da lavra do Prof. Waldemar Ferreira, que muito se aproximava

7. "Art. 1º. (...). § 1º. Caracteriza-se também o estado de fallencia, embora não haja falta de pagamentos, si o devedor. I – não pagar, quando executado por dívida commercial, ou não nomear bens à penhora, dentro das 24 horas seguintes à citação inicial da execução."

8. Referido diploma legal disciplina ação executiva nas seguintes hipóteses: fretes de navios; fretes e aluguéis de transporte por água ou por terra e despesas e comissões de corretagem, baseados na "*carta de fretamento*" ou "*conhecimento de frete*", como prevê o art. 309, § 1º.

da lei de 1908. Dentre as melhorias, encontra-se a redução do cargo de síndico de três para um único. Não houve alteração relativa à questão da impontualidade.

Por derradeiro, após a Segunda Guerra Mundial e, portanto, advindo novo período de crise financeira mundial, foi reformada, mais uma vez, a lei falimentar, entrando em vigor, em 21 de junho de 1945, o Decreto-lei n. 7.661, resultado do trabalho de vários estudiosos e professores, componentes de comissão nomeada pelo então Ministro da Justiça, Alexandre Marcondes Filho.[9] Nesta lei falimentar (atualmente em vigor), a impontualidade permaneceu como causa primária da falência e de insolvência presumida, tendo sido alterado o texto para considerar falido o comerciante que não pague, no vencimento, obrigação constante de título que legitime ação executiva. Neste particular, insta salientar que já vigia o Código de Processo Civil de 1939 (Decreto n. 1.608), que, como se sabe, instituiu a execução de títulos executivos extrajudiciais em seu art. 298.

Com efeito, desde 1850, quando da entrada em vigor do Código Comercial, e, com isso, da legislação genuinamente brasileira sobre falência, *não existia, salvo melhor juízo, a possibilidade de o credor buscar, por via executiva hábil, o recebimento de créditos constantes de títulos de dívida líquida e certa*, já que *o Regulamento n. 737/1850 não previa tal possibilidade*, somente prevendo a utilização de ação executiva para cobrança de crédito oriundo de conhecimento de transporte (art. 308) e para cobrança de crédito decorrente de decisão judicial (execução de sentença, art. 476). Destarte, *não havia previsão de manejo de ação executiva para recebimento de créditos que se encontravam consignados em títulos extrajudiciais, como cheques, "warrants" e letras de câmbios*, muito embora fosse do Tribunal de Comércio a competência para conhecer das questões afetas à matéria comercial, entre as quais se inseriam as relativas às "quebras" e aos títulos de crédito.

À vista disso e considerando que, desde 1890, títulos como letras de câmbio, notas promissórias e debêntures tornaram-se documentos representativos de obrigações líquidas e certas suficientes à caracterização do estado de falência, embora somente tenham passado a fomentar ação de execução a partir de 1939, e que, naquele mesmo ano de 1890, surgiu como critério de insolvência a não indicação de bem à penhora em ação executiva (que por sua vez não podia ser movida para cobrança de títulos não judiciais), *conclui-se que ao longo de grande parte da evolução do direito falimentar brasileiro, o critério da impontualidade supria a inexistência de um procedimento executivo que permitisse a cobrança judicial do crédito líquido e certo*, à guisa da ausência de ação executiva para este fim.

Assim, o requerimento de falência era uma forma natural de se viabilizar o recebimento do crédito, já que não restava alternativa ao credor diante da inadimplência e da ausência de processo executivo para este fim. No entanto, a lei atual, de 1945, ao dispor que os títulos que legitimam a ação executiva legitimariam, outrossim, o pedido de falência por impontualidade, o fez na contramão da história, uma vez que o Código Processual de 1939 já permitia a ação executiva cuja base era e é, inexoravelmente, a impontualidade. Manteve, ainda, aumentando o contrassenso, o critério da insolvência por não indicações de bem em processo executivo (inciso I do art. 2º). Ora, quem iria e quem irá se valer do procedimento executivo, se é possível, em tese e com provável sucesso no recebimento do crédito (através do depósito elisivo), requerer a falência, cuja decretação é ainda mais temida por colocar fim à atividade empresarial, por simples impontualidade?

9. Apenas ressalte-se que, em 1939, Miranda Valverde, atendendo a pedido do então Ministro da Justiça, Francisco Campos, apresentou ante-projeto de lei que acabou não sendo aprovado.

III.2 – Considerações conceituais

A impontualidade, como visto, passou a ser um critério de decretação de falência no Direito brasileiro a partir de 1890, com a entrada em vigor do Decreto 917. Na letra da lei, era impontual aquele que não pagasse, sem relevante razão, dívida constante de obrigação mercantil líquida e certa. A lei tinha, ainda, o cuidado de indicar quais obrigações seriam estas (art. 2º, alíneas *a* a *h*). Neste mesmo diploma legal, inseriu-se o critério da insolvência (§ 1º do art. 1º), considerando-se igualmente falido aquele que, mesmo sem ter deixado de pagar no prazo obrigação líquida e certa, praticasse certos atos indicadores de sua insolvência.

Fazendo um adendo necessário, a *insolvência* foi definida por Carvalho de Mendonça,[10] em tempos remotos, como a ruína econômica do devedor civil, configurada quando o passivo era superior ao seu ativo, o que aparentemente impossibilitaria o cumprimento das obrigações.[11]

No entanto, a anciã doutrina jurídica cuidou de tratar a insolvência como mero fato e a falência como situação de direito, atribuindo caracteres estanques aos institutos: falência ao devedor comerciante e insolvência ao civil. E, assim, por algum tempo, insolvência e falência por impontualidade eram, nitidamente, condições distintas, sendo que a insolvência não se caracterizaria, nem mesmo, nas hipóteses do § 1º do art. 1º do Decreto n. 917/1890, como acima mencionado, pois, conforme registrou Carvalho de Mendonça (1899), trataria, tão somente, de hipótese de embaraços econômicos do devedor.

Este mesmo autor anotou que a impontualidade foi tida como "*grito de alarme aos credores*" (1899:83). Seria o golpe profundo na vida mercantil do comerciante (mais desprezível e cruel que falsificar artigos postos à venda em seu estabelecimento; fraudar o peso de mercadorias e, inclusive, imitar marcas alheias). E arremata: "Tudo isso pode[ia] ser atenuado. Maiores consequências, porém, traz o simples facto de não pagar uma só obrigação vencida, o que é sempre acontecimento surprehendente, uma notícia alarmante (...)" (1899:83-84). Era, portanto, o traço evidente para a configuração do estado de falência, o sinal ostensivo, perfeito, a denúncia da crise econômica do devedor. A lei fria não se preocupava em saber se o estado de crise era passageiro ou continuado. O que punha, ou visava pôr a salvo, era a inviolabilidade do crédito. "Tal é o systema legal" (Mendonça, 1899:85).

Waldemar Ferreira (1927:34), ainda sob égide da Lei n. 2.024, de 1908, com extrema lucidez, pronunciou-se acerca da impontualidade como critério de caracterização de falência, tratando-a, apenas, como pressuposto legal de configuração do estado de falência necessário à decretação judicial, mas fez interessantes ponderações críticas e ressalvas, ao tecer comentários sobre a adoção do sistema da impontualidade a partir de 1890, quando o "desastre econômico" causado pela falência já era plenamente conhecido dos juristas e das autoridades governamentais.[12]

10. "Se o devedor não comerciante não pode pagar o que deve, em virtude do seu desequilíbrio econômico, diz-se insolvável, e a este estado se chama insolvência. *A insolvência civil não quer dizer cessação de pagamentos, nem a simples impossibilidade de pagar*; *denota a ruína econômica do devedor* que se acha em condições de não poder pagar os seus credores por ser o activo inferior ao passivo" (Carvalho de Mendonça, 1899:23).

11. A mesma ideia está contida nos ensinamentos do Prof. Humberto Theodoro Júnior: "(...) f) *porque, ao contrário da falência, não se baseia a insolvência civil na cessação de pagamentos ou na impontualidade do devedor, não há obrigatoriedade de ser a petição inicial do credor instruída com o* protesto *do título insatisfeito*" (1997:34).

12. "Era, de certo modo, um systema original de caracterização do estado de fallencia, que mereceu a crítica de tratadistas extrangeiros, entre os quaes se destaca Almeida Saldanha, comercialista portuguez, que lamentou não comprehender 'a razão por que alguns legisladores, *sem attenderem, no grande desastre economico que a fallencia origina*, declaram nesse estado aqueles que cessam pagamento de

Valverde, em obra bandeirante sobre a lei em vigor, anotou que o não pagamento da obrigação líquida e certa no vencimento, sem razão relevante, "*faz presumir a falência do devedor comerciante. A impossibilidade de pagar é, pois, na realidade, o fato que revela o estado de falência*" (1948:26-27). E concluiu, destacando que a lei empresta tamanha força à presunção do estado de falência pela impontualidade, que até o credor sem título vencido, poderia (e pode) requerer a falência do devedor comum.

Darcy Bessone, ao seu turno, definiu a impontualidade como critério legal de decretação da falência, salientando que não é o mais racional e justo dos critérios (1995:32). Com pioneirismo, expôs que não se trata de critério de insolvência ou de insolvência presumida (como por muitos defendido), visto que "*faz caso omisso do desequilíbrio econômico interno da empresa* [o que caracterizaria a *crise econômica*] *e não procura saber se ela deixou de efetuar de maneira geral seus pagamentos* [critério da cessação dos pagamentos], *ou se está impotente financeiramente* [insolvência]". Além disso, destaca que o art. 26, interpretado em conjunto com os arts. 129 e 131 da lei atual, deixa claro que é possível haver impontualidade com ativo superior ao passivo, o que quer dizer que não é a insolvência o critério adotado pela lei brasileira, mas, sim, o da mera impontualidade.

Walter T. Álvares (1982:62), citando Cayru, oferece definição clássica, no sentido de que a impontualidade "*he a espécie de fallimento que consiste em faltar alguém à sua palavra, a fé dada no termo prefixo, a qualquer transação mercantil. Todo o comerciante, que não* paga em dia, *isto he, no prazo do vencimento da obrigação contraida, ou que sem justa causa não cumpre qualquer ajuste deliberado, e de boa fé, he havido por impontual*".

Em seguida afirma, ao tratar da tradição luso-brasileira, que o ordenamento brasileiro adota o sistema dúbio, da impontualidade e da insolvabilidade[13] (distinguindo ambas hipóteses da insolvência[14]), embora tenha se preocupado, apenas, em definir os elementos extrínsecos, não pretendendo distinguir a insolvência da insolvabilidade.

Sampaio Lacerda (1996:54), em exame menos profundo (corroborando a maioria da doutrina), limita-se a dizer que o não pagamento pode não derivar propriamente da insolvência (divergindo-se do que foi defendido por Walter T. Álvares), "*mas a verdade é que a falência se caracteriza por haver a presunção de insolvência decorrente do não pagamento*".[15]

O Professor paranaense Marcelo Bertoldi considera que a lei falimentar prevê como condição de decretação da quebra, a insolvência do devedor que, por sua vez, pode se manifestar por ato de impontualidade (indício de insolvência) ou "*atos de falência*" (presunção de insolvência). Nessa ordem de ideias, afirma, categoricamente, que a lei falimentar "*optou por assumir*

suas obrigacoes commerciaes', *não attinando com 'o motivo por que o legislador brasileiro*, pondo de parte os princípios que a sciencia preconiza, e que a prática legislativa consagra, *estabeleceu o preceito* de que o commerciante, sob firma individual ou social, que, sem relevante razão de direito, deixa de pagar, no vencimento, qualquer obrigação mercantil líquida e certa, entende-se fallido'. E acrescentou que '*esta severidade é manifestamente insensata*'."

13. "*Inaptidão econômica à solução da dívida*" (1982:65).

14. Cita *Provincialli* (*Manuale*...), segundo o qual a insolvência só se caracterizaria quando se agrupassem os seguintes elementos: (a) impotência patrimonial do devedor de satisfazer regularmente suas obrigações; (b) em virtude de um excedente de passivo em relação ao seu ativo patrimonial, e, (c) considerada a capacidade produtiva e creditícia do patrimônio. E resume a questão: "a) *insolvente é o que não paga, prescindindo-se do exame da causa; b) insolvável, portanto, em estado de insolvabilidade, é o que não paga por não ter meios de fazê-lo*" (1982:64).

15. E conclui o autor: "Daí termos caracterizado como pressuposto essencial a insolvência presumida e não propriamente a insolvência".

riscos, inclusive o de permitir a decretação de falência de devedor empresário que não estivesse efetivamente insolvente". Neste contexto, a "*impontualidade é tida por início de insolvência*" (2003:175).

Em suas "*referências doutrinárias*", o Professor paranaense cita Écio Perin Júnior[16] (2003:182) e Luiz Tzirulnik[17] (2003: 183), que corroboram a ideia, firmando-a, o segundo, nos termos que seguem: "*Assim, temos* [que] *a impontualidade é o primeiro sintoma de um estado de insolvência que pode suscitar ações executivas por parte dos credores*".

Do exposto, percebe-se que a impontualidade era tratada de forma pura e objetiva, considerada nada mais que um simples fato, que, ocorrido, acarretaria a presunção da insolvência e, logo, da ruína do devedor. Por muitos ainda é assim tida nos dias atuais. Entretanto, referida ideia não é mais compatível com a noção básica de recuperação e conservação da unidade produtiva – da empresa – que, por sua vez, se funda na crise econômica que, sabidamente, não se pode caracterizar por um critério puramente objetivo. Sem adentrar na real controvérsia acerca da definição exata do conceito da impontualidade, o que foge aos objetivos deste trabalho, ainda que parte da ciência jurídica o considere como indício e início de insolvência, pode-se afirmar, convictamente, que dita conceituação não encontra amparo na teoria da crise econômica, vez que esta exige análise subjetiva e ampla da situação vivenciada pela empresa, o que não se verifica no critério da impontualidade.

IV – O desvirtuamento: a impontualidade e a ação de cobrança (execução)

Explica Nelson Abrão (1985:164-165) que outro traço característico do direito falimentar brasileiro é a dualidade credor-devedor, isto é, o objetivo em disciplinar a contenda de direitos e a situação obrigacional propriamente dita entre o devedor e o credor, exacerbando-se em tricas formais que acabaram ofuscando a realidade econômica da falência. Afirma, então, que o objetivo tradicional da falência é proteger a comunidade de credores, senão, o próprio devedor.

Entretanto, não foi isso que se passou a ver nos tribunais do país ao longo dos anos. Embora a finalidade ontológica do instituto seja a proteção dos credores em situações diversas, assegurando a justa distribuição do patrimônio do devedor, a realidade é outra: credores individuais (e, por vezes, únicos) aforam requerimentos de quebra com base na impontualidade, sem nem mesmo terem se valido do procedimento de cobrança fomentado pela ação executiva do Código de Processo Civil de 1973 (arts. 585 e ss.), tampouco se preocupando com o fato de se tratar ou não de uma mera iliquidez passageira. Do mesmo modo, não se atém em saber se o devedor possuir empresa plenamente viável ou se está configurada a sua insolvência. É notório que o pedido de falência, pelo imenso temor e repulsa que causa, constitui-se em eficaz instrumento de cobrança, como assevera, corajosamente, Fábio Ulhoa Coelho (1999).[18]

Assim sendo, admitido o requerimento de falência de um suposto devedor pelo simples fato de ter sido impontual em relação a alguma obrigação, ainda que esta legitime uma ação executiva, a opção mais vantajosa ao credor será evidentemente o manejo do requerimento de falência, que permite o depósito elisivo (que, por sua vez, será prontamente levantado após o julgamento da ação), já que a execução por título extrajudicial de quantia certa leva à indicação de bens à penhora, possibilita a discussão do débito pelo devedor, ou mes-

16. *Curso de Direito Falimentar*, São Paulo, Método, 2002, p. 50.

17. *Direito Falimentar*, 5ª ed., São Paulo, Ed. RT, 1999.

18. "*O pedido de falência tem se revelado um eficaz instrumento de cobrança do devido*".

mo da própria penhora, através dos embargos, cujo efeito é sempre suspensivo. Isto sem se falar em eventuais recursos, e, porque não dizer, embargos à arrematação, cujo efeito também é suspensivo e, assim, indefinidamente.

Portanto, se pode a forma (a via) de recebimento do crédito estar associada à rapidez e praticidade do processo falimentar, não será outro o meio mais conveniente ao credor. Neste exato sentido, é a mais recente decisão do Superior Tribunal de Justiça sobre assunto, Recurso Especial n. 515.285-SC, relatado pelo Min. Humberto Gomes de Barros, no qual consignou que o credor possui a escolha de qual caminho tomar para satisfazer seu crédito.[19]

Embora respeitável, a decisão supra transcrita é, *data venia*, lamentável, na medida em que compara e equipara as duas ações das quais supostamente dispõe o credor em face do inadimplemento do devedor, sem tecer qualquer distinção, mormente em se considerando os diferentes efeitos sociais e econômicos que as duas medidas proporcionam. Acolher tal entendimento (equivocado, diga-se) é o mesmo que afirmar que o credor tem ao seu dispor dois caminhos a percorrer e pode, simplesmente e independentemente de qualquer consequência, optar pelo que mais lhe aprouver. É nesse ponto, principalmente, que o ilustre Relator, eminente Ministro Gomes de Barros, renovada a *venia*, incorre em crasso equívoco: *a ação de requerimento de decretação da falência, do credor contra o devedor, não tem por escopo o recebimento do seu crédito particular*, mas, sim, a decretação da quebra e abertura do procedimento concursal, conservação do patrimônio necessário aos pagamentos e extinção da atividade social (na atual lei).

Não é demais dizer que, por inúmeras vezes, o credor que postula a decretação da falência é aquele que possui as menores chances de receber seu crédito, visto que a quebra acarreta o vencimento antecipado de todas as dívidas que, até então, encontravam-se administradas, fazendo, com isso, incidir a regra dos privilégios nos pagamentos. Nisto, falece ao credor possibilidade jurídica mediata de invocar o Poder Judiciário, bem como interesse processual de agir. Ora, se o interesse é receber o crédito, deve se valer da ação de execução, cujo requisito básico é a impontualidade, nada mais.

A razão, portanto, parece estar com o Tribunal de Santa Catarina (prolator do acórdão recorrido, em grau de apelação,

19. "*Falência. Requerimento. Pequeno credor. Licitude. Indeferimento. Substituição do processo executivo. Abuso inexistente.* 1. *O ordenamento jurídico põe à disposição do credor lesado por inadimplemento de comerciante, dois caminhos, absolutamente lícitos*, a saber: a) *o primeiro – linear e barato – que é requerer a declaração da falência materializada pelo inadimplemento.* Esta via, apesar de mais cômoda, é mais arriscada. De fato, se o devedor por descuido ou falta de dinheiro, não pagar no prazo assinalado, instaura-se o processo falimentar e a nota promissória perde a força executiva, para tornar-se reles título quirografário, despido de qualquer preferência; b) *a segunda via é a cobrança executiva.* Para percorrê-la, o credor é obrigado a localizar bens do devedor, indicá-los à penhora, pagar o oficial de justiça, para que efetue a citação e, depois, para que consume a penhora. Depois, com o processo suspenso, o exequente é obrigado a esperar o julgamento dos embargos. Por último, decorridos vários anos, é compelido a despender mais dinheiro, para os editais de praça ou leilão. Como se vê, este segundo caminho é consideravelmente lento e dispendioso. Obrigar o pequeno credor a segui-lo é colocar o Poder Judiciário a serviço do mau pagador, em patente injustiça. 2. Para obviar a declaração de falência o comerciante solvente e decente deve resgatar seus títulos, no próprio dia do vencimento. Em caso de protesto, honra a obrigação imediatamente, ou informa ao oficial de protesto, os motivos que justificam o não pagamento. Por exigir decência de todos os comerciantes, o Direito Positivo enxerga na inadimplência um sinal inconfundível de insolvência. 3. *Em constatando que o comerciante 'sem relevante razão de direito' não pagou, no vencimento, obrigação líquida, constante de título que legitime ação executiva, cumpre ao juiz declarar a falência. Não lhe é lícito furtar-se à declaração, a pretexto de que o credor está usando o pedido de falência, como substitutivo da ação de execução*" (em 7.6.2004, 3ª Turma).

que gerou o Recurso Especial n. 515.285-SC em exame), conforme destaca o Ministro Castro Filho,[20] vencido. Segundo o Tribunal catarinense, na hipótese de estar demonstrada, nitidamente, a intenção do credor de se valer da via falimentar para cobrar dívida de módico valor, não pode o Poder Judiciário permitir a decretação da quebra, mormente em face de seus efeitos econômicos e sociais, vez que desvirtuada e inútil a via instrumental escolhida pelo credor.

Com efeito, a lei não pode colocar (e nem colocou) à disposição do credor dois mecanismos distintos para a satisfação do mesmo direito. Contudo, se o fizer, caberá (como de fato cabe) ao intérprete examinar qual procedimento é o correto para se atingir o fim visado. Se a finalidade é a cobrança de dívida, o instrumento correto é a sua execução, como, até então, vinha sendo sedimentado pelo Superior Tribunal de Justiça, cujas manifestações mais louváveis foram lavradas pelo Ministro Castro Filho,[21] voto vencido no acórdão relatado pelo Min. Gomes de Barros, e pelo Ministro Ruy Rosado,[22] ambos firmados na incompatibilidade do uso do requerimento de falência como instrumento de coação para cobrança de dívidas.

O Tribunal de Justiça de São Paulo, em julgamento realizado em 1967, já havia decidido em mesma toada, assentando que "*a falência não é meio regular de cobrança de dívida, ainda que líquida e certa*" (*RT* 391/215). No entanto, deve-se ressaltar que a orientação predominante no Tribunal paulista, atualmente, é em sentido contrário, puramente legalista, ou seja, no sentido de que basta a impontualidade para que esteja configurada uma previsão legal e, logo, seja possível a decretação da falência (neste sentido: Apelação Cível n. 88.094-4,[23] 2ª Câmara de Direito Privado, rel. Lineu Carvalho, j. 29.9.1998 e Agravo de Instrumento n.128.384-4, 1ª Câmara de

20. O julgado do Tribunal catarinense citado pelo Ministro Castro Filho em seu voto vencido (REsp 515.285-SC) tem a seguinte ementa: "Falência. *Decreto-lei n. 7.661/1945. Art. 1º. Extinção do processo sem julgamento do mérito. Protesto regular. Inadmissibilidade, entretanto, de seu uso, com finalidade de cobrança. Carência de ação pela falta de interesse de agir por inadequação do meio processual escolhido (art. 267, VI, CPC). Sentença acertada. Apelo desprovido.* 1. Em sendo válido e regular o protesto realizado para fins falimentares, a ação falimentar não deve ser extinta sem julgamento do mérito, dado que presentes os pressupostos para a válida constituição e regular desenvolvimento do processo. 2. Estando, todavia, demonstrada, com razoável nitidez, a intenção do credor de – utilizando-se da via falimentar – cobrar dívida de módico valor, deve o Judiciário obstar a satisfação de tal desiderato, sobretudo em se considerando as consequências nefastas advindas da decretação da falência".

21. "Falência. *Instrumento de coação para cobrança de dívidas. Incompatibilidade. Não havendo real fundamento para o requerimento da falência*, que, de procedimento indispensável à liquidação de patrimônio de empresa insolvente, *transmuda-se em instrumento de coação para a cobrança de dívidas*, a quitação do débito, *descaracterizando o estado de insolvência*, mormente quando comunicado ao juízo o desinteresse do credor único no prosseguimento do processo falimentar, *impõe a extinção do processo*. Recurso especial conhecido e provido" (STJ, 3ª T., REsp n. 399.644-SP, rel. Min. Castro Filho, 17.6.2002).

22. "Falência. *Cobrança. Incompatibilidade. O processo de falência não deve ser desvirtuado para servir de instrumento de coação para a cobrança de dívidas.* Considerando os graves resultados que decorrem da quebra da empresa, o seu requerimento merece ser examinado com rigor formal, e *afastado sempre que a pretensão do credor seja tão somente a satisfação do seu crédito*. Propósito que se caracterizou pelo requerimento de envio dos autos à Contadoria, para apurar o valor do débito, pelo posterior recebimento daquela quantia, acompanhado de pedido de desistência da ação. Recurso conhecido e provido" (3ª T., REsp n. 136.565-RS, rel. Min. Ruy Rosado, 14.6.1999).

23. "Falência. Pedido liminarmente rejeitado por falta de interesse, necessidade e inadequação. Débito de pequeno valor e quirografário, sujeito ao pagamento anterior dos preferenciais. Inadmissibilidade. Não compete ao Juiz a escolha da ação que deve mover a parte, se os dois feitos se prestam dentro do ordenamento jurídico. Parte que possui título executivo vencido, protestado e não pago. Suficiência para o pedido de quebra que, no fundo também contém uma cobrança, coletiva, ou individual se elidida pelo depósito. Legítimo interesse de agir, necessidade e adequação do pedido. Recurso provido para que se prossiga no feito."

Direito Privado, rel. Guimarães e Souza, j. 5.10.1999[24]).

A melhor noção, entretanto, parece estar resumida nos julgados da 3ª Turma do Superior Tribunal de Justiça acima referidos e na doutrina de Jorge Lobo (1996: 245),[25] segundo a qual não deve a falência ser destinada àqueles que se encontram em simples dificuldades passageiras, já que seu objetivo institucional é pôr a salvo o *par conditio creditorium*.

Com efeito, deixando de lado as discussões acerca da existência de insolvência ou insolvabilidade no Direito brasileiro, bem como acerca da configuração ou não da impontualidade como insolvência (ou insolvabilidade), é cediço que a falência está (ou pelo menos a sua noção atual está, ante a ingerência e preponderância das questões econômicas sobre a situação jurídica propriamente dita) atrelada à impotência patrimonial em adimplir os compromissos firmados, não podendo se permitir que a empresa – atividade econômica gerada a partir de capital, trabalho e organização – cuja sorte é independente da do empresário, seja disseminada por uma iliquidez ou pela simples impontualidade, sem que esteja caracterizada a crise econômica. Isto, *de per se*, já é um determinante para se rejeitar o sistema da impontualidade como hipótese de falência. Outro determinante é a utilização da ação falimentar para atingir finalidade diversa, qual seja, o recebimento de crédito.

Consoante será visto adiante, o direito estrangeiro, em sua grande maioria, não mais adota o sistema da impontualidade como requisito de falência e tem o foco prioritário na recuperação – salvação – da empresa em crise econômica e não na sua liquidação. É o que se propõe a tratar doravante.

V – Considerações sobre o direito estrangeiro

A nova concepção sempre mencionada ao longo deste trabalho está muito clara e já presente de forma inconteste na legislação estrangeira. Na soberba maioria, os critérios de caracterização e decretação da quebra não incluem o sistema da impontualidade, limitando-se aos sistemas da cessação de pagamentos e da insolvência propriamente dita, isto é, da impotência patrimonial diante do passivo (ativo insuficiente para solver o ativo), o que decorre do fato de não estarem tais legislações preocupadas em liquidar e extinguir as empresas, mas, pelo contrário, em conservá-las e reergue-las.[26] Confira-se, brevemente, as preocupações atuais de alguns países da União Europeia e da América do Norte.

24. Disponível em *www.tj.sp.gov.br*, seção jurisprudência, "ementa".

25. "Embora a impontualidade, o inadimplemento de obrigação líquida e certa no vencimento *seja uma manifestação exterior do estado de insolvência*, ou, como diz Carvalho de Mendonça, 'manifestação típica, direta, sinal ostensivo, qualificado da impossibilidade de pagar e, consequentemente, do estado de falência', muitas vezes ele apenas expressa a disposição do devedor de discutir a dívida, por entender que não deve pagá-la, pelo menos na forma e nas condições exigidas pelo credor; outras, por negligência ou mau controle do devedor; algumas, por fatos imprevistos, tais como a falência ou a concordata de um devedor do devedor ou a retração do crédito bancário ou dos fornecedores, etc.

"Em verdade, *o instituto da falência, desde priscas eras, tem por objetivo pôr a salvo a 'par conditio creditorum', quando verificado o estado de insolvência do devedor*, a fim de evitar que um credor, mais bem orientado, mais bem informado, mais esperto, mais atirado, mais afoito, possa desfalcar o patrimônio do devedor comum em detrimento da universalidade de credores.

"Contudo, *se não há déficit patrimonial, se a situação é apenas de iliquidez, se a insolvência da devedora é passageira, transitória, provisória, pois o seu ativo supera, muitas vezes em larga margem, o seu passivo, a lei não deveria permitir o desvirtuamento do instituto da falência, nem a sua transformação em ação de cobrança*."

26. É o que se infere do Relatório Geral realizado pela Associação Internacional dos Jovens Advogados, publicado pela Kluwer Law International, em 1998, através da obra *Rescue of Companies – The Role of Shareholders, Creditors and the Administrator*.

Na Austrália, através da *corporations law*, *section 95A*, considera-se insolvente aquele que não possui condições de pagar todos os seus débitos no tempo e modo convencionados (1998:28).[27] Na Bélgica, a insolvência é considerada instabilidade patrimonial e deferida aos entes civis. Por outro lado, a falência é deferida aos comerciantes e se caracteriza pela cessação dos pagamentos (o que refletiria a impossibilidade de gerar fluxo de caixa) e pela perda ou abalo do crédito (1998:60). Inobstante a ausência da impontualidade como requisito, a lei belga ("Belgium Bankruptcy Act") tem escopo liquidatário, embora, mais recentemente, tenha sido mitigado pela lei de reorganização ("Belgium Reorganization Act").[28]

No Canadá, a insolvência se caracteriza pela impossibilidade de cumprimento das obrigações como devidas e impotência do patrimônio para cobrir as dívidas vencidas (1998:96). A "Bankruptcy and Insolvency Act" canadense não lista, entre os atos de falência (*Acts of Bankruptcy*, Part II, item 42), qualquer espécie de impontualidade.[29]

Nos Estados Unidos, os sistemas adotados giram em torno da falta de liquidez ("equity insolvency") e da insuficiência de patrimônio ("bankruptcy insolvent") (1998: 453-454). Este país também sofreu, em 2001, uma revisão em sua legislação, visando tornar mais efetiva a recuperação de empresas e, principalmente, adequando o sistema às grandes quebras internacionais (envolvendo empresas de grande porte – multinacionais), o que parece ser uma diretiva atual, visto que países da Europa também passaram (e ainda passam) por esta reforma. Cite-se, entre as técnicas de recuperação, o "*fresh start*", através do qual várias dívidas são perdoadas, para que se inicie uma nova fase do negócio.

O grande destaque das legislações estrangeiras, entretanto, fica com Espanha e Portugal, que, recentemente, alteraram a legislação falimentar, expurgando o caráter liquidatário e prestigiando a insolvência como causa de decretação de abertura do concurso de credores. Referidos países, no tratamento à matéria, abandonaram, inclusive, a terminologia falência. Veja-se.

Na Espanha, a insolvência está tratada na "*Ley 22/2003*", de 9 de julho, e, em seu item 1, do "*articulo*" 2, que trata dos pressupostos objetivos da abertura do concurso, dispõe que se dará o concurso se o devedor comum se encontrar em estado de insolvência. Esse estado de insolvência, por sua vez, está descrito, de forma cristalina, no item 2 do mesmo "*artículo*", e se caracteriza pela impossibilidade de cumprir regularmente seus compromissos (obrigações) exigíveis. O item 4 do mesmo "*artículo*" é o que merece ser festejado, vez que, categoricamente, exige, para o pedido de decretação do concurso por um credor, que se funde em um título pelo qual se tenha sido ajuizada ação executiva, sem que tenham resultados bens bastantes para a satisfação do crédito.[30]

27. Cf. International Insolvency Institute (*www.iiiglobal.org/topics/pending*, acessado em 16.6.2004), a lei australiana está sendo revista, e já existe projeto de lei.

28. Cf. International Insolvency Institute (*www.iiiglobal.org/topics/country/belgium.html*, acessado em 16.6.2004).

29. *Source*: *http://laws.justice.gc.ca/en/B-3/text.html*, acessado em 16.6.2004, através do *site www.iiiglobal.org/country/canada*, também acessado em 16.6.2004.

30. "Se la solicitud de declaración de concurso la presenta un acreedor, *deberá fundarla en título por el cual se haya despachado ejución* o apremio *sin que del embargo resultasen bienes libres bastantes para el pago*, o en la existencia de alguno de los seguintes hechos: (...)." Tradução livre para o vernáculo: "Se o pedido de declaração de concurso de credores for apresentado por um credor, deverá baseá-lo em um título pelo qual se tenha ajuizado ação de execução, sem que dos embargos resultasse a existência de bens livres e bastantes para o pagamento, ou a existência dos seguintes fatos: (...)". Disponível em *http://www.ifecom.cjf.gob.mx/leyes_reglamentos/ley con_spain.pdf*, acessado em 17.6.2004.

Em seguida, ao listar os "*hechos*" (fatos), expõe quatro hipóteses que são, incontestavelmente, hipóteses de insolvência, distante, assim, da ideia ultrapassada de impontualidade.

No Direito português também é notável a evolução do pensamento. O novo Código de Insolvência, Decreto-lei n. 53/2004, publicado em 18 de março do ano corrente, aboliu a terminologia "falência", por considerar como único pressuposto objetivo do concurso e da recuperação da empresa, a insolvência, como se depreende da Exposição de Motivos do referido Decreto-lei.[31]

O art. 1º do Código de Insolvência português descreve o processo de insolvência como uma execução universal que tem como finalidade a liquidação do patrimônio de um devedor insolvente e a repartição do produto obtido pelos credores, ou a satisfação pela forma prevista em um "*plano de insolvência*", que vise a recuperação da empresa. O art. 3º, ao seu turno, define a situação de insolvência, como sendo aquela na qual o devedor "*se encontre impossibilitado de cumprir as suas obrigações vencidas*" (item 01). O item 03 desse artigo, entretanto, excepciona, inserindo hipóteses em que a situação descrita no item 01 não caracterizará a insolvência, desde que o ativo seja maior que o passivo, segundo as regras dispostas nas alíneas "a" a "c".

Por fim, no art. 20, item 01,[32] ao tratar dos demais legitimados para o pedido de declaração da insolvência (cuja legitimidade ordinária é do próprio devedor), deixa claro que só é possível ao credor requerer a declaração do concurso e o reconhecimento da insolvência, quando houver falta de cumprimento de uma ou mais obrigações (o que, em tese e a princípio, configuraria a impontualidade), desde que o montante seja relevante e, com isso, conduza à conclusão de que o devedor não conseguirá honrar mais os seus compromissos. Referida ideia não coaduna com a de impontualidade ainda existente na lei brasileira, aproximando-se, inegavelmente, da noção de crise, insolvência.

Sem qualquer dúvida, é de se afirmar que o Código português abandonou a concepção histórica de impontualidade, ao condicionar a declaração da insolvência à verificação do montante da dívida, de sua importância, de seu impacto na reputação e na idoneidade do devedor e, até mesmo, na análise da potencialidade do patrimônio em face do cumprimento das demais obrigações. Essa ideia (que exige análise subjetiva da situação do devedor, o que, por si só, não se amolda ao sistema puro da impontualidade) parece, como já antecipado, mais adequada à necessidade de se conservar ao máximo as empresas economicamente viáveis (e a ideia de viabilidade é intrínseca à alínea "b" do art. 20 supra transcrita), bem como a de se evitar a liqui-

31. "A ferramenta da dicotomia recuperação/falência, a par da configuração da situação de insolvência como pressuposto objectivo único do processo, torna também aconselhável a mudança de designação do processo, que é agora a de 'processo de insolvência'. A insolvência não se confunde com a 'falência', tal como actualmente entendida, dado que a impossibilidade de cumprir obrigações vencidas, em que a primeira noção fundamental consiste, não implica a inviabilidade econômica da empresa ou a irrecuperabilidade financeira postuladas pela segunda" (2004:1.403). Acessado em 17.6.2004, disponível em *http://www.portugal.gov.pt/NR/rdonlyres/4673443D-F0E6-4C39-9872-75070F14E518/0/Cod_Insolvencia_Recup_Empresas.pdf*.

32. "1. A declaração de insolvência de um devedor *pode ser requerida* por quem for legalmente responsável pelas suas dívidas, *por qualquer credor*, ainda que condicional e qualquer que seja a natureza do seu crédito, ou ainda pelo Ministério Público, em representação das entidades cujos interesses lhe estão legalmente confiados, *verificando algum dos seguintes factos*: a) suspensão generalizada do pagamento das obrigações vencidas; b) falta de cumprimento de uma ou mais obrigações *que, pelo seu montante ou pelas circunstâncias do incumprimento, revele a impossibilidade de o devedor satisfazer pontualmente a generalidade de suas obrigações*; c) fuga do titular da empresa (...)."

dação por simples dívida (o que evita, também, o desvirtuamento do instituto).

VI – A proposta nacional: Projeto de Lei n. 071/2003 do Senado Federal

Como alhures demonstrado, a doutrina contemporânea do direito falimentar caminha no sentido de expurgar a possibilidade de decretação de falência e, principalmente, de liquidação da empresa (e finalização das atividades), com base em critério puramente objetivo e isolado, tais como a impontualidade e a cessação de pagamentos. Esse sentimento encontra-se bem delineado no escólio de Nelson Abrão (1997: 72-73), multicitado, que, ao tratar do tema, afirmou, peremptoriamente, que é inconsistente o preceito que autoriza o ajuizamento do pedido de falência com base em simples impontualidade.[33]

E de forma destemida, o mesmo jurista (Abrão, 1985:177)[34] propõe o abandono do requisito da impontualidade do sistema de falência brasileiro, gizando que somente se deve considerar, como causa de procedimento concursal, a insolvência e não o mero inadimplemento.

Ripert, D'Avack e Provincialli, citados por Walter T. Álvares (1982:62-63), em igual desiderato, já afirmavam que considerar a impontualidade e a cessação do pagamento como pressupostos da falência era um verdadeiro "absurdo jurídico".[35]

E essa ideia também já estava presente nas antigas lições de Waldemar Ferreira (1927:35)[36] que, ao citar a legislação italiana e o entendimento de seus tribunais, pronunciou-se no sentido de que não basta um certo fato para a decretação da falência, de modo que a falta de pagamento de obrigação mercantil nem sempre denunciará o estado de impotência do comerciante. Imprescindível seria que houvesse prova de que a cessação do pagamento tivesse produzido um desequilíbrio no devedor, capaz

33. "(...) *o sistema legal brasileiro é bastante rigoroso ao autorizar o requerimento da falência com base na falta de um só pagamento no vencimento,* uma vez que é decisiva a orientação das legislações no sentido de determinarem a abertura da falência à ocorrência da insolvência, ou seja, incapacidade definitiva de pagar, o que é referendado pela doutrina. Assinala Ferrara que *os inadimplementos não são considerados em si e por si,* mas somente enquanto valham para manifestar que o devedor não está mais em condições de satisfazer regularmente suas próprias obrigações. Já, quanto a insolvência, pode observar-se que, se a palavra insolvente, segundo o significado etimológico, quer dizer que não paga, na linguagem vulgar e, apesar de tudo, na linguagem jurídica, assume uma acepção mais restrita, indicando quem não paga, porque não pode pagar ou, diretamente, quem não pode pagar. *Afigura-se-nos inconsistente o preceito que autoriza ajuizamento do pedido de falência à ocorrência de uma simples impontualidade.*"

34. "(...) Sustentamos, em suma: (...) II – de se considerar a insolvência como causa dos procedimentos concursais (estado), *e não o mero inadimplemento ou impontualidade* (fato);"

35. "Enquanto Ripert assim radicaliza o assunto em torno da cessação de pagamentos, que corresponderá à impontualidade, encontramos D'Avack rotulando como absurda a decretação de falência com fundamento somente neste caso. Diz ele: *Considerar a falta de pagamento como pressuposto de falência não só é contrário aos princípios gerais deste instituto, mas é 'sopratuto giuridicamente assurdo',* e entende que o pressuposto substancial é a insolvência. Provincialli denuncia como incompleto e impreciso o conceito de cessação de pagamento, abandonado pela legislação italiana."

36. "Nos paizes em que a cessação de pagamentos determina o estado de fallencia, a jurisprudência é incerta no conceitual-o. *Não basta um facto certo.* A falta de pagamento de obrigação mercantil liquida e certa nem sempre o denuncia. *Para declarar-se a fallencia,* e assim o decidiu um tribunal italiano, não é suficiente demonstrar a qualidade de commerciante do devedor e tratar-se de obrigação mercantil. *Necessária é a prova de que a cessação do pagamento de obrigação desta natureza produziu o desequilibrio econômico do devedor, de fórma a abalar-lhe o credito e a produzir alarme na massa dos credores. Porque a falta de um unico pagamento não é a prova da cessação de pagamentos, exigida pela lei, para a declaração da fallencia. A pouca importância do debito,* a falta de protesto de outras cambiaes, sem o concurso de outros credores e de outros devedores, alliadas à certeza de que, prosseguindo a execução, o credor receberia o pagamento da divida, são argumentos de que *o caso seria de não decretação da fallencia.*"

de abalar-lhe o crédito e causar alarme aos credores.

Embora a legislação estrangeira tenha realmente seguido essa orientação, principalmente, à vista dos princípios vindouros da preservação da empresa e da dissociação da sorte entre a empresa e o empresário,[37] o projeto de lei (de 1993) de reforma da legislação falimentar no Brasil foi tímido no que toca aos requisitos de decretação da falência, conservando o critério da impontualidade, a princípio, sem qualquer restrição,[38] e, em uma segunda fase, inserindo o *quantum* mínimo como condição de requerimento da quebra com base na inadimplência (impontualidade).

Verificando mais detidamente o Projeto de Lei n. 4.376-A/1993, aprovado pela Comissão Especial da Câmara dos Deputados, após parecer da Comissão de Trabalho, Administração e Serviço Público, e, logicamente, o substitutivo adotado pela referida Comissão, nota-se que, neste momento, a lei futura almejaria regular a "*recuperação judicial e a liquidação das empresas e pessoas físicas que exercem atividade econômica*", abolindo a terminologia *falência* e adotando a teoria da crise econômica como pressuposto da abertura de concurso (liquidação).[39] O princípio da preservação estava nitidamente consolidado no art. 52.[40]

Entretanto, ao definir a caracterização da situação de crise econômico-financeira suficiente à decretação da liquidação judicial, no então art. 74, em inaceitável contradição, conservou o critério da impontualidade como configurador desse estado de crise econômica, prevendo que seria considerado em crise econômico-financeira "*o devedor que, sem relevante razão de direito*" não honrasse, no vencimento, a obrigação líquida (Bulgarelli, 1998:215).

Com efeito, embora a lei se propusesse a liquidar, apenas, as empresas economicamente inviáveis, trazia em seu bojo a possibilidade de se extinguir a atividade de um devedor que deixasse de pagar uma única obrigação líquida em seu vencimento, considerando esse fato como crise econômica e financeira. Entretanto, por tudo já visto neste breve ensaio, não é necessário argumentar, bastando reafirmar, que *a simples impontualidade não configura, em hipótese alguma, mormente em caráter puramente objetivo, a crise econômico-financeira inerente à decretação da falência* (no caso, liquidação).

Impende, neste ínterim, fazer uma ressalva à Emenda de Plenário n. 74, publicada no *Diário Oficial* (Diário da Câmara dos Deputados) de 5 de novembro de 1997,

37. "Com efeito, o Direito Concursal possui a premissa de preservar a empresa ainda viável economicamente e liquidar as consideráveis inviáveis. A dissociação entre a sorte da empresa para a do empresário é requisito fundamental da legislação concursal. Esta dissociação viabiliza que dentro do plano de reorganização econômica da empresa o empresário seja afastado de suas funções administrativas sem, contudo, cessar a atividade funcional da mesma. Portanto, esta característica diferencia-se da atual sistemática brasileira, na qual a empresa considera-se extinta com a declaração da falência, não podendo permanecer em atividade" (Simionato, 1997:17).

38. O Projeto de Lei n. 4.376/1993 original, elaborado pelo Poder Executivo e encaminhado através da Mensagem n. 1.014/1993 do Min. Maurício Corrêa, não contém nenhuma restrição de valor mínimo para legitimar o requerimento da falência com base na impontualidade. O art. 49 do projeto repetiu a regra da impontualidade da lei atual, sem restrições (a redação original é encontrada no *site* da Câmara dos Deputados – *www.camara.com.br* – e foi publicada no *Diário Oficial*, seção I do "Diário do Congresso Nacional", de 22.2.1994). Também se encontra reproduzido (o texto original) no *Diário Oficial* de 24.1.1997 ("Diário da Câmara dos Deputados", pp. 2.516-2.529).

39. A redação final desse substitutivo apresentado e aprovado foi publicado na *Revista de Direito Mercantil, Industrial, Econômico e Financeiro* 111/203-231, por Waldirio Bulgarelli.

40. "A recuperação judicial é um instrumento destinado a sanear a situação de crise econômico-financeira do devedor, *salvaguardando a manutenção da fonte produtora da empresa, do emprego dos seus trabalhadores, e os interesses dos credores*, viabilizando, dessa forma, *a realização de sua função social*" (Bulgarelli, 1998:210).

da lavra do Deputado Luiz Máximo, cuja destemida proposição visava alterar a redação dos arts. 74 e 75 do Substitutivo,[41] excluindo o critério da inadimplência das hipóteses de falência, assemelhando-se às disposições da atual lei espanhola, acima verificada.

Com efeito, com a dita proposição, o Deputado Luiz Máximo pretendia expurgar do sistema de falência brasileiro o critério da impontualidade como ensejador da quebra, a partir da alteração do art. 74 do Substitutivo ao Projeto adotado pela Comissão que considerava em estado de crise econômica aquele que deixasse de realizar um pagamento no vencimento da obrigação líquida. De sua veemente justificação, infere-se que o instituto falimentar transformou em mera e corriqueira via de cobrança de dívida, fato responsável pelo comprometimento da credibilidade, coercibilidade e eficácia da falência. Destaca, ainda, que lide falimentar se diferencia da executiva, principalmente, pela finalidade caracterizada pelo interesse público. Na primeira, pretende-se buscar a garantia de igualdade no recebimento dos créditos, levantar as fraudes e crimes, punir, ressarcir os danos; na segunda, apenas se defende interesse individual.[42]

No entanto, a emenda não foi acolhida e, tendo andamento legislativo o projeto de lei,[43] foi submetido novamente ao plenário da Câmara dos Deputados, quando, em 2003, recebeu uma subemenda global, cujo relator foi o do Deputado Osvaldo Biolchi. Nesta subemenda, foi conservada a regra paliativa e tímida no então art. 90, condicionando o requerimento e a decretação da falência (termo que voltou a ser adotado), nos casos de não pagamento de dívida líquida e certa (vocábulo que voltou ao texto legal), ao valor do crédito não

41. "Dê-se aos arts. 74 e 75 do Substitutivo a seguinte redação: 'Art. 74. Considera-se falido o devedor que, executado, não paga, não deposita a importância, ou não nomeia bens à penhora, dentro do prazo legal'. 'Art. 75. Ocorrendo a hipótese do art. 74, poderá o credor exequente requerer a conversão do pedido de execução em pedido de falência, com a remessa dos autos, se o caso, ao Juízo competente'."

42. "A caracterização do estado de falência do empresário mercantil pela simples impontualidade no pagamento de um único débito, *fez do instituto da quebra apenas mais uma via de cobrança de dívida. E a utilização do pedido de quebra tornou-se tão corriqueiro que comprometeu sensivelmente a credibilidade, a coercibilidade e, consequentemente, a eficácia da falência. Sabe-se a falência distingue-se da execução singular exatamente pela finalidade caracterizada pelo interesse público.* Enquanto a execução se destina a atender o interesse individual do credor, a falência busca a garantia da igualdade de tratamento entre os credores admitidos no concurso por ela instaurado, restringindo o exercício da atividade mercantil pelo comerciante inidôneo, punindo o empresário pelas fraudes praticadas e, com a gravidade de suas consequências, visa dar maior segurança às relações creditícias, enquanto de interesse comum do povo. (...) Os arts. 74 e 75 do projeto, devem ser alterados para admitir a falência no caso da chamada execução frustrada, isto é, quando o empresário devedor, executado, deixar de depositar o valor reclamado, pagar a dívida, ou oferecer suficientes bens à penhora no prazo legal. (...) Já o preceito do art. 75 do projeto, só se justificava ao tempo da edição da Lei vigente, em que a duplicata ainda não estava bem difundida, além do que, com a chamada ação monitória, já teria o credor a possibilidade de constituir facilmente título de crédito bastante para o requerimento de falência. *Perde importância, ainda, o referido preceito com a abolição do critério da impontualidade como caracterizador da insolvência*" (*sic*) (pp. 35.229-35.230).

43. A redação final do Projeto n. 4.376-A/93, publicada em 3.12.1999 no *Diário Oficial* (Suplemento – Câmara dos Deputados, p. 558), já alterava o valor mínimo, que fomentasse o pedido de quebra com base na impontualidade, para 10.000 UFIRs e passava exigir dois protestos apenas para a legitimidade do requerimento de decretação da liquidação judicial (art. 81). Antes, porém, foi inserido no texto legal do Projeto, o valor de (40) quarenta salários-mínimos (conforme proposta do Relator Dep. Osvaldo Biolchi, in "Diário da Câmara dos Deputados" – *Diário Oficial* de 24.1.1997, p. 2.598), no art. 77, § 1º (além de exigir a apresentação de certidões de três protestos lavrados nos trinta dias anteriores ao pedido de falência, sendo certo os credores deveriam ser diversos) e, depois, no Substitutivo aprovado pela Comissão, que se encontra publicado no mesmo "Diário da Câmara dos Deputados" de 24.1.1997 (e também na *Revista de Direito Mercantil, Industrial, Econômico e Financeiro* 111/203-231, por Waldirio Bulgarelli), quando, então, foi fixado o valor mínimo de 5.000 UFIRs, mantidas as regras relativas aos protestos exigidos pela redação anterior.

pago na data de vencimento, sendo que nesta proposição, era de 42 (quarenta e dois) salários-mínimos.[44] Assim, para se ter por configurada a presunção de insolvência necessária à decretação da falência, a impontualidade deveria ser resultante de título "*que ultrapasse a soma correspondente a 42 (quarenta e dois) salários-mínimos*".[45]

A crise econômica, entretanto, permaneceu como critério para a recuperação judicial, conforme art. 46 dessa proposição de 2003. Ao contrário das normas anteriores, foi, finalmente, suprimida a exigência de apresentação de três certidões de protestos atinentes a credores diversos, bem como o prazo mínimo de trinta dias entre o requerimento da falência e a lavratura desses protestos. Tais regras, sem dúvida alguma, descaracterizavam o critério da impontualidade, reforçando a ideia de que não serve como hipótese de falência.

O projeto aprovado pelo Plenário da Câmara dos Deputados (PL n. 4.376-B/93, "subemenda global" adaptada à Lei n. 10.406/2002), seguiu ao Senado conservando, em seu art. 90, o valor mínimo para configuração da impontualidade (definido em 42 – quarenta e dois – salários-mínimos). No Senado Federal, foi aprovado o substitutivo PLC n. 071/2003,[46] cujo Relator foi o Senador Ramez Tebet, sendo mantida a regra do *quantum* mínimo (reduzido para 40 – quarenta – salários-mínimos), como requisito de configuração da impontualidade e da decretação da falência.[47]

VII – Conclusão

Certo é que nem todas as ideias apresentadas no decorrer deste breve estudo são inéditas, pelo contrário, muitas são conhecidas. De qualquer forma, o intuito de analisar a possibilidade de se manter na legislação brasileira falimentar, cuja reforma se encontra em voga e vem recebendo, diariamente, destaque no cenário nacional, o critério da impontualidade como real e objetiva causa de decretação da falência mostrou-se sobremaneira relevante ao passo que foi possível perceber a fragilidade de tal critério diante da necessidade de se preservar a empresa, a fonte produtiva geradora de tributos, trabalhos e fomentadora da economia como um todo. Ou seja, a juridicidade da impontualidade perdeu, não só no Brasil, força diante da economicidade da teoria da preservação da empresa.

Ressalve-se a posição contrária de parcela da doutrina e dos pretórios que não pensa da mesma forma à acima alinhavada. Dentre estas, destaca-se a posição ferrenha do egrégio Tribunal de Justiça paulista que, por diversas vezes, salientou tratar-se o requerimento de falência com base na impontualidade de procedimento previsto em lei, não cabendo ao Magistrado dizer se trata ou não de tentativa de cobrança por meio de ação falimentar. Em semelhante diapasão, citou-se a posição recente do Ministro

44. No Projeto de Lei n. 4.376-A/1993, aprovado pela Comissão Especial da Câmara dos Deputados, consoante já anotado acima, a importância mínima era de 5.000 UFIRs, conforme § 1º do art. 77 (Bulgarelli, 1998:216). No entanto, também havia exigência de comprovação da existência de três protestos feitos por credores distintos, verificados no prazo de trinta dias anteriores ao pedido. *Essas previsões*, de per se, *já demonstram a incompatibilidade do sistema da impontualidade como critério puro e objetivo de decretação da falência*.

45. O projeto encontra-se disponível no *site* *www.camara.gov.br*, item "proposições" e foi consultado em 19.6.2004 (o *link* específico é o seguinte: *http://www.camara.gov.br/sileg/Prop_Detalhe.asp?id=125587*).

46. Disponível no *site* do Senado Federal, *www.senado.gov.br*, seção "processo legislativo". Acessado em 19.6.2004. Endereço específico consultado: *http://legis.senado.gov.br/pls/prodasen/PRODASEN.LAYOUT_MATE_DETALHE.SHOW_MATERIA?P_COD_MAT=63304*.

47. O texto, embora ainda não publicada a redação final, parece ter sido conservado pelo Plenário do Senado Federal, conforme se pode concluir da análise da Ata da Sessão Plenária de 6.7.2004, 97ª Seção Deliberativa do Senado Federal (disponível no *site* do Senado Federal, *www.senado.gov.br*, em 21.7.2004, *link* específico: *http://www2.senado.gov.br/sf/atividade/plenario/default.asp#*, seção "atas").

Humberto Gomes, ao relatar o Recurso Especial n. 515.285-SC, e consignar que a impontualidade é pura e independe do estado de solvência do devedor.

No entanto, não pode prevalecer esse posicionamento, pois não se pode mais permitir a finalidade liquidatária e solutória da lei falimentar, tampouco o desvirtuamento do instituto para forma sumária de cobrança, já que a finalidade deve ser a justa partição do patrimônio, proteção ao devedor e aos credores, e não via estreita de recebimento do crédito. O ordenamento jurídico não pode criar dois mecanismos para o mesmo fim, para a mesma prestação jurisdicional. Cabe, assim, ao operador do direito dizer qual o fim da falência e qual o fim de uma ação executiva. E para essa análise, é relevante lembrar o escorço histórico traçado no início deste estudo: a ação executiva não se prestava para a cobrança de dívidas líquidas e certas, até 1939. Assim, a lei de falências, desde 1890, vem suprindo uma falha do sistema processual, ou seja, possibilitando uma via estreita e eficaz de recebimento de crédito decorrente da impontualidade (anote-se que o inadimplemento é a condição mínima para manejo da ação executiva), já que o procedimento especial de "*assignação de dez dias*" não era eficaz como a ação de execução por título extrajudicial existente na legislação atual.

De mais a mais, como mencionado por Bessone (1995:33), o art. 26 da Lei de Falências atual, interpretado em conjunto com os arts. 129 e 131, já é suficiente para descaracterizar a impontualidade como hipótese de insolvência e, logo, propriamente, de falência. Todavia, não cumpre a este trabalho aprofundar na questão da caracterização ou não da impontualidade como insolvência (ou insolvabilidade), bastando o exame de ser ou não um possível critério de falência nos tempos modernos, de empresas modernas e de economia moderna.

Fato é que mesmo tencionando reformar a legislação de 1945 e torná-la adequada às exigências contemporâneas, a nova propositura legislativa recentemente aprovada (PL n. 071/2003) pelo Senado Federal (o processo legislativo ainda demanda retorno do expediente à Câmara dos Deputados) não atende a essa expectativa específica da conservação máxima da empresa viável e do fim da indústria das falências e, por isso, parece não estar efetivamente conectada à noção de crise econômico-financeira da empresa e manutenção da empresa. A solução encontrada (imposição de *quantum* – quarenta salários-mínimos – para o requerimento da falência), tímida, cria hipótese intermediária diante do proposto pelas legislações estrangeiras e pela doutrina abalizada do Doutor Nelson Abrão (atuante no processo legislativo, diga-se).[48] Resta aguardar o desenrolar da tramitação legislativa.

A orientação mais consentânea com a realidade atual parece, sem maiores controvérsias, ser aquela dada pela legislação espanhola. A lei portuguesa também merece comemoração. Os ideais de conservação da empresa e de impotência patrimonial estão bem estampados nas duas normas. A legislação brasileira, embora já exista plena consciência doutrinária e jurisprudencial sobre o tema no país, quedou-se silente e, omissa, permitiu a conser-

48. Nelson Abrão que, de forma incontundente, pugnou pela abolição da impontualidade como hipótese de decretação de falência, consoante alhures mencionado e no presente trabalho. Em igual toada, foi a tentativa do Deputado Said Ferreira, através do Projeto de Lei n. 2.429, de 1991, cuja ementa era a seguinte: "*Acrescenta o inciso IX ao art. 4º e modifica o § 3º do art. 11, da Lei de Falências e Concordatas, adotando, assim, o sistema da insuficiência patrimonial e transformando a impontualidade em processo de execução*". Referida propositura encontra-se mencionada no item 03 "Alternativas existentes às medidas ou atos propostos", anexo à Exposição de Motivos do Ministério da Justiça que encaminhou, através da Mensagem n. 343 e 1.014 de 1993, o Projeto de Lei original de reforma da legislação falimentar (disponível no *Diário Oficial*, Diário da Câmara dos Deputados de 24.1.1997, p. 2.531, que pode ser consultado no *site www.camara.gov.br*).

vação do critério da impontualidade como hipótese de decretação de falência. *Concessa venia*, o indigitado critério parece não coadunar com a noção de crise econômica, de recuperação, de insolvência e de preservação e continuidade da empresa (dissociada da figura do empresário) e, por que não, inconcebível na era da análise econômica do direito, na qual as drásticas consequências da falência não podem sucumbir e serem preteridas pelo objetivismo e tecnicismo da impontualidade.

VIII – Referências bibliográficas

ABRÃO, Nelson (1997). *Curso de Direito Falimentar*. 5ª ed. São Paulo, Leud.

______ (1985). *O Novo Direito Falimentar*. São Paulo, Ed. RT,

ÁLVARES, Walter T. (1982). *Curso de Direito Falimentar*. 8ª ed. São Paulo, Sugestões Literárias.

ASCARELLI, Tullio (1962). *Corso de Diritto Commerciale*. Milão.

BATALHA, Wilson de Souza Campos, *et al.* (1996). *Falências e Concordatas: Comentários à Lei de Falências: Doutrina, Legislação e Jurisprudência*. 2ª ed. São Paulo, LTr.

BERTOLDI, Marcelo M., e RIBEIRO, Márcia Carla Pereira (2003). *Curso Avançado de Direito Comercial*. vol. 2. São Paulo, Ed. RT.

BESSONE, Darcy (1995). *Instituições de Direito Falimentar*. São Paulo, Saraiva.

BEVILÁQUA, Clóvis (1976). *Teoria Geral do Direito Civil*. 2ª ed. Rio de Janeiro, Livraria Francisco Alves.

BRASIL (1940). Ante-Projeto de Lei de Falências. Ministério da Justiça e dos Negócios Interiores. Rio de Janeiro, Imprensa Nacional.

______. (1994). Projeto de Lei n. 4.376. Regula a falência, a concordata preventiva e a recuperação das empresas que exercem atividade econômica regida pelas leis comerciais, e dá outras providências. *Diário Oficial*. Brasília, 22.2.1994, p. 1.974.

______. (1850). Codigo Commecial. Organização dos textos, notas remissivas e índices por VEIGA. In *Amigos dos Commerciantes*. São Paulo.

______. (1896). Decreto n. 917, de 24.10.1890. Reforma o Código Commercial na parte III. In VELLOSO, Eduardo G. Ferreira. *Consultor Theorico e Pratico das Fallencias e Liquidações dos Registros de Firmas e Contractos*. Bahia.

______. (1896). Regulamento n. 737, de 1850. In COSTA, Salustiano Orlando de Araújo. *Codigo Commercial do Brazil*. 6ª ed. Rio de Janeiro, pp. 247-353.

BULGARELLI, Waldirio (1998). "Ainda a Reforma de Lei Falimentar". In *Revista de Direito Mercantil, Industrial, Econômico e Financeiro* 111/203-231. São Paulo, Malheiros Editores, ano XXXVI, jul.-set.

CARDOSO, Maurício Graccho (org.) (1916). *Código Commercial Brasileiro Anotado. Sociedades Anonymas*. 1ª ed. Rio de Janeiro, F. Briguiet e Cia. Editores.

CLARKSON, Kenneth W., MILLER, Roger Leroy, e JENTZ, Gaylord A. (1983). *West's Business Law*. 2ª ed. St. Paul, West Publishing Company, pp. 568-603.

COELHO, Fábio Ulhoa (1999). *Manual de Direito Comercial*. 10ª ed. São Paulo, Saraiva.

ESPANHA (2003). Ley n. 22, de 9.7.2003. Disponível em *http://www.ifecom.cjf.gob.mx/leyes_reglamentos/leycon_spain.pdf*. Acessado em 17.6.2004.

FERREIRA, Waldemar Martins (1927). *Curso de Direito Commercial: da Fallencia e da Concordata Preventiva*. vol. II. São Paulo, Salles Oliveira, Rocha & Cia.

LACERDA, J. C. Sampaio de (1959). *Manual de Direito Falimentar*. Rio de Janeiro, Freitas Bastos.

______. (1996). *Manual de Direito Falimentar*. 13ª ed. Rio de Janeiro, Freitas Bastos.

LOBO, Jorge Joaquim (1996). *Direito Concursal: Direito Concursal Contemporâneo, Acordo Pré-Concursal, Concordata Pre-*

ventiva, Concordata Suspensiva, Estudos de Direito Concursal. Rio de Janeiro, Forense.

MAXIMILIANO, Carlos (1988). *Hermenêutica e Aplicação do Direito*. 10ª ed. Rio de Janeiro, Forense.

MENDONÇA, J. C. Carvalho de (1899). *Das Fallencias e dos Meios Preventivos de sua Declaração*. São Paulo, Typographia Brazil de Carlos Gerke & Cia.

PACHECO, José da Silva (1995). *Processo de Falência e Concordata*. 6ª ed. Rio de Janeiro, Forense.

PORTUGAL (2004). Decreto-lei n. 53, de 18.3.2004. Código de Insolvência e da Recuperação de Empresas. Disponível em *www.portugal.gov.pt*. Acessado em 17.6.2004 (*link* específico: *http://www.portugal.gov.pt/NR/rdonlyres/4673443D-F0E6-4C39-9872-75070F14E518/0/Cod_Insolvencia_Recup_Empresas.pdf*).

RAITANI, Francisco (1948). *Falência e Concordata*. São Paulo, Saraiva.

REQUIÃO, Rubens (1991). *Curso de Direito Falimentar*. vol. I, 14ª ed. São Paulo, Saraiva.

SCHMITZ, Winfried F., WACHTER, Joren de, e JAATINEN, Pekka (1998). *Rescue of Companies. The Role of Shareholders, Creditors and the Administrator*. Londres, International Association of Young Lawyers (Kluer Law International).

SIMIONATO, Frederico Augusto Monte (1997). "A Reforma da Lei de Falências frente à reorganização econômica da empresa". In *Revista de Direito Mercantil, Industrial, Econômico e Financeiro* 108/16-62. São Paulo, Malheiros Editores, ano XXXVI, out.-dez.

THEODORO JÚNIOR, Humberto (1998). *Curso de Direito Processual Civil*. vol. II, 21ª ed. Rio de Janeiro.

______. (1997). *A Insolvência Civil: Execução por Quantia Certa Contra Devedor Insolvente*. 4ª ed. Rio de Janeiro, Forense.

______. (1986). *Processo de Execução*. 11ª ed. São Paulo, Leud.

VALVERDE, Trajano de Miranda (1948). *Comentários à Lei de Falências*. vol. I. Rio de Janeiro, Forense.

Sites (internet) consultados

www.senado.gov.br

www.camara.gov.br

www.iiiglobal.org

www.portugal.gov.pt

Espaço Discente

ALGUMAS CONSIDERAÇÕES SOBRE O *TRUST* E AS PERSPECTIVAS DE SUA ASSIMILAÇÃO NO DIREITO BRASILEIRO*

Nicole Mattar Haddad Terpins

1. Introdução. 2. Aspectos históricos: 2.1 A dualidade do sistema anglo-saxão: "common law" vs. "equity"; 2.2 O surgimento do "trust". 3. Definição. 4. Estrutura e funcionamento: 4.1 Estrutura e principais características do "trust"; 4.2 Classificação; 4.3 Requisitos de constituição. 5. Natureza jurídica do "trust": 5.1 A natureza jurídica do "trust"; 5.2 Principais diferenças entre o "trust" e a fidúcia da concepção romana e germânica. 6. Relações entre o "settlor", o "trustee", o "cestui que trust" e seus credores. 7. Comparação do "trust" com outras figuras: 7.1 Principais diferenças entre o "trust" e outras figuras típicas do Direito brasileiro; 7.2 Propriedade fiduciária das administradoras de Fundos de Investimento Imobiliário; 7.3 O contrato de fidúcia: tentativa brasileira. 8. A assimilação do "trust" por sistemas de "civil law": 8.1 A preocupação civilista acerca do "trust"; 8.2 Escócia: tradicional exemplo de jurisdição mista; 8.3 América espanhola: adaptação do fideicomisso como incentivo ao ingresso de capitais; 8.4 França: "la fiducie"; 8.5 Suíça: o reconhecimento do "trust" pelo princípio da autonomia de vontade; 8.6 A Convenção de Haia. 9. Perspectivas de assimilação do "trust" pelo sistema jurídico brasileiro. 10. Conclusão.

1. Introdução

Talvez o mais flexível mecanismo para planejamento sucessório e gestão profissional de recursos de terceiros de todos os tempos seja o *trust*. De acordo com Austin W. Scott, "os propósitos para os quais os *trusts* podem ser criados são tão ilimitados quanto à imaginação dos advogados" (tradução nossa).[1]

Embora a versatilidade e inegável utilidade dos *trusts* sejam características reconhecidas mundialmente, tanto por países de tradição romano-germânica como anglo-saxã, por ser instituto criado e desenvolvido sob os conceitos de *common law*, mais precisamente de uma de suas jurisdições originárias, a *equity*, somente recentemente esse vem sendo admitido e delineado nos sistemas de *civil law*, sendo, entretanto, ainda controversas as questões relativas à natureza e aplicação do instituto e suas variações em tais jurisdições.

* Trabalho apresentado na Disciplina "Contratos em Direito Comercial Comparado II (Contratos em Espécie)", Professores Haroldo Malheiros Duclerc Verçosa e Marcos Paulo de Almeida Salles, Faculdade de Direito da USP, 2009.

1. Austin W. Scott e Willian F. Fratcher, *Introduction to the Law of Trusts*, 4ª ed., 1991, *apud* Carly Haward, "Trust funds in *Common Law* and *Civil Law* Systems: a comparative analysis", *University of Miami's International Law Journal*, p. 1, Miami, 2006.

No Brasil, a prática tem conduzido à adoção de *trusts* constituídos em outras jurisdições, tendo em vista a inexistência, no direito posto, de quaisquer figuras passíveis de alcançar os mesmos resultados do instituto anglo-saxão. Tal prática ainda tem preferido à realização de negócios fiduciários inominados com propósitos similares, pois a estes a lei não confere força impositiva.

Entretanto, a adoção de estruturas externas gera insegurança sob a luz do Direito pátrio, em especial diante as disposições constantes da Lei de Introdução ao Código Civil. Embora a Lei remeta o Judiciário à aplicação das regras do país onde as obrigações foram constituídas (art. 9º da LICC), não há dúvidas quanto à dificuldade de compreensão das normas externas, notadamente aquelas oriundas de *common law*, incerteza que se agrava na medida em que o objeto de discussão envolve bens situados no Brasil ou obrigações que aqui devam ser cumpridas, sujeitando os litigantes às normas (art. 8º da LICC) e aos tribunais locais (art. 12º da LICC), respectivamente.

Nestes termos, e em vista ao acelerado crescimento do mercado de capitais e à necessidade de profissionalização e perpetuação de grandes empresas familiares,[2] temos por urgente a necessidade de introdução do *trust*, ou figuras similares, em nosso ordenamento jurídico, motivo pela qual dedicamos o presente trabalho à análise do instituto e perspectiva de sua assimilação no direito pátrio.

2. Aspectos históricos

Como bem acentuado por René David, o *trust* "explica-se unicamente pela história".[3]

De fato, a compreensão do *trust* depende da recuperação de eventos históricos, dos quais extraímos o processo de formação e evolução do instituto, bem como o porquê de a Inglaterra ser o seu berço de origem. Como veremos, o *trust* se legitima na dinâmica peculiar do Direito anglo-saxão, marcado pela dualidade de um sistema estruturado sobre duas diferentes jurisdições: a *common law* e a *equity*.

2.1 A dualidade do sistema anglo-saxão: "common law" vs. "equity"

É comum dizer-se que a grande diferença entre o sistema de *civil law* – adotado pelos países de origem romano-germânica – e o de *common law*, é o da prevalência, no primeiro, do Direito escrito, codificado, enquanto que o segundo seria baseado no precedente jurisprudencial.

Não há dúvidas de que a vinculação ao precedente jurisprudencial é um dos traços mais marcantes da *common law*. Todavia, sua atual configuração é resultado da unificação, em um só sistema, das Cortes de *common law* e de *equity*, que no passa-

2. Recentes pesquisas apontam que, no Brasil, 1/3 das mil maiores empresas e 90% do total de empresas são familiares, entretanto, apenas 15% das empresas de origem familiar chegam à terceira geração, e, destas, 85% se desintegram antes de chegar à quarta geração, sendo que 65% desaparecem por disputas internas (Prosperare, "Grandes empresas familiares brasileiras": uma análise da publicação *Valor 1000*, 2006, disponível em *http://www.prosperarebrasil.com.br*, acesso em 1.11.2009. Matheus Góes, "As empresas familiares crescem e aparecem", *Gazeta Mercantil*, São Paulo, 5.6.2008, Caderno A, p. 3). De acordo com pesquisa realizada pela empresa de consultoria Prosperare, 54% das empresas familiares brasileiras ainda estão na primeira geração (Prosperare, 2007, Center for International Private Enterprise, *The Corporate Governance Guide: Family-Owned Companies*, Pakistan Institute of Corporate Governance, 2008b, disponível em *http://www.cipe.org/regional/southasia/pdf/CG_Guide_Pakistan_08.pdf*, acesso em 1.11.2008. Renato Bernhoef, *Sucessão em Empresa Familiar É Tema de Palestra*, 2007, disponível em *http://www.administradores.com.br/noticias/sucessao_em_empresa_familiar_e_tema_de_palestra/12240*, acesso em 1.11.2008).

3. René David, *Os Grandes Sistemas de Direito Contemporâneo*, 1996, *apud* Judith H. Martins-Costa, "Os negócios fiduciários: considerações sobre a possibilidade do acolhimento do *trust* no Direito brasileiro", *Revista dos Tribunais* 657/39-60.

do atuaram como diferentes jurisdições no sistema anglo-saxão.[4]

No século XII o Rei Henrique I introduziu a ideia de que os delitos não eram um problema familiar ou regional, mas sim um problema de governo, uma violação da "paz do Rei".[5] Movido por este ideal, e buscando, sobretudo, estabelecer o seu poder soberano sobre a Justiça, o Rei reuniu e enviou um número determinado de juízes para que viajassem pelo país, com o objetivo de julgar as questões do povo. A partir de então, se formaram as Cortes de *common law*, os tribunais que julgavam os conflitos e administravam a Justiça.

Tais tribunais passaram a desenvolver regras próprias, tanto de direito material, como de direito processual, criando normas procedimentais para apresentação das causas e seus julgamentos, atribuindo ao precedente efeito vinculante e de observância obrigatória no exercício da atividade jurisdicional. Não obstante os benefícios decorrentes da organização do sistema, sua rigidez passou a gerar problemas, visto à adoção de condutas padronizadas para casos nem sempre idênticos, por vezes prejudicando a correta aplicação da justiça.

Por conseguinte, aqueles que se sentiam injustiçados pelos julgamentos dos tribunais de *common law* passaram a recorrer diretamente ao Rei, peticionando no sentido de obter uma nova decisão, baseada nos princípios de equidade (*equity*). Tais petições eram entregues, a mando do Rei, ao Chanceler (*Chancellor*), o Secretário-Chefe do Rei, a quem cabia julgá-las. A princípio, as decisões do Chanceler tinham apenas a forma de recomendação às partes envolvidas, para que respeitassem a decisão do tribunal ou deixassem de executá-las.

Com o tempo, e o número crescente de petições (que passaram a ser dirigidas diretamente ao Chanceler), instalou-se uma nova Corte, separada dos tribunais de *common law*, a Corte da Chancelaria (*Court of Chancery*).

A partir do século XV, a Corte da Chancelaria, normalmente encarregada a uma autoridade ligada à Igreja, passou a ser composta por juristas. Em 1529 Thomas More foi indicado Chanceler pelo Rei Henrique VIII.[6] Tal mudança pode ser facilmente explicada, tendo em vista o rompimento entre o Rei Henrique VIII e a Igreja Católica.

Nesta época, as decisões da Corte de Chancelaria, sempre baseadas no princípio de equidade, deixaram de ser simples recomendações. Formalmente não se reformava as decisões emanadas dos tribunais de *common law*, mas o desrespeito às decisões do Chanceler podia resultar em diversas penalidades, tais como multas ou até mesmo prisão.

Em 1615, a superioridade dos julgamentos da Corte da Chancelaria sobre os tribunais de *common law* foi reconhecida e proclamada no âmbito do julgamento do *Earl of Oxford's Case*, do qual extraímos o seguinte texto: "A razão da existência da Chancelaria é que as ações do homem são

4. D. W. M. Waters explica a separação e o escopo de atuação de *common law* e da *equity*: "Instead of law and equity being applied, as they were in Rome in one and the same legal process, law and equity became bifurcated. The complicated world of writs, pleadings, admissibility of evidence, and process, including jury actions, was the work of the *Common Law* courts; the exercise of discretion and the development of the maximus of equity were handled, and by judges having plenary powers, in the courts of equity". Tradução livre: "Não obstante lei e equidade eram aplicadas, tal como era em Roma, em um e no mesmo processo, lei e equidade vieram a se bifurcar. O mundo complicado dos mandados, atos postulatórios, admissibilidade de evidência e processo, incluindo as ações de júris, eram trabalho de *common law*; o exercício da discricionariedade e o desenvolvimento do máximo da equidade foram conduzidos, e por juízes detendo plenos poderes, nas cortes de equidade" (D. W. M. Waters, *Institution of the Trusts in Civil and Common Law. Recueil des Cours: Collected Courses of the Hague Academy of International Law*, vol. 252, p. 217).

5. Rodrigo Garcia, "Considerações sobre o *trust* (fidúcia) no direito comparado", *Revista Forense* 334/156.

6. Idem, p. 157.

tão diversas e infinitas que é impossível se fazer qualquer lei geral que possa ser apta a cobrir cada particular e não falhar em nenhuma circunstância. O ofício do Chanceler é corrigir as consciências dos homens nas fraudes, quebras de confiança, erros e opressões de qualquer natureza, e suavizar e amolecer as extremidades da Lei" (tradução livre).[7]

Os sistemas de *common law* e da *equity* conviveram por longo tempo, mais precisamente, até o final do século XIX, quando foram fundidos numa só jurisdição, através dos *Judicature Acts*, de 1873 e 1875. Tais atos criaram a *Supreme Court of Judicature*, com uma *High Court* repartida em divisões, uma das quais absorveu a Corte da Chancelaria, sob a designação de *Chancery Division*. Todavia, tais atos não promoveram a fusão de *common law* e da *equity*, apenas fundiram os tribunais, permitindo que cada Corte aplicasse, caso a caso, conforme apropriado, os princípios de *common law* ou da *equity*, preceito este preservado até os dias de hoje.

Como veremos adiante, o surgimento do *trust* está diretamente relacionado à divisão originária do sistema e à criação dos conceitos oriundos da *common law* e da *equity*, considerando-se, ademais, a especial atuação das Cortes da Chancelaria nos litígios relativos à propriedade.

2.2 O surgimento do "trust"

A figura do *trust* passou a ser delineada na Inglaterra a partir da conquista normanda, em 1066, ocasião em que as terras da nobreza foram tomadas por Guilherme I, que as concentrou em sua propriedade e estabeleceu o sistema feudal. A concessão das terras foi formalizada pelo Rei através do regime dos *tenures*, caracterizado pelo desdobramento do domínio das terras entre domínio direto, pertencente ao senhor, e domínio útil, pertencente aos vassalos, denominados *tenants*. No princípio, o Rei era o único *tenure*, e os concessionários originais, seus vassalos. Os vassalos, por sua vez, passaram a constituir outros vassalos, tornando-se, portanto, *tenures* destes últimos, e o Rei, senhor de todos os senhores.

Os direitos sobre a terra, conferidos pelo Rei aos seus vassalos, e assim sucessivamente, eram chamados de *interests*, ou *estates*. Esta denominação se explica pela ideia original do Direito anglo-saxão, de que ninguém, senão o Rei, ou melhor, a Coroa (*Crown*), teria a propriedade plena sobre a terra. Assim sendo, todos os demais direitos sobre a mesma eram tratados como interesses, e não, propriamente, como propriedade.[8] A este respeito importa esclarecer que os conceitos de *propriedade* e de *direito real* adotados nos sistemas de *civil law* divergem do conceito de propriedade concebido na *common law*, e, quando emprestados à análise de institutos do Direito anglo-saxão, em especial do *trust* — prática frequentemente adotada com o objetivo de proporcionar uma melhor compreensão do instituto sob

7. Texto escrito pelo Chanceler *Lord* Ellesmere e transcrito por Derek Roebuck, in Derek Roebuck, *The Background of the Common Law*, Oxford, Oxford University Press, 1988, p. 76, *apud* Rodrigo Garcia, "Considerações sobre o *trust* (fidúcia) no direito comparado", cit, p. 157.

8. Segundo Waters, *estate* era a medida de quanto tempo um homem era intitulado a permanecer na terra, ou seja, a deter sua posse (Waters, ob. cit., p. 182). A concepção da propriedade como direito exclusivo da Coroa explica também a competência do Chanceler na validação dos *uses*. Cf. Waters: "Whatever it was the Chancellor was doing in enforcing the use, he was the senior judicial officer of the supreme authority in a jurisdiction that conceived of land as owned exclusively by that supreme authority, namely, the Crown. Any person other than the Crown could merely have a holding in land that entitled him to 'best possession'" (ibidem, p. 178). Tradução livre: "Seja o que for que o Chanceler estava fazendo ao impor o uso, ele era o oficial judicial maior da autoridade suprema em uma jurisdição que concebia a terra como se de propriedade exclusiva daquela autoridade suprema, a saber, a Coroa. Qualquer pessoa outra que não a Coroa teria apenas a detenção da terra que lhe era intitulada para 'melhor posse'".

a perspectiva civilista —, devem ser considerados com esta ressalva.[9]

Retomando a história, característica peculiar do regime dos *tenures* era a submissão do *tenant* a certas restrições relativas ao uso e transferência da terra, sendo a maior parte delas relacionadas à sucessão hereditária. As mais conhecidas restrições eram: o *Escheat*, que determinava o retorno da terra ao suserano após a morte do vassalo (posteriormente se estendendo à morte de seu herdeiro), o *Relief*, pelo qual o herdeiro era obrigado a pagar a quarta parte da renda produzida ao suserano por aquisição de seu direito hereditário, o *Wardship*, que atribuía ao suserano o direito às rendas relativas à exploração da terra até que o herdeiro menor do falecido vassalo completasse 21 anos, e o *Marriage*, que assegurava ao suserano o direito de indicar conjugue a um vassalo do qual fosse tutor e receber indenização se não houvesse casamento.[10]

Além dessas restrições outras passaram a ser impostas, em especial sob o reinado de Rei Henrique VIII, desta vez tendo por alvo a acumulação de patrimônio por parte das corporações religiosas, principalmente através dos legados e doações pelos fiéis.

9. "Nos sistemas de tradição romana, a ideia fundamental é a da exclusividade da propriedade, concentrada em um único titular, não admitindo desmembramentos, a não ser aqueles previstos de maneira explícita pela lei, ou seja, os direitos reais são limitados àqueles enumerados taxativamente pela lei, prevalecendo o princípio *numerus clausus*. Já a formação do conceito no direito inglês parte do princípio de que a propriedade garantida por uma ação real não existe em relação aos imóveis, pois 'ninguém, exceto o rei, seria capaz de concentrar em suas mãos a totalidade dos atributos da propriedade' (pois a propriedade correspondia à soberania" (René David, *O Direito Inglês: a Propriedade e o* ***Trust***, p. 97). "Disso resultará um conceito segundo o qual, no direito inglês uma pessoa não teria uma propriedade plena sobre um imóvel, mas um determinado interesse, a que se denomina *estate*, não tendo especial relevância a distinção entre direitos reais e pessoais" (Melhin Namem Chalhub, ***Trust***, p. 15).

10. Eduardo Salomão Neto, *O* ***Trust*** *e o Direito Brasileiro*, p. 12.

Tais limitações começaram a gerar tensão, que se alastrou em parcela expressiva da sociedade medieval inglesa: os *tenants*, que desejavam conservar suas terras livres dos ônus advindos da sucessão e assim atribuí-las aos herdeiros de sua escolha, e os monges, que desejavam poder adquirir os bens para sustento de seus mosteiros, escolas e igrejas.

Foi então que surgiram os *uses*, prática que correspondia à transferência da terra a terceiro, em caráter fiduciário, "para uso" (*to the use*) de outro. Por este meio, o terceiro (*feoffee to use*) passava a ostentar a posição de titular da terra, devendo, entretanto, administrá-la de acordo com os interesses do transmitente (*cestui que use*).

O *use* era inicialmente desprovido de proteção jurídica no caso de quebra do dever por parte do fiduciário, pois, segundo o sistema de *common law*, este último se tornava o proprietário legal da coisa, podendo dar a esta o destino que melhor lhe prouvesse. Assim sendo, o relacionamento entre as partes baseava-se inteiramente na confiança, e a sanção para sua quebra ou abalo tinha alcance apenas moral.

Ocorre, entretanto, que nos casos de quebra de confiança dos fiduciários, os *cestui que use* passaram a acionar a Corte da Chancelaria quando não alcançavam remédio nas Cortes de *common law*, e não raro o Chanceler, após a análise do objeto do *use*, emitia ordens no sentido de fazê-lo cumprir-se sempre que assim julgasse necessário com base no princípio da equidade. O resultado foi a validação dos *uses* com base nos princípios da *equity*, em detrimento das regras mais rígidas da *common law*.

A este respeito, explica Orlando Gomes: "A posição do fiduciário (*trustee*), encarava-se diferentemente nas duas jurisdições. Para os tribunais comuns, era ele o único e verdadeiro proprietário dos bens, enquanto para a Corte de Chancelaria não passava de simples intermediário, ou, quando muito, proprietário provisório. Tinha este um direito legal (*legal right*), e, o beneficiário, um direito de equidade (*equitable right*), e, como prevalecia a equidade no conflito com a lei, o direito do beneficiário assegurava-se pelo recurso à Corte da Chancelaria. Por força dessa duplicidade, admitiu-se o desdobramento do direito, ficando o título de propriedade (*legal title*) com o fiduciário (*trustee*) e o domínio útil (*beneficial use*), com o beneficiário".[11]

Obviamente, a validação dos *uses* trouxe perda patrimonial para os suseranos, em especial para o Rei. Assim, em 1535, o Rei Henrique VIII promulgou o *Statute of Uses*, que tinha por objeto a extinção dos *uses*, justificada como medida de combate à fraude. De acordo com o referido dispositivo, o beneficiário era considerado como único e legítimo titular dos direitos sobre a terra, e, portanto, era ele tomado por base para aplicação das restrições.

Não obstante a tentativa do Rei de extinguir os *uses*, a Corte da Chancelaria, de certa forma, continuou a decidir em prol dos mesmos, relativizando, de pouco a pouco, a aplicação do *Statute of Uses*, até que, entre os séculos XVII e XVIII, adotou entendimento decisivo à consolidação do instituto em comento. Citada Corte passou a entender que, quando da constituição de dois *uses*, apenas o primeiro seria atingido pelo *Statute of Uses*, permanecendo intacto o segundo, o que levou as partes a praticar a constituição de dois *uses*, um seguido do outro, como forma de validar o segundo *use*, ao qual se atribuía a denominação de *trust*. Daí se origina a designação do instituto.

Em 1893, foi emitido o *Trustees Act*, condensando a jurisprudência da Corte da Chancelaria a respeito dos *trusts*. Foi então que o instituto tomou seus contornos decisivos.[12]

11. Orlando Gomes, "Contrato de fidúcia (*trust*)", *Revista Forense* 211/12.

12. Orlando Gomes, ob. cit., p. 12.

3. Definição

A definição de *trust* não é tarefa fácil, e encontramos na doutrina nacional e estrangeira conceitos que variam conforme o elemento tomado sob perspectiva e as teorias às quais se filiam os diversos autores.

Ao introduzir sua definição sobre o *trust* (abordada mais adiante), Eduardo Salomão Neto alerta para o fato de que qualquer conceituação deve revestir-se de caráter tipológico, de modo que os elementos que a compõe não precisem se manifestar todos cumulativamente para permitir o enquadramento de dada situação dentro de um respectivo conceito. Por outro lado, reconhece que o processo ao qual se chama definição implica na fixação de notações de verificação obrigatória, o que demanda um nível de abstração muito elevado, que tem o inconveniente de prejudicar o valor prático da definição, motivo pelo qual conclui tratar-se de processo que deveria ser evitado na maioria dos casos.[13] Sob o mesmo fundamento, Waters atenta para o risco da utilização de definições prefixadas, em especial, no exercício da atividade jurisdicional, visto que sua aplicação pode ocorrer a casos futuros não previstos quando tal definição fora formulada.[14]

Devemos concordar com Salomão e Waters, em especial quando nos referimos ao *trust*. Destarte, tamanha a flexibilidade oferecida pelo instituto, que o nível de abstração necessário ao seu completo e seguro enquadramento conduziria a uma definição vazia de conceitos jurídicos, mas voltada a sua estrutura e funcionamento. Tal definição, pois, mais provavelmente resultaria em uma extensa descrição de seus mecanismos e variantes, e, ainda assim, dificilmente conseguiria abrigar todas as suas possíveis construções.

A dificuldade na concepção de uma definição homogênea para o *trust* é, de

13. Salomão Neto, ob. cit., p. 20.

14. Ob. cit., p. 214.

fato, reconhecida globalmente, inclusive pela doutrina inglesa, de modo que encontramos juristas de peso, como a seguir veremos, optantes por definições que, ao menos na percepção de um civilista, melhor descrevem do que definem o instituto. Tal prática se justifica pelas peculiaridades inerentes ao processo de formação do *trust*, uma vez que este foi formado por imperativos derivados de realidades históricas e sociais, às quais foi adaptado.[15] Este fenômeno, diga-se de passagem, verifica-se na maioria dos institutos do Direito anglo-saxão.

Ressaltada a dificuldade, trataremos, neste tópico, de algumas das definições propostas pela doutrina estrangeira e nacional, para, a seguir, abordarmos, especificamente, a estrutura e funcionamento dos *trusts*, visto serem estes mais úteis à análise do instituto do que sua própria definição.[16]

Uma das definições mais conhecidas e divulgadas na Inglaterra foi proposta por G. W. Keeton, o qual, segundo Waters, reclamou sua obra como sendo "o melhor que poderia fazer com um conceito construído empiricamente ao qual não se empresta definição" (tradução livre).[17] Dada a explicação, escreve Keeton: "Tudo o que pode ser dito de um *trust*, portanto, é que consiste na relação que resulta quando uma pessoa denominada *trustee* é compelida em equidade a deter a propriedade, seja pessoal ou real, ou ainda a título legal ou de equidade, para o benefício de algumas pessoas (das quais ela pode ser uma, e que são chamadas beneficiários) ou propósito permitido por lei, de modo que o real benefício da propriedade reverta, não para os fiduciários, mas para os beneficiários ou para outros propósitos do *trust*" (tradução livre).[18]

Também o ilustre jurista inglês F. W. Maitland[19] curvou-se à complexidade do instituto,[20] igualmente optando por uma definição descritiva, assim conceituando o *trust*: "Quando uma pessoa tem um direito que ela é obrigada a exercer por conta de outrem ou para o cumprimento de algum propósito particular ela é dita como tendo tal direito em *trust* para aquele outrem ou para tal propósito e é chamada de *trustee*" (tradução livre).[21]

Embora os ensinamentos de Maitland tenham exercido incomparável influência na criação de diretrizes para aplicação dos princípios da *equity* no contexto da *common law*, sua definição de *trust* não teve a mesma recepção, por não contemplar o caráter real dos direitos atribuídos aos beneficiários, então tido como um dos prin-

15. Salomão Neto, ob. cit., p. 20.

16. David Hayton, Paul Matthews e Charles Mitchell, *Underhill and Hyton Law of Trusts and Trustees*, 14ª ed., p. 3. Austin Scott, *Scott on Trusts*, 4ª ed., 1987. Tais autores defendem que a definição do *trust* é de importância secundária, e serve apenas para resumir o efeito de várias regras que são responsáveis pelo conceito do *trust*, propondo, desta forma, que o instituto seja analisado por tais regras, citando, como inspiração, o artigo 2 da *Hague Convention of the Applicable to Trusts and on their Recognition* (*apud* D. W. M. Waters, ob. cit., p. 126).

17. G. W. Keeton e L. A. Sheridan, *The Law of Trusts*, 10ª ed., Londres, Professional Books, 1974, p. 5, *apud* D. W. M. Waters, ob. cit., p. 124.

18. "All that can be said of a trust, therefore, is that it is a relationship which arises whenever a person called trustee is compelled in equity to hold property, whether personal or real, or whether by legal or equitable title, for the benefit of some persons (of whom he may be one, and who are termed beneficiaries) or some object permitted by law, in such way that the real benefit of property accrues, not to the trustees, but to the beneficiaries or others objects of the trust" (ibidem).

19. Maitland foi Professor na Universidade de Cambridge no final do século XIX e início do século XX, e influenciou por demasiado a doutrina e a jurisprudência sobre a aplicação dos princípios de *equity*.

20. Ao conceituar o *trust*, ressaltou Maitland: "It is a wide vague definition, but it is the best I can make" (A. H. Clayton e W. J. Whittaker, *Equity*, Cambridge, University Press, 1936, p. 44, *apud* D. W. M. Waters, ob. cit., p. 126).

21. "When a person has the right which he is bound to exercise upon behalf of another or for the accomplishment of some particular propose he is said to have those rights in trust for that other or for that purpose and he is called trustee" (ibidem).

cipais diferenciais entre o *trust* e outros negócios fiduciários.

O *Blacks' Law Dictionary*[22] traz extensa lista de significados para a palavra *trust*. A seguir transcrevemos duas definições frequentemente utilizadas pelos operadores de *common law*: "O *direito*, oponível apenas em equidade, para o proveito benéfico da propriedade à qual outra pessoa detém o título legal; um interesse em propriedade detido por uma pessoa (o *trustee*) a requerimento de outra (o *settler*) para o benefício de uma terceira parte (o beneficiário)" (tradução livre – grifo nosso);[23] e "Uma *relação fiduciária* relativamente à propriedade, sujeitando a pessoa com título de propriedade a deveres de equidade para lidar com esta para o benefício de outrem" (tradução livre – grifo nosso).[24]

Vejam que a primeira das citadas abordagens do *Blacks' Law Dictionary* considera o *trust* um direito, e, a segunda, uma relação fiduciária, que cria para o detentor da propriedade uma obrigação, sendo ambos, direito e obrigação, relativos a determinado patrimônio. A principal diferença entre as duas definições é que a primeira reflete uma análise do ponto de vista dos beneficiários e a segunda do *trustee*.

Philip H. Petit, autor inglês, nos traz a definição então recepcionada pelas Cortes Inglesas e utilizada no *Judicial Trustees Act* de 1896, a qual também resulta de uma análise sob a perspectiva do *trustee*. Tal definição foi extraída do julgamento do caso *Green vs. Russel*,[25] e classifica o *trust* como uma obrigação de equidade (*equitable obligation*): "O *trust* é uma *obrigação de equidade*, obrigando uma pessoa (que é chamada de *trustee*) a lidar com a propriedade sobre a qual tem o controle (que é chamada de *trust property*), tanto para o benefício de pessoas (que são chamadas beneficiários ou *cestui que trust*), das quais ela pode ser uma, e qualquer uma das quais pode impor a obrigação, ou para um propósito de caridade, que pode ser imposto na instância do Procurador-Geral, ou para algum outro propósito então permitido por lei" (tradução livre – grifo nosso).[26]

Nenhuma das definições citadas acima, entretanto, faz menção expressa à duplicidade da propriedade, conceito importante à compreensão do instituto. Assim sendo, a fim de suprir tal omissão, citamos a definição proposta na doutrina americana por Robert L. Mennel, a saber: "Um *trust* é uma *relação fiduciária* intencionalmente criada com respeito à propriedade *na qual o título legal está no 'trustee', mas o benefício da propriedade está em outra pessoa.* Uma relação fiduciária que impõe deveres 'fiduciários' para o *trustee* em benefício do beneficiário. Estes deveres fiduciários são o sangue vital da relação" (tradução livre – grifo nosso).[27]

22. "Trust", *Black's Law Dictionary*, 7ª ed., 2000.

23. "The right, enforceable only in equity, to the beneficial enjoyment of property to which another person holds the legal title; a property interest held by one person (the trustee) at the request of another (the settler) for the benefit of a third party (the beneficiary)."

24. "A fiduciary relationship regarding property, and subjecting the person with title to the property to equitable duties to deal with it for another's benefit."

25. D. W. M. Waters, ob. cit., p. 215.

26. "A trust is an equitable obligation, binding a person (who is called a trustee) to deal with property over which he has control (which is called the trust property) either for the benefit of persons (who are called the beneficiaries or *cestui que trust*) or whom he may himself be one, and any one of whom may enforce the obligation, or for a charitable purpose, which may be enforced at the instance of the Attorney General, or for some other purpose permitted by law though enforceable" (Philip H. Petit, *Equity and the Law of Trusts*, Londres, Butterworths, 17ª ed., 1993, p. 23, *apud* Melhin Namem Chalhub, ob. cit., p. 31).

27. "A trust is an intentionally created fiduciary relationship with regard to property in which legal title is in the trustee, but the benefit of the ownership is in another person. The trust relationship imposes "fiduciary" duties upon the trustee for the benefit of the beneficiary. These fiduciary duties are the lifeblood of the relationship" (Robert L. Mennel, *Wills and Trusts in a Nutshell*, p. 170).

Já Pierre Lappoule, precursor da teoria da afetação (a ser analisada a seguir), cuja influência fora decisiva à introdução do *trust* nos países da América espanhola através da adequação do instituto do fideicomisso, considera o *trust* uma afetação patrimonial, destinada ao cumprimento de uma finalidade específica: "El *trust* es una afectación de bienes garantizada por la intervención de un sujeto de derechos, que tiene la obligación de haber todo lo que sea razonable necesario para realizar esa afectación, y que es titular de todos los derechos que sean útiles para cumplir dicha obligación".[28]

Observe-se que a dificuldade em definir o *trust* se agrava quando o instituto é tratado por doutrinadores de tradição romanística. Deveras, não encontramos na *civil law* conceitos que traduzam os preceitos de *common law* e a noção de dupla propriedade, de modo que há certa tendência na doutrina civilista, incluindo a nacional, em definir o *trust* a partir de seus elementos e processos constitutivos, evitando abordagens atreladas à natureza do instituto. Tal tendência se verifica, por exemplo, na definição utilizada por Arnoldo Wald e Eduardo Salomão Neto, ambos os quais consideram o *trust* uma "transferência de propriedade".[29]

Abordadas suficientes tentativas de definição do instituto, passemos a sua estrutura e funcionamento.

4. Estrutura e funcionamento

4.1 Estrutura e principais características do "trust"

Em linhas gerais, podemos dizer que o *trust* é estruturado sobre quatro principais alicerces: o instituidor (*settlor*, *grantor* ou *trustor*), o fiduciário (*trustee*), o patrimônio (*res*), e os beneficiários (*cestui que trust*). Em algumas espécies de *trust* pode ocorrer de uma ou mais destas figuras estarem ausentes. Para melhor compreensão do instituto, e seguindo a prática da melhor doutrina acerca do tema, trataremos a seguir da estrutura dos *express trusts*, onde todas as citadas figuras são encontradas.

O *trust* é constituído por um ato unilateral de vontade do instituidor (*settlor*), mediante a destinação de certo patrimônio (*res*) para uma finalidade específica, e sua transferência para uma determinada pessoa (*trustee*), para que cumpra com esta finalidade, administrando os bens e direitos em favor de terceiros, chamados beneficiários (*cestui que trust*), nos quais o instituidor pode estar presente ou até mesmo ser o único.

Pela transferência dos bens ao fiduciário, o instituidor, salvo se de outra forma fizer prever no instrumento constitutivo do *trust*, esvai-se de seu direito ou de qualquer atributo decorrente da propriedade, que é então fracionada e passa a ser exercida em determinados aspectos, mais precisamente, nos aspectos formais, pelo fiduciário, e, em outros aspectos, notadamente relacionados ao benefício da propriedade, pelos beneficiários. Cria-se então uma nova relação, composta por obrigações, a cargo do *trustee*, e correspondentes direitos, por parte dos beneficiários, todos os quais ver-

28. Pierre Lappoule, "La naturaleza del *trust*", *Revista General de Derecho y Jurisprudencia* III/115.

29. Segundo Wald, o *trust* seria "(...) a transferência da propriedade de bens a um administrador, por um determinado período de tempo, em certas condições, para que o patrimônio seja gerido e reverta em favor de um beneficiário, que pode, inclusive, ser o proprietário original" (Arnoldo Wald, "Algumas considerações a respeito da utilização do *trust* no Direito brasileiro", *Revista de Direito Mercantil, Industrial, Econômico e Financeiro* 99/109). Salomão Neto, na mesma linha, considera o *trust* como "(...) a transferência de propriedade ou titularidade sobre um bem corpóreo, móvel ou imóvel, ou incorpóreo, como os direitos, a um terceiro denominado *trustee*, a quem incumbe exercer os direitos adquiridos em benefício de pessoas designadas expressamente no instrumento criador do *trust*, ou indicadas pela lei ou jurisprudência na falta de tal instrumento, chamadas de beneficiários ou 'cestui que trust'" (Eduardo Salomão Neto, ob. cit., p. 20).

sam sobre um mesmo patrimônio, aquele dado em *trust* pelo instituidor.[30]

Robert L. Mennel faz uma interessante abordagem com o fito de explicar a estrutura e o funcionamento do *trust*. Utilizando-se do desenho de uma tomada elétrica (conforme abaixo), ele dá a seguinte explicação:

"Os elementos do *trust* podem ser visualizados como uma tomada elétrica. Os dois pinos de contato são os aspectos negativos da propriedade (os deveres) que são assumidos pelo *trustee* e os aspectos positivos (os benefícios da propriedade) que são auferidos pelos beneficiários. A relação é relativa à propriedade, a *res*, e é criada pela intenção do *settlor* ou *trustor*, o instituidor do *trust*. Dados estes elementos, a Corte de equidade os fizeram significantes impondo deveres que são a corrente elétrica ou a vida do *trust*" (tradução livre).[31]

THE PARTIES TO THE TRUST RELATIONSHIP

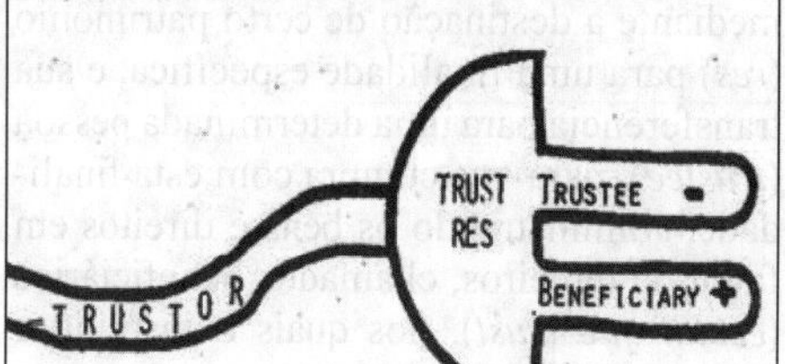

Embora a proposição de Mennel pareça simplista, ela facilita a visualização de importantes conceitos legais, cuja compreensão, por vias teóricas, se faz por vezes complicada aos civilistas. Pois vejamos.

Referido autor refere-se às obrigações e direitos por parte dos *trustees* e beneficiário, respectivamente, como aspectos da propriedade (*aspects of the ownership*), considerando que os primeiros (*trustees*) teriam apenas os aspectos negativos da propriedade, ou seja, o dever de administrá-la para a finalidade à qual fora destinada, e, os segundos (*beneficiários*), teriam os aspectos positivos da propriedade, a saber, os benefícios oriundos de sua administração pelo *trustee*. A relação entre estes (*trustees* e beneficiários) seria então relacionada, exclusivamente, à propriedade, e ao cumprimento de sua destinação conforme determinado pelo *settlor*. A figura auxilia na compreensão do desmembramento do direito de propriedade segundo os interesses que representa, peculiar da *common law*.

Mennel ressalta ainda a importância das Cortes de *equity* neste contexto, sendo elas as responsáveis por garantir o bom funcionamento do *trust*, comparando-as à energia elétrica, e, portanto, àquilo que dá vida ao instituto.

Da estrutura e funcionamento do *trust*, conforme abordamos acima, extraímos suas principais características:

a) a coexistência sobre o mesmo bem de dois direitos de propriedade, sendo do *trustee* a *legal property* ou *legal estate* (propriedade legal), e do beneficiário a *equitable property* ou *equitable estate* (propriedade substancial, beneficiária ou econômica);

b) a destinação da propriedade para um propósito específico, extraído do conteúdo da manifestação de vontade (intenção) do *settlor* quando da constituição do *trust*;

c) a imposição de deveres ao *trustee* de acordo com os princípios da equidade, que, por consequência, geram direitos aos beneficiários de recorrer às Cortes de *equity* para fins de fazer cumprir tais deveres;

d) a existência do direito de sequela conferidos aos beneficiários (salvo contra terceiros de boa-fé), resultante da combinação entre o seu direito real em relação

30. D. W. M. Waters, ob. cit., p. 130.

31. "The elements of a trust can be visualized as an electric plug. The two prongs are the negative aspects of the ownership (the duties) which are assumed by the trustee and the positive aspects (the benefits of the ownership) which are received by the beneficiary. The relationship is in regard to the property, the *res*, and is created by the intention of the settlor or trustor, the creator of the trust. Given these elements, the court of equity made them significant by imposing duties which are the electric current or life of the trust" (Robert L. Mennel, ob. cit., p. 174).

à propriedade e o direito de ação junto aos tribunais de *equity*;

e) a existência de uma relação de confiança entre as partes.

No que diz respeito aos itens (c) e (d) acima, importa ressaltar que a quebra de *trust*, assim considerado o descumprimento dos deveres a cargo do fiduciário, faculta não só o exercício do direito de sequela e a execução específica da obrigação (*injunctions*) por parte dos beneficiários, mas também o direito de substituir o *trustee* e exigir reparação pelos danos causados pelo mesmo.

Observa-se, portanto, que os beneficiários são dotados tanto de direitos reais como de direitos pessoais em relação ao *trustee* e ao patrimônio, sendo a presença dos primeiros (direitos reais) o principal ponto de diferenciação entre o *trust* e outros negócios fiduciários inominados concebidos pela nossa doutrina brasileira.

4.2 Classificação

Os *trusts* são classificados pela doutrina americana e inglesa de acordo com o método de sua constituição, sendo assim divididos entre duas principais categorias: os *express trusts* e os *implied trusts*.[32]

Os *express trusts*, assim conhecidos no Direito inglês e também chamados pela doutrina estrangeira de *voluntary trusts*, são os *trusts* voluntários e intencionalmente instituídos pelo *settlor*, ou seja, decorrentes da sua expressa manifestação de vontade. Já os *implied trusts* são aqueles decorrentes de operação de lei, aplicada com o objetivo de fazer justiça entre as partes quando não há indicação clara de que o *settlor* tinha a real intenção de criar o *trust*. São assim considerados os *constructive trusts* e os *resulting trusts*. Os *constructive trusts* são normalmente utilizados para prevenir o enriquecimento sem causa, especialmente nos casos de fraude ou conduta indevida (*e.g.*, alienação do bem pelo *trustee* a terceiros, em inobservância ao *trust instrument*, caso em que o adquirente, salvo se de boa-fé, tornar-se-á o *trustee*, e deverá administrar o bem em proveito dos beneficiários originais).[33] Os *resulting trusts*, por sua vez, são geralmente criados para fins de restituição, total ou parcial, de bens ao *settlor*, quando o *express trust* falha (*e.g.*, falecimento de pessoa com expectativa de se tornar um *trust* quando da morte de outro beneficiário).

Insta frisar que outras classificações, derivadas da acima, são encontradas na doutrina e jurisprudência estrangeira. Ocorre, nas palavras de Hopkins, uma grande confusão nos livros e julgamentos a respeito da classificação dos *trusts*, principalmente relacionadas ao uso incorreto da palavra *implied*, tendo em vista que alguns juristas utilizam as expressões *implied*, *resulting* e *constructive* indistintamente, quando, de fato, tanto os *resulting* como os *constructives*, são *implied trusts*.[34]

32. Earl P. Hopkins, *Handbook on the Law of Real Property*, West Publishing, 1896, disponível em *http://chestofbooks.com/real-estate/Law-of-Real-Property/Classification-of-Trusts.html*, acesso em 13.7.2009.

33. Carly, Haward, ob. cit., p. 3.

34. "A great deal of confusion exists in the books and cases on the subject of the classification of trusts. This has arisen principally from a loose and incorrect use of the word 'implied'. Some courts, as well as text writers, use the words 'implied', 'resulting', and 'constructive', indifferently, while in fact both resulting and constructive trusts are implied trusts; that is, they are implied or created by operation of law. On the other hand, all trusts which can properly be called implied are either constructive or resulting. The term 'implied', however, has often been used to designate certain express trusts, in the creation of which the language of the settlor is obscure, and his intention has to be inferred by the courts from the words used. These trusts can in no proper sense be termed implied, because the only question that arises is one of construction. It is sufficient to call attention at this point to the confusion which has arisen from the improper use of the words. The definitions and distinctions between the different kinds of trusts will appear as they are treated of separately. In examining the cases it must be borne in mind that the language of the courts in many cases cannot be relied upon in

Os *trusts* são também classificados em função de seu propósito. A este respeito, são divididos em *purpose trusts* ou *private trusts*, conforme sejam destinados à consecução de determinados propósitos, sem visar o benefício de qualquer pessoa especificamente, ou ao benefício de pessoas determinadas.

Os *purpose trusts* são *trusts* destinados à realização de interesses coletivos, que tenham utilidade para a sociedade em geral. O benefício econômico do bem administrado pelo *trustee* não deve ser entregue a um ou mais beneficiários individualizados, mas sim aplicados em vista de propósitos ou finalidades genéricas. São divididos em *public trusts*, assim definidos por visarem o benefício de uma parcela expressiva da sociedade, ou *charitable trusts*, visando finalidades caritativas. Tais *trusts* gozam de tratamento fiscal diferenciado e estão sujeitos à fiscalização do Ministério Público.[35]

Já os *private trusts* são *trusts* destinados ao atendimento de um ou mais beneficiários finais individualizados, aos quais deve reverter todo o proveito econômico dos bens dados em *trust*.

Ressalta-se que dentro das então referidas classificações, e, em especial, da classe dos *private trusts*, existem vários tipos (ou subclassificações) do *trust*, cuja abordagem foge do escopo desta breve e resumida análise do instituto. Não obstante, chamamos especial atenção para um tipo específico de *private trust*, conhecido por *Massachussetts trust* (ou *business trust*), que tem importante aplicação na estruturação de negócios empresariais.

Por esta espécie de *private* e *express trust*, os ativos de uma empresa são transferidos a um só *trustee* ou corpo de *trustees*, para que se sujeitem a uma direção unificada. Neste caso, os *trustees* emitem certificados de participação no *trust*, representando a contribuição original de cada empresa para a formação da *res*. Veja-se que tal espécie de *trust* tem uma estrutura muito similar a das sociedades anônimas, uma vez que os instituidores, a princípio, seriam os próprios beneficiários, que destinam o patrimônio para o cumprimento de uma finalidade comum relativa ao desenvolvimento de uma atividade empresarial.

Melhim Namem Chalhub[36] informa que tal modalidade de *trust* seria considerada pela doutrina como uma forma primitiva de *holding*, que serviu para que a *Standard Oil* adquirisse ações de seus acionistas, de modo a obter carteira que lhe permitisse regular sua política, deixando os dividendos para seus titulares originais. Referido autor cita Maurizio Lupoi, segundo o qual as normas *antitrust* teriam sido criadas para coibir a utilização deste tipo de *trust* com o objetivo de monopólio, dando aí origem a terminologia adotada para as leis "*antitrust*".[37]

determining the kind of trust in question" (Earl P. Hopkins, *Handbook on the Law of Real Property*, West Publishing, 1896, cit.). Tradução livre: "Uma grande confusão existe nos livros e casos a respeito da classificação dos *trusts*. Esta decorre, principalmente de um perdido e incorreto uso da palavra 'implícito'. Algumas cortes, bem como escritores, usam a palavra 'implícito', 'resultante' e 'construtivo' indiferentemente, quando de fato tanto os *trusts* resultantes como os construtivos são *trusts* implícitos; ou seja, eles são implícitos ou criados em virtude de lei. Por outro lado, todos os *trusts* que podem propriamente ser chamados implícitos são ou construtivos ou resultantes. O termo 'implícito', entretanto, tem sido frequentemente utilizado para designar certos *trusts* expressos, na criação dos quais a linguagem do instituidor é obscura, e sua intenção tem que ser inferida pelas cortes das palavras de construção. Isto é suficiente para chamar a atenção a este ponto para a confusão decorrente do uso impróprio das palavras. As definições e distinções entre diferentes tipos de *trusts* irão aparecer como são tratadas separadamente. Examinando os casos deve-se ter em mente que a linguagem das cortes em muitos casos não podem ser confiadas na determinação do tipo de *trust* em questão".

35. Melhen Namem Chalhub, ob. cit., p. 33.

36. Idem, p. 37.

37. A nosso ver, tal terminologia deveria ser revista, visto que gera confusão e dá brecha à equivocada prevenção à utilização do instituto nos negócios empresariais.

4.3 Requisitos de constituição

Um *express trust*[38] pode ser constituído por qualquer pessoa no exercício de sua capacidade legal, e desde que presentes os requisitos previstos em lei, os quais são chamados pela doutrina inglesa de "*three certainties*".[39] Tais requisitos têm-se por definidos com fulcro no *leading case Knight vs. Knight* (1840), cujas diretrizes foram recepcionadas e são comumente aplicadas pela maioria das jurisdições de *common law*.

São as "*three certainties*":

a) a intenção;

b) o objeto (*res*);

c) os beneficiários.

A certeza quanto à intenção do instituidor é condição de existência de todos os *express trusts*, incluindo, sem limitação, dos *purpose trusts*. Geralmente não há solenidade específica a ser seguida para fins de manifestação da vontade em relação à intenção de criar o *trust*, com raras exceções, a exemplo, no Reino Unido, relativamente aos *trusts* envolvendo imóveis e aqueles criados por via testamentária, em que é necessária prova escrita da intenção.[40]

A intenção deve ser manifestada de forma clara, de modo a permitir a exata identificação do propósito e evitar dúvidas quanto à extensão da vontade do instituidor.[41]

A manifestação de vontade, entretanto, não basta por si só à constituição do *trust*, pois depende da efetiva transferência do patrimônio dado em *trust* ao *trustee*, a qual deve ser formalizada segundo as regras locais aplicáveis à transferência de bens e direitos da mesma espécie.[42]

É fato que a transferência, em tese, poderia ser feita após a manifestação da intenção de criar o *trust*, podendo, ademais, o *trust*, ter por objeto bens futuros, que ainda não estejam sob a titularidade do instituidor. Entretanto, entende-se, neste caso, que o *trust* não seria constituído até que o bem fosse transferido ao *trustee* ou adquirido pelo instituidor.[43]

A segunda certeza diz respeito ao objeto do *trust*, ou de outra forma dizendo, o patrimônio (*res*). Neste sentido, observa-se que a constituição válida de um *trust* depende da designação precisa e suficiente do patrimônio dado em *trust*, sendo, entretanto, possível, a constituição do *trust* com patrimônio simbólico, para posterior transferência de seu efetivo objeto. Nestes termos, são vedadas menções vagas que não permitam a identificação dos bens e direitos que compõe o *trust*.[44]

38. Tendo em vista que os *implied trusts* decorrem do exercício da atividade jurisdicional das Cortes de *common law*, os requisitos de validade ora referidos aplicam-se apenas ao *express trusts*.

39. *Lord* Langdale MR formulou o texto, chamado de "three certainties" ("Knight *vs.* Knight", *Wikipedia*, 2009, disponível em *http://en.wikipedia.org/wiki/Knight_v_Knight*, acesso em 13.7.2009).

40. Eduardo Salomão Neto, ob. cit., p. 25.

41. A recomendação quanto à clareza da manifestação de vontades considera ainda a prática adotada pelas Cortes inglesas de criar *trusts* para fins de suprir a carência legal em relação a instrumentos eficazes à consecução de desejos não expressos, mas pressupostos pela interpretação de expressões utilizadas pelo testador. Salomão Neto explica que a jurisprudência inglesa evoluiu no sentido de fazer desaparecer a conveniência de se impor a existência de um *trust* a partir de meras palavras expressando desejo, e cita em sua obra o caso *Lambe vs. Eames* (1871), 6 Ch. App. 597, no qual por fim se decidiu que o testador, ao mencionar que deixava o patrimônio para a viúva para que utilizasse "da forma que ela desejasse, para o benefício dela própria e de sua família" não, necessariamente, criava um *trust* (Eduardo Salomão Neto, ob. cit., p. 26).

42. D. W. M. Waters, ob. cit., p. 130.

43. Cf. Eduardo Salomão Neto, ob. cit., p. 27.

44. No caso *Mussoorie Bank vs. Raynor* (1882), 7 App. Cas. 321, o testador deixou a propriedade para sua esposa, sob a confiança de que ela iria agir em benefício das crianças dividindo os bens quando não mais requeridos por ela ("feeling confident that she will act justly to our children in dividing the same when no longer required by her"). As Cortes ao final determinaram não haver *trust* criado em favor das crianças, por não haver clareza em relação à propriedade conferida ao *trust*.

Por fim, devemos tratar dos beneficiários. Os *trusts* são considerados fixos ou discricionários dependendo do envolvimento do *trustee* na determinação das participações cabíveis a cada beneficiário. Fixos são aqueles em que a participação de cada beneficiário é predeterminada e discricionários aqueles em que os *trustees* influem na definição dos beneficiários e da parte cabível a cada um, podendo definir e/ou alterar porcentagens de participação, direitos, vantagens, e até mesmo excluir beneficiários do *trust*, desde que agindo honestamente e segundo critérios de elegibilidade definidos pelo instituidor. No *trustee* discricionário, os beneficiários não têm o direito de exigir prestação de contas ao *trustee* em relação aos atos sujeitos à sua discricionariedade.

Importa, por fim, esclarecer, que as "*three certainties*", às quais nos referimos neste tópico, são também tratadas em nossa doutrina nacional como "elementos constitutivos" do *trust*, seguindo a proposta de Eduardo Salomão Neto em sua monografia sobre o instituto.

5. Natureza jurídica do "trust"

5.1 A natureza jurídica do "trust"

É mais comum encontrarmos, na doutrina anglo-saxã, análises comparativas entre o *trust* e outras figuras de *common law* do que abordagens específicas acerca de sua natureza jurídica. São frequentemente comparados ao *trust* a agência (*agency*), o depósito (*bailment*), o contrato, o empréstimo (*debt*), o mandato (*mandate*), entre outros, comparações estas que conduzem à inegável distinção entre tais institutos.[45] A natureza jurídica do *trust* é então melhor abordada entre os operadores de *common law* como parte do processo de definição, ou da abordagem de aspectos conceituais relativos à sua formação.

Neste contexto, com base na definição legal adotada pelas Cortes Inglesas, conforme vimos acima, Waters classifica o *trust* como uma "equitable obligation", expressão esta de difícil compreensão para os civilistas, visto que desprovida de significado fora do ambiente de *common law*. Em suma, tal expressão deseja traduzir a obrigação do *trustee* de respeitar os direitos dos beneficiários em relação ao patrimônio dado em *trust*, obrigação esta exequível apenas com base na *equity*, visto que decorrente de conceito de propriedade reconhecido originalmente apenas sob a jurisdição da Chancelaria.

Nestes termos, se preocupa o autor em deixar claro que o direito conferido aos beneficiários é de natureza real, a fim de afastar a dúvida a respeito de seu caráter pessoal, ainda defendido por alguns juristas. Para tanto, Waters nos reporta para o ano de 1648, quando, por decisão do *Lord* Nottingham, restou consignado, com a merecida clareza, o caráter de propriedade (*propertary interest*) dos direitos atribuídos aos *cestui que trust* sobre a *res*, os quais, portanto, não se restringiam à possibilidade de ação indenizatória contra o *trustee*.[46]

Por outro lado, esclarece Waters que, atualmente, em decorrência de conceitos desenvolvidos em meados do século XIX sob a influência do *Lord* Hardwicke e *Lord* Eldon, ganhou expressão o entendimento de que o *trust* seria uma relação fiduciária, baseada, portanto, na confiança, sem, entretanto, descaracterizar o caráter real dos direitos conferidos aos beneficiários. Tal conceito foi necessariamente introduzido no ordenamento inglês em vista das alterações percebidas durante a evolução industrial, tais como a profissionalização dos *trustees*, o aumento do poder discricionário a estes conferido, e, consequentemente,

45. Robert L. Mennel, ob. cit., pp. 175-185; D. W. M. Waters, ob. cit., pp. 264-276; Edward Halbach Jr., *Trusts. Gilbert Law Sumaries*, 13ª ed., pp. 6-16.

46. D. W. M. Waters, ob. cit., pp. 201-203.

a necessidade de se atribuir segurança ao mercado quanto à responsabilidade dos gestores pela administração eficiente de suas carteiras.

Em que pese a propriedade dos argumentos que sustentam referida tese, ainda esbarramos em teorias que defendem o caráter eminentemente pessoal do direito conferido aos beneficiários, ou que consideram o *trust* como um patrimônio de afetação.

Eduardo Salomão Neto reuniu em sua monografia algumas das principais teorias encontradas no direito comparado acerca da natureza jurídica do instituto, dividindo sua análise em duas diferentes abordagens, *imediata* e *mediata*, sendo a primeira focada no estudo isolado dos elementos internos do *trust* quanto ao seu alcance e significado, e a segunda privilegiando o significado e impacto do *trust* sobre o sistema jurídico, ligada, principalmente, à função do instituto.[47]

Sob a abordagem *imediata*, Salomão considera três diferentes teorias, que então conceituam o *trust* como: um *direito obrigacional do beneficiário*; um *patrimônio autônomo*; e uma *divisão da titularidade entre os beneficiários e o "trustee"*.

Passemos a abordar cada uma individualmente:

a) Direito obrigacional do beneficiário

Tal teoria propõe assentar-se o instituto sobre a relação obrigacional entre o beneficiário e o *trustee*, sendo este último o verdadeiro titular dos bens sob *trust*. Sob esta perspectiva, o beneficiário seria apenas um credor do *trustee* por obrigações de dar e/ou fazer.

Segundo Melhin Namen Chalhub,[48] referida teoria (de que o beneficiário seria apenas credor) é baseada na doutrina de F. W. Maitland, e sustenta que os direitos conferidos aos beneficiários seriam apenas direitos *in personam*, pois não seriam oponíveis contra terceiros, a exemplo, terceiros de boa-fé. Entretanto, ressalta o autor que a inoponibilidade a terceiros de boa-fé também se verifica nos direitos reais, de modo que não seria suficiente para retirar os direitos dos *cestui que trust* deste campo.

Essa teoria, de fato, mereceu várias críticas da doutrina, pautadas, em especial, no direito de sequela conferido ao beneficiário, o qual, não há dúvidas, reflete de uma característica própria dos direitos reais.

b) Patrimônio autônomo

Essa teoria tem origem nas ideias de Pierre Lappoule,[49] segundo o qual o *trust* constituiria um patrimônio separado e autônomo, desprovido de titular. Sua teoria repercutiu forte influência na adequação do fideicomisso nos países da América espanhola.

Tal teoria, entretanto, também não se presta à correta concepção do *trust*. Ocorre que tanto o *trustee*, como o beneficiário, ostentam direitos e obrigações inerentes à titularidade sobre o bem, ainda que esta esteja restrita a determinados aspectos da propriedade.

Eduardo Salomão Neto escreve que seria melhor dizer que o *trust* é um patrimônio com muitos titulares do que sem nenhum titular.[50]

c) Divisão da titularidade entre *trustee* e beneficiário

A terceira das teorias, e aquela que recebeu melhor acolhimento na doutrina e jurisprudência, assimila o instituto como uma divisão do direito de propriedade, ou titularidade sobre os bens objeto do *trust*,

47. Salomão Neto, ob. cit., p. 58.
48. Melhin Namen Chalhub, ob. cit., p. 70.
49. Pierre Lappoule, "La naturaleza del *trust*", *Revista General de Derecho y Jurisprudencia* III.
50. Eduardo Salomão Neto, ob. cit., p. 63.

entre o *trustee* e os beneficiários. Essa tese tem fulcro no fato de que, conforme abordamos acima, o *trustee* detém a propriedade ou titularidade legal dos bens (*legal title*), e o beneficiário a propriedade derivada da *equity* (*equity estate*) que se manifesta, principalmente, pelo direito de sequela conferido a este último.

Essa teoria, como dito alhures, ganhou força nas reiteradas decisões por parte do *Lord* Nottingham em meados do século XVII, e prevalece até hoje, adotada pela doutrina e jurisprudência mundialmente predominante.

Pela abordagem *mediata* de Salomão, o *trust* seria considerado uma relação fiduciária entre os *trustees* e os beneficiários, conforme já abordamos acima.

Entretanto, importa que fique claro que a relação fiduciária concebida pelo Direito anglo-saxão e aplicada na definição da natureza jurídica do *trust* não se confunde com a fidúcia concebida na tradição romana e germânica. Passemos então à análise das principais diferenças entre tais institutos.

5.2 Principais diferenças entre o "trust" e a fidúcia da concepção romana e germânica

A fidúcia concebida pela doutrina romanística, radicada na ideia clássica da *fides*, caracteriza-se pela atribuição de um direito pleno e incondicionado de propriedade, que envolve o poder de abuso de uma parte em relação à outra.[51]

Nos dizeres de Caio Mário Pereira da Silva, o negócio fiduciário de origem romana, segundo a sua etiologia, desdobra-se em dois momentos: (a) um *real* e *ostensivo*, que consiste na transmissão dos bens ao fiduciário em caráter de venda aparentemente pura e simples, pois do instrumento nada consta a presença do elemento fiduciário; (b) outro *pessoal* e *secreto*, que se formula na ressalva dada ao fiduciante, contendo a obrigação de retransmitir a coisa adquirida, dentro do prazo e sob condição estipulada.[52]

Assim sendo, diferentemente do *trust*, não há o desdobramento da propriedade, de modo que o fiduciante detém apenas um direito obrigacional em face do fiduciário, o que, em tese, os impediria de reclamar a restituição da coisa deste ou de quem as venha a deter como adquirente, restando-lhes tão somente a possibilidade de reclamar perdas e danos pelo inadimplemento de sua obrigação. Esta concepção, sem dúvida alguma, expõe o fiduciante a riscos decorrentes de quebra de confiança e/ou insolvência do fiduciário, contra os quais os beneficiários do *trust* anglo-saxão encontram remédio na *equity* (ressalvada a proteção a terceiros de boa-fé).

Embora a assertiva acima reflita, com razão, o entendimento predominante na doutrina acerca dos negócios fiduciários,[53] ressaltamos, e para tanto nos utilizamos novamente dos dizeres de Caio Mário Pereira da Silva, que "nem pelo fato de ser a confiança a base do negócio se pode concluir que a reemancipação fica no arbítrio do fiduciário, pois, muito ao revés, trata-

51. Orlando de Carvalho, "Negócio jurídico indireto", *Boletim da Faculdade de Direito*, Coimbra, supl. X/1, p. 98.

52. Caio Mário da Silva Pereira, *Instituições de Direito Civil: Contratos*, 12ª ed., vol. 3, p. 431.

53. A este respeito, escreve Ferrara: "La disposizione ha piena efficacia e, nel caso di abuso del fiduciario, puó solo nascere una obbligazione di risarcimento a favore dell'alienante tradito" (*Della Simulazione dei Negozi Giuridici*, 3ª ed., 1909, p. 57). Tradução livre: "A disposição gera plena eficácia, e no caso de abuso do fiduciário, pode nascer apenas uma obrigação de ressarcimento a favor do alienante". No mesmo sentido, Giovene: "Il transmitente (...) ha soltanto un credito per la restituzione e, nel caso di violazione da parte del fiduciario, un diritto al risarcimento dei danni" (*Il Negozio Giuridico*, Turim, 1917, p. 35). Tradução livre: "Ao transmitente, há apenas um crédito pela restituição e, no caso de violação por parte do fiduciário, um direito ao ressarcimento de danos" (*apud* Francisco Morato, "Negócio fiduciário. Parecer", *Revista dos Tribunais* 184/558).

-se de obrigação suscetível de execução específica".[54]

De fato, encontramos no Código de Processo Civil diversas modalidade de execução específica das obrigações (entrega de coisa certa e incerta, obrigação de fazer, e execução por quantia certa contra devedor solvente e insolvente), não se excluindo do rol de obrigações assim sujeitas aquelas decorrentes do pacto fiduciário. Assim sendo, e considerando ainda o papel dos institutos relativos à fraude contra execução e fraude contra credores, poderíamos dizer que é possível pleitear a restituição do bem mesmo quando alienado a terceiros, exceto se de boa-fé.

Pontes de Miranda já vislumbrava esta hipótese ao tratar dos negócios fiduciários sob a égide do Código de Processo Civil de 1939, defendendo que "o direito à separação ou restituição da coisa (Decreto-lei n. 7.661, de 21 de junho de 1945, arts. 76-79), ou a pretensão à execução por coisa certa (Código de Processo Civil, arts. 992-997), só existe se a transferência se deu sob condição resolutiva e essa se realizou".[55]

Tal condição resolutiva poderia, por hipótese, ser acionada no caso de inobservância dos deveres e obrigações a cargo do fiduciário, ou, ainda, na hipótese de sua insolvência, cabendo a restituição ao instituidor, ou, ainda, ao beneficiário, se tal transferência fosse feita por estipulação em favor de terceiros (art. 436 e ss. do Código Civil). A condição resolutiva, neste caso, seria a previsão da qual resultaria o direito exequível em favor do autor.

Entretanto, se pela aplicação da condição resolutiva alcançar-se a espécie de propriedade resolúvel prevista nos arts. 1.359 e 1.360 do Código Civil, teríamos, a princípio,[56] por descaracterizado o negócio fiduciário, tendo em vista a existência de sanção perfeita contra o abuso, e, portanto, o esvaziamento da *fides*. Mas, como se sabe, na fidúcia romana tradicional a transmissão se fazia de maneira plena, sem condição resolutiva.[57]

Por outro lado, já encontramos na jurisprudência decisões tais como as oriundas do Tribunal de Justiça de São Paulo,[58] deferindo a restituição do bem ao fiduciante no caso de abuso de confiança por parte do fiduciário (independentemente da existência de condição resolutiva). A estas atribuímos razão por serem coerentes à vedação legal ao enriquecimento sem causa e à aplicação do princípio da boa-fé.

Embora a diferenciação entre o *trust* e a fidúcia romana seja marcante, se analisado o *trust* sob os conceitos da tradição romanística, não deixaria de ser caracterizado como um negócio fiduciário em sentido amplo, pois os beneficiários não detêm sanção perfeita contra o abuso de confiança por parte do *trustee*. De fato, não há remédio que permita aos beneficiários reaverem o patrimônio no caso de transferência a terceiros de boa-fé, de modo que a *fides* desempenha papel preponderante à eficácia do negócio. Esta foi a conclusão de Eduardo Salomão Neto após minuciosa análise acerca do tema:[59]

"Em razão de tais considerações cumpre definir como negócio fiduciário em sentido amplo inicialmente aquele envolvendo a transferência da titularidade sobre coisas, transferência essa moderada por pacto paralelo de caráter obrigacional, a que poderemos chamar de negócio fiduciário em sentido estrito. Entretanto, cabem dentro da noção de negócio fiduciário considerado em seu sentido amplo também aqueles em que uma das partes não pode

54. Ob. cit., p. 430.

55. *Tratado de Direito Privado*, Parte Geral, t. III, *Negócios Jurídicos. Representação. Conteúdo. Forma. Prova*, 4ª ed., p. 119.

56. Ressalvada a discussão quanto aos direitos de terceiros de boa-fé no caso de a este ser negado conhecimento da condição resolutiva.

57. Melhin Namen Chalhub, *Negócio Fiduciário*, 4ª ed., São Paulo/Rio de Janeiro/Recife, Renovar, 2009, p. 48.

58. TJSP, Ap. Cível 47.771, *RT* 188/163 e TJSP, Ap. Cível 29.651, *RT* 292/504.

59. Salomão Neto, ob. cit., p. 76.

valer-se de sanção absolutamente perfeita contra a outra em caso de descumprimento de suas obrigações, de forma a supor-se que é a confiança o substrato do negócio. Esse é o caso do *trust*, que deve em decorrência ser considerado um negócio fiduciário em sentido amplo".

Importa aqui esclarecer, que quando tratamos do negócio fiduciário sob a perspectiva do direito romano, seja em sentido amplo ou sentido estrito, não estamos nos referindo à alienação fiduciária em garantia ou qualquer outra figura tipificada em lei. Neste sentido, Judith Martins-Costa defende que não se pode pretender que o negócio fiduciário se torne *típico*, isto porque a tipificação cessaria sua própria razão de ser considerado fiduciário, visto que, como tal, não está pautado em rigorosos meios de coação legal, mas, ao contrário, está voltado ao atendimento de um leal comportamento.[60] No mesmo sentido se pronunciou Pontes de Miranda.[61]

De fato, a tipificação legal esvazia o objeto da *fides* desde que crie sanção perfeita à restituição do bem. Nestes termos, a rigor, não poderíamos falar em negócio fiduciário, tendo em vista que a confiança é elemento básico desse tipo de negócio jurídico.

A concepção germânica de fidúcia, por sua vez, inicialmente concebida na instituição do *Salmann*, previa a transferência de um direito sujeito à condição resolutiva, verificada no momento em que atingida a finalidade esperada, ou quando desrespeitado o propósito convencionado. Tal concepção impossibilitava qualquer forma de abuso por parte do fiduciário, visto que a condição resolutiva assegurava ao transmitente a restituição da propriedade, não se verificando, por conseguinte, a *fides* em um sentido próprio.[62]

Nestes termos, segundo o entendimento de José Carlos Moreira Alves,[63] o negócio fiduciário do tipo germânico não seria considerado, a rigor, como negócio fiduciário, pois o que caracteriza o negócio fiduciário é o elemento da *fides*, ou seja, a confiança depositada no fiduciário pelo fiduciante.

Não obstante, observamos uma sensível diferença entre a fidúcia germânica originalmente concebida na ideia do *Salmann* e aquela que prevalece nos dias de hoje, construída sob a estrutura do *Treuhand*.

Ocorre que na Alemanha do século XIX existiam duas escolas de pensamentos jurídicos: a romana e a germânica. Tanto uma como outra reclamavam a origem do *Treuhand*; a romana, como esperado, nos princípios da tradição romanística, e a germânica, no *Salmann*.[64] Durante o debate, levantaram-se novos conceitos sobre o *Treuhand* e a natureza dos direitos e obrigações deste resultantes. Os romanistas defendiam a pureza da relação contratual decorrente do *Treuhand*, enquanto os defensores do modelo germânico sustentavam a existência de uma condição resolutiva intrínseca à transferência de propriedade, da qual resultava o dever de restituição no caso de quebra de confiança.[65]

Ao final, venceram os defensores do então chamado *modelo legal romano*,[66] e, atualmente, não se reconhece mais a existência de condição resolutiva a não ser que expressamente imposta. A vitória final do

60. Costa, ob. cit., p. 45.

61. "Se a lei transforma esse material de confiança, criado no terreno deixado à autonomia das vontades, e o faz conteúdo de regras jurídicas cogentes, a fidúcia passa a ser elemento puramente histórico do instituto, salvo no ato mesmo de se escolher a categoria" (ob. cit., p. 118).

62. Massimo Nuzzo, *apud* Costa, ob. cit., p. 38.

63. José Carlos Moreira Alves, *Da Alienação Fiduciária em Garantia*, pp. 27-29.

64. C. H. Van Rhee, "Trusts, trust-like concepts and *ius commune*", *European Review of Private Law*, 3/2000, pp. 453-462.

65. Stefan Grundmann, "Trust and *Treuhand* at the end of the 20th century. Key problems and shift of interests", *The American Journal of Comparative Law*, vol. XLVII, n. 3, 1999, pp. 404-405.

66. Ibidem.

modelo legal romano de *Treuhand* se deu pela prática adotada pelos tribunais alemães, conforme nos explica Stefan Grundman:

"Os defensores do tipo germânico de Treuhand proclamavam que qualquer propriedade fiduciária atribuída pelo fiduciante ao fiduciário deveria ser considerada como tendo sido criada sob a condição subsequente de que os limites impostos pela relação fiduciária deveriam ser respeitados. Qualquer violação a estes limites tornaria então nula tal atribuição. Na jurisprudência nenhuma destas condições têm sido deduzidas pelo mero fato de que os objetivos da relação fiduciária foram fixados. Apenas em raros casos onde houve explícita estipulação de uma condição subsequente é que esta foi honrada. Esta disputa surgiu no final do último século e começo deste século" (tradução livre).[67]

Mas a discussão não se deu por encerrada. Outra questão que marcou a evolução do instituto do *Treuhand* e sua atual concepção diz respeito à natureza dos direitos conferidos ao beneficiário. Isto porque, enquanto alguns autores alemães consideravam os direitos dos beneficiários como propriedade ou quase propriedade (*quasidingliches Recht*), outros, defensores do modelo legal romano de *Treuhand*, defendiam o caráter eminentemente contratual deste direito.[68]

A ideia do direito beneficiário como um direito real é vista na abordagem de Waldemar Ferreira[69] sobre o instituto: "Nesta instituição germânica, o *Treugeber* entrega ao *Treuhänder* certa coisa, chamada *Treugut*. Nesse negócio, adquire o *Treuhänder* direito de natureza real, mas diferentemente do de propriedade, como quando se entrega a coisa com reserva de domínio, que subsiste no *Treugeber* e lhe permite retomar o *Treugut* em mãos do *Treuhänder*, ou de terceiro, por via de ação real".

Mais uma vez, venceu a teoria inspirada no modelo romano. Definiu-se, por derradeiro, o caráter contratual dos direitos beneficiários originados do *Treuhand*, decorrentes de uma relação fiduciária, à qual a Lei concede efeitos contra terceiros.[70] Assim sendo, não temos no *Treuhand* o desdobramento de propriedade que ocorre no *trust*, sendo esta, provavelmente, a sua principal diferença.

Por outro lado, não se diga que o *Treuhand* se encontraria no mesmo nível da fidúcia romana, por importar em direito com eficácia evidentemente superior a esta última. De fato, em sua concepção teórica de relação fiduciária inspirou-se o sistema alemão nos conceitos oriundos da *common law*, adotando, por princípio básico, a completa vedação à apropriação dos bens dados em fidúcia.[71] Nestes termos, tanto a

67. "The supporters of a Germanic type of *Treuhand* proclaimed that any conveyance of trust property from the trustor to the trustee must be considered to have taken place under the condition subsequent that the limits imposed by the fiduciary relationship should be respected. Any violation of these limits or seizure contrary to these limits would therefore render the conveyance void. In jurisprudence, however, no such condition has been deducted from the mere fact that the aims of the fiduciary relationship have been fixed. Only in the rare cases where there been an explicit stipulation of a condition subsequent this has been honored. This dispute arose at the end of last and beginning of this century" (Stefan Grundmann, ob. cit., pp. 406-407).

68. Ibidem.

69. Waldemar Ferreira, "O *trust* anglo-americano e o fideicomisso latino-americano", *Revista da Faculdade de Direito da USP* LI/196.

70. "Under the view all third party effects (externalities) of the *Treuhand* are best been characterized as third party effects of a contract, the contractual fiduciary relationship (*Treuhanvertrag*), which have been approved implicitly by the legislator" (Stefan Grundmann, ob. cit., p. 411). Tradução livre: "Sob a visão todos os efeitos em relação a terceiros (externalidades) do *Treuhand* estão sendo melhor caracterizados como efeitos de um contrato em relação a terceiros, a relação fiduciária contratual (*Treuhanvertrag*), que tem sido aprovada implicitamente pelo legislador".

71. Stefan Grundmann, ob. cit., pp. 414-415.

lei[72] como a jurisprudência vem evoluindo no sentido de criar mecanismos de proteção do fiduciante contra a insolvência e abusos por parte do fiduciário.[73]

Na visão de Grundmann, a solução germânica contratual para os efeitos da relação contra terceiros deve ser vista de forma benéfica, e economicamente mais eficiente do que a solução construída com base na caracterização de um direito real de propriedade, uma vez que o conceito de propriedade deve, necessariamente, ser aplicado de forma homogênea, obstando a adoção de conduta flexível frente às diferentes situações.[74] Tal afirmação poderia levar à conclusão de que o *Treuhand* seria instituto superior ao *trust* para o fim econômico ao qual se destina. Todavia, Grundmann ressalva em tempo que o favorecimento da abordagem contratual na teoria não significa o favorecimento de seus resultados na prática, visto que sua eficiência depende da forma como os direitos e permissividades são desenhados e aplicados no sistema legal que desta abordagem se utilize. Conclui, dizendo ser mais provável que, em relação aos resultados práticos, a solução anglo-saxã seja economicamente mais eficiente ou superior àquela adotada pela lei alemã, ainda que a solução contratual garanta mais flexibilidade.[75]

6. Relações entre o "settlor", o "trustee", o "cestui que trust" e seus credores

Os bens ou direitos constituídos em *trust* deixam de integrar o patrimônio do *settlor* desde o momento em que o ato de constituição é formalizado, passando a formar o patrimônio do *trustee*. Assim sendo, os bens conferidos em *trust* não podem ser alcançados pelos credores do *settlor*, salvo no caso de fraude, em que o ato de constituição pode ser anulado.

Como meio de prevenção à fraude, o direito inglês contempla espécie de ação revocatória falimentar nos casos de *trusts* constituídos a título gratuito ou mediante contraprestação desproporcional, desde que a constituição seja verificada nos dois anos anteriores à falência, havendo igualmente uma ação revocatória ordinária para os casos em que a constituição implique em desfalque do patrimônio do *settlor*, em fraude a execução ou contra credores.

Embora passem à propriedade do *trustee*, os bens ou direitos dados em *trust* formam um patrimônio separado do resto do seu patrimônio, e, portanto, não respondem pelas dívidas pessoais do mesmo e tampouco ingressam em sua massa concursal no caso de insolvência. Restritas exceções são baseadas na titularidade aparente (*reputed ownership*) ou no caso de ilicitude do *trust*, pautados no princípio de que os credores não podem ser fraudados por basearem suas expectativas de garantia na aparência do patrimônio do devedor.

Em relação aos credores dos beneficiários, em regra, estes somente poderão excutir os bens e direitos objeto do *trust* se o respectivo beneficiário for também o instituidor do *trust*, ou se os ativos foram transferidos de forma fraudulenta.[76]

7. Comparação do "trust" com outras figuras

7.1 Principais diferenças entre o "trust" e outras figuras típicas do Direito brasileiro

Há muito temos observado na doutrina nacional a tentativa de se explicar o *trust* mediante a sua comparação com outros institutos. De certo, encontramos figuras em nosso Direito pátrio que com este

72. Cf. Seção 51 do Código de Insolvências alemão.

73. Stefan Grundmann, ob. cit., p. 415.

74. Stefan Grundmann, ob. cit., p. 412.

75. Ibidem.

76. *Scheffel vs. Krueger*, N. H. Sup., Ct., USA 782 A.2d 410 (2001).

tangenciam em determinados aspectos, levando autores a escolherem por um ou outro instituto que, segundo sua preferência, mais se aproximam do *trust*.

Infelizmente, não encontramos em nosso ordenamento institutos com a mesma versatilidade do *trust* anglo-saxão, ou, nas palavras de Caio Mário Pereira da Silva, "a necessária flexibilidade para preencherem a função social que dos mesmos se poderia esperar".[77]

E é somente com o intuito de fazer uma superficial demonstração acerca das razões que conduzem à conclusão acima que a seguir trataremos, de forma breve, de algumas das principais diferenças entre o *trust* e certas figuras do Direito brasileiro frequentemente comparadas a este.

Iniciemos pelo mandato.

Diferentemente do *trust*, o mandato é um instituto de representação. O mandatário age em nome do mandante, enquanto o *trustee* age em nome próprio, em benefício dos beneficiários e segundo as ordens do instituidor. O mandatário não detém a propriedade do bem, que permanece na pessoa do mandante. Ainda que o mandato seja outorgado em causa própria, a transferência de propriedade esgotará o objeto da outorga de poderes, inexistindo sub-rogação dos bens adquiridos com o fruto. Ademais, importa ressaltar a temporalidade do mandato, que, salvo se em causa própria,[78] se extinguirá pela morte do mandante.

A comissão mercantil é outro instituto que permanece até hoje no foco das comparações com o *trust*, chegando Waldemar Ferreira a tratá-la como o "exemplo mais preciso" do *trust* no Brasil, notadamente por contar com a confiança como elemento fundamental.[79]

De fato, o comissário não deve agir por conta própria, mas por conta e ordem do comitente, assemelhando-se, neste aspecto, ao *trustee*, visto que age em nome próprio, mas segundo as diretrizes determinadas pelo instituidor. Por outro lado, não seria possível comparar o comitente com o *settlor*, pois o primeiro dá as instruções e permanece na relação, e o *settlor* dá as instruções e, em regra, se retira da relação, transferindo a propriedade do bem para o *trustee* (ressalvada a possibilidade de o instituidor e o beneficiário serem a mesma pessoa). No caso da comissão, não é transferida ao comissário a propriedade, a qual continua na pessoa do comitente, atuando o comissário, de fato, com espécie de mandato sem representação.

O depósito é outra figura que deve ser analisada.

O primeiro ponto a ser observado é que, no depósito, em regra, não há transferência de propriedade sobre o bem depositado, o qual deve ser restituído mediante solicitação do depositante. Poderíamos, entretanto, falar do depósito irregular, visto tratar-se este de hipótese em que a propriedade do bem fungível seria efetivamente transferida ao depositário.[80] Entretanto, independentemente da modalidade de depósito, a intenção da qual decorre seu objeto é a guarda para a restituição, enquanto no *trust*, o que se busca normalmente é a administração do ativo, podendo o *trustee* dispor do bem desde que nas condições estabelecidas pelo instituidor. Nada obsta, entretanto, que se constitua um *trust* apenas para guarda e restituição do bem, hipótese em que este se assemelharia, sim, a espécie de depósito. Assim sendo, o *trust* pode ser constituído de forma semelhante

77. Caio Mário da Silva Pereira, ob. cit., p. 429.

78. Washington de Barros Monteiro entende que, embora irrevogável, a procuração em causa própria pode ser revogada desde que o mandante componha as perdas e danos, e pondera que variam as opiniões em relação à extinção do mandato pela morte do mandante, embora prevaleça o entendimento negativo (Washington de Barros Monteiro, *Curso de Direito Civil: Direito das Obrigações*, São Paulo, Saraiva, 1975, p. 271, *apud* Arnoldo Wald, ob. cit., p. 8).

79. Ob. cit., p. 197.

80. Orlando Gomes, *Contratos*, 26ª ed., p. 420.

ao depósito, mas o depósito nunca terá o alcance conferido a um *trust*.

Passemos, pois, à fundação.

Trata-se a fundação de um patrimônio autônomo, cuja propriedade não pertence nem aos administradores e nem aos seus beneficiários. É patrimônio destinado a uma causa. No Brasil, a constituição de fundações está ainda restrita a fins sociais (religiosos, morais, culturais ou de assistência), motivo pelo qual ela é sujeita à fiscalização pelo Ministério Público. Em alguns países, como Holanda, Liechtenstein, Panamá, e outros, as fundações podem ser criadas com propósitos privados, e são normalmente utilizadas como substitutos ao *trust*. Não é, todavia, o que ocorre no Brasil, não havendo, portanto, como utilizar-se a fundação para administração de interesses privados.

Também o usufruto é objeto de constante comparação com o *trust*.

A propriedade, no usufruto, permanece com o titular original, não podendo o usufrutuário dispor do patrimônio, sendo esta competência exclusiva do proprietário. A administração do bem se dá em favor do próprio usufrutuário e não de terceiros, não havendo, portanto, beneficiários como no caso do *trust* — o *trust* também admite que o beneficiário e o *trustee* sejam a mesma pessoa, mas não é regra. Ainda, há a questão da temporalidade, visto que o usufruto se extingue com o implemento do termo ou condição, ou com a morte do usufrutuário.

Chegamos então ao fideicomisso, instituto escolhido para introdução do *trust* na América espanhola, de cuja experiência falaremos mais adiante.

A exemplo do que ocorre com o *trustee* no instituto anglo-saxão, também no fideicomisso brasileiro o fiduciário é outorgado com a propriedade plena sobre o bem, durante toda a vigência do fideicomisso. Entretanto, esta propriedade é resolúvel, devendo o bem ser restituído em função do advento do termo ou condição, ainda que tenha sido alienado. Outro aspecto importante é a temporalidade, visto que o termo não pode ultrapassar a morte do fiduciário. Ademais, em ocorrendo a morte do fideicomissário, a propriedade do bem reverte para o fiduciário, o que não ocorre em hipótese alguma no caso do *trust*, pois diante tal evento o bem retornaria ao instituidor (ou seus herdeiros). Por fim, mas não menos importante, nosso fideicomisso somente admite instituição *causa mortis*.

Há ainda outros institutos que tangenciam, de alguma forma com o *trust*, tal como a enfiteuse,[81] o agente fiduciário dos debenturistas,[82] e, até mesmo, a sociedade em conta de participação.[83] Todavia, bem como os demais, também estes conceitos não se prestam ao alcance dos resultados do *trust*.

Não obstante o acima, encontramos no Direito pátrio uma única figura, que, a nosso ver, ainda que distinta em sua natureza, logrou por atingir através do conceito do patrimônio separado resultados muito próximos àqueles antes só disponíveis para o instituto anglo-saxão. Falamos dos Fundos de Investimento Imobiliário, introduzidos no ordenamento pátrio através da Lei n. 8.668/1993, conforme veremos adiante.

7.2 Propriedade fiduciária das administradoras de Fundos de Investimento Imobiliário

Os Fundos de Investimento Imobiliários foram inspirados no *REIT – Real Estate Investment Trust* americano, criados em

81. Desdobramento do domínio, entretanto, exercido em benefícios de seus respectivos titulares, e não de terceiros.

82. Ao qual é conferida a responsabilidade de defender e fiscalizar os direitos dos debenturistas, administrando, desta forma, bem de terceiro, sobre o qual, entretanto, não detém a propriedade.

83. Embora os bens sejam entregues ao sócio ostensivo em caráter fiduciário, não constituem patrimônio separado do resto do patrimônio do sócio ostensivo, respondendo, portanto, por dívidas particulares deste último (Mauro Brandão Lopes, *A Sociedade em Conta de Participação*, 1990).

1960 através do *REIT Act*, como resposta ao aquecimento do mercado imobiliário da década de 1960, e a necessidade de criação de mecanismos que possibilitassem o ingresso de pequenos e médios investidores no mercado.

Com o tempo, os REITs transformaram-se em grandes companhias, geridas por fortes marcas do mercado imobiliário, existindo, hoje, mais de 200 REITs listados no mercado americano, que movimentam mais de US$ 200 bilhões.[84]

Embora originalmente organizados sob a estrutura do *trust*, a lei atribuiu personalidade jurídica aos REITs, que são então considerados como verdadeiras companhias, consoante definição adotada pelo *NEREIT – National Association of Real Estate Investment Trusts*.[85]

Os Fundos de Investimento Imobiliário brasileiros foram criados através da Lei n. 8.668/1993, tendo sofrido posteriores alterações, inclusive no campo tributário, pela Lei n. 9.779/2000, sendo hoje regulados pela IN CVM n. 472, de 31.10.2008.

Ao contrário dos REITs, tais fundos não detêm personalidade jurídica. De fato, o administrador empresta sua personalidade jurídica ao fundo, e seu patrimônio passa a ser formado pelos bens e direitos adquiridos pelo administrador, em caráter fiduciário.[86]

Bem como ocorre com o *trust*, o patrimônio de um Fundo de Investimento Imobiliário não se confunde com o patrimônio geral do administrador, mas trata-se de patrimônio especial, totalmente distinto e separado do primeiro, que abrange os direitos e obrigações relativos ao fundo detidos pelo administrador.

Os bens e direitos mantidos sob a propriedade fiduciária do administrador, bem como seus frutos e rendimentos, não se comunicam com o seu patrimônio geral. Desta forma, tais bens e direitos não integram o ativo do administrador, nem respondem por quaisquer obrigações deste último. Além disso, não podem ser dados em garantia de débito, nem ser executados por qualquer credor do administrador, nem são atingidos no caso de insolvência.

Caso o administrador entre em liquidação, ou, por qualquer outro motivo, fique impedido de exercer suas funções, a assembleia dos quotistas elegerá outra instituição para sucedê-lo. Em tais casos, a propriedade fiduciária dos bens pertencentes ao Fundo será transmitida à instituição financeira nomeada pela assembleia dos quotistas para substituir o administrador.

Ademais, desde que autorizado pelo regulamento do Fundo, o administrador tem liberdade para dispor dos bens integrantes da carteira imobiliária, e adquirir outros bens com o resultado, de modo que os bens adquiridos posteriormente sub-rogam-se nas restrições impostas pelo regulamento. Veja-se, portanto, que o regulamento do Fundo desempenha o mesmo papel que o *trust instrument* desempenha no regime anglo-saxão, através do qual o instituidor manifesta sua vontade e impõe as condições à gestão do patrimônio.

Por tais características, a propriedade fiduciária conferida ao administrador

84. Fonte: *www.nareit.com*, acesso em 24.6.2008.

85. "Real estate investment trust, or REIT, is a company that owns, and in most cases, operates income-producing real estate, such as apartments, shopping centers, offices and warehouses. Some REITs also engage in financing real estate" (National Association of Real Estate Investment Trusts, disponível em *www.nareit.com*, acesso em 14.7.2009. Tradução livre: "Real State Investment Trust, ou REIT, é uma companhia que detém, e na maioria dos casos, opera receitas geradas pela produção imobiliária, tais como apartamentos, *shopping centers*, escritórios e armazéns. Alguns REITs também realizam o financiamento de imóveis").

86. Lei n. 8.668/1993: "Art. 6º. O patrimônio do Fundo será constituído pelos bens e direitos adquiridos pela instituição administradora em caráter fiduciário. Art. 7º. Os bens e direitos integrantes do fundo (...), bem como seus frutos e rendimentos não se comunicam com o patrimônio desta *[administradora]*, observadas, quanto a tais bens e direitos, as seguintes restrições: (...)".

dos Fundos de Investimento Imobiliário é comumente referida pela doutrina como a figura que, no Direito brasileiro, mais se aproxima do *trust*, conforme elucidado por Melhen Namen Chalhub:[87]

"A figura que mais se aproxima da estrutura do *trust*, sem agredir o sistema romanístico, é a propriedade fiduciária que, no direito positivo brasileiro, é adotada para fins de administração de bens imóveis integrantes da carteira de fundos de investimento imobiliários, na qual a construção legislativa se ajusta à estrutura do *trust* sem deixar de atender ao conceito unitário da propriedade. Trata-se da Lei n. 8.668, de 1993, que para fins de organização dos fundos de investimento imobiliário, estabelece que (a) os bens que constituirão a carteira do fundo serão adquiridos pela sociedade administradora em seu próprio nome, mas em caráter fiduciário, (b) esses bens terão autonomia em relação aos bens do patrimônio geral da sociedade administradora, isto é, constituirão um patrimônio de afetação destinado aos subscritores das quotas do fundo, e (c) a sociedade administradora é investida do poder-dever de administrar esta carteira, incluindo o poder de disposição sobre os bens que a compõe, desde que para atender as finalidades do fundo".

Importa frisar que, quando tratamos das similitudes entre os *trusts* e os Fundos de Investimento Imobiliário, nos referimos à propriedade fiduciária conferida ao administrador, e não ao Fundo como um todo. Ocorre que o Fundo é tido, em sua natureza, por uma "comunhão de recursos", que deve ser constituída sob a forma de "condomínio fechado".[88] Assim sendo, o ponto de tangência entre os Fundos de Investimento Imobiliário e o *trust* está no caráter fiduciário da transferência da propriedade dos imóveis integrantes da carteira para a instituição administradora, e a criação de um patrimônio de afetação, separado do patrimônio desta última.

Por outro lado, a concepção desta propriedade fiduciária não se baseia, de fato, em uma divisão da propriedade, como ocorre no Direito anglo-saxão, tendo em vista que, segundo o art. 13 da Lei n. 8.668/1993, é vedado o exercício de qualquer direito real sobre os imóveis e empreendimentos integrantes do patrimônio do fundo. A nosso ver, referido dispositivo reflete do princípio da indivisibilidade do direito de propriedade, isto porque nosso sistema, como já dito, não admite seu desmembramento, impossibilitando a atribuição de apenas determinados aspectos da propriedade para os quotistas do Fundo, tal como ocorre na divisão dos *estates* verificada no *trust*.

Tal previsão gera dúvidas quanto à legitimidade dos quotistas, individualmente ou por meio da assembleia geral de quotistas, de reclamar a restituição de bens indevidamente alienados pelo administrador, visto que o direito de sequela é direito inerente à propriedade. A este respeito nos parece que em se tratando o Fundo de uma "comunhão de recursos", o quotista teria apenas um direito obrigacional, relativo ao investimento que fez. Desta feita, a sequela dos bens alienados indevidamente dependeria, por hipótese, da destituição do administrador faltoso e sua substituição por outro que reclamasse os direitos do Fundo em relação ao destituído. A solução desta questão, entretanto, depende de uma análise aprofundada acerca da natureza jurídica

87. Melhin Namen Chalhub, ***Trust**: Perspectivas do Direito Contemporâneo na Transmissão de Propriedade para Administração de Investimentos e Garantias*, Rio de Janeiro, Renovar, 2001, pp. 99-100.

88. Lei n. 8.668/1993: "Art. 1º. Ficam instituído Fundos de Investimento Imobiliário, sem personalidade jurídica, caracterizados pela comunhão de recursos captados por meio do Sistema de Distribuição de Valores Mobiliários, na forma da Lei n. 6.385, de 7 de dezembro de 1976, destinados a aplicação em empreendimentos imobiliários. Art. 2º. O Fundo será constituído sob a forma de condomínio fechado, proibido o resgate de quotas, com prazo de duração determinado ou indeterminado".

e funcionamento do instituto, que não nos cabe na órbita desta breve abordagem.

Por outro lado, a questão acima perde parte de sua importância prática (embora assim preservada na análise dogmática do tema), uma vez que a Lei determina que as restrições sobre o patrimônio sejam averbadas junto às matrículas dos imóveis (art. 7º, § 2º, da Lei n. 8.668/1993), impossibilitando, ou, por deveras dificultando, abusos por parte do administrador.

Veja-se, ainda, que a Lei n. 8.668/1993 determina que a aquisição dos bens pelo administrador do Fundo se dá "em caráter fiduciário". Em que pese a preocupação legal em ressaltar o aspecto da confiança, não é desta que decorre a segurança do investidor, mas sim da criação de um patrimônio de afetação, formado pelos bens adquiridos pela administradora para compor a carteira do fundo. Destarte, é o art. 7º da Lei 8.668/1993 que determina que os bens não integram o patrimônio da administradora, e cria restrições sobre os mesmos.

A autonomia patrimonial do Fundo decorre, pois, do império legal,[89] caracterizada a propriedade pelo próprio texto de lei como modalidade de negócio fiduciário, atípica em relação àquele concebido no sistema de base romano-germânico, consoante palavras da Professora Rachel Sztajn:[90]

"Não se trata, pois, de um negócio fiduciário típico do sistema de base romano-germânico, mas de uma forma atípica deste instituto. Ao mesmo tempo em que se proíbe que os bens pertencentes ao fundo se confundam com aqueles pertencentes à instituição administradora, é claro que se o fundo não tem personalidade jurídica (art. 10 da Lei 8.666/1993) não pode ser titular de patrimônio (complexo de posições jurídicas, ativas e passivas...). Mas a instituição administradora tem poderes para, em seu nome próprio, por conta dos proprietários em comum, adquirir, onerar e alienar a coisa, e aplicar os recursos decorrentes da subscrição das quotas do fundo".

Desse modo, e considerando a determinação quanto à necessidade de registro das restrições impostas sobre a propriedade do administrador, qualquer terceiro que venha a adquirir o imóvel saberá que este não é parte do patrimônio da administradora, mas sim do Fundo. Na verdade, é essa combinação de fatores (patrimônio de afetação mais averbação das restrições) que afasta os riscos decorrentes de quebra de confiança ou falência da instituição administradora. É o que lhe confere eficácia independentemente de sua natureza jurídica. O sistema registral, portanto, desempenha papel de extrema importância, visto permitir o controle de abusos.

O fato é que o legislador, inspirado pelo instituto americano, conseguiu criar figura similar ao *trust*, e de eficácia comprovada em nosso ordenamento, através de modalidade já reconhecida em nosso Direito, conferindo ao negócio fiduciário as peculiaridades de um patrimônio de afetação, que, sem dúvida alguma, é a mais importante característica do instituto anglo-saxão.[91]

Entendemos que o sucesso de tais fundos no Brasil — contamos hoje com aproximadamente 70 Fundos de Investimento Imobiliário constituídos, e em torno de 20 listados na Bolsa[92] — deve ser visto como real motivação à introdução do *trust* em nosso ordenamento, mediante a criação de outras modalidades de negócios fiduciários, de igual ou similar eficácia e utilidade para a sociedade.

89. Luis Felipe Carvalho Pinto, *Natureza Jurídica dos Fundos de Investimento*, Tese apresentada para a obtenção do título de Mestre pela Faculdade de Direito da USP, p. 37.

90. Rachel Sztajn, "Quotas de Fundos Imobiliários – Novo valor mobiliário", *Revista de Direito Mercantil, Industrial, Econômico e Financeiro* 93/104, *apud* Luis Felipe Carvalho Pinto, ibidem.

91. D. W. M. Waters, ob. cit., p. 128.

92. Disponível em *www.fundoimobiliario.com.br*, acesso em 15.7.2009.

7.3 O contrato de fidúcia: tentativa brasileira

Na década de 1950, sob a denominação de Contrato de Fidúcia, foi objeto dos arts. 672 a 683 do Projeto do Código das Obrigações elaborado pela comissão dos renomados juristas Caio Mário Pereira da Silva, Orozimbo Nonato, Silvio Marcondes, Teófilo Azevedo Santos, Nehemias Queiros e Orlando Gomes, a figura que viria a ser o "*trust* brasileiro".

Orlando Gomes definiu o Contrato de Fidúcia como sendo o negócio pelo qual "mediante a transferência de bens móveis ou imóveis que formem patrimônio separado, confere uma pessoa a outra o encargo de administrá-los em proveito de outrem, a quem deve entregá-los a certo tempo ou sob determinada condição".[93]

Referido autor reconhece que o Contrato de Fidúcia não se trata de figura idêntica ao *trust* com todas as suas implicações práticas e teóricas, mas sim de um negócio similar que incorpora os principais elementos úteis ao instituto.

De fato, o Contrato de Fidúcia apresenta importantes similitudes com o *trust*, em especial quanto aos resultados alcançados pela sua adoção. Por outro lado, há duas grandes diferenças entre o Contrato de Fidúcia e o instituto anglo-saxão.

A primeira decorrente do fato de que o instituto brasileiro foi concebido como forma de contrato. Assim sendo, é imprescindível sua celebração por escrito, respeitadas ainda as formalidades legais com relação à transferência de direitos reais.[94] Outrossim, por ser figura contratual, não poderia o Contrato de Fidúcia ser objeto de testamento ou de declaração unilateral de vontade.

A segunda grande diferença está relacionada à exclusividade da propriedade. Distintamente do que ocorre no *trust*, o fiduciário receberia a propriedade plena sobre bem, pesando-lhe apenas uma espécie de gravame. Tal gravame decorreria do caráter resolúvel da propriedade, a qual estaria sujeita ao implemento do termo ou condição estabelecida pelo fiduciante.

A este respeito, esclarece Caio Mário Pereira da Silva, que "o mecanismo do contrato de fidúcia pressupõe a noção de 'patrimônio separado', pois que, adquirindo os bens, o fiduciário, sob esta condição, deve conservá-los".[95] Neste aspecto, temos que a propriedade fiduciária constituída por meio do Contrato de Fidúcia se assemelha àquela já tratada sob a abordagem dos Fundos de Investimento Imobiliário, o que reforça a ideia de que o caminho para a instituição do *trust* é a criação de figuras jurídicas pelas quais se instrumentalize o patrimônio de afetação.

A adoção legislativa do Contrato de Fidúcia certamente traria inúmeros benefícios para a sociedade. Entretanto, o Projeto acabou sendo retirado do Congresso Nacional em 1967, mas continua sendo fonte de inesgotáveis estudos jurídicos.

8. A assimilação do "trust" por sistemas de "civil law"

8.1 A preocupação civilista acerca do "trust"

Analisada a diferença entre o *trust* e a fidúcia romano-germânica, é possível compreender a dificuldade da assimilação do *trust* pelos países de *civil law*. Como vimos, a concepção da fidúcia nestas jurisdições está ligada à sua tradição, e a utilização histórica do instituto em seu formato original a alimenta, dificultando ainda mais a concepção de outras estruturas sobre o mesmo modelo. Esta dinâmica resulta em ciclo vicioso, o qual tem efeito na solidificação de outros conceitos relacionados ao direito de propriedade, distanciando cada

93. Gomes, ob. cit., pp. 12-13.

94. Caio Mário da Silva Pereira, ob. cit., p. 432.

95. Idem, pp. 432-433.

vez mais os países civilistas da concepção anglo-saxã do *trust*.

Não obstante, a discussão acerca da assimilação do *trust* pelos países de *civil law* é debate que vem há tempos ocupando tanto civilistas como operadores de *common law*. É claro que o debate é compreensível, tendo em vista a importância que o *trust* vem ganhando mundialmente, e a dificuldade dos sistemas de *civil law* de entender e recepcionar o instituto. Tal dificuldade se agrava quando considerada a tendência dos juristas de tradição romanística de explicar o instituto segundo os conceitos civilistas, e dos juristas anglo-saxões de rebater os argumentos civilistas com interpretações recheadas de conceitos de *common law*.[96]

Por outro lado, o esforço de alguns países de *civil law* em recepcionar o *trust* tem surtido ótimos resultados, de modo que encontramos hoje soluções criativas que, ao menos no plano da teoria, possibilitam o alcance de resultados muito similares, e, em alguns casos, até mesmos superiores àqueles almejados pela utilização do instituto anglo-saxão.

Antes, porém, de abordar as soluções adotadas por alguns destes países, importa recuperarmos os três principais pontos de preocupação dos estudiosos civilistas em relação ao acolhimento do *trust*, a saber:

a) *Conceito de propriedade*: como dito anteriormente neste trabalho, o conceito de propriedade construído originalmente no direito anglo-saxão era baseado em *estates*, conceito este criado durante o regime feudal, baseado na ideia de que somente o Rei exerceria o direito de propriedade em sua plenitude. Os juristas de *civil law* — que, inclusive, defendem que com o desaparecimento do sistema feudal o conceito de *estates* teria se tornado anômalo —, pregam a concepção de propriedade absoluta, que, segundo estes, aliada aos direitos sobre propriedade de terceiros, deve traduzir o conceito moderno de propriedade.[97]

b) *Indivisibilidade da propriedade*: da mesma forma, tendo a propriedade como absoluta, também não admitem os civilistas o seu desmembramento, como ocorre no caso do *trust* com a divisão entre propriedade legal e beneficiária.[98] Este conceito encontra suas raízes nas origens mais remotas do Direito romano, ganhando reforço com a instituição do Código de Napoleão em 1804.[99] Nestes termos, o conceito de propriedade se encerra em si mesmo, e quaisquer direitos e interesses que a estes se assemelhem seriam tratados como direitos sobre propriedade alheia.

c) *Princípio "numerus clausus"*: o princípio *numerus clausus* é princípio básico decorrente de prática comum nos sistemas de *civil law* de codificar a lista de direitos reais de forma taxativa, de modo que não são reconhecidos quaisquer outros direitos reais que não aqueles. Por consequência, as Cortes civis encontram enorme dificuldade para classificar os direitos conferidos aos beneficiários do *trust*, o que tem conduzido a julgamentos equivocados acerca da correta aplicação do instituto. Por esta, dentre outras razões, W. F. Fratcher indica que princípio *numerus clausus* é a principal barreira doutrinária à recepção do *trust* pelos países de *civil law*.[100]

Feitas tais considerações, veremos como determinados países civilistas se comportam em relação ao *trust* e suas variações.

96. Waters cita, a exemplo, a discussão acerca do usufruto, e a tentativa dos juristas de *common law* de classificá-lo como um desdobramento do direito de propriedade, a fim de rebater o argumento civilista de que a propriedade deve ser tida como um conceito uno e indissociável (D. W. M. Waters, ob. cit., p. 343).

97. Idem, p. 342.

98. Idem, ob. cit., p. 343.

99. Carly Haward, ob. cit., p. 5.

100. *International Encyclopedia of Comparative Law*, vol. VI, Tubingen, Mohr, 1973, Cap. 11, "Trust", p. 89.

8.2 Escócia: tradicional exemplo de jurisdição mista

Não obstante a Escócia tenha sofrido forte influência inglesa, tendo incorporado diversos conceitos de *common law* ao dividir com a Inglaterra a *House of Lordes* como Corte final de apelação, sua origem é eminentemente civilista, desconhecendo, esta, portanto, a divisão de *estates* fundada nos princípios da *equity*.[101]

Neste contexto, a origem do *trust* escocês tem sido apontada como sendo o *fideicomissum* romano, verificando-se influência inglesa em seu processo de desenvolvimento a partir do final do século XVIII.

O delineamento do *trust* escocês é atribuído, principalmente, à atuação ao *Lord* Normand,[102] distinto jurista escocês, de cujas decisões resultaram definição legal do instituto: "O fundo é detido pelas pessoas destinadas a detê-lo como propriedade fiduciária, sujeita aos propósitos que operam a qualificação de seus direitos e constituem um gravame sobre a propriedade com preferência em relação a quaisquer demandas sobre ou decorrentes daquelas, e sujeita também ao direito de reversão que permanece com o fiduciante, seus herdeiros e sucessores porquanto a propriedade não se der por esgotada por seus propósitos" (tradução livre).[103]

Não trata, pois, o modelo escocês, do desmembramento da propriedade, ou de patrimônio de afetação, mas sim de um gravame sobre a propriedade, gravame este do qual decorre a preferência do instituidor, seus herdeiros e sucessores, em relação a quaisquer terceiros, bem como o direito de restituição no caso de o patrimônio não ser esgotado pela consecução de seus propósitos.

Baseados nesta concepção, as Cortes escocesas vêm admitindo o direito dos beneficiários de reclamar a propriedade de terceiros no caso de insolvência e/ou quebra de confiança por parte do *trustee*.[104]

8.3 América espanhola: adaptação do fideicomisso como incentivo ao ingresso de capitais

A motivação à assimilação do *trust* surgiu, para os países da América Latina, em decorrência da necessidade de atração de capital estrangeiro, mais precisamente, o americano.[105]

O primeiro país a incorporar o instituto foi a Argentina, através da Lei n. 8.875, de 1912, que substituiu os arts. 365 a 368 do seu Código de Comércio,[106] criando espécie de agente dos debenturistas ao qual chamou de *fideicomissário*.

Seguindo o exemplo, também Porto Rico, Panamá, Colômbia, Bolívia, Chile, México e Venezuela,[107] adotaram o fideicomisso como forma de permitir aos bancos a gestão de carteiras de investimento na condição de proprietários fiduciários de tais recursos, cada jurisdição, é claro, com suas devidas peculiaridades.

A adaptação do fideicomisso, nesses casos, foi radicada na ideia de patrimônio separado, caracterizando o conjunto de bens conferido ao fiduciário como autônomo, não se confundindo, portanto, com o patrimônio das demais partes envolvidas no *trust* (fideicomitente, fiduciário e fidei-

101. D. W. M. Waters, ob. cit., p. 349.

102. O *trust* não é objeto de disposições estatutárias na Escócia.

103. "A fund is held as their property in trust by persons who are directed to hold it, subject to purposes which operate as a qualification of their rights and constitute a burden on the property preferable to all claims by or through them, and subject also to a reversionary right remaining with the truster, his heirs and assignees, so far as the estate is not exhausted by the purposes" ([1956] AC 39, 48, [1955] SLT 335, *apud* D. W. M. Waters, ob. cit., p. 350).

104. D. W. M. Waters, ob. cit., p. 351.

105. Idem, p. 381.

106. Waldemar Ferreira, ob. cit., pp. 198-199.

107. Idem, pp. 198-200; D. W. M. Waters, ob. cit., pp. 381-385.

comissário), o que se justificava na necessidade de proteção à finalidade atribuída aos bens pelo instituidor.[108] Desta forma, fixou-se de maneira inequívoca a incolumidade dos bens, afastando-os dos efeitos de eventual insolvência de qualquer uma das partes envolvidas, por serem tais considerados bens autônomos, afetados por um determinado fim e não pela titularidade de uma ou de outra pessoa.[109]

Fiéis à concepção civilista, preocuparam-se tais países em preservar o princípio da exclusividade da propriedade. Nestes termos, a relação jurídica entre o fiduciário e os fideicomissários é comumente revestida de outras formas legais, em especial, do mandato.[110]

8.4 França: "la fiducie"

A legislação francesa concebeu espécie de fidúcia com características muito similares ao *trust*.

A *fiducie*, como é denominada, foi objeto de projeto de lei datado de fevereiro de 1992,[111] e introduzida no ordenamento jurídico francês apenas em 2007, quando foi então incluída no Código Civil francês sob os arts. 2.011 a 2.031.

Segundo a justificação ao projeto elaborada por seu autor, o Senador Philippe Marini, a fidúcia francesa surge em vista da necessidade da França se adaptar às tendências da globalização, e afastar a insegurança que revestia os negócios jurídicos inominados, de crescente utilização no país.[112]

108. David Johnson defende que *trust* é a palavra ideal em inglês para traduzir o *fideicomissum* latino, pois, embora tais institutos difiram em origem, são relacionados em sua função: "Trusts did not exist in Roman Law; nor do they exist in the *Civil Law* systems which derive from it. They are rightly regarded as one of the hallmarks of the legal system of the common-law family (...). 'Trust', however, is the ideal word in English, even in legal English, to translate the Latim *fideicomissum* (...) *[thought]* the two institutions, trust and *fideicomissum*, are diverse in origin, they are nonetheless related in function" (David Johnson, *The Roman Law of Trusts*, Oxford, Clarendon Press, 1988, *apud* D. W. M. Waters, ob. cit., p. 124). Tradução livre: "Trusts não existem na Lei Romana; nem tampouco existem nos sistemas de *civil law* que derivam daquele. Eles são certamente considerados como um dos marcos do sistema legal da família de *common law* (...). 'Trusts', entretanto, é a palavra ideal em inglês, ainda que em inglês legal, para traduzir o fideicomisso latino (...) *[embora]* as duas instituições, *trust* e fideicomisso, sejam diversas na origem, elas são, no entanto, relacionadas em função".

109. Melhin Namen Chalhub, ob. cit., pp. 136-137.

110. Waldemar Ferreira, ob. cit., p. 200.

111. Aproximadamente dois anos após a sua introdução pelo Ministro da Justiça, em fevereiro de 1990 (D. W. M. Waters, ob. cit., pp. 381-385).

112. "La France ne peut pas rester insensible à la globalisation de cet instrument juridique. Il serait vain de mettre en exergue le fait que le système français est déjà enrichi de certaines fiducies 'innommées', c'est-à-dire qui n'ont pas reçu de la loi cette qualification mais qui en ont néanmoins les principales caractéristiques. En effet, d'une part, il n'est pas souhaitable d'introduire des mécanismes en cachant leur réalité juridique et en omettant de leur accorder la qualification qui leur est appropriée. D'autre part, la loi doit pourvoir de manière générale aux besoins des sujets de droit. Une loi permettra d'unifier le régime fiduciaire, alors que la multiplication des fiducies innommées implique le risque que des régimes multiples fleurissent, sans justification réelle derrière ces différences. La multiplication de ces fiducies innommées au champ d'application restreint illustre, *de facto*, la compatibilité de la fiducie et du droit français. Mais la loi perd de son caractère d'application générale dans de tels cas". Tradução livre: "A França não pode ficar insensível à globalização deste instrumento jurídico. Seria inútil colocar em destaque o fato de que o sistema francês já é enriquecido com certas fidúcias 'inominadas', o que significa dizer que a lei não recebeu essa qualificação, mas, no entanto, recebeu suas principais características. De fato, por um lado, não é desejável a introdução de mecanismos para esconder sua realidade jurídica e deixar de lhe conceder a qualificação que lhe é apropriada. Por outro lado, a lei deveria prover de maneira geral as necessidades das pessoas. Uma lei permite unificar o regime fiduciário, enquanto que a multiplicação de fidúcias inominadas implica no risco que os regimes múltiplos causam, sem justificação real por trás dessas diferenças. A multiplicação dessas fidúcias inominadas no campo de aplicação restringe, de fato, a compatibilidade da fidúcia e do direito francês. Mas a lei perde seu caráter de aplicação geral em tais casos".

O contrato de fidúcia francês vem definido como o ato pelo qual se transferem determinados bens a um fiduciário e se atribui a este o encargo de gerir esses bens visando o cumprimento de determinada finalidade, em proveito de beneficiários, podendo ser o beneficiário o próprio instituidor da fidúcia. A segurança do instituto, por seu turno, baseia-se na segregação patrimonial que afeta os bens objeto da fidúcia, bem como à definição de regras claras que possibilitam a destituição do fiduciário.

O objeto da *fiducie* é a transferência de ativos e direitos, acompanhada de previsão contratual determinando as diretrizes para a gestão ou administração por aquele a quem a propriedade há de ser atribuída. Pela transferência da propriedade se forma um patrimônio separado, distinto do patrimônio pessoal do fiduciário. A propriedade não pode, portanto, ser alcançada por credores pessoais do instituidor ou do fiduciário, caracterizando espécie de patrimônio de afetação (*patrimoine d'affectation*). Tais características se depreendem dos comentários feitos pela Primeira Ministra, Mme. Edith Cresson, ao apresentar o Projeto de Lei à Assembleia Nacional.[113]

Observe-se que a forma como foi delineada a *fiducie* francesa muito a assemelha ao Contrato de Fidúcia proposto por Caio Mário da Silva Pereira sob o Projeto do Código das Obrigações.

Recentemente, foram promovidas alterações na *fiducie* francesa, decorrentes de lei publicada em 4 de agosto de 2008 (*Loi sur la Modernisation de l'Economie*). As duas grandes contribuições dessa lei em matéria de fidúcia são: (i) a possibilidade de as pessoas físicas recorrerem à fidúcia, antes autorizada somente às pessoas jurídicas; (ii) a possibilidade dos advogados atuarem como fiduciários.

113. D. W. M. Waters, ob. cit., p. 399.

8.5 Suiça: o reconhecimento do "trust" pelo princípio da autonomia de vontade

A importância do *trust* na cultura bancária global levou a Suíça a dotar posicionamento interessante. Embora o país não tenha introduzido o *trust*, e tampouco reconheça o patrimônio detido fiduciariamente como autônomo (sujeitando-o, portanto, aos credores do fiduciário), os tribunais suíços vêm paulatinamente reforçando os direitos do fiduciante[114] com base no princípio da autonomia de vontade que rege o direito contratual.

Rodrigo Garcia traz notícia de julgamento pelo Tribunal Federal da Suíça que deu por válido contrato de *trust*, embora reconhecesse ser o instituto estranho ao Direito suíço. Naquela ocasião, decidiu o Tribunal que deveria prevalecer a intenção das partes no que chamou de combinação de atos jurídicos, pois inexistiria, naquela hipótese, violação a qualquer princípio de ordem pública.[115] Segundo referido autor, a decisão se explica na medida que o Direito suíço admite, ressalvada a ordem pública, que as partes submetam contratos internos a preceitos de direito estrangeiro, sendo tendência dos tribunais suíços favorecerem a ampla liberdade de escolha do direito aplicável.[116] Em outro acórdão importante, o Tribunal admitiu que os bens adquiridos fiduciariamente pelo falecido não integravam o espólio.[117]

A nosso ver, o exemplo também deve ser visto como importante fonte de inspiração, visto que a autonomia de vontade é princípio basilar de nosso Direito, que deve conduzir o julgamento das questões contratuais em detrimento de formalismos exacerbados e conceitos rigidamente preconcebidos que não coadunam com a melhor expressão de justiça.

114. Rodrigo Garcia, ob. cit., p. 172.

115. Ibidem.

116. Ibidem.

117. Ibidem.

8.6 A Convenção de Haia

Devido aos frequentes problemas verificados quanto à interação entre os países onde o *trust* foi positivado e aqueles que não o reconhecem como instituto, a "Convenção de Haia sobre a Lei Aplicável aos *Trusts* e seu Reconhecimento" (*The Hague Convention of the Law Applicable to Trusts and on their Recognition*) foi conduzida com o objetivo de harmonizar e assessorar a transposição da figura do *trust* de um sistema legal para outro.

Assim, em 1982 foi estabelecida comissão especial entre 20 países. Os relatórios preliminares e discussões iniciais tiveram como principal foco os conflitos entre os regimes de *civil law* e *common law*. Depois de três anos de trabalho, a comissão especial apresentou uma minuta da Convenção, a qual foi aprovada ao final da décima quinta sessão da Conferência de Haia sobre Direito Internacional.[118]

Entretanto, apenas alguns países aceitaram e ratificaram a Convenção. Até 1999, Austrália, Canadá, Grã-Bretanha, Itália e Holanda ratificaram a Convenção. De 1999 a 2006 somente Honk Kong e Malta o fizeram. Cyprus, França e Luxemburgo assinaram, mas não ratificaram a convenção.[119] De 2006 até os dias de hoje, Mônaco, Suíça, Liechtenstein e San Marino ratificaram a convenção, sendo os três últimos também signatários da mesma.[120]

A Convenção foi entronizada no sistema jurídico do Reino Unido pelo *Recognition of Trusts Acts* de 1987, e estabelece regras comuns a serem obedecidas por países signatários, com vistas à lei aplicável a *trusts* constituídos em outros países, também signatários.

A principal disposição presente na Convenção (art. 6º) é a de que os *trusts* se regerão basicamente pela lei escolhida pelo instituidor. Assim sendo, mesmo quando a demanda tramitar em país outro que não o da lei escolhida pelo instituidor, deverão os tribunais competentes conduzir seu julgamento pelas regras de eleição, aplicando-as segundo as diretrizes estabelecidas na Convenção.

Bem como a experiência suíça, os ideais que levaram à realização da Convenção de Haia, e à adesão dos países signatário, merece ser melhor analisada sob a perspectiva brasileira, visto a necessidade de definição de diretrizes complementares àquelas contidas na Lei de Introdução ao Código Civil (e demais normas processuais brasileiras), com o objetivo de conferir segurança à utilização de *trusts* estrangeiros. Tal medida se justifica pela crescente utilização de *trusts* estrangeiros no planejamento sucessório, gestão patrimonial e estruturação do ingresso de recursos no país.

9. Perspectivas de assimilação do "trust" pelo sistema jurídico brasileiro

Além dos três já citados obstáculos, comuns a todos os sistemas de *civil law*,[121] encontramos no Brasil duas outras importantes barreiras à assimilação do *trust* segundo a concepção anglo-saxã.

A primeira decorre do princípio contido no art. 591 do Código de Processo Civil, de que o devedor deve responder com todo o seu patrimônio pelo cumprimento de suas obrigações, ressalvada expressa previsão legal. Nas palavras de Wald, a luz de tal dispositivo, "salvo estipulação legislativa em contrário, qualquer bem do devedor pode, em tese, ser objeto de execução, não havendo como opor a qualquer credor do fiduciário o contrato existente entre ele e o fiduciante".[122]

118. Haward, ob. cit., p. 7.

119. Idem, pp. 7-8.

120. *http://hcch.net/index_en.php?act=conventions.status&cid=59*, acesso em 2.10.2009.

121. O conceito de propriedade, do qual decorre também a sua indivisibilidade, está expresso no art. 1.228 do Código Civil, e a regra do *numerus clausus* encontra-se no seu art. 1.225.

122. Ob. cit., p. 111.

Diante de tal vedação, não resta dúvidas de que qualquer uma das soluções até então propostas sob a concepção contratualista do *trust* encontraria fortes opositores, a não ser que acompanhada de expressa previsão legal da qual decorressem também efeitos *in rem*, a exemplo do patrimônio de afetação criado pela *fiducie* francesa e experimentado em nosso Direito através da propriedade fiduciária conferida ao administrador dos Fundos de Investimento Imobiliários.

Também o Contrato de Fidúcia constante do Projeto do Código das Obrigações adotava este conceito, de forma que lamentamos não ter sido aprovado.

Por outro lado, ainda que apartado o óbice à tipificação legal do instituto, haveria ainda outro obstáculo a ser superado para que pudéssemos vislumbrar a sua adoção eficiente: a questão tributária.

No México, onde o fideicomisso foi adaptado de forma a aproximar-se do *trust*, a classificação do instituto para fins fiscais gerou intransponível barreira ao seu desenvolvimento. Martinez bem nos explica a situação: "Y no son las autoridades fiscales, las autoridades oficiales, sino el gobierno federal el que regula este nuevo reglamento, poniendo de esta forma, un freno al fideicomiso gravándolo de una manera indiscriminada, torpe, errónea y todo, simplemente por política fiscal" (Martinez, 2005, p. 221).[123]

Também na Itália, inúmeras discussões surgiram após a sua adesão à Convenção de Haia, tornando necessária a alteração da legislação tributária com o objetivo de adequá-la às normas relativas ao reconhecimento dos *trusts* estrangeiros.[124]

Waters também abordou esta problemática ao tratar da discussão relativa à natureza dos direitos conferidos aos beneficiários do *trust*: "A conceituação é concernente às diferenças entre um direito pessoal contra outro (o *trustee*) para atingir o direito de alguém à distribuição de propriedade, uma demanda direta quanto à propriedade; litígios fiscais tomarão quase sempre a forma de um duelo entre as autoridades fiscais que alegam 'simples senso comum' na abordagem do caso e os contribuintes que irão argumentar com base na análise conceitual da situação" (tradução livre).[125]

Assim sendo, a não ser que seja feita expressa menção legal quanto à classificação do instituto para fins tributários, certamente haverá dúvidas quanto à correta identificação do fato gerador, e, consequentemente, do momento da incidência tributária sobre a transferência de propriedade de e para o *trustee*.

A exemplo dos Fundos de Investimento Imobiliário, far-se-á necessária a criação de legislação específica, a fim de evitar: (i) a confusão entre o patrimônio do *trustee* e aquele sujeito ao *trust*; (ii) a dupla tributação sobre o mesmo fato gerador (*e.g.*, tributação quando dos rendimentos a nível do *trustee* e também dos beneficiários); e (iii) a ocorrência de fatos geradores sem conteúdo econômico (*e.g.*, transferência dos bens para o *trustee*).

10. Conclusão

Não há dúvidas de que *trust* é instrumento de extrema utilidade ao desenvolvimento econômico e social. Sua estrutura permite flexibilidade à administração da propriedade ao mesmo tempo em que confere segurança à repressão de abusos

123. Jorge Alfredo Domínguez Martínez, "El fideicomiso en México", *Actividades Institucionales* 32/221.

124. Nicolas Saccardo, ob. cit., pp. 20-24.

125. "The conceptualist is concerned with the differences between a personal right against another (the trustee) in order to assert one's right to property distribution, a direct claim to property; tax litigation will almost always take the form of a duel between the tax authorities who argue 'plain common sense' in their approach to the issue and the taxpayer who will argue on the basis of a conceptualist analysis of the situation" (ob. cit., p. 275).

por parte do fiduciário, motivo pelo qual se alastrou de forma alarmante por todo o mundo, ganhando especial expressão em virtude dos benefícios de sua utilização para planejamentos sucessórios e gestão profissionalizada de carteiras de investimento.

Em contrapartida, também não há dúvidas quanto às dificuldades enfrentadas na tentativa de sua assimilação pelos países de *civil law*. No Brasil, a problemática se agrava, pelos motivos acima expostos, e, em especial, pela questão tributária, que certamente se tornará ainda mais impactante na medida em que se intensificam os debates sobre a tributação dos *trusts* estrangeiros, sendo vazias as esperanças de que a coerência irá prevalecer em relação à tendência contumaz de se incrementar a arrecadação.

Não obstante, devem perseverar os movimentos que propugnam pela introdução do *trust* em nosso ordenamento, sendo, entretanto, necessário, reforçarem-se os estudos com o objetivo de definir pela solução que melhor se ajuste ao nosso sistema, para a qual encontramos inspiração na experiência de outros países de tradição romana aparentemente bem sucedidos em relação à sua concepção civilista do instituto.

Rodrigo Garcia trouxe à baila a mesma discussão opinando, em conclusão de sua obra sobre o *trust*, pela criação de uma figura jurídica nova, aproveitando-se os conceitos básicos a que estamos acostumados, como o fez o Contrato de Fidúcia idealizado por Caio Mário da Silva Pereira.[126] Esta também nos parece a melhor solução. A tipificação de um negócio fiduciário a exemplo da propriedade fiduciária dos administradores de Fundos de Investimento Imobiliários, com a criação de patrimônio separado, acompanhada da imposição de regras claras acerca da classificação tributária e da necessidade de se conferir publicidade às restrições impostas sobre a propriedade dos bens.

Entretanto, enquanto não somos beneficiados com tal inovação legislativa, nos resta por alternativa a utilização de *trusts* estrangeiros, embora tal opção deva ser feita com a devida cautela, e especial observância às regras de Direito Internacional Privado, que deverão conduzir o julgamento de eventuais conflitos sujeitos às regras e Cortes brasileiras.

Por fim, não podemos nos conformar com a adoção de posicionamentos rígidos acerca dos negócios fiduciários, que privilegiam a propriedade em seu conceito formal em detrimento de seu conteúdo econômico, desconsiderando princípios basilares do Direito, tais como a vedação ao enriquecimento sem causa e a boa-fé objetiva, cuja aplicação por si só justificaria, em boa parte dos casos, a restituição dos bens ao fiduciante no caso de quebra do dever de confiança a cargo do fiduciário. A este respeito, festejamos as citadas decisões do Tribunal de Justiça de São Paulo, que condenaram o fiduciário faltoso à restituição dos bens, e esperamos possam servir de inspiração para juízes e juristas que ainda se apegam ao caráter obrigacional do negócio fiduciário sem o cuidado necessário à observância dos princípios de boa-fé e autonomia da vontade.

Referências bibliográficas

CARVALHO, Orlando de. "Negócio jurídico indireto". *Boletim da Faculdade de Direito.* Coimbra, supl. X/1, 1954, p. 98.

CHALHUB, Melhin Namem. ***Trust**: Perspectivas do Direito Contemporâneo na Transmissão de Propriedade para Administração de Investimentos e Garantias.* Rio de Janeiro, Renovar, 2001.

DAVID, René. *Os Grandes Sistemas de Direito Contemporâneo.* São Paulo, Martins Fontes, 1996.

FERREIRA, Waldemar. "O *trust* anglo-americano e o fideicomisso latino-americano".

126. Ob. cit., p. 187.

Revista da Faculdade de Direito da USP. vol. LI, São Paulo, p. 196.

FREIRE, J. Renato Corrêa. "Negócio jurídico fiduciário: uma forma brasileira de *trust*?". *Revista dos Tribunais*, vol. 411, ano 59, São Paulo, 1970.

GARCIA, Rodrigo. "Considerações sobre o *trust* (fidúcia) no direito comparado". *Revista Forense*, vol. 334, Rio de Janeiro, p. 157.

GOMES, Orlando. "Contrato de fidúcia (*trust*)". *Revista Forense*, vol. 211, Rio de Janeiro, p. 12.

HAWARD, Carly. "Trust funds in common law and civil law systems: a comparative analysis". *University of Miami's International Law Journal*. Miami, 2006, p. 343.

HALBACH JR., Edward. *Trusts. Gilbert Law Sumaries*. 13ª ed. Chicago, Thompson West, 2008.

LANGBEIN, John H. "The secret life of the trust: the trust as an instrument of commerce". *Yale Law Journal*. Yale, 1997.

LANGBEIN, John H. "Why did trust law become statute law in the United States?". *Alabama Law Review*, vol. 58, n. 5. Alabama, 2007, p. 341. Disponível em *http://ssrn.com/abstract=1014236*, acesso em 2009.

LAPPOULE, Pierre. "La naturaleza del *trust*". *Revista General de Derecho y Jurisprudencia*, vol. III, México, 1932, p. 115.

LOPES, Mauro Brandão. *A Sociedade em Conta de Participação*. São Paulo, Saraiva, 1990.

MARTÍNEZ, Jorge Alfredo Domínguez. "El fideicomiso en México". *Actividades Institucionales*, n. 32, p. 221, dez./2005.

MARTINS-COSTA, Judith H. "Os negócios fiduciários: considerações sobre a possibilidade do acolhimento do *trust* no Direito brasileiro". *Revista dos Tribunais*, n. 657, São Paulo, ano 79, jul./1997, pp. 39-60.

MENNEL, Robert L. *Wills and Trusts in a Nutshell*. Saint Paul, West Publishing, 1994.

MIRANDA, Pontes de. *Tratado de Direito Privado. Parte Geral*. t. III: *Negócios Jurídicos. Representação. Conteúdo. Forma. Prova*. 4ª ed. São Paulo, Ed. RT, 1983.

MORATO, Francisco. "Negócio fiduciário. Parecer". *Revista dos Tribunais*, vol. 184, p. 558.

MOREIRA ALVES, José Carlos. *Da Alienação Fiduciária em Garantia*. São Paulo, Saraiva, 1973.

ONOFRI, Renato Sedano. "Do negócio fiduciário e sua utilização para fins de garantia". In Seminário Ministrado durante Curso de Pós-Graduação da Faculdade de Direito do Largo São Francisco. Disciplina "Contratos em Direito Comercial Comparado II (Contratos em Espécie)". São Paulo, 2009.

PEREIRA, Caio Mário da Silva. *Instituições de Direito Civil: Contratos*. vol. 3, 12ª ed. Rio de Janeiro, Forense, 2008.

PINTO, Luis Felipe Carvalho. *Natureza Jurídica dos Fundos de Investimento*. Tese apresentada para a obtenção do título de Mestre pela Faculdade de Direito da Universidade de São Paulo, sob a orientação do Prof. Haroldo Malheiros Duclerc Verçosa. São Paulo, 2002.

SACCARDO, Nicola. *Taxation of Trusts in Italy*. 4ª ed. Milão, Trust Quarterly Review, 2008.

SALOMÃO NETO, Eduardo. *O* ***Trust*** *e o Direito Brasileiro*. São Paulo, LTr, 1996.

STUBER, Walter Douglas. "A legitimidade do *trust* no Brasil". *Revista de Direito Mercantil, Industrial, Econômico e Financeiro*, n. 76, São Paulo, pp. 103-111.

WALD, Arnoldo. "Algumas considerações a respeito da utilização do *trust* no Direito brasileiro". *Revista de Direito Mercantil, Industrial, Econômico e Financeiro*, n. 99, São Paulo, 1995, p. 109.

WATERS, D. W. M. *Institution of the Trusts in Civil and Common Law. Recueil des Cours: Collected Courses of the Hague Academy of International Law*, vol. 252. Dordrecht, Martinus Nijhoff Publishers, 1995.

Espaço Discente

DUAS REFLEXÕES SOBRE O CONTRATO DE AGÊNCIA: IDENTIDADE/DISTINÇÕES PERTINENTES E CRITÉRIOS PRÓPRIOS NA APLICAÇÃO DA REGRA DA RAZÃO ANTITRUSTE*

José Inacio Ferraz de Almeida Prado Filho

I – Circulação e contratos da distribuição. II – Relações do tipo agente principal na "common law". III – Contratos de agência e de distribuição: a) Definição e distinções: agência, representação comercial e distribuição; b) Contrato de agência (ou representação comercial): disciplina interna; c) Contrato de agência (ou representação comercial): disciplina externa. IV – Conclusões. Bibliografia.

I – Circulação e contratos da distribuição

Como bem argumentado por Francesco Carnelutti, a atividade econômica de produção de bens e de distribuição da riqueza atingiria apenas a sua medida mínima de seu benefício sem a *atividade de circulação*: de um lado, não seria possível a divisão do trabalho, já que ninguém se especializa na produção de um único bem se não puder trocar o seu excedente por outras mercadorias de que precisa; de outro lado, somente pela circulação os bens se distribuem segundo as necessidades das pessoas, transferindo-se por trocas sucessivas até chegarem àqueles que mais os valorizam.[1]

O maior obstáculo à circulação dos bens está em procurar a coincidência entre duas situações: a de quem tem menos do que o necessário de um determinado bem para satisfazer suas necessidades, e a de quem tem mais do que o necessário desse mesmo bem. O meio econômico por que se conectam essas duas situações, segundo Carnelutti, pode ser subjetivo (*i.e.*, o comerciante, cuja função é de típico intermediário na circulação do bem) ou objetivo (*i.e.*, a moeda, que funciona como denominador comum e um termo intermediário entre dois bens a serem trocados). A interposição do comerciante e da moeda converte uma troca difícil de ser obtida (mercadoria por mercadoria, entre os titulares de dois bens diferentes), em duas trocas sucessivas que podem ser obtidas com maior facilidade (mercadoria por dinheiro, e dinheiro por outra mercadoria, seja entre o comerciante e os titulares de dois bens distintos, seja entre três titulares de bens distintos).[2]

* Agradecimentos especiais a Marcos Paulo de Almeida Salles e Haroldo Malheiros Duclerc Verçosa, pelos valiosos comentários e sugestões sobre as versões anteriores deste trabalho. Eventuais equívocos, evidentemente, são de única e exclusiva responsabilidade do autor.

1. Francesco Carnelutti, *Teoria Giuridica della Circolazione*, p. 1.

2. Idem, pp. 8-9.

O agente detém posição semelhante àquela descrita por Carnelutti sobre o comerciante: sua função é *auxiliar* o produtor, que tem mais do que o necessário para atender às suas necessidades da mercadoria produzida, para que ele possa atingir os seus consumidores, que têm menos do que o necessário. O agente desempenha esse papel por meio de uma atividade de promoção dos negócios do proponente, em uma determinada área, mediante remuneração (cf. art. 710 do Código Civil, a definir o *contrato de agência*).

Essa finalidade típica do contrato de agência permite reconduzi-lo a um gênero mais amplo, nomeado pela doutrina italiana como "contratos *da* distribuição", cuja função econômica é organizar e tratar o comércio dos produtos de um fabricante em um dado território, categoria econômica que envolve os contratos de distribuição, franquia, agência, comissão e outros que viabilizam o escoamento da produção em direção ao mercado, de modo a atender ao demandado.[3] Ainda que a função conspícua dos contratos em geral seja atuar juridicamente a circulação dos bens (daí Carnelutti defini-los como os *instrumentos jurídicos da circulação*),[4] esse conjunto de contratos *da* distribuição tem as particularidades de encontrarem, na própria atividade de circulação, seu objetivo primário e típico, e de permitirem ao produtor algum grau de planejamento e ordenação da forma como seus produtos serão oferecidos em mercado.[5]

A figura jurídica da *agência* ganhou impulso após as transformações da Revolução Industrial, que estabeleceram a necessidade de uma atividade de colaboração estável, contínua e coordenada para a distribuição dos produtos, e que, a partir da segunda metade do século XIX, vieram a estabelecer um elo orgânico de conjugação entre a produção industrial de massa e os consumidores finais, com o surgimento da figura do agente de comércio.[6] Surgidas as indústrias, o desenvolvimento do comércio daí resultante exigiu novos processos de intermediação para atender à expansão do mercado interno, tendo a mediação se

3. Cf. Paula Forgioni, *O Contrato de Distribuição*, p. 46; Jorge Lobo, *Contrato de "Franchising"*, p. 1; Roberto Baldi, *Il Diritto della Distribuzione Commerciale nell'Europa Comunitaria*, pp. 7-8: "Per distribuzione commerciale si deve intendere nell'economia moderna quell'insieme di attività di intermediazione che consentono al produttore di raggiungere il consumatore. (...) Le considerazione ora svolte portano alla conclusione che può oggi parlarsi di un 'diritto della distribuzione commerciale' come materia giuridica a se stante, che richiede un generale e unitario inquadramento, valutazione e disciplina giuridica. Il diritto della distribuzione commerciale, ingloba pertanto in forma organica e coordinata le figure di intermediari-collaboratori che attuano con il produttore quella che suol chiamarsi integrazione verticale, con esclusione pertanto di quelle attività, pure di distribuzione, che vengono attuate attraverso le imprese di vendita all'ingrosso e l'attività di commercio al dettaglio, e che sono al di fuori degli schemi che sono stati ora delineati".

4. Francesco Carnelutti, *Teoria Giuridica della Circolazione*, cit., p. 16.

5. A capacidade de planejamento e ordenação do sistema de distribuição pelo produtor é um aspecto extremamente importante para avaliar as *restrições verticais*, cláusulas contratuais ou práticas comerciais impostas pelos produtores aos distribuidores *lato senso*, um dos problemas jurídicos mais importantes em matéria de contratos da distribuição.

6. Roberto Baldi, *Il Diritto della Distribuzione Commerciale nell'Europa Comunitaria"*, cit., pp. 11-12, 17: "Il sorgere della concezione di ausiliarietà quale funzione di distribuzione commeciale in senso organico, quale anello di congiunzione tra la produzione industriale ed il collocamento dei prodotti presso il consumatore, si verifica però solo verso la metà del secolo scorso. È infatti la rivoluzione industriale, con la produzione in serie, che consente la trattazione di ffari sulla base di semplice compioni, e con la diffusione capillare dei prodotti, che determina un mutamento radicale nelle forme di ausiliarietà, attraverso la creazione di attività e di collaborazioni stabili, continue e cordinate, corrispondenti alle nuove esigenze, e che assumono fisionomie ed aspetti nuovi, mai esistiti in precedenza. (...) Sull'origine degli agenti, apparsi nel mondo degli scambi commerciali verso la metà del seccolo scorso, lo scrivente ha spresso altrove la sua opinione, precisando che essi, per la loro attività svolta in piena autonomia, per conto dei terzi, si ricollegano ai commissionari, mandatari a titolo oneroso, di cui sostituiscono, per le mutate esigenze dei tempi".

imposto como atividade auxiliar e independente das empresas industriais e atacadistas, que se valiam desses auxiliares para atingir a sua clientela de forma mais funcional e econômica.[7] Mas antes de discutir as questões e problemas específicos do contrato e agência, convém distingui-lo do conceito de *agency* empregado nos países de *common law*.

II – Relações do tipo agente principal na "common law"

Nos países de *common law*, o conceito de *agency* é empregado em uma ampla gama de situações, constituindo um dos pilares de sustentação deste sistema jurídico.[8] Para uma ideia da importância que esse conceito desempenha nos sistemas jurídicos de raiz anglo-saxônica, quando o *American Law Institute* começou a compilar seus influentes resumos da *common law*, conhecidos como *Restatements of the Law*, o documento que tratou da relação de *agency* foi o segundo a ser produzido, logo após o que tratou dos contratos.[9]

Como se pode ler no § 1.01 do *Restatement (third) of Agency*, a relação agente principal está muito ligada à noção de *representação*, com seu conteúdo acrescido por elementos de confiança e de direção pelo representado (dito *principal*).[10] A geração de relações jurídicas envolvendo diretamente o principal, advindas das atividades do agente, foi estabelecida nos §§ 6.01, 6.02 e 6.03 do *Restatement (third) of Agency*, que determinam a participação necessária do principal em contratos gerados por agentes ditos "revelados", e sua participação natural em contratos gerados por agentes ditos "não revelados".[11]

7. Rubens Requião, "Representante comercial – Natureza jurídica de sua atividade", in *Aspectos Modernos de Direito Comercial*, vol. 1, p. 187. O mesmo autor destaca o desenvolvimento da figura da representação comercial a partir dos contratos de locação de serviços e do mandato; juntamente com outros colaboradores independentes, essa estrutura permitia o trabalho autônomo com mais desenvoltura e sem os encargos sociais que começavam a ser impostos sobre o trabalho assalariado a partir do século XX; tal "desproteção" dos agentes e representantes comerciais levou à adoção de legislação própria, de caráter protetivo e social, fruto de pressões feitas pelas entidades e associações de classe (cf. "Autonomia da representação comercial – Relação de trabalho e relação de emprego", in *Aspectos Modernos de Direito Comercial*, vol. 2, p. 98).

8. Cf. Leandro Santos de Aragão e Rodrigo R. Monteiro de Casto, "O contrato de distribuição do art. 710, *caput*, parte final do Código Civil de 2002", in J. Hamilton Bueno e Sandro G. Martins (coords.), *Representação Comercial e Distribuição: 40 Anos da Lei n. 4.886/1965 e Novidades do CC/2002 (Art. 710 a 721), EC 45/2004: Estudos em Homenagem ao Professor Rubens Requião (13.5.1918 a 29.5.1997)*, p. 249.

9. Cf. Leandro Santos de Aragão e Rodrigo R. Monteiro de Casto, "O contrato de distribuição do art. 710, *caput*, parte final do Código Civil de 2002", cit., p. 249.

10. Assim está redigido o texto compilado: "§ 1.01. Agency defined: Agency is the fiduciary relationship that arises when one person (a 'principal') manifests assent to another person (an "agent") that the agent shall act on the principal's behalf and subject to the principal's control, and the agent manifests assent or otherwise consents so to act". Para a semelhança entre as relações de *agency* e o mandato romano-germânico, cf. Roland Sèroussi, *Introdução ao Direito Inglês e Norte-Americano*, p. 128.

11. A esse respeito, convém destacar a existência de três tipos de principais: (i) *disclosed principals*, quando o agente interage com terceiros que não apenas sabem que ele atua em nome de um principal, mas também conhecem a própria identidade do principal; (ii) *unindentified principal*, quando o agente interage com terceiros que sabem que ele atua em nome de um principal, mas não conhecem a identidade do principal; e (iii) *undisclosed principal*, quando o agente interage com terceiros que não sabem da existência de qualquer relação de *agency* (cf. § 1.04 do *Restatement [third] of Agency*). As implicações na representação dependerão de qual tipo de *agency* foi estabelecido: para *disclosed agency*, o principal e o terceiro são partes do contrato, mas o agente não é, exceto se acordado em sentido diferente (cf. § 6.01 do *Restatement [third] of Agency*); para *unindentified agency*, o principal e o terceiro são partes do contrato, assim como o agente, exceto se acordado em sentido diverso (cf. § 6.02 do *Restatement [third] of Agency*); para *undisclosed agency*, o agente e o terceiro são partes no contrato, e o principal também será parte (inclusive valendo exceções

As particularidades deste tipo de relação ficam mais claras em uma avaliação dos deveres atribuídos ao agente pelo *Restatement (third) of Agency*. Foi estabelecido um *princípio geral fiduciário*, devendo o agente atuar lealmente para o benefício do principal, em todos os assuntos relacionados à relação de *agency* (cf. § 8.01); estabeleceram-se também diversos deveres específicos de lealdade: (i) não adquirir benefícios materiais de terceiros por conta de negociações ou ações adotadas em nome do principal, ou mesmo por sua posição como agente (cf. § 8.02); (ii) não atuar em conflito formal de interesse com o principal (cf. § 8.03); (iii) durante a relação de *agency*, não concorrer com o principal ou auxiliar seus competidores, ainda que o agente possa preparar sua entrada como concorrente depois de encerrada a relação (cf. § 8.04); (iv) não usar os bens do principal em benefício próprio ou de terceiros, assim como não comunicar informações confidenciais do principal para uso próprio ou em benefício de terceiros (cf. § 8.05). Em matéria de resultado, o *Restatement (third) of Agency* também estabelece alguns deveres que reforçam as relações fiduciárias do agente: (i) atuar com cuidado, competência e diligência normalmente exercidos pelos agentes em circunstâncias semelhantes, incluídos na determinação do padrão de cuidado as habilidades e conhecimentos especiais detidas ou apregoadas pelo agente (cf. § 8.08); (ii) agir dentro dos limites de seus poderes, e cumprir com todas as instruções fornecidas pelo principal (cf. § 8.09); (iii) agir de forma razoável e não adotar condutas capazes de lesar a atividade do principal (cf. § 8.10); (iv) transmitir informações ao principal que sejam do interesse do principal, desde que não haja violação de deveres superiores perante terceiros (cf. § 8.11); (v) não negociar com bens do principal como se fossem seus, não promover confusão patrimonial com os bens do principal e prestar contas (cf. § 8.12).

Com relação aos deveres do principal, o *Restatement (third) of Agency* os estabelece em duas disposições: § 8.14, constituindo o dever de indenizar o agente por pagamentos e prejuízos, e § 8.15, constituindo o dever geral de o principal agir de forma justa e de boa-fé, incluída a revelação de informação ao agente sobre os riscos de danos físicos ou perdas pecuniárias porventura conhecidos.

Em suma, o emprego do conceito de *agency* na *common law* é muito mais amplo do que a relação estrita de distribuição de bens; ainda que nada pareça impedir sua utilização com a finalidade de auxiliar a circulação de bens, a relação formalizada desta maneira virá acrescida de toda a fidúcia própria desta figura.

III – Contratos de agência e de distribuição

a) Definição e distinções: agência, representação comercial e distribuição

Ao teor do art. 710 do Código Civil, o contrato de agência consiste no exercício da *atividade* de promoção de negócios de terceiros (*i.e.*, a obrigação de promover negócios em caráter não eventual) havida sem dependência e mediante remuneração específica, em zona determinada. Pode o proponente conferir ou não poderes para que o agente o represente na conclusão do negócio, caso em que existirá também contrato de mandato; a relação a ser constituída sempre opõe o proponente e o consumidor: o agente não é parte do negócio, mas apenas aproxima os contratantes, podendo representar uma das partes, se detiver poderes específicos para tanto.

Aqui já se distingue o contrato de agência dos contratos de comissão (arts. 693-709 do Código Civil) e do contrato estimatório (arts. 534-537, do Código Civil),

pessoais), exceto se excluído pelo contrato (cf. § 6.03 do *Restatement [third] of Agency*).

já que tanto o comissário quanto o consignatário negociam mercadoria que não lhes pertence em seu próprio nome, mas no interesse do comitente/consignante; o agente apenas aproxima as partes para contratarem e, mesmo quando intervém, conclui o contrato em nome do proponente. A agência também se distingue da corretagem (arts. 722-729 do Código Civil) porque tem na habitualidade e estabilidade elementos essenciais de sua *fattispecie*; admite-se a corretagem para atos isolados, mas a agência é, necessariamente, uma atividade.[12] Além disso, o corretor coloca-se em uma posição de imparcialidade entre as partes do negócio, enquanto o agente é sempre ligado a uma das partes.[13-14]

Grande discussão existe sobre a identidade ou não entre os contratos de agência e os de representação comercial autônoma, disciplinados pela Lei n. 4.886/1965, especialmente diante da semelhança de redação entre o art. 710 do Código Civil e o art. 1º da Lei n. 4.886/1965.

Parte da doutrina identifica as duas figuras como idênticas. Paula Forgioni ressalta que a Lei n. 4.886/1965 permanece em vigor, ao lado das disposições do Código Civil, por força do art. 2º da Lei de Introdução ao Código Civil: não tendo havido revogação expressa da Lei n. 4.886/1965 quando da entrada em vigor do Código Civil (instituído pela Lei n. 10.406/2002), não tendo sido a matéria inteiramente regulada no Código Civil, e nem havendo incompatibilidade entre os dois textos, ambos permaneceriam em vigor.[15] Jairo Saddi, indo um pouco mais a fundo, argumenta que a Lei n. 4.886/1965 e o Código Civil são diplomas suplementares e coexistentes, especialmente diante do art. 721 do Código Civil, que expressamente ressalva a aplicação das disposições constantes "*de lei especial*" ao contrato de agência; complementa considerando revogadas apenas as disposições da Lei n. 4.886/1965 incompatíveis com o Código Civil, a saber: a presunção de exclusividade, que passou a existir *vis-à-vis* o art. 711 do Código Civil, e o prazo de aviso prévio, que era de 30 (trinta) dias nos termos do art. 34 da Lei n. 4.886/1965 e passou a ser de 90 (noventa) dias, e desde que compatível com os investimentos feitos pelo agente, nos termos do art. 720 do Código Civil.[16]

Todavia, a lição mais clara sobre o assunto já havia sido manifestada por Rubens Requião. Apesar de concordar com a posição de Pontes de Miranda – de que a designação "agente comercial" deveria

12. A esse respeito, cf. STJ, REsp n. 53.192-RS (relator Min. Milton Luiz Pereira, *DJ* 23.10.1995): "a característica básica da corretagem é a sua transitoriedade. O corretor, sob a forma autônoma ou de pessoa jurídica, não se liga ao comitente de modo permanente. (...) Já o representante comercial, pessoa física ou jurídica, tem características profissionais completamente diferentes. A que mais ressalta é a permanência de sua relação com a representada". O mesmo entendimento também foi expressado no voto vista do Min. Milton Luiz Pereira no REsp n. 67.486-7-RS.

13. A característica de *unilateralidade* é apontada por Jorge Lobo como elemento essencial do contrato de agência, sob argumentando de que o agente atua apenas em favor do proponente, e neste aspecto, diferencia-se do contrato de corretagem, na medida em que o corretor atua para conciliar os interesses das duas partes intermediadas (cf. Jorge Lobo, *Contrato de "Franchising"*, cit., p. 3). Orlando Gomes fala no conceito de *imparcialidade* presente no contrato e mediação, não tendo o corretor parte ativa no contrato, aparentemente com o mesmo significado (cf. *Contratos*, 24ª ed., p. 367).

14. Maria Helena Diniz resume muito bem os requisitos de estabilidade e parcialidade do agente: "O contrato de representação comercial pertence ao gênero dos contratos de intermediação, do qual o mais peculiar é a corretagem, com o qual não se confunde, visto que enquanto a corretagem é uma atividade eventual em relação ao comitente, agindo o corretor no interesse das duas partes, o representante comercial age, permanente, profissional e habitualmente, em prol da empresa representada" (cf. *Direito Civil Brasileiro*, vol. 3, 21ª ed., p. 416).

15. Paula Forgioni, *O Contrato de Distribuição*, pp. 95-96.

16. Jairo Saddi, "Considerações acerca da representação comercial frente ao novo Código Civil", in *Revista de Direito Mercantil, Industrial, Econômico e Financeiro*, São Paulo, vol. 42, n. 129, pp. 54-55.

ser usada para o agenciador de propostas a serem entregues ao proponente, enquanto o termo "representante comercial" deveria ser utilizado para aqueles colaboradores que detivessem poderes efetivos para praticar atos relacionados à execução dos negócios –, Rubens Requião argumenta que o sistema adotado pela Lei n. 4.886/1965 impediria essa distinção. Ao permitir ao representante comercial praticar ou não atos relacionados à execução dos negócios intermediados, o texto legal vigente fundira as figuras do agente e do representante comerciais (cf. art. 1º, *caput* e parágrafo único, Lei n. 4.886/1965). Requião ainda lembra a legislação civil italiana de 1942, que regulara a mesma relação jurídica batizando-a de agência, e o histórico legislativo brasileiro, em especial o Projeto de Código Comercial Florêncio de Abreu e o Projeto de Lei n. 1.171/1949, ambas tentativas legislativas naufragadas e que faziam a distinção entre agente e representante comerciais conforme o intermediário tivesse ou não poderes de representação, na linha de Pontes de Miranda.[17]

Algumas posições doutrinárias defendem a diferenciação entre os contratos de agência e representação comercial, cada uma delas fundamentando-se em razões distintas, mas nenhuma parece razoável. Rubens Edmundo Requião argumenta que haveria 4 (quatro) focos de distinção: (i) o *campo de atuação* do representante comercial estaria limitado apenas a negócios mercantis (cf. art. 1º da Lei n. 4.886/1965), enquanto o contrato de agência não sofreria tal limitação, e poderia agenciar qualquer tipo de negócio; (ii) o papel de agente deveria ser exercido apenas por *pessoa física*, por força do art. 719 do Código Civil; (iii) o *prazo de aviso prévio* para encerramento do contrato de agência seria de 90 (noventa) dias, diferenciando-o do contrato de representação comercial, cujo prazo seria de 30 (trinta) dias; (iv) a *necessidade de amortização de investimentos*, à luz do art. 473 do Código Civil, estaria reservada apenas aos contratos de agência, em uma leitura estrita da Lei n. 4.886/1965.[18]

Na vigência exclusiva da Lei n. 4.886/1965, Rubens Requião já havia esclarecido que contratos civis poderiam ser objeto de representação comercial, de forma que não haveria razão para reintroduzir uma distinção já descartada em matéria de representação comercial.[19] Com relação ao art. 719 do Código Civil, sua existência não parecer restringir um dos polos da relação jurídica apenas a pessoa física, mas tão somente

17. Rubens Requião, *Do Representante Comercial: Comentários à Lei n. 4.886, de 9 de dezembro de 1965, e à Lei n. 8.420, de 8 de maio de 1992*, 9ª ed., pp. 47-48. O art. 1º do Projeto 1.171/1949 tinha a seguinte redação "Art. 1º. Considera-se agente comercial quem de maneira estável, em caráter profissional, sem dependência econômica e subordinação hierárquica, realiza numa determinada zona, por conta de uma ou mais empresas, os atos de comércio peculiares à promoção de negócios, agenciando propostas e transmitindo-as aos seus representantes para aceitação. Parágrafo único. Denomina-se especificamente representante comercial o agente que tem poderes de representação para concluir os negócios promovidos, aplicando-se-lhes as disposições desta lei no que forem compatíveis com o mandato mercantil".

18. De Rubens Edmundo Requião, *Nova Regulamentação da Representação Comercial Autônoma (o Contrato de Agência e Distribuição no Código Civil de 2002)*, 3ª ed. e "Os contratos de agência, de representação comercial e o contrato de distribuição", in J. Hamilton Bueno e Sandro G. Martins (coords.), *Representação Comercial e Distribuição: 40 Anos da Lei n. 4.886/1965 e Novidades do CC/2002 (Art. 710 a 721), EC 45/2004: Estudos em Homenagem ao Professor Rubens Requião (13.5.1918 a 29.5.1997)*, pp. 189-190.

19. Rubens Requião, *Do Representante Comercial*, cit., p. 80: "Não há motivo para não se incluir sob a tutela da Lei n. 4.886 a atividade que o representante comercial exerça também em relação aos negócios civis. Pode perfeitamente; e não existe nenhuma incompatibilidade doutrinária que impeça o mesmo representante de agenciar negócios para empresas civis, como empresas de serviços, empresas agrícolas ou pecuárias. (...) A interpretação que se deve dar à expressão 'negócios mercantis' há de ser no sentido econômico, isto é, de negócios que vise a proveito pecuniário ou lucro. Assim devem ser incluídos na órbita das atividades de representação comercial os negócios de objetivos lucrativos, embora de natureza civil".

criar um direito especial para herdeiros de agente pessoa física.[20] Com relação ao aviso prévio e à aplicação do art. 473 do Código Civil, trata-se de resolver o conflito aparente de normas: as disposições da lei mais recente (*i.e.*, art. 711 do Código Civil, disposição que inclusive ressalva a necessidade de compatibilizar o fim do contrato com os investimentos feitos) revogam as da lei anterior, e as regras gerais estabelecidas pelo Código Civil (aí incluído o art. 473) passam a ter aplicação geral na vida contratual.

Apesar de estar ressalvada a validade dos contratos já assinados quando da entrada em vigor do novo Código Civil, por constituírem ato jurídico perfeito (cf. art. 5º, inc. XXXVI, da Constituição Federal e art. 6º, *caput* e § 1º, da Lei de Introdução ao Código Civil), os seus *efeitos* produzidos na vigência da lei civil nova por ela se regerão, nos termos do art. 2.035 do Código Civil. Dessa forma, parece-me que as regras sobre aviso prévio e rescisão contratual têm aplicação imediata aos eventos posteriores a entrada em vigor da Lei n. 10.406/2002, ainda que relacionados a contratos anteriores.

Alfredo de Assis Gonçalves Neto argumenta que o contrato de agência seria um tipo aberto, mais abrangente que a representação comercial; esta última seria uma das espécies de contrato de agência, contendo necessariamente os elementos de (i) colaboração mais intensa, nos termos dos arts. 28 e 30 da Lei n. 4.886/1965; (ii) obrigação de resultado, nos termos do art. 32 da Lei n. 4.886/1965 (enquanto as disposições do Código Civil tratariam do assunto com alguma ambiguidade: cf. art. 717, com um tom supostamente mais próximo de uma obrigação de meio, ao falar em "*serviços úteis*", e art. 714, para uma impressão mais próxima de uma obrigação de resultado, ao atribuir ao agente a remuneração por todos os negócios realizados em sua área).[21] A generalidade das regras do Código Civil, em oposição aos termos bem mais específicos da Lei n. 4.886/1965, não parecem conduzir à separação entre os contratos de agência e representação comercial como de gênero e espécie. Seria de se esperar disposições genéricas no Código Civil, especialmente diante da existência de lei especial cuja vigência não foi revogada, e cuja aplicabilidade ao contrato de agência foi expressamente consignada no art. 721 do Código Civil. Com relação à natureza de obrigação de meio ou de resultado, as disposições do Código Civil citadas por Gonçalves Neto parecem funcionalizadas para outras questões; no caso do art. 714, a finalidade parece ser complementar as disposições sobre exclusividade que constam do art. 711, valendo ser destacada a natureza dispositiva de ambos esses artigos; no caso do art. 717, a finalidade parece ter sido impedir o empobrecimento injustificado do agente.

Carlos Alberto Hauer de Oliveira diferencia os dois contratos pelo *modus operandi*, em uma interpretação bastante estrita da Lei n. 4.886/1965, que seria aplicável apenas ao "tirador de pedidos". O contrato de agência seria um gênero de que a representação constitui espécie, mas uma espécie fortemente regulada por uma legislação social protetiva, destinada a ser aplicada apenas àqueles agentes hipossuficientes, os "tiradores de pedido". Diante da possibilidade de celebração de contrato atípicos (cf. art. 425 do Código Civil), não parece necessário uma interpretação tendente a separar os contrato de agência e distribuição

20. Assim ficou redigido o dispositivo: "Art. 719. Se o agente não puder continuar o trabalho por motivo de força maior, terá direito à remuneração correspondente aos serviços realizados, cabendo este direito aos herdeiros no caso de morte".

21. Alfredo de Assim Gonçalves Neto, "O contrato de representação comercial no contexto do Código Civil de 2002", in J. Hamilton Bueno e Sandro G. Martins (coords.), *Representação Comercial e Distribuição: 40 Anos da Lei n. 4.886/1965 e Novidades do CC/2002 (Art. 710 a 721), EC 45/2004: Estudos em Homenagem ao Professor Rubens Requião (13.5.1918 a 29.5.1997)*, pp. 212-213.

respectivamente como gênero (pouco regulamentado) e uma de suas espécies (a mais fortemente regulada). Os contratantes interessados em uma estrutura mais ágil e menos regulamentada podem adotar contratos atípicos contendo as cláusulas que melhor se ajustem às suas necessidades.

Assim, diante da semelhança de redação entre o art. 1º da Lei n. 4.886/1965 e o art. 710 do Código Civil, do histórico legislativo nacional (que esboçara a distinção entre agente e representante comerciais segundo o critério da detenção de poderes para execução do negócio intermediado, para depois afastá-la fundindo as duas figuras), da ressalva expressa do art. 720 do Código Civil (sobre a aplicação de lei especial ao contrato de agência) e da existência de incompatibilidades mínimas e pontuais entre a Lei n. 4.886/1965 e os arts. 710-721 do Código Civil, parece-me que os *nomem juris* agência e representação comercial designam a mesma relação jurídica.[22]

Distinção menos problemática, mas não sem necessidade de cuidado, diz respeito ao *contrato de distribuição* previsto na parte final do art. 710 do Código Civil. Trata-se de uma modalidade específica de contrato de agência, qualificado quando o agente tem "*à sua disposição a coisa a ser negociada*". O termo disposição, aqui, parece ter sido empregado em sentido coloquial, significando a detenção ou posse do bem pelo agente; se o legislador tivesse intenção de se referir ao poder de disposição que integra o domínio (cf. art. 1.228, *caput*, Código Civil), deveria ter dito haver distribuição quando o agente "*tem poder de disposição sobre a coisa a ser negociada*", hipótese que poderia confundir o contrato de agência-distribuição com o contrato estimatório ou com o negócio atípico de distribuição (= concessão comercial). Alguns autores defendem interpretação do termo *disposição* em sentido ainda mais coloquial, no sentido de estar a coisa livre e desimpedida para ser entregue rapidamente ao comprador, ainda que na posse de terceiros (*e.g.*, depositada em armazém geral ou estocada).[23]

Assim, o contrato de distribuição previsto no Código Civil não se confunde com o negócio atípico misto de distribuição, também conhecido como *concessão comercial*, em que o distribuidor propriamente dito não faz a intermediação ou agenciamento de propostas, mas adquire a mercadoria do produtor para revendê-la aos consumidores, extraindo seu proveito econômico do eventual lucro auferido (a chamada *margem de comercialização*); nesses negócios, há transferência da propriedade do fornecedor ao distribuidor, e posteriormente, nova transferência de propriedade para o consumidor.[24]

Importante destacar que foi disciplinada apenas uma modalidade de contrato de distribuição: a concessão para venda de veículos automotivos, disciplinada pela Lei n. 6.729/1979 (chamada "Lei Ferrari"), e que tem por objeto não somente a comercialização dos veículos, implementos e componentes, mas também a prestação de assistência técnica (inclusive atendimento em garantia e revisão) e o licenciamento para uso gratuito da marca do concedente (cf. art. 3º, incs. I, II e III, da Lei n. 6.729/1979). Fora este caso, o negócio de distribuição permanece atípico, e o pouco uso do nome *concessão comercial* talvez seja explicado para evitar confusão com o contrato previsto na Lei n. 6.729/1979.

22. Cf. também, nesse mesmo sentido e além dos autores já citados, Leandro Santos de Aragão e Rodrigo R. Monteiro de Casto, "O contrato de distribuição do art. 710, *caput*, parte final do Código Civil de 2002", cit., p. 249; Orlando Gomes, *Contratos*, 24ª ed.; Maria Helena Diniz, *Direito Civil Brasileiro*, cit., vol. 3, pp. 414 e ss.; Waldirio Bulgarelli, *Contratos Mercantis*, 13ª ed.; Fran Martins, *Contratos e Obrigações Comerciais*, 15ª ed.

23. Leandro Santos de Aragão e Rodrigo R. Monteiro de Casto, "O contrato de distribuição do art. 710, *caput*, parte final do Código Civil de 2002", cit., p. 264.

24. Paula Forgioni, *O Contrato de Distribuição*, cit., p. 59.

Ainda que o contrato de distribuição se qualifique por operações de compra e venda em caráter estável e não eventual, ele não absorve as operações de compra e venda singulares sob ele abrigadas, fazendo-as desaparecer; ao contrário: cada operação tem existência jurídica específica, distinta de eventual unidade da operação econômica de circulação do bem. Nesse sentido, Rubens Requião segue Remo Franceschelli, e adverte que o contrato de distribuição existe e subsiste independentemente da efetivação ou não das compras e vendas individuais.[25]

b) Contrato de agência (ou representação comercial): disciplina interna

Do art. 710 do Código Civil podem ser extraídos os elementos essenciais do contrato de agência: (i) obrigação de promover negócios do proponente, facilitando a conclusão de contratos; (ii) estabilidade (*i.e.*, natureza não eventual); (iii) autonomia; (iv) atuação por conta de outrem, de forma unilateral; (v) direito à remuneração, pelo resultado de aproximação útil;[26] (vi) direito a uma zona determinada, que pode ou não ser exclusiva.[27]

Segundo Auletta e Salanitro, o encargo atribuído ao agente deve ser *estável* e *duradouro*, características reconhecidas também pela jurisprudência italiana, sendo a estabilidade considerada o principal elemento para distinguir o negócio jurídico de agência do mandato.[28] O agente se apresenta, nas palavras de Roberto Baldi, como a figura mais típica do intermediário moderno, que mantendo sua autonomia, desenvolve uma atividade de estrita colaboração comercial com o proponente, em uma relação que se protrai no tempo, com caráter de estabilidade e continuidade que é requerido pela exigência moderna da distribuição comercial.[29]

A autonomia fruída pelo agente implica que ele pode organizar sua ativida-

25. Remo Franceschelli, "Natura giuridica della compravendita con esclusiva", in *Del Vechio al Nuovo Diritto Commerciale*, p. 435, n. 5; Rubens Requião, "O contrato de concessão de venda com exclusividade", in *Aspectos Modernos do Direito Comercial*, vol. 1, pp. 127-128.

26. Como bem apontado por Rubens Requião, essa característica distingue o contrato de agência da simples prestação de serviço: "O contrato de representação comercial (...) não é simples locação de serviço, pois nele, não se remunera o trabalho do agente, mas o resultado útil dele decorrente" (cf. "Representante comercial – Natureza jurídica de sua atividade", cit., p. 188).

27. A doutrina italiana, paradigma que inspirou o legislador brasileiro ressalta esses elementos: cf. Augusto Baldassari, *I Contratti di Distribuzione – Agenzia, Mediazione, Concessione di Vendita, Franchising*, p. 3: "nella sua forma tipica, il contratto di agenzia risulta così caratterizzato dallo svolgimento da parte dell'agente, a su rischio e dietro compenso, di un'attività economica, organizzata e autonoma, concretantese inun risultado di lavoro e vincolata al preponente da un stabile rapporto di collaborazione"; Giuseppe Auletta e Niccolò Salanitro, *Diritto Commerciale*, 14ª ed., p. 462: "L'agente se obbliga a svolgere – in modo continuativo e in una determinata zona territoriale – tutta l'attività necessaria per fare concludere al preponente i contrati d'esercizio della sua impresa". Na doutrina nacional, Orlando Gomes destaca os seguintes elementos: (a) obrigação de o agente promover contratos do proponente; (b) habitualidade e estabilidade; (c) delimitação de zona para prestação do serviço; (d) direito à retribuição do agente pelo serviço que presta; (e) exclusividade e independência de ação (cf. *Contratos*, cit., p. 365); Jorge Lobo cita como elementos essenciais do contrato: (a) atividade de promoção de negócios; (b) independência do agente, que detém liberdade sobre a sua atividade e suporta os seus riscos; (c) unilateralidade, no sentido já referido; (d) estabilidade; (e) fixação de território intermediadas (cf. *Contrato de "Franchising"*, cit., p. 3); Rubens Requião destaca as seguintes "características jurídicas da relação de representação comercial": (a) atividade empresarial; (b) não eventualidade das prestações, isto é, profissionalidade; (c) mediação para realização de negócios; (d) autonomia da atividade do agente (cf. *Do Representante Comercial*, cit., pp. 58 e ss.).

28. Giuseppe Auletta e Niccolò Salanitro, *Diritto Commerciale*, cit., p. 462. Sobre as características de estabilidade e durabilidade como essenciais no contrato de agência, cf. *Cassazione*, 16.2.1993, p. 1.916; sobre a distinção do mandato em função da estabilidade, cf. *Cassazione*, 10.10.1985, p. 4.942.

29. Roberto Baldi, *Il Diritto della Distribuzione Commerciale nell'Europa Comunitaria*, cit., p. 24.

de de forma independente, mas por conta disso, estará sujeito aos riscos de sua atividade empresarial, ainda que uma atividade auxiliar daquela do proponente.[30] Rubens Requião argumenta que o critério mais seguro para bem delimitar a autonomia do agente seriam as dimensões *espaço* e *tempo* da sua atividade: é autônomo o agente que determina seu próprio itinerário e a forma de contato com os clientes, assim como dispõe livremente do seu tempo e horários.[31] Tais características *exteriorizam* a autonomia do agente – como bem apontado por Rubens Requião –, que parecem decorrer dos seguintes elementos mais estruturais: (i) *organizativo*: o agente liga-se ao proponente por meio de uma relação externa, que o obriga a atuar por sua própria iniciativa e por meio de sua própria organização; (ii) *funcional*: a colaboração do agente é somente econômica, e seus interesses são confluentes com os do proponente; (iii) *econômica*: o agente é interessado no resultado final dos negócios agenciados, vindo em seu proveito as comissões decorrentes da conclusão, mas correndo por sua conta as despesas de gestão e os riscos da sua atividade.[32]

A autonomia do agente não é, contudo, absoluta. Nos termos do art. 712 do Código Civil, ele deverá agir com diligência e cumprir as instruções recebidas do proponente; o art. 29 da Lei n. 4.886/1965

30. *Cassazione*, 2.6.1980, n. 3.601; *Cassazione*, 10.1.1984, n. 182: "Il tratto caratteristico del contratto di agenzia é costituito dall'autonomia assoluta nell'esercizio professionale rispetto all'ativitá del preponente e dall'assunzione del rischio economico inerente alla propria". No sentido de estarem intimamente ligadas a autonomia, a liberdade de organização e o risco econômico, cf. Roberto Baldi, *Il Diritto della Distribuzione Commerciale nell'Europa Comunitaria*, cit., pp. 24-29; Jorge Lobo, *Contrato de "Franchising"*, cit., p. 2. No sentido de ser justamente a assunção de risco que diferencia o agente do vendedor empregado, cf. Augusto Baldassari, *I Contrati di Distribuzione – Agenzia, Mediazione, Concessione di Vendita, Franchising*, cit., p. 157: "Il fatto che la figura dell'agenzia si concreti nello svolgimento di un'attività economica organizzata, rivolta al conseguimento di un risultato di lavoro che l'agente consegue agendo autonomemente nell'interesse del preponente, e caratterizzata dall'assunzione, da parte dell'agente medesimo, di un rischio economico, rapresenta il criterio principale adottato dalla giurisprudenza per individuare tale contratto e distinguerlo da figure affini quali il rapporto di lavoro subordinato"; Orlando Gomes, *Contratos*, cit., p. 366: "A independência da ação do agente permite distingui-lo do empregado. Não há subordinação hierárquica na relação do representante comercial com o preponente; quando existe, o contrato passa a informar uma relação de emprego. Subordinação inexiste, em princípio, se entendida na acepção estrita de vínculo de natureza pessoal que implica direção dos serviços a serem prestados. Subordinação, entretanto, existe porque o trabalho do agente há de ser executado conforme as instruções do preponente, a quem deve, a mais, prestar contas da atividade exercida, no seu exercício, goze o agente de autonomia"; e Rubens Requião, "Autonomia da representação comercial – Relação de trabalho e relação de emprego", cit., pp. 105-107.

31. Rubens Requião, "Autonomia da representação comercial – Relação de trabalho e relação de emprego", cit., pp. 108-109; cf. ainda, do mesmo autor, *Do Representante Comercial*, cit., pp. 65, 69-70, onde ainda se indica que tais elementos seriam constantes de juristas na Itália, e se recorda o disposto no art. 84 do Código de Comércio alemão – HGB, a estabelecer sobre o agente que: "É independente quem pode organizar o essencial de sua atividade e determinar seu tempo de trabalho".

32. Os três elementos em questão advêm de Giuseppe Giordano (cf. *Il Contrato di Agenzia*, pp. 102-104), e foram resenhados por Rubens Requião (cf. *Do Representante Comercial*, cit., p. 65). Requião consolida sua pesquisa comparada em três critérios por ele denominados "técnico-científicos" muito semelhantes às lições de Giordano: (a) o agente presta serviços por meio de sua própria organização; (b) o agente destina o resultado econômico de seu trabalho em proveito próprio; (c) o agente corre os riscos da sua atividade econômica, sendo que a comissão advém do resultado útil obtido. A esses critérios "técnico-científicos", Requião adiciona elementos ditos exteriorizadores da autonomia dos agentes: (a) liberdade de itinerário; (b) liberdade no emprego do tempo; (c) ônus pessoal do agente pelas despesas de sua organização; (d) inscrição nos registros peculiares; (e) pagamento de impostos e taxas pelo exercício de sua atividade. Após excluir os dois últimos como meramente formais, fixa os critérios de autonomia apenas na liberdade de itinerário e de tempo (o terceiro requisito exteriorizador – o ônus pessoal pelas despesas – já parece contemplado nos requisitos "técnico-científicos" citados).

também proíbe que o agente atue em desacordo com as instruções recebidas e, salvo autorização, não lhe é permitido conceder descontos abatimentos ou dilações. Os arts. 28 e 30, *caput*, da Lei n. 4.886/1965 ainda estabelecem obrigações positivas para o agente: fornecer informações ao proponente sobre o andamento dos assuntos a seu cargo, dedicar-se a expandir os negócios do proponente e promover seus produtos, e tomar conhecimento de reclamações e transmiti-las ao proponente, sugerindo providências acautelatórias.

Os riscos a que o agente se sujeita são aqueles associados à sua própria atividade. Assim é que o art. 713 do Código Civil dispõe que correm por conta do agente as despesas com a agência; por outro lado, ele faz jus à remuneração pelo resultado útil de sua atividade de agenciamento, mediante comissão (cf. art. 32 da Lei n. 4.886/1965, estabelecendo o direito à sua percepção quando do pagamento dos pedidos ou propostas), inclusive quando o negócio deixe de ser concluído por fato imputável ao proponente (cf. art. 716 do Código Civil). Além disso, e a teor do art. 715 do Código Civil, o agente tem direito a indenização se o proponente, sem justa causa, cessar o atendimento de propostas ou reduzi-las sem justo motivo; o art. 32, § 7º, da Lei n. 4.886/1965 oferece uma diretriz de interpretação mais precisa para essa situação, estatuindo que são vedadas alterações no contrato se implicarem, direta ou indiretamente, diminuição da média dos resultados auferidos pelo agente nos últimos 06 (seis) meses.

Por outro lado, o agente não assume os riscos de descumprimento das operações por ele promovidas. Por atuar em nome e por conta do proponente, preparando e fechando contratos que acrescerão ao patrimônio do agenciado, os riscos associados ao inadimplemento da operação fechada é do constituinte. Inclusive por esta razão é proibida a imposição de cláusula *del credere* no contrato de agência, *ex vi* art. 43 da Lei n. 4.886/1965.[33] Curiosamente, por disposição legal expressa, não é devida a retribuição ao agente se a falta de pagamento advier especificamente de insolvência do comprador, bem como se o negócio for desfeito ou sustada a entrega da mercadoria se a situação comercial do devedor puder comprometer ou tornar duvidosa a liquidação da operação (cf. art. 33, § 1º, da Lei n. 4.886/1965).

Apesar de as disposições do Código Civil não estabelecerem nenhuma restrição quanto aos *sujeitos* do contrato de agência (sem razão o argumento de que o art. 717 teria exigido a qualidade de pessoa física), convém lembrar que o art. 4º da Lei n. 4.886/1965 proíbe o exercício desta atividade por quem não exerça atividade empresarial, por falido não reabilitado ou por condenados em crime de natureza infamante. Os arts. 2º e 3º da mesma lei exigem também o registro dos agentes nos respectivos conselhos profissionais, sendo que a lista de documentos necessários a esta inscrição desempenha o papel de requisitos implícitos à regularidade da atividade do agente.

Em matéria de *forma*, o Código Civil não traz qualquer exigência expressa – diferentemente do *Codice Civile* italiano, a exigir a forma escrita em caráter probatória, no art. 1.742. Entretanto, a conclusão de que não há necessidade de instrumento escrito pode ser precipitada;[34] note-se que

33. Interessante que no Direito italiano, admite-se como nula cláusula *del credere* que atribua responsabilidade pelo inadimplemento ao agente de forma generalizada; admite-se, contudo, a licitude dessa cláusula excepcionalmente, desde que referida a negócios individuais e determinados, de natureza e importância particulares; condiciona-se ainda que a garantia assumida pelo agente não deve superar as comissões devidas pelas operações garantidas e ao pagamento de valores adicionais como retribuição (cf. art. 1.746, *comma* 3, *Codice Civile*; cf. também Giuseppe Auletta e Niccolò Salanitro, *Diritto Commerciale*, cit., p. 466).

34. No sentido de não ser necessária forma escrita no Brasil, cf. Leandro Santos de Aragão e

o art. 27 da Lei n. 4.886/1965 estabelece uma lista de elementos obrigatórios de todos os contratos de agência, dando a impressão de que seria necessário o instrumento escrito, ao menos para comprovar a regularidade do contrato (*i.e.*, que o acordo de vontades contemplou todos os elementos listados pela lei de regência).[35]

Como regra, o art. 711 do Código Civil define a exclusividade nos dois sentidos como a regra, apesar de sua natureza de norma dispositiva: salvo ajuste em contrário, o proponente não poderá constituir mais de um agente na mesma zona, nem o agente poderá assumir encargo para empresas concorrentes. De forma tecnicamente precisa, a jurisprudência italiana define o direito de exclusividade como elemento natural do contrato de agência;[36] afirma, todavia, que a existência desse direito não impediria as *vendas diretas* do proponente na zona atribuída ao agente, desde que essa atividade direta não assuma dimensão capaz de impedir o desenvolvimento do agente.[37]

Em complemento às regras sobre exclusividade previstas no referido art. 711 (que inclusive invertem a presunção que constava do art. 31, parágrafo único, da Lei n. 4.886/1965, segundo a qual a exclusividade não se presumia na falta de ajuste expresso), o art. 714 do Código Civil estatui que o agente tem direito à remuneração pelos negócios celebrados em sua zona, ainda que sem sua interferência, construindo uma regra (dispositiva) de reforço ao direito de área exclusiva.[38]

A rescisão do contrato é disciplinada de forma mais pormenorizada na Lei n. 4.886/1965; seu art. 35 permite ao proponente terminar o contrato por justa causa nas hipóteses de (i) desídia do agente; (ii) atos que importem em descrédito comercial do proponente; (iii) descumprimento contratual; (iv) crime infamante; (v) força maior. As comissões só poderão ser retidas nas hipóteses de rescisão com justa causa, para compensação ou ressarcimento de danos (cf. art. 37 da Lei n. 4.886/1965).

Rodrigo R. Monteiro de Casto, "O contrato de distribuição do art. 710, *caput*, parte final do Código Civil de 2002", cit., p. 261, nota de rodapé 52.

35. A questão da forma escrita é razoavelmente complicada. Rubens Requião chama atenção para a Exposição de Motivos e a Mensagem que encaminhou o projeto que deu origem à Lei n. 4.886/1965 ao Congresso Nacional, que fazia clara a intenção do instrumento escrito: "Visa o projeto a levar as partes a fixar, espontaneamente e com clareza, as características do contrato de representação comercial, reduzindo-o a escrito e ajustadas às circunstâncias peculiares a cada caso" (cf. Rubens Requião, *Do Representante Comercial*, cit., pp. 168-169). Essa intenção não parece ter prosperado no texto final da Lei n. 4.886/1965, cuja redação original do art. 27 estabelecia os elementos obrigatórios do contrato "quando celebrado por escrito", ao mesmo tempo em que o parágrafo único ao art. 40 qualifica como "faculdade" a formalização, em documento escrito e dentro do prazo de 180 (cento e oitenta) dias da publicação da lei, que fora prevista no mesmo art. 40, *caput*. Entretanto, a Lei n. 8.420/1992, que promoveu uma ampla reforma na Lei n. 4.886/1965, retirou a frase "quando celebrado por escrito" do art. 27, *caput*, conduzindo a uma redação que parece exigir a forma escrita, se não como requisito de validade do negócio, ao menos para comprovar o acordo de vontades sobre as cláusulas obrigatórias: "Art. 27. Do contrato de representação comercial, além dos elementos comuns e outros a juízo dos interessados, deverão constar, obrigatoriamente". Em matéria probatória, vale lembrar que o art. 227 do Código Civil admite a prova exclusivamente testemunhal apenas para negócios jurídicos de valor não superior ao décuplo do salário-mínimo.

36. *Cassazione*, 19.3.1994, p. 2.634.

37. *Cassazione*, 5.2.1962, p. 322.

38. A conexão entre exclusividade e direito a todas as comissões havidas dentro da zona determinada, mesmo que em operações fechadas sem auxílio do agente, estava bastante clara no art. 31, *caput*, da Lei 4.886/1965; esse mesmo dispositivo, lido em conjunto com o seu parágrafo único, não deixava de criar uma situação curiosa: no silêncio do contrato, não havia exclusividade, mas o agente ainda fazia jus às comissões de todos contratos celebrados na sua zona. A perplexidade aumenta ainda mais diante do art. 27, *caput* e als. "d", "e" "i", que estabelecem a *obrigatoriedade* de constar do contrato de representação comercial disposições sobre a indicação da zona, a garantia ou não de exclusividade nela, e o exercício exclusivo da atividade em favor do proponente.

Já o art. 36 da Lei n. 4.886/1965 permite ao agente rescindir o contrato com justo motivo nas hipóteses de (i) redução da sua esfera de atividade; (ii) quebra da exclusividade contratual; (iii) fixação abusiva de preço que impossibilite a atuação do agente; (iv) não pagamento das comissões; (v) força maior. Conforme art. 717 do Código Civil, mesmo na hipótese de rescisão com justa causa, o agente tem direito à remuneração pelos serviços úteis prestados ao proponente.

Nos contratos de agência, o legislador cuidou expressamente de um dos tópicos mais sensíveis: a resilição unilateral do contrato. Se a dispensa for sem justa causa, o agente terá direito às remunerações pelos negócios realizados e pendentes, além de indenização prevista no art. 27, "j", para as hipóteses de contrato com prazo indeterminado (*i.e.*, nunca inferior a um doze avos do total de comissões pagas durante a relação de agência); ou do art. 27, § 1º, para contratos com prazo determinado (*i.e.*, média mensal multiplicada pela metade dos meses faltantes). Em adição, há necessidade de aviso prévio de 90 (noventa) dias para resilição de contratos sem prazo determinado, desde que transcorrido prazo suficiente para amortização dos investimentos do agente (cf. art. 720 do Código Civil, revogando o prazo de 30 (trinta) dias anteriormente previsto no art. 34 da Lei n. 4.886/1965; cf. ainda o art. 473, parágrafo único, do Código Civil para a regra geral que só admite o encerramento de relações contratuais depois do prazo necessário para amortização dos investimentos).[39-40] No direito comparado, a Diretiva 86/653 CEE, que disciplinou o contrato de agência em sede comunitária e serviu de "bússola" para diversas reformas legislativas nos países da Europa,[41] estabeleceu a previsão específica de uma *indenização de clientela* (cf. art. 17), não superior ao valor de 1 (um) ano (cf. art. 17, *comma* 2, al. "b").[42]

c) Contrato de agência (ou representação comercial): disciplina externa

Tratando do contrato de distribuição, Paula Forgioni apresenta duas séries de dificuldade de análise: uma de *caráter contratual*, referente às relações entre as partes do contrato, chamadas de *relações internas* ou *intrínsecas*; outra de *caráter concorrencial*, referente ao contexto de mercado e aos efeitos ali produzidos, chamadas relações *externas* ou *extrínsecas*. Segundo a autora, na medida em que cada um desses dois prismas depende visceralmente do outro, a análise apartada não é adequada, sendo impossível avaliar o contrato de distribuição senão conforme sua ligação com o mercado[43] (ou, mais precisamente, segundo sua função de auxiliar a circulação dos bens em direção ao mercado). A mesma lição vale para o contrato de agência, cuja análise deve ser feita em função do mercado – como todos os demais institutos

39. Na hipótese de divergência quanto ao prazo mínimo e valor de indenização pelos investimentos feitos pelo agente, caberá ao juiz decidir essas questões, a teor do art. 720, parágrafo único, do Código Civil.

40. Para a discussão sobre a abusividade do rompimento de contratos de distribuição em sentido estrito (= concessão comercial), cf. Paulo Eduardo Lilla, "O abuso de direito na denúncia dos contratos de distribuição: o entendimento dos tribunais brasileiros e as disposições do novo Código Civil", in *RDM* 127/229-247.

41. Leandro Santos de Aragão e Rodrigo R. Monteiro de Casto, "O contrato de distribuição do art. 710, *caput*, parte final do Código Civil de 2002", cit., p. 253. Em especial, vale citar a Ley 12/1992, na Espanha; o Decreto-lei 178/1986 e suas alterações pelo Decreto-lei 118/1993, em Portugal; o Decreto Legislativo 303/1991, que promoveu alterações no *Codice Civile* de 1942 na Itália.

42. Para uma análise pormenorizada da disciplina legal em Portugal e da iniciativa de harmonização comunitária, cf. António Joaquim de Mattos Pinto Monteiro, *Contrato de Agência: Anotações ao Decreto-lei n. 178/1986, de 3 de julho*, 1998.

43. Paula Forgioni, *O Contrato de Distribuição*, cit., pp. 29-30. Destaque-se que a terminologia que segrega as duas vertentes em interna/intrínseca e externa/extrínseca advém de Jean-Pierre Viennois, *La Distribution Seletive*, p. 9.

do direito comercial – e cujos problemas concorrenciais são, basicamente, os mesmos genericamente associados a práticas ou acordos verticais.[44]

Paula Forgioni é quem ressalta a premissa de que o direito comercial tem como um de seus pontos cardeais a preservação do mercado e das condições necessárias para o fluxo das relações econômicas; trata-se de uma lógica própria, diferente daquela do direito civil, mas ainda diversa do raciocínio puramente econômico.[45] O estudo do direito comercial à luz do mercado foi corretamente destacado pela mesma autora como *um novo período do direito comercial*, onde se supera a visão estática da empresa para substituí-la por uma visão dinâmica, funcionalizada para o mercado.[46]

Especial atenção merece o art. 711 do Código Civil, que prevê a exclusividade e a divisão territorial com regras no contrato de agência. Calixto Salomão Filho esclarece que o entrelaçamento de reputação entre o produtor e o agente cria a possibilidade recíproca de que um aproveite, sem custos, as vantagens providas pelo outro (*e.g.*, a *exclusividade pró-agente* é necessária para proteger/estimular o agente a promover os produtos do proponente sem o receio que seu esforço seja apropriado por outros agentes ou pelo próprio proponente; a *exclusividade pró-fabricante* é importante para proteger/incentivar investimentos em treinamento e inovações, que poderiam ser aproveitados sem custo por proponentes de produtos concorrentes).[47]

O entrelaçamento de reputações implica que alguns dos investimentos a serem feitos pelas partes serão *específicos* à relação de agência, perdendo muito de seu valor em caso de rompimento prematuro do contrato. Benjamin Klein, Robert Crawford e Armen Alchian demonstraram que investimentos em ativos específicos trazem consigo *quase rendas especializadas apropriáveis*, que consistem na diferença entre o valor do ativo na transação para a qual ele foi construído e o valor máximo que o segundo melhor usuário está disposto a pagar pelo mesmo bem. Essa situação constituiria a fonte de um dos custos mais

44. Práticas ou acordos verticais são aqueles que envolvem agentes econômicos que se situam em diferentes elos da cadeia produtiva que vai desde a extração da matéria-prima até a venda ao consumidor final. Exemplos dessas práticas/acordos são: (i) restrições e imposições de preço de revenda; (ii) divisão de mercado em territórios para agentes e distribuidores, exclusivos ou não; (iii) cláusulas de exclusividade; (iv) vendas casadas.

45. Paula Forgioni, *O Contrato de Distribuição*, cit., p. 37. Nesse contexto é que a autora chama atenção para a importância de deixar claros alguns pontos que vêm se esvaindo com a pretensa unificação do direito privado. Um deles reporta-se à intenção das partes, cuja vertente objetiva é aquela relevante ao direito comercial, e existe juridicamente refletida nos usos e costumes; o segundo é a noção de *causa*, que no direito comercial sempre foi associada à função econômica do negócio. A desconsideração desses pontos poderia levar a análises e interpretações que podem prejudicar o funcionamento do mercado e o escoamento da produção (Paula Forgioni, *O Contrato de Distribuição*, cit., pp. 36-37).

46. Paula Forgioni, *A Evolução do Direito Comercial Brasileiro: da Mercancia ao Mercado*, pp. 100 e 185: "Temos um novo período de evolução do direito comercial, em que se supera a visão estática da empresa para encará-la, também, em sua perspectiva dinâmica. De um direito medieval de classe, ligado à pessoa do mercador, passamos ao critério objetivo e liberal dos atos de comércio e, finalmente, à atividade da empresa. Urge estudá-la a partir do pressuposto de que sua atividade somente encontra função econômica, razão de ser, no mercado. (...) Enfim, 'ato, atividade, mercado'. Eis a linha de evolução do direito comercial" e "[A]s modificações do ambiente institucional em que se inserem as empresas apontam para a revitalização do estudo do objeto do direito comercial, com o deslocamento do seu eixo. A consideração da empresa na sua perspectiva dinâmica obriga ao reconhecimento da importância assumida pelo mercado no estudo da nossa matéria".

47. Calixto Salomão Filho, "Cláusulas de exclusividade nos contratos de representação comercial: aspectos concorrenciais", in J. Hamilton Bueno e Sandro G. Martins (coords.), *Representação Comercial e Distribuição: 40 Anos da Lei n. 4.886/1965 e Novidades do CC/2002 (Art. 710 a 721), EC 45/2004: Estudos em Homenagem ao Professor Rubens Requião (13.5.1918 a 29.5.1997)*, p. 468.

importantes na utilização do mercado: a possibilidade de *comportamento oportunista pós-contratual*, com a possibilidade de uma parte ver as quase rendas criadas por seu investimento expropriadas, por meio da ameaça de rompimento prematuro da relação. Essa situação pode levar a custos consideráveis na busca de garantias adicionais, na realização de gastos para melhorar a posição de barganha pós-contratual contra uma eventual tentativa oportunista ou até mesmo com a não realização de investimentos específicos, pelo temor de ficar aprisionado.[48-49]

Essa *interdependência de reputações*, segundo Calixto Salomão Filho, sugeriria não somente a legalidade, mas também a conveniência das cláusulas recíprocas de exclusividade como elemento natural do contrato de agência.[50] Todavia, o próprio autor faz uma ressalva importante, a indicar a necessidade de avaliação caso a caso: é possível que, do ponto de vista concorrencial, apenas se justifique a exclusividade unilateral; é o que ocorre, por exemplo, quando haja a possibilidade de dominação do mercado.

Os efeitos anticoncorrenciais que poderiam tornar a exclusividade ilícita à luz da Lei n. 8.884/1994 (e nula a cláusula contratual que a estabelecera) devem ser avaliados caso a caso, e poderiam advir de duas dimensões: (i) o *fechamento de mercado*, se a imposição da exclusividade restringir excessivamente as alternativas independentes disponíveis a outros concorrentes; (ii) a *elevação de barreiras à entrada*, exigindo de novos entrantes em qualquer dos mercados a necessidade de ingressar verticalizados para poderem concorrer em condições de se manterem como rivais efetivos.

Considerando que o fabricante de uma mercadoria não tem obrigação de adotar um sistema de distribuição externo, sendo perfeitamente lícito distribuí-la por meio de vendedores internos (e, portanto, exclusivos),[51] as questões de fechamento de mercado e de elevação de barreiras à entrada parecem-me aplicáveis, como regra, à exclusividade exigida dos agentes. Ao impor cláusulas de exclusividade sobre os agentes mais importantes, o fabricante pode efetivamente fechar os canais de acesso ao mercado consumidor disponíveis a seus concorrentes, dominando o mercado relevante. Fabricantes concorrentes poderiam questionar as cláusulas de exclusividade para obter acesso aos canais de distribuição, mas tenderão a obter sucesso apenas se tais canais forem *realmente fundamentais* para a entrada e permanência no mercado (*i.e.*, inexistirem outros canais alternativos para distribuição), e se os efeitos deletérios para a concorrência forem *superiores* às eventuais eficiências geradas pela estrutura contratual exclusiva.

Um agente que obtenha exclusividade para oferecer determinada mercadoria

48. Benjamin Klein, Robert Crawford e Armen Alchian, "Vertical integration, appropriable rents, and the competitive contracting process", in *Journal of Law and Economics* 21/297-298, 301.

49. Sobre a estratégia de integração vertical com o objetivo de controlar problemas de oportunismo contratual surgidos de ativos específicos, cf. Oliver Williamson, *Economic Institutions of Capitalism*, 1985 e *The Mechanism of Governance*, cit.; e *Markets and Hierarchies: Analysis and Antitrust Implications*, 1983.

50. Calixto Salomão Filho, "Cláusulas de exclusividade nos contratos de representação comercial: aspectos concorrenciais", cit. p. 468.

51. No Processo Administrativo n. 08012.008024/1998-49 (Representante: SDE *ex officio*; Representadas: Microsoft do Brasil Ltda. e TBA Informática Ltda., j. 25.8.2004), o CADE discutia cláusulas de exclusividade entre a Microsoft e uma de suas distribuidoras no fornecimento de *software* ao Poder Executivo Federal, na região do Distrito Federal. Em seu voto, o Conselheiro Roberto Pfeiffer expõe que "[ao invés de se utilizar de contratos de distribuição com restrições verticais] *o produtor tem sempre a opção de integrar verticalmente, passando a controlar esse elo da cadeia* [a distribuição dos produtos fabricados] *dentro da firma para evitar problemas decorrentes de uma relação do tipo agente-principal*", e que a decisão entre adotar um contrato vertical ou integrar atividades dependerá do custo relativo entre as alternativas.

dificilmente poderia ser acusado de fechamento de mercado, ou de elevar artificialmente barreiras à entrada, mesmo do ponto de vista exclusivamente teórico. Agentes concorrentes, interessados em distribuir o mesmo produto, ou investidores interessados em entrar na atividade de distribuição, poderiam obter sucesso apenas sob hipóteses muito restritas: além de demonstrar que os efeitos líquidos da prática vertical são negativos para a concorrência (*i.e.*, que os prejuízos causados ao mercado mais do que superam eventuais eficiências da prática), o produto distribuído com exclusividade deveria ser *essencial* para a viabilidade comercial dos entrantes, e a distribuição deveria constituir uma atividade econômica *principal*, e não um aspecto *acessório* da produção, o que claramente não ocorre na relação jurídica de agência.

Se a característica de colaboração é uma nota comum a todos os contratos da distribuição, na relação de agência torna-se fundamental a noção de auxiliaridade e gestão dos negócios do proponente, com ou sem representação.[52] Tanto é assim que a autonomia do agente não lhe permite descumprir as diretrizes do proponente nem alterar as condições de preço e prazo definidas pelo agenciado para fechamento do negócio (cf. art. 712 do Código Civil e art. 29 da Lei n. 4.886/1965); quando detém poderes de representação para a execução do contrato, o agente não atua como parte do negócio, mas vincula diretamente o proponente ao consumidor final; quando a mercadoria está à sua disposição, o agente-distribuidor também exerce apenas a função de auxiliar intermediador, promovendo a transferência da propriedade sobre o bem diretamente do fabricante ao consumidor, quando possível.

A natureza *acessória* da atividade do agente também lança luzes mais claras sobre os critérios da *regra da razão* a serem empregados na avaliação de restrições verticais estabelecidas em contratos de agência, que deveriam ser mais toleradas: no contrato de agência, a noção de concorrência *intramarca* torna-se muito mais diluída do que nas relações de concessão comercial, em que as atividades do empresário *downstream* é mais destacada do produtor.

Discussão semelhante foi tratada na decisão da Suprema Corte norte-americana no caso *United States vs. Arnold, Schwinn & Co.* (388 U.S. 365 [1967]). Nesta oportunidade, ao avaliar acordos de distribuição exclusiva e restrições territoriais entre um fabricante de bicicletas e seus revendedores, a Corte entendeu que a aplicação do § 1º do *Sherman Act* exigiria diferenciar situações em que o fabricante mantivesse ou não a propriedade sobre as mercadorias; haveria uma violação *per se* ao *Sherman Act* se impostas as restrições verticais em contratos onde o fabricante houvesse transferido a propriedade sobre os bens ao distribuidor; ao mesmo tempo, deveriam ser avaliadas à luz da regra da razão as restrições à comercialização futura impostas em acordos de distribuição em que o fabricante mantivesse consigo a propriedade das mercadorias.[53]

52. Roberto Baldi, *Il Diritto della Distribuzione Commerciale nell'Europa Comunitaria*, cit., pp. 7-8 sobre as relações jurídicas da distribuição, e p. 24 sobre a agência, cuja transcrição vale a pena, a título de esclarecimento: "Fondamentale è nell'agente la caratteristica di ausiliarità economica, di attività di gestione, cui puà anche, ma non necessariamente, affiacarsi un poteri di rappresentanza giuridica, sia pure con contorni ben definitti".

53. Cf. *United States vs. Arnold, Schwinn & Co.* 388 U.S. 377-380: "We are here concerned with a truly vertical arrangement raising the fundamental question of the degree to which a manufacture may or not only select the customer to whom he will sell, but also allocate territories for resale and confine access to his product to selected, or franchised, retailers. We conclude that the proper application of § 1 of the Sherman Act to this problem requires differentiation between the situation where the manufacturer parts with title, dominion, or risk with respect the article, and where he completely retains ownership and risk of loss. As the District Court held, where a manufacturer sells products to his distributor subject to territorial restriction upon resale, a *per se* violation of Sherman Act occurs. (...) Under

A regra sobre ilicitude *per se* em práticas verticais foi revertida na experiência norte-americana no caso *Continental T.V. Inc. vs. GTE Sylvania, Inc.* (433 U.S. 36 [1977]), a partir de quando todas essas discussões passaram a ser analisadas à luz da regra da razão. Esse caso ainda apontou que o precedente em *Schwinn* não havia trazido evidência analítica para a diferenciação que fizera nos critérios de análise (*i.e.*, aplicar a regra de ilicitude *per se* a transações verticais com transferência de propriedade, e proceder uma análise de razoabilidade quando mantida a propriedade com o fabricante), e nem propõe que os impactos verticais seriam significativamente afetados pela forma jurídica da operação. Na visão da Suprema Corte que julgou o caso *Sylvania*, a aplicação da regra da razão aos negócios sem transferência de propriedade teria sido fruto de uma "*crença não explicada de que uma proibição* per se *completa seria muito inflexível*".[54]

Apesar de tudo, *Schwinn* traz um aspecto extremamente interessante: ele coloca as operações da distribuição que não importem transferência de propriedade como um tipo de instrumento por meio do qual o fabricante, mantendo o domínio sobre as mercadorias, as distribuirá ao público.[55] A forma jurídica da operação não autoriza a separação entre práticas verticais sujeitas à regra da ilicitude *per se* e outras a serem avaliadas pela regra da razão; mas a natureza acessória, instrumental e dirigida de alguns negócios jurídicos, evidenciada pela manutenção da propriedade, deveria *alterar o padrão de razoabilidade* para sua avaliação: maior ingerência deve ser admitida como natural e razoável em contratos de agência, e mais tolerada do que em acordos de concessão comercial.

A imposição de preços de venda (mínimo ou máximo) e a exigência de determinadas condições negociais constituem elementos integrantes da *fattispecie* da relação de agência, configurando instruções obrigatórias emitidas pelo proponente; a discriminação de condições comerciais entre agentes independentes, entre estes e agentes controlados pelo fabricante, ou ainda entre agentes e vendedores internos, também parece uma discussão estritamente privada; acusações de venda casada também não parecem pertinentes na relação de agência, na medida em que a função do agente é apenas aproximar produtor e consumidor para a contratação. Essas restrições verticais parecem constituir problemas antitruste de pertinência *excepcional* em relações de agência. Pelas mesmas razões, dificilmente poderiam ser imputadas aos agentes alguma corresponsabilidade por condutas anticoncorrenciais verticais que lhe foram instruídas expressamente pelo proponente (*e.g.*, a venda casada de produtos aos consumidores, a prática de preço predatório ou a discriminação de preços para venda ao usuário final).[56]

the Sherman Act, it is unreasonable, without more, for a manufacturer to seek to restrict and confine areas or persons with whom an article may be traded after the manufacture has parted with dominion over it. (...) such restrains are so obviously restrictive of competition that the mere existence is enough. If the manufacture parts with dominion over his product or transfers risks of loss to another, he may not reserve control over its destiny of the conditions of resale. (...) On the other hand, as indicated in White Motor, we are not prepared to introduce the inflexibility of which a *per se* rule might bring if it were applied to prohibit all vertical restrictions of territory and all franchising, in the sense of designating specified distributors and retailers as the chosen instrument through which the manufacturer, retaining ownership of the goods, will distribute them to the public. (...) Where the manufacturer retains title, dominion, and risk with respect to the product and the position and function of the dealer in question are, in fact, indistinguishable from those of an agent or salesman of the manufacturer, it is only if the impact of the confinement is 'unreasonably' restrictive of competition that a violation of § 1 results from such confinement, unencumbered by culpable price-fixing".

54. Cf. *Continental T.V., Inc. vs. GTE Sylvania, Inc.* 433 U.S. 54.

55. Cf. *United States vs. Arnold, Schwinn & Co.* 388 U.S. 379-380.

56. Evidentemente, práticas ilícitas adotadas voluntária e deliberadamente pelos agentes, sejam

Apesar de tratar das cláusulas de exclusividade, nosso Código Civil não estabeleceu regramento específico para eventuais cláusulas de *não concorrência*, a vigorarem após encerrado o contrato de agência. No Direito italiano, a teor do art. 1.751-*bis* do *Codice Civile*, admite-se a obrigação de não concorrer desde que convencionada expressamente e por escrito, cujo prazo não seja superior a 2 (dois) anos e refira-se à mesma zona, clientela e gênero de bens ou serviços intermediados pelo agente.[57]

Nosso Código Civil previu obrigação de não concorrência expressamente em caso de trespasse do estabelecimento comercial, com prazo de 5 (cinco) anos, e nas hipóteses de arrendamento ou usufruto dele, enquanto perdurar o contrato (cf. art. 1.147, *caput* e parágrafo único). Todavia, a admissibilidade dessa disposição já vinha sendo admitida na doutrina e na jurisprudência desde antes da Lei n. 10.406/2002, como uma decorrência do princípio da boa-fé objetiva e como forma de garantir ao adquirente de estabelecimento trespassado o aviamento e a clientela associados aos ativos adquiridos. Para além da matéria estritamente privada, os órgãos de defesa da concorrência também vêm admitindo cláusulas de não concorrência apostas nos instrumentos que formalizam atos de concentração, desde que tais pactos sejam acessórios a negócios jurídicos celebrados entre as partes (*i.e.*, não se admite um contrato puro de não concorrência), e sejam limitados no tempo (normalmente até cinco anos, admitidos prazos maiores mediante justificativas econômicas) e circunscritas à área de atuação da empresa alvo e sua linha de produtos.[58]

A mesma linha de princípios que permitiu a adoção de obrigação de não concorrência em negócios jurídicos envolvendo o estabelecimento comercial pode ser empregada para justificar essa obrigação em contratos de agência; a compatibilidade desses pactos laterais com a ordem jurídica privada e concorrencial deverá ser avaliada segundo sua razoabilidade, sendo de se exigir prazo determinado e justificável, bem como limitação à mesma zona, clientela e gênero de bens intermediados.

Por fim, a celebração de contratos de agência dificilmente deveria ser considerada ato de submissão compulsória ao CADE, nos termos do art. 54, *caput*, da Lei n. 8.884/1994. Na experiência europeia, o art. 2(I) da Diretiva CE n. 2.790/1999 estabelece que acordos verticais entre entes não concorrentes não se consideram práticas anticompetitivas; nos Estados Unidos, o item (c)(1) do *Hart-Scott-Rodino Antitrust Improvements Act* e o § 802.1(c)(1) e (3) do *Code of Federal Regulation* isentam de notificação acordos de fornecimento no curso normal dos negócios. Na jurisprudência recente do CADE, passaram a ser considerados de notificação compulsória os contratos de fornecimento entre concorrentes com poder de mercado, com ou sem exclusividade;[59] o mesmo critério poderia

verticais ou horizontais, serão diretamente imputáveis a eles se presentes os requisitos do art. 20 da Lei 8.884/94. Isso ocorre, p.ex., se o agente passa a impor a venda casada de produtos, negando-se a encaminhar as propostas de compra de uma determinada mercadoria se o consumidor não adquirir outro produto, do mesmo proponente ou não; ou então, se os agentes de uma determinada localidade ajustam um cartel para elevar o valor de suas comissões, ou se os agentes constituídos por um produtor para determinada zona de atuação se reúnem para reduzirem a competição determinada pelo proponente. A discussão se torna mais interessante em matéria de restrições horizontais determinadas pelo proponente, que em princípio, não parecem constituir violação antitruste.

57. Giuseppe Auletta e Niccolò Salanitro, *Diritto Commerciale*, cit., p. 466.

58. Para uma análise detalhada da obrigação de não concorrência assumida por conta de negócios jurídicos envolvendo estabelecimentos comerciais, cf. Geisy Fiedra, *Obrigação de Não Concorrência: Diretrizes para Aplicação no Âmbito Civil e Antitruste*, 2007.

59. Cf. Consulta n. 08700.003674/2007-65 (Fujifilm da Amazônia Ltda., rel. Conselheiro Luis

ser aplicado a relações de agência, o que já assume feições bastante conservadoras.

IV – Conclusões

No direito vigente, a figura jurídica do *contrato de agência* parece claramente identificada com o *contrato de representação comercial autônoma*: a semelhança de redação entre o art. 1º da Lei n. 4.886/1965 e o art. 710 do Código Civil é inquestionável, e o histórico legislativo nacional esboçara a distinção entre agente e representante comerciais segundo o critério da detenção de poderes para execução do negócio intermediado, para depois afastá-la fundindo as duas figuras. Além disso, a ressalva expressa do art. 720 do Código Civil sobre a aplicação de lei especial ao contrato de agência e as incompatibilidades mínimas entre a Lei n. 4.886/1965 e os arts. 710-721 do Código Civil indicam que estamos a tratar da mesma relação jurídica.

O *contrato de distribuição*, previsto na parte final do art. 710 do Código Civil, não se confunde com o contrato de concessão comercial: o texto editado pela Lei n. 10.406/2002 tipificou apenas uma modalidade especial de agência, em que o agente tem posse ou detenção das mercadorias, que remanescem no domínio do proponente. O conceito de *agency* da *common law* é, de seu lado, muito mais amplo do que uma relação estrita de distribuição de mercadorias; ainda que nada impeça sua utilização com a finalidade de auxiliar circulação de bens, a relação formalizada desta maneira virá acrescida de todos os elementos e deveres fiduciários e de representação típicos desta figura.

A natureza acessória, instrumental e dirigida da atividade do agente conduz a critérios particulares na aplicação da *regra da razão* quando avaliadas restrições verticais estabelecidas em contratos de agência. Segundo o art. 710 do Código Civil, o agente deve promover negócios *do proponente*, em uma determinada área, mediante remuneração; ele determina seu próprio itinerário e a forma de contato com os clientes, assim como dispõe livremente do seu tempo e horários, mas sua autonomia é limitada, devendo agir com diligência e cumprir as instruções recebidas do proponente. Neste tipo de negócio jurídico, a noção de concorrência intramarca torna-se mais diluída do que nas relações de concessão comercial ou nos outros contratos da distribuição, e uma maior ingerência do proponente sobre as atividades do agente deveria ser admitida como natural, razoável e tolerável para efeitos concorrenciais.

Carlos Delorme Prado, j. 19.3.2008). Tratava-se de contrato de fornecimento entre Fujifilm da Amazônia Ltda. e Noritsu do Brasil Ltda., duas empresas concorrentes na produção de *minilabs* digitais e de *printers* (um dos insumos para fabricação do *minilab*, e objeto das prestações do contrato em discussão), detentoras de participações relevantes nesses dois mercados (Noritsu: 50% no mercado de *printers* e 53% no mercado de *minilabs*; Fujifilm: 22% no mercado de *printers* e 36% no mercado de *minilabs*). Apesar de o voto do Conselheiro Relator ter sido no sentido de ser necessário a existência de cláusula de exclusividade para se falar em impactos negativos de contratos de fornecimento entre concorrentes ("Contratos de fornecimento celebrados entre concorrentes e que não sejam onerados por cláusula de exclusividade não são de submissão obrigatória, porquanto ao não ensejarem risco de fechamento de mercado (*forclosure*), não se enquadram no *caput* do art. 54 da Lei n. 8.884/1994"), o Plenário decidiu diversamente firmando entendimento que contratos de fornecimento entre concorrentes, especialmente diante do significativo poder de mercado das partes contratantes, é de notificação obrigatória nos termos do art. 54, *caput*, da Lei n. 8.884/1994.

Bibliografia

ARAGÃO, Leandro Santos de, e CASTO, Rodrigo R. Monteiro de. "O contrato de distribuição do art. 710, *caput*, parte final do Código Civil de 2002". In BUENO, J. Hamilton, e MARTINS, Sandro G. (coords.). *Representação Comercial e Distribuição: 40 Anos da Lei n. 4.886/1965 e Novidades do CC/2002 (Arts. 710 a 721), EC 45/2004: Estudos em Homenagem ao Professor Rubens Requião (13.5.1918 a 29.5.1997)*. São Paulo, Saraiva, 2006.

AULETTA, Giuseppe, e SALANITRO, Niccolò. *Diritto Commerciale*. 14ª ed. Milão, Giuffrè, 2003.

BALDASSARI, Augusto. *I Contratti di Distribuzione – Agenzia, Mediazione, Concessione di Vendita, Franchising*. Pádua, CEDAM, 1989.

BALDI, Roberto. *Il Diritto della Distribuzione Commerciale nell'Europa Comunitaria*. Pádua, CEDAM, 1989.

BULGARELLI, Waldirio. *Contratos Mercantis*. 13ª ed. São Paulo, Atlas, 2000.

CARNELUTTI, Francesco. *Teoria Giuridica della Circolazione*. Pádua, CEDAM, 1933.

DINIZ, Maria Helena. *Direito Civil Brasileiro*. vol. 3, 21ª ed. São Paulo, Saraiva, 2005.

FIEDRA, Geisy. *Obrigação de Não Concorrência: Diretrizes para Aplicação no Âmbito Civil e Antitruste*. São Paulo, Singular, 2007.

FORGIONI, Paula. *O Contrato de Distribuição*. São Paulo, Ed. RT, 2008.

______. *A Evolução do Direito Comercial Brasileiro: da Mercancia ao Mercado*. São Paulo, Ed. RT, 2009.

GOMES, Orlando. *Contratos*. 24ª ed. Rio de Janeiro, Forense, 2001.

GONÇALVES NETO, Alfredo de Assis. "O contrato de representação comercial no contexto do Código Civil de 2002". In BUENO, J. Hamilton, e MARTINS, Sandro G. (coords.). *Representação Comercial e Distribuição: 40 Anos da Lei n. 4.886/1965 e Novidades do CC/2002 (Arts. 710 a 721), EC 45/2004: Estudos em Homenagem ao Professor Rubens Requião (13.5.1918 a 29.5.1997)*. São Paulo, Saraiva, 2006.

KLEIN, Benjamin, CRAWFORD, Robert, e ALCHIAN, Armen. "Vertical integration, appropriable quasi-rents and the competitive contraction process", in *Journal of Law and Economics*, vol. 21, 1978.

LILLA, Paulo Eduardo. "O abuso de direito na denúncia dos contratos de distribuição: o entendimentos dos tribunais brasileiros e as disposições do novo Código Civil", in *Revista de Direito Mercantil, Industrial, Econômico e Financeiro* 127/229-247, jul.-set./2002.

LOBO, Jorge. *Contrato de "Franchising"*. Rio de Janeiro, Forense, 1997.

MARTINS, Fran. *Contratos e Obrigações Comerciais*. 15ª ed. Rio de Janeiro, Forense, 2000.

MONTEIRO, António Joaquim de Mattos Pinto. *Contrato de Agência: Anotações ao Decreto-lei n. 178/1986, de 3 de julho*. Coimbra, Almedina, 1998.

REQUIÃO, Rubens. *Do Representante Comercial: Comentários à Lei n. 4886, de 9 de dezembro de 1965, e à Lei n. 8.420, de 8 de maio de 1992*. 9ª ed. Rio de Janeiro, Forense, 2008.

______. "O contrato de concessão de venda com exclusividade", in *Aspectos Modernos do Direito Comercial*. vol. 1. São Paulo, Saraiva, 1977.

______. "Representante comercial – Natureza jurídica de sua atividade", in *Aspectos Modernos do Direito Comercial*. vol. 1. São Paulo, Saraiva, 1977.

______. "Autonomia da representação comercial – Relação de trabalho e relação de emprego", in *Aspectos Modernos do Direito Comercial*. vol. 2. São Paulo, Saraiva, 1980.

REQUIÃO, Rubens Edmundo. *Nova Regulamentação da Representação Comercial Autônoma (o Contrato de Agência e Distribuição no Código Civil de 2002)*. 3ª ed. São Paulo, Saraiva, 2007.

______. "Os contratos de agência, de representação comercial e o contrato de distribuição". In BUENO, J. Hamilton, e MARTINS, Sandro G. (coords.). *Representação Comercial e Distribuição: 40 Anos da Lei n. 4.886/1965 e Novidades do CC/2002 (Arts. 710 a 721), EC 45/2004: Estudos em Homenagem ao Professor Rubens Requião (13.5.1918 a 29.5.1997)*. São Paulo, Saraiva, 2006.

SADDI, Jairo. "Considerações acerca da representação comercial frente ao novo Código Civil", in *Revista de Direito Mercantil, Industrial, Econômico e Financeiro*, vol. 42, n. 129. São Paulo.

SALOMÃO FILHO, Calixto. "Cláusulas de exclusividade nos contratos de representação comercial: aspectos concorrenciais". In BUENO, J. Hamilton, e MARTINS, Sandro G. (coords.). *Representação Comercial e Distribuição: 40 Anos da Lei n. 4.886/1965 e Novidades do CC/2002 (Arts. 710 a 721), EC 45/2004: Estudos em Homenagem ao Professor Rubens Requião (13.5.1918 a 29.5.1997)*. São Paulo, Saraiva, 2006.

SÈROUSSI, Roland. *Introdução ao Direito Inglês e Norte-Americano*. São Paulo, Landy, 2001.

VIENNOIS, Jean-Pierre. *La Distribution Selective*. Paris, Litec, 1999.

______. *Markets and Hierarchies: Analysis and Antitrust Implications*. Nova York, Free Press, 1983.

______. *Economic Institutions of Capitalism*. Nova York, Free Press, 1985.

Jurisprudência Comentada

A INEFICÁCIA PARCIAL DO AVAL PRESTADO SEM OUTORGA CONJUGAL

JEAN CARLOS FERNANDES

1. Breve resumo do caso. 2. O conteúdo normativo dos princípios. 3. Os princípios dos títulos de crédito. 4. Ineficácia parcial e não invalidade do aval prestado sem outorga conjugal. 5. Conclusão.

RE 1.163.074-PB (2009/0210157-8)
Relator: Ministro Massami Uyeda
Recorrente: Edlúcia Medeiros Marques Dardenne
Advogado: Fernando Antônio Bezerra Cavalcanti Madruga Filho
Recorrido: Banco Itaú S/A
Advogados: Lídia de F. S. Albuquerque e outro(s)
j. 15.12.2009
DJ 4.2.2010

Ementa: *Recurso Especial – Ação anulatória de aval – Outorga conjugal para cônjuges casados sob o regime da separação obrigatória de bens – Necessidade – Recurso provido.*

1. É necessária a vênia conjugal para a prestação de aval por pessoa casada sob o regime da separação obrigatória de bens, à luz do art. 1.647, III, do Código Civil.

2. A exigência de outorga uxória ou marital para os negócios jurídicos de (presumidamente) maior expressão econômica previstos no ar. 1.647 do Código Civil (como a prestação de aval ou a alienação de imóveis) decorre da necessidade de garantir a ambos os cônjuges meio de controle da gestão patrimonial, tendo em vista que, em eventual dissolução do vínculo matrimonial, os consortes terão interesse na partilha dos bens adquiridos onerosamente na constância do casamento.

3. Nas hipóteses de casamento sob o regime da separação legal, os consortes, por força da Súmula n. 377/STF, possuem o interesse pelos bens adquiridos onerosamente ao longo do casamento, razão por que é de rigor garantir-lhes o mecanismo de controle de outorga uxória/marital para os negócios jurídicos previstos no art. 1.647 da lei civil.

4. Recurso especial provido.

ACÓRDÃO

Vistos, relatados e discutidos os autos em que são partes as acima indicadas, acordam os Ministros da 3ª Turma do Superior Tribunal de Justiça, na conformidade dos votos e das notas taquigráficas a seguir, prosseguindo no julgamento, após o voto vista da Sra. Ministra Nancy Andrighi, a Turma, por unanimidade, dar provimento ao recurso especial, nos termos do voto do Sr. Ministro Relator. Os Srs. Ministros Sidnei Beneti, Vasco Della Giustina (Desembargador convocado do TJRS), Paulo Furtado (Desembargador convocado do TJBA) e Nancy Andrighi votaram com o Sr. Ministro Relator.

Brasília, 15 de dezembro de 2009 (data do julgamento).

Ministro Massami Uyeda, Relator.

RELATÓRIO

O Exmo. Sr. Ministro Massami Uyeda (Relator): Cuida-se de recurso especial interposto por Edlúcia Medeiros Marques Dardenne com fundamento no art. 105, III, "a", da Constituição Federal em que se alega violação dos arts. 1.647, III, e 1.649 do Código Civil.

Da análise detida dos autos, verifica-se que Edlúcia Medeiros Marques Dardenne, recorrente, ajuizou ação de anulação de aval com pedido de antecipação dos efeitos da tutela contra o Banco Itaú S/A, recorrido, alegando, para tanto, que seu cônjuge, o Sr. Marco Antonio Magalhães Dardenne, avalizou uma cédula de crédito bancário (n. 40118171-4), emitida pela sociedade empresária Marpesa Pneus Peças e Serviços Ltda. em favor da instituição financeira ora recorrida (Banco Itaú S/A), no valor de R$ 335.000,00 (trezentos e trinta e cinco mil reais), a qual já é objeto de ação de execução em trâmite na 10ª Vara Cível da Comarca de João Pessoa.

Na ocasião, a recorrente (Edlúcia Medeiros Marques Dardenne) sustentou a nulidade da garantia, na espécie, do aval, ao argumento de que fora levado a efeito sem a necessária outorga uxória. Ao final do petitório inicial requereu, além da citação do réu, ora recorrido (Banco Itaú S/A), o seguinte: i) "*deferir o pedido de tutela antecipada parcial, no sentido de determinar a impenhorabilidade dos bens pessoais que estiverem no nome do avalista, marido da autora, em face da execução da cédula de crédito bancário n. 40118171-4, promovida pelo banco, em trâmite na Douta 10ª Vara Cível de João Pessoa, processo n. 202006022468-6, ante a comprovação do bom direito da autora e da possibilidade de dano irreparável, consoante fortemente demonstrado tópico 3*" (fl. 6) e, ii) "*no mérito, a anulação do aval prestado pelo cônjuge da autora na cédula de crédito bancário n. 40118171-4*" (fl. 6).

Em primeira instância, o MM. Juiz de Direito da 17ª Vara Cível da Comarca de João Pessoa, Estado da Paraíba, julgou o pedido improcedente, ao argumento de que: "*A norma de regência atual do Código Civil, dispõe que:* 'art. 1.647. *Ressalvado o disposto no art. 1.648, nenhum dos cônjuges pode, sem autorização do outro, exceto no regime da separação absoluta*: (...). III – *prestar fiança ou aval.* (...)'. *Por sua vez, o art. 1.648 do mesmo Código estabelece caso de suprimento de outorga quando a mesma é negada injustamente.* (...). *No entanto, e em que pese opinião contrária, o mencionado art. 1.647, na parte final de seu 'caput' dispõe sobre a ausência de necessidade de outorga quando entre os cônjuges vige o sistema de separação absoluta. Pelo que se verifica da certidão de casamento juntada pela autora, em seu casamento foi adotado 'o regime obrigatório da separação de bens, nos termos do art. 258, parágrafo único e número I, do Código Civil brasileiro, regime não alterado pela superveniência do novo Código Civil* (...)" (fl. 81).

O Tribunal de Justiça do Estado da Paraíba, ao julgar o recurso de apelação, manteve a sentença. O acórdão recorrido restou assim ementado:

"*Processo Civil. Apelação Cível. Ação anulatória de aval. Ausência de outorga uxória. Regime obrigatório de separação de bens. Aplicação do art. 1.647, III, do novo Código Civil. Manutenção da decisão. Desprovimento do recurso.* 'Ressalvado o disposto no art. 1.648, nenhum dos cônjuges pode, sem autorização do outro, exceto no regime da separação absoluta: III – prestar fiança ou aval'. Verifica-se, portanto, que o novo Código Civil introduziu mudança em relação a esta matéria, consentindo a fiança ou aval prestada apenas por um dos cônjuges, no regime de separação absoluta de bens, o que, para o caso dos autos é relevante, já que a apelante é casada sob o regime obrigatório da separação de bens".

Busca Edlúcia Medeiros Marques Dardenne a reforma do v. acórdão, argumentando, em síntese, que casou com o seu marido sob o regime de separação obrigatória de bens e, nesta medida, sua outorga era essencial à higidez do aval dado na cédula de crédito bancário em questão. Assevera, ainda, que a desnecessidade da anuência do cônjuge só se aplica aos casamentos que tenham adotado o regime de separação consensual de bens e não àqueles em que a separação dos bens tenha decorrido de expressa disposição legal, como na espécie.

É o relatório.

VOTO

O Exmo. Sr. Ministro Massami Uyeda (Relator): A irresignação merece prosperar. Com efeito.

Na realidade, veja-se que é incontroverso dos autos que o regime de bens adotado pela recorrente (Edlúcia Medeiros Marques Dardenne) e seu marido é o da separação obrigatória de bens, regime este que não foi alterado, ainda no entender da Corte estadual, com o advento da novel lei civil.

A propósito, confira-se o seguinte excerto colhido no voto do eminente Desembargador Relator que, por ocasião do julgamento do recurso de apelação, assim consignou: "*No caso dos autos é fácil observar que a recorrente e o recorrido abriram mão do permissivo legal previsto no § 2º do art. 1.639 do novo Código Civil, permanecendo o regime obrigatório da separação de bens*" (fl. 131).

Tais as circunstâncias, as quais, diga-se, não podem ser alteradas nesta Instância especial em razão da impossibilidade de se promover o reexame de fatos e provas, é de reconhecer-se que a tese jurídica que subjaz à insurgência consiste em saber a abrangência do conteúdo normativo previsto no art. 1.647, III, do Código Civil ("*Ressalvado o disposto no art. 1.648, nenhum dos cônjuges pode, sem autorização do outro, exceto no regime da separação absoluta: III – prestar fiança ou aval*").

Prefacialmente, observa-se que a relação marital, a par de obrigações pessoais, encerra um plexo de relações econômicas (produção de riquezas, aquisição de bens de consumo, poupança, dentre outras) as quais, diga-se, não são um fim em si mesmas, mas apenas um meio para a satisfação de objetivos em comum do casal. Daí, portanto, a importância de se proceder a uma análise econômica do casamento (Paulo Nader, *Curso de Direito Civil*, vol. 5, 3ª ed., Rio de Janeiro, Forense, 2009, p. 349).

Neste sentido, como bem pondera Caio Mário da Silva Pereira, o substrato das relações economicamente apreciáveis que se estabelece entre os partícipes da relação conjugal repousa suas raízes na análise do regime de bens (Caio Mário da Silva Pereira, *Instituições de Direito Civil*, vol. 5, 17ª ed., Rio de Janeiro, Forense, 2009, p. 189). Em verdade, o regime patrimonial, a propósito do casamento, ora decorre da livre manifestação de vontade, ora de imposição legal.

Bem de ver, na espécie, que o art. 1.639 da lei civil possibilita aos nubentes a livre escolha, quanto aos bens, daquilo que bem entenderem, *in verbis*: "*É lícito aos nubentes, antes de celebrado o casamento, estipular, quanto aos seus bens, o que lhes aprouver*".

Conquanto o regime de bens tenha sido, em regra, relegado para o âmbito da disponibilidade, é possível, em determinadas hipóteses, que haja a obrigação no sentido de se adotar um regime em especial. Assim, o art. 1.640, *caput*, do Código Civil institui o regime da comunhão parcial nos casos tais em que os nubentes optarem por não exercer o direito que lhes assiste de escolher livremente o regime patrimonial e o art. 1.641 também da lei civil prevê que, diante de determinadas situações, o regime será o da separação obrigatória de bens.

Sucede, todavia, que é lícito aos nubentes, em pacto antenupcial, conservar, cada qual, os bens que possuíam com exclusividade antes do casamento bem assim aqueloutros que adquirirem na constância da vigência da relação marital.

É dizer, portanto, que o regime da separação de bens pode decorrer de livre pactuação, devendo ser observado, contudo, em determinadas hipóteses, *ex vi* do quanto dispõe o já mencionado art. 1.641 do Código Civil, *in litteris*: "*É obrigatório o regime da separação de bens no casamento*: I – *das pessoas que o contraírem com inobservância das causas suspensivas da celebração do casamento*; II – *da pessoa maior de sessenta anos*; III – *de todos os que dependerem, para casar, de suprimento judicial*" (Eduardo Espínola, *A Família no Direito Civil Brasileiro*, atualizado por Ricardo Rodrigues da Gama. Campinas, Bookseller, 2001, p. 414).

Na esteira deste raciocínio é de averiguar-se se o art. 1.647, III, da lei civil ("*Ressalvado o disposto no art. 1.648, nenhum dos cônjuges pode, sem autorização do outro, exceto no regime da separação absoluta*: III – *prestar fiança ou aval*") exige ou não a autorização do cônjuge casado sob o regime de separação obrigatória de bens em relação à aval dado pelo o outro consorte.

Verifica-se, *ab initio*, que a literalidade do dispositivo ressalva a necessidade da autorização conjugal quando o regime de bens for o da "separação absoluta". Resta, contudo, saber se a ressalva feita quanto à "separação absoluta" contempla, de igual maneira, os regimes da separação obrigatória e o da separação convencional.

Em verdade, a separação de bens, quanto adotada por livre manifestação de vontade, consiste, em verdade, em um ato de liberalidade por meio do qual ambos os nubentes optam por permanecer na exclusiva administração de seus bens. Portanto, quem manifesta, em pacto antenupcial, o desejo de contrair casamento sob o regime da separação convencional de bens, já de antemão, tem a plena consciência de que cada patrimônio estará submetido à livre gestão de seu titular, não havendo, assim, qualquer expectativa de um consorte quanto aos bens de propriedade do outro.

É dizer, assim, que a separação de bens, na medida em que faz de cada consorte o senhor absoluto do destino de seu patrimônio, implica, de igual maneira, na prévia autorização dada reciprocamente entre os cônjuges, para que cada qual disponha de seus bens como melhor lhes convier. Eis, assim, a razão de o art. 1.647 do Código Civil ressalvar a necessidade de outorga para a prática de aval quando o regime for o da "separação absoluta".

Veja-se, entretanto, que o mesmo não ocorre quando o estatuto patrimonial do casamento é o da separação obrigatória de bens. Nestas hipóteses, a ausência de comunicação patrimonial não decorre da vontade dos nubentes, ao revés, de imposição legal *ex vi* o disposto no art. 1.641 da lei civil, *in verbis*: "*É obrigatório o regime da separação de bens no casamento*: I – *das pessoas que o contraírem com inobservância das causas suspensivas da celebração do casamento*; II – *da pessoa maior de sessenta anos*; III – *de todos os que dependerem, para casar, de suprimento judicial*".

Portanto, verificadas as sobreditas hipóteses, o legislador já prevê qual o regime patrimonial deverá vigorar, não deixando margem de escolha aos contraentes. Logo, se na separação convencional há implicitamente a outorga prévia entre os cônjuges para que livremente disponham de seus bens como bem entenderem, o mesmo não se verifica na separação obrigatória, porquanto o regime patrimonial decorre de expressa imposição do legislador.

Não se olvide, ainda, que o Supremo Tribunal Federal sumulou o entendimento segundo o qual "*no regime de separação legal de bens, comunicam-se os adquiridos na constância do casamento*" (Súmula n. 377/STF), o que deixa transparecer que, neste regime, ao contrário do que ocorre na separação convencional, cada cônjuge guarda consigo a expectativa de, eventualmente, se beneficiar de parcela do patrimônio do outro.

Observa-se que o direito, notadamente o direito civil, que rege as relações entre os particulares, não pode ser interpretado sem ter como ponto de partida e ao mesmo tempo de chegada a dignidade da pessoa humana, razão e fim de cada disposição legal inserta no ordenamento jurídico. Daí porque "(...) *o reconhecimento do princípio fundamental da dignidade da pessoa humana impõe uma nova postura aos civilistas modernos, que devem, na interpretação e aplicação de normas e conceitos jurídicos, assegurar a vida humana de forma integral e prioritária*" (Fredie Didier Júnior *et al.*, *Comentários do Código Civil Brasileiro*, vol. XV. Coords.: Arruda Alvim e Thereza Alvim. Rio de Janeiro, Forense, 2005, p. 9).

Na esteira deste raciocínio, adotando-se a dignidade da pessoa humana como vetor interpretativo bem assim a necessidade e a importância de se conferir proteção jurídica às justas expectativas (a exemplo daquela que têm os cônjuges casados sob o regime da separação legal de bens de, um dia, se beneficiarem de parcela patrimonial do outro), forçoso é entender que o art. 1.647 do Código Civil, ao excepcionar a necessidade de autorização conjugal para a prática de aval por meio da expressão "separação absoluta", refere-se exclusivamente ao regime de separação convencional de bens, e não ao da separação legal.

Na realidade, "*a utilização dessa terminologia consagrada pela doutrina no texto do CC 1.647 'in fine' autoriza o intérprete a dizer que, em caso de o casamento ter sido celebrado sob o regime de separação obrigatória de bens, não incide à exceção à regra*" (Nelson Nery Júnior e Rosa Maria de Andrade Nery, *Código Civil Comentado e Legislação Extravagante*, 3ª ed., São Paulo, Ed. RT, 2005, p. 780).

Outro não foi o entendimento de Fredie Didier Júnior e de Cristiano Chaves de Farias que, em estudo doutrinário, assim pontuaram a questão: "*Nos regimes de separação legal (art. 1.641 do CC), a exigência de vênia conju-*

gal ainda permanece: a ressalva ao regime de separação absoluta deve ser entendida como restrita à separação de bens convencional" (Fredie Didier Júnior *et al.*, *Comentários do Código Civil Brasileiro*, vol. XV. Coords.: Arruda Alvim e Thereza Alvim. Rio de Janeiro, Forense, 2005, p. 72).

Realmente, a exigência de outorga uxória ou marital para os negócios jurídicos de (presumidamente) maior expressão econômica previstos no ar. 1.647 do Código Civil (como a prestação de aval ou a alienação de imóveis) decorre da necessidade de garantir a ambos os cônjuges meio de controle da gestão patrimonial, tendo em vista que, em eventual dissolução do vínculo matrimonial, os consortes terão interesse na partilha dos bens adquiridos onerosamente na constância do casamento.

Sob e égide da separação legal, os consortes, por força da Súmula n. 377/STF, possuem esse interesse pelos bens adquiridos onerosamente ao longo do casamento, razão por que é de rigor garantir-lhes o mecanismo de controle de outorga uxória/marital para os negócios jurídicos previstos no já mencionado art. 1.647 da lei civil.

Caso os cônjuges sujeitos à separação legal desejem afastar os efeitos da Súmula n. 377/STF, cumpre-lhes celebrar o pacto antenupcial para acrescer às regras de separação legal as regras próprias da separação convencional com relação aos bens adquiridos na vigência do casamento.

Como já se anotou, a adoção do regime da separação convencional é uma prévia autorização para os cônjuges praticarem os negócios jurídicos do art. 1.647 do Código Civil.

De passagem, diga-se que o Código Civil previu outra hipótese de desnecessidade de vênia conjugal, embora restrita à alienação de imóveis. Cuida-se do caso de adoção do regime de participação final nos aquestos com expressa previsão, no pacto antenupcial, da dispensa de outorga uxória/marital para os negócios translativos de imóveis (art. 1.656). Nesse caso, o legislador foi expresso em admitir uma prévia autorização conjugal às operações de alienação de imóveis, a despeito de os bens adquiridos na constância do casamento (aquestos) se comunicarem.

Não sucedeu o mesmo com o regime da separação legal, pois inexiste previsão legal expressa no sentido de despojar o consorte – interessado nos bens adquiridos onerosamente na constância do matrimônio – do instrumento de controle de gestão patrimonial previsto no art. 1.647 do Código Civil, qual seja, a vênia conjugal.

Bem de ver, na espécie, que o entendimento adotado pelo Tribunal estadual foi no sentido de se ressalvar a necessidade do consentimento de um consorte em aval dado pelo outro e, portanto, merece ser reformado.

In casu, o MM. Juiz de Direito da 17ª Vara Cível da Comarca de João Pessoa, Estado da Paraíba, por ocasião da prolação da sentença (fls. 80/82), consignou que, de fato, a autora, ora recorrente (Edlúcia Medeiros Marques Dardenne), não autorizou a concessão do aval dado pelo seu marido, o Sr. Marcos Antônio Magalhães Dardenne, sendo, pois, de rigor o reconhecimento de sua nulidade.

Assim, dá-se provimento ao recurso especial para declarar a nulidade do aval prestado pelo Sr. Marcos Antônio Magalhães Dardenne na Cédula de Crédito Bancário n. 40118171-4, emitida pela Marpesa Pneus Peças e Serviços Ltda., ficando, pois, invertidos os honorários advocatícios e as custas sucumbenciais.

É o voto.

VOTO VISTA

A Exma. Sra. Ministra Nacy Andrighi: Trata-se de recurso especial interposto por Edlúcia Medeiros Marques Dardenne objetivando impugnar acórdão exarado pelo TJPB no julgamento de recurso de apelação.

Ação: de anulação de aval, no valor de R$ 335.000,00, prestado por Marco Antônio Magalhães Dardenne, marido da autora, em garantia a Cédula de Crédito Bancário emitida em favor da empresa Marpesa Pneus Peças e Serviços Ltda. O fundamento pelo qual a anulação é requerida consiste na ausência de outorga uxória, exigida pelo art. 1.647, III, do CC/2002. O regime de bens do casamento é o da separação obrigatória. O motivo da adoção desse regime é o de que a requerente se casou, em 9.11.1978, com apenas 17 anos de idade.

Antecipação dos efeitos da tutela: concedida.

Sentença: julgou improcedente o pedido. O fundamento foi o de que o art. 1.647

do CC/2002, ao exigir autorização para que o cônjuge preste aval, exclui de tal exigência as hipóteses de casamento pelo regime da "*separação absoluta*" de bens. Para a juíza sentenciante, ao se referir a "*separação absoluta*" o código abrangeu tanto a separação convencional, como a separação obrigatória, sendo importante ressaltar que os cônjuges não alteraram tal regime com a vigência do CC/2002.

A sentença foi impugnada mediante recurso de apelação.

Acórdão: negou provimento ao recurso, nos termos da seguinte ementa:

"*Processo Civil – Apelação Cível – Ação anulatória de Aval – Ausência de outorga uxória – Regime obrigatório de separação de bens – Aplicação do art. 1.647, III do novo Código Civil – Manutenção da decisão – Desprovimento do recurso.* Ressalvado o disposto no art. 1.648, 'nenhum dos cônjuges pode, sem autorização do outro, exceto no regime da separação absoluta: III – prestar fiança ou aval'; – Verifica-se, portanto, que o novo Código Civil introduziu mudança em relação a esta matéria, consentindo a fiança ou aval prestada apenas por um dos cônjuges, no regime de separação absoluta de bens, o que, para o caso dos autos é relevante, já que a apelante é casada sob regime obrigatório da separação de bens."

Da mesma forma que na sentença, o TJPB considerou relevante o fato de que os cônjuges, casados pelo regime da separação obrigatória, não modificaram referido regime, conforme autoriza o art. 1.639, § 2º do CC/2002.

Recurso especial: interposto com fundamento na alínea "a" do permissivo constitucional. Alega-se violação aos arts. 1.647, III, e 1.649 do CC/2002.

Admissibilidade: O recurso foi admitido na origem.

Revisados os fatos, decido.

Cinge-se a controvérsia a estabelecer se o termo "*separação absoluta*" contido no art. 1.647, III, do CC/2002 (utilizado para identificar a exceção à regra que exige autorização do cônjuge para prestação de aval), restringe-se às hipóteses de casamento pelo regime da *separação consensual*, ou também abrange as hipóteses de *separação obrigatória* de bens.

Também é objeto do processo estabelecer se a faculdade de alteração do regime de bens pelos cônjuges pode influenciar a conclusão a respeito do tema.

O principal ponto que sustenta o voto proferido pelo i. Min. Relator é o de que "*a separação de bens, quando adotada por livre manifestação de vontade, consiste, em verdade, em um ato de liberalidade por meio do qual ambos os nubentes optam por permanecer na exclusiva administração de seus bens*", de modo que "*quem manifesta, em pacto antenupcial, o desejo de contrair casamento sob o regime da separação convencional de bens, já de antemão, tem a plena consciência de que cada patrimônio estará submetido à livre gestão de seu titular, não havendo, assim, qualquer expectativa de um consorte quanto aos bens de propriedade do outro*".

Por outro lado, nas hipóteses em que o regime de separação de bens é obrigatório (art. 1.641 do CC/2002), a manifestação de vontade no sentido da gestão livre do patrimônio não ocorre: o regime de separação é imposto por lei. Daí a necessidade de diferenciar o tratamento conferido a uma e outra hipótese.

Na esteira desse raciocínio, o Relator pondera que, justamente por força dessa diferença, o termo "*separação absoluta*" contido no art. 1.641 *não abrange o regime da separação legal*. Como reforço de argumentação, o Relator invoca a Súmula n. 377/STF, que estabelece que "*no regime de separação legal de bens, comunicam-se os adquiridos na constância do casamento*", de modo que "*neste regime, ao contrário do que ocorre na separação convencional, cada cônjuge guarda consigo a expectativa de, eventualmente, se beneficiar de parcela do patrimônio do outro*".

A questão enfrentada neste processo é de elevada complexidade, tendo sido bem descrita e bem decidida pelo i. Min. Relator. Entendo que as matérias aqui versadas, notadamente a aplicabilidade da Súmula n. 377/STF aos casamentos celebrados após o advento do CC/2002 e a eficácia do aval prestado sem a participação do cônjuge ainda propiciarão muito debate nesta Corte, até sua pacificação definitiva.

De todo modo, respeitadas as peculiaridades da hipótese em julgamento, não tenho nenhum reparo a fazer no voto proferido pelo i. Min. Relator, que acompanho na íntegra.

Forte em tais razões, acompanho o voto proferido pelo i. Min. Relator.

Certidão de Julgamento

3ª Turma – Número Registro: 2009/0210157-8

REsp 1.163.074-PB

Números Origem: 20020060602188
20020060602188002

Pauta: 17.11.2009 – j. 17.11.2009

Relator: Exmo. Sr. Ministro *Massami Uyeda*. Presidente da Sessão: Exmo. Sr. Ministro *Sidnei Beneti*. Subprocurador-Geral da República: Exmo. Sr. Dr. *Francisco Dias Teixeira*. Secretária: Bela. *Maria Auxiliadora Ramalho da Rocha*.

Autuação:

Recte.: Edlúcia Medeiros Marques Dardenne

Adv.: Fernando Antônio Bezerra Cavalcanti Madruga Filho

Recdo.: Banco Itaú S/A

Adv.: Lídia de F. S. Albuquerque e Outro(s)

Assunto: Direito Civil – Obrigações – Espécies de Títulos de Crédito – Cédula de Crédito Bancário

Certidão – Certifico que a egrégia 3ª Turma, ao apreciar o processo em epígrafe na sessão realizada nesta data, proferiu a seguinte decisão: Após o voto do Sr. Ministro Relator, conhecendo do recurso especial e dando-lhe provimento, pediu vista, antecipadamente, a Sra. Ministra Nancy Andrighi. Aguardam os Srs. Ministros Sidnei Beneti, Vasco Della Giustina (Desembargador convocado do TJRS) e Paulo Furtado (Desembargador convocado do TJBA).

Brasília, 17 de novembro de 2009.

Maria Auxiliadora Ramalho da Rocha, Secretária.

Comentários de

Jean Carlos Fernandes

1. Breve resumo do caso

O caso analisado pelo Superior Tribunal de Justiça abrange matéria de relevante interesse econômico: a exigência de outorga uxória ou marital para a validade do aval sob a égide do Código Civil de 2002.

A recorrente Edlúcia Medeiros Marques Dardenne, ancorando-se no comando permissivo do art. 1.650 do Código Civil pleiteou, por ação própria, a nulidade do aval prestado pelo seu cônjuge sem a outorga uxória. Invocou-se como fundamento a interpretação da expressão "separação absoluta de bens" inserta no art. 1.647 do Código Civil, a qual não incluiria o casamento realizado sob o regime da separação obrigatória de bens.

Rechaçada a tese pelas instâncias ordinárias, buscou-se o pronunciamento do Superior Tribunal de Justiça por meio de Recurso Especial fundamentado no art. 105, III, "a", da Constituição da República, sustentando a recorrente a violação aos arts. 1.647, III, e 1.649 do Código Civil de 2002.

Ao Recurso Especial deu-se provimento, sob o fundamento de que não se dispensava a outorga uxória da recorrente para a validade do aval prestado por seu cônjuge, pois, casada sob o regime da separação obrigatória de bens, não se encontrava alcançada pela exceção prevista no art. 1.647 do CC, o qual ao mencionar a "separação absoluta de bens" englobou apenas aquela decorrente de convenção entre os nubentes e não aquela obrigatória imposta pela lei.

Diante disso, o Superior Tribunal de Justiça declarou a nulidade do aval prestado pelo Sr. Marcos Antônio Magalhães Dardenne na Cédula de Crédito Bancário n. 40118171-4, emitida pela Marpesa Pneus Peças e Serviços Ltda.

Acompanhando o Ministro Relator, a Ministra Nanci Andrighi, em voto vista, deixou consignado que a questão enfrentada é de elevada complexidade e que a matéria sobre a eficácia do aval prestado sem a participação do cônjuge ainda propiciará muito debate naquela Corte Superior, até sua pacificação definitiva.

2. O conteúdo normativo dos princípios

Na assunção de uma postura pós-positiva pela teoria hermenêutica contemporânea, os princípios assumem posição de imperatividade no sistema jurídico, diferente do observado no jusnaturalismo e no positivismo jurídico. Não mais se concebe utilizar as expressões *norma* e *regra* como sinônimas, sob pena de incorrer no risco de se esvaziar os princípios do alcançado conteúdo normativo.[1]

A norma jurídica se divide em princípios e regras,[2] não podendo, no atual estágio da Ciência Jurídica, "subsistir dúvidas sobre os princípios serem normas. Diferenciar as duas modalidades normativas citadas é essencial para operar não só o direito positivo constitucional, mas todo o sistema jurídico".[3]

No sistema jurídico, portanto, os princípios, ao lado das regras constituem-se em normas jurídicas.[4]

Na definição dos princípios, nota-se na doutrina tradicional[5] defeitos capitais: a

1. Neste sentido, observa Berberi: "Assim, diante da imperatividade de que são dotados os princípios, é preciso que se lhes dê um lugar na teoria da norma, diferente do que lhes atribui o jusnaturalismo e o positivismo jurídico. E para isso, necessário se faz o abandono da superposição dos conceitos de norma e regra e, por conseguinte, a construção de uma nova teoria da norma. Neste passo, a distinção entre norma e regra se impõe, até porque, em assim não se procedendo, resta uma dificuldade intransponível de se atribuir normatividade aos princípios, o que se explica pela seguinte indagação: se norma e regra são a mesma coisa, e principio (não positivado) não é regra – e, portanto, não é norma –, como os princípios podem ser dotados de normatividade?" (Marco Antônio Lima Berberi, *Os Princípios na Teoria do Direito*, Rio de Janeiro, Renovar, 2003, p. 80).

2. Nos limites do presente trabalho, é importante destacar que não objetivamos discorrer sobre a dicotomia – se é que existe – entre regra e princípio. Seguindo a orientação do Professor Álvaro Ricardo de Souza Cruz, a distinção entre regras e princípios "se presta na atualidade tão somente para justificar a técnica de ponderação de valores (...) ligada às tradições, usos e hábitos jurídicos formados há mais de cem anos". Para o constitucionalista mineiro, "Ficamos, pois, tal qual São Tomé, à espera de que alguém formule um critério que nos convença da racionalidade/utilidade de tal distinção, mas que o faça dentro da aplicação do direito e que não promova uma cisão de ontologia hermenêutica. Assim repudiamos desde já uma postura preguiçosa e estática de simplesmente rejeitar nossas objeções e confirmar a distinção sem nos preocuparmos com a demonstração de uma base racional para sustentá-la. Assim, não podemos mais tolerar que os operadores do direito procedam tal como a sociedade o faz em relação às suas crendices, o que pode ser sintetizado no conhecido adágio: 'Não acredito em bruxas, mas que elas existem, existem...'" (Álvaro Ricardo de Souza Cruz, *Hermenêutica Jurídica e(m) Debate: o Constitucionalismo Brasileiro entre a Teoria do Discurso e a Ontologia Existencial*, Belo Horizonte, Fórum, 2007, pp. 322-323).

3. Fábio de Oliveira, *Por uma Teoria dos Princípios: o Princípio Constitucional da Razoabilidade*, 2ª ed., Rio de Janeiro, Lumen Juris, 2007, p. 43.

4. Com escopo diverso, não se pretende nesta obra aprofundar no estudo das teorias que procuraram explicar o que são princípios. Para tanto, sugere-se consultar Marcelo Campos Galuppo, *Igualdade e Diferença*, Belo Horizonte, Mandamentos, 2002, pp. 170-198. Para o referido autor, a doutrina diverge quando visa explicar o que são os princípios. Del Vecchio e Bobbio identificam os princípios com normas gerais ou generalíssimas de um sistema. Robert Alexy defende que os princípios não se aplicam integral ou plenamente a qualquer situação, sendo identificados como *mandados de otimização*, com conteúdo valorativo. Por fim, a teoria discursiva do direito identifica os princípios com normas cujas condições de aplicação não são predeterminadas e não se confundem com valores, tendo como adeptos mais expressivos Josef Esser, Ronald Dworkin, Jürgen Habermas e Klaus Günther, guardando-se as diferenças de pensamentos entre eles. V. também: Humberto Ávila, *Teoria dos Princípios: da Definição à Aplicação dos Princípios Jurídicos*, 8ª ed., São Paulo, Malheiros Editores, 2008; Álvaro Ricardo de Souza Cruz, *Hermenêutica Jurídica e(m) Debate:...*, cit.

5. José Afonso da Silva diz serem os princípios, "ordenações que se irradiam e imantam os sistemas de normas, são (como observam Gomes Canotilho e Vital Moreira) 'núcleos de condensações' nos quais confluem valores e bens constitucionais" (José Afonso da Silva, *Curso de Direito Constitucional Positivo*, 12ª ed., São Paulo, Malheiros Editores, 1996, p. 94). Segundo Juarez Freitas, "Por princípio ou objetivo fundamental, entende-se o critério ou a diretriz basilar de um sistema jurídico, que se traduz numa disposição hierarquicamente superior, do ponto de vista axiológico, em relação às normas e aos próprios valores, sendo linhas mestras de acordo com as quais se deverá guiar o intérprete quando se defrontar com antinomias jurídicas" (Juarez Freitas, *A Interpretação Sistemática do Direito*, São Paulo, Malheiros Editores, 1995, p. 41). Já Celso Antônio Bandeira de Mello define o princípio jurídico como sendo o "mandamento nuclear de um sistema, ver-

omissão de sua normatividade e a sua análise no plano axiológico. Não podemos, de fato, confundir princípios com valores, como sugere a teoria alexyana.[6] Princípios são normas, inseridos no âmbito deontológico, não podendo ser hierarquizados.

Não obstante respeitáveis vozes que consideram princípios como sendo valores, admitindo, inclusive, a metodologia da ponderação de valores para a solução de conflitos entre princípios, acredita-se não ser essa a melhor solução, pois princípios são normas e não valores, conceitos que não se confundem, pois são categorias diferentes.[7] Conforme anota Habermas, "(...) normas e valores distinguem-se, em primeiro lugar, através de suas respectivas referências ao agir obrigatório ou teleológico; em segundo lugar, através da codificação binária ou gradual de sua pretensão de validade; em terceiro lugar, através de sua obrigatoriedade absoluta ou relativa e, em quarto lugar, através dos critérios aos quais o conjunto de sistemas de normas ou de valores deve satisfazer. Por se distinguirem segundo essas qualidades lógicas, eles não podem ser aplicados da mesma maneira".[8]

Bonavides[9] descreve as três fases distintas pelas quais passa a juridicidade dos princípios: a jusnaturalista, a juspositivista e a pós-positivista. Para a jusnaturalista os princípios são concebidos como axiomas jurídicos, de caráter universal, constitutivos de um Direito ideal. Na fase juspositivista os princípios são erigidos à categoria de fonte normativa subsidiária. Já na fase pós-positivista os princípios passam a ser tratados como direito, tendo como destacado precursor Ronald Dworkin,[10] para quem tanto uma regra positivamente estabelecida como uma constelação de princípios podem impor obrigação legal.

Em 1977, Dworkin começa a sistematizar sua ideia de Direito, lançando o livro *Levando os Direitos a Sério* (*Taking Rights Seriously*), publicado no Brasil em 2002. Inicialmente, Dworkin insurge-se contra a ideia de Herbert L. A. Hart[11] sobre o fato de que, em algumas situações, o juiz possuiria

dadeiro alicerce dele, disposição fundamental que se irradia sobre diferentes normas compondo-lhes o espírito e servindo de critério para sua exata compreensão e inteligência, exatamente por definir a lógica e a racionalidade do sistema normativo, no que lhe confere a tônica e lhe dá sentido harmônico" (Celso Antônio Bandeira de Mello, *Curso de Direito Administrativo*, São Paulo, Malheiros Editores, 1998, pp. 450-451).

6. Robert Alexy, *Teoria da Argumentação Jurídica*, 2ª ed., São Paulo, Landy Editora, 2005.

7. Frederico Barbosa Gomes, *Arguição de Descumprimento de Preceito Fundamental: uma Visão Crítica*, Belo Horizonte, Fórum, 2008, p. 135.

8. Jürgen Habermas, *Direito e Democracia: entre a Facticidade e Validade*, trad. de Flávio Beno Siebeneichler, Rio de Janeiro, Tempo Brasileiro, 2003, p. 317.

9. Paulo Bonavides, *Curso de Direito Constitucional*, 19ª ed., São Paulo, Malheiros Editores, 2006, pp. 253-266.

10. Ronald Dworkin, *O Império do Direito*, São Paulo, Martins Fontes, 2003, pp. 46-47.

11. Trata-se do jusfilósofo inglês Herbert L. A. Hart, para quem os juízes devem usar a discricionariedade para escolher a interpretação que consideram a mais apropriada. Para Hart, quando a regra aplicada é imprecisa, o juiz não tem outra saída a não ser escolher, prudentemente, a opção que considerar mais adequada. Nestas circunstâncias excepcionais, o juiz não está aplicando o direito, eis que as regras não lhe indicam uma ou outra direção, senão criando o direito para caso concreto. Das palavras de Hart extrai-se a sua principal divergência à tese dworkiana: "O conflito directo mais agudo entre a teoria jurídica deste livro e a teoria de Dworkin é suscitado pela minha afirmação de que, em qualquer sistema jurídico, haverá sempre certos casos juridicamente regulados em que, relativamente a determinado ponto, nenhuma decisão em qualquer dos sentidos é ditada pelo direito e, nessa conformidade, o direito apresenta-se como parcialmente indeterminado ou incompleto. Se, em tais casos, o juiz tiver de proferir uma decisão, em vez de, como Bentham chegou a advogar em tempos, se declarar privado de jurisdição, ou remeter os pontos não regulados pelo direito existente para a decisão do órgão legislativo, então deve exercer o seu poder discricionário e criar direito para o caso, em vez de aplicar meramente o direito estabelecido preexistente. Assim, em tais casos juridicamente não previstos ou não regulados, o juiz cria direito novo e aplica o direito estabelecido que não só confere, mas também restringe, os seus poderes de criação do direito" (Herbert L. A. Hart,

uma margem de liberdade para escolher a melhor decisão, pois o direito não apresentaria uma solução para o caso.

Para Dworkin, o juiz não possui discricionariedade judicial exatamente porque o ordenamento jurídico não é formado apenas por regras jurídicas, como acreditava Hart, mas também por princípios.

A tese dworkiana parte da premissa da existência de uma única resposta correta para os chamados casos controversos, sendo, pois, atacado por defender a tese da única decisão correta e por lançar mão de um juiz Hércules para resolver todos os problemas jurídicos, de maneira isolada.

Respondendo tais críticas, Dworkin formula a ideia de integridade no Direito, propondo a inserção dos princípios, ao lado das regras, como fonte do Direito, pressupondo, ainda, uma espécie de personificação de uma determinada comunidade. Cada decisão deve ser integrada em um sistema coerente que atente para a legislação e para os precedentes jurisprudenciais sobre o tema, procurando discernir um princípio aplicável.[12]

Diante disso, a análise da estrutura das normas jurídicas revela que estas são de duas espécies: princípios e regras jurídicas. O Direito não pode ser concebido como um sistema fechado de regras, como no positivismo preconizado por Hart; ao contrário "regras e princípios são diferentes, mas ambos são normas de caráter vinculante e deontológico".

3. Os princípios dos títulos de crédito

No campo do direito cambiário, a doutrina não se mostra consente, designando indistintamente a *cartularidade*, a *literalidade* e a *autonomia* dos títulos de crédito como características,[13] elementos essenciais,[14] atributos,[15] requisitos essenciais,[16] predicados[17] ou princípios.[18]

A cartularidade, a literalidade e a autonomia não podem ser tratadas meramente como elementos de qualificação dos títulos de crédito (característica, atributos, elementos, predicados e requisitos), mas, sim, como fundamento de julgamento do direito cambiário, "com o que se enrijece o seu sistema e se lhe permite ser disciplina inconfundivelmente separada das outras".[19]

O Conceito de Direito, 4ª ed., Lisboa, Fundação Calouste Gulbenkian, 2005, p. 335).

12. Segundo Calsamiglia, o esquema utilizado por Dworkin para explicar a tese dos direitos está centrado na análise das controvérsias judiciais, podendo assim ser sintetizado: "A) Em todo processo judicial existe um juiz que tem a função de decidir o conflito; B) Existe um direito a vencer no conflito e o juiz deve indagar a quem cabe vencer; C) Este direito a vencer existe sempre, ainda que não exista norma exatamente aplicável; D) Nos casos difíceis o juiz deve conceder vitória a uma parte baseando-se em princípios que lhe garantem o direito; E) Os objetivos sociais estão subordinados aos direitos e aos princípios que o fundamentam; F) O juiz – ao fundamentar sua decisão em um princípio preexistente – não inventa um direito nem aplica legislação retroativa: se limita a garanti-lo" (Albert Calsamiglia, Prefácio à edição espanhola da obra de Ronald Dworkin, *Derechos en Serio*, trad. de Patrícia Sampaio, Barcelona, Ariel, 1984. Disponível em *http://www.puc-rio.br/sobrepuc/depto/direito/pet_jur/patdwork.html*, acesso em 28.8.2007).

13. Rubens Requião, *Curso de Direito Comercial*, vol. 2, 23ª ed., São Paulo, Saraiva, 2003, p. 359.

14. Newton De Lucca, *Aspectos da Teoria Geral dos Títulos de Crédito*, São Paulo, Livraria Pioneira, 1979, p. 45.

15. João Eunápio Borges, *Títulos de Crédito*, Rio de Janeiro, Forense, 1976, p. 12; Wille Duarte Costa, *Títulos de Crédito*, Belo Horizonte, Del Rey, 2003, p. 70.

16. Waldirio Bulgarelli, *Títulos de Crédito*, 16ª ed., São Paulo, Atlas, 2000, p. 62.

17. Jorge Lobo, "As dez regras de ouro dos títulos cambiais", *Revista de Direito Mercantil, Industrial, Econômico e Financeiro* 117/7-15, São Paulo, Malheiros Editores, jan.-mar./2000.

18. Fran Martins, *Títulos de Crédito*, 13ª ed., Rio de Janeiro, Forense, 1998, p. 7; Fábio Ulhoa Coelho, *Curso de Direito Comercial*, vol. 1, 6ª ed., São Paulo, Saraiva, 2002, p. 371; Luiz Emygdio F. da Rosa Júnior, *Títulos de Crédito*, 2ª ed., Rio de Janeiro, Renovar, 2002, p. 59.

19. Pontes de Miranda, *Tratado de Direito Cambiário*, 2ª ed., Campinas, Bookseller, 2001, p. 179.

Apropriando-se da palavra *característica*, Rizzardo[20] menciona que se refere à literalidade, autonomia, abstração e cartularidade, mas adverte que tão importantes essas qualidades que mais se constituem em princípios, reconhecidos universalmente. Tal discrepância doutrinária, contudo, não se arreda do conceito de título de crédito ditado por Cesare Vivante como sendo "documento necessário para o exercício do direito literal e autônomo nele mencionado".[21]

Para o direito cambiário, portanto, a cartularidade, a literalidade e a autonomia[22] não são meras características, requisitos, elementos ou atributos, mas verdadeiramente princípios, ou seja, normas voltadas, sobretudo para uma comunidade personificada,[23] como sugere a tese dworkiana.

Referir-se, assim, à cartularidade, literalidade e autonomia como "princípios" é mais adequado,[24] levando-se em consideração que se constituem em verdadeiros comandos normativos da teoria geral dos títulos de crédito, servindo como alicerce de todo o instituto.[25] Segundo Magalhães, "A literalidade, a autonomia, a abstração, a formalidade e a cartularidade são considerados princípios porque enrijecem o Direito Cambiário e permitem disciplinar o instituto distinguindo-os dos outros".[26]

São, portanto, os princípios que norteiam os títulos de crédito os responsáveis pela certeza e a segurança esperada por aqueles que depositam na cártula a confiança para a consecução de seus negócios jurídicos. Tais princípios, sem dúvida alguma, são frutos do esforço da doutrina que culminou numa das melhores demonstrações da capacidade criadora de ciência jurídica nos últimos séculos, chegando, inclusive, a restarem positivados.[27]

Berberi, quando aborda a questão da positivação dos princípios, adverte: "(...) é de se assinalar que nem todos os princípios estão expressos no ordenamento jurídico. Há vários deles que não se encontram positivados mas nem por isso são de somenos importância. Ao contrário, configuram o arcabouço não só do sistema jurídico, mas também do sistema político de um Estado, como, por exemplo, o princípio democrático no Brasil, derivado que é do princípio republicano".[28]

20. Arnaldo Rizzardo, *Títulos de Crédito*, Rio de Janeiro, Forense, 2006, p. 13.

21. Cesare Vivante, *Instituições de Direito Comercial*, 3ª ed., trad. e notas de Ricardo Rodrigues Gama, Campinas, LZN, 2003, pp. 151-152.

22. No princípio da autonomia insere-se a independências das obrigações cambiais, a abstração e a inoponibilidade das exceções pessoais.

23. Segundo Ronald Dworkin, "O princípio judiciário de integridade instrui os juízes a identificar direitos e deveres legais, até onde for possível, a partir do pressuposto de que foram todos criados por um único autor – a comunidade personificada –, expressando uma concepção coerente de justiça e equidade" (*O Império do Direito*, cit., p. 271).

24. Jean Carlos Fernandes, *Direito Empresarial Aplicado*, Belo Horizonte, Del Rey, 2007, p. 127.

25. Faria refere-se, ainda, ao princípio da legitimação, pelo qual o portador do título, contanto que esteja legitimado na forma prescrita na lei, tem o direito de receber a prestação nele mencionado (Werter R. Faria, "Os títulos de crédito e o Código Civil", *Revista de Direito Mercantil, Industrial, Econômico e Financeiro* 135/69-75, São Paulo, Malheiros Editores, jul.-set./2004). De outro lado, Rosa Júnior adverte não se poder confundir legitimação com literalidade, "porque a literalidade refere-se à obrigação, ao direito mencionado no documento e prende-se, justamente, ao conteúdo e aos limites desse direito; a legitimação, ao contrário, refere-se ao documento quanto ao exercício do direito nele mencionado. Tanto isso é verdade que existem documentos, os títulos impróprios ou pseudotítulos de crédito, que preenchem uma função de legitimação, embora não sejam literais, como, *v.g.*, o bilhete de passagem, porque são meros documentos probatórios da relação causal" (Luiz Emygdio Franco da Rosa Júnior, *Títulos de Crédito*, 2ª ed., cit., p. 62).

26. Rodrigo Almeida Magalhães, "As principais dúvidas na aplicação dos princípios dos títulos de crédito", *Revista Magister de Direito Empresarial, Concorrencial e do Consumidor* 21/8-19, São Paulo, Magister, jun.-jul./2008.

27. Tullio Ascarelli, *Teoria Geral dos Títulos de Crédito*, São Paulo, Red Livros, 1999, p. 25.

28. Marco Antônio Lima Berberi, *Os Princípios na Teoria do Direito*, cit., p. 86.

Segundo Newton De Lucca,[29] o Direito apresenta-se como um ordenamento, ou seja, como um sistema complexo de normas que estejam em coerência umas com as outras, parecendo "razoável concluir-se, assim, que a teoria geral dos títulos de crédito refere-se ao sistema de princípios próprios aplicáveis a tais instrumentos".

Na abordagem de tais princípios, coube a Cesare Vivante o mérito da construção de uma teoria unitária para os títulos de crédito, definindo o título de crédito como o "documento necessário para o exercício do direito literal e autônomo nele mencionado".[30]

Explica Vivante que "o direito contido no título é um direito literal, porque seu conteúdo e os seus limites são determinados nos precisos termos do título; é um direito autônomo, porque todo o possuidor o pode exercer como se fosse um direito originário, nascido nele pela primeira vez, porque sobre esse direito não recaem as exceções, que diminuiriam o seu valor nas mãos dos possuidores precedentes".[31]

Nos dizeres de Borges o "título de crédito é, antes de tudo, um documento. O documento, no qual se materializa, se incorpora a promessa da prestação futura a ser realizada pelo devedor, em pagamento da prestação atual realizada pelo credor".[32]

Vivante não poupou críticas aos que afirmaram estar o direito incorporado no título de crédito, preferindo, de acordo com a sua definição, a expressão estar o "direito mencionado no documento". Para o autor italiano a perda do título não ocasiona o desaparecimento do direito, ele torna-se suspenso até que o título seja substituído por outro equivalente.

29. Newton De Lucca, *Aspectos da Teoria Geral dos Títulos de Crédito*, cit., p. 4.

30. Cesare Vivante, *Instituições de Direito Comercial*, cit., p. 151.

31. Idem, p. 152.

32. João Eunápio Borges, *Títulos de Crédito*, cit., p. 8.

Newton De Lucca esclarece que "o direito, embora guardando profunda conexão com o documento e daí resultando o fenômeno da cartularidade, não tem a sua existência estritamente condicionada à cártula. O direito é algo imaterial e, como tal, não desaparece com o documento, como afirmou Vivante, porque sua conexão – mesmo íntima com o documento – não pode destruir sua imaterialidade que extrapola os limites da cártula".[33]

Aliás, a Lei de Duplicatas n. 5.474, de 1968, em seu art. 23,[34] demonstra que a destruição do título não faz, necessariamente, desaparecer o direito cartular, em virtude da possibilidade de obtenção de uma triplicata. Assim, conforme preleciona Ascarelli, "sob esses aspectos se descobre o que há de exagero na imagem da incorporação".[35]

Ademais, o Código Civil de 2002, em seu art. 888, revela ter sido este o entendimento adotado pelo legislador brasileiro, ao estabelecer que "a omissão de qualquer requisito legal, que tire ao escrito a sua validade como título de crédito, não implica a invalidade do negócio jurídico que lhe deu origem". O direito, pois, não desaparece com o desaparecimento do título de crédito.

Tal discussão, conquanto de rigor científico, na prática não tem tanta relevância, pois falar-se que o direito está "mencionado", ou "incorporado" ou "contido" no documento, tem os mesmos efeitos jurídicos, principalmente pelo fato de que é a lei que erige determinado documento à categoria de título de crédito, estabelecendo os requisitos indispensáveis à sua validade.[36]

33. Newton De Lucca, *Aspectos da Teoria Geral dos Títulos de Crédito*, cit., p. 13.

34. Brasil, Lei n. 5.478/1968, art. 23: "A perda ou extravio da duplicata obrigará o vendedor a extrair triplicata, que terá os mesmos efeitos e requisitos e obedecerá às mesmas formalidades daquela".

35. Tullio Ascarelli, *Teoria Geral dos Títulos de Crédito*, cit., p. 266.

36. Newton De Lucca, *Aspectos da Teoria Geral dos Títulos de Crédito*, cit., pp. 15-16.

A clareza com que Vivante definiu o título de crédito traz o conforto para poder elencar como seus princípios a cartularidade, a literalidade e a autonomia.

Para se constituir o título de crédito deve a declaração cambiária estar exteriorizada em um documento escrito, corpóreo, em geral uma coisa móvel.[37] Tal documento é necessário ao exercício dos direitos nele mencionados. Trata-se do princípio da cartularidade.[38]

Nos dizeres de Newton De Lucca: "O fenômeno da cartularidade decorre da literalidade e da autonomia. É em razão de ser o direito mencionado no título literal e autônomo que a apresentação da cártula torna-se necessária para o exercício desse direito. Cartularidade é, para nós, portanto, a necessidade de apresentação do documento para o exercício do direito".[39]

A cartularidade, portanto, está intimamente ligada ao documento para que possa ser considerado um título de crédito,[40] como expresso na definição de Vivante.

A literalidade ou completude, por sua vez, reside no fato de que só vale o que se encontra escrito no título, ou seja, somente pode ser exigido o conteúdo da cártula; o direito nele mencionado. O que não está expressamente consignado no título de crédito não produz consequência nas relações jurídico-cambiais.[41]

Mas por que é decisivo, em relação ao direito nele mencionado, o teor do título? A resposta encontra-se nas palavras do festejado Mestre italiano Tullio Ascarelli:

"A explicação da literalidade, que a doutrina eleva a característica essencial do título de crédito, está na autonomia da declaração mencionada no mesmo título (declaração cartular) e na função constitutiva que, a respeito da declaração cartular e de qualquer das suas modalidades, exerce a redação do título; essa declaração está, pois, submetida exclusivamente à disciplina que decorre das cláusulas do próprio título.

"Se a nossa explicação não fosse exata, se o documento tivesse apenas uma eficácia probatória da declaração documentada, o portador do título – ao contrário do que antes lembramos – poderia gozar de direitos diversos dos decorrentes do título, mesmo sem recorrer a qualquer convenção extracartular."[42]

Não se deve, porém, confundir literalidade com formalismo. "O formalismo estabelecido pela lei define o 'teor específico' do documento e é pertinente à existência da declaração cartular 'como tal'. Já a literalidade visa à subordinação dos direitos cartulares unicamente ao 'teor da escritura', atribuindo relevância jurídica somente aos elementos expressos na cártula."[43]

37. Fran Martins, *Títulos de Crédito*, vol. 1, 13ª ed., cit., p. 5. Segundo Rosa Júnior, "O título de crédito corresponde a bem móvel (CCB, arts. 47 e 48, e CCB de 2002, arts. 82 a 84), estando, portanto, sujeito aos princípios que disciplinam a circulação de tais bens, como, por exemplo, a posse de boa-fé vale como propriedade (LUG, art. 16, II, e LC, art. 24). O portador do título, para ser considerado legítimo, deve justificar seu direito por uma série ininterrupta de endossos, mesmo que o último seja em branco (LUG, art. 16, al. 1ª, LC, art. 22)" (Luiz Emygdio Franco da Rosa Júnior, *Títulos de Crédito*, 2ª ed., cit., 54).

38. O princípio da cartularidade encontra-se relativizado no tocante aos títulos do agronegócio, regulados pela Lei 11.076/2006.

39. Newton De Lucca, *Aspectos da Teoria Geral dos Títulos de Crédito*, cit., p. 57.

40. A Medida Provisória n. 442, de 6.10.2008, posteriormente convertida na Lei n. 11.882, de 23.12.2008, ao criar a Letra de Arrendamento Mercantil – LAM, também relativizou o princípio da cartularidade ao permitir a emissão do título sob a forma escritural, não obstante tenha deixado de regular como ficarão as declarações cambiais sucessivas e eventuais (endosso e aval), eis que se concretizam mediante aposição física de assinatura na cártula, conforme regulado pela Lei Uniforme de Genebra.

41. Fábio Ulhoa Coelho, *Manual de Direito Comercial*, 20ª ed., São Paulo, Saraiva, 2008, p. 234.

42. Tullio Ascarelli, *Teoria Geral dos Títulos de Crédito*, cit., p. 68.

43. Newton De Lucca, *Aspectos da Teoria Geral dos Títulos de Crédito*, cit., p. 52.

Por último, a autonomia do título de crédito determina que cada pessoa que a ele se vincula assume obrigação autônoma relativa ao título, não se vinculando uma à outra, de tal forma que uma obrigação nula não afeta as demais obrigações válidas no título, a teor dos arts. 7º do Decreto n. 57.663, de 1966 (Lei Uniforme de Genebra – LUG) e 13 da Lei de Cheque (Lei 7.357, de 1985).

É também em razão da autonomia do título de crédito que o possuidor de boa-fé não tem o seu direito restringido em decorrência de negócio subjacente entre os primitivos possuidores e o devedor. Surge aqui o princípio da inoponibilidade das exceções pessoais, consagrado pelos arts. 17 da Lei Uniforme de Genebra (Decreto n. 57.663, de 1966), 25 da Lei de Cheque (Lei n. 7.357, de 1985) e 916 do Código Civil de 2002.

Destaca-se que as inoponibilidades[44] que tratam de vícios na constituição do direito cartular e vícios formais do título são oponíveis ao terceiro de boa-fé; ao contrário, as inoponibilidades relacionadas às convenções extracartulares, que dizem respeito ao negócio subjacente, e as referentes à aquisição *a non domino* do título, não podem ser opostas ao terceiro de boa-fé, em conformidade com os arts. 16 do Decreto n. 57.663, de 1966, 24 da Lei n. 7.357, de 1985 e 905, parágrafo único, do Código Civil.

De outro lado, quando se trata de vício de constituição do direito cartular, tais como, incapacidade, falsidade ou homonímia de firma e falsificação do conteúdo do título, pouco importa a boa-fé do terceiro, o que poderá, inclusive, conduzir à nulidade da cártula caso não existam outros signatários coobrigados.[45]

Aliás, não se pode falar de autonomia dos títulos de crédito sem que se faça, ainda que rapidamente, uma abordagem sobre a abstração, outro princípio característico de tais documentos.

A autonomia dos títulos de crédito compreende dois aspectos: autonomia do título (abstração) e autonomia das obrigações nele assumidas (independência das obrigações cambiais).

Pela abstração temos que os direitos decorrentes dos títulos são abstratos, independentes do negócio que deu lugar ao seu surgimento.[46] A abstração não se confunde com a autonomia das obrigações cambiais (princípio da independência das obrigações cambiais). Aquela traz a regra de que uma vez emitido o título este se libera de sua causa e esta disciplina que as obrigações assumidas no título são independentes umas das outras.

Segundo Fran Martins, "(...) a abstração do direito emergente do título significa que esse direito, ao ser formalizado o título, se desprende de sua causa, dela ficando inteiramente separado. Se o título é um documento, portanto, concreto, real, o direito que ele encerra é considerado abstrato, tendo validade, assim, independentemente de sua causa".[47]

Todavia, a jurisprudência tem limitado a aplicação do princípio da abstração quando inexistente a circulação do título, admitindo, assim, a discussão da *causa debendi* entre as partes do negócio subjacente.

O título de crédito deve obedecer ainda ao princípio da tipicidade, sendo regulado por lei específica que lhe dite os

44. Para um estudo mais aprofundado sobre a disciplina das inoponibilidades, consulte-se a obra de Newton De Lucca, *Aspectos da Teoria Geral dos Títulos de Crédito*, cit,, pp. 97-103.

45. Confira-se, a respeito, o art. 915 do Código Civil: "O devedor, além das exceções fundadas nas relações pessoais que tiver com o portador, só poderá opor a estes as exceções relativas à forma do título e ao seu conteúdo literal, à falsidade da própria assinatura, a defeito de capacidade ou de representação no momento da subscrição, e à falta de requisito necessário ao exercício da ação".

46. Fran Martins, *Títulos de Crédito*, 13ª ed., cit., p. 9.

47. Idem, ibidem.

requisitos essenciais para a sua existência e validade jurídica, observando os demais princípios que o regem, a fim de resguardar e dar eficácia aos ajustes entre as pessoas que com ele transacionam.

4. Ineficácia parcial e não invalidade do aval prestado sem outorga conjugal

Para reforçar a confiança de que o título será pago surge a figura do aval, como garantia objetiva e formal, típica do direito cambiário. O aval é, portanto, uma declaração cambiária sucessiva, eventual, pela qual o signatário garante o pagamento do título, no todo ou em parte,[48] tendo como função econômica principal a de reforçar o crédito cambiário, facilitando e conferido maior credibilidade para a sua circulação.

Deve se destacar que, não obstante ser também instrumento de garantia, a fiança não se confunde com o aval. Pelo contrato de fiança (garantia fidejussória), instituto do direito comum, o fiador garante satisfazer ao credor a obrigação assumida pelo devedor, sendo, pois, obrigação acessória, como se depreende do art. 818 do Código Civil.

Já a obrigação do avalista é autônoma, formal, independente, abstrata e puramente objetiva, mantendo-se mesmo no caso de a obrigação que ele garantiu ser nula por qualquer razão que não seja um vício de forma. "O aval é *in rem*, não *in personam*".[49]

O aval constitui-se por simples assinatura do avalista no verso ou anverso do título, devendo indicar por quem se dá e na falta de indicação considera-se dado ao sacador na letra de câmbio e emitentes na nota promissória e no cheque. Trata-se do chamado aval em branco, o qual, na duplicata, é prestado àquele abaixo de cuja firma o avalista lançar a sua; fora desses, ao comprador (sacado).[50]

Segundo disposição da Lei Uniforme de Genebra, o avalista responde *da mesma maneira* que a pessoa avalizada. A obrigação assumida pelo avalista é autônoma, independente e abstrata, devendo subsistir mesmo quando se trata de aval antecipado na letra de câmbio (aval em favor do sacado que não aceita o título) em razão dos princípios (normas) aplicáveis ao direito cambiário, ao contrário do que defende respeitosa posição doutrinária.[51]

Broseta Pont argumenta que a opinião doutrinária de acessoriedade do aval não pode manter-se na atualidade, pois

"(...) la propia Ley configura el aval más bien como una garantía autónoma (así, la propia Exposición de Motivos y el importante artículo 37.1, que señala que el aval 'será válido aunque la obligación

48. A garantia "em parte" configura o chamado aval parcial, admitido pelos arts. 30 do Decreto n. 57.663/1966, e 29 da Lei n. 7.357/1985, não obstante a vedação constante do parágrafo único do art. 897 do Código Civil, a qual não prevalece por conflitar com lei especial.

49. José Xavier Carvalho de Mendonça, *Tratado de Direito Commercial Brasileiro*, vol. V, livro III, 2ª ed., Rio de Janeiro, Freitas Bastos, 1934, pp. 319-323.

50. O aval está previsto nos arts. 14 e 15 da Lei Cambial (Decreto n. 2.044/1908), arts. 30 a 32 da Lei Uniforme de Genebra (Decreto n. 57.663/1966), arts. 29 a 31 da Lei de Cheque (Lei n. 7.357/1985), art. 12 da Lei de Duplicatas (Lei n. 5.474/1968) e arts. 898 a 900 do Código Civil.

51. Para Wille Duarte Costa, no aval antecipado "existe uma acessoriedade formal, de tal forma que o aval antecipado só prevalece se existir formalmente a obrigação avalizada" (*Títulos de Crédito*, 3ª ed., cit., p. 206). Igualmente é a posição de Alfredo de Assis Gonçalves Neto, para quem "é inegável que o nexo de garantia do aval acusa nítida subordinação – e não apenas coordenação – da obrigação do avalista para com a do avalizado, pois é a última que determina, além da posição que o avalista ocupa no título, a essência de sua própria obrigação" (*Aval – Alcance da Responsabilidade do Avalista*, São Paulo, Ed. RT, 1987, p. 109). Segundo Fran Martins, "o aval pode ser dado ao sacado, mas esse aval, a nosso ver, fica sujeito, para a sua validade, ao fato de o sacado vir a aceitar, futuramente, letra" (Fran Martins, *Títulos de Crédito*, 13ª ed., cit., p. 165). Todos os entendimentos, porém, pecam em um ponto: olvidam da natureza normativa do princípio da independência das obrigações cambiais.

garantizada fuese nula', lo que choca con la accesoriedad propia de la fianza). De la misma forma, se prohíbe al avalista oponer las excepciones personales del avalado (art. 37.1 LCCh), lo que refuerza el carácter autónomo de la garantía asumida por aquél (...).

"En consecuencia, el avalista asume con su firma una obligación propia y distinta de la del avalado, a pesar de que la Ley señale que responde 'de igual manera que el avalado' (art. 37.1 LCCh). No obstante, esta última afirmación ha de entenderse con las debidas cautelas, como alusiva al hecho de que el avalista soporta el mismo tipo de responsabilidad que la persona a quien avala (aunque puede ser distinta la extensión de la responsabilidad, al admitirse el aval parcial). De esta forma, el avalista del aceptante responde como obligado directo, en tanto que el avalista de un obligado en vía de regreso responde cuando se den los presupuestos para responder en vía de regreso (falta de pago y levantamiento de protesto o declaración equivalente)."[52]

Na realidade, a expressão *da mesma maneira*, inserta no art. 32 da Lei Uniforme de Genebra, representa a posição do avalizado na letra de câmbio, à qual se equipara o avalista (devedor direto, se avalista do aceitante; devedor indireto, se avalista do sacador ou dos endossantes).[53]

Dessa forma, descabe falar em acessoriedade no aval, seja material ou formal, muito menos subordinação da garantia à obrigação do avalizado, sob pena de, absurdamente, tratar o aval como se fosse fiança. O aval não se confunde com a fiança, muito menos a ela se equipara, mesmo quando se dá após o vencimento do título (aval póstumo).[54]

Aliás, a independência formal e material do aval resta evidenciada ao exame dos arts. 43 e 51 da Lei Cambial (Decreto n. 2.044, de 1908), que reforçam a aplicação do princípio da independência das obrigações cambiais:

"Art. 43. As obrigações cambiais são autônomas e independentes uma das outras. O signatário da declaração cambial

52. Manuel Broseta Pont, *Manual de Derecho Mercantil*, vol. II, 14ª ed. a cargo de Fernando Martínez Sanz, Madri, Tecnos, 2007, pp. 447-448. Tradução livre: "(...) a própria lei configura o aval bem mais como uma garantia autônoma (assim, a própria Exposição de Motivos e o importante artigo 37.1, que assinala que o aval 'será válido ainda que a obrigação garantida fosse nula', o que colide com a acessoriedade própria da fiança). Da mesma forma, se proíbe ao avalista opor as exceções pessoais do avalizado (art. 37.1 LCCh), o que reforça o caráter autônomo da garantia assumida por aquele. (...) Em consequência, o avalista assume com sua firma uma obrigação própria e distinta da do avalizado, apesar de que a Lei assinale que responde 'de igual maneira que o avalizado' (art. 37.1 LCCh). Não obstante, esta última afirmação há de entender-se com as devidas cautelas, como alusiva ao fato que o avalista suporta o mesmo tipo de responsabilidade que a pessoa a quem avaliza (ainda que pode ser distinta a extensão da responsabilidade, ao admitir-se o aval parcial). Desta forma, o avalista do aceitante responde como obrigado direto, no entanto o avalista de um obrigado em via de regresso responde quando se tem os pressupostos para responder em via de regresso (falta de pagamento e lavratura de protesto ou declaração equivalente)".

53. Devedor direto é aquele que assume promessa direta de pagamento do título (aceitante na letra de câmbio e na duplicata; emitente na nota promissória e no cheque; sacado na duplicata sem aceite, desde que acompanhada do comprovante de entrega e recebimento das mercadorias e certidão de protesto do título; e seus avalistas). Devedor indireto é aquele que assume obrigação indireta de pagar o título (endossantes e seus avalistas), dependente, para serem acionados via ação cambial/execução, de protesto prévio do título, nos termos da Lei n. 9.492, de 1997. Trata-se da modalidade de protesto necessário para garantir direito de regresso, a exemplo do art. 13, § 4º, da Lei n. 5.474/1968.

54. Sobre o aval póstumo, confira-se: Código Civil: "Art. 900. O aval posterior ao vencimento produz os mesmos efeitos do anteriormente dado". Lei de Duplicatas (Lei n. 5.474/1968): "Art. 12. O pagamento da duplicata poderá ser assegurado por aval, sendo o avalista equiparado àquele cujo nome indicar; na falta da indicação, àquele abaixo de cuja firma lançar a sua; fora desses casos, ao comprador. Parágrafo único. O aval dado posteriormente ao vencimento do título produzirá os mesmo efeitos que o prestado anteriormente àquela ocorrência".

fica, por ela, vinculado e solidariamente responsável pelo aceite e pelo pagamento da letra, sem embargo da falsidade, da falsificação ou da nulidade de qualquer outra assinatura."

"Art. 51. Na ação cambial, somente é admissível defesa fundada no direito pessoal do réu contra o autor, em deferido de forma do título e na falta de requisito necessário ao exercício da ação."

Com base em ultrapassada interpretação meramente positivista, não se pode entender que a expressão *da mesma maneira*, contida no referido art. 32 da Lei Uniforme de Genebra sobrepõe-se aos princípios dos títulos de crédito. Pensar diferente seria violar o princípio (norma) da independência das obrigações cambiais, inclusive positivado nos arts. 43 do Decreto n. 2.044, de 1908, e 7º do Decreto n. 57.663, de 1966.

Destaca João Eunápio Borges que o aval não possui nenhum laço de acessoriedade e a recusa de aceite – no caso de aval antecipado – não importa na sua imprestabilidade. Assim conclui o comercialista mineiro:

"Firmando, pois, o aval pelo aceitante, a única conclusão é que o avalista quis garantir o pagamento da letra como obrigado principal, colocando sua responsabilidade no mesmo posto que teria o sacado, se aceitasse. Se a recusa do aceite importasse a imprestabilidade do aval, falharia a garantia justamente no momento em que era mais necessária à vida e ao crédito do título. Que tal solução não pode admitir-se, basta considerar no logro que representaria para a boa-fé de terceiros, que podem haver negociado a letra, exclusivamente confiados no pagamento garantido por um avalista que, de modo expresso, declarou equiparar-se ao aceitante, assumindo-lhe as vestes e a responsabilidade.

"(...).

"Em síntese, pois, afirmamos:

"É válido o aval em favor do sacado, antes do aceite. A recusa total ou parcial do aceite nenhuma influência exercerá sobre a responsabilidade do avalista, que independente do aceite assumiu a obrigação de garantir o pagamento do título.

"(...).

"O avalista é um obrigado cambial que ocupa, no contexto cambiário, a mesma posição jurídica objetiva da pessoa a favor de quem avalizou e à qual se equipara, nos termos do art. 15: será, pois, um obrigado direto, se avalista do aceitante, ou do emitente, quando se tratar de promissórias, ou de regresso, se avalista do sacador ou dos endossadores.

"Não se pode dizer, porém, que sua obrigação seja a mesma obrigação do avalizado, mas simplesmente que é obrigação da mesma espécie, do mesmo grau. Não é a mesma obrigação do avalizado, que pode não existir ou não ser válida, sem que a do avalista sofra a menor restrição quanto à validade e a eficácia."[55]

Por fim, o Código Civil de 2002 trouxe a necessidade de outorga uxória ou vênia conjugal para a *validade* do aval, salvo se o regime do casamento for o da separação absoluta de bens,[56] questão discutida pelo Superior Tribunal de Justiça no julgamento do Recurso Especial em comento.

Novamente, o legislador confundiu aval com fiança. Como dito, o aval é obri-

55. João Eunápio Borges, *Do Aval*, 4ª ed., cit., pp. 155-156 e 164. Não obstante tenha divergência quanto ao aval antecipado, o Professor Wille Duarte Costa, ao reproduzir outras lições de João Eunápio Borges, destaca que "Esse é o conselho de quem sabe das coisas, que reproduzimos inteiramente, pela saudade que ainda temos de suas magistrais aulas, de sua simpatia e de seu conhecimento" (Wille Duarte Costa, *Títulos de Crédito*, 3ª ed., cit., p. 159).

56. Brasil, Lei n. 10.406/2002: "Art. 1.647. Ressalvado o disposto no art. 1.648, nenhum dos cônjuges pode, sem autorização do outro, exceto no regime da separação absoluta: (...) III – prestar fiança ou aval"; "Art. 1.649. A falta de autorização, não suprida pelo juiz, quando necessária (art. 1.647), tornará anulável o ato praticado, podendo o outro cônjuge pleitear-lhe a anulação, até dois anos depois de terminada a sociedade conjugal".

gação cambial autônoma, independente e incondicional, sendo totalmente descabido exigir outorga para a sua validade, sob pena de querer transmudá-lo em obrigação acessória.

Uma melhor exegese, portanto, do art. 1.649 do Código Civil, leva-se à conclusão de que a falta de outorga não invalidará o aval, mas configurará sua ineficácia parcial no tocante ao cônjuge que não participou do ato, em conformidade com o princípio da independência das obrigações cambiais (art. 7º do Decreto n. 57.663, de 1966, e art. 13 da Lei n. 7.357, de 1985). A consequência jurídica, portanto, da ausência de outorga no aval será decidida no plano da eficácia e não no da invalidade, aplicando-se o art. 3º da Lei n. 4.121, de 1962.

Assim foi, aliás, a posição adotada na I Jornada de Direito Civil, promovida pelo Conselho da Justiça Federal, quando se editou o Enunciado 114: "O aval não pode ser anulado por falta de vênia conjugal, de modo que o inc. III do art. 1.647 apenas caracteriza a inoponibilidade do título ao cônjuge que não assentiu".

Sobre o tema, a seguinte decisão da 5ª Câmara Cível do Tribunal de Justiça do Estado do Rio Grande do Sul, no julgamento da Apelação n. 70021954078, sendo relator o Desembargador Jorge Luiz Lopes do Canto, realizado em 21 de maio de 2008, no sentido de que

"(...) não há que se falar em invalidação do aval, com fundamento no art. 1.647, inc. III, do Código Civil, pouco importando que o negócio jurídico tenha sido levado a efeito durante a vigência do novo ordenamento civil, pois a simples ausência de outorga uxória não torna nula a garantia concedida, posto que o avalista deve garantir a dívida com sua meação.

"(...).

"Frise-se, que se este não fosse o objetivo do legislador, não haveria impedimento para que o próprio avalista pleiteasse a invalidação do aval, o que é expressamente vedado pelo art. 1.650 do Código de Processo Civil, de sorte que não se deve levar em consideração a valoração conferida pela parte apelante ao art. 1.647, III, do CPC, pois a simples ausência de vênia conjugal."

Como dizem Sztajn e Verçosa, a "explicação e alerta de Ascarelli quanto à importância dos títulos de crédito, entretanto, parece ter sido abandonada pelo novo Código Civil", carecendo de harmonização entre os dispositivos de direito cambiário e os de direito civil, principalmente no que toca à outorga conjugal no aval.[57]

Já dizia José Maria Whitaker, em texto clássico publicado pela *Revista dos Tribunais* nos idos de 1921, que, de todas as restrições imposta à liberdade da fiança, a outorga conjugal é a mais inconciliável com os princípios fundamentais do direito cambiário. A partir daí indaga:

"A letra é essencialmente um título de circulação.

"Como, pois, submettel-a a uma exigência que, restringindo a capacidade cambiaria, obrigaria os adquirentes da letra a uma indagação prévia fóra della, a respeito do estado civil dos respectivos avalistas?"[58]

Cumpre acrescentar a posição de Bruno Vaz de Carvalho, invocando a regra de conflito prevista no art. 903 do Código Civil: "Não há norma expressa que diga não ser necessária a outorga uxória, mas a regra é mais abrangente, diz que a assinatura se basta, desde que capaz aquele a opõe no título. Assentado que a necessidade de outorga não representa incapacidade, é inevitável a conclusão de que a regra do art. 1.647, III, do Código Civil inova e estabelece regra que contraria a disciplina da legislação especial de diversos títulos. Criar e exigir a implementação de requisi-

57. Rachel Sztajn e Haroldo Malheiros Duclerc Verçosa, "A disciplina do aval no novo Código Civil", *Revisa de Direito Mercantil, Industrial, Econômico e Financeiro* 128/33-40, São Paulo, Malheiros Editores, out.-dez./2002.

58. José Maria Whitaker, "Sobre a natureza do aval", *RT*, ano X, fascículo n. 199, vol. XXXVII, São Paulo, Ed. RT, 16.2.1921, pp. 139-143.

to de validade outro, que modifica a disciplina das leis especiais significa romper com a regra de conflito de leis estabelecida pelo próprio legislador".[59]

É de ver-se, portanto, que não agiu com acerto o Superior Tribunal de Justiça no julgamento em apreço. Primeiro, porque, não obstante a importância de se analisar a abrangência da expressão "separação absoluta de bens" contida no art. 1.647, inciso III, do Código Civil, tal discussão não deveria ter sido o ponto central do debate, pois irrelevante quando se trata de aval. Segundo, porque o aval, como obrigação cambial, é independente e autônomo, não se sujeitando a condição extracartular para sua validade (outorga conjugal, por exemplo). O aval segue os comandos normativos do direito cambiário, os quais positivam o princípio da independência das obrigações cambiais. Tais normas especiais sobrepõem-se ao disposto no art. 1.647, inciso III, do Código Civil, o que, inclusive, restou reconhecido pelo art. 903 do mesmo diploma legal.

5. *Conclusão*

Destarte, o aval prestado sem outorga mantém a sua higidez, em razão dos princípios da cartularidade, literalidade, autonomia e independência das obrigações cambiais. Não se trata, portanto, de invalidade do aval em tal caso, mas apenas em sua ineficácia parcial no tocante ao cônjuge dissidente.

Dessa forma, eventual ausência de outorga não implicará na invalidade do aval, com proclama o art. 1.649 do Código Civil, inaplicável aos títulos regulados em leis especiais. No muito, a ausência de outorga configurará ineficácia parcial (não produzindo efeitos no tocante ao cônjuge que não participou do ato,[60] que poderá defender a sua meação no patrimônio comum, desde que demonstre não ter ocorrido benefício do casal), sob pena de afrontar os princípios dos títulos de crédito, notadamente da independência das obrigações cambiais.

59. Bruno Vaz de Carvalho, "Aval e outorga no casamento e na união estável", in Alexandre Ferreira de Assumpção Alves e Guilherme Calmon Nogueira da Gama (coords.), *Temas de Direito Civil-Empresarial*, Rio de Janeiro, Renovar, 2008, pp. 430-465.

60. Entende Faria que para "obterem o efeito contrário ao visado pela lei, e não admitido (responsabilidade comum), os bancos impõem o aval do outro cônjuge e, desse modo, cometem abuso de direito" (Werter R. Faria, "O aval, o Código Civil e os bancos", *Revista de Direito Mercantil, Industrial, Econômico e Financeiro* 134/48-65, São Paulo, Malheiros Editores, abr.-jun./2004).

Jurisprudência Comentada

ANOTAÇÕES SOBRE O PRINCÍPIO DA FUNÇÃO SOCIAL DA EMPRESA NA DOUTRINA E NA JURISPRUDÊNCIA BRASILEIRA*

GUSTAVO MILARÉ ALMEIDA

1. Introdução. 2. Breve resgate histórico do surgimento da LREF. 3. Fundamentos constitucionais e legais do princípio da função social da empresa. 4. Visão moderna do princípio da função social da empresa: 4.1 Princípio da preservação da empresa; 4.2 Princípio da transparência qualificada. 5. Análise de decisões judiciais. 6. Bibliografia. 7. Anexos.

1. Introdução

O presente estudo tem por objetivo contextualizar o princípio da função social da empresa à luz da Lei n. 11.101, de 9.2.2005 (doravante denominada "LREF"), a fim de apresentar a forma como este tem sido visto modernamente pela doutrina e pela jurisprudência nacional na apreciação de questões relativas a processos de recuperação judicial.

A LREF consagrou o princípio da função social da empresa. Esse é, aliás, o pilar de sustentação dessa norma[1] e veio ao encontro dos reclamos que, há tempos, ecoavam na nossa comunidade jurídica e, mais recentemente, no empresariado brasileiro,[2] na medida em que o Decreto-lei n. 7.661, de 21.6.1945 (revogada "Lei

* Trabalho apresentado no Curso de Pós-Graduação da Faculdade de Direito da USP, no 2º semestre de 2009, na disciplina "Problemas de Recuperação de Empresas II", ministrada pelos Professores Mauro Rodrigues Penteado, Paulo Salvador Frontini e Eduardo Secchi Munhoz.

1. Rubens Approbato Machado, "Visão geral da nova Lei 11.101, de 9 de fevereiro de 2005, que reforma o Decreto-lei 7.661, de 21.6.1945 (Lei de Falências) e cria o instituto da Recuperação da Empresa", in Rubens Approbato Machado (coord.), *Comentários à Nova Lei de Falências e Recuperação de Empresas*, 2ª ed., p. 25.

2. Como informa Manoel Justino Bezerra Filho, "de 1993 até mais ou mesmo o ano 2000, o projeto trazia uma série de proposições que demonstravam preocupação efetiva com a situação da sociedade empresária, com institutos que teriam, talvez, condições de propiciar recuperação. A partir de 2000/2001, as pressões que passaram a se fazer cada vez mais presentes na elaboração da lei trouxeram a alteração de rumo que levou a uma verdadeira mudança do ponto de vista filosófico, de tal forma que o texto foi cada vez mais se distanciando das metas originais. Tanto que no meio jurídico passou-se a comentar, de forma jocosa certamente, que a Lei não seria mais 'Lei de Recuperação de Empresas' e sim 'Lei de Recuperação de Crédito Bancário', ou ainda 'Lei Febraban'. Ocorreu que, nessa ocasião, o The World Bank encarregou diversos funcionários seus, de alta graduação, de distribuir nos meios acadêmicos nacionais o livreto *Principles and Guidelines for Effective Insolvency and Creditor Rights Systems*, no qual trazia exatamente 35 'princípios e diretrizes para a eficácia dos procedimentos falimentares e de cobrança de dívidas'. A partir de tal momento – fins do ano 2000, início do ano 2001 – foram patrocinados diversos encontros e discussões, principalmente em universidades, para que se transmitisse a necessidade de seguir tais princípios, tentando criar uma outra corrente de pensamento" (*Lei de Recuperação de Empresas e Falências Comentada – Lei 11.101,*

de Falências") já não se prestava mais a solucionar satisfatoriamente as novas situações de crise econômico-financeira do devedor decorrentes da evolução socioeconômica brasileira.

Com efeito, após longo período de tramitação do seu projeto, a LREF veio à lume, visando recolocar o Brasil no mesmo patamar dos países mais ricos e desenvolvidos, mediante a formação de um novo sistema concursal que, fundado no balanceamento entre modernos princípios econômicos e segurança jurídica das partes envolvidas, produzisse um processo eficaz.[3]

Assim, por um lado, a LREF modificou a finalidade da falência, que deixou de ter como meta a mera execução coletiva dos bens do falido, na qual se buscava a melhor arrecadação para os credores com o menor ônus para devedor, para focar-se na preservação e na otimização da utilização produtiva dos bens, ativos e recursos produtivos, inclusive os intangíveis, da empresa (art. 75). Por outro, buscando prevenir ou superar a falência, referida norma criou o denominado processo de recuperação de empresas, que pode ser *judicial* ou *extrajudicial*.[4]

Com o intuito de cumprir o objetivo traçado para o presente trabalho, inicialmente, examinar-se-á os fundamentos constitucionais e legais que embasam o princípio da função social da empresa insculpido na LREF, a fim de melhor compreender a visão moderna da doutrina a seu respeito, para, em seguida, abordar o entendimento jurisprudencial que lhe vem sendo dado mediante essa perspectiva, o que se fará pela análise de decisões judiciais significativas sobre o tema.[5]

Antes, porém, cumpre fazer um breve resgate histórico do surgimento da LREF, visando apresentar a forma pela qual o princípio da função social da empresa, objeto deste estudo, foi consagrado em nosso ordenamento jurídico vigente.

2. Breve resgate histórico do surgimento da LREF

Como mencionado, a LREF surgiu da incapacidade do Decreto-lei n. 7.661/1945 de responder eficazmente às modernas situações de crise econômico-financeiras do devedor, oriundas das transformações socioeconômicas operadas não apenas no seio da sociedade brasileira, mas, também, no mundo, com a globalização dos mercados.

Nelson Abrão destaca que tal inadequação do Decreto-lei n. 7.661/1945 em nosso ordenamento jurídico também decorreu da dissonância entre o seu espírito e a época em que entrou em vigor. Isso porque tal norma foi promulgada logo após o fim da Segunda Guerra Mundial, quando o legislador ainda não tinha tido tempo suficiente de examinar e ponderar as profundas modificações socioeconômicas que se assentariam como consequências da nova ordem mundial estabelecida com o término desse conflito, momento histórico que, nas suas palavras, "foi o clímax da revelação da influência do Direito Econômico que, tendo nascido com a Primeira Guerra Mundial, ganhou impulso na época posterior à Segunda".[6]

De fato, embora o Decreto-lei n. 7.661/1945 tenha surgido no pós Segunda Guerra Mundial – período da chama-

de 9 de fevereiro de 2005: Comentário Artigo por Artigo, 5ª ed., p. 51).

3. Luis Cláudio Montoro Mendes, "Casos de recuperação judicial: questões sobre o instituto da recuperação judicial e a interpretação das disposições da Lei n. 11.101/2005 quando de casos atuais", in Newton De Lucca e Alessandra de Azevedo Domingues (coords.), *Direito Recuperacional – Aspectos Teóricos e Práticos*, p. 399.

4. Paulo Salvador Frontini, "Evolução do direito das recuperações judiciais de empresas no Brasil", p. 6.

5. As íntegras das decisões judiciais examinadas no corpo deste texto estão anexas na parte final do presente trabalho.

6. *Curso de Direito Falimentar*, 5ª ed., p. 34.

da terceira fase dos procedimentos concursais, baseada, por sua vez, na ideia de preservação da empresa sempre que esta se mostrasse viável economicamente –, a mentalidade do legislador que a elaborou ainda estava arraigada à segunda fase dos procedimentos concursais, formada após a Primeira Guerra Mundial e caracterizada pela excessiva e isolada preocupação com o pagamento dos credores.[7]

Como assevera Alessandra de Azevedo Domingues, "o referido Decreto-lei nasceu velho, revelando uma preocupação demasiada com a figura dos credores, privilegiando a falência e abortando tentativas de reestruturação de empresas que eram viáveis e poderiam voltar a ser lucrativas. Favorecia o ganho individual dos credores em detrimento da perda de empregos, de geração de riquezas e perda econômica para a sociedade, indo na contramão da tendência mundial dos sistemas concursais pautados na preservação da empresa".[8]

Essa obsolescência da revogada legislação falimentar não demorou a ser constatada pelos estudiosos do assunto. Tanto é assim que, já na década de 1970, formou-se doutrinariamente em nosso país a teoria da preservação da empresa.

Esse movimento coadunou-se com a doutrina que vinha sendo desenvolvida internacionalmente, que, anos antes, já havia vislumbrado o atraso técnico de diversos institutos reguladores da crise econômico-financeira da empresa e, por isso, pregava a necessidade de uma revisão urgente nos sistemas falimentares, a fim de que fosse viabilizada a efetiva preservação daquela empresa devedora.[9]

Assim, no Brasil, diversos autores passaram, de um lado, a criticar a falência e a concordata, as quais, pelo atraso da revogada legislação, haviam se tornado instrumentos hábeis para o devedor desonesto desviar seus bens, fraudar seus credores ou protelar ao máximo o seu pagamento e, de outro, a propugnar pela modernização da lei, de forma que fossem garantidos mecanismos de sobrevivência da empresa, a fim de resguardar tanto o interesse dos seus próprios credores, quanto da sociedade como um todo.[10]

Nesse sentido, também nessa época, Paulo Fernando Campos Salles de Toledo afirmava que "a industrialização de nosso país acentuou-se a partir da década de 1950. Portanto, a realidade econômica para a qual se dirigia a Lei de Falências ao entrar em vigor é uma realidade que hoje não mais existe. Com isso verificou-se a total defasagem entre a Lei de Falências e o que ela visa regular. A maior crítica que se pode fazer à Lei de Falências atual, é a de não prever a reorganização da empresa, a de ter a respeito dessa matéria uma visão antiquada, ultrapassada, arcaica e que outros adjetivos possam encontrar, até mais fortes do que estes".[11]

7. Manoel Alonso afirma que "tem-se como pacífico na doutrina e para os operadores do direito falimentar, que o legislador de 1945 centrou sua preocupação na proteção à figura do comerciante, preponderantemente o individual, que tivesse agido com boa-fé no conduzimento de seus negócios e nele buscasse prover sua subsistência e a de sua família" ("Meios de recuperação judicial da empresa em crise financeira no PLC n. 71/2003, que se transformou na atual Lei n. 11.101, de 9 de Fevereiro de 2005", in Luiz Fernando Valente de Paiva (coord.), *Direito Falimentar e a Nova Lei de Falências e Recuperação de Empresas*, p. 278).

8. "Da concordata à recuperação: investigando a recuperação extrajudicial", in Newton De Lucca e Alessandra de Azevedo Domingues (coords.), *Direito Recuperacional – Aspectos Teóricos e Práticos*, p. 83.

9. Tullio Ascarelli, *Corso di Diritto Commerciale*, p. 309; Giuseppe Ragusa Maggiore, *Istituzioni di Diritto Falimentare*, 2ª ed., p. 611.

10. Entre outros, p.ex., Fábio Konder Comparato, *Aspectos Jurídicos da Macroempresa*, p. 102; Nelson Abrão, *Da Caracterização da Falência*, p. 90; Rubens Requião, "A crise do direito falimentar brasileiro: reforma da Lei de Falências", in *Revista de Direito Mercantil, Industrial, Econômico e Financeiro* 14/23-24; e Jorge Lobo, "A crise da empresa: a busca de soluções", in *Revista dos Tribunais* 668/35-46.

11. "A reforma da Lei de Falências e a experiência do direito estrangeiro", in *Revista do Advogado* 36/82.

Como será visto adiante, felizmente, nossos Tribunais também não se quedaram inertes à obsolescência do Decreto-lei n. 7.661/1945 diante da mencionada evolução socioeconômica, o que propiciou um notável avanço da jurisprudência brasileira e fomentou salutares debates sobre o assunto, que contribuíram para o surgimento da LREF.[12]

A esse respeito, ainda na vigência da norma revogada, Manoel Justino Bezerra Filho informava que, mesmo antes das inovações trazidas pela LREF, como a recuperação judicial, esta já vinha sendo aplicada pelo Poder Judiciário, que "tem 60 anos de experiência e criatividade ante a lei em vigor e, portanto, mais que aplicar a lei, aplica-a de forma social e produtiva, mesmo sem específica disposição de direito positivo. Aliás, já há inúmeros casos de 'recuperação', tentados ou em efetivo andamento, ocorrendo ou ocorridos no Judiciário (falência de Casa Centro, na 39ª Cível Central de São Paulo; falência de Casa Moysés, na 21ª Vara Cível Central de São Paulo; falência de Pérsico Pisamiglio, na 22ª Vara Cível Central de São Paulo; concordata de Villanova Engenharia, na 27ª Vara Cível Central de São Paulo; Arapuã, na 6ª Vara Cível Central de São Paulo; Caio Carrocerias, na 3ª Vara Cível de Botucatu). São casos nos quais a criatividade das partes e de seus advogados recebeu também criativo agasalho jurisdicional, de tal maneira que as empresas, mesmo após a falência, continuam se mantendo em funcionamento, com a tentativa de preservação da produção, dos empregos e com a consequente satisfação dos credores".[13]

Nada obstante esse esforço jurisprudencial, como salienta Amador Paes de Almeida, o Decreto-lei n. 7.661/1945 "mostrava-se extremamente tímido nas opções negociais destinadas à efetiva recuperação das empresas".[14]

Como resultado de toda essa mobilização doutrinária e jurisprudencial tendente a perseguir soluções e alternativas à crise econômico-financeira do devedor, cujas críticas repercutiam no empresariado brasileiro, veio à lume a LREF, revogando o Decreto-lei n. 7.661/1945 e reformulando o sistema concursal pátrio, mediante a adoção da teoria da preservação da empresa, a estipulação da sua função social como princípio a ser observado e o reconhecimento da sua capacidade de estimular a atividade econômica, tendo estabelecido, para tanto, regras processuais e procedimentais próprias, inclusive com a aplicação subsidiária das normas entabuladas no Código de Processo Civil.[15]

Feito esse breve resgate histórico do surgimento da LREF, cabe, agora, passar à análise dos fundamentos constitucionais e legais que sustentam o princípio da função social da empresa, previsto no art. 47 da LREF, e que já tinham sido introduzidos em nosso sistema legal antes mesmo dessa positivação.

3. Fundamentos constitucionais e legais do princípio da função social da empresa

Segundo José Cretella Júnior, "a expressão *Ordem Econômica* designa, com as expressões *Ordem Política* e *Ordem Social*, um universo presidido por princípios e regras jurídicas rígidas, que as informam, assegurando-lhes condições de existência, resguardo e equilíbrio, endereçando-se, em cada Estado, a *regra jurídica constitucional* e a *lei* contra qualquer tipo de ato

12. Julio Kahan Mandel, *Nova Lei de Falências e Recuperação de Empresas Anotada*, p. 94.

13. "Exame crítico do projeto da Lei de Falências – 'Recuperação de empresa' ou 'recuperação do crédito bancário'", in *Revista dos Tribunais* 822/132.

14. *Curso de Falência e Recuperação de Empresa: de Acordo com a Lei n. 11.101/2005*, 22ª ed., p. 301.

15. Paulo Sérgio Restiffe, *Manual do Novo Direito Comercial*, p. 374.

atentatório perturbador da atividade humana, no seio de cada *Ordem*".[16]

Nos termos do art. 170 da Constituição Federal em vigor,[17] a ordem econômica está baseada na valorização do trabalho e na livre iniciativa e visa a assegurar a todos existência digna, conforme os ditames da justiça social, observados determinados princípios que enumera.[18]

Além disso, cabe salientar que o constituinte de 1988 garantiu a todos, também, o livre exercício de qualquer atividade econômica, independentemente de autorização de órgãos públicos, salvo nos casos previstos em lei.

Segundo Caio Tácito, a ordem econômica deve ser interpretada sob um enfoque construtivo, "integrando a livre iniciativa com a valorização do trabalho, as noções do planejamento estatal e da liberdade de mercado, visando o equilíbrio harmônico entre a liberdade da empresa e a regulamentação da atividade econômica".[19]

Ao seu turno, Uadi Lammêgo Bulos assevera que "os princípios gerais da atividade econômica são 'núcleos condensadores de diretrizes' ligados à apropriação privada dos meios de produção e à livre iniciativa, as quais consubstanciam a ordem capitalista".[20]

Nessa medida, tais garantias constituem os fundamentos constitucionais do princípio da função social da empresa. Até porque, como esclarece Eduardo Secchi Munhoz, "o modelo societário tem a função de estabelecer regras que permitam a organização mais eficiente dos interesses que gravitam em torno da empresa. Uma eficiência não apenas produtiva, mas distributiva, que assegure duradoura prosperidade, rentabilidade e repartição equitativa de resultados entre todos os participantes da atividade empresarial. (...) Assim o fazendo, a sociedade cumprirá sua função econômica e social específica, na busca dos valores expressos no art. 170 da Constituição brasileira".[21]

Contudo, cumpre registrar que, mesmo antes da promulgação da também chamada "Constituição Econômica",[22] o princípio da função social da empresa já havia sido inserido, de modo expresso, no âmbito infraconstitucional do nosso ordenamento jurídico.

Com efeito, o parágrafo único do art. 116[23] da Lei n. 6.404, de 15.12.1976 ("Lei

16. *Comentários à Constituição Brasileira de 1988*, vol. 8, p. 3.949.

17. "Art. 170. A ordem econômica, fundada na valorização do trabalho humana e na livre iniciativa, tem por fim assegurar a todos existência digna, conforme os ditames da justiça social, observados os seguintes princípios: I – soberania nacional; II – propriedade privada; III – função social da propriedade; IV – livre concorrência; V – defesa do consumidor; VI – defesa do meio ambiente, inclusive mediante tratamento diferenciado conforme o impacto ambiental dos produtos e serviços e de seus processos de elaboração e prestação; VII – redução das desigualdades regionais e sociais; VIII – busca do pleno emprego; IX – tratamento favorecido para as empresas de pequeno porte constituídas sob as leis brasileiras e que tenham sua sede e administração no País. Parágrafo único. É assegurado a todos o livre exercício de qualquer atividade econômica, independentemente de autorização de órgãos públicos, salvo nos casos previstos em lei."

18. Não se desconhece a existência de diversos artigos constitucionais conexos à matéria disciplinada no referido art. 170, mas optou-se por limitar a sua indicação, na medida em que encerra a definição de ordem econômica, que é o que interessa para o pensamento desenvolvido neste trabalho.

19. *Temas de Direito Público: Estudos e Pareceres*, vol. 2, p. 1.135.

20. *Constituição Federal Anotada: Jurisprudência e Legislação Infraconstitucional em Vigor*, p. 1.097.

21. "Desafios do direito societário brasileiro na disciplina da companhia aberta: avaliação dos sistemas de controle diluído e concentrado", in Rodrigo R. Monteiro de Castro e Leandro Santos de Aragão (coords.), *Direito Societário – Desafios Atuais*, pp. 134-135.

22. Alexandre de Moraes, *Constituição do Brasil Interpretada e Legislação Constitucional*, 2ª ed., p. 1.836.

23. "Art. 116. Entende-se por acionista controlador a pessoa, natural ou jurídica, ou o grupo de pessoas vinculadas por acordo de voto, ou sob controle comum, que: a) é titular de direitos de sócio que lhe assegurem, de modo permanente, a maio-

de Sociedades Anônimas"), explicitou que "o acionista controlador deve usar o poder com fim de fazer a companhia realizar o seu objetivo e *cumprir sua função social*" (destacou-se).[24] A esse respeito, como indaga Newton De Lucca, "seria razoável entender-se que a função social só existe para as sociedades por ações e não para os demais tipos de sociedade empresária?..."[25] A resposta negativa parece óbvia.

Não bastasse tal previsão, mais recentemente, a existência do princípio da função social da empresa no sistema legal brasileiro veio a ser confirmada pelo Código Civil de 2002.

Nesse particular, muito embora esse diploma não tenha feito menção expressa a tal princípio, é possível afirmar, por meio de uma interpretação analógica, que o princípio da função social do contrato, previsto em seu art. 421,[26] seria extensível às sociedades, "já que nestas se reconhece a natureza jurídica eminentemente contratual, ainda que se trate, na lição sempre inolvidável de Ascarelli, de um contrato plurilateral, e não simplesmente bilateral".[27]

Corrobora essa afirmação o Enunciado n. 53, relativo ao art. 966 do Código Civil de 2002 (que, por sua vez, definiu o que vem a ser *empresário*),[28] aprovado na I Jornada de Direito Civil com a seguinte redação: "Deve-se levar em consideração o princípio da função social na interpretação das normas relativas à *empresa*, a despeito da falta de referência expressa" (destacou-se).

Assim sendo, pode-se dizer que o princípio da função social da empresa também já possuía fundamentos legais antes do surgimento da LREF. Não obstante, tal norma veio para afastar qualquer crítica à sua aplicação, consagrando-o textualmente no seu referido art. 47, ao dispor que: "A recuperação judicial tem por objetivo viabilizar a superação da situação de crise econômico-financeira do devedor, a fim de permitir a manutenção da fonte produtora, do emprego dos trabalhadores e dos interesses dos credores, promovendo, assim, a preservação da empresa, *sua função social* e o estímulo à atividade econômica" (destacou-se).

4. Visão moderna do princípio da função social da empresa

Conforme exposto no tópico anterior, o art. 47 da LREF, que expressamente afirmou a existência do princípio da função social da empresa no ordenamento jurídico brasileiro, fundou-se ideologicamente

ria dos votos nas deliberações da assembleia geral e o poder de eleger a maioria dos administradores da companhia; e b) usa efetivamente seu poder para dirigir as atividades sociais e orientar o funcionamento dos órgãos da companhia. Parágrafo único. O acionista controlador deve usar o poder com o fim de fazer a companhia realizar o seu objeto e cumprir sua função social, e tem deveres e responsabilidades para com os demais acionistas da empresa, os que nela trabalham e para com a comunidade em que atua, cujos direitos e interesses deve lealmente respeitar e atender."

24. Alfredo Sérgio Lazzareschi Neto assevera que "tal exigência demonstra a inspiração institucional do novo modelo de sociedade anônima, bem como seu caráter publicístico" (*Lei das Sociedades Anônimas por Ações Anotada*, 2ª ed., p. 222).

25. "Comentários ao art. 47" (Newton De Lucca e Adalberto Simão Filho (coords.), *Comentários à Nova Lei de Recuperação de Empresas e de Falências – Comentários Artigo por Artigo da Lei n. 11.101/2005*, p. 206).

26. "Art. 421. A liberdade de contratar será exercida em razão e nos limites da função social do contrato."

27. Newton De Lucca, "Comentários ao art. 47", p. 206.

28. "Art. 966. Considera-se empresário quem exerce profissionalmente atividade econômica organizada para a produção ou a circulação de bens ou de serviços. Parágrafo único. Não se considera empresário quem exerce profissão intelectual, de natureza científica, literária ou artística, ainda com o concurso de auxiliares ou colaboradores, salvo se o exercício da profissão constituir elemento de empresa."

na ordem econômica definida no art. 170 da Constituição Federal vigente e nos dispositivos legais que regularam o tema em âmbito infraconstitucional, ainda que, para tanto, pudesse-se cogitar de uma interpretação extensiva de tais dispositivos.

Rachel Sztajn afirma que a presença do princípio em comento na redação do referido art. 47 "indica, ainda, visão atual referentemente à organização empresarial, cuja existência está estribada na atuação responsável no domínio econômico, não para cumprir as obrigações típicas do Estado nem substituí-lo, mas sim no sentido de que, socialmente, sua existência deve ser balizada pela criação de postos de trabalho, respeito ao meio ambiente e à coletividade e, nesse sentido é que se busca preservá-la".[29]

Isso porque, como alerta Marcus Elidius Michelli de Almeida, "a crise da empresa afeta diretamente a sociedade, devendo o Estado buscar meios para recuperação da atividade".[30]

Assim, a visão moderna de mencionado princípio está fundada no conceito de *eficiência econômica*, ou seja, para preencher a sua função social, a empresa deve ser capaz de gerar *lucros no plano socioeconômico*.

Nessa medida, a empresa deve ser hábil a produzir riqueza, a fim de preservar-se no mercado, manter os empregos dos seus trabalhadores e, consequentemente, satisfazer os interesses esperados pelos seus credores, contribuindo, assim, para o crescimento e o desenvolvimento social do país.[31]

De fato, a efetivação do princípio da função social da empresa depende da capacidade da empresa de manter-se mediante a conservação não apenas da sua cadeia produtiva ou dos interesses que gravitam ao seu redor, mas, também, do bem-estar social, por meio da manutenção do bom funcionamento das engrenagens que movem toda a economia.

A esse respeito, novamente, Rachel Sztajn assevera que "a função social da empresa só será preenchida se for lucrativa, para o que deve ser eficiente. Eficiência, nesse caso, não é apenas produzir os efeitos previstos, mas cumprir a função despendendo pouco ou nenhum esforço; significa operar eficientemente no plano econômico, produzir rendimento, exercer a atividade de forma a obter os melhores resultados".[32]

Visando alcançar tal finalidade, Daniel K. Goldberg destaca que "a nova lei tenta criar para credores e devedor os incentivos apropriados para identificar situações em que isso ocorre".[33]

Obviamente, para os fins do presente trabalho, não nos interessa as situações em que os entes empresariais estejam desempenhando eficientemente a sua função social. Pelo contrário, na hipótese em estudo, cabe examinar sob que prisma essa função deve ser vista quando a empresa atravessa uma crise econômico-financeira que vai além da sua impontualidade, iliquidez ou insolvabilidade.[34]

29. "Da recuperação judicial", Francisco Satiro de Souza Junior e Antônio Sérgio A. de Moraes Pitombo (coords.), *Comentários à Lei de Recuperação de Empresas e Falência. Lei 11.101/2005 – Artigo por Artigo*, 2ª ed., p. 223.

30. *Nova Lei de Falências e Recuperação de Empresas – Confrontada e Breves Anotações*, p. 65.

31. Relatório da Comissão de Assuntos Econômicos do Senado Federal, elaborado pelo Senador Ramez Tebet, referente à apresentação de subemenda substitutiva às emendas de Plenário ao substitutivo adotado pela Comissão Especial ao Projeto de Lei (PL) n. 4.376-B/1993, posteriormente denominado de Projeto de Lei Complementar (PLC) n. 71/2003.

32. "Da recuperação judicial", pp. 223-224.

33. "Reflexões sobre a nova Lei de Falência e Recuperação de Empresas e sua racionalidade econômica", in Fátima Bayma de Oliveira (org.), *Recuperação de Empresas – Uma Múltipla Visão da Nova Lei: Lei n. 11.101/2005, de 9.2.2005*, p. 57.

34. Segundo Jorge Lobo, a crise econômico-financeira da empresa "abarca as noções clássicas, de índole essencialmente financeira, de (a) inadim-

E nem poderia ser de outra forma, pois, como exposto, os objetivos da LREF foram sanear tal situação crise, preservar a atividade econômica da empresa e os postos de trabalho que gera, bem como atender os interesses dos seus credores, de forma que, recuperada, a empresa possa cumprir sua função social.[35]

Como será examinado a seguir, nesses casos, a dimensão do espectro do princípio da função social da empresa depende necessariamente da observância de dois outros princípios, quais sejam: o da preservação da empresa e o da transparência qualificada.

4.1 Princípio da preservação da empresa

Antes de prosseguir, cumpre esclarecer que o princípio da preservação da empresa *não* corresponde ao princípio da função social da empresa abordado acima. Trata-se de princípios diferentes e que não se confundem.

Tanto é assim que o atendimento daquele é requisito indispensável para a realização deste ou, nas palavras de Gladston Mamede, "corolário do *princípio da função social da empresa* é o *princípio da preservação da empresa*, metanorma que é diretamente decorrente da anterior: é preciso preservar a empresa para que ela cumpra a sua função social".[36]

A LREF trouxe novos contornos à definição do que vem ser *empresa*, distinguindo-a da figura do empresário, que é a pessoa, física ou jurídica, que a controla. Com essa separação de conceitos, o legislador visou também propiciar a conservação da empresa, ou melhor, dos ativos do devedor.

Para a consecução desse almejado fim, contudo, é preciso que a aplicação do princípio da preservação da empresa ao caso concreto seja pautada na premissa de recuperar, apenas e tão somente, as sociedades *recuperáveis*, retirando do mercado, por conseguinte, aquelas que, em um momento de crise econômico-financeira, assim não se mostrarem numa avaliação prospectiva.[37]

No ponto, Manoel Justino Bezerra Filho comenta que "a recuperação judicial destina-se às empresas que estejam em situação de crise econômico-financeira, com possibilidade, porém, de superação; pois aquelas em tal estado, mas em crise de natureza insuperável, devem ter sua falência decretada, até para que não se tornem elemento de perturbação do bom andamento das relações econômicas do mercado. Tal tentativa de recuperação prende-se, como já lembrado acima, ao valor social da empresa em funcionamento, que deve ser preservado não só pelo incremento da produção, como principalmente, pela manutenção do emprego, elemento de paz social".[38]

No mesmo sentido, Ronaldo Vasconcelos ressalta que, "não obstante a adoção desse princípio da conservação da empresa, não se pode aceitar um mecanismo indiscriminado para manter qualquer ativi-

plemento de obrigação pecuniária, de (b) iliquidez e (c) insolvência, embora nelas não se esgote, visto que as dificuldades da empresa podem ser de ordem administrativa, gerencial, estrutural, operacional, societária, sucessória etc., as quais, a curto e médio prazos, podem converter-se em crise financeira de nefastas consequências" ("Da recuperação judicial", in Paulo Fernando Campos Salles de Toledo e Carlos Henrique Abrão (coords.), *Comentários à Lei de Recuperação de Empresas e Falência*, 3ª ed., p. 129).

35. Fábio Ulhoa Coelho, *Comentários à Nova Lei de Falências e de Recuperação de Empresas*, p. 115.

36. *Direito Empresarial Brasileiro*, vol. 4, p. 182.

37. Alexandre Alves Lazzarini, "Reflexões sobre a recuperação judicial de empresas", in Newton De Lucca e Alessandra de Azevedo Domingues (coords.), *Direito Recuperacional – Aspectos Teóricos e Práticos*, p. 126.

38. *Lei de Recuperação de Empresas e Falências Comentada – Lei 11.101, de 9 de fevereiro de 2005: Comentário Artigo por Artigo*, p. 142.

dade econômica. A experiência mostra que a extinta concordata preventiva era, muitas vezes, ajuizada justamente para preparar a empresa para o processo falimentar. Logo, a afirmação, até hoje tida como verdadeira, de que 'ninguém ganha com a falência' é relativa. Isso porque, no presente regime normativo, a rápida liquidação da empresa pode ser benéfica à comunidade".[39]

Portanto, para cumprir a sua função social, a empresa deve ser reestruturada, saneada e preservada sempre que isso for *economicamente viável*, ou seja, quando o plano de recuperação demonstrar consistência para o soerguimento da empresa no mercado, balizando-se pela apuração do maior valor envolvido: se o da empresa em funcionamento ou se aquele obtido com a sua quebra e consequente liquidação.

Em outras palavras, o critério que legitima a aplicação do princípio da preservação da empresa nos termos da legislação brasileira em vigor é a existência fática de elementos econômicos capazes de viabilizar a superação do mencionado estado de crise econômico-financeira do devedor e, posteriormente, de possibilitar a sua manutenção no mercado.[40]

Evidentemente, para a análise da capacidade de tal recuperação, é fundamental que o devedor esteja de boa-fé e, nessa medida, seja transparente, de modo a apresentar a sua real situação econômico-financeira para os seus credores.

Até porque, como informa Luis Cláudio Montoro Mendes, o processo de recuperação judicial "impõe aos seus participantes a necessidade de conquistar a confiança e a convicção dos credores envolvidos e conduz a empresa devedora a uma reavaliação imprescindível de seus paradigmas visando seu aperfeiçoamento e a busca de sua eficiência, questão extremamente alinhada com as expectativas dos legisladores quando da elaboração da Lei n. 11.101/2005".[41]

De fato, Jorge Lobo é categórico ao afirmar que a finalidade da apresentação do plano de recuperação "é provar, aos credores e ao juízo, que o valor da empresa em funcionamento não só é superior ao que seria obtido caso se decidisse liquidá-la, como, por igual, que a sua continuidade melhor atende aos múltiplos interesses envolvidos, *v.g.*, dos empregados, dos credores, dos consumidores e da coletividade".[42]

Daí porque se mostra necessária a combinação do princípio da transparência qualificada com o da preservação da empresa. Tudo com vistas a permitir uma ampla e efetiva compreensão da possibilidade de soerguimento da empresa e, por via de consequência, do pleno exercício da sua função social.

4.2 Princípio da transparência qualificada

O outro princípio cujo atendimento é requisito indispensável para a realização da visão moderna de função social da empresa é aquele que denominamos de o da transparência *qualificada*.

39. *Direito Processual Falimentar (De Acordo com a Lei n. 11.101, de 9 de fevereiro de 2005)*, p. 125.

40. No ponto, Mauro Rodrigues Penteado ressalta a necessidade de uma participação mais ativa do Ministério Público no processo de recuperação, a fim de, na qualidade de *custos legis*, zelar pela melhor aplicação dos objetivos traçados pelo art. 47 da LREF, evitando-se, assim, o comportamento desleal de credores a respeito da continuidade da empresa ("Disposições preliminares", in Francisco Satiro de Souza Junior e Antônio Sérgio A. de Moraes Pitombo (coords.), *Comentários à Lei de Recuperação de Empresas e Falência. Lei 11.101/2005 – Artigo por Artigo*, 2ª ed., p. 128).

41. "Casos de recuperação judicial: questões sobre o instituto da recuperação judicial e a interpretação das disposições da Lei n. 11.101/2005 quando de casos atuais", p. 406.

42. "Do plano de recuperação judicial", in Paulo Fernando Campos Salles de Toledo e Carlos Henrique Abrão (coords.), *Comentários à Lei de Recuperação de Empresas e Falência*, 3ª ed., p. 163.

Essa adjetivação explica-se pelo fato de que a empresa devedora deve sim ser transparente com os seus credores, a fim de apresentar-lhes a *situação real* da sua crise econômico-financeira na renegociação das suas dívidas. Contudo, esse dever de transparência *não* significa que a empresa deve "abrir-se" inteiramente para seus credores, ou seja, mostrar-lhes todos os seus segredos comerciais, suas estratégias organizacionais, suas carteiras de clientes e de fornecedores etc.

Referida transparência deve *necessariamente* estar vinculada ao ponto de estrangulamento que ensejou tal crise econômico-financeira da empresa. De fato, é imprescindível que o atendimento a tal princípio se dê mediante a prestação das informações que estejam ligadas exclusivamente ao plano elaborado para reerguer a empresa no mercado.

Caso contrário, estar-se-ia admitindo o absurdo de que tudo aquilo que diferencia a empresa no seu setor de atuação venha ou possa vir a ser de conhecimento dos seus concorrentes, os quais podem ou não figurar também como os seus credores. Tal situação, por óbvio, não conduziria o devedor à superação do seu estado de crise econômico-financeira, mas, de certo, à sua falência, uma vez que, numa hipótese como esta, a empresa jamais ou muito dificilmente teria condições de se recolocar de maneira competitiva no mercado.

Exemplificando, imaginemos que a empresa X de refrigerantes passe por uma crise econômico-financeira em nosso país e que isso resulte na apresentação de um pedido de recuperação judicial. Por óbvio, a empresa deverá apresentar diversos documentos para os seus credores, a fim de convencê-los a respeito da viabilidade econômica da sua reestruturação. Contudo, nenhum sentido teria, dentre tais documentos, revelar as fórmulas dos seus refrigerantes, que a diferenciam nesse segmento.

Por essas razões, preferimos adjetivar de *qualificadas* as informações que devem ser prestadas pelo devedor em obediência ao princípio da transparência.

Feito tal esclarecimento a respeito da nomenclatura adotada, importa verificar que, embora não figure como um dos seus princípios informadores, a LREF afirmou a existência do mencionado princípio, por meio da redação insculpida no seu art. 51, que cuidou da chamada *fase postulatória* do processo de recuperação judicial, ao dispor sobre os documentos que devem instruir a petição inicial de tal pedido.[43]

A inserção desse princípio nessa norma parece indicar que o legislador buscou equacionar as informações de conhecimento exclusivo da empresa devedora acerca do real estado da sua situação econômico-financeira e aquelas que são passadas aos seus credores, os maiores interessados na continuidade das suas atividades.

Ao tratar do tema, Rachel Sztajn assinala que "a assimetria informacional é fonte de desequilíbrio nas relações entre particulares, e, as vantagens que a parte, que dispuser de melhor informação na formulação de estratégias negociais, terá são inegáveis. Portanto, é preciso investigar a prestabilidade das informações a serem prestadas pelo devedor no pedido de recuperação judicial para avaliar a eficácia das normas positivadas. Temendo, talvez, que o desequilíbrio entre as informações internas do devedor, em geral, corretas, e as que são transmitidas aos credores acentue a assimetria entre os grupos, o legislador não abriu brechas e detalhou, de forma que se imagina exaustiva, matérias que poderiam ter sido grupadas sem prejuízo para estes".[44]

43. Fábio Ulhoa Coelho leciona que o processo de recuperação judicial é composto por três fases distintas na LREF: postulatória (arts. 51 e 52), deliberativa (arts. 53 a 58) e de execução (arts. 59 a 63) (*Comentários à Nova Lei de Falências e de Recuperação de Empresas*, p. 145).

44. "Do pedido e do processamento da recuperação judicial", in Francisco Satiro de Souza Junior e Antônio Sérgio A. de Moraes Pitombo (coords.), *Comentários à Lei de Recuperação de Empresas*

Alexandre Alves Lazzarini não endossa as críticas acima, já que, em sua opinião, "as exigências constantes no art. 51 da Lei n. 11.101/2005 não representa o formalismo excessivo, mas afirma a necessidade de que a empresa, que busca a renegociação de sua dívida, apresente aos seus credores a sua situação real. Isso para que estes possam analisar se o plano de recuperação tem substância real e efetiva ou se se trata de simples retórica técnica de modo a protelar uma decretação de falência, como costumeiramente se fazia na concordata".[45]

Sem adentrar na discussão sobre o rigor da previsão legal aposta no mencionado art. 51 da LREF, já que tal debate foge ao escopo traçado para este trabalho, é forçoso reconhecer que o legislador poderia ter sido mais flexível nas exigências estabelecidas nesse dispositivo, especialmente, se se considerar que algumas delas não dependem exclusivamente da vontade do devedor, como, por exemplo, a obtenção de certidões (incisos V e VIII).

Não obstante, para aquilo que importa trazer à colação neste tópico, cabe ressaltar que a relevância da introdução do princípio da transparência qualificada na LREF consiste na imposição de um grande desafio para a empresa que pretende passar por um processo de recuperação judicial, qual seja, convencer os seus credores a respeito da sua capacidade de superar a sua crise econômico-financeira e de conservar-se no mercado, situação na qual, como visto, voltará a cumprir a sua função social.

Para tanto, por um lado, como exposto acima, a empresa devedora deve ser transparente na apresentação da verdadeira situação da sua dívida, por meio da prestação de todas as informações atinentes ao ponto de estrangulamento que a levou a tal estado de crise.

Por outro, é fundamental que os credores tanto estejam habilitados tecnicamente para avaliarem tais informações, quanto tenham conhecimento a respeito das particularidades do funcionamento do setor de atuação da empresa devedora, de modo a, mediante a conjugação desses dois fatores, terem efetivas condições de assumirem, conscientemente, os riscos envolvidos na aprovação ou não do plano de recuperação judicial.[46]

Isso porque é preciso sempre ter em mente que um plano bem elaborado não garante a superação da crise econômico-financeira e, por conseguinte, a sua recuperação no mercado. Como o próprio nome sugere, é apenas um *plano*, um *projeto*. Todavia, um plano mal elaborado pode ser decisivo para o seu fracasso e consequente quebra do devedor.

5. Análise de decisões judiciais

Examinados os fundamentos constitucionais e legais que embasam o princípio da função social da empresa no ordenamento jurídico brasileiro vigente e a visão moderna da nossa doutrina à luz da LREF, cabe analisar algumas decisões judiciais significativas proferidas com fulcro nesse novo sistema concursal brasileiro.

5.1 Agravo de Instrumento n. 146.147-4/0-00 – TJSP

Inicialmente, tem-se precedente emblemático do E. Tribunal de Justiça do Estado de São Paulo, prolatado ainda sob a vigência do Decreto-lei n. 7.661/1945, que bem demonstra que a jurisprudência nacional estava atenta ao fim da preservação da empresa, como visto, requisito indispensável para a realização do princípio da função social da empresa.

e Falência. Lei 11.101/2005 – Artigo por Artigo, 2ª ed., p. 248.

45. "Reflexões sobre a recuperação judicial de empresas", p. 127.

46. "Reflexões sobre a recuperação judicial de empresas", pp. 128-129.

Trata-se de posicionamento da Corte paulista a respeito do descompasso da legislação falimentar vigente à época com a finalidade social que a empresa desempenha no seio da sociedade e da economia, conforme ementa que segue: "Concordata preventiva – Convolação em falência – Plausibilidade de realizar-se, ainda, perícia contábil, com o sentido de investigar a viabilidade, ou não, de recuperação da empresa, com satisfação dos credores e preservados os interesses sociais de continuação da atividade produtiva, possibilitados, até agora, com a outorga de efeito suspensivo ao recurso interposto – Julgamento convertido em diligência, para esse fim".

O julgado acima é oriundo de agravo de instrumento tirado dos autos de concordata preventiva contra decisão que decretou a falência da concordatária, no qual o então Desembargador Hélio Quaglia Barbosa, acompanhando pelos demais integrantes da turma julgadora, Desembargadores Roberto Stucchi e Ruy Camilo, converteram o julgamento em diligência (perícia contábil), a fim de apurar a viabilidade econômica de soerguimento da referida empresa devedora.

Essa decisão bem ilustra que, mesmo antes do advento da LREF, os julgadores já estavam em sintonia com a tendência mundial dos sistemas concursais e, nessa medida, mais preocupados com a função social da empresa no mercado e com os efeitos que poderiam ser gerados com a sua quebra do que com o mero pagamento dos credores, inspiração, como estudado, do referido Decreto-lei.

De fato, como bem observado pelo relator desse acórdão, a inaptidão da concordatária de superar a sua crise econômico-financeira não havia sido cabalmente demonstrada nos autos, nada impedindo que, à falta de tal comprovação técnica e com arrimo na opinião do seu síndico, a empresa (no caso, com 50 anos de história) não pudesse ser preservada e, com isso, conservados os empregos dos seus funcionários, a renda tributária estatal e o pagamento, ainda que parcial e dentro das suas possibilidades, dos créditos dos seus fornecedores.

Como se vê, embora se valendo apenas das ideias posteriormente positivadas na LREF, no tocante à possibilidade de implementação de um plano de recuperação, o aresto em comento é valioso ao mostrar a clara consciência da jurisprudência brasileira acerca da obsolescência do Decreto-lei n. 7.661/1945 e a necessidade de preservar empresas viáveis economicamente e que pudessem voltar a ser lucrativas, exercendo, assim, plenamente a sua função social, nos termos abordados no presente estudo.

5.2 Conflito de Competência n. 73.380-SP – STJ

Trata-se de importante acórdão do E. Superior Tribunal de Justiça, consolidando jurisprudência dessa Corte a respeito da definição do juízo competente, se o estadual ou o trabalhista, para apreciar questões relativas a empresa em processo de recuperação judicial, ementado da seguinte forma:

"Conflito Positivo de Competência. Vasp. Empresa em recuperação judicial. Plano de recuperação aprovado e homologado. Execução trabalhista. Suspensão por 180 dias. Art. 6º, *caput* e parágrafos da Lei 11.101/2005. Manutenção da atividade econômica. Função social da empresa. Incompatibilidade entre o cumprimento do plano de recuperação e a manutenção de execuções individuais. Precedente do caso Varig – CC 61.272-RJ. Conflito parcialmente conhecido.

"1. A execução individual trabalhista e a recuperação judicial apresentam nítida incompatibilidade concreta, porque uma não pode ser executada sem prejuízo da outra.

"2. A novel legislação busca a preservação da sociedade empresária e a manutenção da atividade econômica, em benefício da função social da empresa.

"3. A aparente clareza do art. 6º, §§ 4º e 5º, da Lei 11.101/2005 esconde uma questão de ordem prática: a incompatibilidade entre as várias execuções individuais e o cumprimento do plano de recuperação.

"4. 'A Lei n. 11.101, de 2005, não terá operacionalidade alguma se sua aplicação puder ser partilhada por juízes de direito e por juízes do trabalho' (CC 61.272-RJ, Segunda Seção, Rel. Min. Ari Pargendler, *DJ* 25.6.2007).

"5. Conflito parcialmente conhecido para declarar a competência do Juízo da 1ª Vara de Falências e Recuperações Judiciais da Comarca de São Paulo."

Essa decisão também envolve o princípio objeto do presente trabalho. Nela, o princípio da função social da empresa é contraposto às previsões insertas no *caput* do art. 6º e nos seus §§ 4º e 5º da LREF, que prevêem, respectivamente, que o deferimento do processamento da recuperação judicial suspende o curso da prescrição e de todas as ações e execuções em face do devedor, inclusive aquelas dos credores particulares do sócio solidário. Contudo, tal suspensão não poderá exceder o prazo improrrogável de 180 dias, contado do referido deferimento, sendo certo que, ao seu final, as execuções trabalhistas, ainda que tenham sido ajuizadas durante essa suspensão e perante a justiça especializada, poderão ser normalmente concluídas, mesmo que o crédito já esteja inscrito no quadro geral de credores.

Isso porque se observou uma *questão de ordem prática*, qual seja: o prosseguimento de execução trabalhista, junto à Justiça do Trabalho, inviabilizaria o cumprimento do plano de recuperação apresentado perante o juízo concursal, na medida em que haveria a dissipação dos ativos da empresa de maneira não prevista e incompatível com o plano elaborado para a sua reestruturação. Por essa razão e a despeito de tais regras, afastou-se a competência da justiça especializada.

Com efeito, como destacado pelo relator, Ministro Hélio Quaglia Barbosa, "a aparente clareza dos mencionados preceitos *[art. 6º, §§ 4º e 5º, da LREF]* traduz a preocupação do legislador de evitar a todo custo, que o instituto da recuperação judicial seja utilizado como estratagema para que a empresa em recuperação não pague seus credores e venha até mesmo a aumentar o volume das dívidas, uma vez que continua em operação; esconde, todavia, uma particularidade de ordem prática: caso voltem a ter curso as várias execuções individuais, com determinação de penhoras sobre bens e faturamento, ou mesmo ocorrendo venda de bem do patrimônio, como poderá o administrador judicial cumprir o plano de recuperação aprovado pelos credores e homologado judicialmente?".

Conforme ainda apontado pelo relator, esse aresto coaduna-se com o posicionamento manifestado também pela Segunda Seção do E. Superior Tribunal de Justiça no julgamento do Conflito de Competência n. 61.272-RJ, envolvendo outra companhia aérea, e que representou o *leading case* a respeito dessa questão em nosso país, sob o regime da LREF.

5.3 Conflito de Competência n. 79.170-SP – STJ

Em outro Conflito de Competência, o E. Superior Tribunal de Justiça também teve a oportunidade de se debruçar sobre a exegese da LREF e, novamente, fundou sua decisão na observância do princípio da função social da empresa, que, como já mencionado neste estudo, consiste no pilar de sustentação dessa recente norma. Segue-se a sua ementa:

"Conflito Positivo de Competência. Recuperação Judicial. Ação de reintegração de posse. Suspensão das ações e execuções. Prazo de cento e oitenta dias. Uso das áreas objeto da reintegração para o êxito do plano de recuperação.

"1. O *caput* do art. 6º, da Lei 11.101/05 dispõe que 'a decretação da falência ou deferimento do processamento da recuperação judicial suspende o curso da prescrição e de todas as ações e execuções em face do devedor, inclusive aquelas dos credores particulares do sócio solidário'. Por seu turno, o § 4º desse dispositivo estabelece que essa suspensão 'em hipótese nenhuma excederá o prazo improrrogável de 180 (cento e oitenta) dias contado do deferimento do processamento da recuperação'.

"2. Deve-se interpretar o art. 6º desse diploma legal de modo sistemático com seus demais preceitos, especialmente à luz do princípio da preservação da empresa, insculpido no art. 47, que preconiza: 'A recuperação judicial tem por objetivo viabilizar a superação da situação de crise econômico-financeira do devedor, a fim de permitir a manutenção da fonte produtora, do emprego dos trabalhadores e dos interesses dos credores, promovendo, assim, a preservação da empresa, sua função social e o estímulo à atividade econômica'.

"3. No caso, o destino do patrimônio da empresa-ré em processo de recuperação judicial não pode ser atingido por decisões prolatadas por juízo diverso daquele da Recuperação, sob pena de prejudicar o funcionamento do estabelecimento, comprometendo o sucesso de seu plano de recuperação, ainda que ultrapassado o prazo legal de suspensão constante do § 4º,do art. 6º, da Lei n. 11.101/2005, sob pena de violar o princípio da continuidade da empresa.

"4. Precedentes: CC 90.075-SP, Rel. Min. Hélio Quaglia Barbosa, *DJ* 4.8.2008; CC 88.661-SP, Rel. Min. Fernando Gonçalves, *DJ* 3.6.2008.

"5. Conflito positivo de competência conhecido para declarar o Juízo da 1ª Vara de Falências e Recuperações Judiciais do Foro Central de São Paulo competente para decidir acerca das medidas que venham a atingir o patrimônio ou negócios jurídicos da Viação Aérea São Paulo – VASP."

Também de acordo com esse precedente, agora, da Primeira Seção do E. Superior Tribunal de Justiça, a finalidade buscada pelo legislador com a LREF deve ser sobreposta a eventuais comandos insertos nessa própria norma, os quais, por sua vez, devem ser interpretados de maneira sistemática, visando a conferir coerência ao novo sistema concursal erigido.

Nessa medida, a regra prevista no § 4º do art. 6º da LREF deve ceder espaço ao princípio da função social da empresa. Isso porque, como bem ressaltado pelo relator, Ministro Castro Meira, "o princípio da continuidade da empresa ajusta-se ao interesse coletivo por importar, dentre outros benefícios, em geração de empregos, pagamento de impostos e no desenvolvimento das comunidades".

Assim, o destino do ativo do devedor deve necessariamente estar sujeito à competência do juízo concursal, sob pena de ser comprometido o plano de recuperação elaborado para o soerguimento da empresa em crise econômico-financeira e, mais do que isso, sob pena de violação ao referido princípio da função social da empresa, no qual a LREF se funda.

5.4 Agravo de Instrumento n. 415.341-7 – TJPR

A mesma questão de ordem prática examinada no julgado acima foi observada pelo E. Tribunal de Justiça do Estado do Paraná no julgamento de agravo de instrumento interposto por instituição financeira credora contra empresa em processo de recuperação judicial, visando a retomada da posse de bens alienados fiduciariamente.

Com efeito, tal recurso foi tirado dos autos de ação de busca e apreensão, na qual se deferiu a pretensão inicial, mas se manteve a posse dos referidos bens com o representante da empresa, na qualidade de depositário, a fim de garantir o direito do devedor de buscar o saneamento da sua crise econômico-financeira e, concomitantemente, salvaguardar os interesses dos seus credores e manter o emprego dos seus funcionários, conforme se verifica da seguinte ementa:

"Agravo de Instrumento – Ação de busca e apreensão – Alienação fiduciária – Recuperação judicial – Propriedade fiduciária – Exegese dos arts. 49, § 3º e 6º, § 4º, todos da Lei 11.101/2005 – Impossibilidade de venda ou retirada dos bens do estabelecimento do devedor, durante o prazo da suspensão – Princípio da função social da empresa que norteia os ditames da recuperação judicial. Não obstante o proprietário fiduciário de bens móveis e imóveis não submeter-se aos efeitos da recuperação judicial, eis que prevalecem a propriedade sobre a coisa e as condições contratuais, não se permite, todavia, durante o prazo de suspensão aludido no art. 6º, § 4º, da Lei de Falências, a retirada do estabelecimento do devedor dos bens de capitais essenciais a sua atividade empresarial, que é o caso dos autos, conforme a exegese do art. 49, § 3º, da referida Lei. Agravo não provido."

Conforme se depreende dessa ementa, o E. Tribunal de Justiça do Estado do Paraná verificou que, embora o proprietário de bens móveis e imóveis alienados fiduciariamente, como, no caso, a mencionada instituição financeira, não se submeta aos efeitos da recuperação judicial, fato é que também a sua pretensão deve render-se ao princípio da função social da empresa, máxima que rege o instituto da recuperação judicial previsto pela LREF, notadamente, se se considerar que tais bens são essenciais para a continuidade das atividades do devedor.

Ainda mais nessas circunstâncias, entendeu-se que o referido princípio deveria ser sobrelevado, na medida em que, sem parte do maquinário indispensável à produção do produto que comercializa, a empresa recuperanda não teria condições de continuar em funcionamento e, assim, de exercer a sua função social (manter os empregos dos seus trabalhadores, satisfazer os interesses dos seus credores e contribuir para o crescimento e o desenvolvimento social do país).

5.5 Agravo de Instrumento n. 2005.002.23394/05 – TJRJ

A aplicação do programático art. 47 da LREF também já havia regido a decisão prolatada pela turma julgadora do E. Tribunal de Justiça do Estado do Rio de Janeiro poucos meses após a entrada em vigor da LREF e serviu de valioso precedente para a observância da questão de ordem prática a que se tem feito referência.

No julgamento de agravo de instrumento interposto contra decisão liminar que indeferiu a pretensão de reintegração de posse de bens objetos de contrato de subarrendamento mercantil celebrado com empresa que, posteriormente, veio a apresentar pedido de recuperação judicial, novamente, foi dada prevalência ao princípio da função social da empresa frente a letra fria da legislação, nos termos da seguinte ementa:

"Agravo de Instrumento. Reintegração de Posse. Contrato de Subarrendamento Mercantil tendo como objeto Aeronaves e Turbinas. Liminar. Impossibilidade na hipótese dos autos. Empresa-ré que teve a sua Recuperação Judicial deferida. R. julgado *a quo* que bem analisou os fatos diante da nova legislação que rege a matéria. Retomada das Aeronaves e Turbinas que comprometeria o desenvolvimento da Devedora e a própria recuperação pretendida. Cancelamento de vôos agendados que ensejaria a desconfiança dos passageiros e proporcionando uma avalanche de lides indenizatórios decorrentes do não cumprimento das obrigações contratuais assumidas. Aspecto de âmbito nacional e social. Exegese dos arts. 47, 48 e 49 *caput* e §§ 2º e 5º da Lei n. 11.101, de 9.2.2005 (Nova Lei de Falências). Ausência de violação ao art. 199 do mesmo Diploma Legal. R. Julgado Monocrático que não se mostra nulo ou omisso. Acresce, ainda que só se revoga deferimento ou não de liminar, se teratológica, contrária à lei ou à evidente prova dos autos. Súmula n. 58 deste C. Sodalício. Questão em tela com entendimento sumulado deste E. Tribunal de Justiça. Matéria recursal que já foi objeto de várias R. Decisões deste Relator, todas mantidas pelo Colegiado em sede de Recurso Inominado. Agravo manifestamente improcedente. Aplicação do art. 557 do CPC c/c art. 31, inciso VIII do Regimento Interno deste E. Tribunal. Nega-se seguimento."

Nesse importante precedente, prolatado ainda nos primeiros dias de vida da LREF e em um dos casos mais importantes e notórios da aplicação dessa nova norma (recuperação judicial da Varig S/A – Viação Aérea Rio Grandense), os julgadores cariocas tiveram a felicidade de atentar para o fato de que a pretensão de retomada de uma aeronave e duas turbinas por um dos credores não apenas poderia comprometer o sucesso do plano de reestruturação elaborado para sanar a crise econômico-financeira da empresa devedora, como, ainda, poderia ser (e, certamente, seria) causa para o surgimento de instabilidade social.

De fato, o cancelamento de vôos que a medida almejada pelo credor proporcionaria e a consequente desconfiança dos consumidores, a toda evidência, geraria o ajuizamento de diversos pedidos indenizatórios, que maculariam ainda mais a já afetada imagem da empresa recuperanda, bem como interromperia parte do seu fluxo de caixa, tornando muito difícil ou até impossível o seu soerguimento no mercado aeronáutico.

Logo, também nesse caso, o escopo maior da LREF embasou a decisão proferida, suplantando alegações processuais menores, que objetivavam apenas satisfazer os interesses particulares de um único credor.

5.6 Apelação com Revisão n. 588.391-4/7-00 – TJSP

Trata-se de precedente do E. Tribunal de Justiça do Estado de São Paulo que, embora julgado no fim de 2008, versa sobre a aplicação da LREF a pedido de falência formulado com base no art. 1º do Decreto-lei n. 7.661/1945.

Nesse julgado, mais do que a aplicação imediata das regras introduzidas pela LREF, cabe destacar a primazia dada à inteligência do princípio da função social da empresa na apreciação da questão *sub judice* em confronto com o princípio da irretroatividade das leis.

Assim, por ocasião do julgamento do recurso de apelação interposto pelo credor, os Desembargadores da Câmara Especial de Falências e Recuperações Judiciais de Direito Privado do E. Tribunal de Justiça do Estado de São Paulo acertadamente mantiveram, por votação unânime, a r. sentença de Primeira Instância, pelos seus próprios fundamentos, conforme se verifica da seguinte ementa:

"*Falência – Pedido formulado na vigência do Decreto-lei 7.661/1945, com fundamento em seu art. 1º – Débito de pequeno valor – Quebra da empresa que não se justifica em face da orientação da nova Lei de Falências, a ser adotada como norma interpretativa – Art. 94, inc. I, da Lei n. 11.101, de 9 de fevereiro de 2005 – Harmonização dos princípios constitucionais da irretroatividade das leis e da função social da empresa. Sentença de indeferimento da inicial mantida – Recurso não provido.*

"A presunção de falido do art. 1º do Decreto-lei 7.661/1945 somente surge quando o inadimplemento ocorrer em relação à obrigação de valor razoável. Se o débito é considerado de pequeno valor pela nova Lei, a decretação da quebra da empresa, ao invés de sua execução, afronta ao princípio da 'função social da empresa'."

Como mencionado, esse precedente cuida-se de pedido de falência formulado nos termos do art. 1º do revogado Decreto-lei n. 7.661/1945, que presumia a quebra do devedor pela simples ausência de pagamento de obrigação líquida na data do seu vencimento, tendo por base o inadimplemento de 4 triplicatas mercantis no valor total de pouco menos de 18 salários-mínimos.

Ocorre que, em conformidade com o art. 94, I, da LREF, tal presunção somente se verifica quando o inadimplemento de uma ou mais obrigações somem o equivalente a 40 salários-mínimos. Entretanto, essa exigência somente poderá ser pleiteada nos pedidos de falência ajuizados após a entrada em vigor da referida norma, nos termos do seu art. 192.

Não obstante esse obstáculo de ordem intertemporal, esse marcante aresto entendeu que ofenderia o bom senso e o próprio fim social desenhado pelo legislador com o novel sistema concursal brasileiro admitir a quebra de devedores cujo pedido tenha sido formulado antes da vigência da LREF, mas apreciados somente depois.

Portanto, em atenção ao princípio da função social da empresa, decidiu-se que, mesmo nessas hipóteses, deveria prevalecer a nova regra para a decretação de falência.

6. Bibliografia

ABRÃO, Nelson. *Curso de Direito Falimentar.* 5ª ed. São Paulo, Leud, 1997.

______. *Da Caracterização da Falência.* São Paulo, Leud, 1970.

ALMEIDA, Amador Paes de. *Curso de Falência e Recuperação de Empresa: de Acordo com a Lei n. 11.101/2005.* 22ª ed. São Paulo, Saraiva, 2006.

ALMEIDA, Marcus Elidius Michelli de. *Nova Lei de Falências e Recuperação de Empresas – Confrontada e Breves Anotações.* São Paulo, Quartier Latin, 2005.

ALONSO, Manoel. "Meios de recuperação judicial da empresa em crise financeira no PLC n. 71/2003, que se transformou na atual Lei n. 11.101, de 9 de fevereiro de 2005". In PAIVA, Luiz Fernando Valente de (coord.). *Direito Falimentar e a Nova Lei de Falências e Recuperação de Empresas.* São Paulo, Quartier Latin, 2005.

ASCARELLI, Tullio. *Corso di Diritto Commerciale.* Milão, Giuffrè, 1962.

BEZERRA FILHO, Manoel Justino. *Lei de Recuperação de Empresas e Falências Comentada – Lei 11.101, de 9 de fevereiro de 2005: Comentário Artigo por Artigo.* 5ª ed. São Paulo, Ed. RT, 2008.

______. "Exame crítico do projeto da Lei de Falências – 'Recuperação de empresa' ou 'recuperação do crédito bancário'". *Revista dos Tribunais* 822, São Paulo, 2004.

BULOS, Uadi Lammêgo. *Constituição Federal Anotada: Jurisprudência e Legislação Infraconstitucional em Vigor.* São Paulo, Saraiva, 2000.

COELHO, Fábio Ulhoa. *Comentários à Nova Lei de Falências e de Recuperação de Empresas.* São Paulo, Saraiva, 2005.

COMPARATO, Fábio Konder. *Aspectos Jurídicos da Macroempresa.* São Paulo, Ed. RT, 1970.

CRETELLA JÚNIOR, José. *Comentários à Constituição Brasileira de 1988.* vol. 8. Rio de Janeiro, Forense Universitária, 1993.

DOMINGUES, Alessandra de Azevedo. "Da concordata à recuperação: investigando a recuperação extrajudicial". In LUCCA, Newton De, e DOMINGUES, Alessandra de Azevedo (coords.). *Direito Recuperacional – Aspectos Teóricos e Práticos.* São Paulo, Quartier Latin, 2009.

FRONTINI, Paulo Salvador. "Evolução do direito das recuperações judiciais de empresas no Brasil". Texto escrito de aula ministrada em 25.8.2009 no Curso de Pós-Graduação da Faculdade de Direito da USP.

GOLDBERG, Daniel K. "Reflexões sobre a nova Lei de Falência e Recuperação de Empresas e sua racionalidade econômica". In OLIVEIRA, Fátima Bayma de (org.). *Recuperação de Empresas – Uma Múltipla Visão da Nova Lei: Lei n. 11.101/2005, de 9.2.2005.* São Paulo, Pearson Prentice Hall, 2006.

LAZZARESCHI NETO, Alfredo Sérgio. *Lei das Sociedades Anônimas por Ações Anotada.* 2ª ed. São Paulo, Saraiva, 2008.

LAZZARINI, Alexandre Alves. "Reflexões sobre a recuperação judicial de empresas". In LUCCA, Newton De, e DOMINGUES, Alessandra de Azevedo (coords.). *Direito Recuperacional – Aspectos Teóricos e Práticos*. São Paulo, Quartier Latin, 2009.

LOBO, Jorge. "A crise da empresa: a busca de soluções", *Revista dos Tribunais* 668. São Paulo, 1991.

______. "Da recuperação judicial". In TOLEDO, Paulo Fernando Campos Salles de, e ABRÃO, Carlos Henrique (coords.). *Comentários à Lei de Recuperação de Empresas e Falência*. 3ª ed. São Paulo, Saraiva, 2009.

______. "Do plano de recuperação judicial". In TOLEDO, Paulo Fernando Campos Salles de, e ABRÃO, Carlos Henrique (coords.). *Comentários à Lei de Recuperação de Empresas e Falência*. 3ª ed. São Paulo, Saraiva, 2009.

LUCCA, Newton De. "Comentários ao art. 47". In LUCCA, Newton De, e SIMÃO FILHO, Adalberto (coords.). *Comentários à Nova Lei de Recuperação de Empresas e de Falências – Comentários Artigo por Artigo da Lei n. 11.101/2005*. São Paulo, Quartier Latin, 2005.

MACHADO, Rubens Approbato. "Visão geral da nova Lei 11.101, de 9 de fevereiro de 2005, que reforma o Decreto-lei 7.661, de 21.6.1945 (Lei de Falências) e cria o instituto da Recuperação da Empresa". In MACHADO, Rubens Approbato (coord.). *Comentários à Nova Lei de Falências e Recuperação de Empresas*. 2ª ed. São Paulo, Quartier Latin, 2007.

MAGGIORE, Giuseppe Ragusa. *Istituzioni di Diritto Falimentare*. 2ª ed. Milão, Cedam, 1994.

MAMEDE, Gladston. *Direito Empresarial Brasileiro*. vol. 4. São Paulo, Atlas, 2006.

MANDEL, Julio Kahan. *Nova Lei de Falências e Recuperação de Empresas Anotada*. São Paulo, Saraiva, 2005.

MENDES, Luis Cláudio Montoro. "Casos de recuperação judicial: questões sobre o instituto da recuperação judicial e a interpretação das disposições da Lei n. 11.101/2005 quando de casos atuais". In LUCCA, Newton De, e DOMINGUES, Alessandra de Azevedo (coords.). *Direito Recuperacional – Aspectos Teóricos e Práticos*. São Paulo, Quartier Latin, 2009.

MORAES, Alexandre de. *Constituição do Brasil Interpretada e Legislação Constitucional*. 2ª ed. São Paulo, Atlas, 2003.

MUNHOZ, Eduardo Secchi. "Desafios do direito societário brasileiro na disciplina da companhia aberta: avaliação dos sistemas de controle diluído e concentrado". In CASTRO, Rodrigo R. Monteiro de, e ARAGÃO, Leandro Santos de (coords.). *Direito Societário – Desafios Atuais*. São Paulo, Quartier Latin, 2009.

PENTEADO, Mauro Rodrigues. "Disposições preliminares". In SOUZA JUNIOR, Francisco Satiro de, e PITOMBO, Antônio Sérgio A. de Moraes (coords.). *Comentários à Lei de Recuperação de Empresas e Falência. Lei 11.101/2005 – Artigo por Artigo*. 2ª ed. São Paulo, Ed. RT, 2007.

REQUIÃO, Rubens. "A crise do direito falimentar brasileiro: reforma da Lei de Falências", *Revista de Direito Mercantil, Industrial, Econômico e Financeiro* 14. São Paulo, 1974.

RESTIFFE, Paulo Sérgio. *Manual do Novo Direito Comercial*. São Paulo, Dialética, 2006.

SZTAJN, Rachel. "Da recuperação judicial". In SOUZA JUNIOR, Francisco Satiro de, e PITOMBO, Antônio Sérgio A. de Moraes (coords.). *Comentários à Lei de Recuperação de Empresas e Falência. Lei 11.101/2005 – Artigo por Artigo*. 2ª ed. São Paulo, Ed. RT, 2007.

______. "Do pedido e do processamento da recuperação judicial". In SOUZA JUNIOR, Francisco Satiro de, e PITOMBO, Antônio Sérgio A. de Moraes (coords.). *Comentários à Lei de Recuperação de Empresas e Falência. Lei 11.101/2005 – Artigo por Artigo*. 2ª ed. São Paulo, Ed. RT, 2007.

TÁCITO, Caio. *Temas de Direito Público: Estudos e Pareceres*. vol. 2. Rio de Janeiro, Renovar, 1997.

TOLEDO, Paulo Fernando Campos Salles de. "A reforma da Lei de Falências e a experiência do Direito Estrangeiro", *Revista do Advogado* 36. São Paulo, 1992.

VASCONCELOS, Ronaldo. *Direito Processual Falimentar (De Acordo com a Lei n. 11.101, de 9 de fevereiro de 2005)*. São Paulo, Quartier Latin, 2008.

7. Anexos

7.1 Agravo de Instrumento n. 146.147-4/0-00 – TJSP

Agravo n. 146.147-4/0 – TJSP
Comarca: Guarulhos
Agravante: Neusa S/A Produtos Alimentícios (falida)
Agravada: Neusa S/A Produtos Alimentícios (massa falida)

Concordata preventiva – Convolação em falência – Plausibilidade de realizar-se, ainda, perícia contábil, com o sentido de investigar a viabilidade, ou não, de recuperação da empresa, com satisfação dos credores e preservados os interesses sociais de continuação da atividade produtiva, possibilitados, até agora, com a outorga de efeito suspensivo ao recurso interposto – Julgamento convertido em diligência, para esse fim.

Vistos, relatados e discutidos estes autos de Agravo de Instrumento n. 146.147-4/0-00, da Comarca de Guarulhos, em que é agravante Neusa S/A Produtos Alimentícios, Falida, sendo agravada Massa Falida de Neusa S/A Produtos Alimentícios:

Acórdão, em 10ª Câmara de Direito Privado do Tribunal de Justiça do Estado de São Paulo, proferir a seguinte decisão: "converteram o julgamento em diligência, v.u.", de conformidade com o relatório e voto do Relator, que integram este acórdão.

O julgamento teve a participação dos Desembargadores Roberto Stucchi (Presidente) e Ruy Camilo.

São Paulo, 13 de fevereiro de 2001.

Quaglia Barbosa, Relator.

VOTO N. 12.354

1. É agravo, tirado dos autos de concordata preventiva, interposto contra r. decisão que veio a decretar a quebra da concordatária (fls. 266/270); a insurgência se funda, essencialmente, em configurada a aplicação da lei falimentar, tal como se deu, em descompasso com os fins sociais do sistema normativo, bem assim com as exigências do bem comum, na medida em que atingida, pelo rigor do comando jurisdicional, "renomada, vetusta e destacada indústria alimentícia constituída no longínquo ano de 1940, hoje com mais de 300 (trezentos) empregados diretos, devidamente registrados, com seus salários em dia (...), em franco e ascendente processo de recuperação financeira-econômico-empresarial, que vem permitindo, através de hercúleos esforços empreendidos por seus controladores diretos e demais colaboradores e parceiros, a absorção das obrigações agregadas ao elastério, restando, apenas e tão somente, porção diminuta dos compromissos a ser liquidada" (fls. 3). Aduz a agravante que, à semelhança do que já pleiteara e obtivera anteriormente, no sentido de ser autorizada a venda de bens móveis de seu ativo, para obtenção de recursos, que foram depositados na conta judicial vinculada ao elastério, assim também fez, na ocasião derradeira, quando surpreendida pelo decreto de falência, cujo advento, a seu ver, em nada favorece sequer os interesses dos credores, tanto quanto arreda, injustificadamente, toda possibilidade de recuperação da empresa, desperdiçando todos os resultados já conseguidos e o "esforço hercúleo desenvolvido pela concordatária", como o reconhece o MM. Juiz (fls. 267), que, todavia, nada obstante, proclama, a seguir, desfecho divorciado dos interesses da comunidade creditória e das exigências do bem comum, mediante decreto de quebra, no remate da r. decisão hostilizada (fls. 2/24).

Após negado, inicialmente, efeito suspensivo ao recurso, por r. decisão do eminente Desembargador 3º Vice-Presidente, em exercício (fls. 357), houve por bem este Relator concedê-lo, ultimada a distribuição do recurso (fls. 396/400), consoante fundamentos declinados às fls. 409/410 e de sorte a prejudicar agravo regimental dirigido em combate àquele ato proemial (fls. 364/372).

Prestou informações a MM. Juíza Substituta em exercício (fls. 421/422), manifestou-se a massa falida (fls. 451/454) e opinou a douta Procuradoria-Geral de Justiça pelo não provimento do recurso (fls. 456/460), após ordenada diligência complementar perante o Juízo *a quo* (fls. 461) e acudindo pronunciamento da agravante, dando conta da realização de novos depósitos em dinheiro e da ocorrência de várias cessões de crédito, por parte de credores relacionados, de molde a envolver desoneração da devedora (fls. 466/472), seguiram-se manifestações diversas, de credora, pedindo preferência para o julgamento (fls. 507/508), do síndico, agora detectando razoabilidade no pleito recursal (fls. 532/533) e da ilustrada Procuradoria-Geral de Justiça, mantendo sua posição pretérita, pela confirmação do decreto de falência (fls. 535/537), além de informações complementares do MM. Juiz, confirmando cessões de crédito e depósitos alegados pela concordatária (fls. 515/528).

Disse ainda a agravante manter em dia sua folha de pagamento de empregados, acrescendo merecer oportunidade de recuperação, à semelhança do que retrata o Projeto de Lei n. 4.376/1993 em trâmite legislativo, que se dirige à substituição da atual lei falimentar (fls. 541/546), alvitre de que não chega a discrepar o síndico, admitindo inclusive a conversão do julgamento em diligência, para realização de prova pericial contábil, antes dada como faltante pelo Ministério Público de segundo grau (fls. 574/577); este, porém, ratifica posição inalterada pelo não provimento do recurso, consignando a par disso, todavia, o alcance da perícia, na eventualidade de vir a ser ordenada pela E. Câmara (fls. 583/588).

É o relatório.

2. Com o devido respeito, a que fazem jus os entendimentos consubstanciados na r. decisão recorrida e no parecer ministerial de segunda instância, que a conforta, opinando desde logo pelo não provimento do agravo, insta salientar não exauridos todos os meios adequados à detecção de ser ainda viável, ou não, do ponto de vista econômico, a superação da crise enfrentada pela concordatária, mediante a satisfação das obrigações que lhe restam por cumprir.

Não se discute o acerto da constatação pelo MM. Juiz, não só do significativo tempo passado, desde que deferida a concordata, como ainda de restar, ao ensejo em que proferida a r. decisão invectivada, fração substancial da primeira parcela determinada (fls. 267), tampouco havendo depósito por conta da segunda, naquele mesmo instante.

Esse quadro, porem, não impediu fosse outorgado efeito suspensivo ao agravo, optando o Relator sorteado por atribuir preponderância, no contexto geral, à busca de evitar "consumação de mal maior, sem vantagem aparente para a comunidade dos credores e com prejuízo manifesto e imediato para a plêiade de trabalhadores da empresa, sob risco concreto de desemprego, desde logo, a dano do sustento de inúmeras famílias (fls. 349/355)" (fls. 409, item 2).

Nada obstante possa impressionar o tempo, que se seguiu, sobrevindo reclamos, de parte de dois credores, um deles irresignado, simplesmente, com uma delonga que, a seu ver, "só vem em benefício da agravante e em prejuízo aos credores que não são pagos" (*sic*, 507), o outro, denunciando a impontualidade de cessionário, em trato paralelo envolvente de dívida da concordatária (fls. 579/580), além de insistir o Ministério Público em não vislumbrar "a possibilidade de uma 'recuperação' e, nem mesmo, a possibilidade de cumprimento da concordata de 'Neusa S/A'" (fls. 587), impõe-se, ainda, *data venia*, investigar da viabilidade econômica e financeira de os compromissos da concordatária, perante seus credores, virem a ser satisfeitos, em condições de razoabilidade, que não subtraiam os direitos daqueles, nem sufoquem suas legítimas expectativas, juntamente com a empresa devedora no turbilhão de uma falência, de que não sairão, provavelmente, vencidos e vencedores, mas, quase que certamente, apenas sucumbentes ao peso da derrota.

Com efeito, quem primeiramente suscitou a questão foi, no exercício de sua costumeira acuidade, a digna Procuradora de Justiça oficiante, ao notar que, para conferir respaldo às assertivas da agravante, no sentido de persistir capaz de recuperar-se, a ponto de vir a cumprir com suas obrigações perante os credores, não houve sequer a produção de competente laudo pericial contábil, que viesse a abonar referido prognóstico (cf fls. 536/537).

Sucede, porém, que não fora a agravante instada a diligenciar naquele sentido, em complemento ao parecer prévio, abonador da ordem de processamento da concordata (fls. 39/40), omissão destacada pela agravante (fls. 543) e corroborada pelo próprio síndico, ouvido a seguir, *verbis*: "do parecer da ilustre Procuradora de Justiça (fls. 536, *in fine*), vê-se que ela ressalta a importância do Laudo Pericial Contábil, para a comprovação das alegações da Falida, quanto à sua capacidade de recuperação econômico-financeira e da possibilidade de cumprir com seus deveres legais perante os credores e trabalhadores, laudo esse que, conforme afirma a Agravante, '*não foi realizado, por não determinado*' (fls. 543)" (*sic*, fls. 575), fundamento que serviu para que viesse a apoiar, como ainda possível, a produção da cogitada perícia (fls. 576).

No se trata, *data venia*, de negar vigência à legislação falimentar em vigor, muito menos de antecipar fastígio a regramento legal ainda em gestação, com vista à implantação *de fato* de um procedimento de "recuperação judicial", ainda carente de alicerce normativo e, por ora, somente imaginável *de lege ferenda* (cf. fls. 545/546, com referência ao projeto de Lei n. 4.376/1993).

O que se tem sob as vistas, para a aplicação da lei vigente, com ou sem a substituição dos institutos meramente concursais, é a judiciosa advertência de Nelson Abrão, respeitado especialista, quando estudava não menos que o substitutivo legislativo àquele projeto, no sentido de que "o atual instante é rico no fornecimento de subsídios que comprovam que o estado de crise não é privilégio do pequeno empresário ou daquele sem capital de giro regular, mas um fenômeno que atinge economias ricas e todas as empresas obrigadas à globalização, regime de concorrência, redução do lucro, otimização dos custos, e da adaptação do parque industrial à dinâmica das importações que eliminam a oportunidade de alguns setores continuarem trabalhando" (*Curso de Direito Falimentar*, São Paulo, ed. Leud, 1997, n. 285, pp. 449-450).

Na espécie, com efeito, essa inaptidão final não restou demonstrada cabalmente, a despeito da crise por que passa a concordatária, nada impedindo, ainda até este momento, à míngua da excludente não investigada tecnicamente, possa se safar, satisfazendo ainda aos credores, na medida em que, segundo atesta a palavra insuspeita do síndico, os representantes da empresa buscam, com denodo, preservá-la, mantêm-na em plena atividade, preservando empregos, conservando em dia suas folhas de pagamento a empregados (cf. fls. 349/355, 547/551, 563), gerando renda tributária para o Estado e também pagando, dentro das possibilidades, créditos de fornecedores, inclusive os posteriores ao advento da concordata (fls. 532); assere mais o síndico não haverem sido abandonados os objetivos sociais, não terem os responsáveis pela concordatária "jogado a toalha", como se diz vulgarmente, tudo indicando estarem "litigando, de boa-fé, no afã de preservar a empresa e, assim, continuar com as atividades que já vem praticando há mais de 50 anos" (fls. 533).

Não é, pois, a hora de o órgão julgador, *data venia*, render-se à velha e desacreditada máxima *fiat justitia, pereat mundus*; tampouco e muito menos à frase de Ulpiano, *durum jus, sed ita lex scripta est*.

Estar em gestação o instituto da recuperação judicial não empece que o mesmo desígnio oriente a aplicação da lei atual, exigindo o julgador prova segura e convincente da propalada inviabilidade de bom termo para a concordata, antes de enveredar pelo caminho íngreme e tortuoso da falência e que, ademais, dizem-no os doutos, não costuma levar a lugar nenhum; daí as referências ao "fundamento primeiro que diz respeito à empresa e sua preservação, não contendo esforços para que nela se encontre a essência do procedimento de reorganização", ou, na hipótese de virem de fora os incumbidos do saneamento, quebrando-se "a rotina e os malsinados efeitos causados pelos procedimentos concursais, onde prevalece a singular atecnia, com a fuga do patrimônio" (Nelson Abrão, ob. e loc. cits.); frequentemente a dano de ninguém mais que os próprios credores.

3. Vale sempre haver na mente o magistério de Carlos Maximiliano, ao discorrer sobre os chamados "fatores sociais", não somente para a interpretação, como sobretudo para a aplicação do Direito:

"Não pode o Direito isolar-se do ambiente em que vigora, deixar de atender às outras manifestações da vida social e econômica; e esta não há de corresponder imutavelmente as regras formuladas pelos legisladores. Se as normas positivas se não alteram à proporção que evolve a coletividade, consciente ou inconscientemente a magistratura adapta o texto preciso às condições emergentes, imprevistas. A jurisprudência constitui, ela própria, um fator do processo de desenvolvimento geral; por isso a Hermenêutica se não pode furta à influência do *meio* no sentido estrito e na acepção lata; atende às *consequências* de determinada exegese: quando possível a evita, se vai causar dano, econômico ou moral, à comunidade. O intuito de imprimir efetividade jurídica às aspirações, tendências e necessidades da vida de relação constitui um caminho mais seguro para atingir a interpretação mais correta do que o tradicional apego às palavras, o sistema silogístico de exegese" (*Hermenêutica e Aplicação do Direito*, Rio, ed. Forense, 1981, n. 169, p. 157).

Prosseguindo, acrescenta:

"Desapareceu nas trevas do passado o método lógico, rígido, imobilizador do Direito: tratava todas as questões como se foram problemas de Geometria. O julgador hodierno preocupa-se com o bem e o mal resultantes do seu *veredictum*. Se é certo que o juiz deve buscar o verdadeiro sentido e o alcance do texto; todavia este alcance e aquele sentido não podem estar em desacordo com o fim colimado pela legislação – o bem social" (ob. e loc. cits.), donde textual e expressa a vontade do legislador, com esse conteúdo, no art. 5º da Lei de Introdução ao Código Civil, a propósito da aplicação da lei pelo juiz.

Não se distanciam de tal forma de ver e de sentir outros textos, prestantes à colação, *verbis*:

"Toda ciência que se limita aos textos de um livro e despreza as realidades é ferida de esterilidade" (Holbach, *L'Interprétation de la Loi sur les Sociétés*, 1906, p. 289);

"Cumpre ao magistrado ter em mira um ideal superior de justiça, condicionado por todos os elementos que informam a vida do homem em comunidade" (François Geny, *Science et Technique en Droit Privé Positif*, vol. 1, 1914, p. 30);

"Não se pode conceber o Direito a não ser no seu momento dinâmico, isto é, como desdobramento constante da vida dos povos" (Abel Andrade, *Comentário ao Código Civil Português*, vol. 1, 1895, Introdução, p. LXXII) (*apud* Carlos Maximiliano, ob. e loc. cits., p. 158, notas de rodapé 4, 5 e 6).

4. Dentro dessa linha de pensamento, é que o julgador se há de sentir à vontade e autorizado, para conclamar à produção de prova, tal qual a de que ora se cogita, a pericial, para exigi-la mesmo, no afã de se convencer da viabilidade, ou não, da continuidade operacional da empresa, de sua recuperação enfim, ainda sob a égide da legislação atual, mas sem perda da perspectiva futura, ante o sentido das mudanças, que se avizinham, no direito em gestação.

Sensata, dentro dessa linha, a ponderação do síndico, em sua última fala nos autos, quando reputa plausível, ainda, a realização de perícia contábil, deferindo-se à agravante possibilidade de "*fazer a prova de sua efetiva recuperação*" (fls. 576), até porque presente, na espécie, à semelhança de paradigma jurisdicional invocado (Agravo n. 96.262-4/7, de Guarulhos, 8ª Câmara de Direito Privado, rel. Desembargador Egas Galbiatti, v.u., 26.4.2000, cf. fls. 564/567), a particularidade de os próprios credores, em significativa quantidade, estarem buscando acordos, por meio de cessões de créditos a terceiros, com vista a terminarem satisfeitos, sem indução necessária à quebra da devedora (cf. fls. 577).

Mesmo a ilustrada Procuradoria-Geral de Justiça não deixa de considerar a possibilidade de se ordenar a realização de perícia contábil, tanto que, para essa hipótese, propõe, desde logo, o campo de sua abrangência investigativa, ou seja, que "*não só analise a viabilidade econômica, como também a financeira, com o diagnóstico da situação e causa que a determinaram*" (fls. 587).

5. Segue-se, dessarte e pela motivação acima declinada, a conversão do julgamento em diligência, como sendo a medida, por ora, mais prudente e consentânea com os interesses em jogo, determinada a realização de perícia, junto ao próprio Juízo de primeiro grau e sob sua direção, incumbido o mesmo perito que ali já oficiou, quando do ajuizamento do pedido de concordata, nomeado pelo MM. Juiz da causa (cf. fls. 39/40); o sentido e o objetivo dessa prova será o de detectar e aquilatar a viabilidade, ou não, no estágio atual, da recuperação da empresa, sem sacrifício de vulto para seus credores ainda insatisfeitos, na linha do que alvitram a própria agravante (fls. 543), o síndico (fls. 575/577) e a digna Procuradoria-Geral de Justiça (fls. 588).

O prazo, que se estabelece, para a ultimação da perícia, de molde a não prolongar excessivamente o curso do procedimento recursal, além do tolerável, na peculiaridade da espécie *sub examine*, é o de 60 (sessenta) dias, a remuneração pericial será fixada pelo Juízo de primeiro grau, a quem se submeterão, também, os quesitos pertinentes, ora facultados à agravante, ao síndico e ao Ministério Público, propiciada, outrossim, a indicação de assistentes técnicos.

6. Nesses termos, converte-se o julgamento em diligência, baixando os autos, com as cautelas devidas, ao Juízo *a quo*.

Quaglia Barbosa, Relator.

7.2 Conflito de Competência n. 73.380-SP – STJ

Conflito de Competência n. 73.380-SP (2006/0249940-3) – Segunda Seção STJ
Relator: Ministro Hélio Quaglia Barbosa
Autor: João Batista Printtez Campbell
Advogado: Ricardo Vinícius Largacha Jubilut e outro(s)
Réu: VASP – Viação Aérea São Paulo S/A
Suscitante: VASP – Viação Aérea São Paulo S/A – em recuperação judicial
Advogado: Arnoldo Wald Filho e outro(s)
Suscitado: Juízo de Direito da 1ª Vara de Falências e Recuperações Judiciais de São Paulo-SP
Suscitado: Juízo da 16ª Vara do Trabalho de São Paulo-SP
j. 28.11.2007

Ementa: *Conflito Positivo de Competência. Vasp. Empresa em recuperação judicial. Plano de recuperação aprovado e homologado. Execução trabalhista. Suspensão por 180 dias. Art. 6º "caput" e parágrafos da Lei 11.101/2005. Manutenção da atividade econômica. Função social da empresa. Incompatibilidade entre o cumprimento do plano de recuperação e a manutenção de execuções individuais. Precedente do Caso Varig – CC 61.272-RJ. Conflito parcialmente conhecido.*

1. A execução individual trabalhista e a recuperação judicial apresentam nítida incompatibilidade concreta, porque uma não pode ser executada sem prejuízo da outra.

2. A novel legislação busca a preservação da sociedade empresária e a manutenção da atividade econômica, em benefício da função social da empresa.

3. A aparente clareza do art. 6º, §§ 4º e 5º, da Lei 11.101/2005 esconde uma questão de ordem prática: a incompatibilidade entre as várias execuções individuais e o cumprimento do plano de recuperação.

4. "A Lei n. 11.101, de 2005, não terá operacionalidade alguma se sua aplicação puder ser partilhada por juízes de direito e por juízes do trabalho" (CC 61.272-RJ, Segunda Seção, Rel. Min. Ari Pargendler, *DJ* 25.6.2007).

5. Conflito parcialmente conhecido para declarar a competência do Juízo da 1ª Vara de Falências e Recuperações Judiciais da Comarca de São Paulo.

ACÓRDÃO

Vistos, relatados e discutidos estes autos em que são partes as acima indicadas, acordam os Ministros da Segunda Seção do Superior Tribunal de Justiça, na conformidade dos votos e das notas taquigráficas, por maioria, em conhecer do conflito de competência, em parte, e declarar competente a 1ª Vara de Falências e Recuperações Judiciais de São Paulo-SP, nos termos do voto do Sr. Ministro Relator. Vencidos os Srs. Ministros Ari Pargendler e Aldir Passarinho Junior, que não conheciam do conflito.

Os Srs. Ministros Massami Uyeda e Fernando Gonçalves votaram com o Sr. Ministro Relator. Ausentes, justificadamente, os Srs. Ministros Nancy Andrighi e João Otávio de Noronha. Presidiu o julgamento o Sr. Ministro Humberto Gomes de Barros.

Brasília (DF), 28 de novembro de 2007.

Ministro *Hélio Quaglia Barbosa*, Relator.

RELATÓRIO

O Exmo. Sr. Ministro Hélio Quaglia Barbosa (Relator): Cuida-se de conflito de competência, com pedido de liminar, entre o MM. Juízo da 1ª Vara de Falências e Recuperações Judiciais do Foro Central da Comarca de São Paulo e MM. Juízo da 16ª Vara do Trabalho de São Paulo, suscitado pela Viação Aérea São Paulo S/A – Vasp.

Narra a suscitante, em apertada síntese, que se encontra em recuperação judicial que tramita perante o Juízo da 1ª Vara de Falências e Recuperações Judiciais de São Paulo. Adverte que "após o cumprimento das exigências determinadas pelo MM. Juízo da causa, em 26 de julho de 2006, os credores da Vasp de todas as classes, reunidos em Assembleia Geral, aprovaram o plano de recuperação apresentado pela companhia, sujeitando-se, assim, às suas diretrizes". Lembra a suscitante, ainda, que o predito plano de recuperação restou aprovado pelo Juízo, de maneira que se encontra em plena vigência.

Ato contínuo, o Juízo da Recuperação Judicial, acolhendo pedido da suscitante, oficiou às Cortes Regionais do Trabalho comunicando a homologação do plano e a concessão da recuperação judicial; apesar da determinação do Juízo Estadual, afirma a suscitante que "diversos magistrados do Trabalho continuaram a dar prosseguimento às execuções trabalhistas movidas por ex-empregados da Vasp em todo o território nacional, tendo, inclusive, determinado a realização de penhoras, alienações judiciais e arrematações de bens de propriedade da companhia". Aduz, ainda, que esse também foi o proceder do Juízo da 16ª Vara do Trabalho de São Paulo, quando determinou "a penhora do faturamento da Vasp, a fim de garantir a satisfação de um crédito trabalhista".

Nesse contexto, sustenta que a competência a prevalecer é a do Juízo da 1ª Vara de Falências e Recuperações Judiciais de São Paulo, pois se trata do universal da recuperação judicial, consoante estabelecido no art. 7º, § 1º, da Lei 11.101/2005; nesse caminhar, pois, caberia ao Juízo do Trabalho apurar o montante devido ao trabalhador e à Justiça Estadual dar cumprimento ao julgado trabalhista, conforme preconiza o art. 6º do diploma legal sob exame.

Aponta a suscitante que, além da nítida afronta à Lei de Recuperações e Falências, há vulneração ao princípio da isonomia entre os credores, o qual deve ser observado para a realização dos pagamentos no processo de recuperação judicial.

Assim, pois, pleiteou liminarmente a suspensão da execução trabalhista, que tramita perante o Juízo da 16ª Vara do Trabalho de São Paulo e, bem assim, a de outras demandas trabalhistas, nas quais a companhia aérea e qualquer de seus diretores ou acionistas estivessem no polo passivo, como réus ou executados.

Ao final, pediu fosse declarada a competência do Juízo da 1ª Vara de Falências e Recuperações Judiciais do Foro Central da Comarca de São Paulo (fls. 02/23).

A liminar foi parcialmente deferida, nos seguintes termos (fls. 176/178):

"2. Em sede de cognição sumária, merece acolhida, em parte, o pleito liminar requerido pela suscitante Viação Aérea São Paulo – Vasp.

"Segundo aflora dos autos, a decisão oriunda da Justiça do Trabalho acaba por atingir e, por conseguinte, alterar o plano de recuperação da suscitante. Essa circunstância, aliada aos preceitos da Lei n. 11.101/2005, evidenciam que a relevância de fundamento se encontra devidamente corporificada.

"Conquanto não mereça maiores digressões, jungido a esse pressuposto, o perigo da demora na fixação da competência MM. Juízo da 1ª Vara de Falências e Recuperações Judiciais do Foro Central da Comarca de São Paulo é evidente, uma vez que, repita-se em benefício da clareza, a decisão da Justiça Obreira irá refletir e alterar o plano de recuperação aprovado e homologado.

"Quanto à pretensão acrescida, vale consignar que o acolhimento do pleito liminar se restringirá à demanda trabalhista, em virtude da qual se instaurou o conflito, *rectius*, aquela em curso perante o Juízo da 16ª Vara do Trabalho de São Paulo, não cabendo no âmbito restrito do presente, estendê-lo para alcançar outras ações semelhantes, que possam estar correndo em outros Juízos, que não o suscitado laboral; isso sem embargo de o mesmo princípio adotado quadrar para o deslinde de novos conflitos, que possam sobrevir.

"Pelo que precede, concedo parcialmente a liminar, para suspender o processo de execução trabalhista em andamento perante o MM. Juízo da 16ª Vara do Trabalho da Comarca de São Paulo.

"3. A teor do art. 120 do Código de Processo Civil, fica nomeado o MM. Juízo da 1ª Vara de Falências e Recuperações Judiciais do Foro Central da Comarca de São Paulo para, em caráter provisório, solucionar, as medidas urgentes."

O Juízo da Recuperação Judicial prestou informações (fls. 193/197), em que destacou a aprovação pelos credores do plano de recuperação – à unanimidade na classe I, dos trabalhadores – o que vincularia todos os integrantes da categoria; a existência de precedente desta Corte Superior de Justiça no caso da Varig; a prevalência do interesse público na preservação da empresa sobre os interesses de classe ou de particulares, previsto na Consolidação das Leis do Trabalho (CLT); a importância de se impedir o "salve-se quem puder" ou o "leva quem chegar primeiro", caso tenham prosseguimento as execuções individuais; e o escopo da Lei 11.101/2005 não de proteção do mau empresário, mas sim da empresa, entendida como unidade produtiva, fonte de empregos e faturamento.

O Juízo do Trabalho também forneceu as informações requeridas, apontando que, em 22 de março de 2006, foi efetivada penhora sobre imóvel da Vasp, com a ressalva de que o bem não seria levado a leilão enquanto permanecesse a indisponibilidade dos bens da executada;

que, em 29 de agosto de 2006, foi deferida penhora de crédito da Vasp junto a BRA Transportes Aéreos Ltda. – a quem a suscitante prestava serviços de manutenção de aeronaves; que o fundamento de tal medida foi a estipulação legal de que a suspensão da execução trabalhista deve perdurar por 180 dias improrrogáveis, nos termos do art. 6º, §§ 4º e 5º, da Lei 11.101/2005, prazo que já havia se esgotado; que o reclamante não havia participado da aprovação do plano de recuperação judicial; e, por fim, que a execução foi suspensa, em cumprimento da liminar deferida nestes autos (fls. 199/200).

Opina o d. Ministério Público Federal, em parecer da lavra do e. Subprocurador-Geral da República, dr. Pedro Henrique Távora Niess, pela inexistência de conflito ou, subsidiariamente, pelo conhecimento parcial do conflito, declarando-se a competência do Juízo da 1ª Vara de Falências e Recuperações Judiciais de São Paulo para decidir acerca do destino dos bens da recuperanda, sob pena de ficar comprometido o plano de recuperação (fls. 202/209).

É o relatório.

VOTO

O Exmo. Sr. Ministro Hélio Quaglia Barbosa (Relator):

1. Prefacialmente, saliente-se que o conflito deve ser parcialmente conhecido, nos termos já externados por ocasião da apreciação do pleito liminar; o Juízo da Vara de Falências e Recuperações Judiciais, concedida a recuperação judicial, considerou-se competente para apreciar e julgar todas as questões relativas aos bens e negócios da referida companhia aérea; o Juízo do Trabalho, lado outro, tomou medidas constritivas contra a Vasp, primeiro a penhora de bem imóvel de sua propriedade e, posteriormente, a penhora de parte do pagamento a ser efetuado pela BRA Transportes Aéreos à VASP; são juízos emanados de diferentes ramos da Justiça, que proferiram decisões que apresentam nítida incompatibilidade concreta, porque uma não pode ser executada sem prejuízo da outra.

Não obstante, o julgamento haverá de se restringir apenas em face da demanda trabalhista, em virtude da qual se instaurou o conflito, não cabendo, em seu âmbito restrito, estender efeitos para alcançar outras ações semelhantes, que possam estar correndo em juízos diversos, que não os suscitados; isto sem embargo – reafirme-se – de idênticos raciocínio e desate quadrarem para eventual deslinde de novos conflitos, que possam sobrevir.

2. A novel legislação retirou o foco principal da mera decretação da falência da empresa (ou sociedade empresária) e o transportou para a possibilidade de sua recuperação judicial e da manutenção da atividade econômica, visando resguardar, ao assim dispor, postos de trabalho, arrecadação de impostos e, de modo mais amplo, a própria sociedade.

Na lição de Fábio Ulhoa Coelho:

"A crise fatal de uma grande empresa significa o fim de postos de trabalho, desabastecimento de produtos e serviços, diminuição na arrecadação de impostos e, dependendo das circunstâncias, paralisação de atividades satélites e problemas sérios para a economia local, regional, ou até mesmo nacional" (in *Comentários à Nova Lei de Falências e de Recuperações de Empresas*, 3ª ed., São Paulo, Saraiva, 2005, p. 24).

3. Não pairam dúvidas de que, em caso de decretação da falência, ficam suspensas as ações e execuções, que se encontravam em curso, devendo os credores habilitar seus créditos contra a massa junto ao Juízo Universal da Falência; nas ações de natureza trabalhista em particular, em que pese processadas perante a Justiça Especializada, o crédito, depois de apurado, deve ser inscrito no quadro geral de credores existente no Juízo Falimentar. Tais regras se encontram no art. 6º, *caput* e parágrafos da Lei 11.101/2005 e não se apresentam como novidade, uma vez que estipulação semelhante já constava dos arts. 23 e 24 do Decreto-lei 7.661/1945, a antiga Lei de Falências.

4. Como, *in casu,* ainda está em andamento a recuperação judicial da Viação Aérea São Paulo S/A – Vasp, não acudindo decretação de falência, a principal a controvérsia reside na aplicação dos §§ 4º e 5º, do art. 6º, da Lei 11.101/2005, abaixo transcritos:

"Art. 6º. A decretação da falência ou o deferimento do processamento de recuperação judicial suspende o curso da prescrição e de todas as ações e execuções em face do devedor, inclusive aquelas dos credores particulares do sócio solidário.

"(...).

"§ 4º. Na recuperação judicial, a suspensão de que trata o *caput* deste artigo em hipótese nenhuma excederá o prazo improrrogável de 180 (cento e oitenta) dias contado do deferimento do processamento de recuperação, restabelecendo-se, após o decurso do prazo, o direito dos credores de iniciar ou continuar suas ações e execuções, independentemente de pronunciamento judicial.

"§ 5º. Aplica-se o disposto no § 2º *[que dispõe sobre habilitação, exclusão ou modificação de créditos]* deste artigo à recuperação judicial durante o período de suspensão de que trata o § 4º deste artigo, mas, após o fim da suspensão, as execuções trabalhistas poderão ser normalmente concluídas, ainda que o crédito já esteja inscrito no quadro geral de credores."

5. A aparente clareza dos mencionados preceitos traduz a preocupação do legislador de evitar – a todo custo – que o instituto da recuperação judicial seja utilizado como estratagema para que a empresa em recuperação não pague seus credores e venha até mesmo a aumentar o volume das dívidas, uma vez que contínua em operação; esconde, todavia, uma particularidade de ordem prática: caso voltem a ter curso as várias execuções individuais, com determinação de penhoras sobre bens e/ou faturamento, ou mesmo ocorrendo venda de bem do patrimônio, como poderá o administrador judicial cumprir o plano de recuperação aprovado pelos credores e homologado judicialmente?

6. Tal questionamento não passou desapercebido a esta c. Segunda Seção, quando de julgamento que retrata *leading case* sobre a nova Lei de Recuperações Judiciais e Falências, o Conflito de Competência 61.272-RJ, relatado pelo e. Ministro Ari Pargendler, que envolveu a Varig S/A – Viação Aérea Rio Grandense.

No julgamento de agravo regimental interposto contra liminar deferida nos autos do referido conflito, o e. Ministro Ari Pargendler destacou:

"A jurisprudência formada à luz do Decreto-lei n. 7.661, de 1945, concentrou no juízo da falência as ações propostas contra a massa falida no propósito de assegurar a igualdade dos credores (*pars condicio creditorum*), observados evidentemente os privilégios e preferências dos créditos.

"*Quid*, em face da Lei 11.101, de 2005? Nova embora a disciplina legal, a medida liminar deferida nestes autos partiu do pressuposto de que subsiste a necessidade de concentrar na Justiça Estadual as ações contra a empresa que está em recuperação judicial, agora por motivo diferente: o de que só o juiz que processa o pedido de recuperação judicial pode impedir a quebra da empresa. Se na ação trabalhista o patrimônio da empresa for alienado, essa alternativa de mantê-la em funcionamento ficará comprometida.

"A exigência de que o processo de recuperação judicial subsista até a definição de quem é o juiz competente para decidir a respeito da sucessão das obrigações trabalhistas impõe, salvo melhor entendimento, a manutenção da medida liminar."

Nunca será demais lembrar que, embora também por motivos outros, no julgamento daquele conflito, foi definida a competência do Juízo da 1ª Vara Empresarial do Rio de Janeiro e não, do Juízo Trabalhista, valendo transcrever sintético excerto do voto condutor:

"No caso deve ser prestada pela jurisdição comum porque a Lei n. 11.101, de 2005, não terá operacionalidade alguma se sua aplicação puder ser partilhada por juízes de direito e por juízes do trabalho."

7. *In casu*, cumpre destacar que o plano de recuperação da Vasp foi aprovado pela assembleia geral de credores, nos termos do art. 58 da Lei 11.101/2005 – à unanimidade quanto à classe dos trabalhadores –, e concedida a recuperação judicial, o que implica "novação dos créditos anteriores ao pedido, e obriga o devedor e todos os credores a ele sujeitos" (art. 59).

Não se tem notícia, nos presentes autos, de que qualquer recurso interposto contra a concessão da recuperação judicial tenha sido acolhido ou sequer tenha seu manejador conseguido obter efeito suspensivo diante do *decisum* do Juízo da Recuperação.

O escopo da recuperação, como afirmado alhures, é a preservação da sociedade empresária, a manutenção da fonte produtora, em benefício dos trabalhadores não dispensados, da arrecadação de impostos, dos próprios credores, da manutenção de empregos indiretos e de outros beneficiados com a atividade econômica, em resumo, a busca de cumprimento da função social da empresa.

Para tanto, se faz imprescindível que a *vis attractiva* do juízo universal, idealizada para os casos de falência, seja aplicável, em sua plenitude, também à recuperação judicial.

Vale colacionar, novamente, o magistério de Fábio Ulhoa Coelho:

"Seria de fato despropositado que os credores pudessem continuar exercendo individualmente seu direito à cobrança judicial, concomitante à tramitação do concurso. Estariam, nesse caso, sendo desenvolvidas duas medidas judiciais de idênticas finalidades, a execução individual e a concursal.

"(...).

"Se a suspensão das execuções contra o falido justifica-se pela irracionalidade da concomitância de duas medidas judiciais satisfativas (a individual e a concursal) voltadas ao mesmo objetivo, na recuperação judicial o fundamento é diverso.

"Suspendem-se as execuções individuais contra o empresário individual ou sociedade empresária que requereu a recuperação judicial para que eles tenham o fôlego necessário para atingir o objetivo pretendido na reorganização da empresa. (...) A suspensão, aqui, tem fundamento diferente. Se as execuções continuassem, o devedor poderia ver frustrados os objetivos da recuperação judicial, em prejuízo, em última análise, da comunhão dos credores" (*idem, ibidem*, pp. 37/39).

Se, a *contrario sensu*, as execuções trabalhistas forem retomadas, prevalecerão os princípios do "salve-se quem puder" e do "leva quem chegar primeiro", na expressão do Juízo Suscitado, o da Recuperação, sendo beneficiados os que buscaram o Judiciário em primeiro lugar ou aqueles cujas ações tiveram um trâmite mais acelerado, em prejuízo de toda a classe e da repartição proporcional dos créditos apurados.

Vale destacar que a própria Consolidação das Leis do Trabalho – CLT (Decreto-lei 5.452/1943), em seu art. 8º, determina art. 8º:

"As autoridades administrativas e a Justiça do Trabalho, na falta de disposições legais ou contratuais, decidirão, conforme o caso, pela jurisprudência, por analogia, por equidade e outros princípios e normas gerais de direito, principalmente do direito do trabalho, e, ainda, de acordo com os usos e costumes, o direito comparado, *mas sempre de maneira que nenhum interesse de classe ou particular prevaleça sobre o interesse público*" (grifei).

Na espécie, o interesse público reside na manutenção das atividades empresariais e na tentativa de pagamento proporcional aos credores, que se encontrem na mesma classe e não, na busca das realizações individuais, com prejuízo da coletividade pelos não satisfeitos.

8. Cumpre, em princípio, aos juízos de recuperação judicial a não aprovação de quaisquer planos de recuperação, mas tão somente a de planos que se apresentem viáveis e exequíveis, bem como aos administradores judiciais a elaboração de projetos responsáveis voltados a atingir as metas fixadas.

Ora, uma vez aprovado e homologado o plano, contudo, não se faz plausível a retomada das execuções individuais após o mero decurso do prazo legal de 180 dias; a consequência previsível e natural do restabelecimento das execuções, com penhoras sobre o faturamento e sobre os bens móveis e imóveis da empresa em recuperação implica em não cumprimento do plano, seguido de inevitável decretação da falência que, uma vez operada, resultará, novamente, na atração de todos os créditos e na suspensão das execuções individuais, sem benefício algum para quem quer que seja.

9. Nem se alegue que os trabalhadores poderiam ficar reféns, indefinidamente, do plano de recuperação, uma vez permitida a extrapolação do prazo de 180 dias, pois a nova lei, como se sabe, possui regras firmes a serem observadas pelo administrador judicial e pela autoridade judiciária condutores da recuperação, como o prazo não superior a um ano para pagamento dos créditos trabalhistas ou decorrentes de acidente do trabalho (art. 54), além de prever drástica sanção, em seu art. 61, § 1º:

"1º. Durante o período estabelecido o *caput* do artigo *[dois anos depois da concessão da recuperação judicial]*, o descumprimento de qualquer obrigação prevista no plano acarretará a convolação da recuperação em falência, nos termos do art. 73 desta Lei."

10. Manoel Justino Bezerra Filho também pondera que, uma vez concedida a recuperação, não se devam retomar as execuções individuais:

"Na forma do *caput* do art. 6º, a suspensão se inicia com o deferimento do processamento da recuperação judicial, despacho previsto no art. 52. Este despacho não se confunde com o momento no qual o juiz concede a recuperação judicial, previsto no art. 58. Dessa forma, concedida ou não a recuperação em 180 dias, todas as ações e execuções contra o devedor que pediu a recuperação voltarão a correr normalmente, pois o prazo máximo de suspensão é este ora estabelecido no § 4º do art. 6º. *No entanto, se a recuperação já foi concedida na forma do art. 58, o crédito que a ela estiver submetido será pago nos próprios autos da recuperação, não havendo assim interesse no prosseguimento de ações ou execuções*" (in *Lei de Recuperação de Empresas e Falência Comentada*, 4ª ed., São Paulo, Ed. RT, 2007, p. 65, grifei).

11. Não se desconhece haver entendimento diverso, como propõe Sérgio Campinho:

"Para as execuções em curso de créditos derivados da relação de trabalho há situação mais especial ainda. Durante o período de suspensão das ações, as execuções de natureza trabalhista serão paralisadas, mas após o seu término, retornarão ao curso normal, podendo ser concluídas, ainda que o crédito já se encontre inscrito no quadro geral de credores da recuperação judicial. (...) Parece-nos aí evidente a garantia com que o legislador resolveu agraciar os créditos trabalhistas em execução. (...) Após o interregno, pretendeu o legislador assegurar o eventual prosseguimento de tais execuções, talvez porque o plano de recuperação judicial não poderá prever prazo superior a um ano para o pagamento dos créditos trabalhistas vencidos até a data do pedido de recuperação judicial desejando o legislador, com a providência, estimular o pronto atendimento daqueles em fase executiva" (in *Falência e Recuperação da Empresa*, Rio de Janeiro, Renovar, 2006, pp. 146/147).

Nessa linha, também sustenta Carlos Roberto Fonseca de Andrade:

"Não se vislumbra, salvo de *lege ferenda*, como ultrapassar o prazo peremptório de natureza legal, por maiores e melhores que sejam os motivos, diante da dicção tão clara e categórica do texto de lei, prazo e este que nem 'ao juiz é permitido prorrogar'" (in *A Nova Lei de Falências e Recuperação de Empresas – Lei n. 11.101/2005*, Coordenador Paulo Penalva Santos, Rio de Janeiro, Forense, 2006, p. 89).

12. Todavia, à guisa de remate e para responder a essas objeções, de molde a olvidar as louváveis preocupações que as inspiram, acrescento, por sua pertinência, a lição de Ivo Waisberg, que se adapta, sem folga nem aperto, à situação dos autos:

"Importante notar que a decisão ora comentada, bem como a interpretação defendida, caminham no sentido do equilíbrio de interesses. A legislação falimentar protege amplamente os interesses dos trabalhadores, dando-lhes o especial tratamento que sua condição enseja, tendo a lei:

"1) Criado uma classe especial para os credores trabalhistas que deve aprovar o plano;

"2) Outorgado aos sindicatos a legitimidade de representação em assembleia;

"3) Instituído a obrigação de pagamento em prazo diferenciado dos créditos trabalhistas em 1 ano da homologação da aprovação do plano, para aqueles que não renunciarem em favor de outra forma e prazo de pagamento, bem como garante o pagamento preferencial a salários atrasados, art. 54;

"4) Na parte falimentar, determinado a preferência da classe trabalhista até o limite de 150 salários-mínimos.

"Como se vê, a lei concede a proteção necessária à classe trabalhista. Uma vez que o plano de recuperação judicial tem que ser aprovado nos termos da lei, a legitimidade de sua implementação, inclusive quanto aos trabalhadores credores da sociedade, não pode ser questionada. Imperioso reconhecer que a determinação da competência da Justiça Comum, neste cenário, nada mais representa do que o cumprimento da legislação de forma sistêmica, dando ao julgador de um complexo processo coletivo, a possibilidade de decidir de forma a preservar os interesses difusos e coletivos, até públicos, lá envolvidos, ainda que em determinadas situações em prejuízo de um interesse individual específico.

"Decidir de forma contrária, outorgando a cada Juízo Trabalhista a competência para decidir questões de relevância para o desfecho do plano de recuperação judicial, sob a perspectiva individualista da reclamação em curso, sem ter em vista os demais credores, trabalhistas ou não, e o interesse social da empresa, seria um retrocesso, além de significar um grande passo para tornar sem efeito a nova legislação falimentar no seu intuito primeiro de permitir que empresas possam recuperar-se e manter empregos" (in *Revista de Direito Bancário e do Mercado de Capitais*, São Paulo, Ed. RT, Ano 10, n. 37, jul.-set./2007, pp. 257/258).

Pesem os respeitáveis posicionamentos dissonantes, pois, conhecendo em parte do conflito, inclino-me pela competência do Juízo da 1ª Vara de Falências e Recuperações Judiciais do Foro Central da Comarca de São Paulo, devendo se abster o Juízo da 16ª Vara do Trabalho de São Paulo de tomar medidas que venham a atingir o patrimônio ou negócios jurídicos da Viação Aérea São Paulo – Vasp, empresa em recuperação judicial, trazendo esse voto, como última reflexão, a emergente da doutrina de Carlos Roberto Fonseca de Andrade:

"Sabe-se das inquietações que os operadores de direito têm manifestado a propósito do prazo, ao menos em tese, tão curto em face das experiências acumuladas. A prática irá demonstrar se é possível romper com a tradição de lentidão que vem emperrando a Justiça, fazendo-a mais célere, e, na outra ponta, a dos interlocutores – devedores e credores – se serão eles capazes de buscar fórmulas de composição de interesses e fazer do tempo facultado o suficiente para que se concluam os projetos de recuperação do negócio" (idem ibidem, p. 89).

Enquanto não se atinja grau suficiente de segurança, com vista à factibilidade do equilíbrio entre os interesses em jogo, dentro da realidade do contexto judiciário, parece de rigor a opção pela confiabilidade do novel instituto da recuperação, não se lhe impondo embaraços, estorvos ou tribulações pontuais, que abstraiam o foco do objetivo central das novas regras, em prol do acoroçoamento de interesses particularizados, conquanto merecedores de guarida, todavia, a tempo e hora, em sintonia com o princípio maior da razoabilidade.

13. Diante do exposto, conheço em parte do conflito, para declarar competente o Juízo da 1ª Vara de Falências e Recuperações Judiciais do Foro Central da Comarca de São Paulo-SP.

É como voto.

VOTO-VENCIDO

Exmo. Sr. Ministro Ari Pargendler: Sr. Presidente, este caso não é igual ao da Varig. Lá, resolvemos o conflito de competência em favor da Vara de Recuperação Judicial porque aquele Juízo havia, em praça pública, alienado a unidade produtiva com a garantia de que ela não responderia por débitos da Varig – Viação Aérea Rio Grandense e das outras empresas do mesmo grupo. Então, impedimos que os juízes redirecionassem a execução, originariamente proposta contra a Varig, para a VRG, que era e é a adquirente da unidade produtiva. Não estava em discussão a questão dos 180 dias.

No caso do autos, pelo que entendi, não houve a alienação da unidade produtiva. A Vasp – Viação Aérea São Paulo S/A teve pedido de processamento da recuperação judicial deferido há mais de 180 dias. Assim sendo, não vejo como deixar de aplicar o disposto no art. 6º, *caput* e § 4º, da Lei 11.101/2005, *in verbis*:

"Art. 6º. A decretação da falência ou o deferimento do processamento da recuperação judicial suspende o curso da prescrição e de todas as ações e execuções em face do devedor.

"(...).

"§ 4º. Na recuperação judicial, a suspensão de que trata o *caput* deste artigo em hipótese nenhuma excederá o prazo improrrogável de 180 (cento e oitenta) dias contado do deferimento do processamento da recuperação, restabelecendo-se, após o decurso do prazo, o direito dos credores de iniciar ou continuar suas ações e execuções, independentemente de pronunciamento judicial."

Dessa forma, entendo que, se a lei diz 180 dias, um dia depois disso as ações e execuções deverão prosseguir, até porque a lei tem uma peculiaridade, quando diz "*independentemente de pronunciamento* judicial".

Voto, por isso, no sentido de não conhecer do conflito de competência.

VOTO

Exmo. Sr. Ministro Massami Uyeda: Sr. Presidente, Srs. Ministros, com todo o respeito ao posicionamento da divergência apresentada pelo Sr. Ministro Ari Pargendler, conheço parcialmente do conflito e, nessa parte, declaro competente o Juízo de Direito da 1ª Vara de Falências e Recuperações Judiciais do Foro Central de São Paulo-SP, o suscitado, acompanhando o voto do Sr. Ministro Relator.

VOTO

O Exmo. Sr. Ministro Fernando Gonçalves: Sr. Presidente, acompanho o voto do Sr. Ministro Relator, apesar de compreender as ponderações feitas pelo Sr. Ministro Ari Pargendler. Trata-se de um caso em que vale a pena termos essa consideração, pelo menos até abril de 2008.

Conheço parcialmente do conflito e, nessa parte, declaro competente o Juízo de Direito da 1ª Vara de Falência e Recuperações Judiciais do Foro Central de São Paulo-SP, o suscitado.

VOTO-VENCIDO

Exmo. Sr. Ministro Aldir Passarinho Júnior: Sr. Presidente, peço vênia para acompanhar a divergência, porque o dispositivo da lei é textual, é claro. Trata-se de uma recuperação judicial dentro das condições impostas pela lei. Não temos a possibilidade de afastar, de flexibilizar um dispositivo. Para mim, a redação bastante clara. De fato, embora sensibilizado pelas circunstâncias, não vejo como se dilatar além dos 180 dias.

Também não conheço do conflito de competência, rogando respeitosas vênias ao eminente relator.

7.3 Conflito de Competência n. 79.170-SP – STJ

Conflito de Competência n. 79.170-SP (2007/0010379-1) – STJ

Relator: Ministro Castro Meira

Autor: Empresa Brasileira de Infra-Estrutura Aeroportuária – INFRAERO

Advogado: Renata Moura Soares de Azevedo

Réu: Viação Aérea São Paulo S/A – VASP

Advogado: Paula Donizeti Ferraro e outro(s)

Suscitante: Juízo Federal da 6ª Vara de Campinas – SJ/SP

Suscitado: Juízo de Direito da 1ª Vara de Falências e Recuperações Judiciais de São Paulo/SP

Ementa: *Conflito Positivo de Competência. Recuperação Judicial. Ação de reintegração de posse. Suspensão das ações e execuções. Prazo de cento oitenta dias. Uso das áreas objeto da reintegração para o êxito do plano de recuperação.*

1. O *caput* do art. 6º da Lei 11.101/2005 dispõe que "a decretação da falência ou deferimento do processamento da recuperação judicial suspende o curso da prescrição e de todas as ações de execuções em face do devedor, inclusive aquelas dos credores particulares do sócio solidário". Por seu turno, o § 4º desse dispositivo estabelece que essa suspensão "em hipótese nenhuma excederá o prazo improrrogável de 180 (cento e oitenta) dias contado do deferimento do processamento da recuperação".

2. Deve-se interpretar o art. 6º desse diploma legal de modo sistemático com seus demais preceitos, especialmente à luz do princípio da preservação da empresa, insculpido no art. 47, que preconiza: "A recuperação judicial tem por objetivo viabilizar a superação de crise econômico-financeira do devedor, a fim de permitir a manutenção da fonte produtora, do emprego dos trabalhadores e dos interesses dos credores, promovendo, assim, a preservação da empresa, sua função social e o estímulo à atividade econômica".

3. No caso, o destino do patrimônio da empresa-ré em processo de recuperação judicial não pode ser atingido por decisões prolatadas por juízo diverso daquele da Recuperação, sob pena de prejudicar o funcionamento do estabelecimento, comprometendo o sucesso de seu plano de recuperação, ainda que ultrapassado o prazo legal de suspensão constante do § 4º, do art. 6º, da Lei n. 11.101/2005, sob pena de violar o princípio da continuidade da empresa.

4. Precedentes CC 90.075-SP, Rel. Min. Hélio Quaglia Barbosa, *DJ* de 4.8.2008; CC 88.661-SP, Rel. Min. Fernando Gonçalves, *DJ* 3.6.2008.

5. Conflito positivo de competência conhecido para declarar o Juízo da 1ª Vara de Falências e Recuperações Judiciais do Foro Central de São Paulo competente para decidir acerca das medidas que venham a atingir patrimônio ou negócios jurídicos da Viação Aérea São Paulo – VASP.

ACÓRDÃO

Vistos, relatados e discutidos os autos em que são partes as acima indicadas, acordam os Ministros da Primeira Seção do Superior Tribunal de Justiça, por unanimidade, conhecer do conflito e declarar competente o Juízo da 1ª Vara de Falências e Recuperações Judiciais do Foro Central de São Paulo, o suscitado, nos termos do voto do Sr. Ministro Relator. A Sra. Ministra Denise Arruda e os Srs. Humberto Martins, Herman Benjamin, Mauro Campbell Marques, Eliana Calmon, Francisco Falcão e Teori Albino Zavascki votaram com o Sr. Ministro Relator.

Brasília, 10 de setembro de 2008 (data do julgamento).

Ministro *Castro Meira*, Relator.

RELATÓRIO

O Exmo. Sr. Ministro Castro Meira (Relator): Cuida-se de conflito positivo de competência entre o Juízo Federal da 6ª Vara de Campinas e o Juízo da 1ª Vara de Falências e Recuperações Judiciais do Foro Central da Comarca de São Paulo, nos autos de ação de reintegração de posse proposta pela Empresa Brasileira de Infra-Estrutura Aeroportuária – Infraero contra Viação Aérea de São Paulo S/A – Vasp, referente à área utilizada pela ré, por meio de contrato de concessão, em virtude de inadimplemento da avença.

O Juízo suscitante alega ser competente para o julgamento da ação de reintegração de posse sob o argumento de que já se esgotou o prazo de 180 (cento e oitenta) dias, prazo máximo de suspensão das ações e execuções ajuizadas contra a empresa em processo de recuperação, nos termos do § 4º do art. 6º, da Lei n. 11.101/2005, bem como que "reintegração de posse já foi deferida, tendo sido inclusive cumprido o mandado, restando apenas a discussão acerca dos bens que se encontram na área em questão" (fl. 03).

O Ministério Público Federal, em parecer subscrito pelo ilustre Subprocurador-Geral da República, dr. Pedro Henrique Távora Niess, opinou pela competência do Juízo Suscitado, resumindo os seus fundamentos na seguinte ementa:

"*Conflito Positivo de Competência.*

"Juízo Federal da 6ª Vara de Campinas/SP (Suscitante) e Juízo de Direito da 1ª Vara de Falências e Recuperações Judiciais de São Paulo/SP (Suscitado). Reintegração de posse pleiteada pela Infraero em face da Vasp perante a Justiça Federal. Empresa em recuperação judicial. Homologação de plano de recuperação. Importância fundamental do uso das áreas objeto da reintegração para o êxito do plano de recuperação.

"Competência da 1ª Vara de Falências e Recuperações Judiciais de São Paulo/SP" (fl. 95).

É o relatório.

VOTO

O Exmo. Sr. Ministro Castro Meira (Relator): Tratando-se de juízos vinculados a Tribunais diversos (art. 105, I, "d", da CF/1988), conheço do conflito de competência positivo instaurado entre a Justiça Federal e o Juízo de Direito da Vara de Falências e Recuperações Judiciais do Foro Central da Comarca de São Paulo.

O MM. Juiz Federal da 6ª Vara de Campinas alega que a decisão proferida no Juízo de Direito da Vara de Recuperações Judiciais interfere na ação de reintegração de posse por dois motivos:

a) em face de ter-se esgotado o prazo de 180 (cento e oitenta) dias contados da homologação do plano de recuperação da empresa (7.10.2005 – fls. 55/58) – tempo máximo de suspensão das ações e execuções ajuizadas contra a empresa em processo de recuperação – nos termos do § 4º do art. 6º da Lei n. 11.101/2005;

b) em virtude de a reintegração de posse ter sido deferida, inclusive com o cumprimento do mandado, restaria somente decidir-se acerca dos bens que se encontram na área em discussão.

Já o MM. Juiz de Direito da 1ª Vara de Falências e Recuperações Judiciais do Foro Central da Comarca de São Paulo argumenta ser competente para a solução do conflito quanto às áreas envolvidas na ação de reintegração de posse, consoante se extrai do termo de audiência, *in verbis*:

"Em seguida, pelo MM. Juiz, em face de requerimento da Vasp, ouvido manifestação em contrário da Infraero, e a concordância do administrador judicial, foi determinado à Infraero, considerando que a utilização de várias áreas aeroportuárias são necessárias para o desenvolvimento do plano de recuperação judicial, existindo inclusive precedentes em conflitos de competência julgados pelo Superior Tribunal de Justiça, que esses casos resolvidos pelo juízo da recuperação, que se abstenha de dar prosseguimento às ações de reintegração de posse, ficando suspensas as ações, eis que as áreas a serem devolvidas serão decididas por este juízo da recuperação judicial" (fl. 60).

O debate gira em torno da interpretação do art. 6º, § 4º, da Lei 11.101/2005, que trata da suspensão das ações e execuções em face do devedor quando deferido o processamento da recuperação judicial. O dispositivo legal encontra-se assim redigido:

"Art. 6º. A decretação da falência ou deferimento do processamento da recuperação judicial suspende o curso da prescrição e de todas as ações e execuções em face do devedor, inclusive aquelas dos credores particulares do sócio solidário.

"(...).

"4º. *Na recuperação judicial, a suspensão de que trata o* ***caput*** *deste artigo em hipótese nenhuma excederá o prazo improrrogável de 180 (cento e oitenta) dias contado do deferimento do processamento da recuperação*, restabelecendo-se, após o decurso do prazo, o direito dos credores de iniciar ou continuar suas ações e execuções, independentemente de pronunciamento judicial" (grifo nosso).

A *mens legis* é no sentido de assegurar aos credores o direito de dar prosseguimento aos seus pleitos individuais após o prazo de 180 (cento e oitenta) dias, contados da data em que deferido o processamento da recuperação judicial.

Esse dispositivo, entretanto, deve ser interpretado em termos sistemáticos com os demais preceitos da lei. Assim é que seu art. 47 estabelece, inequivocamente, o objetivo de preservar a supremacia do interesse público sobre o interesse privado, ao assim dispor:

"Art. 47. A recuperação judicial tem por objetivo viabilizar a superação da situação de crise econômico-financeira do devedor, a fim de permitir a manutenção da fonte produtora, do emprego dos trabalhadores e dos interesses dos credores, promovendo, assim, a preservação da empresa, sua função social e o estímulo à atividade econômica."

Como se vê, o princípio da continuidade da empresa ajusta-se ao interesse coletivo por importar, dentre outros benefícios, em geração de empregos, pagamento de impostos e no desenvolvimento das comunidades.

No caso dos autos, o destino do patrimônio da ré em processo de recuperação judicial não pode ser afetado por decisões prolatadas por juízo diverso do que é competente para a recuperação, sob pena de prejudicar o funcionamento do estabelecimento, comprometendo o sucesso do plano de recuperação, ainda que ultrapassado o prazo legal de suspensão constante do § 4º do art. 6º, da Lei n. 11.101/2005, com violação ao princípio da continuidade da empresa.

Nesse sentido, colaciono fragmentos do voto condutor do acórdão proferido nos autos do CC 90.075-SP, da relatoria do saudoso Ministro Hélio Quaglia Barbosa, que analisou a questão acerca da suspensão das execuções trabalhistas:

"Fábio Ulhoa Coelho, todavia, entende que as execuções somente prosseguem se não for aprovado o plano de recuperação judicial, ou se apresentado sem mudança nas condições de exigibilidade dos créditos, pois do contrário, as dívidas são novadas e serão pagas segundo as recentes regras estipuladas no plano. Reproduzo seus comentários ao artigo em análise, *verbis*:

"'Se a suspensão das execuções contra o falido justifica-se pela irracionalidade da concomitância de duas medidas judiciais satisfativas (a individual e a concursal) voltadas ao mesmo objetivo, na recuperação o fundamento é diverso.

"'Suspendem-se as execuções individuais contra o empresário individual ou sociedade empresária que requereu a recuperação judicial para que eles tenham o fôlego necessário para atingir o objetivo pretendido da reorganização da empresa. A recuperação judicial não é execução concursal e, por isso, não se sobrepõe às execuções individuais em curso. A suspensão, aqui, tem fundamento diferente. Se as execuções continuassem, o devedor poderia ver frustrados os objetivos da recuperação judicial, em prejuízo, em última análise, da comunhão dos credores.

"'Por isso, a lei fixa um prazo para a suspensão das execuções individuais operada pelo despacho de processamento da recuperação judicial: 180 dias. Se, durante esse prazo, alcança-se um plano de recuperação judicial, abrem-se duas alternativas: o crédito em execução individual teve suas condições de exigibilidade alteradas ou mantidas. Nesse último caso, a execução individual prossegue' (*Comentários à Nova Lei de Falências e Recuperação de Empresas*, 5ª ed., São Paulo, Saraiva, 2008, pp. 38 e 39).

"Essa última tese tem prevalecido no âmbito desta Corte, conforme se verifica do seguinte trecho extraído do acórdão proferido no CC 73.380-SP, *verbis*:

"'*Ora, uma vez aprovado e homologado o plano, contudo, não se faz plausível a retomada das execuções individuais após o mero decurso do prazo legal de 180 dias; a consequência previsível e natural do restabelecimento das execuções, com penhoras sobre o faturamento e sobre os bens móveis e imóveis da empresa em recuperação implica em não cumprimento do plano*, seguido de inevitável decretação da falência que, uma vez operada, resultará novamente, na atração de todos os créditos e na suspensão das execuções individuais, sem benefício algum para quem quer que seja' (Relator o Min. Hélio Quaglia Barbosa).

"Entendimento confirmado quando do julgamento do CC 88.661-SP, da minha relatoria, cuja ementa tem o seguinte teor:

"'*Conflito Positivo de Competência. Viação Aérea São Paulo S/A – VASP. Empresa em recuperação judicial. Suspensão das execuções individuais. Necessidade.*

"'1. O conflito de competência não pode ser estendido de modo a alcançar juízos perante os quais este não foi instaurado.

"'2. *Aprovado o plano de recuperação judicial, os créditos serão satisfeitos de acordo com as condições ali estipuladas. Nesse contexto, mostra-se incabível o prosseguimento das execuções individuais. Precedente.*

"'3. Conflito parcialmente conhecido para declarar competência do Juízo da 1ª Vara de Falências e Recuperações Judiciais do Foro Central de São Paulo/SP.'

"*Na esteira desses precedentes, opto, por ora, pela confiabilidade no novel instituto da recuperação, que amadurece em seu bojo o interesse social na manutenção da entidade empresária.*

"Ante o exposto, conheço do conflito de competência em parte para declarar o Juízo da 1ª Vara de Falências e Recuperações Judiciais do Foro Central de São Paulo competente para decidir acerca das medidas que venham a atingir o patrimônio ou negócios jurídicos da Viação Aérea São Paulo – Vasp, excluídas aquelas relacionadas a outras empresas do mesmo grupo econômico, em detrimento dos juízos trabalhistas suscitados" (*DJe* 4.8.2008 – grifo nosso).

"Na mesma linha, transcrevo excertos do parecer ministerial, *in verbis*:

"A existência de plano de recuperação da Vasp é notória.

"Na palavra do Ministro Ari Pargendler há necessidade de concentrar na Justiça Estadual as ações contra empresa que está em recuperação judicial porque só o juiz que processa o pedido de recuperação judicial pode impedir a quebra da empresa.

"Às fls. 59/60 ficou registrado ser imprescindível a utilização de várias áreas aeroportuárias para o desenvolvimento da recuperação da Vasp" (fl. 97).

Assim, a decisões oriundas do Juízo Federal da 6ª Vara de Campinas, nos autos da ação de reintegração de posse atingem e, por consequência, têm o condão de alterar o plano de recuperação da empresa-ré – Vasp, que tramita no Juízo da 1ª Vara de Falências e Recuperações Judiciais do Foro Central da Comarca de São Paulo, o que não se pode admitir a teor de princípio maior da preservação da empresa.

Ressalve-se, por fim, que esse entendimento também deve ser aplicado na hipótese de quebra, nos termos de *caput* do art. 6º, da Lei n. 11.101/2005, que prevê, assim como na recuperação judicial, a suspensão dos prazos de prescrição e das ações e execuções ajuizadas em face do devedor. Porém, nessa circunstância não há a limitação de 180 dias e o juízo competente é o falimentar.

A título ilustrativo, confira-se a redação dos dispositivos que corroboram essas assertivas:

"Art. 6º. A decretação da falência ou deferimento do processamento da recuperação judicial suspende o curso da prescrição e de todas as ações e execuções em face do devedor, inclusive aquelas dos credores particulares do sócio solidário.

"(...).

"§ 4º. Na recuperação judicial, a suspensão de que trata o *caput* deste artigo em hipótese nenhuma excederá o prazo improrrogável de 180 (cento e oitenta) dias contado do deferimento do processamento da recuperação, restabelecendo-se, após o decurso do prazo, o direito dos credores de iniciar ou continuar suas ações e execuções, independentemente de pronunciamento judicial."

"Art. 76. O juízo da falência é indivisível e competente para conhecer todas as ações sobre bens, interesses e negócios do falido, ressalvadas as causas trabalhistas, fiscais e aquelas não reguladas nesta Lei em que o falido figurar como autor ou litisconsorte ativo.

"Parágrafo único. Todas as ações, inclusive as excetuadas no *caput* deste artigo, terão prosseguimento com o administrador judicial, que deverá ser intimado para representar a massa falida, sob pena de nulidade do processo."

Ante o exposto, *conheço do conflito de competência para declarar o Juízo da 1ª Vara de Falências e Recuperações Judiciais do Foro Central de São Paulo competente para decidir acerca das medidas que venham a atingir o patrimônio ou negócios jurídicos da Viação Aérea São Paulo – Vasp.*

Atente-se que a fixação do juízo de direito como competente, restringe-se à demanda que tramita no juízo suscitante, não cabendo, portanto, estender os efeitos do presente incidente para alcançar outras ações que possam estar correndo em outros Juízos, que não o referido Juízo Federal.

Comunique-se, imediatamente, às partes interessadas e aos Juízos envolvidos, por fax, correio eletrônico ou qualquer outro meio expedito, publicando-se oportunamente.

É como voto.

7.4 Agravo de Instrumento n. 415.341-7 – TJPR

Agravo de Instrumento n. 415.341-7 – Vara Cível do Foro Regional de Campo Largo da Comarca da RMC

Agravante: Banco Safra S/A

Agravado: TMT Motoco do Brasil Ltda.

Relator: Juiz Conv. Gamaliel Seme Scaff (FVO)

Agravo de Instrumento – Ação de busca e apreensão – Alienação fiduciária – Recuperação judicial – Propriedade fiduciária – Exegese dos arts. 49, § 3º e 6º, § 4º, todos da Lei 11.101/2005 – Impossibilidade de venda ou retirada dos bens do estabelecimento do devedor, durante o prazo da suspensão – Princípio da função social da empresa que norteia os ditames da recuperação judicial.

Não obstante o proprietário fiduciário de bens móveis e imóveis não submeter-se aos efeitos da recuperação judicial, eis que prevalecem a propriedade sobre a coisa e as condições contratuais, não se permite, todavia, durante o prazo de suspensão aludido no art. 6º, § 4º, da Lei de Falências, a retirada do estabelecimento do devedor dos bens de capitais essenciais a sua atividade empresarial, que é o caso dos autos, conforme a exegese do art. 49, § 3º, da referida Lei.

Agravo não provido.

I. Relatório

Trata se de agravo de instrumento interposto contra decisão que, nos autos de Ação de Busca e Apreensão sob n. 340/2007, deferiu a busca e apreensão, mas manteve a posse dos bens nas mãos de representante da empresa-ré na condição de depositário.

Consta do caderno recursal em mesa que as partes celebraram dois contratos de abertura de crédito fixo com garantia real sob n. 32.108.523-0 e n. 32.108.874-3, com vistas à aquisição de uma máquina de brunir e de um forno industrial a gás, respectivamente. Ambos teriam sido subsidiados com recursos da Agência Especial de Financiamento Industrial, decorrentes do PIS/PASEP e do FAT, cujo pagamento seria de 36 (trinta e seis) parcelas. Diante do inadimplemento a partir das parcelas vencidas a partir de 15.3.2007, foi proposta ação de busca e apreensão com supedâneo no saldo devedor de R$ 727.844,56 (setecentos e vinte e sete mil, oitocentos e quarenta e quatro reais e cinquenta e seis centavos), atualizados até 17.4.2007.

Ato contínuo, o magistrado de primeiro grau com amparo no § 3º, do art. 49 e § 4º do art. 6º, ambos da Lei n. 11.101/2005, bem como no art. 3º do Decreto-lei n. 911/1969, deferiu a busca e apreensão requerida e determinou o depósito dos bens em mãos de representante da empresa-ré.

Dessa decisão é que se recorre.

Alegou a nobre parte agravante que os bens objeto da demanda não seriam essenciais à atividade empresarial da agravada, posto que a empresa não mais estaria no exercício de suas funções.

Sustentou que seria possível a perda dos bens alienados fiduciariamente, uma vez que a agravada poderia removê-los da sua sede e remetê-los aos Estados Unidos da América.

Asseverou, ainda, a comprovação da mora, assim como a manutenção dos bens na posse da agravada representaria afronta ao art. 5º, inciso XXXIV, XXXV, XXXVI, da Constituição Federal, pois obstaria a instituição financeira de exercer seus direitos.

Pugnou, ao final, pela concessão do efeito suspensivo, bem como pelo provimento do agravo em apreço.

Ao determinar o processamento deste agravo, o brioso Des. Fernando Vidal de Oliveira não concedeu o efeito suspensivo.

Foi apresentada contraminuta nas fls. 89/102-TJ e manifestação do administrador judicial da TMT Motoco do Brasil Ltda. nas fl. 114/132-TJ.

É o relatório.

II. Mérito

Quanto à busca e apreensão de bens alienados fiduciariamente de empresa em recuperação judicial.

Sustenta a nobre parte apelante a impossibilidade dos bens objeto de alienação fiduciária permanecerem em mãos do representante da empresa agravada na condição de depositário.

Razão não há.

Do caso concreto, denota-se que a sociedade empresarial TMT Motoco do Brasil Ltda. encontra-se em processo de recuperação judicial nos termos do art. 47 da Lei 11.101/2005* Esse processo, isto é, a recuperação judicial verifica-se como uma garantia ao devedor, desde que atendidos certos pressupostos e requisitos formais e substanciais, o direito de buscar o saneamento da crise econômico-financeiras em que se encontra, com o escopo de salvaguardar os interesses dos seus credores e manter o emprego dos seus funcionários para, ao final, reabilitar-se.

Nos dizeres de Fábio Ulhoa Coelho vislumbram-se os objetivos da medida, senão vejamos:

"No Brasil, a lei contempla duas medidas judiciais como o objetivo de evitar que a crise na empresa acarrete a falência de quem a explora. De um lado, a recuperação extrajudicial; de outro, a homologação judicial de acordo de recuperação judicial. Os objetivos delas são iguais: saneamento da crise econômico-financeira e patrimonial, *preservação da atividade econômica e dos seus postos de trabalho*, bem como o atendimento aos interesses dos credores. Diz-se que, recuperada, a empresa poderá cumprir sua função social"** (grifo meu).

Em exame ao caderno recursal em mesa, verifica-se do contido nas fls. 123/124-TJ, que diante da presença dos requisitos legais pertinente à espécie, o deferimento do processamento da recuperação judicial da TMT Motoco do Brasil Ltda., se efetivou na data de 28.3.2007.

Com efeito, mister destacar o fundamento jurídico apresentado pelo ilustre magistrado de primeiro grau para deflagrar os efeitos de sua decisão, qual seja o art. 49, § 3º, senão vejamos:

"Art. 49. Estão sujeitos à recuperação judicial todos os créditos existentes na data do pedido, ainda que não vencidos. (...). § 3º. Tratando-se de credor titular da posição de proprietário fiduciário de bens móveis ou imóveis, de arrendador mercantil, de proprietário ou promitente vendedor de imóvel cujos respectivos contratos contenham cláusula de irrevogabilidade ou irretratabilidade, inclusive em incorporações imobiliárias ou de proprietário em contrato de venda com reserva de domínio, seu crédito não se submeterá aos efeitos da recuperação judicial e prevalecerão os direitos de propriedade sobre a coisa e as condições contratuais, observada a legislação respectiva, *não se permitindo, contudo, durante o prazo de suspensão a que se refere o § 4º do art. 6º desta Lei, a venda ou a retirada do estabelecimento do devedor dos bens de capital essenciais a sua atividade empresarial*" (grifo meu).

Demais disso, impende consignar o teor do art. 6º, § 4º, da aludida Lei, a saber:

"Art. 6º. A decretação da falência ou o deferimento do processamento da recuperação judicial suspende o curso da prescrição e de todas as ações e execuções em face do devedor, inclusive aquelas dos credores particulares do sócio solidário. (...). § 4º. Na recuperação judicial, a suspensão de que trata o *caput* deste artigo em hipótese nenhuma excederá o prazo improrrogável de 180 (cento e oitenta) dias contado do deferimento do processamento da recuperação, restabelecendo-se, após o decurso do prazo, o direito dos credores de iniciar ou continuar suas ações e execuções, independentemente de pronunciamento judicial."

Pois bem. Da análise dos dispositivos legais que se subsumem ao caso concreto, conclui-se, por certo, a adequada solução apresentada pelo Juízo monocrático, senão vejamos.

Consoante sobredito afirmado, a agravada encontra-se em recuperação judicial – no aguardo da aprovação do plano de recuperação pelos credores, acostado nas fls. 126/132 –, processo esse estipulado pela lei com a finalidade de salvar o negócio empresarial pelo amparo de princípios como o da função social da empresa.

Assim, subsumindo-se as hipóteses dos arts. 49, § 3º e 6º, § 4º, ambos da Lei 11.101/2005 ao caso concreto, infere-se que na hipótese de credor titular da posição de proprietário fidu-

* "Art. 47. A recuperação judicial tem por objetivo viabilizar a superação da situação de crise econômico-financeira do devedor, a fim de permitir a manutenção da fonte produtora, do emprego dos trabalhadores e dos interesses dos credores, promovendo, assim, a preservação da empresa, sua função social e o estímulo à atividade econômica."

** Fábio Ulhoa Coelho, *Comentários à Nova Lei de Falências e de Recuperação de Empresas (Lei 11.101, de 9.2.2005)*, 3ª ed., São Paulo, Saraiva, 2005, p. 114.

ciário, não será permitido durante o prazo de suspensão de 180 dias (improrrogáveis), a venda ou a retirada do estabelecimento do devedor dos bens de capital essencial a atividade empresarial do devedor.

Deveras, não resta dúvida pelo exposto nos autos, que a sociedade empresarial agravada tem como atividade principal a fabricação de peças e motores de combustão e transmissões mecânicas, em que o maquinário objeto da ação de busca e apreensão em comento denota-se fundamental, essencial para o exercício das atividades empresariais destacadas.

Destarte, considerando que a nobre agravada teve o seu processo de recuperação homologado, ainda que na espera de aprovação dos seus termos em assembleia pelos credores, mostra-se razoável a decisão ora hostilizada, vez que nesse lanço, escora-se nos preceitos propostos pelo legislador ao computar no texto legal o instituto da recuperação judicial.

Nesse sentido, já decidiu esta Corte:

"*Recuperação Judicial. Ação de Reintegração de Posse. Contrato de compra e venda de maquinário com reserva de domínio. Liminar revogada pelo Juízo 'a quo' ante a notícia de que a empresa requerida se encontra em processo de recuperação judicial. Decisão que revela prudência e bom senso. Interpretação sistemática do art. 6º e respectivo § 4º, arts. 47 e 58 da legislação de regência (Lei 11.101/2005). Bens, ademais, que se mostram necessários ao desempenho da atividade empresarial da recuperanda. Recurso desprovido.* 1. De acordo com o art. 6º da Lei 11.101/2005, 'a decretação da falência ou o deferimento do processamento da recuperação judicial suspende o curso da prescrição de todas as ações e execuções em face do devedor, inclusive aquelas dos credores particulares do sócio solidário'. 2. Embora os titulares de créditos oriundos de contratos de venda com reserva de domínio não se sujeitem aos efeitos da recuperação judicial, prevalecendo em relação aos mesmos os direitos de propriedade sobre a coisa e as condições contratuais, não lhes será permitido 'durante o prazo de suspensão a que se refere o § 4º do art. 6º da legislação específica, a venda ou a retirada do estabelecimento do devedor dos bens de capital essenciais a sua atividade empresarial' (art. 49, § 3º, da Lei 11.101/2005). 3. Hipótese em que, pelas suas peculiaridades, deve ser entendido que o prazo de suspensão a que se refere o § 4º do art. 6º conta-se da concessão da recuperação judicial, e não do seu processamento" (TJPR, 17ª C. Cível, AI 0370646-3, Foro Regional de Pinhais da Região Metropolitana de Curitiba, Rel. Des. Lauri Caetano da Silva, unânime, j. 4.10.2006).

Demais disso, ressalta-se que prejuízo, por ora, não advirá à agravante, porquanto a manutenção dos bens na posse da agravada apontou-se por meio de depósito, de sorte que se depreende garantido o seu direito em detrimento do temor em relação à suposta retirada e envio dos bens à endereço inverso ao da sede da sociedade empresarial. Aliás, pelo próprio porte do maquinário, tal desiderato restaria dificultoso de se operar na prática no período em que se encontra a agravante.

Por derradeiro, em que pese a alegação de que as atividades empresariais estejam inertes e logo, não se falaria em atividades essenciais a ela, o fato é que essa assertiva resvala em todo o arcabouço de princípios que protege a empresa em recuperação judicial como dantes afirmado, carecendo, por conseguinte, de razão.

À luz do exposto, conclui-se pelo não provimento do agravo de instrumento em mesa.

É como voto.

III. Dispositivo

Acordam os Senhores Desembargadores integrantes da 17ª Câmara Cível do Tribunal de Justiça do Paraná, por unanimidade em negar provimento ao Agravo de Instrumento manejado, nos termos do voto do relator.

Participaram do julgamento os Excelentíssimos Senhores Desembargadores Paulo Roberto Hapner e Lauri Caetano da Silva.

Curitiba, V.IX.MMVII.

Juiz Conv. *Gamaliel Seme Scaff*

7.5 *Agravo de Instrumento n. 2005.002.2.394/05 – TJRJ*

Agravo n. 23.394/05 – 4ª Câmara Cível – Cat. 1
Agravante: Gustav Leasing II Limited
Agravada: Varig S/A. Viação Aérea Rio Grandense
Ação: Reintegração de Posse
Origem: 44ª Vara Cível
Juíza *a quo*: Juíza Fernanda Xavier de Brito
Relator: Des. Reinaldo Pinto Alberto Filho

Ementa: Agravo de Instrumento. Reintegração de Posse. Contrato de Subarrendamento Mercantil tendo como objeto Aeronaves e Turbinas. Liminar. Impossibilidade na hipótese dos autos. Empresa-ré que teve a sua Recuperação Judicial deferida. R. julgado *a quo* que bem analisou os fatos diante da nova legislação que rege a matéria. Retomada das Aeronaves e Turbinas que comprometeria o desenvolvimento da Devedora e a própria recuperação pretendida. Cancelamento de vôos agendados que ensejaria a desconfiança dos passageiros e proporcionando uma avalanche de lides indenizatórias decorrentes do não cumprimento das obrigações assumidas contratuais assumidas (*sic*). Aspecto de âmbito nacional e social. Exegese dos arts. 47, 48 e 49 *caput* e §§ 2º e 5º da Lei n. 11.101, de 9.2.2005 (Nova Lei de Falências). Ausência de violação ao art. 199 do mesmo Diploma Legal. R. Julgado Monocrático que não se mostra nulo ou omisso. Acresce, ainda, que só se revoga deferimento ou não de liminar, se teratológica, contrária à lei ou à evidente prova dos autos. Súmula n. 58 deste C. Sodalício. Questão em tela com entendimento sumulado deste E. Tribunal de Justiça. Matéria recursal que já foi objeto de várias R. Decisões deste Relator, todas mantida pelo Colegiado em sede de Recurso Inominado. Agravo manifestamente improcedente. Aplicação do art. 557 do CPC c/c art. 31, inciso VIII do Regimento Interno deste E. Tribunal. Nega-se seguimento.

DECISÃO

Gustav Leasing II Limited ajuizou ação de Reintegração de Posse em face de Varig S/A, Viação Aérea Rio Grandense S/A, alegando, em síntese, como causa de pedir:

1) que as Partes firmaram um Contrato de Subarrendamento Mercantil tendo como objeto uma Aeronave e duas Turbinas, bem como todos os documentos, manuais e registros pertinentes ao aludido bem, ocorrendo que a Ré se encontra inadimplente com as suas obrigações assumidas na aludida avença;

2) que as razões acima motivaram a propositura, objetivando a reintegração na posse dos bens em lide, com pedido liminar.

R. Decisão por cópia, às fls. 24/25, indeferindo a liminar postulada.

Hostilizando tal R. Decisão, interpõe a Autora o presente Agravo de Instrumento, sustentando, em suma:

a) que o R. Julgado vergastado só mostra nulo, frente à ausência de fundamentação jurídica, além do que se apresenta *contra legem*, já que não observou a Lei n. 11.101/2005, o Código Civil e o Estatuto Processual, bem como é omisso quanto ao pedido de constatação e busca da Turbina que foi retirada da Aeronave e abandonada na sede da Recorrida;

b) que a Agravada foi notificada da Resolução do Contrato, o que evidencia o esbulho possessório a autorizar a liminar de reintegração de posse postulada, vez que presente o *periculum in mora*;

c) que as razões acima motivaram o presente manejo, para fins de anular a R. Decisão vergastada ou integralmente reformada, com o fito de deferir a liminar.

É o Relatório.

Fundamento e Decido.

Cuida-se de Agravo de Instrumento atacando R. Decisão indeferindo liminar objetivando a Autora Recorrente se reintegrar na posse de uma Aeronave e duas Turbinas, bem como todos os documentos, manuais e registros pertinentes ao aludido bem, que foram objeto de Contrato de Subarrendamento Mercantil firmado entre as Partes.

Elucide-se, inicialmente, a arguição de nulidade do R. Julgado Monocrático se confunde com o mérito e como tal será apreciado.

O precípuo escopo da Recuperação Judicial é propiciar a superação da crise econômico-financeira experimentada pelo Devedor, conexionada propedeuticamente com a função social, o estímulo à atividade econômica propriamente dita, a manutenção da fonte produtora e emprego dos trabalhadores.

Tal preocupação também visa à preservação dos interesses dos credores da Empresa que se pretende recuperar judicialmente.

Neste sentido fez a norma vigente presença no art. 47, bem explicitando o Prof. Fábio Ulhoa Coelho, em seu Livro *Comentários à Nova Lei de Falências e de Recuperação de Empresas*, Editora Saraiva, 2005, p. 115, n. 96, *in litteris*:

"No Brasil, a lei contempla duas medidas judiciais com o objetivo de evitar que a crise na empresa acarrete a falência de quem a explora. De um lado, a recuperação judicial; de outra, a homologação judicial de acordo de recuperação extrajudicial. Os objetivos delas são iguais: saneamento da crise econômico-financeira e patrimonial, preservação da atividade econômica e dos seus postos de trabalho, bem como o atendimento aos interesses dos credores. Diz-se que, recuperada, a empresa poderá cumprir sua função social."

A relevância da elucidação acima, prende-se a ênfase que se atribui aos aspectos sociais e trabalhistas, como forma de preservação da Empresa, motivo primeiro que autoriza o deferimento da pretensão de Recuperação, quando o Juiz viabiliza tal oportunidade, fazendo expungir qualquer pretensão isolada e exclusivista, que tente inviabilizar tal desiderato.

Não se nos parece razoável entender que a R. Decisão Monocrática tenha violado o art. 199 da nova Lei de Falências ou qualquer outro dispositivo legal, pois se encontra em conexão com a Recuperação Judicial deferida e na forma, exatamente, do *caput* do art. 49 da Lei Especial, haja vista que se a Agravada se visse privada de uma Aeronave por força da liminar da reintegração pretendida, indemne de dúvida, ficaria inviabilizada a pretensão inicial da Recorrida.

Cediço que eventual interrupção do fluxo de caixa da Agravada, frente à reintegração de posse da Aeronave e Turbinas arrendadas, afetaria o desenvolvimento econômico dela, comprometendo todo o procedimento de Recuperação, acarretando danos irreversíveis, diante do cancelamento dos vôos agendados, ensejando a desconfiança dos usuários da mencionada Empresa e, *per viam consequentiae*, estreme de dúvida, uma enxurrada de lides indenizatórias decorrentes do não cumprimento das obrigações contratuais assumidas seriam distribuídas, o que também inviabilizaria o pedido de Recuperação já deferido.

Não há como se olvidar que a hipótese traz contornos de alta relevância nacional e social, diante da grandeza da Empresa que se pretende recuperar pelo novo permissivo legal, qual seja, a Lei n. 11.101/2005.

Veja-se o entendimento de tal dispositivo, com espeque no Prof. Fábio Ulhoa Coelho, em seu livro *Comentários à Nova Lei de Falências e de Recuperação de Empresas*, Editora Saraiva, 2005, p. 132, n. 103, *in litteris*:

"Os titulares de determinadas garantias reais ou posições financeiras (fiduciário, *leasing* etc.) e os bancos que anteciparam recursos ao exportador em função de contrato de câmbio excluem-se dos efeitos da recuperação judicial para que possam praticar juros menores (com *spreads* não impactados pelo risco associado à recuperação judicial), contribuindo a lei, desse modo, com a criação do ambiente propicio à retomada do desenvolvimento econômico."

Vale dizer também, que somente se revoga concessão ou indeferimento de liminar, se teratológica, contrária à lei ou à evidente prova dos autos, consoante a Súmula n. 58 deste E. Tribunal de Justiça, *in litteris*:

"*Liminar. Reforma da concessão ou indeferimento.*

"Somente se reforma a concessão ou indeferimento de liminar, se teratológica, contrária à Lei ou à evidente prova do autos.

"*Referência*: Uniformização de Jurisprudência n. 07/2001 — Proc. 2001.14600007; Julgamento em 4.11.2002 — Votação unânime; Relator: Des. Amaury Arruda de Souza; Registro do Acórdão em; Reg. Int. TJRJ, art. 112.

"*NOTAS*: Obs.: Estando a outorga da liminar adstrita a juízo discricionário do juiz da causa, apenas naquelas situações, consoante também, a exegese pretoriana, faz sentido sua reforma ou concessão, máxime quando desatenda aos pressupostos legais."

Ora, a R. Decisão vergastada não se apresenta teratológica para ser objeto de reforma, muito pelo contrário, a ponto de adotar as suas razões de decidir também como fundamentação da presente, com relação à matéria objeto do inconformismo em tela, na forma do Permissivo Regimental.

Isto porque, o R. Julgado ora impugnado é do seguinte teor, *in verbis*:

"Trata-se de ação de reintegração de posse em que objetiva a parte autora a retomada de uma aeronave e duas turbinas que foram objeto do contrato de arrendamento firmado com a empresa ré.

"É incontroverso o inadimplemento da empresa ré, o que autorizaria a retomada do bem e a satisfação do crédito da empresa autora, entretanto, a situação que abriga esse processo merece uma análise mais profunda, a fim de evitar prejuízos irreparáveis.

"É público e notório, independendo de qualquer prova, a situação jurídica e econômica pela qual passa atualmente a empresa ré, já tendo sido deferida junto ao Juízo da 8ª Vara Empresarial a recuperação judicial da empresa, que pretende com isso a manutenção da unidade produtiva através da estratégia jurídica adotada.

"Portanto, para no caso peculiar analisar a concessão de medida liminar requerida, há de ser sopesados os valores que abrigam a controvérsia.

"A empresa ré é de reconhecimento mundial e, conforme já salientado na decisão proferida na ação cautelar que tramita perante a 8ª Vara Empresarial, 'uma referência do nosso país no estrangeiro'.

"Em assim sendo e já tendo sido deferida a recuperação judicial da empresa ré, necessário é que se envide esforços para que viabilize a recuperação judicial pretendida, o que afasta, por ora, a pretensão autoral.

"*In casu*, sopesando os valores em questão, há de ser sacrificado o direito do autor, especialmente porque os bens que se pretende a retomada integram o acervo da empresa ré e contribuem para a operacionalização da atividade desta.

"Não há, *ad cautelam*, como conceder a medida liminar pretendida, pois o *periculum in mora inverso* se afigura presente e consubstanciado no enorme prejuízo que amargaria a empresa ré com a retomada dos bens descritos na inicial.

"Saliente-se, por oportuno, que em decisão anterior manifestei meu entendimento reconhecendo a conexão da presente ação com a ação cautelar que tramita perante o juízo da 8ª Vara Empresarial, tendo sido tal decisão impugnada através do recurso competente.

"Porém, a decisão se encontra suspensa por força daquela proferida pela Egrégia Instância Superior, o que impôs a análise do pedido liminar, que ora *indefiro* pelos fundamentos acima expostos.

"Aguarde-se a decisão do agravo de instrumento interposto.

"P.R.I." (negritos no original).

Assim, fácil é perceber, que a R. Decisão objeto deste Recurso não apresenta nenhuma nulidade.

Registre-se, ainda, que o R. Julgado vergastado não incorreu em omissão, pois quando enfatiza que o direito da Agravante deve ser sacrificado, já que os bens que almeja a retomada integra o acervo da Recorrida, obviamente, inclui a turbina que foi retirada e que também é objeto do pleito liminar de reintegração de posse.

Enfatize-se, finalmente, que a matéria ora em análise é por demais conhecida deste Relator, já que proferidas várias R. Decisões a respeito (Agravos de ns. 14.086, 14.156, 15.138, 16.347, 16.526, 16.536, 16.533, 17.042, 17.112 e 17.113, todos deste ano) sendo certo que todas foram mantidas pelo Colegiado desta Colenda Câmara em sede de Agravo Inominado.

Logo, pelas razões declinadas em linhas anteriores, o presente Agravo se apresenta manifestamente improcedente, o que autoriza a aplicação dos arts. 557 e 31, inciso VIII, do Digesto Processual e do Regimento Interno deste E. Tribunal, respectivamente,

Ex positis e por mais que dos autos consta e princípios de direito recomendam e, considerando a determinação do art. 557 do CPC c/c art. 31, inciso VIII do Regimento Interno deste E. Sodalício, *Nego seguimento ao presente recurso*.

Encaminhe-se cópia da presente ao R. Juízo *a quo*, autorizando o Sr. Secretário a assinar o expediente.

Publique-se.

Rio de Janeiro, 13 de outubro de 2005.

Reinaldo Pinto Alberto Filho, Relator.

DECISÃO

Trata-se de ação de reintegração na posse em que objetiva a parte autora a retornada de uma aeronave e duas turbinas que foram objeto do contrato de arrendamento firmado com a empresa ré.

É incontroverso o inadimplemento da empresa ré, o que autorizaria a retomada do bem e a satisfação do crédito da empresa autora. Entretanto, a situação que abriga este processo merece uma análise mais profunda, a fim de evitar prejuízos irreparáveis.

É público e notório, independendo de qualquer prova, a situação jurídica e econômica pela qual passa atualmente a empresa ré, já tendo sido deferida junto ao juízo da 8ª Vara Empresarial a recuperação judicial da empresa, que pretende com isso a manutenção da unidade produtiva através da estratégia jurídica adotada.

Portanto, para no caso peculiar analisar a concessão da medida liminar requerida, há de ser sopesados os valores que abrigam a controvérsia.

A empresa ré é de reconhecimento mundial e, conforme já salientado na decisão proferida na ação cautelar que tramita perante a 8ª Vara Empresarial, "uma referência do nosso país no estrangeiro".

Em assim sendo e já tendo sido deferida a recuperação judicial da empresa ré, necessário é que se envide esforços para que viabilize a recuperação judicial pretendida, o que afasta, por ora, a pretensão autoral.

In casu, sopesando os valores em questão, há de ser sacrificado o direito do autor, especialmente porque os bens que se pretende, a retomada integram o acervo da empresa ré e contribuem para a operacionalização da atividade produtiva desta.

Não há, *ad cautelam*, como conceder a medida liminar pretendida, pois o *periculum in mora inverso* se afigura presente e consubstanciado no enorme prejuízo que amargaria a empresa ré com a retomada dos bens descritos na inicial.

Saliente-se, por oportuno, que em decisão anterior manifestei meu entendimento reconhecendo a conexão da presente ação com a ação cautelar que tramita perante o juízo da 8ª Vara Empresarial, tendo sido tal decisão impugnada através do recurso competente.

Porém, a decisão se encontra suspensa por força daquela proferida pela Egrégia Instância Superior, o que me impôs a análise do pedido liminar, que ora *Indefiro*, pelos fundamentos acima expostos.

Aguarde-se a decisão do agravo de instrumento interposto.

P.R.I.

Rio de Janeiro, 6 de outubro de 2005.

Fernanda Xavier de Brito, Juiz de Direito.

Agravo: 23.394/05-Agravo (art. 557 do CPC) – 4ª C. Cível – I

Agravante: Gustav Leasing II Limited

Agravada: Varig S/A. Viação Aérea Rio Grandense

Ação: Reintegração de Posse

Origem: 44ª Vara Cível

Juíza *a quo*: Juíza Fernanda Xavier de Brito

Relator: Des. Reinaldo Pinto Alberto Filho

Ementa: Agravo inominado. Art. 557 do CPC. Reintegração de posse. Contrato de Subarrendamento Mercantil. Aeronave, turbina e o mais conexo. Liminar. Impossibilidade na hipótese dos autos. Empresa Ré que teve a sua Recuperação Judicial deferida. R. julgado *a quo* que bem analisou os fatos diante da nova legislação que rege a matéria. Retomada das Aeronaves que comprometeria o desenvolvimento da Devedora e a própria recuperação pretendida. Cancelamento de vôos agendados que ensejaria a desconfiança dos passageiros e proporcionando uma avalanche de lides indenizatórias decorrentes do não cumprimento das obrigações assumidas contratuais assumidas (*sic*). Aspecto de âmbito nacional e social. Exegese dos arts. 47, 48 e 49 *caput* e §§ 2º e 5º da Lei n. 11.101, de 9.2.2005 (Nova Lei de Falências). Ausência de violação a qualquer texto expresso de lei. Multifários precedentes desta Câmara na mesma lide. Negado provimento.

ACÓRDÃO

Vistos, relatados e discutidos estes autos de Agravo inominado previsto no art. 557 do CPC, em razão do Recurso Instrumental n. 23.394/05, em que é Agravante Gustav Leasing II Limited e como Agravada Varig S/A, Viação Aérea Rio Grandense.

Acordam os Desembargadores da Quanta 4ª Câmara Cível do E. Tribunal de Justiça do Estado do Rio de Janeiro, à *unanimidade* de votos, em *negar provimento ao recurso*.

Decidem, assim, pelo seguinte.

Gustav Leasing II Limited interpõe Agravo inominado previsto o art. 557 do Digesto Processual, em face de Varig S/A. Viação Aérea Rio Grandense, hostilizando R. Decisão Monocrática desta Relatoria negando seguimento a Recurso Instrumental, sustentando, em suma:

1) que o R. Julgado *a quo* se mostra nulo, pois não enfrentou a matéria alusiva ao parágrafo único do art. 199 da Lei n. 11.101/2005, pelo qual estabelece que a Recuperação Judicial não alcança os Contratos de Arrendamento Mercantil de Aeronaves ou de seus componentes e, no caso em comento, restou caracterizado o esbulho possessório a autorizar a liminar postulada;

2) que, por outro lado, a dívida objeto da ação foi contraída após a propositura da Recuperação Judicial, razão pela qual o *caput* do art. 49 da Lei antes citada não se aplica na hipótese

em lide e, além disso, diante do inadimplemento contratual, a posse do bem por parte da Recorrida deixou de ser justa e de boa-fé, devendo ser observado os arts. 1.200, 1.202 e 1.210 do Código Civil;

3) que o indeferimento da liminar perseguida também viola os art. 476 e 477 do Código Civil, bem como os arts. 5º e incisos XXII e LIV da Carta Magna;

4) que a R. Decisão proferida na Medida Cautelar não afeta à Recorrente, pois não faz parte do polo passivo da aludida Demanda;

5) que uma turbina foi retirada da Aeronave, estando atualmente sem utilidade e sujeita à deterioração, motivo da interposição.

É o Relatório.

Fundamenta-se e decide-se.

Cuida-se de Agravo inominado previsto no art. 557 do Digesto Processual, hostilizando R. Decisão Monocrática da Relatoria negando seguimento a Recurso Instrumental.

O R. Julgado ora vergastado é do seguinte teor, *in litteris*:

"DECISÃO

"*Ementa*: *Agravo de Instrumento. Reintegração de Posse. Contrato de Subarrendamento Mercantil tendo como objeto Aeronaves e Turbinas. Liminar*. Impossibilidade na hipótese dos autos. Empresa-ré que teve a sua Recuperação Judicial deferiria. R. julgado *a quo* que bem analisou os fatos diante nova legislação que rege a matéria. Retomada das Aeronaves e Turbinas que comprometeria o desenvolvimento da Devedora e a própria recuperação pretendida. Cancelamento de vôos agendados que ensejaria a desconfiança dos passageiros e proporcionando uma avalanche de lides indenizatórias decorrentes do não cumprimento das obrigações assumidas contratuais assumidas (*sic*). Aspecto de âmbito nacional e social. Exegese dos arts. 47, 48 e 49 *caput* e §§ 2º e 5º da Lei n. 11.101, de 9.2.2005 (Nova Lei de Falências). Ausência de violação ao art. 199 do mesmo Diploma legal. R. Julgado Monocrático que não se mostra nulo ou omisso. Acresce, ainda, que só se revoga deferimento ou não de liminar, se teratológico, contrária à lei ou à evidente prova dos autos. Súmula n. 58 deste C. Sodalício. Questão em tela com entendimento sumulado deste E. Tribunal de Justiça. Matéria recursal que já foi objeto de várias R. Decisões deste Relator, todas mantidas pelo Colegiado em sede de Recurso Inominado. Agravo manifestamente improcedente. Aplicação do art. 557 do CPC c/c art. 31, inciso VIII do Regimento Interno deste E. Tribunal. Nega-se seguimento.

"Gustav Leasing II Limited ajuizou ação de Reintegração de Posse em face de Varig S/A, Viação Aérea Rio Grandense S/A, alegando, em síntese, como causa de pedir:

"1) que as Partes firmaram um Contrato de Subarrendamento Mercantil tendo como objeto uma Aeronave e duas Turbinas, bem como todos os documentos, manuais e registros pertinentes ao aludido bem, ocorrendo que a Ré se encontra inadimplente com as suas obrigações assumidas no aludido avença:

"2) que as razões acima motivaram a propositura, objetivando a reintegração na posse dos bens em lide, com pedido liminar.

"R. Decisão por cópia, às fls. 24/25, indeferindo o liminar postulada

"Hostilizando tal R. Decisão, interpõe a Autora o presente Agravo de Instrumento, sustentando, em suma:

"a) que o R. Julgado vergastado se mostra nulo, frente à ausência de fundamentação jurídica, além do que se apresenta *contra legem*, já que não observou a Lei n. 11.101/2005, o Código Civil e o Estatuto Processual, bem como é omisso quanto ao pedido de constatação e busca da Turbina que foi retirada da Aeronave e abandonada na sede da Recorrida;

"b) que a Agravada foi notificada da Resolução do Contrato, o que evidencia o esbulho possessório a autorizar a liminar de reintegração de posse postulado, vez que presente o *periculum in mora*;

"c) que as razões acima motivaram o presente manejo, para fins de anular a R. Decisão vergastada ou integralmente reformada, com o fito de deferir a liminar.

"É o Relatório.

"Fundamento e Decido.

"Cuida-se de Agravo de Instrumento atacando R. Decisão indeferindo liminar objetivando a Autora Recorrente se reintegrar na posse de uma Aeronave e duas Turbinas, bem como todos os documentos, manuais e registros pertinentes ao aludido bem, que foram objeto de Contrato de Subarrendamento Mercantil firmado entre as Partes.

"Elucide-se, inicialmente, a arguição de nulidade do R. Julgado Monocrático se confunde com o mérito e como foi será apreciado.

"O precípuo escopo da Recuperação Judicial é propiciar a superação da crise econômico-financeira experimentada pelo Devedor, conexionada propedeuticamente com a função social, o estímulo à atividade econômica propriamente dita, a manutenção da fonte produtora e emprego dos trabalhadores.

"Tal preocupação também visa à preservação dos interesses dos credores da Empresa que se pretende recuperar judicialmente.

"Neste sentido fez a norma vigente presença no art. 47, bem explicitando o Prof. Fábio Ulhoa Coelho, em seu livro *Comentários à Nova Lei de Falências e de Recuperação de Empresas*, Editora Saraiva, 2005, p. 115, n. 96, *in litteris*:

"'No Brasil, a lei contempla duas medidas judiciais com o objetivo de evitar que a crise na empresa acarrete a falência de quem a explora. De um lado, a recuperação judicial; de outro, a homologação judicial de acordo de recuperação extrajudicial. Os objetivos delas são iguais: saneamento da crise econômico-financeira e patrimonial, preservação da atividade econômica e dos seus postos de trabalho, bem como o atendimento aos interesses dos credores. Diz-se que, recuperada, a empresa poderá cumprir sua função social.'

"A relevância da elucidação acima, prende-se a ênfase que se atribui aos aspectos sociais e trabalhistas, como forma de preservação da Empresa, motivo primeiro que autoriza o deferimento da pretensão de Recuperação, quando o Juiz viabiliza tal oportunidade, fazendo expungir qualquer pretensão isolada e exclusivista, que tente inviabilizar tal desiderato.

"Não se nos parece razoável entender que a R. Decisão Monocrática tenha violado o art. 199 da nova Lei de Falências ou qualquer outro dispositivo legal, pois se encontra em conexão com a Recuperação Judicial deferida e na forma, exatamente, do *caput* do art. 49 da Lei Especial, haja vista que se a Agravada se visse privada de uma Aeronave por força da liminar da reintegração pretendida, indemne de dúvida, ficaria inviabilizada a pretensão inicial da Recorrida.

"Cediço que eventual interrupção do fluxo de caixa da Agravada, frente à reintegração de posse da Aeronave e Turbinas arrendadas, afetaria o desenvolvimento econômico dela, comprometendo todo o procedimento de Recuperação, acarretando danos irreversíveis, diante do cancelamento dos vôos agendados, ensejando a desconfiança dos usuários da mencionada Empresa e, *per viam consequentiae*, estreme de dúvida, uma enxurrada de lides indenizatórias decorrentes do não cumprimento das obrigações contratuais assumidas seriam distribuídas, o que também inviabilizaria o pedido de Recuperação já deferido.

"Não há como se olvidar que a hipótese traz contornos de alta relevância nacional e social, diante da grandeza da Empresa que se pretende recuperar pelo novo permissivo legal, qual seja, a Lei n. 11.101/2005.

"Veja-se o entendimento de tal dispositivo, com espeque no Prof. Fábio Ulhoa Coelho, em eu livro *Comentários à Nova Lei de Falências e de Recuperação de Empresas*, Editora Saraiva, 2005, p. 132, n. 103, *in litteris*:

"'Os titulares de determinadas garantias reais ou posições financeiras (fiduciário, *leasing* etc.) e os bancos que anteciparam recursos ao exportador em função de contrato de câmbio excluem-se dos efeitos da recuperação judicial para que possam praticar juros menores (com *spreads* não impactados pelo risco associado à recuperação judicial), contribuindo a lei, desse modo, com a criação do ambiente propicio à retomada do desenvolvimento econômico.'

"Vale dizer também, que somente se revoga concessão ou indeferimento de liminar, se teratológica, contrária à lei ou à evidente prova dos autos, consoante a Súmula n. 58 deste E. Tribunal de Justiça, *in litteris*:

"'*Liminar. Reforma da concessão ou indeferimento.*

"'Somente se reforma a concessão ou indeferimento de liminar, se teratológica, contrária à Lei ou à evidente prova dos autos.

"'*Referência*: Uniformização de Jurisprudência n. 07/2001 — Proc. 200l.14600007: Julgamento em 4.11.2002 — Votação unânime. Relator: Des. Amaury Arruda de Souza. Registro do Acórdão em; Reg. Int. TJRJ, art. 122.

"'*NOTAS*: Obs.: Estando a outorga da liminar adstrita a juízo discricionário do juiz da causa, apenas naquelas situações, consoante também, a exegese pretoriana, faz sentido sua reforma ou concessão, máxime quando desatenda aos pressupostos legais.'

"Ora, a R. Decisão vergastada não se apresenta teratológica para ser objeto de reforma, muito pelo contrário, a ponto de adotar as suas razões de decidir também como fundamentação da presente, com relação à matéria objeto do inconformismo em tela, na forma do Permissivo Regimental.

"Isto porque, o R. Julgado ora impugnado é do seguinte teor, *in verbis*:

"'Trata-se de ação de reintegração de posse em que objetiva a parte autora a retomada de uma aeronave e duas turbinas que foram objeto do contrato de arrendamento firmado com a empresa ré.

"'É incontroverso o inadimplemento da empresa ré, o que autorizaria a retomada do bem e a satisfação do crédito da empresa autora, entretanto, a situação que abriga este processo merece uma análise mais profundo, afim de evitar prejuízos irreparáveis.

"'É público e notório, independendo de qualquer prova, a situação jurídica e econômica pela qual passa atualmente a empresa ré, já tendo sido deferida junto ao Juízo da 8ª Vara Empresarial a recuperação judicial da empresa, que pretende com isso a manutenção da unidade produtiva através da estratégia jurídica adotada.

"'Portanto, para no caso peculiar analisar a concessão da medida liminar requerida, há de ser sopesados os valores que abrigam a controvérsia.

"'A empresa ré é de reconhecimento mundial e, conforme já salientado na decisão proferida na ação cautelar que tramita perante a 8ª Vara Empresarial, 'uma referência do nosso país no estrangeiro'.'

"Em assim sendo e já tendo sido deferida a recuperação judicial da empresa ré, necessário e que se envide esforços para que viabilize a recuperação judicial pretendida, o que afasta, por ora, a pretensão autoral.

"*In casu*, sopesando os valores em questão, há de ser sacrificado o direito do autor, especialmente porque os bens que se pretende a retomada integram o acervo da empresa ré e contribuem para a operacionalização da atividade desta.

"Não há, *ad causam*, como conceder a medida liminar pretendida, pois o *periculum in mora inverso* se afigura presente e consubstanciado no enorme prejuízo que amargaria a empresa ré com a retomada dos bens descritas na inicial.

"Saliente-se, por oportuno, que em decisão anterior manifestei meu entendimento reconhecendo a conexão da presente ação com a ação cautelar que tramita perante o juízo da 8ª Vara Empresarial, tendo sido tal decisão impugnada através do recurso competente.

"Porém, a decisão se encontra suspensa por força daquela proferida pela Egrégia Instância Superior, o que impôs a análise do pedido liminar, que ora *indefiro*, pelos fundamentos acima expostos.

"Aguarde-se a decisão do agravo de instrumento interposto.

"P.R.I." (negritos no original).

"Assim, fácil é perceber que a R. Decisão objeto deste Recurso não apresenta nenhuma nulidade.

"Registre-se, ainda, que o R. Julgado vergastado não incorreu em omissão, pois quando enfatiza que o direito da Agravante deve ser sacrificado, já que os bens que almeja a retomada integra o acervo da Recorrida, obviamente, inclui a turbina que foi retirada e que também é objeto do pleito liminar de reintegração de posse.

"Enfatize-se, finalmente, que a matéria ora em análise é por demais conhecida deste Relator, já que proferidos várias R. Decisões a respeito (Agravos de ns. 14.086, 14.156, 15.138, 16.347, 16.526, 16.536, 16.533, 17.042, 17.112 e 17.113, todos deste ano) sendo certo que todas foram mantidas pelo Colegiado desta Colenda Câmara em sede de Agravo Inominado.

"Logo, pelas razões declinadas em linhas anteriores, o presente Agravo se apresenta manifestamente improcedente, o que autoriza a aplicação dos arts. 557 e 31, inciso VIII, do Digesto Processual e do Regimento Interno deste E. Tribunal, respectivamente.

"*Ex positis* e por mais que dos autos consta e princípios de direito recomendam e, considerando a determinação do art. 557 do CPC c/c art. 31, inciso VIII do Regimento Interno deste E. Sodalício, Nego seguimento ao presente recurso.

"Encaminhe-se cópia da presente ao R. Juízo *a quo*, autorizando o Sr. Secretário a assinar o expediente.

"Publique-se.

"Rio de Janeiro, 13 de outubro de 2005.

"*Reinaldo Pinto Alberto Filho*, Relator."

Analisando o R. Julgado acima transcrito, fácil é observar a sua sonância com o regramento que normatiza a questão, qual seja, a Lei n. 11.101/2005.

Com efeito, a R. Decisão *a quo* indeferiu a liminar postulada pela Recorrente, objetivando se reintegrar em uma Aeronave e duas Turbinas, além dos documentos, manuais e registros referentes ao mencionado bem, que foram objeto de Contrato de Subarrendamento Mercantil firmado com ela e a Agravada.

Como é cediço, a Recuperação Judicial prioriza a superação da crise econômico-financeira do devedor, mantendo a fonte produtora e do emprego dos trabalhadores, objetivando preservar os direitos dos credores.

O R. Juízo *a quo* bem enfrentou a questão sob a luz do *caput* do art. 49 da Lei n. 11.101/2005, pois a retomada da Aeronave e o mais conexo da Empresa Agravada inviabilizaria o exercício de sua atividade, frente ao cancelamento dos vôos agendados e, estreme de dúvida, aniquilaria a própria Recuperação Judicial.

Por outro lado, conforme enfatizado pela R. Decisão antes transcrita, o caso em tela apresenta contornos de alta relevância nacional e social, frente à grandeza da Empresa que se pretende recuperar pelo permissivo legal previsto na Lei n. 11.101/2005.

Assim, não restou violado nenhum texto expresso de Lei como quer fazer crer a Agravante.

Desta forma, impende observar que *o decisum* atacado tão somente observou o regramento legal a respeito, quando, com acerto, negou seguimento ao Agravo de Instrumento, por absolutamente improcedente.

Assim, estabelece o art. 557 do CPC que:

"O relator negará seguimento a recurso manifestamente inadmissível, improcedente, prejudicado ou em confronto com súmula ou com jurisprudência dominante do respectivo tribunal, do Supremo Tribunal Federal, ou de Tribunal Superior".

Observa-se, pois, que a manifesta improcedência do Recurso, por si só autoriza o seu não seguimento.

Não obstante, o R. Julgado ora vergastado também se baseou na Súmula n. 58 deste Egrégio Tribunal, pela qual só se revoga concessão ou indeferimento de liminar, se teratológica, contrária à lei ou à evidente prova dos autos.

Forçoso é concluir que as teses desenvolvidas em linhas anteriores revelam que a R. Decisão *a quo* não se mostrou teratológica e o mais conexo para fins de ser reformada.

Enfatize-se, por derradeiro, que as teses acima mencionadas são adotadas pelo Colegiado nesta sede de Agravo Inominado, sendo certo que esta C. 4ª Câmara Cível, por esta Relatoria, já apreciou multifários recursos desta mesma lide, referente à mesma R. Decisão e concluiu da forma como alhures explicitado.

Por estas razões, a Câmara conhece do recurso inominado, negando-lhe provimento.

Rio de Janeiro, 25 de outubro de 2005.

Des. *Reinaldo Pinto Alberto Filho*, Desembargador Presidente. *Reinaldo Pinto Alberto Filho*, Relator. Ricardo Alcântara Pereira, Procurador de Justiça.

Embargos de Declaração: Agravo n. 23.394/05 – 4ª C. Cível – Cat. 1

Embargante: Gustav Leasing II Limited

Embargada: Varig S/A. Viação Aérea Rio Grandense

Ação: Reintegração de Posse

Origem: 44ª Vara Cível

Juíza *a quo*: Juíza Fernanda Xavier de Brito

Relator: Des. Reinaldo Pinto Alberto Filho

Ementa: *Embargos de Declaração. Discussão de matéria já decidida. Impossibilidade. Reintegração de Posse em virtude de rescisão contratual. Contrato de* leasing. *Empresa em Recuperação Judicial. Retomada de Aeronave e/ou Turbina que não pode ser viabilizada em detrimento da manutenção das atividades da Embargada, bem assim, do emprego dos trabalhadores. Relevante interesse social na recuperação da Empresa em recuperação que deve prevalecer sobre os interesses da Recorrente. Inexistência de afronta a texto de lei. Exegese da Lei n. 11.101/2005. Inconformismo da Embargante deve ser demonstrado em sede própria. Tese adotada pelo V. Aresto, sendo prejudicial das demais, dispensa o exame de outras apresentadas pelas Partes. Inexistência de obscuridade ou contradições. Aplicação do art. 557 do CPC c/c art. 31, inciso VIII do Regimento Interno deste E. Tribunal. Negado seguimento.*

DECISÃO

Apresenta a Recorrente Embargos de Declaração, sustentando, em síntese:

1) que a aplicação da regra do art. 49 pressupõe a existência de crédito na data do pedido de recuperação, sendo certo que não é credora da ora Embargada de quaisquer valores atinentes à recuperação judicial em curso;

2) que, na vertente hipótese, busca tão somente a retomada da posse da aeronave em decorrência da rescisão do Contrato de *Leasing*, caracterizando o esbulho possessório, em afronta aos arts. 1.210 do Código Civil e 924, 926 e 928 do CPC.

3) que, além disso, o V. Aresto incidiu igualmente em omissão quanto à aplicabilidade do art. 557 da Lei de Ritos, já que não participou da citada Ação Cautelar, aduzindo, ainda, a existência de *periculum in mora* no que toca à manutenção da Aeronave, bem assim, da turbina retirada, motivo dos Aclaratórios.

É o Relatório.

Fundamento e Decido.

Cuida-se de Embargos de Declaração, visando, de modo evidente, o novo exame de matéria de mérito já decidida.

Elucide-se, inicialmente, que não são os Embargos de Declaração sede própria para fins de prequestionamento, mormente quando com o único escopo de sustentar interposição de novo recurso.

Diversamente do aludido pela Embargante, para fins de Recurso, todas as hipóteses foram apreciadas no V. Aresto, resumindo-se em plena suficiência.

Com efeito, o instituto da Recuperação Judicial, previsto na Lei n. 11.101/2005 tem o precípuo escopo de viabilizar a superação da crise econômico-financeira do devedor, objetivando a manutenção da fonte produtora e do emprego dos trabalhadores, o que proporciona contornos de alta relevância social e nacional, em virtude da grandiosidade da Sociedade a ser recuperada.

Assim, inviável se mostra à retornada da Aeronave e/ou da suscitada Turbina, não havendo que falar em violação a texto expresso de lei, sendo certo que, na ponderação de valores em discussão, prevalece o relevante interesse social na recuperação da Recorrida em detrimento dos interesses da Embargante.

Desta forma, não concordando a Embargante com as teses supramencionadas, que maneje o Instrumento competente hostilizando o V. Aresto, o que com certeza não são os Embargos Declaratórios, frente aos estreitos limites do aludido Recurso.

Quanto às omissões invocadas, de sublinhar não ser necessário, conforme pacífica jurisprudência, a menção expressa aos dispositivos legais, bastando à análise a respeito do tema.

7.6 Apelação com Revisão n. 588.391-4/7-00 – TJSP

Apelação com Revisão n. 588.391.4/7-00

Seção de Direito Privado – Câmara Especial de Falências e Recuperações Judiciais

Comarca: Santos – 2ª Vara Cível

Apelante: Plásticos Vonil Ltda.

Apelada: Pratik do Brasil Display Ltda.

ACÓRDÃO

Vistos, relatados e discutidos estes autos de Apelação Cível com Revisão n. 588.391.4/7-00, da Comarca de Santos, em que é apelante Plásticos Vonil Ltda., sendo apelada Pratik do Brasil Display Ltda.

Acordam, em Câmara Especial de Falências e Recuperações Judiciais de Direito Privado do Tribunal de Justiça do Estado de São Paulo, proferir a seguinte decisão: "*Negaram provimento ao recurso*, v.u.", de conformidade com o voto do Relator, que integra este acórdão.

O julgamento teve a participação dos Desembargadores José Roberto Lino Machado e Romeu Ricupero.

São Paulo, 29 de outubro de 2008.

Pereira Calças, Presidente e Relator.

VOTO N. 15.199

"*Falência – Pedido formulado na vigência do Decreto-lei 7.661/1945, com fundamento em seu art. 1º – Débito de pequeno valor*

– Quebra da empresa que não se justifica em face da orientação de nova Lei de Falências, a ser adotada como norma interpretativa – Art. 94, inc. I, da Lei n. 11.101, de 9 de fevereiro de 2005 – Harmonização dos princípios constitucionais da irretroatividade das leis e da função social da empresa. Sentença de indeferimento da inicial mantida – Recurso não provido."

"*A presunção de falido do art. 1º do Decreto-lei 7.661/1945 somente surge quando o inadimplemento ocorrer em relação à obrigação de valor razoável. Se o débito é considerado de pequeno valor pela nova Lei, a decretação da quebra da empresa, ao invés de sua execução, afronta ao princípio da 'função social da empresa'.*"

VISTOS

1. Trata-se de pedido de falência formulado com base no art. 1º do Decreto-lei n. 7.661, de 21 de junho de 1945, apoiado em 4 (quatro) triplicatas mercantis totalizando R$ 4.624,87 (17,6 salários-mínimos). O processo foi julgado extinto, sem resolução de mérito, pela sentença de fls. 206/208, com base no art. 267, VI, do Código de Processo Civil, sob o argumento de que o débito é de pequeno valor, já que inferior a 40 salários-mínimos na data do ajuizamento do pedido, destacando que, apesar de a Lei n. 11.101/2005 ter começado a vigorar depois do aforamento do pleito de quebra, a imposição do piso-mínimo teve o escopo de evitar a utilização da ação falimentar como instrumento de coação, destacando ainda o princípio maior da preservação da empresa.

Embargos de declaração interpostos foram rejeitados (fls. 216).

Inconformada, apela a autora, sustentando que os fundamentos adotados pela r. sentença não encontram guarida no Decreto-lei n. 7.661/1945, que não prevê valor mínimo para o pedido de falência arrimado na impontualidade, comprovada pelo protesto por falta de pagamento. Diz que o art. 192 da nova Lei de Falências é taxativo no sentido de que referido diploma legal não se aplica aos processos de falência ajuizados anteriormente ao início de sua vigência, que serão concluídos nos termos do Decreto-lei n. 7.661/1945. Enfatiza que a Lei n. 11.101/2005 só começou a viger a partir de 9 de junho de 2005. Sustenta que a extinção do processo, sem julgamento do mérito, afronta o art. 6º, § 1º, da Lei de Introdução ao Código Civil e o art. 5º, inciso XXXV, da Carta Federal, bem como vulnera o art. 192 da Lei n. 11.101/2005. Pede o provimento do recurso para se anular a sentença hostilizada e determinar o normal processamento da falência (fls. 218/224).

Recurso regularmente preparado (fls. 225/227), recebido (fls. 228) sem contrariedade, anotado o parecer da D. Procuradoria-Geral de Justiça que alvitra o provimento (fls. 234/236).

Relatados.

2. O art. 1º do Decreto-lei n. 7.661/1946, presumia a falência do devedor-comerciante pelo simples não pagamento de obrigação líquida no seu vencimento, sem relevante razão de direito, desde que constante de título executivo. Não estabelecia qualquer exigência quanto ao valor da obrigação, bastando, para formular o pedido de falência, o protesto caracterizador da impontualidade.

Atualmente, com a vigência da Lei n. 11.101, de 9 de fevereiro de 2005, para a presunção da falência do devedor-empresário, é necessário que o inadimplemento envolva obrigação ou obrigações totalizando o equivalente a 40 (quarenta) salários-mínimos (art. 94, I), exigência que, todavia, não poderá ser reclamada nos pedidos de falência ajuizados anteriormente a 9 de junho de 2005, em face do disposto no art. 192, da Lei n. 11.101/2005.

No entanto, apesar dessa norma de direito intertemporal, não se pode ignorar que o ordenamento jurídico atual, revelando a preocupação social com a manutenção das empresas em dificuldades e ante as consequências que, via de regra, decorrem da quebra, prejudicando mais o credor que o próprio empresário, impôs um piso para o montante das obrigações, evitando que sejam formulados pedidos de falência com base em obrigações de pequeno valor.

Tal preocupação não justifica a nítida separação estabelecida pela nova lei, admitindo a quebra por inadimplemento de obrigações insignificantes para os pedidos formulados até 8 de junho de 2005, negando-a aos pleitos apresentados posteriormente. Afinal, se a preocupação atual é a de procurar recuperar empresas em dificuldades, ofende o bom senso admitir a quebra naqueles casos em que, apesar de requeridos anteriormente à vigência da nova lei, os processos de falência ainda não tenham sido apreciados.

Por isso, mesmo considerando-se que o art. 6º, e seu § 1º, da Lei de Introdução ao Código Civil estabelece que a lei em vigor terá efeito imediato e geral, respeitados o ato jurídico perfeito, o direito adquirido e a coisa julgada, enfatizando que ato jurídico perfeito é aquele já consumado segundo a lei vigente ao tempo em que se efetuou, não se pode olvidar que o art. 5º, da mesma Lei preconiza, "*Na aplicação da lei, o juiz atenderá aos fins sociais a que ela se dirige e às exigências do bem comum*".

É de consenso geral que não interessa a ninguém, nem à sociedade em geral, nem aos empresários e trabalhadores em particular, e, muito menos ao Estado, a proliferação de decretos de falência.

Da mesma forma, mesmo levando-se em conta que o art. 5º, inciso XXXVI, da Carta da República, proclama que a lei não prejudicará o direito adquirido, o ato jurídico perfeito e a coisa julgada, consagrando, dessarte, o postulado da irretroatividade das leis, não se pode deixar de considerar que o art. 170, ao disciplinar a ordem econômica e financeira de nosso País, estabelece no inciso III o princípio da função social da propriedade que abrange a função social dos meios de produção, vale dizer, da empresa.

Por isso, é de rigor que se faça a harmonização entre os dois princípios constitucionais, levando-se em conta a mensuração de seu peso, aplicando-se no caso concreto o postulado que tenha maior densidade diante das peculiaridades aferidas no processo. No caso vertente, entre decretar a quebra da empresa com fundamento em débito de pequeno valor por exigência do credor e afastar a falência, alvitrando-se o manejo do processo monitório ou de execução que preserva a empresa, diante dos novos princípios albergados na Lei n. 11.101/2005, iluminados pelo postulado constitucional da "função social da empresa", entendo que a melhor solução é a de se afastar a falência, como corretamente decidiu o magistrado de primeiro grau.

A orientação que a nova Lei de Falências adota deve servir de norma interpretativa do art. 1º do Decreto-lei n. 7.661/1945, afastando-se a falência quando o inadimplemento envolve obrigação de valor pequeno, pois nem este teria sido o objetivo do legislador ao admitir a presunção de estar falido o comerciante pelo não pagamento de obrigação líquida, constante de título executivo.

Correta, portanto, a sentença que indeferiu o pedido de falência por falta de interesse de agir, alvitrando-se o manejo do processo de execução ou a ação monitória, que de forma mais simples e célere atende à pretensão da credora, sem as consequências drásticas e graves decorrentes da falência, observando-se o princípio da preservação da empresa.

3. Isto posto, pelo meu voto, nego provimento ao recurso.

Desembargador *Manoel Queiroz Pereira Calças, Relator*.

Pareceres

RESTRIÇÕES A TRANSFERÊNCIAS DE AÇÕES E ALTERAÇÃO DO PODER DE CONTROLE

Luiz Gastão Paes de Barros Leães

*1. Exposição e Consulta. 2. O conceito de acionista controlador e a alienação do controle. 3. A operação de reorganização societária do **A-B**. 4. Efeitos da reorganização societária nos contratos entre **A** e **C**.*

1. Exposição e Consulta

1.1 Em 26 de março de 2003 o Banco **A** S/A ("**A**") assumiu o controle (99%) do Banco **C** S/A ("**C**"), nos termos do *Stock Purchase Agreement* datado de 3 de dezembro de 2002.

Concomitantemente à referida aquisição, (i) **A** e **C** Automóveis S/A ("**C** Automóveis") assinaram um *acordo de acionistas* por meio do qual foi regulado o relacionamento entre **A** e **C** Automóveis na qualidade de acionistas do Banco **C** (a **C** Automóveis permaneceu titular de uma única *golden share* do Banco **C**, ficando a totalidade das demais ações com o **A**); (ii) **A**, **C** Automóveis ("**DSA**"), **C** Auto S.p.A. ("**C** Auto") e Banco **C** ("**E** *Holdings*") celebraram um *contrato de prestação de serviços* que, entre outras matérias, prevê exclusividade do Banco **C** para campanhas promocionais da **C** Automóveis em financiamento a veículos comerciais leves; e (iii) Banco **C**, **C** S.p.A. e **C** Serviços Técnicos em Administração Ltda. firmaram um *contrato de licença de marca* para o uso da marca "**C**" em conjunto com as palavras "banco", "*leasing*" e "consórcio", exclusivamente nas operações de financiamento mencionadas acima.

Referidos contratos prevêem prazo de 10 anos ou período de vigência enquanto permanecer em vigor o contrato de prestação de serviços, valendo o que ocorrer primeiro.

1.2 Em relação à transferência de ações e mudança de controle, há disposições tanto no acordo de acionistas quanto no contrato de prestação de serviços, conforme transcritas abaixo.

No que diz respeito ao acordo de acionistas, há as seguintes cláusulas:

"*CLÁUSULA 6.01*. Restrições a Transferências. Cada uma das Partes concorda em abster-se de, direta ou indiretamente, vender, ceder, transferir, outorgar direitos, dar em garantia ou de qualquer outra forma, alienar ou gravar qualquer das Ações detidas pelas Partes ('Transferência'), exceto no cumprimento dos termos e condições deste Acordo, devendo a Companhia recusar-se a registrar qualquer transferência de Ações que não esteja em conformidade com as disposições deste Capítulo.

"*CLÁUSULA 6.02*. Transferências Permitidas. A **DSA** poderá transferir sua Ação, a qualquer tempo ou de tempo em tempo, a qualquer sociedade no Grupo de

Controle da **C** Auto e o **A** poderá transferir todas ou quaisquer das suas respectivas Ações, inclusive o Controle da **E** *Holdings*, a qualquer tempo ou de tempo em tempo, para uma ou mais sociedades do Grupo de Controle do **A**, sem observar as disposições das cláusulas 6.03, 6.04 e 6.05, somente se: (i) tais sociedades tiverem concordado por escrito em vincular-se aos termos deste Acordo e do Contrato de Prestação de Serviços, nos mesmos termos que as cedentes, e a respectiva notificação tiver sido enviada à **E** *Holdings* e à(s) outra(s) Parte(s); e (ii) a Transferência para essa sociedade estiver de acordo com a legislação brasileira aplicável.

"(...).

"*CLÁUSULA 6.06*. Alteração do Controle do **A**.

"(a) No caso de uma alteração direta ou indireta no Controle do **A**: (i) a **DSA**, ou um terceiro indicado por ela (necessariamente, uma sociedade do Grupo de Controle da **C** Auto) terá o direito, mas não a obrigação, de adquirir todas as Ações da **E** *Holdings* detidas pelo **A**; e/ou (ii) o Contrato de Prestação de Serviços será rescindido, a exclusivo critério da **DSA**, em até 120 (cento e vinte) dias contados da data da Transferência direta ou indireta do Controle do **A**.

"(b) Caso a **DSA**, ou um terceiro indicado pela **DSA** (necessariamente, uma sociedade do Grupo de Controle da **C** Auto) pretenda exercer seu direito de adquirir todas as Ações da **E** *Holdings* detidas pelo **A**, o preço de compra de tais Ações será estabelecido com base no patrimônio líquido da **E** *Holdings*, determinado de acordo com um balanço patrimonial a ser especialmente preparado e auditado pelos auditores independentes da Companhia a que se refere a Cláusula 4.04(xii) acima. O pagamento do preço de compra das referidas Ações será efetuado no prazo de 60 (sessenta) dias, contados da data em que a **DSA** notificar o **A** acerca de sua intenção de adquirir as Ações.

"(c) Para os efeitos desta cláusula 6.06, as Transferências dentro do Grupo de Controle do **A** não deverão ser consideradas alteração do Controle do **A**.

"(d) Não obstante as disposições estabelecidas na cláusula 6.06(a), na hipótese de uma alteração do Controle do **A**, a **DSA** deverá negociar em boa-fé a manutenção do Contrato de Prestação de Serviços com o terceiro que houver adquirido o Controle do **A**."

No capítulo das *Definições* constante do acordo de acionistas, há os seguintes verbetes:

"*Controle* significará (inclusive seus significados correlatos 'controlado por' ou 'sob controle comum com'), quando empregado em relação a qualquer pessoa, o poder de uma pessoa física ou jurídica, ou de um grupo de pessoas físicas ou jurídicas vinculadas por acordo de voto ou sob controle comum de deter, permanentemente, direta ou indiretamente, a maioria de votos nas deliberações da pessoa em questão, de eleger a maioria dos administradores da pessoa em questão e de usar seus poderes para dirigir as atividades sociais e orientar as operações da pessoa em questão, conforme definido no art. 116 da Lei n. 6.404/1976, e alterações posteriores;

"*Grupo de Controle da C Auto* significará a **C** Auto S.p.A.e as sociedades sob controle, direto ou indireto, da Pessoa controladora da **C** Auto S.p.A.;

"*Grupo de Controle do A* significará a **ASA** – Investimentos **A** S/A e as sociedades sob Controle, direto ou indireto, da Pessoa controladora da **ASA** – Investimentos **A** S/A;

"**DSA** significará a **C** Automóveis S/A, conforme qualificada no Preâmbulo;

"**E** ***Holdings*** ou **Companhia** significará o Banco **C** S/A, conforme qualificada no Preâmbulo;

"*Transferência* tem o significado estabelecido na Cláusula 6.01;"

1.3 No que tange ao contrato de prestação de serviços, há as seguintes disposições:

"13.3 A **DSA** poderá rescindir este Contrato:

"a) de imediato:

"(...).

"b) em 120 (cento e vinte) dias, a contar do evento, se ocorrer mudança do controle direto ou indireto da **E** *Holdings* após os primeiros 5 (cinco) anos deste Contrato, com exceção de mudança de controle entre sociedades controladas, direta ou indiretamente, pelos controladores da **A**sa;"

"(...).

"13.3.1. Na hipótese da alínea 'b', a **DSA** negociará, em boa-fé, com o terceiro adquirente do controle (desde que não seja um Concorrente da **DSA**) a continuidade deste Contrato."

1.4 Considerando que (i) a reestruturação societária operada pelo Banco **A** S/A, através do contrato de associação pactuado com o **B** em 3 de novembro de 2008, não implicou em mudança de controle (direta ou indireta) do **A**, para os efeitos da lei das sociedades anônimas, (ii) nem ocasionou a transferência (direta ou indireta) de nenhuma das ações por ele detidas do Banco **C**, perguntam as Consulentes se as cláusulas acima reproduzidas, constantes dos instrumentos mantidos entre **C** e **A** e que versam sobre as hipóteses de transferência de ações e de alteração de controle, ainda assim provocariam as consequências jurídicas nelas previstas, no específico contexto desses contratos.

Para responder a essa consulta, cabe, preliminarmente, fazer o exame, em duas seções sucessivas, dos conceitos jurídicos de acionista controlador e de alienação de controle, abordando, a seguir, as linhas centrais da reorganização societária empreendida pelo **A**.

2. O conceito de acionista controlador e de alienação de controle

2.1 Inicialmente, vejamos o conceito ministrado pela lei do anonimato ao *acionista controlador*. Ao reconhecer a figura do acionista controlador como categoria jurídica formal, a lei das sociedades anônimas, no art. 116, assim o definiu:

"Art. 116. Entende-se por acionista controlador a pessoa natural ou jurídica, ou o grupo de pessoas vinculadas por acordo de voto, ou sob controle comum, que:

"a) é titular de direitos de sócio que lhe assegurem, de modo permanente, a maioria dos votos nas deliberações da assembleia geral e o poder de eleger a maioria dos administradores da companhia; e

"b) usa efetivamente seu poder para dirigir as atividades sociais e orientar o funcionamento dos órgãos da companhia."

Desdobrando-se a definição acima, temos, portanto, por controlador, para os efeitos da lei, (i) a pessoa física ou a sociedade, necessariamente acionista da companhia, que seja titular da maioria deliberante nas assembleias, dotada da faculdade de eleger a maior parte dos administradores; ou (ii) o grupo de pessoas físicas ou jurídicas aglutinadas (a) por meio de um acordo de voto, ou (b) por subordinação a um controle comum, que disponha do poder de comando sobre a sociedade.

Como se observa, em todas essas hipóteses, a lei acolheu, na definição de acionista controlador, somente o *controle direto*, ou seja, o controle interno com *base acionária*. Conceitua o acionista controlador, portanto, associando-o sempre à *titularidade de direitos de sócios*, que lhe asseguraria a maioria dos votos. Assim, no grupo composto por acionistas – pessoas físicas ou jurídicas – unidos por um acordo de voto, ou submetidos a um controle comum, a lei pressupõe sempre que essas pessoas, para a sua caracterização como grupo controlador, detenham ações da sociedade.

2.2 Ao lado desse controle direto, a lei do anonimato reconheceu, também, como categoria jurídica formal, o *controle indireto*, que seria aquele em que uma sociedade controladora exerceria o seu poder de comando "*através de outras controladas*" que detêm ações da companhia. É o que dispõe o art. 243, § 2º, da LSA, onde a interposição de outras sociedades entre a controladora e a controlada não impediria que o legislador atingisse o verdadeiro núcleo do poder de comando, de tal forma que, quando se falasse em controle num grupo de sociedades, a lei estaria se referindo ao centro do poder que residiria, em verdade, na parte externa, na sociedade localizada no nível mais alto da pirâmide grupal, *verbis*:

"Art. 243. (...).

"§ 2º. Considera-se controlada a sociedade na qual a controladora, diretamente ou através de outras controladas, é titular de direitos de sócio que lhe assegurem, de modo permanente, preponderância nas deliberações sociais e o poder de eleger a maioria dos administradores."

2.3 Nas duas hipóteses, seja na ligação direta ou indireta com a companhia, o controle acionário, como expressão do poder de comando, é encarado como uma manifestação *única*, exercida como uma faculdade indivisível. No controle direto, o poder de mando da companhia se encontra em conjunto nas mãos de seus acionistas, pessoas físicas ou jurídicas, que participam do capital da controlada. Havendo, porém, de permeio, entre o polo controlador e a sociedade controlada, sociedades diafragmas, "*despreza-se o escalão intermédio*", como recomenda Comparato, buscando-se o poder de controle na sociedade controladora colocada em último grau, no vértice da pirâmide grupal, que o exerceria indiretamente através de sociedades-meio que, estas sim, seriam acionistas da sociedade controlada. O poder que essas sociedades intermediárias exercem sobre a controlada seria um poder de segundo grau, de natureza meramente instrumental, na medida em que elas apenas reproduzem o comando indiviso do verdadeiro titular do poder, situado, exteriormente, em instância mais alta.

Ao distinguir o controle direto e indireto na caracterização do controlador, a lei teve, portanto, a óbvia intenção de atribuir sempre o poder de comando ao seu real titular, para que daí defluam as devidas consequências jurídicas. Assim, a sociedade controladora, conforme o último dispositivo legal transcrito, é sempre aquela que – "*diretamente ou através de controladas*" – se revela como a verdadeira titular dos direitos de sócios que lhe asseguram, de modo permanente, a preponderância nas deliberações sociais e a faculdade de eleger a maioria dos administradores da controlada.[1]

2.4 É tendo em vista essas características do poder de comando que se pode falar em *controle comum ou compartilhado*. No controle comum ou compartilhado, os integrantes do grupo dominante exercem, *em conjunto*, de forma coletiva, as prerrogativas e as responsabilidades que incumbem ao acionista controlador (*joint control*). Ou seja, as pessoas, que constituem a coletividade, agem e respondem como se fossem uma única pessoa, sem que cada uma, isoladamente, pudesse ser caracterizada, por si só, como acionista controlador. À semelhança do condomínio, a senhoria universal sobre o bem denominado "controle" pertence simultaneamente a mais de um *dominus*. Não se reconhece aos cocontroladores a plenitude dominial sobre uma parcela do bem, na medida em que todos os titulares têm direitos qualitativamente iguais sobre a totalidade. Daí

1. Fábio Konder Comparato, *O Poder de Controle na Sociedade Anônima*, 3ª ed., Rio de Janeiro, 1983, p. 64; *Ensaio e Pareceres de Direito Empresarial*, 1ª ed., Forense, 1978, p. 201; Egberto Lacerda Teixeira e José Alexandre Tavares Guerreiro, *Das S/A no Direito Brasileiro*, vol. 2, 1ª ed., J. Bushatsky, 1979, p. 702; José Washington Coelho, *A Nova Lei das Sociedades Anônimas Interpretada*, São Paulo, Resenha Tributária, 1987, p. 70; Mauro Rodrigues Penteado, "Apontamentos sobre a alienação do controle de companhia aberta", *RDM* 76/24, nota 5; Guilherme Döring Cunha Pereira, *Alienação do Poder de Controle Acionário*, Saraiva, 1995, p. 18.

que o art. 116 da lei acionária, ao reconhecê-lo como categoria formal, conceitua o acionista controlador, usando a expressão *no singular*. Em suma, o poder de controle compartilhado é um *atributo* do grupo, e não dos seus componentes, individualmente considerados.[2]

Daí por que podemos dizer que, no controle direto, as pessoas físicas ou jurídicas, acionistas da companhia, aglutinadas por meio de um acordo de voto ou por subordinação a um controle comum, exercem, conjuntamente, o poder de comando, não se concentrando em nenhuma delas parcelas do poder de mando. É nesse contexto, aliás, que se pode falar em controle conjunto ou compartilhado.

Já no controle indireto o poder de comando, pela regra do art. 243, § 2º, é detido pela sociedade localizada na ponta final da linha de mando e não pelas sociedades que – sujeitas ao poder de controle da sociedade situada nesse ponto culminante – dominam a companhia. Nessas condições, não se pode vislumbrar aí a ocorrência de controle conjunto ou compartilhado exercido por seus acionistas, a não ser que se refira ao exercício compartilhado por analogia (a rigor, imprópria), aproximando a sociedade de comando, situada no vértice da pirâmide grupal, à figura do "grupo de pessoas vinculadas por acordo de voto", a que se refere o art. 116 da lei. Pois revestindo o poder de mando caráter uno e indiviso, o controle das sociedades filiadas é sempre exercido *in solidum* pela sociedade controladora, e não por seus acionistas.

2.5 Feitas essas ponderações a respeito do conceito de acionista controlador e de controle compartilhado, passemos agora à questão da *alienação do controle acionário*. A vigente lei acionária, em relação a esse tópico, dá tratamento diferenciado para as companhias abertas e fechadas. Para as companhias fechadas, a operação se circunscreve a um negócio privado entre cedente e cessionário, sem que se estabeleçam benefícios aos acionistas minoritários, ao passo que, para as companhias abertas, a lei, em seu art. 254-A, estabelece um sistema de proteção aos minoritários, estendendo-lhes as vantagens colhidas pelos controladores na alienação do controle.

Nessa circunstância, a lei condiciona a operação de transferência de controle à obrigação de ser acompanhada de uma oferta pública de aquisição das ações com direito a voto, a ser realizada pelo adquirente do controle, ao preço mínimo igual a 80% do valor alcançado pelo controlador.

Para esse fim, o § 1º do citado dispositivo subministra o que a lei entende por "alienação de controle acionário", estabelecendo as hipóteses em que ela se caracterizaria, *in verbis*:

"Art. 254-A. A alienação, direta ou indireta, do controle de companhia aberta somente poderá ser contratada sob a condição, suspensiva ou resolutiva, de que o adquirente se obrigue a fazer oferta pública de aquisição das ações com direito a voto de propriedade dos demais acionistas da companhia, de modo a lhes assegurar a preço no mínimo igual a 80% (oitenta por cento) do valor pago por ação com direito a voto, integrante do bloco de controle.

"§ 1º. Entende-se como alienação de controle a transferência, de forma direta ou indireta, de ações integrantes do bloco de controle, de ações vinculadas a acordos de acionistas e de valores mobiliários conversíveis em ações com direito a voto, cessão de direitos de subscrição de ações e de outros títulos ou direitos relativos a valores mobiliários conversíveis em ações que venham a resultar na alienação de controle acionário."

2.6 O termo "alienação" tem normalmente no direito brasileiro o sentido de

2. Nelson Cândido Motta, "Alienação do poder de controle compartilhado", *RDM* 89/42; Luiz Gastão Paes de Barros Leães, "Acordo de comando e poder compartilhado", in *Pareceres*, vol. II, Editora Singular, 2004, p. 1.309.

ato pelo qual alguém transfere a outrem a titularidade de um bem – no caso, esse bem é o poder de controle da companhia. No dispositivo transcrito, a alienação de controle, em decorrência de uma variedade de possíveis negócios (transferência de titularidade de ações integrantes do bloco de controle, de ações vinculadas a acordos de acionistas e de valores mobiliários conversíveis em ações com direito a voto, de direitos de subscrição de ações e de outros títulos ou direitos relativos a valores mobiliários conversíveis em ações), será aquele de que venha *resultar* a transmissão da maioria deliberante nas assembleias e do poder de eleger a maioria dos administradores da companhia.

Embora no conceito de "alienação" se pressuponha, evidentemente, a prévia existência do direito sobre o bem a ser transferido do patrimônio do alienante (pois, segundo o brocardo, *nemo ad alium transferre potest quan ipse non habet*), a lei acionária dá ênfase especial à fase de execução do negócio, orientada no sentido de que, em virtude das transferências das ações e dos valores a elas relacionadas, outrem se torne titular do bem transferido. Quer dizer, a regra legal em tela está voltada para a figura do destinatário da transferência, que emerge como *novo controlador*, sem se referir à figura do titular do controle anterior, que, de resto, nem mencionado é no dispositivo. A figura do titular anterior do controle está, porém, implícita nessa conceituação, pela simples razão de que a alienação de controle não decorre simplesmente da transferência de valores mobiliários emitidos pela companhia, mas da transferência de valores mobiliários que provoque necessariamente a migração do poder de comando do titular anterior para um novo titular.

Por outro lado, no texto acima reproduzido, a lei menciona, expressamente, que a expressão *alienação de controle* abrange, além da transferência *direta* de valores mobiliários que integram o bloco de controle da companhia, ou dos direitos sobre eles incidentes, a transferência *indireta* desses mesmos valores, que se operaria, não apenas através da mera mudança de titularidade dos valores mobiliários, mas mediante a mudança de titularidade do controle acionário da sociedade controladora da companhia que essas ações comportam. Na realidade, o objetivo do legislador, ao definir de forma abrangente a alienação de controle, abarcando tanto a alienação direta quanto a indireta, foi assegurar a obrigatoriedade da oferta pública sempre que da operação resulte a transferência *efetiva* da titularidade do poder dominante na companhia.

De onde se pode concluir que, de acordo com o § 1º do art. 254-A da Lei das S/A, para que se caracterize alienação do controle acionário de companhia aberta, para os efeitos do *caput* do dispositivo em questão, faz-se mister a ocorrência *cumulativa* dos seguintes elementos: (i) haja transferência, de forma direta ou indireta, da titularidade de direitos de sócios (ii) por parte de quem detém o controle, (iii) para pessoa ou grupo de pessoas estranhas ao controle, (iv) que lhes assegure, de modo permanente, a maioria do capital votante da companhia. Acrescente-se que o *caput* do art. 254-A, ao se referir ao preço da oferta, pressupõe também que (v) a referida transferência deva dar-se de forma onerosa. Todos esses requisitos foram explicitados pelos §§ 4º e 5º do art. 29 da Instrução CVM 361/2002.[3]

À míngua desses elementos, não se pode dizer que tenha ocorrido alienação de controle. Ora, esses elementos claramente não estão presentes na reorganização societária do **A-B**, como a seguir se verá.

3. Nelson Eizirik, Ariadna B. Gaal, Flávia Parente e Marcus de Freitas Henrique, *Mercado de Capitais: Regime Jurídico*, Rio de Janeiro, Renovar, 2008, p. 580.

3. A operação de reorganização societária do A-B

3.1 Em 3 de novembro de 2008, os controladores do Banco **A** e do **B** firmaram um *contrato de associação*, visando à unificação das operações das duas instituições. Essa associação seria implementada mediante uma *reorganização societária* de que resultaria a migração, por meio de sucessivas incorporações, dos acionistas do **B** *Holdings* e do **B** para o **A** *Holding*, cujo controle passaria a ser exercido, de forma compartilhada, pelos dois grupos bancários, através de uma nova empresa denominada **F** – **A B** Participações S/A. Essa nova empresa seria constituída por subscrição do capital votante, de forma paritária (50% – 50%), por **A**sa e pela Família **X**, controladora do **B** *Holdings*, mediante o aporte de ações ordinárias de emissão da **A** *Holding*, que a primeira já detinha e que a segunda receberia em decorrência das incorporações mencionadas.

Essa reorganização societária foi implementada em etapas, a saber, (i) numa etapa preliminar, o Banco **A** deliberou, em assembleia, a incorporação de 10.919.497.223 ações ordinárias da **A**sa *Export*, detidas por **A**sa, sendo as demais ações, por esta detida, adquiridas pelo Banco, com pagamento em dinheiro; (ii) a seguir, numa segunda assembleia, o Banco **A**, que era uma subsidiária integral da **A** *Holding*, mediante deliberações sucessivas, incorporou ações da **E.J.** (que detinha ações representativas de 32% da **B** *Holdings*), da **B** *Holdings* e do **B**; (iii) ato contínuo, realizadas essas incorporações por parte do Banco **A**, a **A** *Holding*, em conclave extraordinário, incorporou as ações do Banco **A**; e, por fim, (iv) em assembleia de aumento de capital da **F** – **A B** Participações S/A, a **A**sa e a Família **X** integralizaram o aumento de capital da nova companhia com ações representativas de 51% do capital votante da **A** *Holding*.

Por fim, toda essa longa operação, agregando os dois conglomerados, culminaria num acordo de acionistas, celebrado no âmbito tanto do **A** *Holding* quanto do **F**, por **A**sa e **F** Participações. Os integrantes da Família **X** também o assinaram. O prazo do acordo é de 20 anos. Foi ainda acertado que as ações de emissão da **F** vinculadas ao acordo não poderiam ser negociadas em bolsa ou no mercado de balcão pelo prazo de 10 anos, ficando entendido que as ações do **A** *Holding* (atualmente, **A B**) detidas pela **A**sa poderão ser livremente negociadas no mercado.

3.2 A reorganização em apreço acarretou, pois, de fato, a alteração na composição do bloco de controle da **B** *Holdings* e do **B**, posto que o controle acionário de tais companhias que era exercido de forma isolada pela Família **X** passou a ser compartilhado pela **A**sa, por meio da **F** Participações, na qual a Família **X** e a **A**sa detêm, cada uma, 50% do capital com direito a voto. Da mesma forma, a reorganização societária em tela também provocou uma alteração na composição do controle da **A** *Holding* (atualmente, **A B**), que deixou de ser exercido apenas pelas Famílias **SS** e **VV**, por meio da **A**sa, passando a ser compartilhado, em condições de absoluta paridade, pela Família **X**.

No entanto, a mudança na composição de controle dos dois grupos financeiros não é suficiente para caracterizar, na espécie, *alienação de controle* para efeito da aplicação das regras previstas no *caput* do art. 254-A da LSA, posto que na reorganização em pauta não estão presentes os requisitos mencionados no § 1º do citado para tal configuração.

Em primeiro lugar, toda a operação foi implementada mediante incorporações de ações (ou seja, mediante a *substituição* de ações da incorporada por ações da incorporadora), não havendo alienação ou aquisição desses ou de outros valores mobiliários. Através de deliberações sucessivas o Banco **A** incorporou ações da **E.J** (que detinha 32% da **B** *Holdings*), da **B** *Holdings* e do **B**, tendo as suas ações, por sua vez, sido incorporadas pela **A** *Holding*. Portanto, os controladores da **B** *Holdings* e do **B** não venderam as ações de sua propriedade para **A**sa, tendo as suas participações acionárias sido simplesmente *substituídas* por ações de emissão da **A** *Holding*, nos processos de incorporação societária.

Por outro lado, a **A**sa utilizou parte das ações de emissão da **A** *Holding* de sua propriedade para integralizar o capital da **F** Participações, a qual, por sua vez, passaria a ser detentora de ações representativas de mais da metade do capital votante da **A** *Holding* Financeira. Com a realização de tal operação, a **A**sa passou a deter 50% do capital votante da **F**, compartilhando o controle de tal sociedade (e, indiretamente, da **A** *Holding*) com a Família **X**, cujos integrantes também passaram a deter ações representativas de 50% do capital votante da **F** Participações. No controle compartilhado o grupo, como enfatizamos na seção anterior, exerce o poder de mando de *forma coletiva*, sendo encarado, portanto, *como um único sujeito de direito*. Assim, todas as decisões a serem tomadas no âmbito da **A** *Holding* dependem do consenso a ser obtido entre os dois grupos que, dividem, igualitariamente, as ações ordinárias de emissão da **F** Participações: **A**sa e Família **X**.

3.3 Ainda que se admitisse que a incorporação de ações tivesse provocado uma substituição de ações que "equivaleria" a uma alienação das ações integrantes do bloco de controle do **B** ou do **A**, não haveria razão para se falar em alienação de controle, para efeito do disposto no art. 254-A da LSA, pois essa caracterização somente ocorreria quando os integrantes dos blocos de controle cedem suas posições a terceiros (*penitus extranei*), que assumem a posição dominante na companhia, passando a exercer, em lugar do antigo controlador, o poder de conduzir as atividades sociais. Ou seja, somente haveria alienação de controle, para os efeitos do dispositivo citado, se e quando da operação *resultasse* o aparecimento de um novo acionista controlador.[4] Não é o que ocorreu no caso, mantendo a **A**sa o controle das empresas, compartilhando-o, em relação de igualdade, com a Família **X**.

Além da efetiva mudança no comando dos negócios sociais, assumindo um novo controlador a posição predominante, força ainda é que a operação de transferência tenha caráter oneroso para que se caracterize transferência de controle. Vale dizer, somente pode ser exigida em companhias abertas a oferta pública para aquisição das ações pertencentes aos minoritários quando haja a percepção de uma mais-valia paga na transferência de ações. No caso, a transferência das ações das incorporadas se fez por substituição com base em relação estabelecida em valores de mercado, não havendo o pagamento de qualquer prêmio de controle.

Em suma, a reorganização societária em exame não caracterizou nem alienação de controle do **B**, nem do **A**, para ensejar a obrigatoriedade da realização da oferta pública aos acionistas minoritários dessas entidades, tendo apenas promovido a agregação dos dois conglomerados financeiros, com o compartilhamento no controle, a ser exercido por ambos em regime de absoluta paridade, através da **F** – **A B** Participações S/A.

4. "Não basta para caracterizar a alienação de controle que sejam alienadas ações integrantes do bloco de controle, salvo se o adquirente adquirir, em decorrência da operação realizada, uma quantidade de ações ordinárias que isoladamente, ou agregadas a outras ações de igual espécie que, já era detidas pelo comprador, venham a assegurar uma posição de comando político da companhia, com as características que estão indicadas no art. 116 da lei societária" (Luiz Leonardo Cantidiano, "Características das ações, cancelamento de registro e *tag along*", in *Reforma da Lei das Sociedades Anônimas, Inovações e Questões Controvertidas da Lei n. 10.303, de 31.10.2001*, Rio de Janeiro, Forense, 2002, p. 93).

4. Efeitos da reorganização nos contratos com a A e C

4.1 Assente o entendimento de que a reestruturação societária, que viabilizou a unificação dos conglomerados **A** e **B**, não implicou em translação de controle para os efeitos do art. 254-A da LSA, dando azo apenas à formação de um controle compartilhado entre os dois blocos, cabe, agora, apurar o grau do impacto que porventura essa reestruturação possa provocar no acordo de acionistas que o **A**, na qualidade de acionista controlador do Banco **C**, celebrou com a **C** Automóveis, e no contrato de prestação de serviços que o **A** celebrou com a **C** Automóveis, **C** Auto S.p.A. e o Banco **C**. Esta, aliás, é a pergunta formulada na consulta.

4.2 Do exame das cláusulas, acima reproduzidas, constantes do acordo de acionistas assinado em 26 de março de 2003 por **A** e **C** Automóveis, na qualidade de acionistas do Banco **C** (**A**, com 99% das ações e **C** Automóveis, com uma única *golden share*), verificamos que, em síntese, as partes contratantes estabeleceram o seguinte:

(a) que nenhuma das duas acionistas poderia, "*direta ou indiretamente*", "*alienar ou gravar qualquer das ações detidas pelas partes*", exceto as sociedades dos próprios grupos, e desde que estas se comprometam a aderir ao acordo e ao contrato de prestação de serviço, pressupondo sempre que a transferência esteja "*de acordo com a legislação brasileira aplicável*" (Restrições a transferências e Transferências permitidas – Cláusulas 6.01 e 6.02);

(b) que, em ocorrendo "uma alteração direta ou indireta no controle do **A**, (i) a **DSA**, ou um terceiro indicado por ela (necessariamente, uma sociedade do grupo de controle da **C** Auto), terão o direito, mas não a obrigação, de adquirir todas as ações da **E** *Holdings* detidas pelo **A**; e/ou (ii) o contrato de prestação de serviços será rescindido a exclusivo critério da **DSA**, em até 120 (cento e vinte) dias contados da data da transferência direta ou indireta do controle do **A**" (Cláusula 6.06(a) – Alteração do controle do **A**);

(c) que para os efeitos desta última cláusula, "as transferências dentro do grupo de controle do **A** não deverão ser consideradas alteração do controle do **A**" (Cláusula 6.06(c).

No verbete "*Controle*", constante do capítulo das *Definições*, dispõe o acordo de acionistas que a expressão terá o significado que desfruta "*no artigo 116 da Lei n. 6.404/1976 e alterações posteriores*", aumentando-lhe o alcance, na medida em que acrescenta à definição do controlador o poder de deter "*indiretamente*" a maioria de votos nas deliberações sociais, o que, como vimos, não está previsto no referido dispositivo legal, que apenas cogita do controle direto, visto que são os arts. 243, § 2º, e 265, § 1º, da LSA, que tratam da definição da sociedade controladora ou de comando do grupo.

No verbete "*Transferência*", também constante do capítulo das *Definições*, o acordo de acionistas esclarece que a expressão tem, no acordo, o significado que lhe atribui a Cláusula 6.01, que impõe "*reserva à transferência*" de ações de propriedade dos convenentes, estabelecendo que as partes devem "*abster-se de, direta ou indiretamente, vender, ceder, transferir, outorgar direitos, dar em garantia ou de qualquer outra forma, alienar ou gravar qualquer das ações detidas pelas partes*". Trata-se, como se observa, de uma convenção de bloqueio, admitida pela lei (art. 118, *caput*), que impõe *limitações* à circulação de ações dos convenentes do acordo, sem que, no entanto, possa impedir totalmente sua negociação dado o princípio da livre transmissibilidade que prevalece nas companhias (art. 36).

4.3 Da leitura sistemática dessas cláusulas contratuais, depreende-se que nenhuma das hipóteses ali tratadas se verificaram, visto que, como foi acentuado, em face do disposto no § 1º do art. 254-A da LSA, a reorganização societária, operada na associação **A-B**, não consubstancia alienação, direta ou indireta, de controle, nem para o **B**, nem para o **A**, que se mantêm detentores do controle compartilhado dos dois conglomerados. A essa conclusão também se chega quando se leva em consideração o conceito de controle acolhido pelo acordo de acionistas do Banco **C**, o qual, como já se salientou, não se afasta da definição constante do dispositivo legal citado, a ele se referindo expressamente. Embora destinado a disciplinar a alienação de controle de companhia aberta, esse dispositivo é válido também para tratar da mudança de controle em companhia fechada.

Em suma, à míngua dos elementos informativos necessários para que se caracterize a alienação do controle acionário, mormente do aparecimento de um terceiro que assuma a posição dominante na companhia, em substituição ao antigo controlador, a reestruturação societária dos grupos **A-B** não determinou a alienação de controle (direto ou indireto) do Banco **C**, para os efeitos do disposto na Cláusula 6.06 do acordo de acionistas. Ou seja, a reorganização societária realizada no conglomerado **A-B** não dá ensejo a que a **DSA**, ou terceiro por ela indicado, possa adquirir todas as ações da **G** *Holdings* detidas pelo **A**, ou a rescindir o contrato de prestação de serviços, como está ali pactuado. Em suma, a hipótese de fato prevista nessa cláusula do acordo não ocorreu.

4.4 Igualmente não ocorreu a hipótese prevista na Cláusula 6.01, que proíbe aos pactuantes do acordo de acionista do Banco **C** que, "*direta ou indiretamente*", transfiram a terceiros "*qualquer das ações detidas pelas partes*", "*devendo a companhia recusar-se a registrar qualquer transferência de ações que não esteja em conformidade com as disposições desse acordo*".

Com efeito, diretamente, o Banco **A** não procedeu a nenhuma alienação a terceiro de qualquer ação do Banco **C** por ele detida; indiretamente, também não o fez, pois a mudança do controle do **A**, que geraria essa transferência indireta, não se operou. Também aqui, a hipótese de fato, apta a causar o efeito previsto na cláusula do acordo, não se verificou. O Banco **A** não desrespeitou, portanto, a limitação estabelecida no acordo de acionistas.

4.5 A mesma conclusão se chega quando se examina as Cláusulas 13.3 e 13.3.1 do contrato de prestação de serviços celebrado entre a **C** Automóveis, **C** Auto S.p.A., Banco **C** e **A**. A hipótese de rescisão desse contrato, por força de "*mudança do controle direito ou indireto*" da **E** *Holdings* não ocorreu, visto que igualmente não se deu a alteração, direta ou indireta, do **A**, sociedade controladora da mesma.

Em síntese, podemos dizer que a reestruturação societária por que passaram os conglomerados não pode ser considerada alienação de controle (direto e indireto) do Banco **A**, para efeito de aplicação das cláusulas restritivas de transferência de ações e de rescisão contratual constantes tanto do acordo de acionistas do Banco **C** como do contrato de prestações de serviços, pactuado entre o **A** e o Banco **C** e outras entidades, em 26 de março de 2003. À **DSA** falece, pois, o direito de rescindir o contrato de prestação de serviço ou de adquirir todas as ações da **E** *Holdings* detidas pela **A**, com base em mudança de controle do **A**, posto que esta mudança não ocorreu, pelos jurídicos motivos acima expostos.

É o nosso parecer.

São Paulo, 10 de março de 2009.

Pareceres

NATUREZA JURÍDICA DE SOCIEDADE ANÔNIMA PRIVADA COM PARTICIPAÇÃO ACIONÁRIA ESTATAL

Gilberto Bercovici

Consulta. Parecer: 1. Natureza jurídica das sociedades de economia mista; 2. A necessidade de autorização legislativa para a participação estatal em empresas privadas; 3. Poder de controle e controle conjunto; 4. O controle e a fiscalização externa e o conceito de empresa estatal. Resposta.

CONSULTA

O Banco X, por intermédio de sua Diretora Jurídica, honra-me com a formulação da seguinte Consulta, cujos termos transcrevo abaixo, para análise e produção de Parecer sobre a aquisição pelo Banco do Brasil, com fundamento na Medida Provisória n. 443, de 21 de outubro de 2008 (posteriormente convertida na Lei n. 11.908, de 3 de março de 2009), de participação acionária no Banco X, por meio do contrato de compra e venda celebrado em 9 de janeiro de 2009, informando que:

"1. Após o fechamento da operação, a composição acionária do Banco X passará a ser a seguinte: 50% do total de ações ordinárias pertencentes ao acionista X e 50% do total de ações ordinárias pertencentes ao Banco do Brasil.

"2. O acionista X possuirá 10 ações ordinárias a mais que o Banco do Brasil e não haverá outros acionistas.

"3. O fechamento da compra e venda depende da aprovação da operação pelo Banco Central do Brasil, que se constitui numa condição suspensiva para o negócio.

"4. Dentre os anexos do contrato de compra e venda há um acordo de acionistas, que vigorará a partir da data do fechamento, com prazo de 10 anos, podendo ser renovado.

"5. Referido acordo regula o relacionamento entre os dois únicos acionistas, estabelecendo, dentre outros pontos, os seguintes:

"(i) o Conselho de Administração terá *seis* membros, sendo que *três* serão eleitos dentre os indicados pelo Banco do Brasil e *três*, dentre os indicados pelo acionista X. O Presidente do Conselho de Administração será escolhido de modo alternado, começando por um indicado pelo Banco do Brasil, sendo o próximo pelo acionista X e assim, sucessivamente. Contudo o Presidente do Conselho não tem voto de qualidade.

"(ii) praticamente todas as matérias relevantes dependem, para sua aprovação, de *quorum* qualificado, tanto na Assembleia Geral (75% do capital votante) quanto no Conselho de Administração (voto de 4 membros). Desse modo, nenhum dos acionistas tem poder para decidir isoladamente sobre as matérias relevantes.

"Nesse contexto, o problema ora colocado consiste em saber se a configuração acionária adotada e a celebração do acordo de acionistas, tal como redigido, induziriam a existência de controle por parte do Banco do Brasil, numa acepção capaz de tornar o Banco X integrante da administração pública indireta, o que, por via de consequência, atrairia a incidência das normas do art. 37 da CF, especialmente no que se refere à exigência de concurso público, observância da Lei 8.666/1993 nas compras e contratações e sujeição à fiscalização de órgãos de controle da administração pública.

"Buscando a elucidação desses pontos, formulam-se os seguintes quesitos:

"a) O Banco X, após a celebração do acordo de acionistas, poderia ser classificado como sociedade de economia mista?

"b) Quais as diferenças entre (i) ser controlador, (ii) integrar bloco de controle e (iii) integrar grupo de controle? Para efeitos de definição de pertinência à administração pública indireta e atração das regras de direito público, tais categorias se equivalem? No caso concreto do acordo de acionistas do Banco X, em qual dessas categorias se enquadra o Banco do Brasil?

"c) Uma vez que o acordo de acionistas tem uma natureza efêmera – possui prazo determinado (no caso, 10 anos), podendo ser desfeito ou alterado por mútuo acordo entre as partes a qualquer tempo – tal situação, potencialmente cambiante, pode servir de parâmetro para definição da pertinência ou não à administração pública?

"d) O Decreto n. 6.021/2007, que trata, dentre outros assuntos, da administração das participações societárias da União, define como *empresas estatais federais* 'as empresas públicas, sociedades de economia mista, suas subsidiárias e controladas e demais sociedades em que a União, direta ou indiretamente, detenha a maioria do capital social com direito a voto' (art. 1º, inciso I) e como *participações* 'os direitos da União decorrentes da propriedade, direta ou indireta, do total ou de parcela do capital de sociedades'. Diante disso, pode-se afirmar que o referencial adotado para definição da pertinência ou não à administração pública seria a composição acionária?

"e) A Lei 6.223/1975, em seu art. 7º, com a redação dada pela Lei 6.525/1978, ao tratar da fiscalização financeira e orçamentária da União pelo Congresso Nacional, fornece uma visão acerca do tratamento que o legislador dispensa para os casos nos quais o poder de controle está distribuído de modo paritário entre a sociedade de economia mista e o particular. Com base em tal dispositivo, seria possível afirmar que o Banco X *não* está sujeito ao regime de direito público em geral e à fiscalização do Tribunal de Contas da União em particular?

"f) Nada obstante o Banco do Brasil exerça *influência significativa* na administração do Banco X na medida em que, para decisão em matérias relevantes, exige-se *quorum* qualificado, ***não há preponderância sobre a vontade do acionista privado***. Quanto ao acionista privado, em princípio, deve prevalecer a regra de que ele não pode ser obrigado a fazer ou deixar de fazer algo que não decorra da Lei (CF, art. 5º, inc. II), o que significa que não poderia haver limitações não previstas expressamente em lei ou contrato, no exercício do seu direito de propriedade (CF, art. 170, inc. II), no caso, sobre parte do patrimônio do Banco X, representada pelas ações de que é titular. Nesse contexto, a assinatura do acordo de acionistas, tal como redigido, implica, de parte do acionista privado, a sujeição do seu patrimônio ao regime de direito público?

"g) Seria correto afirmar que, no caso específico do acordo de acionistas a ser celebrado entre o Banco do Brasil e o acionista X, o que ocorre, a rigor, é que o controle societário exercido pelo acionista X (acionista que detém a maior parte das ações com direito a voto) sofre limitação nas matérias expressamente previstas no acordo, para as quais se exige o *quorum* qualificado, ou, em outras palavras, que o *quorum* qualificado teria a finalidade de proteger o acionista minoritário – Banco do Brasil – nas matérias essenciais? Se positiva a resposta, essa situação implicaria corresponsabilidade do BB na administração do Banco X, quanto a tais matérias? Se positiva também essa resposta, tal corresponsabilidade implicaria sujeição do Banco X às normas da administração pública?

"h) Foi apresentado o pedido de autorização ao Banco Central, retratando a operação como aquisição, pelo Banco do Brasil, de participação relevante no X. Argumentou-se que o controlador continuaria sendo o acionista X, mas o Banco do Brasil possuiria influência significativa na administração, em razão da escolha de metade dos membros do Conselho de Administração e em decorrência dos *quoruns* qualificados. Sustentou-se que tais parâmetros destinar-se-iam a resguardar o investimento realizado pelo sócio minoritário. O Banco Central, no seu escopo próprio de identificação de responsabilidade dos sócios perante o sistema financeiro nacional, considera a situação como sendo a de *controle compartilhado*, dado que nenhum dos acionistas, pode, isoladamente, conduzir os destinos da companhia. Diante disso, indaga-se: a) do ponto de vista do direito societário, caracteriza-se o controle compartilhado? b) se positiva a resposta, a existência de controle compartilhado nesses moldes tornaria o Banco X integrante da administração pública indireta?

"i) A recente alteração da redação do art. 243, § 1º, da Lei 6.404/1976, promovida pela MP 449 (art. 36), ao empregar a expressão 'influência significativa' em lugar de '10% (dez por cento) ou mais, do capital da outra, sem controlá-la', aponta para uma concepção que considera a possibilidade de interferência do acionista minoritário no exercício do poder de controle? Se positiva a resposta, pode o acionista minoritário ter responsabilidades perante o sistema financeiro (pelo fato de tratar-se de um Banco), e também perante os demais acionistas, empregados e a sociedade de um modo geral, sem ser controlador?"

Parecer

1. Natureza jurídica das sociedades de economia mista

O Banco do Brasil é uma sociedade de economia mista, controlada pela União, vinculada ao Ministério da Fazenda e integrante do Sistema Financeiro Nacional (arts. 1º, III, 19 e 62 da Lei n. 4.595, de 31 de dezembro de 1964, e art. 189 do Decreto-lei n. 200, de 25 de fevereiro de 1967). A sociedade de economia mista é, em sua estruturação atual, um fenômeno do final do século XIX e início do século XX, que se intensificou, especialmente na Alemanha, durante a Primeira Guerra Mundial (1914-1918). A Constituição alemã de 1919, a Constituição de Weimar, por sua vez, previu expressamente, em seu art. 156, a possibilidade de socialização, nacionalização ou participação estatal no setor empresarial.[1]

A visão tradicional, inspirada nos escritos do industrial alemão Walter Ra-

1. V. Walter Jellinek, *Verwaltungsrecht*, 3ª ed., Berlin, Verlag von Julius Springer, 1931, pp. 526-528; René Brunet, *La Constitution Allemande du 11 Août 1919*, Paris, Payot, 1921, pp. 298-318; Gerhard Anschütz, *Die Verfassung des Deutschen Reichs vom 11. August 1919*, reimpr., 14ª ed., Aalen, Scientia Verlag, 1987, pp. 725-729; Heinrich Friedlaender, "Artikel 156. Sozialisierung", in Hans Carl Nipperdey (org.), *Die Grundrechte und Grundpflichten der Reichsverfassung: Kommentar zum zweiten Teil der Reichsverfassung*, vol. 3, reimpr., Frankfurt am Main, Verlag Ferdinand Keip, 1975, pp. 322-348 e Gerold Ambrosius, *Der Staat als Unternehmer: Öffentliche Wirtschaft und Kapitalismus seit dem 19. Jahrhundert*, Göttingen, Vandenhoeck e Ruprecht, 1984, pp. 64-102. Para o debate em torno da constituição econômica durante o período da República de Weimar (1918-1933), v. Gilberto Bercovici, *Constituição e Estado de Exceção Permanente: Atualidade de Weimar*, Rio de Janeiro, Azougue Editorial, 2004, pp. 39-50.

thenau, entendia a sociedade de economia mista (*gemischtwirtschaftliche Unternehmung*) como uma associação livre de capitais privados e fundos públicos para a exploração de uma atividade econômica, um fenômeno "econômico", que não pertenceria às instituições administrativas.[2] Esta concepção equivocada levou a uma série de debates, como o protagonizado entre nós por Bilac Pinto, sobre a impossibilidade de conciliação dos interesses público (do Estado) e privados (dos demais acionistas privados, que almejam o lucro), que levaria à substituição do modelo de sociedade de economia mista pelo da empresa pública, cujo capital é exclusivamente estatal.[3]

A atual doutrina publicista brasileira, com base no art. 5º, III, do Decreto-lei n. 200/1967 (com a redação alterada pelo Decreto-lei n. 900, de 29 de setembro de 1969), define a sociedade de economia mista como uma entidade integrante da Administração Pública Indireta, dotada de personalidade jurídica de direito privado, cuja criação é autorizada por lei, como um instrumento de ação do Estado. Apesar de sua personalidade de direito privado, a sociedade de economia mista, como qualquer empresa estatal, está submetida a regras especiais decorrentes de sua natureza de integrante da Administração Pública.

Estas regras especiais decorrem de sua criação autorizada por lei, cujo texto excepciona a legislação societária, comercial e civil aplicável às empresas privadas. Na criação da sociedade de economia mista, autorizada pela via legislativa, o Estado age como Poder Público, não como acionista. A sua constituição só pode se dar sob a forma de sociedade anônima, devendo o controle acionário majoritário pertencer ao Estado, em qualquer de suas esferas governamentais, pois ela foi criada deliberadamente como um instrumento da ação estatal.[4]

A exigência de autorização legislativa, hoje consagrada no art. 37, XIX, da Constituição de 1988,[5] foi incorporada ao próprio

2. Fritz Fleiner, *Les Principes Généraux du Droit Administratif Allemand*, Paris, Librairie Delagrave, 1933, pp. 82-84; Ernst Rudolf Huber, *Wirtschaftsverwaltungsrecht*, vol. 1, 2ª ed., Tübingen, J. C. B. Mohr (Paul Siebeck), 1953, pp. 529-530; Ernst Forsthoff, *Lehrbuch des Verwaltungsrechts*, vol. 1, 9ª ed., Munique, Verlag C. H. Beck, 1966, p. 485 e Jean-Yves Chérot, *Droit Public Économique*, 2ª ed., Paris, Economica, 2007, pp. 471-472. Para as dificuldades encontradas pela doutrina publicista brasileira com o conceito de empresa estatal, v. Alberto Venâncio Filho, *A Intervenção do Estado no Domínio Econômico: o Direito Público Econômico no Brasil*, Rio de Janeiro, Ed. FGV, 1968, pp. 385-406.

3. V. o clássico artigo de Bilac Pinto, "O declínio das sociedades de economia mista e o advento das modernas empresas públicas", in Instituto de Direito Público e Ciência Política, *Estudos sôbre a Constituição Brasileira*, Rio de Janeiro, FGV, 1954, pp. 43-57. V., ainda, Waldemar Martins Ferreira, *A Sociedade de Economia Mista em seu Aspecto Contemporâneo*, São Paulo, Max Limonad, 1956, pp. 151-153. Para uma crítica contemporânea à posição de Bilac Pinto, v. Alfredo de Almeida Paiva, "As sociedades de economia mista e as emprêsas públicas como instrumentos jurídicos a serviço do Estado", *Revista de Direito Administrativo: Seleção Histórica*, Rio de Janeiro, FGV/Renovar, 1995, pp. 316-317.

4. V., por todos, Waldemar Martins Ferreira, *A Sociedade de Economia Mista em seu Aspecto Contemporâneo*, cit., pp. 133-136; Alfredo de Almeida Paiva, "As sociedades de economia mista e as emprêsas públicas como instrumentos jurídicos a serviço do Estado", cit., pp. 313-316; Alberto Venâncio Filho, *A Intervenção do Estado no Domínio Econômico*, cit., pp. 415-437; Manuel de Oliveira Franco Sobrinho, *Comentários à Reforma Administrativa Federal*, 2ª ed., São Paulo, Saraiva, 1983, pp. 68-74; Washington Peluso Albino de Souza, *Primeiras Linhas de Direito Econômico*, 3ª ed., São Paulo, LTr, 1994, pp. 273-276; Celso Antônio Bandeira de Mello, *Curso de Direito Administrativo*, 20ª ed., São Paulo, Malheiros Editores, 2006, pp. 175-178 e 189; Eros Roberto Grau, *A Ordem Econômica na Constituição de 1988 (Interpretação e Crítica)*, 12ª ed., São Paulo, Malheiros Editores, 2007, pp. 111-119; Maria Sylvia Zanella Di Pietro, *Direito Administrativo*, 20ª ed., São Paulo, Atlas, 2007, pp. 394, 414-415 e 420-421 e Modesto Carvalhosa, *Comentários à Lei de Sociedades Anônimas*, vol. 4, t. I, 2ª ed., São Paulo, Saraiva, 1999, pp. 357-361 e 375-378. V., ainda, Maria Teresa Cirenei, *Le Imprese Pubbliche*, Milano, Giuffrè, 1983, pp. 516-519.

5. Art. 37, XIX, da CF/1988: "somente por lei específica poderá ser criada autarquia e autorizada a instituição de empresa pública, de sociedade de

conceito de sociedade de economia mista. O que caracteriza a sociedade de economia mista não é apenas a presença majoritária do Estado no seu capital acionário. Uma participação majoritária estatal que fosse transitória ou eventual não modificaria o objeto ou os fins de uma sociedade comum. A sociedade de economia mista é uma estrutura de direito privado (uma sociedade anônima) vinculada de modo permanente a objetivos de interesse público. Por isto a autorização para sua criação deve ser efetuada por lei. Sem a base legal que a cria, a sociedade de economia mista não passaria de uma sociedade anônima comum, com participação acionária estatal.[6]

Toda sociedade de economia mista está submetida às regras gerais da Administração Pública (art. 37 da Constituição), ao controle do Congresso Nacional (art. 49, X, no caso das sociedades de economia mista pertencentes à União), do Tribunal de Contas da União (art. 71, II, III e IV, da Constituição, também no caso das sociedades de economia mista da esfera federal) e, no caso das sociedades de economia mista federais, da Controladoria-Geral da União (arts. 17 a 20 da Lei n. 10.683, de 28 de maio de 2003), ponto sobre o qual me deterei com mais detalhes adiante. Além disto, o orçamento de investimentos das sociedades de economia mista federais deve estar previsto no orçamento geral da União (art. 165, § 5º, da Constituição de 1988).

Estes dispositivos constitucionais são formas distintas de vinculação e conformação jurídica, constitucionalmente definidas, que vão além do disposto no art. 173, § 1º, II, que iguala o regime jurídico das empresas estatais prestadoras de atividade econômica em sentido estrito ao mesmo das empresas privadas em seus aspectos civil, comercial, trabalhista e tributário.[7] A natureza jurídica de direito privado é um expediente técnico que não derroga o direito administrativo, sob pena de inviabilizar a sociedade de economia mista como instrumento de atuação do Estado. Na realidade, conforme ressalta Maria Sylvia Zanella Di Pietro, quando o Estado cria uma pessoa jurídica de direito privado, esta surge, praticamente, com todas as características de uma pessoa jurídica de direito público, pois é um instrumento de atuação do próprio Estado. O seu regime jurídico, embora preponderantemente de direito privado, é; "híbrido", pois nunca se sujeita inteiramente ao direito privado, que é derrogado parcialmente pelo regime jurídico administrativo.[8]

economia mista e de fundação, cabendo à lei complementar, neste último caso, definir as áreas de sua atuação".

6. Oscar Saraiva, "Novas formas da delegação administrativa do Estado", *Revista Forense* 100/234, Rio de Janeiro, nov./1944; Alfredo de Almeida Paiva, "As sociedades de economia mista e as emprêsas públicas como instrumentos jurídicos a serviço do Estado", cit., pp. 311-313; Waldemar Martins Ferreira, *A Sociedade de Economia Mista em seu Aspecto Contemporâneo*, cit., pp. 57-59; Lúcia Valle Figueiredo, *Empresas Públicas e Sociedades de Economia Mista*, São Paulo, Ed. RT, 1978, pp. 40-45 e 83; Maria Sylvia Zanella Di Pietro, *Direito Administrativo*, cit., pp. 414-415 e José Edwaldo Tavares Borba, *Direito Societário*, 10ª ed., Rio de Janeiro, Renovar, 2007, pp. 503-506. V. também Modesto Carvalhosa, *Comentários à Lei de Sociedades Anônimas*, vol. 4, t. I, cit., pp. 384-385 e 391-392.

7. Sobre a influência da atividade prestada (serviço público ou atividade econômica em sentido estrito) no regime jurídico das empresas estatais (empresas públicas e sociedades de economia mista), v. Celso Antônio Bandeira de Mello, *Curso de Direito Administrativo*, cit., pp. 183-184; Eros Roberto Grau, *A Ordem Econômica na Constituição de 1988*, cit., pp. 140-146 e Maria Sylvia Zanella Di Pietro, *Direito Administrativo*, cit., pp. 412-414. Na doutrina estrangeira, v., p.ex., Fritz Fleiner, *Les Principes Généraux du Droit Administratif Allemand*, cit., pp. 198-209 e Jean-Philippe Colson, *Droit Public Économique*, 3ª ed., Paris, LGDJ, 2001, pp. 330-332.

8. Waldemar Martins Ferreira, *A Sociedade de Economia Mista em seu Aspecto Contemporâneo*, cit., pp. 54-57 e 164-165; Caio Tácito, "Direito administrativo e direito privado nas empresas estatais", in *Temas de Direito Público (Estudos e Pareceres)*, vol. 1, Rio de Janeiro, Renovar, 1997, pp. 691-698; Eros Roberto Grau, *Elementos de Direito Econômico*, São Paulo, Ed. RT, 1981, pp. 101-111; Celso Antônio Bandeira de Mello, *Curso de Direito Administrativo*, cit., pp. 178-183 e 185-188; Eros Ro-

A prevalência do direito público não significa, no entanto, que a sociedade de economia mista perca a natureza de sociedade anônima.[9] A Lei das S/A (Lei n. 6.404, de 15 de dezembro de 1976), se aplica às sociedades de economia mista, desde que seja preservado o interesse público que justifica sua criação e atuação (art. 235).

A sociedade de economia mista, criada por lei, não se confunde, portanto, com sociedades com participação acionária do Poder Público, mesmo que sob seu controle acionário. O ingresso do Estado como acionista em uma sociedade originariamente privada não produz nenhuma alteração de natureza jurídica no estatuto da sociedade constituída por agentes econômicos privados com intuito de obtenção de lucro. A simples participação de entes públicos, ou por eles controlados, como acionistas não é suficiente para modificar a estrutura de uma sociedade. O Estado ou ente estatal que se torna sócio de uma pessoa jurídica de direito privado em funcionamento submete-se aos seus estatutos sociais. Nesta hipótese, geralmente de participação minoritária do Estado, o interesse público se realiza pelo próprio fato da participação acionária estatal (pelos mais variados motivos, como ter que financiar empresas ou setores carentes de investimentos, por exemplo), sem que seja necessária qualquer mudança na estrutura societária. A sociedade comum não se torna uma sociedade de economia mista pelo surgimento, transitório ou permanente, do Estado, ou ente estatal, como seu acionista. Mesmo se este adquirir a maior parte das suas ações ou o poder de controle, a empresa não é transformada em sociedade de economia mista. Trata-se de simples inversão de capitais públicos em uma empresa privada.[10] A sua natureza jurídica

berto Grau, *A Ordem Econômica na Constituição de 1988*, cit., pp. 111-123 e 278-281; Maria Sylvia Zanella Di Pietro, *Direito Administrativo*, cit., pp. 394-396, 416-418 e 421-428 e Modesto Carvalhosa, *Comentários à Lei de Sociedades Anônimas*, vol. 4, t. I, cit., pp. 351-353. Na doutrina estrangeira, sobre os regimes jurídicos das empresas estatais, em geral, e das sociedades de economia mista, em particular, v. Ernst Rudolf Huber, *Wirtschaftsverwaltungsrecht*, vol. 1, cit., pp. 530-532; Bernard Chenot, *Organisation Économique de l'État*, 2ª ed., Paris, Dalloz, 1965, pp. 312-313; Ernst Forsthoff, *Lehrbuch des Verwaltungsrechts*, vol. 1, cit., pp. 478-483; Günter Püttner, *Die öffentlichen Unternehmen: Verfassungsfragen zur wirtschaftlichen Betätigung der öffentlichen Hand*, Bad Hamburgo/Berlin/Zürich, Verlag Gehlen, 1969, pp. 125-140 e 368-380; Volker Emmerich, *Das Wirtschaftsrecht der öffentlichen Unternehmen*, Bad Hamburgo/Berlin/Zürich, Verlag Gehlen, 1969, pp. 58-62; Gérard Farjat, *Droit Économique*, Paris, PUF, 1971, pp. 189-198; Massimo Severo Giannini, *Diritto Pubblico dell'Economia*, reimpr. da 3ª ed., Bologna, Il Mulino, 1999, pp. 163-166; Jean-Philippe Colson, *Droit Public Économique*, cit., pp. 297-301 e 328-330; Pierre Delvolvé, *Droit Public de l'Économie*, Paris, Dalloz, 1998, pp. 672-675 e 706-731 e Peter Badura, *Wirtschaftsverfassung und Wirtschaftsverwaltung: Ein exemplarischer Leitfaden*, 2ª ed., Tübingen, J. C. B. Mohr (Paul Siebeck), 2005, pp. 145-164.

9. Waldemar Martins Ferreira, *A Sociedade de Economia Mista em seu Aspecto Contemporâneo*, cit., pp. 138-145 e Modesto Carvalhosa, *Comentários à Lei de Sociedades Anônimas*, vol. 4, t. I, cit., pp. 367-368, 374 e 376-378. Sobre a influência do direito público na estrutura societária das empresas estatais na Alemanha, v. Günter Püttner, *Die öffentlichen Unternehmen*, cit., pp. 318-324 e 374-378 e Volker Emmerich, *Das Wirtschaftsrecht der öffentlichen Unternehmen*, cit., pp. 162-165 e 189-210.

10. Waldemar Martins Ferreira, *A Sociedade de Economia Mista em seu Aspecto Contemporâneo*, cit., pp. 131-133 e 176-177; Modesto Carvalhosa, *Comentários à Lei de Sociedades Anônimas*, vol. 4, t. I, cit., pp. 354-355; Maria Teresa Cirenei, *Le Imprese Pubbliche*, cit., pp. 538-539 e 590-592 e Luis S. Cabral de Moncada, *Direito Económico*, 5ª ed., Coimbra, Coimbra Ed., 2007, pp. 397-401. Segundo Roberto Cafferata, a participação igualitária entre capitais públicos e privados ou a participação do capital estatal como minoritário em empresas privadas pode ser um instrumento de política econômica atrativo economica e financeiramente para o setor privado. No entanto, ressalta, quanto mais o setor público estiver voltado para o mercado com critérios de pura economicidade empresarial, e não com preocupações de política macroeconômica, mais equilíbrio haverá na parceria e mais atrativa esta será para o poder privado. Cf. Roberto Cafferata, *La Società per Azioni Pubblica: Equilibrio Economico e Strategie di Transizione*, Milano, FrancoAngeli, 1993, pp. 149-150.

de direito privado permanece a mesma, apesar do acionista estatal, inclusive não sendo vinculada às limitações que os entes da Administração Pública Indireta, mesmo dotados de personalidade jurídica de direito privado (como as sociedades de economia mista e as empresas públicas), estão, como a necessidade de contratação de funcionários por concurso público ou submissão aos procedimentos estipulados na Lei de Licitações (Lei n. 8.666, de 21 de junho de 1993).

Não se aplica o regime jurídico das sociedades de economia mista a todas as sociedades em que o Estado tenha participação acionária. Uma empresa subsidiária constituída mediante a devida autorização legal tem a mesma natureza jurídica do ente estatal que a controla. Já as subsidiárias e empresas criadas por uma sociedade de economia mista ou que possuam participação acionária desta, sem a devida autorização legal não podem ser consideradas como sociedades de economia mista. Não é aplicável o regime de direito administrativo, ainda que parcialmente, às sociedades que, embora controladas por sociedades de economia mista, não foram criadas como sociedade de economia mista por lei, não podendo, assim, ser classificadas como "sociedades de economia mista de segundo grau". Em qualquer destes casos, o que há são sociedades comerciais comuns, sem nenhum vínculo com a Administração Indireta do Estado.

O art. 235, § 2º, da Lei das S/A,[11] inclusive, exclui expressamente da qualificação de sociedade de economia mista as empresas que não foram criadas por lei, embora tenham participação acionária estatal direta ou indireta. Mesmo que controlada pelo Estado ou por um ente estatal, como uma sociedade de economia mista, se não foi criada por lei, a sociedade em questão é regida exclusivamente pelo direito privado, não é um instrumento de atuação do Estado. O fato de ser controlada por um ente estatal não a torna uma sociedade de economia mista.[12]

Com base no art. 5º, III, do Decreto-lei n. 200/1967 e no art. 236 da Lei n. 6.404/1976, que exigem a prévia autorização legislativa para a criação das sociedades de economia mista, o Supremo Tribunal Federal, sob o regime constitucional anterior, decidiu reiteradas vezes no mesmo sentido de que a sociedade de economia mista não pode ser confundida com a sociedade com participação acionária estatal, como no julgamento do RE n. 91.035-2-RJ (rel. Ministro Soares Muñoz), em 26 de junho de 1979:

"*Ementa*: Sociedade de Economia Mista. Com ela não se confunde a sociedade sob o controle acionário do Poder Público. É a situação especial que o Estado se assegura através da lei criadora da pessoa jurídica que a caracteriza como sociedade de economia mista".[13]

11. Art. 235, § 2º da Lei das S/A: "As companhias de que participarem, majoritária ou minoritariamente, as sociedades de economia mista, estão sujeitas ao disposto nesta Lei, sem as exceções previstas neste Capítulo". O capítulo a que o dispositivo se refere é o Capítulo XIX da Lei das S/A, que trata justamente das sociedades de economia mista (arts. 235 a 242, estando os arts. 241 e 242 hoje revogados).

12. Maria Sylvia Zanella Di Pietro, *Direito Administrativo*, cit., pp. 415-416 e 420; Mauro Rodrigues Penteado, "As sociedades de economia mista e as empresas estatais perante a Constituição de 1988", *Revista de Informação Legislativa* 102/55-68, Brasília, abr.-jun./1989 e Modesto Carvalhosa, *Comentários à Lei de Sociedades Anônimas*, vol. 4, t. I, cit., pp. 364-365.

13. O mesmo conteúdo da ementa, com modificações mínimas, foi publicadao por ocasião do julgamento dos RE n. 92.338-1-RJ (rel. Ministro Soares Muñoz), em 18.3.1980; RE n. 92.340-3-RJ (rel. Ministro Soares Muñoz), em 25.3.1980; RE n. 93.175-9-RJ (rel. Ministro Soares Muñoz), em 14.10.1980; RE n. 94.777-9-RJ (rel. Ministro Soares Muñoz), em 14.8.1981 e RE n. 95.554-2-RJ (rel. Ministro Rafael Mayer), em 2.3.1982. Em decisão anterior, inclusive, o STF já havia se manifestado pela necessidade de lei autorizando a criação de sociedade de economia mista, conforme o voto do Ministro Moreira Alves no RE n. 79.840-MG (rel. Ministro Moreira Alves), j. 18.8.1975.

E no julgamento do RE n. 94.777-9-RJ (rel. Ministro Décio Miranda), em 14 de agosto de 1981:

"*Ementa*: Comercial. Sociedade Anônima. Sociedade de Economia Mista. É sociedade de economia mista aquela criada por lei, não bastando para caracterizá-la como tal a simples presença de capital público (Lei n. 6.404, de 15.12.1976, art. 236)".[14]

Estas decisões do Supremo Tribunal Federal foram proferidas com base exclusiva na previsão legal do Decreto-lei n. 200/1967 e da Lei n. 6.404/1976. No atual regime constitucional, sequer haveria necessidade de se mencionar estes diplomas legislativos, pois a própria Constituição de 1988, em seu art. 37, XIX, prevê expressamente a necessidade de lei específica para autorizar a criação de uma sociedade de economia mista. Se a sociedade anônima, embora tenha participação acionária estatal, não tiver sido instituída por lei, não será uma sociedade de economia mista.

2. A necessidade de autorização legislativa para a participação estatal em empresas privadas

As empresas estatais, para os formuladores do Decreto-lei n. 200/1967, deveriam ter condições de funcionamento e de operação idênticas às do setor privado. Além disso, sua autonomia deveria ser garantida, pois elas seriam vinculadas, não subordinadas, aos ministérios, que só poderiam efetuar um controle de resultados.[15] Como se explica, então, a expansão das empresas estatais no pós-1964? Apesar do discurso oficial de restrição à atuação estatal na esfera econômica de liberais insuspeitos como Octávio Gouveia de Bulhões, Roberto Campos, Antônio Delfim Netto e Mário Henrique Simonsen, cerca de 60% (sessenta por cento) das empresas estatais do Brasil foram criadas entre 1966 e 1976.[16]

O governo militar brasileiro instalado após 1964 tem uma grande preocupação em conter o déficit público e combater a inflação. Para tanto, vai promover medidas que reformulam a captação de recursos e as transferências intergovernamentais para as empresas estatais, além de exigir uma política "realista" de preços. As reformas realizadas pelo PAEG (Plano de Ação Econômica do Governo), implementado por Octávio Gouveia de Bulhões e Roberto Campos, visavam, fundamentalmente, recuperar a economia de mercado.[17] Um dos objetivos explícitos do Decreto-lei n. 200/1967 foi, justamente, aumentar a "eficiência" do setor produtivo público por meio da descentralização na execução das atividades governamentais. As empresas estatais tiveram, assim, que adotar padrões de atuação similares aos das empresas privadas, foram obrigadas a ser "eficientes" e a buscar fontes alternativas de financiamento.

Dotadas de maior autonomia, as empresas estatais passaram a ser legalmente entendidas como empresas capitalistas privadas (art. 27, parágrafo único do Decreto-lei n. 200/1967[18]). Deste modo, aplicando a "racionalidade empresarial", muitas em-

14. A mesma ementa foi publicada por ocasião do julgamento do RE n. 96.336-7-RJ (rel. Ministro Décio Miranda), em 2.3.1982.

15. José de Nazaré Teixeira Dias, *A Reforma Administrativa de 1967*, 2ª ed., Rio de Janeiro, Ed. FGV, 1969, pp. 78-80.

16. Cf. Luciano Martins, *Estado Capitalista e Burocracia no Brasil Pós-64*, 2ª ed., Rio de Janeiro, Paz e Terra, 1991, pp. 60-62.

17. Sobre o PAEG, v. António José Avelãs Nunes, *Industrialização e Desenvolvimento: a Economia Política do "Modelo Brasileiro de Desenvolvimento"*, São Paulo, Quartier Latin, 2005, pp. 351-413 e Octavio Ianni, *Estado e Planejamento Econômico no Brasil*, 5ª ed., Rio de Janeiro, Civilização Brasileira, 1991, pp. 229-242 e 261-288.

18. Art. 27, parágrafo único do Decreto-lei n. 200: "Assegurar-se-á às emprêsas públicas e às sociedades de economia mista condições de funcionamento idênticas às do setor privado cabendo a essas entidades, sob a supervisão ministerial, ajustar-se ao plano geral do Govêrno".

presas estatais se expandiram para ramos de atuação diferenciados e de alta rentabilidade, além de também passarem a recorrer ao endividamento externo. O Estado ampliou sua participação no setor de bens e serviços, aumentando a quantidade de empresas estatais nos setores de energia, transportes, comunicações, indústria de transformação (petroquímica, fertilizantes, etc.), financeiras e outros serviços (processamento de dados, comércio exterior, equipamentos, etc.). A expansão das empresas estatais pode ser explicada também pelo arcabouço jurídico do Decreto-lei n. 200/1967. A descentralização operacional prevista no Decreto-lei n. 200/1967 propiciou a oportunidade para a criação de várias subsidiárias das empresas estatais já existentes, formando-se *holdings* setoriais e expandindo-se, assim, a atuação das estatais. O Estado já vinha atuando na maior parte dos setores mencionados, mas expandiu sua atuação para manter a política de crescimento econômico acelerado.

A autonomia das estatais (como bem ressalta Luciano Martins, autonomia em relação ao governo, não em relação ao sistema econômico) é reforçada, assim, com a capacidade de adquirir autofinanciamento e de contrair empréstimos no exterior. Quanto maior for essa capacidade, mais autônoma (em relação ao governo) é a empresa estatal. Segundo Fernando Rezende, foi justamente esta "eficiência" a causa da maior amplitude da intervenção direta do Estado na produção de bens e serviços, contradizendo o discurso governamental oficial de limitação e redução do papel do Estado na economia.[19]

A reação a esta situação herdada do regime militar foi o dispositivo do art. 37, XX, da Constituição de 1988, que tenta recuperar o controle do Poder Legislativo sobre a expansão do setor estatal:

Art. 37, XX: "depende de autorização legislativa, em cada caso, a criação de subsidiárias das entidades mencionadas no inciso anterior, assim como a participação de qualquer delas em empresa privada".

O art. 37, XX, da Constituição de 1988, portanto, determina expressamente a necessidade de autorização legislativa para a criação de subsidiárias das entidades administrativas mencionadas no inciso XIX do mesmo artigo (autarquias, empresas públicas, sociedades de economia mista e fundações), bem como sua participação em empresa privada.

A dúvida que pode existir diz respeito à expressão "em cada caso" para a autorização legislativa para a criação de subsidiárias ou participação em empresa privada dos entes estatais mencionados no art. 37, XIX, da Constituição. Neste inciso XX do art. 37, ao contrário do inciso XIX, não há qualquer referência à "lei específica", como no caso da criação de empresas estatais, mas ao caso de cada empresa ou ente público. Não há a necessidade de indicação expressa de qual empresa específica receberá investimento público. A expressão "cada caso" indica a área ou a atividade a ser contemplada. Entendo, assim, que esta expressão "em cada caso" deve ser compreendida como "no caso de cada ente" que se proponha a criar subsidiárias ou a participar de outras sociedades. As empresas estatais que possuírem autorização legislativa, seja pela sua lei de criação, ou seja, por alguma lei posterior, podem atuar neste sentido. Se este inciso fosse compreendido de outra maneira, a existência de inúmeras entidades estatais que atuam em operações de participação, como o próprio BNDES

19. Wilson Suzigan, "As empresas do governo e o papel do Estado na economia brasileira", in Fernando Rezende *et al.*, *Aspectos da Participação do Governo na Economia*, Rio de Janeiro, IPEA/INPES, 1976, pp. 89-90 e 126; Fernando Rezende, "O crescimento (descontrolado) da intervenção governamental na economia brasileira", in Olavo Brasil de Lima Jr. e Sérgio Henrique Abranches (coords.), *As Origens da Crise: Estado Autoritário e Planejamento no Brasil*, São Paulo/Rio de Janeiro, Vértice/IUPERJ, 1987, pp. 216-218 e Luciano Martins, *Estado Capitalista e Burocracia no Brasil Pós-64*, cit., pp. 70-71 e 75-79.

(Banco Nacional de Desenvolvimento Econômico e Social) seria inviável.[20]

Este entendimento sobre o disposto no art. 37, XX, da Constituição também foi adotado pelo Congresso Nacional, que aprovou vários diplomas legais concedendo autorizações amplas para a criação de subsidiárias por sociedades de economia mista. Apenas no caso da Petrobrás, por exemplo, foram aprovadas a Lei n. 8.395, de 2 de janeiro de 1992, que autoriza a Petrobrás Química S/A, Petroquisa, a participar minoritariamente de sociedades de capitais privados no Eixo Químico do Nordeste, formado pelos Estados da Bahia, Sergipe, Alagoas, Pernambuco e Rio Grande do Norte, a Lei n. 8.403, de 8 de janeiro de 1992, que autoriza a Petrobrás e a Petrobrás Distribuidora S/A (BR) a participarem do capital de outras sociedades, e o art. 65 da Lei n. 9.478, de 6 de agosto de 1997, que autoriza a Petrobrás a constituir uma subsidiária com atribuições específicas de operar e construir seus dutos, terminais marítimos e embarcações para transporte de petróleo e derivados e gás natural, podendo, ainda, se associar a outras empresas. A nova lei do petróleo, ainda, concedeu uma autorização genérica para a constituição de subsidiárias pela Petrobrás, estipulando em seu art. 64:

Art. 64: "Para o estrito cumprimento de atividades de seu objeto social que integrem a indústria do petróleo, fica a Petrobrás autorizada a constituir subsidiárias, as quais poderão associar-se, majoritária ou minoritariamente, a outras empresas".

O Supremo Tribunal Federal também adotou esta interpretação sobre o alcance da autorização legislativa prevista no art. 37, XX, da Constituição no julgamento da ADI n. 1.649-DF (rel. Ministro Maurício Corrêa), em 24 de março de 2004:

"*Ementa*: *Ação Direta de Inconstitucionalidade. Lei 9.478/1997. Autorização à Petrobrás para constituir subsidiárias. Ofensa aos arts. 2º e 37, XIX e XX, da Constituição Federal. Inexistência. Alegação improcedente*. 1. A Lei 9.478/1997 não autorizou a instituição de empresa de economia mista, mas sim a criação de subsidiárias distintas da sociedade-matriz, em consonância com o inciso XX, e não com o XIX do art. 37 da Constituição Federal. 2. É dispensável a autorização legislativa para a criação de empresas subsidiárias, desde que haja previsão para esse fim na própria lei que instituiu a empresa de economia mista matriz, tendo em vista que a lei criadora é a própria medida autorizadora. Ação direta de inconstitucionalidade julgada improcedente".

A expressão "empresa privada", que se refere à participação dos entes estatais no art. 37, XX, também não pode ser interpretada de qualquer modo. A Constituição sempre se refere de forma expressa às empresas estatais e suas espécies (empresa pública e sociedade de economia mista). Apesar da determinação constitucional de equivalência de regimes jurídicos entre as empresas estatais (empresas públicas e sociedades de economia mista) que explorem atividade econômica e as empresas privadas (art. 173, § 1º, II), o texto constitucional sempre distingue as empresas estatais das empresas privadas propriamente ditas. Todas as vezes em que há referência à "empresa privada" na Constituição, o texto diz respeito às sociedades privadas propriamente ditas, compostas por capital integralmente privado, nunca às sociedades de economia mista, compostas por capital parcialmente privado. O art. 37, XX, menciona a empresa privada neste mesmo sentido.[21]

20. Caio Tácito, "As empresas estatais no Direito brasileiro", in *Temas de Direito Público*, vol. 1, cit., pp. 683-686 e "Sociedade de economia mista. Incorporação de outra empresa", in *Temas de Direito Público*, vol. 2, cit., pp. 1.154-1.155; Modesto Carvalhosa, *Comentários à Lei de Sociedades Anônimas*, vol. 4, t. I, cit., pp. 381-383, 387-389 e 406-408. Em sentido contrário, defendendo a obrigatoriedade de autorização legislativa caso a caso, v. Celso Antônio Bandeira de Mello, *Curso de Direito Administrativo*, cit., pp. 189-190.

21. Neste mesmo sentido, o STF se manifestou no julgamento da referida ADI n. 1.649-DF (rel.

A Lei n. 11.908, de 3 de março de 2009 (resultado da aprovação, pelo Congresso Nacional, da Medida Provisória n. 443, de 21 de outubro de 2008), autoriza o Banco do Brasil e a Caixa Econômica Federal a constituírem subsidiárias integrais ou controladas, bem como a adquirirem participação em instituições financeiras, públicas ou privadas, incluindo empresas de ramos complementares às do setor financeiro (arts. 1º e 2º da Lei n. 11.908/2009). A Lei n. 11.908/2009 apenas concede uma autorização ampla para a criação de subsidiárias e participação em outras sociedades por duas instituições financeiras públicas federais,[22] o Banco do Brasil e a Caixa Econômica Federal. A eventual participação acionária destas instituições financeiras públicas em outras sociedades não cria uma sociedade de economia mista, nem a Lei n. 11.908/2009 autoriza isto, da mesma forma que a Lei n. 9.478/1997, em seu art. 64, autoriza a Petrobrás a criar subsidiárias distintas da empresa matriz, não sociedades de economia mista. Este, inclusive, foi o mesmo sentido da interpretação do Supremo Tribunal Federal no julgamento da ADI n. 1.649-DF, relatado acima.

A Lei n. 11.908/2009 consagra instrumentos para que os bancos públicos federais possam atuar em igualdade de condições com os grandes bancos privados. Afinal, a Constituição de 1988 garante da mesma forma a iniciativa econômica individual, a iniciativa econômica cooperativa (arts. 5º, XVIII, e 174, § 3º e § 4º, da Constituição) e a iniciativa econômica pública (arts. 173 e 177 da Constituição, entre outros). Portanto, esta previsão legal não fere, de maneira alguma, o princípio constitucional da livre iniciativa (arts. 1º, IV, e 170, *caput*, da Constituição de 1988). A livre iniciativa, no texto constitucional de 1988, não representa o triunfo do individualismo econômico, mas é protegida em conjunto com a valorização do trabalho humano, em uma ordem econômica com o objetivo de garantir a todos uma vida digna,[23] com base na justiça social. Isto significa que a livre iniciativa é fundamento da ordem econômica constitucional no que expressa de socialmente valioso.[24]

A livre iniciativa não pode ser reduzida, sob pena de uma interpretação parcial e equivocada do texto constitucional,[25] à

Ministro Maurício Corrêa), em março de 2004. Sobre a discussão teórica em torno da conceituação de empresa, v. Paula A. Forgioni, *O Direito Comercial Brasileiro: da Mercancia ao Mercado*, mimeo., São Paulo, Faculdade de Direito da USP (Tese de Titularidade), 2008, pp. 53-102.

22. O art. 237, § 2º da Lei das S/A já determinava que a participação de instituições financeiras de economia mista, como o Banco do Brasil, no capital de outras sociedades necessita de autorização do Banco Central. V. Modesto Carvalhosa, *Comentários à Lei de Sociedades Anônimas*, vol. 4, t. I, cit., pp. 409-410.

23. Sobre as relações entre ordem econômica constitucional e dignidade da pessoa humana, v. Gilberto Bercovici, "Dignidade da pessoa humana e a Constituição Econômica de 1988", in José Ribas Vieira (org.), *Vinte Anos da Constituição Cidadã de 1988: Efetivação ou Impasse Institucional?*, Rio de Janeiro, Forense, 2008, pp. 319-325.

24. Cf. Eros Roberto Grau, *A Ordem Econômica na Constituição de 1988*, cit., pp. 200-208; Fábio Konder Comparato, "Regime constitucional do controle de preços no mercado", *Revista de Direito Público* 97/18-23, São Paulo, Ed. RT, jan.-mar./1991; Cláudio Pereira de Souza Neto e José Vicente Santos de Mendonça, "Fundamentalização e fundamentalismo na interpretação do princípio constitucional da livre iniciativa", in Cláudio Pereira de Souza Neto e Daniel Sarmento (coords.), *A Constitucionalização do Direito: Fundamentos Teóricos e Aplicações Específicas*, Rio de Janeiro, Lumen Juris, 2007, pp. 709-741. V., ainda, no direito europeu, Antonis Manitakis, *La Liberté du Commerce et de l'Industrie en Droit Belge et en Droit Français*, Bruxelles, Bruylant, 1979, pp. 31-37 e 265-277; Oscar de Juan Asenjo, *La Constitución Económica Española: Iniciativa Económica Pública "versus" Iniciativa Económica Privada en la Constitución Española de 1978*, Madrid, Centro de Estudios Constitucionales, 1984, pp. 148-169; Luís S. Cabral de Moncada, *Direito Económico*, cit., pp. 140-151; Natalino Irti, *L'Ordine Giuridico del Mercato*, 4ª ed., Roma/Bari, Laterza, 2001, pp. 18-20, 68-69, 85-88 e 93-96 e José Joaquim Gomes Canotilho e Vital Moreira, *Constituição da República Portuguesa Anotada*, vol. I, 4ª ed., Coimbra, Coimbra Ed., 2007, pp. 791-792.

25. Como exemplo deste tipo de argumentação sem nenhum fundamento no texto constitu-

liberdade econômica plena ou à liberdade de empresa, pois abrange todas as formas de produção, individuais ou coletivas, como a iniciativa econômica individual, a iniciativa econômica cooperativa e a própria iniciativa econômica pública. A Constituição brasileira, assim como várias outras constituições contemporâneas, não exclui nenhuma forma de intervenção estatal, nem veda ao Estado atuar em nenhum domínio da atividade econômica. A amplitude maior ou menor desta atuação econômica do Estado é consequência das decisões políticas democraticamente legitimadas, não de alguma determinação constitucional expressa. Mas o Estado deve ter sua iniciativa econômica pública protegida de forma semelhante às das iniciativas privada e cooperativa. A iniciativa econômica pública, obviamente, tem suas especificidades, pois é determinada positivamente pela Constituição ou pela lei (assim como a liberdade de iniciativa privada também é limitada pela lei) e deve se dar de acordo com o interesse público, ou, mais especificamente, com os imperativos da segurança nacional ou relevante interesse coletivo (art. 173 da Constituição).[26]

O Estado brasileiro é regido por uma Constituição cujos preceitos reclamam, de uma forma ou de outra, a atuação estatal no domínio econômico. A Constituição de 1988, assim, não exclui nenhuma forma de intervenção estatal, nem veda ao Estado atuar em nenhum domínio da atividade econômica. A Lei n. 11.908/2009, neste sentido, apenas confere ao setor bancário público federal instrumentos mais adequados para sua atuação mais eficaz e para o cumprimento de seus objetivos fixados legal e constitucionalmente.

3. Poder de controle e controle conjunto

Desde a publicação da célebre obra de Fábio Konder Comparato, *O Poder de Controle na Sociedade Anônima*, em 1976, o núcleo das questões societárias está nos debates sobre o poder de controle. A Lei das Sociedades Anônimas introduziu, em seu art. 116, a necessidade de o controlador ser detentor da titularidade dos direitos de sócio. Além disto, o poder de controle necessita ter relativa estabilidade, devendo ser exercido de forma permanente, não episódica ou eventual, por um ou um grupo determinado de acionistas.[27] Quando várias pessoas exercem o controle em conjunto, todas são consideradas controladoras, possuindo as mesmas responsabilidades. Este grupo possui o bloco de controle, isto é, a quantidade de ações, títulos e direitos que garante o exercício do poder de controle.

O controle conjunto ou por associação ocorre por meio da organização de um grupo de acionistas, que buscam associar seus interesses convergentes temporária ou

cional de 1988, v. Luís Roberto Barroso, "Regime constitucional do serviço postal. Legitimidade da atuação da iniciativa privada", in *Temas de Direito Constitucional*, t. II, Rio de Janeiro, Renovar, 2003, pp. 145-188 e Paulo Bonavides, "Serviço postal (art. 21, X)", *Revista de Direito do Estado* 6/323-324, Rio de Janeiro, abr.-jun./2007.

26. Sobre a iniciativa econômica pública, v., ainda, Maria Teresa Cirenei, *Le Imprese Pubbliche*, cit., pp. 212-220; Oscar de Juan Asenjo, *La Constitución Económica Española*, cit., pp. 90-99; Luís S. Cabral de Moncada, *Direito Económico*, cit., pp. 224-230; Natalino Irti, *L'Ordine Giuridico del Mercato*, cit., pp. 19-20; Paolo De Carli, *Lezioni ed Argomenti di Diritto Pubblico dell'Economia*, Padova, CEDAM, 1995, pp. 36-38 e 40-41; José Joaquim Gomes Canotilho e Vital Moreira, *Constituição da República Portuguesa Anotada*, vol. I, cit., pp. 958-959 e 982-986 e Gilberto Bercovici, "Os princípios estruturantes e o papel do Estado", in José Celso Cardoso Jr. (org.), *A Constituição Brasileira de 1988 Revisitada: Recuperação Histórica e Desafios Atuais das Políticas Públicas nas Áreas Econômica e Social*, vol. 1, Brasília, Instituto de Pesquisa Econômica Aplicada, 2009, pp. 258-266.

27. Fábio Konder Comparato e Calixto Salomão Filho, *O Poder de Controle na Sociedade Anônima*, 4ª ed., Rio de Janeiro, Forense, 2005, pp. 51 e ss. V., também, Modesto Carvalhosa, *Comentários à Lei de Sociedades Anônimas*, vol. 2, cit., pp. 423-432 e 435 e José Edwaldo Tavares Borba, *Direito Societário*, cit., pp. 356-360.

permanentemente. Nos casos de controle conjunto, o acionista majoritário, embora detenha a maioria das ações, é obrigado a contar com o apoio de outro acionista para exercer a direção efetiva da sociedade. Nesta situação, vários acionistas atuam, necessariamente, na realização das atividades sociais, configurando-se por meio de definições sobre *quoruns* qualificados para determinadas decisões societárias e partilha na administração da empresa.[28] O instrumento previsto legalmente para a formalização deste tipo de controle é o acordo de acionistas (art. 118 da Lei das S/A).[29] O exercício do poder de controle foi introduzido, inclusive, expressamente no *caput* do art. 118 da Lei das S/A pela Lei n. 10.303, de 31 de outubro de 2001, como objeto do acordo de acionistas:

Art. 118, *caput*: "Os acordos de acionistas, sobre a compra e venda de suas ações, preferência para adquiri-las, exercício do direito a voto, ou do *poder de controle* deverão ser observados pela companhia quando arquivados na sua sede" (grifos meus).

Com a previsão legal do exercício comum do poder de controle, a legislação societária brasileira adotou o sistema do "acordo de voto em bloco" (*pooling agreement*). Neste sistema, segundo Modesto Carvalhosa e Nelson Eizirik, os acionistas deliberam previamente a direção na qual serão dados os votos pelas ações do bloco de controle. Ou seja, o acordo de voto em bloco manifesta o exercício comum do controle societário ao manifestar a votação unívoca, como um todo, do bloco de controle. Os acionistas integrantes do grupo de controle mantêm todos os seus direitos e prerrogativas com este acordo, exceto o poder de voto, que é utilizado pelo bloco de controle para alcançar os fins comuns almejados, obviamente, dentro dos parâmetros legais e de respeito ao interesse social.[30]

Nas companhias fechadas, nos casos de controle conjunto, há quem afirme que não há, de fato, exercício do poder de controle, pois não há preponderância nas deliberações sociais ou poder de eleger a maioria dos administradores.[31] Pelo contrário, o acordo de acionistas estipula as regras necessárias de como dirigir a sociedade em conjunto, fixando os *quoruns* para deliberação (no caso em análise, de

28. Fábio Konder Comparato, "Sociedade de economia mista transformada em sociedade anônima ordinária – Inconstitucionalidade", *Revista Trimestral de Direito Público* 25/63-65, São Paulo, Malheiros Editores, 1999.

29. Fábio Konder Comparato e Calixto Salomão Filho, *O Poder de Controle na Sociedade Anônima*, cit., pp. 63 e 84-86 e José Edwaldo Tavares Borba, *Direito Societário*, cit., pp. 354-355. Deve ser ressaltado que uma sociedade de economia mista não pode, no entanto, efetuar qualquer acordo de acionistas. A sociedade de economia mista não pode efetuar acordos de acionistas que transfiram o poder de controle estatal para sócios minoritários privados. O Estado deve ser o controlador de direito e de fato, ou seja, não pode compartilhar o poder de controle de sociedade de economia mista. Afinal, o Estado não tem disponibilidade para negociar livremente o interesse público, pois está vinculado à Constituição e à legalidade. Cf. Celso Antônio Bandeira de Mello, *Curso de Direito Administrativo*, cit., p. 179; Fábio Konder Comparato, "Sociedade de economia mista transformada em sociedade anônima ordinária – Inconstitucionalidade", cit., pp. 65-68; Lúcia Valle Figueiredo, "Privatização parcial da CEMIG – Acordo de acionistas – Impossibilidade de o controle societário ser compartilhado entre o Estado de Minas Gerais e o acionista estrangeiro minoritário", *RDM* 118/227-235, São Paulo, Malheiros Editores, abr.-jun./2000 e Eros Roberto Grau, "Sociedade de economia mista – Nulidade de acordo de acionistas que importa em mudança de seu acionista controlador", *Revista de Direito Administrativo* 222/350-357, Rio de Janeiro, Renovar, out.-dez./2000.

30. Fábio Konder Comparato e Calixto Salomão Filho, *O Poder de Controle na Sociedade Anônima*, cit., pp. 216-229; Modesto Carvalhosa, *Comentários à Lei de Sociedades Anônimas*, cit., vol. 2, pp. 454-484; Modesto Carvalhosa e Nelson Eizirik, *A Nova Lei das Sociedades Anônimas*, São Paulo, Saraiva, 2002, pp. 211-223 e José Edwaldo Tavares Borba, *Direito Societário*, cit., pp. 362-371.

31. V. Alfredo Lamy Filho e José Luiz Bulhões Pedreira, "O poder de controle na *joint venture*", in *A Lei das S/A*, vol. 2, 2ª ed., Rio de Janeiro, Renovar, 1996, pp. 188-189.

setenta e cinco por cento do capital votante para a Assembleia Geral e, para o Conselho de Administração, de quatro, dos seis, membros) e a divisão das indicações para o Conselho de Administração (no presente caso, em um Conselho composto por seis membros, três são indicados por cada um dos dois sócios e ainda há um presidente sem voto de qualidade, escolhido alternadamente). O poder de controle, ou seja, o poder de eleger a maioria dos administradores e dirigir efetivamente as atividades da empresa (art. 116 da Lei das S/A) ou que assegure a preponderância de suas posições nas deliberações sociais (art. 243, § 2º, da Lei das S/A), não tem como se manifestar na estrutura acordada no presente caso.

Mesmo a ampla e vaga concepção de "influência dominante" é difícil de ser percebida neste caso. Esta noção corresponde, em parte, à própria noção de poder de controle, tanto em seus aspectos internos como externos. Na matriz legislativa alemã (leis de 1937 e de 1965), "influência dominante" significa a ocorrência de controle em virtude de outros fatores que não a posição acionária majoritária, podendo englobar do controle minoritário interno ao controle externo.[32] No entanto, quando o controle é conjunto, a "influência dominante" não é perceptível, pois, no caso, ambos os acionistas devem atuar em conjunto na administração e gestão da sociedade, sem nenhuma preponderância, com praticamente os mesmos direitos, deveres e responsabilidades.

Estes conceitos do direito societário são utilizados no direito público como elementos da caracterização das sociedades de economia mista. Afinal, a Lei das S/A se aplica às sociedades de economia mista, desde que seja preservado o interesse público que justifica sua criação e atuação (art. 235). No entanto, estes conceitos do direito societário não são *suficientes* para a constituição de uma sociedade de economia mista. O fato de o Estado ser acionista, mesmo que majoritário e exercendo o poder de controle, de uma sociedade privada, não basta para transformá-la em sociedade de economia mista. A sociedade de economia mista precisa ter sua criação autorizada expressamente por lei (art. 37, XIX, da Constituição de 1988).

4. O controle e a fiscalização externa e o conceito de empresa estatal

Sob a Constituição de 1988, as sociedades de economia mista e as empresas públicas estão subordinadas às finalidades do Estado, como o desenvolvimento (art. 3º, II, da Constituição). Neste sentido, é correta a afirmação de Paulo Otero, para quem o interesse público é o fundamento, o limite e o critério da iniciativa econômica pública.[33] A legitimação constitucional, no caso brasileiro, desta iniciativa econômica pública, da qual a sociedade de economia mista Banco do Brasil constitui um exemplo, se dá pelo cumprimento dos requisitos constitucionais e legais fixados para a sua atuação.

Como ressalta Washington Peluso Albino de Souza, a criação de uma empresa estatal, como uma sociedade de economia mista, já é um ato de política econômica.[34] A sociedade de economia mista, como o Banco do Brasil, é um instrumento de atuação do Estado, devendo estar acima, por-

32. Fábio Konder Comparato e Calixto Salomão Filho, *O Poder de Controle na Sociedade Anônima*, cit., pp. 81-84 e 533-539.

33. Paulo Otero, *Vinculação e Liberdade de Conformação Jurídica do Sector Empresarial do Estado*, Coimbra, Coimbra Ed., 1998, pp. 122-131 e 199-217. V. também Günter Püttner, *Die öffentlichen Unternehmen*, cit., pp. 87-98; Volker Emmerich, *Das Wirtschafsrecht der öffentlichen Unternehmen*, cit., pp. 234-235; Jean-Philippe Colson, *Droit Public Économique*, cit., pp. 99-111 e Celso Antônio Bandeira de Mello, *Curso de Direito Administrativo*, cit., pp. 178-183.

34. Washington Peluso Albino de Souza, *Primeiras Linhas de Direito Econômico*, cit., p. 278.

tanto, dos interesses privados. Embora se apliquem às sociedades de economia mista as disposições da Lei das S/A, esta também prescreve no seu art. 238 que a finalidade da sociedade de economia mista é atender ao interesse público, que motivou sua criação. A sociedade de economia mista está vinculada aos fins da lei que autoriza a sua instituição, que determina o seu objeto social e destina uma parcela do patrimônio público para aquele fim. Não pode, portanto, a sociedade de economia mista, por sua própria vontade, utilizar o patrimônio público para atender finalidade diversa da prevista em lei,[35] conforme expressa o art. 237 da Lei das S/A.

O objetivo essencial das sociedades de economia mista não é a obtenção de lucro, mas a implementação de políticas públicas. Segundo Fábio Konder Comparato, a legitimidade da ação do Estado como empresário (a iniciativa econômica pública) é a produção de bens e serviços que não podem ser obtidos de forma eficiente e justa no regime da exploração econômica privada. Não há nenhum sentido em o Estado procurar receitas por meio da exploração direta da atividade econômica.[36] A esfera de atuação das sociedades de economia mista é a dos objetivos da política econômica, de estruturação de finalidades maiores, cuja instituição e funcionamento ultrapassam a racionalidade de um único ator individual (como a própria sociedade ou seus acionistas). A empresa estatal em geral, e a sociedade de economia mista em particular, não tem apenas finalidades microeconômicas, ou seja, estritamente "empresariais", mas tem essencialmente objetivos macroeconômicos a atingir, como instrumento da atuação econômica do Estado.[37]

A finalidade de qualquer ente da Administração é obter um resultado de interesse público, decorrente explícita ou implicitamente da lei. O Banco do Brasil é um instrumento da política nacional de crédito, como determina o art. 22, *caput*, da Lei n. 4.595/1964, sendo os seus objetivos fixados também por lei (no caso, no art. 19 da mesma Lei n. 4.595/1964), não podendo furtar-se a estes objetivos. Deve cumpri-los, sob pena de desvio de finalidade. Isto quer dizer que a finalidade é condição obrigatória de legalidade de qualquer atuação administrativa, marcada, segundo Celso Antônio Bandeira de Mello, pela ideia de função. Quem define a finalidade da atuação dos órgãos da Administração Pública é o legislador, não as autoridades administrativas. Na possibilidade de se ver infringida, direta ou indiretamente, a finalidade legal, como o atendimento de um fim particular em detrimento do interesse público, ou, na feliz expressão de Caio Tácito, "a aplicação da competência para fim estranho ao estabelecido em lei", estará ocorrendo desvio de finalidade ou desvio de poder.[38] Há, no desvio de finalidade,

35. Maria Sylvia Zanella Di Pietro, *Direito Administrativo*, cit., pp. 417-418.

36. Cf. Fábio Konder Comparato e Calixto Salomão Filho, *O Poder de Controle na Sociedade Anônima*, cit., pp. 371-373 e 560 e Eros Roberto Grau, "Sociedades de economia mista, empresas públicas, fundações e autarquias prestadoras de serviço público: o tema do lucro", *Revista Trimestral de Direito Público* 6/273-276, São Paulo, Malheiros Editores, 1994. V., ainda, Modesto Carvalhosa, *Comentários à Lei de Sociedades Anônimas*, vol. 4, t. I, cit., pp. 376-378 e 412-418 e Günter Püttner, *Die öffentlichen Unternehmen*, cit., pp. 86-87 e 106-110.

37. Maria Teresa Cirenei, *Le Imprese Pubbliche*, cit., pp. 479-480 e 483 e Roberto Cafferata, *La Società per Azioni Pubbblica*, cit., pp. 31, 42 e 104-105. V. também Alfredo de Almeida Paiva, "As sociedades de economia mista e as emprêsas públicas como instrumentos jurídicos a serviço do Estado", cit., pp. 319-320; Volker Emmerich, *Das Wirtschaftsrecht der öffentlichen Unternehmen*, cit., pp. 71-78 e Gilberto Bercovici, "Os princípios estruturantes e o papel do Estado", cit., pp. 266-269.

38. O excesso de poder (*détournement de pouvoir*) é uma criação jurisprudencial do Conselho de Estado francês no final do século XIX, sendo o desvio de poder (ou desvio de finalidade) uma de suas formas possíveis de manifestação. Hauriou, p.ex., chega a identificar o desvio de finalidade com a ilegalidade e com a violação da moralidade administrativa. Cf. Maurice Hauriou, *Précis de Droit Administratif et de Droit Public*, 10ª ed., Paris, Sirey, 1921, p. 424. V., ainda, Henry Berthélemy, *Droit*

uma incompatibilidade objetiva, ainda que possa ser disfarçada,[39] entre a finalidade legal que deveria ser atendida e a intenção particular de finalidade do ato praticado pela autoridade administrativa.

Esta noção de desvio de poder, proveniente do direito administrativo, foi incorporada também ao direito societário (art. 154 da Lei das S/A), correspondendo a uma espécie de fraude à lei praticada pelos administradores da sociedade. Para autores como Fábio Konder Comparato, a utilização da doutrina do desvio de poder para a análise dos atos praticados por dirigentes de sociedades anônimas (como as sociedades de economia mista, por exemplo) é "uma das grandes conquistas atuais". A Lei das S/A, em seu art. 239, dispõe, ainda, que as sociedades de economia mista terão, obrigatoriamente, um Conselho de Administração, com participação dos acionistas minoritários, ressaltando que os deveres e responsabilidades dos administradores das sociedades de economia mista são os mesmos dos administradores das empresas privadas (art. 239, parágrafo único).

As sociedades de economia mista estão, também, subordinadas ao controle externo do Tribunal de Contas (art. 71, II, III e IV). O dispositivo constitucional de fiscalização das sociedades de economia mista pelo Tribunal de Contas da União está regulamentado pelo art. 7º da Lei n. 6.223, de 14 de julho de 1975 (com as alterações introduzidas pela Lei n. 6.525, de 11 de abril de 1978), e pelo art. 1º, I, da Lei n. 8.443, de 16 de julho de 1992 (Lei Orgânica do Tribunal de Contas da União).[40] A referida Lei n. 8.443/1992, inclusive, declara no art. 4º, IX, que sua jurisdição também abrange "os representantes da União ou do Poder Público na assembleia geral das empresas estatais e sociedades anônimas de cujo capital a União ou o Poder Público participem, solidariamente, com os membros dos conselhos fiscal e de administração, pela prática de atos de gestão ruinosa ou liberalidade à custa das respectivas sociedades". No entanto, deve ser feita a ressalva constante do art. 7º, §

Administratif, 9ª ed., Paris, 1920, pp. 1.042-1.054; Walter Jellinek, *Verwaltungsrecht*, cit., pp. 274-277; Fritz Fleiner, *Les Principes Généraux du Droit Administratif Allemand*, cit., pp. 95-97 e 162-164; Ernst Forsthoff, *Lehrbuch des Verwaltungsrechts*, vol. 1, cit., pp. 92-93 e Michel Stassinopoulos, *Traité des Actes Administratifs*, 2ª ed., Paris, LGDJ, 1973, pp. 216-218. No direito público brasileiro, a doutrina do desvio de finalidade foi introduzida a partir das considerações de Miguel Seabra Fagundes, Victor Nunes Leal (que, embora favorável à tese, buscou, corretamente, restringir a possibilidade de análise judicial sobre o mérito e a discricionariedade dos atos administrativos, tentando evitar, assim, que o legislador fosse substituído pelo juiz) e Caio Tácito. V. Miguel Seabra Fagundes, *O Controle dos Atos Administrativos pelo Poder Judiciário*, 5ª ed., Rio de Janeiro, Forense, 1979, pp. 71-73; Victor Nunes Leal, "Poder discricionário e ação arbitrária da Administração", in *Problemas de Direito Público*, Rio de Janeiro, Forense, 1960, pp. 278-294; de Caio Tácito, "O abuso do poder administrativo no Brasil", in *Temas de Direito Público*, vol. 1, cit., pp. 39 e 52-53, "O desvio de poder em matéria administrativa", in *Temas de Direito Público*, vol. 1, cit., pp. 74-75, 89-92, 101-103 e 157-158 e "Teoria e prática do desvio de poder", in *Temas de Direito Público*, vol. 1, cit., pp. 162-168 e 178-180. Celso Antônio Bandeira de Mello, *Discricionariedade e Controle Jurisdicional*, 2ª ed., São Paulo, Malheiros Editores, 1996, pp. 53-83; Celso Antônio Bandeira de Mello, *Curso de Direito Administrativo*, cit., pp. 377-380 e 923-926; Maria Sylvia Zanella Di Pietro, *Direito Administrativo*, cit., pp. 194-195, 203, 222 e 225; Régis Fernandes de Oliveira, *Ato Administrativo*, 3ª ed., São Paulo, Ed. RT, 1992, pp. 93-96 e Irene Patrícia Nohara, *Limites à Razoabilidade nos Atos Administrativos*, São Paulo, Atlas, 2006, pp. 173-187. Para o caso das sociedades de economia mista, v., ainda, Modesto Carvalhosa, *Comentários à Lei de Sociedades Anônimas*, vol. 4, t. I, cit., p. 417.

39. Miguel Seabra Fagundes fala explicitamente em "burla da intenção legal" (*O Controle dos Atos Administrativos pelo Poder Judiciário*, cit., p. 72).

40. Celso Antônio Bandeira de Mello, *Curso de Direito Administrativo*, cit., pp. 187 e 191-192. V. também Lúcia Valle Figueiredo, *Empresas Públicas e Sociedades de Economia Mista*, cit., pp. 51-56. A título de comparação, sobre as várias modalidades de controle público das empresas estatais na França, v. Jean-Philippe Colson, *Droit Public Économique*, cit., pp. 337-350; Pierre Delvolvé, *Droit Public de l'Économie*, cit., pp. 731-746 e Jean-Yves Chérot, *Droit Public Économique*, cit., pp. 514-532.

3º, da Lei n. 6.223/1975 (com as alterações introduzidas pela Lei n. 6.525/1978):

Art. 7º, § 3º: "A União, o Estado, o Distrito Federal, o Município ou *entidade da respectiva administração indireta que participe do capital de empresa privada detendo apenas a metade ou a minoria das ações ordinárias* exercerá o *direito de fiscalização assegurado ao acionista minoritário* pela Lei das Sociedades por Ações, não constituindo aquela participação motivo da fiscalização prevista no *caput* deste artigo" (grifos meus).

No caso aqui analisado, portanto, a participação da sociedade de economia mista Banco do Brasil no Banco X se enquadra dentro da previsão estipulada pelo art. 7º, § 3º, da Lei n. 6.223/1975, não estando submetida aos mecanismos de fiscalização do Tribunal de Contas, mas aos institutos do direito societário. Além disto, a jurisdição do Tribunal de Contas limita-se a "julgar as contas dos administradores e demais responsáveis por dinheiros, bens e valores públicos da administração direta e indireta" (art. 71, II, da Constituição). Portanto, não atinge a atividade empresarial ou comercial propriamente dita das sociedades de economia mista, sob pena de uma interferência indevida e excessiva do Tribunal de Contas na própria atividade econômica das sociedades de economia mista, possibilidade esta, inclusive, já rechaçada pelo Supremo Tribunal Federal no julgamento do Mandado de Segurança n. 23.875-5-DF (rel. para Acórdão Ministro Nelson Jobim), em 7 de março de 2003.[41]

O controle centralizado sobre as empresas estatais, apesar de formalmente previsto no Decreto-lei n. 200/1967, nunca foi realmente implementado. A supervisão ministerial, prevista no art. 26 do Decreto-lei n. 200/1967, foi um fracasso, inclusive, devido à maior importância de muitas das empresas estatais em relação aos órgãos encarregados de sua supervisão. Deste modo, o controle interno acabou sendo limitado na esfera puramente burocrática e às questões jurídico-formais.[42] A última tentativa de instituição de um controle interno sobre as empresas estatais deu-se com a criação, por meio do Decreto n. 84.128, de 29 de outubro de 1979, da Secretaria de Controle de Empresas Estatais (SEST), que tentou substituir o modelo de 1967 por um controle centralizado de caráter eminentemente orçamentário, o que, para Fernando Rezende, "subverte o princípio da autonomia gerencial". A ênfase de todo e qualquer controle administrativo passou para a responsabilização do gasto público como causa da crise econômica.[43]

41. Além do Tribunal de Contas da União, as sociedades de economia mista federais, como o Banco do Brasil, estão submetidas à fiscalização da Controladoria-Geral da União (arts. 17 a 20 da Lei n. 10.683/2003) e ao Sistema Interno de Controle do Poder Executivo Federal, instituído pelo Decreto n. 3.591, de 6.9.2000. Este decreto determina que os Conselhos de Administração das entidades da Administração Indireta instituam unidades de auditoria interna a eles vinculados (art. 15).

42. Fernando Rezende, "O crescimento (des-controlado) da intervenção governamental na economia brasileira", cit., pp. 224-226. Sobre a "supervisão ministerial", v. José de Nazaré Teixeira Dias, *A Reforma Administrativa de 1967*, cit., pp. 89-98 e Mauro Rodrigues Penteado, "As empresas estatais e os sistemas de supervisão e controle", *Revista de Direito Mercantil* 45/23, São Paulo, Ed. RT, jan.-mar./1982.

43. Fernando Rezende, "O crescimento (des-controlado) da intervenção governamental na economia brasileira", cit., pp. 228-232. Para a crítica do argumento de que as empresas estatais seriam as principais responsáveis pelo déficit público brasileiro, v. José Carlos de Souza Braga, "Os orçamentos estatais e a política econômica", in Luiz Gonzaga de Mello Belluzzo e Renata Coutinho (orgs.), *Desenvolvimento Capitalista no Brasil: Ensaios sobre a Crise*, vol. 1, 3ª ed., São Paulo, Brasiliense, 1984, pp. 194-206. V. também João Sayad, "Aspectos políticos do déficit público", in Lenina Pomeranz, Jorge Miglioli e Gilberto Tadeu Lima (orgs.), *Dinâmica Econômica do Capitalismo Contemporâneo: Homenagem a Michal Kalecki*, São Paulo, EDUSP, 2001, pp. 248-250. Sobre a criação da SEST no contexto de aumento do controle sobre o orçamento público no Brasil, processo que se encerraria com a Lei de Responsabilidade Fiscal, em 2000, v. Gilberto Bercovici e Luís Fernando Massonetto, "A Constituição dirigente invertida: a blindagem da Constituição fi-

A criação da SEST, no entanto, trouxe outra questão: a ampliação da concepção de "empresa estatal" para além do que definia o Decreto-lei n. 200/1967. O Decreto n. 8.129/1979 definiu, em seu art. 2º, empresa estatal como: "I – empresas públicas, sociedades de economia mista, suas subsidiárias e todas as empresas controladas, direta ou indiretamente, pela União; II – autarquias e fundações instituídas ou mantidas pelo Poder Público; III – órgãos autônomos da Administração Direta". A definição do Decreto n. 8.129/1979 é juridicamente equivocada, pois inclui as autarquias e fundações como espécies de empresas estatais, o que não faz o menor sentido, além de ampliar excessivamente o alcance da categoria "empresa estatal", para além da empresa pública e da sociedade de economia mista, incluindo as suas subsidiárias (independentemente da sua criação ter sido autorizada por lei ou não) e todas as empresas controladas pela União, direta ou indiretamente, que não fazem parte da Administração Indireta.[44]

O equívoco da definição ampliada de "empresa estatal" da SEST foi mantido pela legislação posterior. O Decreto n. 137, de 27 de maio de 1991, instituiu o Programa de Gestão das Empresas Estatais e, em seu art. 1º, parágrafo único, manteve a definição ampliada de "empresa estatal", considerada como *empresas públicas, sociedades de economia mista, suas subsidiárias e controladas, e demais entidades sob controle direto ou indireto da União*. Por sua vez, este decreto foi revogado pelo Decreto n. 3.735, de 24 de janeiro de 2001, cuja definição de "empresa estatal" (art. 1º, § 1º) é: "consideram-se empresas estatais federais as empresas públicas, sociedades de economia mista, suas subsidiárias e controladas e demais empresas em que a União, direta ou indiretamente, detenha a maioria do capital social com direito a voto". Esta última definição tornou-se predominante em toda a legislação posterior, como na Lei n. 10.180, de 6 de fevereiro de 2001, que organiza e disciplina os sistemas de planejamento e de orçamento federal (art. 7º, parágrafo único), e no Decreto n. 6.021, de 22 de janeiro de 2007, que cria a Comissão Interministerial de Governança Corporativa e de Administração de Participações Societárias da União (art. 1º, parágrafo único, I).

Apesar da permanência da concepção ampliada de "empresa estatal" em alguns textos normativos, as sociedades controladas pelo Estado ou as sociedades nas quais o Estado ou seus entes detenham participação acionária não são sociedades de economia mista, nem pertencem à Administração Pública Indireta, salvo se tiveram sua criação autorizada por lei específica (art. 37, XIX, da Constituição). Seu regime societário é de direito comum, embora, no caso das sociedades em que o Estado detenha, direta ou indiretamente, o controle, possam ser submetidas a normas próprias

nanceira e a agonia da Constituição econômica", *Boletim de Ciências Económicas*, vol. XLIX, Coimbra, Universidade de Coimbra, 2006, pp. 60-64. Apenas a título de registro, a Lei de Responsabilidade Fiscal (Lei Complementar n. 101, de 4.5.2000) não se aplica a qualquer empresa estatal, mas apenas às denominadas "empresas estatais dependentes", ou seja, as empresas controladas pelo Estado que recebem recursos estatais para despesas com pessoal e custeio em geral e as que recebem recursos de despesa de capital, se não forem provenientes do aumento de participação acionária (art. 2º, III, da Lei Complementar n. 101/2000). V. Eros Roberto Grau, "A Lei de Responsabilidade Fiscal e as empresas estatais", *Revista Trimestral de Direito Público* 30/17-21, São Paulo, Malheiros Editores, 2000 e Simone de Almeida Carrasqueira, *Investimento das Empresas Estatais e Endividamento Público*, Rio de Janeiro, Lumen Juris, 2006, pp. 26-37.

44. De Mauro Rodrigues Penteado, "As empresas estatais e os sistemas de supervisão e controle", cit., pp. 21-22 e 25-26 e "As sociedades de economia mista e as empresas estatais perante a Constituição de 1988", cit., pp. 50-51; Maria Sylvia Zanella Di Pietro, *Direito Administrativo*, cit., p. 412 e Modesto Carvalhosa, *Comentários à Lei de Sociedades Anônimas*, vol. 4, t. I, cit., pp. 364-365. V. também Simone de Almeida Carrasqueira, *Investimento das Empresas Estatais e Endividamento Público*, cit., pp. 94-97.

de gestão e de controle do Poder Executivo que, neste caso, não estará agindo apenas como Poder Público, mas no exercício legítimo do seu poder de controle (art. 116 da Lei das S/A).[45] Este, no entanto, não é o caso do Banco X, pois trata-se de uma sociedade em que há o controle conjunto entre o sócio privado e a sociedade de economia mista Banco do Brasil, não havendo fundamento jurídico em uma eventual pretensão de submeter esta sociedade privada específica a normas de gestão e controle próprias do Poder Executivo da União.

RESPOSTA

Diante da argumentação exposta, concluo:

a) O Banco X, após a celebração do acordo de acionistas, não pode ser classificado como sociedade de economia mista. A sociedade de economia mista deve ter sua criação autorizada por lei específica (art. 37, XIX, da Constituição). O Banco X, após a celebração do acordo de acionistas, será uma sociedade anônima comum, com participação acionária de um ente estatal, a sociedade de economia mista Banco do Brasil.

b) O controlador é a pessoa natural ou jurídica, ou grupo de pessoas (grupo de controle), que é titular de direitos de sócio que lhe assegurem, de modo permanente, a maioria dos votos nas deliberações da empresa e a sua preponderância nas decisões sociais (arts. 116 e 243, § 2º, da Lei das S/A). Já o bloco de controle é a quantidade de ações, títulos e direitos que garante o exercício do poder de controle. A sociedade de economia mista, além da criação por lei, tem por característica essencial o poder de controle estatal, sendo, inclusive, vedado ao Estado estabelecer qualquer acordo de acionistas em que se abra mão deste poder de controle para os sócios minoritários privados. No caso concreto, por se tratar de uma companhia fechada, a estrutura estipulada no acordo de acionistas do Banco X institui um controle conjunto com o Banco do Brasil, não sendo apropriado falar de exercício do poder de controle, pois não há preponderância nas deliberações sociais ou poder de eleger a maioria dos administradores. Estes conceitos do direito societário são utilizados no direito público como elementos da caracterização das sociedades de economia mista. Afinal, a Lei das S/A se aplica às sociedades de economia mista, desde que seja preservado o interesse público que justifica sua criação e atuação (art. 235). No entanto, estes conceitos do direito societário não são *suficientes* para a constituição de uma sociedade de economia mista. O fato de o Estado ser acionista, mesmo que majoritário e exercendo o poder de controle, de uma sociedade privada, não basta para transformá-la em sociedade de economia mista. A sociedade de economia mista precisa ter sua criação autorizada expressamente por lei (art. 37, XIX, da Constituição).

c) A sociedade de economia mista só pode ser criada por meio de autorização legal, não pela via do acordo de acionistas. A realização de um acordo de acionistas em uma empresa na qual uma sociedade de economia mista é sócia é regida pelo direito societário, pois a participação acionária estatal não implica em integração à Administração Pública Indireta.

d) A definição de pertinência à Administração Pública ou não é dada pela Constituição, particularmente pelo seu art. 37. A definição de "empresa estatal" trazida pelo Decreto n. 6.021/2007, entre outros, diz respeito a entes que integram a Administração Pública (empresas públicas e sociedades de economia mista) e entes privados que não integram a estrutura administrativa do Estado, mas que este tem participação societária e, como acionista,

45. V., neste sentido, Mauro Rodrigues Penteado, "As sociedades de economia mista e as empresas estatais perante a Constituição de 1988", cit., pp. 67-68.

pode exercer seus direitos de controlador ou de minoritário.

e) A participação da sociedade de economia mista Banco do Brasil no Banco X se enquadra dentro da previsão estipulada pelo art. 7º, § 3º, da Lei n. 6.223/1975, não estando submetida aos mecanismos de fiscalização do Tribunal de Contas, mas aos institutos do direito societário.

f) Com o acordo de acionistas, há a previsão de um controle conjunto. Desta forma, a "influência dominante" não é perceptível, pois, no caso, ambos os acionistas devem atuar em conjunto na administração e gestão da sociedade, sem nenhuma preponderância, com praticamente os mesmos direitos, deveres e responsabilidades. Como se trata de participação acionária de sociedade de economia mista em sociedade privada comum, não há nenhuma modificação na natureza jurídica da sociedade privada, que continua a ser regida pelas normas de direito privado, sem nenhuma vinculação à Lei de Licitações (Lei n. 8.666/1993) ou obrigação de contratação via concurso público. Em relação ao patrimônio dos acionistas, as normas que regem o patrimônio de ambos são as do direito civil, conforme determina o art. 173, § 1º, II, da Constituição, que iguala o regime jurídico das empresas estatais prestadoras de atividade econômica em sentido estrito ao mesmo das empresas privadas em seus aspectos civil, comercial, trabalhista e tributário.

g) No caso específico do acordo de acionistas a ser celebrado entre o Banco do Brasil e o acionista X, o que ocorre, a rigor, é o controle societário conjunto, sem preponderância de nenhum dos acionistas. O acordo de acionistas estipula as regras necessárias de como dirigir a sociedade em conjunto, fixando os *quoruns* para deliberação (no caso em análise, de setenta e cinco por cento do capital votante para a Assembleia Geral e, para o Conselho de Administração, de quatro, dos seis, membros) e a divisão das indicações para o Conselho de Administração (no presente caso, em um Conselho composto por seis membros, três são indicados por cada um dos dois sócios e ainda há um presidente sem voto de qualidade, escolhido alternadamente). O poder de controle, ou seja, o poder de eleger a maioria dos administradores e dirigir efetivamente as atividades da empresa (art. 116 da Lei das S/A) ou que assegure a preponderância de suas posições nas deliberações sociais (art. 243, § 2º, da Lei das S/A), não tem como se manifestar na estrutura acordada no presente caso. Deste modo, ressalte-se, não há poder de controle também do acionista público, o que também, por si só, não acarretaria a sujeição do Banco X às normas da Administração Pública.

h) A situação estabelecida pelo acordo de acionistas prevê o controle conjunto do Banco X, sem preponderância de fato de nenhum dos acionistas. Este controle conjunto pode ser equiparado, em termos de direito societário, ao que o Banco Central do Brasil costuma designar de "controle compartilhado", pois ambos os sócios possuem praticamente os mesmos direitos, deveres e responsabilidades. A existência do controle conjunto (ou "controle compartilhado") não torna o Banco X integrante da Administração Pública Indireta. Trata-se, repito, apenas de uma sociedade com participação acionária de uma sociedade de economia mista, o que não é suficiente para transformá-la em uma "sociedade de economia mista de segundo grau" ou algo similar, sem lei específica.

i) Independentemente das alterações da redação do art. 243 da Lei das S/A (promovidas pela Lei n. 11.941, de 27 de maio de 2009), o acordo de acionistas institui o controle conjunto do Banco X, com ambos os acionistas sendo detentores praticamente dos mesmos direitos, deveres e responsabilidades, inclusive perante terceiros, a sociedade e o Sistema Financeiro Nacional. Este controle conjunto não torna, obviamente, conforme reiterado inúmeras vezes, o Banco X um ente integrante da Administração Pública Indireta.

O Banco X é simplesmente uma sociedade que possui participação acionária de uma sociedade de economia mista, o que não o incorpora à Administração Pública Indireta nem, para o Sistema Financeiro Nacional, nos termos da Lei n. 4.595/1964, o transforma em Instituição Financeira Pública.

Este é o meu parecer.

São Paulo, 5 de julho de 2009.

GRÁFICA PAYM
Tel. (011) 4392-3344
paym@terra.com.br

RDM 153/154

DOUTRINA: O QUE SE PERDEU NA TRADUÇÃO – RACHEL SZTAJN. O FUTURO DO DIREITO COMERCIAL NO BRASIL – HAROLDO MALHEIROS DUCLERC VERÇOSA. ***ATUALIDADES***: CONSIDERAÇÕES SOBRE *TAG ALONG* E DIREITO SOCIETÁRIO BRASILEIRO – FREDERICO AUGUSTO MONTE SIMIONATO. CONFLITO DE INTERESSES NAS SOCIEDADES ANÔNIMAS: CRITÉRIO DE APURAÇÃO FORMAL OU SUBSTANCIAL? – MARCELLA BLOK. DO CONSÓRCIO ENTRE SOCIEDADES: ARTS. 278 E 279 DA LEI 6.404/1976 – GUILHERME PUCHALSKI TEIXEIRA. SIGILO NAS ARBITRAGENS DO NOVO MERCADO E DIREITO DE INFORMAÇÃO E FISCALIZAÇÃO DO ACIONISTA – ALFREDO SÉRGIO LAZZARESCHI NETO. A ACEITAÇÃO DA CLÁUSULA COMPROMISSÓRIA PELO SILÊNCIO, À LUZ DA CONDUTA NEGOCIAL DAS PARTES: A CLÁUSULA GERAL DO ART. 111 DO CÓDIGO CIVIL BRASILEIRO – LUIZ GUSTAVO MEIRA MOSER. A VALIDADE DA CÉDULA DE PRODUTO RURAL INDEPENDENTE DE ADIANTAMENTO FINANCEIRO. O ATUAL POSICIONAMENTO DO STJ – BEATRIZ MESQUITA DE ARRUDA CAMARGO KESTENER e THIAGO SOARES GERBASI. AS "TRAVAS BANCÁRIAS" NO PROCEDIMENTO DE RECUPERAÇÃO JUDICIAL DE SOCIEDADES EMPRESÁRIAS – BERNARDO BICALHO DE ALVARENGA MENDES. O CRITÉRIO DA IMPONTUALIDADE NA DECRETAÇÃO DA FALÊNCIA NO DIREITO CONTEMPORÂNEO: O PROJETO DE LEI N. 071/2003 DO SENADO FEDERAL – FELIPE FERNANDES RIBEIRO MAIA. ***ESPAÇO DISCENTE***: ALGUMAS CONSIDERAÇÕES SOBRE O *TRUST* E AS PERSPECTIVAS DE SUA ASSIMILAÇÃO NO DIREITO BRASILEIRO – NICOLE MATTAR HADDAD TERPINS. DUAS REFLEXÕES SOBRE O CONTRATO DE AGÊNCIA: IDENTIDADE/DISTINÇÕES PERTINENTES E CRITÉRIOS PRÓPRIOS NA APLICAÇÃO DA REGRA DA RAZÃO ANTITRUSTE – JOSÉ INACIO FERRAZ DE ALMEIDA PRADO FILHO. ***JURISPRUDÊNCIA COMENTADA***: A INEFICÁCIA PARCIAL DO AVAL PRESTADO SEM OUTORGA CONJUGAL – JEAN CARLOS FERNANDES. ANOTAÇÕES SOBRE O PRINCÍPIO DA FUNÇÃO SOCIAL DA EMPRESA NA DOUTRINA E NA JURISPRUDÊNCIA BRASILEIRA – GUSTAVO MILARÉ ALMEIDA. ***PARECERES***: RESTRIÇÕES A TRANSFERÊNCIAS DE AÇÕES E ALTERAÇÃO DO PODER DE CONTROLE – LUIZ GASTÃO PAES DE BARROS LEÃES. NATUREZA JURÍDICA DE SOCIEDADE ANÔNIMA PRIVADA COM PARTICIPAÇÃO ACIONÁRIA ESTATAL – GILBERTO BERCOVICI.

MALHEIROS EDITORES

Revista de Direito Mercantil

industrial, econômico e financeiro

vol. 51/152
jan./dez. 2009